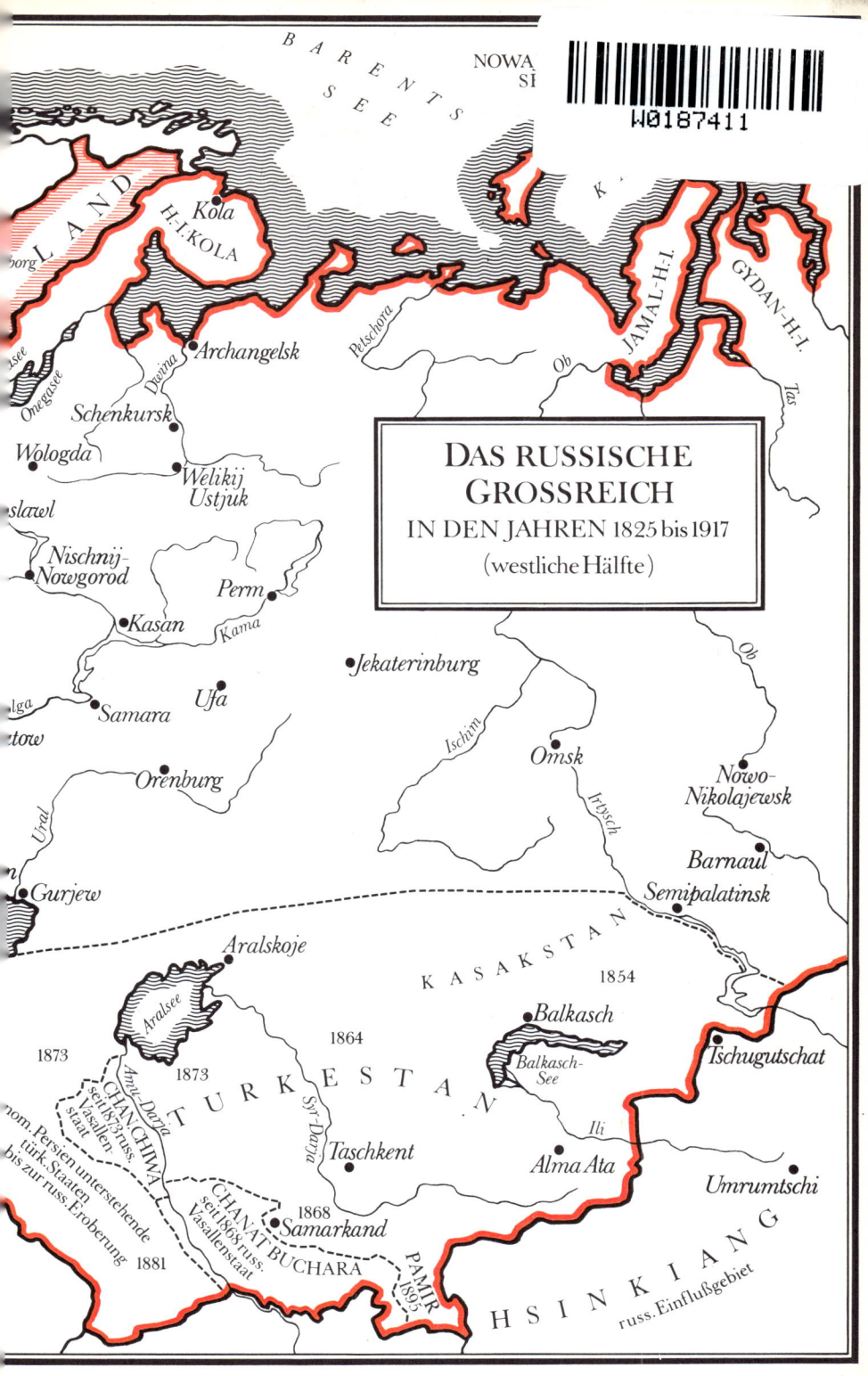

BARENTS SEE

NOWA
SI

W0187411

LAND

H.I. KOLA

Kola

JAMAL-H.I.

GYDAN-H.I.

borg

see

Archangelsk

Petschora

Ob

Tas

Dwina

Schenkursk

Onegasee

Wologda

Welikij
Ustjuk

slawl

## DAS RUSSISCHE
## GROSSREICH
### IN DEN JAHREN 1825 bis 1917
(westliche Hälfte)

Nischnij-
Nowgorod

Perm

Kama

Kasan

Jekaterinburg

Ob

lga

Ufa

Samara

Ischim

Omsk

Nowo-
Nikolajewsk

tow

Orenburg

Irtysch

Barnaul

Ural

Semipalatinsk

Gurjew

Aralskoje

KASAKSTAN

1854

Aralsee

Balkasch

Tschugutschat

1873

1864

Balkasch-
See

Amu-Darja

CHAN CHIWA
seit 1873 russ.
Vasallen-
staat

1873

T U R K E S T A N

Syr-Darja

Ili

Alma Ata

nom. Persien unterstehende
türk. Staaten
bis zur russ. Eroberung

Taschkent

Umrumtschi

CHANAT BUCHARA
seit 1868 russ.
Vasallenstaat

1868

Samarkand

PAMIR
1895

H S I N K I A N G

1881

russ. Einflußgebiet

3 –

Edward Crankshaw

# Winterpalast

Rußland auf dem Weg zur Revolution
1825–1917

List Verlag München

Aus dem Englischen von Günter Treffer und Barbara Klose-Ullmann (Kapitel 1–17 von Günter Treffer, Kapitel 18–22 von Barbara Klose-Ullmann).

Die Originalausgabe »The Shadow of the Winter Palace. The drift to Revolution 1825–1917« erschien 1976 im Verlag Macmillan, London.

Deutsche Bearbeitung der Bibliographie: Günter Treffer
Register: Irene Matthes

Umschlagentwurf: Design Team, München

ISBN 3-471-77215-4

# Inhalt

Dem Herrscher über alle Reußen gehört die einzige und uneingeschränkte Macht. Sowohl Furcht wie auch Verantwortung — von Gott selbst auferlegt — sind die Basis für den Gehorsam dieser Macht gegenüber.

*Artikel 1 des Grundgesetzes des zaristischen Rußland*

Rußlands Vergangenheit ist bewundernswert, die Gegenwart mehr als großartig, und seine Zukunft wird über alle Vorstellung hinauswachsen. Das ist der Standpunkt . . . von dem aus die russische Geschichte erfahren und beschrieben werden muß.

*Graf A. K. Benckendorff, Polizeichef,*
*an P. J. Tschaadajew, 1836*

Unsere gesamte Verwaltung ist ein gigantisches System von Mißwirtschaft auf höchster Staatsebene.

*A. M. Unkowskij, Adelsmarschall von Twer, 1859*

# I Ein historischer Augenblick

I

Das außergewöhnliche Ereignis, das sich am 14. Dezember 1825 auf dem Senatsplatz von St. Petersburg zutrug, hatte in seiner Inkonsequenz und Vernunftwidrigkeit etwas fast Traumhaft-Unwirkliches. Dieser erste Tag, an dem der neue Zar seine Regierung antrat, hätte den Höhepunkt eines Unternehmens bringen sollen, an dem so viele feurige Herzen in mühseliger und doch ungenügender Geheimhaltung gearbeitet hatten: den ersten ernsthaften Versuch, die zaristische Alleinherrschaft zu brechen. Doch was dann wirklich geschah, wirkte weniger wie eine im Entstehen begriffene Revolution als vielmehr wie eine übereilte, zaghafte Probe zum ersten Akt eines noch nicht vollendeten Stückes, eines jener epischen Dramen, die darauf angelegt sind, unter freiem Himmel aufgeführt zu werden, mit großen Massenszenen und einer natürlichen Architekturkulisse. Einige der Hauptdarsteller waren gar nicht erschienen; sie hatten über Nacht entschieden, daß ihnen ihre Rolle doch nicht zusagte – sie unterließen es freilich, dies den anderen mitzuteilen. Manche wieder hatten ihren Text nicht gelernt und verpatzten ihre Einsätze, während die Reihen der Statisten geduldig und schwerfällig auf das Stichwort warteten, das nie kam. Doch es war keine Probe, es war die Wirklichkeit, an deren Ende Blutvergießen stand und der Tod. Die Hauptdarsteller waren Offiziere der kaiserlichen Armee, unter ihnen Abkömmlinge der edelsten Familien des Landes; zusammen mit einer Handvoll liberal gesinnter Zivilisten hatten sie sich seit Jahren voller Leidenschaft, aber mit wenig Zusammenhalt verschworen, ihr Land aus dem Würgegriff des Absolutismus zu befreien. Die Statisten, die dastanden und warteten, gehörten zum Moskauer Regiment zu Fuß, dazu Teile der Grenadiere und der Marinegarde, insgesamt an die dreitausend Mann, von ihren eigenen Offizieren zur Meuterei angestiftet. Die Anführer der Erhebung, deren Mitverschworene tausend Meilen weiter südlich in ebendiesem Augenblick Kiew und andere Städte in ihre Gewalt bringen sollten, waren sich in ihren Zielen nicht einig. Die einen wollten dem Zaren eine Verfassung aufzwingen, andere ihn absetzen und eine Republik ausrufen, wieder andere wollten ihn umbringen. Einig waren sie nur in ihrer Entschlossenheit, der Selbstherrschaft ein Ende zu setzen. Als sie sich aber – und das ist bezeichnend – an die Truppen der Garnison wandten, auf deren Kampfkraft sie angewiesen waren, um das neue Zeitalter der Freiheit, Vernunft und Menschenwürde einzuläuten, mußten sie zu einer Lüge Zuflucht nehmen. Man versprach den Truppen leichteren Dienst und mehr Sold, um sie zum Aufruhr zu bewegen – nicht gegen den Absolutismus als solchen, sondern gegen die Person des neuen Zaren, Nikolaus I., zugunsten seines älteren Bruders, des Großfürsten Konstantin.

Es dauerte einige Zeit, bis die Wirklichkeit über sie hereinbrach. Den Truppen war mitgeteilt worden, daß Nikolaus ein Usurpator sei; daß nach dem Testament des toten Zaren Alexander I. sein Bruder Konstantin in Warschau auf dem Thron nachfolgen sollte; daß dieses Testament sich im Besitz des Senats befinde und öffentlich auf dem Senatsplatz verlesen werde. Aber der Senat hatte sich schon in aller Frühe versammelt, um Nikolaus den Treueid zu schwören, und war dann auseinandergegangen. Das Testament gab es tatsächlich, aber in ihm war von Nikolaus die Rede, da Konstantin ja schon vor Jahren auf seine Rechte verzichtet hatte.

Die Revolutionäre hatten geplant, auf dem Senatsplatz ihr Hauptquartier zu errichten, doch es kam nicht dazu. Der angehimmelte Anführer der Revolte, der als Interims-»Diktator« vorgesehene Fürst Sergej Trubetzkoj, überlegte es sich im letzten Augenblick und setzte sich ab – sein erster Weg war zu dem Mann, gegen den er sich verschworen hatte und dem er nun den Treueid leistete, sein zweiter in die österreichische Botschaft, ins Asyl. Sein Stellvertreter, Oberst Bulatow, verschwand ebenfalls vom Schauplatz der Ereignisse. Auch er leistete Nikolaus den Treueid, dann stellte er sich und legte freiwillig und unaufgefordert ein Geständnis über die Schändlichkeit seines Beginnens ab; später beging er Selbstmord, indem er sich den Schädel an der Wand seiner Gefängniszelle einrannte. Er wurde noch übertrumpft von Alexander Jakubowitsch, einer glänzenden Erscheinung aus dem Kaukasus, im Kriege ein außerordentlich tapferer Offizier, in seinen revolutionären Proklamationen mitreißend und furchterregend. Mit dem Ruf: »Es lebe Konstantin!« tummelte er sein Pferd vor den Reihen der meuternden Truppen, den Helm auf der Spitze seines hochgereckten Säbels; als dann das Moskauer Regiment den Befehl zum Laden erhielt, schützte er plötzlich unerträgliche Kopfschmerzen vor (er war tatsächlich im Kampf gegen die Gebirgsvölker am Kopf verwundet worden) und tauchte in der Formation unter. Im Nu fand er den Weg hinüber zum anderen Ende des Platzes, wo er sich unterwürfigst seinem Zaren präsentierte und ihm seine Ergebenheit und seine Bereitschaft beteuerte, jedes Opfer für ihn zu bringen. Nachdem er den Dank des Zaren entgegengenommen hatte, kehrte dieser zweifache Renegat auf der Stelle zu den Meuterern zurück und beschwor sie auszuharren; denn Nikolaus, so sagte er, habe Angst. Dann ging er in sein Quartier, gab Order, niemanden vorzulassen, sperrte sich in sein Zimmer ein, lud seine Pistole und wartete, was geschehen würde.

Viele Stunden lang geschah gar nichts. Dann, mitten in der Nacht, kam die Polizei und führte ihn ab. Aus der Pistole fiel kein Schuß. Unter arger Belastung verhält sich der Mensch oft sonderbar, und die Russen, man kann es getrost sagen, mehr noch als die meisten anderen. Auch der neue Zar verhielt sich, wie wir sehen werden, seltsam. Doch an diesem ersten Tag seiner Herrschaft sollte er sich der Situation gewachsen zeigen.

Der Senatsplatz liegt am Ufer der Newa zwischen dem eher unansehnlichen Senatsgebäude und Sacharows Admiralität mit ihrer hinreißenden nadelförmigen Turmspitze. Hinter der Admiralität und von ihr verdeckt liegt der Winterpalast. Die Nordseite des Platzes öffnet sich zur Newa, die an jenem Dezembertag mit dickem Eis bedeckt war. Die Südseite wurde von der ungeordneten Masse der erst halbfertigen Isaak-Kathedrale eingenommen. Die ganze Anlage wurde damals wie heute von dem gewaltigen Bronzedenkmal, Falconnets Meisterwerk, beherrscht. Katharina II. hatte es für Peter den Großen errichten lassen: der Zar auf einem hoch sich aufbäumenden Roß mit stampfenden Hufen, das Ganze auf einem kolossalen Sockel aus finnischem Granit.

Man hatte den Platz zum Ausgangspunkt der Revolution erkoren, weil Truppenkörper, die dort aufgestellt wurden, den Senat vom Winterpalast abschnitten. Die dreitausend, die den Platz besetzt hielten, standen mit dem Rücken zur Admiralität und blickten hinüber zum Senatsgebäude. Während sie auf ihre Befehle warteten, sammelte sich hinter ihnen und zu beiden Seiten eine immer größere Zuschauermenge an, die möglicherweise gefährlich werden konnte. Zwischen den Soldaten und der Menge, die die hungrigen und durchfrorenen Truppen mit Wodka und großen Stücken Brot und Wurst traktierte, kam es zu fröhlichen Verbrüderungsszenen. Vereinzelt wurden Hochrufe auf Konstantin laut. Hin und wieder wurden Schüsse in die Luft abgefeuert, während die Anführer der Revolte alles daransetzten, die Reihen geschlossen zu halten, und verzweifelt darauf warteten, daß etwas geschehen möge.

Lange Zeit geschah nichts von Bedeutung. Auf der gegenüberliegenden Seite des Platzes standen 9000 regierungstreue Soldaten mit Kavallerie und Artillerie und sperrten alle Zugänge zu dem Platz.

Im Laufe des Tages erschien Nikolaus, der neue Zar, höchstpersönlich; er wollte vermeiden, daß es am ersten Tag seiner Regierung zu einem Blutvergießen kam. Er gab keinen Schießbefehl, als die Meuterer ihrerseits zu schießen anfingen; das Feuer war verstreut, einmal hier, einmal dort, aber gefährlich; sie taten es vor allem, um sich selbst Mut zu machen, während die wenigen mutigen Anführer, die ihnen verblieben waren, über die nächsten Schritte diskutierten und darüber, wer in Abwesenheit der erwählten Kommandeure den Befehl übernehmen solle. Andere wieder klapperten die Kasernen ab; bei einigen Einheiten holten sie sich eine Abfuhr, von anderen konnten sie Versprechungen einer Unterstützung herauslocken, sobald sich diese, von der Dunkelheit geschützt, freier bewegen konnten. Die Anführer der Revolutionäre dachten nie daran, sich an die riesige Zivilistenmenge zu wenden oder den Versuch zu machen, diese zu organisieren. Sie ließen einfach ihre hungrigen Truppen im eisigen Wind stehen, der von der Arktis her über die Newa blies. Nikolaus hielt immer noch mit dem Schießbefehl zurück, auch als es klar wurde, daß irgendwo in der wartenden, undefinierbaren Menschenmenge zumindest eine Handvoll Männer war, die es ernst meinten und bereit waren, bis zum Äußersten zu gehen.

Das erste Anzeichen von ganz destruktiver Gewalttätigkeit kam, als General Miloradowitsch, der Generalgouverneur von St. Petersburg, einer der engsten und vertrautesten Ratgeber des neuen Zaren, über den Platz ritt, um mit den Meuterern zu reden und sie zu bewegen, in ihre Kasernen zurückzukehren. Miloradowitsch war keineswegs eine gehaßte Persönlichkeit. Er war ein hochdekorierter Held des Winterkrieges von 1812 gegen Napoleon, ein umgänglicher Mann, der gerne lachte. Zar Alexander hatte ihn als Wachhund gegen Abweichler und Aufrührer bestellt, eben weil ihm ein Ruf von Gerechtigkeit und Anständigkeit vorausging; selbst Alexander Herzen, Revolutionär mit Leib und Seele, hatte freundliche Kindheitserinnerungen an ihn.[1] Jetzt stand dieser ehrenwerte alte Krieger im Dienste seines Herrschers dem Mitglied einer der ältesten Familien des Landes gegenüber, dem Fürsten Eugen Obolenskij; ihn hatte man überredet, an die Spitze der Rebellion zu treten, nachdem deren ursprünglicher Führer ausgefallen war. Obolenskij warnte ihn scharf: Wenn ihm sein Leben lieb sei, dann möge er sich nicht einmischen. Miloradowitsch begriff schnell, daß er hier nichts erreichen konnte, und wollte auf demselben Weg zurückkehren, auf dem er gekommen war – doch als er sein Pferd wendete, traf ihn ein Schuß in den Rücken und tötete ihn.

Der Mann, der den Schuß abgegeben hatte, war ein Zivilist: Peter Kachowskij, ein Intellektueller, hochbegabt und von den allerreinsten Motiven geleitet; die Überzeugung, daß Königsmord notwendig sei, verzehrte ihn wie eine Flamme. Da stand er, die schlanke Gestalt in einen dicken Schafspelz gehüllt, seinen gutgeformten Kopf von einem schäbigen Zylinder bedeckt, zum Mord entschlossen, seinen eigenen Tod erwartend. Er schoß mit jener blinden Unbarmherzigkeit, die später eine ganze Generation revolutionärer Terroristen kennzeichnen sollte. Wenn er schon nicht den Zaren selbst töten konnte, so wollte er zumindest das »Nächstbeste« tun.

Das Außerordentliche an dieser kaltblütigen öffentlichen Hinrichtung war, daß sie fast unbeachtet blieb. Weder spornte sie Kachowskijs Kameraden an noch beschämte sie sie. Auch rief sie keine unmittelbare Reaktion des Zaren oder seiner Generäle oder der regierungstreuen Truppen auf der anderen Seite des Platzes hervor. Alle blieben einfach stehen und warteten, bis, wie im Traum, das Ganze sich fast bis ins kleinste Detail wiederholte: ein weiterer hoher Offizier galoppierte zu den Rebellen hinüber, brachte sein Pferd zum Stehen, wurde gewarnt, wendete – und auch er wurde von derselben düsteren Gestalt im Zylinder niedergeschossen und tödlich verwundet. Und selbst dann noch hielt der Zar zurück. Jetzt war die Reihe an dem Metropoliten Serafim, prächtig anzusehen in seinen kirchlichen Gewändern, sich über den Platz zu begeben, um den Rebellen die Angst Gottes einzuflößen. Er wurde mit Entschiedenheit aufgefordert, wieder zu gehen, und man ließ ihn in Frieden ziehen. Danach gab es noch einen letzten Versuch der friedlichen Überredung. Großfürst Michael, der jüngere Bruder des Zaren, stellte sich äußerst mutig für diesen letzten Appell an die Vernunft zur Verfügung, aber er wurde sofort niedergeschrien, angeschossen (diesmal nicht von Kachowskij, sondern von einem anderen Intellektuellen in Zivil, dem Dichter Küchelbecker) und konnte von Glück reden, daß er mit dem Leben davonkam.

Der kurze Wintertag ging seinem Ende zu. Mit Recht fürchtete Nikolaus, daß bei Einbruch der Dunkelheit weitere Regimenter den Rebellen zu Hilfe kommen würden. Aber er weigerte sich noch immer, seinen Truppen den Schießbefehl zu geben. Statt dessen beschloß er, den Platz durch eine Kavallerieattacke räumen zu lassen, auch wenn dabei durch das Feuer der Rebellen Verluste in Kauf genommen werden mußten. Was folgte, war die reinste Farce. Die Pferde waren schlecht beschlagen, rutschten und stürzten auf dem vereisten Kopfsteinpflaster, zum Hohngelächter der Rebellen. Es kam zu einer Pause, während der sich die Kavallerie wieder formierte und vom Schauplatz abtrat. Und selbst dann ließ Nikolaus noch nicht schießen. Er sandte einen weiteren unglückseligen General aus, den Kommandeur der Artilleriegarde, General Suchosanet, um mit den Rebellen zu verhandeln und ihnen zu sagen, daß man ihnen verzeihen würde, wenn sie sich nur in ihre Kasernen begeben wollten. Auch auf ihn wurde geschossen, aber man traf ihn nicht; schließlich wurde der Traum Wirklichkeit. Die aufständischen Truppen standen noch immer da und warteten, aber die Menge der Zivilisten ließ erkennen, daß sie sich ihrer Stärke bewußt wurde und außer Kontrolle geriet. Das wilde Herumschießen hatte sehr zugenommen. Der Zar selbst kam unter Beschuß, aber noch immer behielt er einen klaren Kopf. Erst unter dem dringlichsten Druck seiner Generäle willigte er schließlich ein, Artillerie auffahren zu lassen. Drei Kanonen wurden herbeigeschafft und mit Kartätschen geladen. »Sie wollen, daß ich am ersten Tag meiner Regierung das Blut meiner Untertanen vergieße?« hatte Nikolaus kurz zuvor gefragt. Jetzt rief er aus: »Ein schöner Beginn für meine Regierung!«[2]

Es kam fast zu einem Kampf. Einige Rebellen wollten die Kanonen stürmen, deren Rohre direkt auf sie gerichtet waren. Andere fanden dies zu riskant. Andere wieder, ganz versponnen in ihren Traum, waren überzeugt, daß ihre Kameraden niemals auf sie schießen würden. Sie irrten. Nach Warnschüssen feuerten die drei Kanonen gezielt direkt in die Menge. Sofort herrschte das völlige Chaos. Die blutige Wirklichkeit brach herein; der Schock war um so heftiger, als er so lange auf sich hatte warten lassen. Es gab keinen Widerstand, die Menschenmassen brachen auseinander und flohen. Tote und Verwundete waren über den Platz verstreut. Weitere Schüsse donnerten in die Menge der Flüchtenden, als sie versuchten, durch die angrenzenden engen Straßen vom Platz wegzukommen. Andere liefen hinaus auf das Eis der Newa, wo sie versuchten, sich zu sammeln. Aber die Kanoniere schossen weiter; jetzt hatten sie Kanonenkugeln geladen, die das Eis und die Körper der Besiegten zerschmetterten. Niemand hat je erfahren, wie viele Menschen den Tod fanden, während die Dunkelheit über das steinerne Herz der großen Stadt hereinbrach. Aber die ganze Nacht hindurch gingen Polizisten herum, sammelten ohne viel Lärm die Leichen ein und drückten sie mit Stangen durch die Löcher unter das Eis -- und mit ihnen auch viele Verwundete. Während der ganzen Nacht waren die regierungstreuen Truppen auf dem Platz gelagert; die Lagerfeuer loderten und flackerten, und in ihrem Licht sah man die sich aufbäumende Gestalt des schrecklichen bronzenen Reiters. Die ganze Nacht gingen andere Polizisten und Gardeoffiziere ihrem geräuschlosen Geschäft nach, die Anführer der Verschwörung ausfindig zu machen und festzunehmen, auch jene, die sich von dem Drama auf dem Senatsplatz ferngehalten hatten. Und während dieser ganzen Nacht wurden die Gefangenen, einer nach dem anderen, zum Winterpalast und vor die Person des Zaren selbst gebracht. Er ging überhaupt nicht zu Bett, sondern saß die ganze Nacht auf und verhörte die Rädelsführer. Er wollte aus ihrem eigenen Munde erfahren, wer sie waren und was das alles zu bedeuten hatte.

Dies war der Anfang einer persönlichen Inquisition, die viele Wochen lang dauern sollte. Anstatt sich von der ganzen verhängnisvollen Affäre zu distanzieren, anstatt die Verhöre, die Gerichtsverhandlungen, die Verurteilungen den entsprechenden Militär- und Zivilbehörden zu überlassen und sich nur einzuschalten, um die Urteile zu bestätigen oder Gnade walten zu lassen, beschloß der neue Zar, bei den Vernehmungen höchstpersönlich den Vorsitz zu führen. Er fragte sie einzeln und des langen und breiten aus, hielt ihnen Strafpredigten, beschwor sie, drohte ihnen – wie es gerade richtig fand. Er verordnete jedem seine Einzelzelle in der Peter-und-Paul-Festung auf der anderen Seite des Flusses gegenüber dem Winterpalast; er schrieb vor, wie jeder einzelne behandelt werden und was er zu essen bekommen sollte. Als alles vorüber war – einige der Verschwörer wurden gehenkt, andere auf Lebenszeit nach Sibirien geschickt –, hatte er sich mit neunundzwanzig als oberster Polizist seines Reiches etabliert. Und dabei blieb es.

Der unterdrückte Aufstand, die fehlgeschlagene Revolution der Dekabristen – wie diese nach dem toten Wintermonat, in dem ihre Hoffnungen zunichte gemacht worden waren, genannt wurden – war etwas Neues in der Geschichte Rußlands. Es war die erste wirklich politische Bewegung, die sich je gegen das bestehende System gerichtet hatte. Zaren waren auch vorher abgesetzt worden – oft genug! –, aber immer im Verlauf von Palastrevolutionen, deren Ziel es war, den regierenden Monarchen durch einen anderen zu ersetzen. Es hatte eine Reihe von Bauernrevolten gegeben, von denen mindestens vier von erschreckender Gewalt waren – aber das war stets das blinde, wütende Aufbäumen getretener Sklaven gewesen, denen man übermenschliche Lasten aufgebürdet hatte. Nie hatte es sich um eine Volksbewegung gegen den Zaren gehandelt. Im Gegenteil, für das Volk war der Zar ein Fixstern, die Sonne, die Quelle aller Güte und des Lichts. Der Zorn des Volkes richtete sich gegen die Beamten des Zaren und gegen die Gutsbesitzer, deren Korruption und Gier sich zwischen sie und das Licht der Sonne drängte. So hatte Stenka Rasin im späten siebzehnten Jahrhundert seine Anhänger aufgefordert, nach Moskau zu marschieren, um »sich für den Landesherrn einzusetzen und die Verräter zu verjagen«[3], während hundert Jahre später Pugatschew unter Katharina der Großen sich sogar als den echten Zaren, als Peter III., Katharinas ermordeten Gemahl, ausgab.

Der Dekabristenaufstand, klein, schlecht geführt und schnell zerstreut, unterschied sich in seiner Art von den unzähligen Empörungen der Vergangenheit: der Absolutismus selbst war das Ziel, er sollte vernichtet und durch eine konstitutionelle Monarchie, wenn nicht durch eine Republik ersetzt werden (auch wenn die Truppen, meist Bauernrekruten, davon nichts ahnten und meinten, daß sie sich für den echten Zaren Konstantin und gegen den falschen Zaren Nikolaus schlugen). Daher zeigte das Drama am Senatsplatz wortwörtlich den Anfang einer neuen Ära im zaristischen Rußland an, der ersten Ära aktiven politischen Protests. Nur ganz wenige Personen waren wissentlich an diesem Vorspiel einer großen Veränderung beteiligt. Aber diese Personen gaben den Anstoß zu einer Entwicklung, die weiterlebte, sich ausbreitete und verzweigte. Sie war der Sammelplatz für die erhabensten Ideale ebenso wie für die unrealistischen Theoreme von Männern, die der Entzug jeder politischen Verantwortung zu intellektuellen Eunuchen gemacht hatte; für die Gewalt der Enttäuschung, den Neid, manchmal auch für ausgesprochenen Dämonismus, und schließlich für die unbeseelte Verzweiflung der störrischen, hungrigen Massen, bis endlich – fast ein Jahrhundert später – der Absolutismus hinweggefegt war. Der Vorfall am Senatsplatz am 14. Dezember 1825 kennzeichnete den Anfang dieser ungeheuren Bewegung, die in weltweiter Erschütterung enden sollte. Um eine Anleihe bei Friedrich dem Großen zu machen, der an Voltaire in einem ganz anderen Zusammenhang (nämlich dem frühzeitigen Tod Kaiser Karls VI.) schrieb: »Diese kleine Begebenheit... ist der kleine Stein, den Nebukadnezar im Traum sah, wie er sich loslöste und auf das Bildnis aus Vier Metallen zurollte, um es zu zertrümmern.«

## II Die gescheiterte Verschwörung

I

Bevor wir fortfahren, ist es nötig, einen Blick zurückzuwerfen, um die Hintergründe der Dezembertragödie auszuleuchten. Der unmittelbare Grund war, daß Zar Alexander I., der Gesegnete, die Hoffnungen nicht rechtfertigen konnte, die er anfangs geweckt hatte. Die Hoffnungen waren unbegrenzt gewesen. Im ersten Jahr des neuen Jahrhunderts war er so eifrig, so strahlend, so groß und schön und mitteilsam, daß man seine Phantasie sehr strapazieren mußte, um sich vorzustellen, dieser liebenswürdige junge Riese sei an der Ermordung seines Vaters beteiligt gewesen, jenes unglücklichen Paul, den man in seinem Schlafzimmer in dem festungsähnlichen Michaelspalast – dieser war als sicherer Zufluchtsort für ihn gebaut worden – erdrosselt hatte.

Alexander war damals vierundzwanzig. Jedermann wußte, daß er entschlossen war, frischen Wind wehen zu lassen, die bedrückenden Vorschriften seines Vaters aufzuheben und den starren Absolutismus in eine konstitutionelle Monarchie zu verwandeln. Alexanders dominierende Großmutter, Katharina II., die Große, hatte gegen Ende ihrer sogenannten liberalen Phase als Prinzenerzieher den Schweizer Frédéric-César Laharpe bestellt; von diesem übernahm der junge Prinz Rousseausches Gedankengut – über die ideale Gesellschaft und über seine Pflicht als künftiger Zar, seinen Teil zu ihrer Verwirklichung beizutragen. Er war sich der damit verbundenen Schwierigkeiten wohl bewußt. Ja, in seiner Jugend hatte er sogar daran gedacht, dem Thron zugunsten seines Bruders Konstantin zu entsagen und sich mit seiner jungen Braut, der sehr hübschen Prinzessin Marie Louise von Baden, mit der er schon im Alter von sechzehn Jahren verheiratet wurde, an die Ufer des Rheins zurückzuziehen. Bis zum Augenblick seiner Thronbesteigung und auch später noch betonte er immer wieder, daß er abdanken würde, sobald er eine aufgeklärte Regierung eingesetzt und seinem Land eine Konstitution geschenkt hätte.

Aber er war zutiefst uneins mit sich selbst, und bald wußte es alle Welt. »Er ist ein Bündel von Widersprüchen«, rief Katharina einmal ungehalten aus, und sie hatte recht. Später kam Napoleon zu derselben Meinung

17

und ebenso alle Brudermonarchen Alexanders und ihre Minister beim Wiener Kongreß. Ohne zu sehr ins Detail zu gehen, sei nur festgehalten, daß der große Held des Jahres 1812, der Sieger über Napoleon, der Schiedsrichter Europas, bald im Ruf eines Erzheuchlers stand. Aber bei ihm wie bei allen Menschen, die von Natur aus Schauspieler sind, konnte man unmöglich sagen, in welchem Maße er bewußt andere betrog und wieweit er einem Selbstbetrug erlag.

Auch in jenen ganz frühen Tagen, als er noch davon träumte, der Welt zu entsagen und sich in ferne, ländliche Verborgenheit zurückzuziehen, war er der Liebling der Petersburger Salons und ein leidenschaftlicher Schürzenjäger. Angesichts der maßlosen und gegensätzlichen Forderungen seitens seiner unersättlichen Großmutter und seines düster-überspannten Vaters zog er sich nicht, wie man es hätte erwarten können, in sich selbst zurück, sondern brachte es zuwege, sich mit beiden gut zu stellen; er gab ihnen beiden und ihren einander ganz entgegengesetzten Ideen recht und wechselte mit größter Leichtigkeit zwischen den glänzenden und ausschweifenden Extravaganzen von Katharinas Hof und der kasernenähnlichen Strenge von Gatschina, der Residenz seines Vaters, hin und her. Der Zwiespalt ging noch tiefer: der junge Alexander war Laharpe mitsamt seinen Träumen von einer russischen Utopie ehrlich ergeben, aber gleichzeitig schloß er enge Freundschaft mit Graf A. A. Araktschejew, der rechten Hand seines Vaters.

Dieser gräßliche und unheimliche Mensch, der einzige, der mit Paul umgehen konnte, war ein Infanterieoffizier, damals Ende zwanzig, der seine Stabsstelle wegen außerordentlicher Brutalität und zügellosen Benehmens verloren hatte; im damaligen Rußland eine bemerkenswerte Leistung. Man sagte ihm nach, er hätte auf dem Paradeplatz einem Rekruten in einem seiner häufigen Wutanfälle ein Ohr abgebissen. Aber er hatte eine Tugend: Er war seinem Herrscher treu, absolut und bedenkenlos, so wie ein bissiger Polizeihund seinem Abrichter treu ist. Um die Jahrhundertwende war er auf Paul eingeschworen; die gleiche Treue erwies er Alexander, als er in dessen späteren Regierungsjahren zu großer Bedeutung aufstieg (er war in gewissem Sinn der eigentliche Herrscher Rußlands, wenn Alexander auf Reisen ging oder sich der mystischen Vereinigung mit dem Unendlichen ergab) und einer Epoche extremer Unterdrückung seinen Namen gab.

Die Zweideutigkeit von Alexanders Charakter zeigte sich mit besonderer Deutlichkeit bei der Ermordung seines Vaters im März 1801. Der Unwille des Adels gegen Pauls Tyrannei gipfelte in einer Verschwörung; man wollte sich des Monarchen nach altehrwürdiger russischer Art entledigen – durch eine Palastrevolution der Offiziere der kaiserlichen Leibgarde. Alexander wurde von einem der Hauptmitwirkenden, dem Generalgouverneur von St. Petersburg, eingeweiht. Er gab den Verschwörern zögernd seine Zustimmung, bestand jedoch darauf, daß seinem Vater kein körperliches Leid zugefügt werden dürfe. Eines hätte ihm wohl klar sein müssen: Sollte Paul sich seiner Festnahme widersetzen (und es stand außer Frage, daß er dieses tun würde), dann würde er sterben. Aber bis zum heutigen Tage weiß man nicht, ob Alexander dies wirklich begriff und sich nur durch eine formelle, leere Floskel decken wollte, oder ob er es tatsächlich fertigbrachte, sich selbst zu täuschen.

Das war kein guter Anfang für die Regierung eines Mannes, der entschlossen war, Rußland ins neunzehnte Jahrhundert zu bringen. Anstatt resolut mit der Vergangenheit zu brechen, zog er die Vergangenheit mit ihrer jahrhundertealten Tradition dynastischen Mordes blutig in die Gegenwart herüber. Die Außenwelt war schockiert von einem weiteren Beweis russischer Unmenschlichkeit, aber die Russen selbst fanden darin nichts Verwunderliches und freuten sich über das Ende von Pauls strenger Regierung. Mit seiner Grausamkeit, seinen Gewalttaten und seinem Größenwahn hatte er das Land zu einer riesigen Kaserne – oder zu einem Gefängnis – gemacht; er hatte schließlich alle Ausländer ausweisen lassen, die Gedankenfreiheit verboten, Bücher verbrannt, militärische Disziplin an die Stelle einer Regierung gesetzt und seine Minister und Adeligen wie Leibeigene behandelt. Dieses letzte Vergehen war natürlich das ärgste. Soweit es die Masse des Volkes, die Bauern, betraf, war ein Zar wie der andere; aber die Adeligen, die von Katharina geschmeichelt, verwöhnt und in hohe Stellungen erhoben worden waren, waren außer sich vor Verbitterung und Unmut. Katharina, trotz all ihrer liberalen Beteuerungen und ihrem Kokettieren mit Voltaire und Diderot, hatte den Bauern eine Knechtschaft aufgezwungen, die ärger und erniedrigender war als je zuvor in der russischen Geschichte. Wenige der großen russischen Magnaten hatten dagegen etwas einzuwenden: Sie profitierten davon, und nur außergewöhnliche Männer hatten die Vernunft oder den guten Willen, um zu begreifen, daß ihr eigenes Wohlbefinden und ihr eigener Wohlstand letzten Endes vom Wohlbefinden und Wohlstand des Landes als solchem abhingen. Aber ihre eigenen Privilegien einzuschränken, ihre Positionen anzutasten, das war etwas anderes, und so mußte Paul gehen.

Für Pauls Mörder und ihre Gesinnungsgenossen war Alexander der junge Zar, der den Ruhm und die Vorrechte des Rußland unter Katharina der Großen wiederherstellen würde. Aber es gab andere, und darunter waren auch Männer, die eine Reform leidenschaftlich herbeisehnten – nicht aus selbstsüchtigen Gründen, sondern im Interesse des Allgemeinwohls. Vier von ihnen, jugendliche Freunde des neuen Zaren, wurden zusammengeholt, um eine Art Beratungskabinett, das sogenannte Privatkomitee, zu bilden. Sehr schnell setzten sie Alexanders Träumen von einer Konstitution ein Ende. Rußland, so behaupteten sie, könne nur nach dem absolutistischen Prinzip regiert werden: »Die geringste Schwächung des Absolutismus würde zum Abfall vieler Provinzen, zur Schwächung des Staates und zu zahllosen Katastrophen für die Nation führen.«[1] Was man brauche, sei ein aufgeklärter, absolutistischer Herrscher, und dies würde Alexander sein. Er war die Bürgschaft für die Gegenwart und die Hoffnung auf die Zukunft. Mit seiner imponierenden Erscheinung – hochgewachsen, blond, mit offenen Zügen – wurde er seiner Rolle bestens gerecht. Er war geradezu der Mann, um die Phantasie der Leute zu beflügeln – unter ihnen der romantische Historiker Karamsin, der sich und anderen begeisterten Ideologen einredete, die eigentliche Aufgabe bestehe nicht darin, das System abzuschaffen oder radikal zu verändern, sondern es in seiner rechten Form wiederherzustellen, wie sie es sahen, wobei sie die Pflichten, Aufgaben, Vorrechte, ja eigentlich den Regierungsstil eines echten und aufgeklärten Autokraten festlegten. Karamsin befaßte sich eingehend mit solchen Definitionen. Im Sinne Montesquieus lehrte er, daß das Wesen des absolutistischen Herrschers darin bestehe, daß er, der Ordnung erzwinge, selbst ein Teil dieser Ordnung sei und sich an die Gesetze und Verhaltensregeln halte, die er selbst geschaffen oder von seinen Vorfahren übernommen habe, wobei diese alten Vorschriften nur aus den gewichtigsten Gründen geändert werden sollten. Der Despot hingegen betrachte sich als über dem Gesetz stehend. Es war ein fast mystisches Konzept und entsprach überdies ganz und gar nicht der angeborenen russischen Einstellung zum Gesetz.

Das russische Volk als Ganzes gesehen sonnte sich, gleichsam als Überkompensation für seine zutiefst anarchistischen Neigungen, in der Mystik des Absolutismus. Der russische Adel beugte sich willig vor ihm – unter der eindeutigen Bedingung, daß der Monarch ihn für seine Unterwürfigkeit belohne. Nur einige wenige schienen zu begreifen, daß absolute Machtfülle in der Hand eines einzigen Menschen dessen Sinn für Verantwortung trübt und alle anderen oft noch zu Ärgerem verleitet.

Von dem sofortigen Widerruf der drückenden Erlasse Pauls abgesehen, beschränkte sich die Reformbewegung in jenen ersten Jahren des neuen Jahrhunderts auf das Gebiet des Unterrichtswesens und auf gewisse staatliche Verfügungen, die in keiner Weise die Vollmachten des Zaren einschränkten; sie bewirkten auch nicht, daß fähige und maßgebende Männer an der Formulierung politischer Richtlinien mitarbeiteten. Die Mitglieder des Privatkomitees hatten eine äußerst geringe Meinung von ihren Zeitgenossen aus den Kreisen des Adels und der Gutsbesitzer. Um Paul Stroganow zu zitieren, dessen Familie mehr als alle anderen zur Erschließung Sibiriens beigetragen hatte und dabei unsagbar reich geworden war: »Unser Adel besteht aus Leuten, die nur durch ihren Dienst vornehm geworden sind; sie sind gänzlich ungebildet und richten ihr Denken ausschließlich an der Macht des Zaren aus... Sie bilden eine Klasse, die sich durch ihr Unwissen, ihre Ausschweifungen und ihre Dummheit auszeichnet...«[2]

Stroganow war ein gescheiter, guter Mann mit einer wahren Leidenschaft für Reform; aber diese Reform, so wie er sie sah, sollte vom absolutistischen Herrscher ausgehen. Von seinen Adeligen habe Alexander nichts zu befürchten, meinte er. Aber er habe alles zu befürchten von den Bauern; unterdrückt und ausgenützt, wie sie waren, brächten sie ihren Herren bitteren und unauslöschlichen Haß entgegen. In den Augen der Bauern, fuhr er fort, sei es die Krone, und nur die Krone, die sie gegen die Ausbeutung durch Gutsbesitzer und Beamte schütze. Würde die Macht des Herrschers auch nur im kleinsten Maß geschwächt, so würden die Bauern darin lediglich eine Stärkung des Feindes und eine Aufforderung zu blutiger Revolte sehen. Daher müsse der Absolutismus in seiner ganzen Strenge aufrechterhalten werden. Diese Thesen sollten bis 1861 zu einem qualvollen Leitmotiv werden und in etwas abgeänderter Form auch noch später gelten.

Ein negativ eingestellter Beobachter hätte es anders formulieren können: Etwas war faul an dem System. Letzten Endes war der absolutistische Herrscher für dieses System verantwortlich. Es war aber in seinem Interesse, daß es so aussah, als stünde er abseits und erhaben über den Beamten und Gutsbesitzern, den Männern, die seine Schmutzarbeit verrichteten; auch wenn dadurch die Bauern ihnen mit Haut und Haar ausgeliefert waren.

Und auf diese Bauernfängerei gründete Alexander seine Regierung. Seine erste schüchterne Reformtätigkeit wurde 1805 durch den Ausbruch des Krieges mit Napoleon unterbrochen. Aber kurze Zeit hindurch, nach den Katastrophen von Austerlitz und Friedland und dem darauffolgenden Frieden von Tilsit im Jahre 1807, hatte es ganz den Anschein, als würde er radikaler vorgehen. Im Jahr darauf tauchte plötzlich und unerwartet Michael Speranskij auf, der das ganze Gebiet der Innenpolitik beherrschte. Und Speranskij gehörte einer neuen Rasse an. Er war nicht aus vornehmer Familie wie die Mitglieder des Privatkomitees (von denen einer sein Gönner war), sondern der Sohn eines Dorfpopen. Nach einer glänzenden Karriere im Staatsdienst war er im Alter von vierunddreißig Jahren dem Zaren aufgefallen und erwarb in kürzester Zeit Alexanders Gunst und Vertrauen; die nächsten vier Jahre war er die rechte Hand des Zaren, sogar sein Mentor in allen Angelegenheiten der öffentlichen Verwaltung.

Speranskij brachte für sein Amt Scharfsinn, klaren Verstand, einen Sinn fürs Praktische und die Fähigkeit mit, ein Problem an der Wurzel anzupacken; das hob ihn weit über seinesgleichen. Außerdem besaß er eine Eigenschaft, die unter Russen immer schon selten zu finden gewesen ist – und nicht nur das, sie wird von ihnen instinktiv verabscheut: das Gefühl für das richtige Maß, das Verständnis für den Unterschied zwischen dem Wünschenswerten und dem Möglichen, der Glaube an den Vorzug eines Kompromisses.[3]

Trotz allem war er als Persönlichkeit weder einnehmend noch attraktiv.

Seine ausgezeichneten Eigenschaften lagen ausschließlich auf intellektuellem Gebiet. Er verachtete die Aristokratie, gleichzeitig aber hielt er sich die intelligentesten seiner Kollegen vom Leibe, einfach weil er, wie viele mächtige und schnelldenkende Männer der Tat, es nicht der Mühe wert fand, über eine Sache zu diskutieren, wenn er wußte, daß er recht hatte. Er arbeitete für zehn, und in seiner Freizeit zog er es vor, sich mit Schmeichlern und Speichelleckern zu umgeben; andere sandte er mit einem kühlen Händedruck, einem bedeutungslosen Lächeln, einem leeren Gemeinplatz fort. Diese persönlichen Schwächen werden meist als Grund für seinen Sturz angesehen. Dazu kam noch seine Leidenschaft für französische Institutionen, die er zu einer Zeit zur Schau trug, als Alexander wegen seiner Politik der Zusammenarbeit mit Napoleon wachsender Unzufriedenheit begegnete. Im März 1812, als Alexander angesichts des drohenden neuerlichen Konflikts mit Frankreich ein geeintes Land brauchte, entließ er seinen Minister.

Doch ganz abgesehen von Napoleon kann man sich einfach nicht vorstellen, daß sich Speranskij durchgesetzt hätte, auch wenn er persönlich etwas sympathischer und verbindlicher gewesen wäre. Seine ganze Veranlagung, seine Einstellung zu Regierungsproblemen war den russischen Gewohnheiten völlig fremd; und es ist ein Wunder – nicht, daß er so bald gestürzt wurde, sondern daß man ihn mit seinen ins Detail gehenden Entwürfen für Reformen auf dem Sektor der Legislatur, der Verwaltung und der Erziehung so lange gewähren ließ. Sein großartigster Beitrag war ein Vorschlag zu Statuten der Staatsgesetze. In diesem empfahl er einen ganz neuen Regierungsapparat, der sich vor allem durch eine Institution auszeichnete, die als Duma bekanntwerden sollte. Die gesetzgebende Körperschaft sollte aus gewählten Vertretern der vier Stände bestehen. Mit ihnen sollte eine voll ausgebildete Exekutive unter der Leitung verantwortlicher Minister und ein dem Senat unterstehendes Gerichtswesen zusammenarbeiten. Dieser ganzen Konstruktion vorgesetzt war eine Versammlung erfahrener Staatsmänner, der Staatsrat, zur persönlichen Beratung des Zaren. Nur der Zar konnte Minister ernennen, aber jedes Gesetz mußte der Staatsduma vorgelegt werden, und diese konnte es mit Stimmenmehrheit ablehnen. Ein von der Duma verabschiedetes Gesetz mußte allerdings vom Zaren bestätigt werden. Er konnte auch die Duma auflösen, wenn der Staatsrat es für richtig hielt.

Bis zu einer parlamentarischen Regierung war es noch ein weiter Weg, aber noch weiter entfernt war man von einer unverhüllt absolutistischen Herrschaft und ebenso von den Vorschlägen des Privatkomitees, dem Speranskij seine Chance verdankte. Wären diese Statuten akzeptiert worden, so hätten die besten Männer im Land eine gute Gelegenheit gehabt, Sinn für die Politik zu entwickeln und sich politische Fähigkeiten anzueignen. Und vor allem wäre den aufgeweckten Köpfen der neuen Generation, die bald ihre radikale Einstellung zeigen sollten, ein anderes

Ventil für ihre Begeisterung und ihren Idealismus geboten worden als die verschwörerische Tätigkeit, in die sie hineingezwungen wurden.

Die Statuten wurden nicht angenommen. Es wurde der Staatsrat etabliert, sozusagen in den leeren Raum hinein; man revidierte und verbesserte auch das reformbedürftige ministerielle System. Aber die Idee einer gewählten Repräsentantengruppe, gar nicht zu reden von einer Gruppe, die ein Veto einlegen konnte, blieb ein Traum. Es war außerdem ein Traum, für den sich sehr wenige Russen erwärmten; manche verwarfen ihn geradeheraus, mehr Leute noch hatten Angst vor ihm – und zu diesen gehörte zweifellos auch der Zar. Denn selbst als er Speranskij auf dem Zivilsektor schalten und walten ließ, vertraute er die militärische Organisation seines Reiches einem Mann an, der alles, was Speranskij am Herzen lag, bekämpfen würde: dem Günstling seines Vaters, Graf Araktschejew. Speranskijs unglückseliger Charakter ebenso wie der kommende Krieg mit Frankreich lieferten den Anstoß, den Mann und sein Werk fallenzulassen. Aber bedenkt man Alexanders Wesen, wie es bald zum Vorschein kommen sollte, und dazu das tiefe Mißtrauen der Russen gegenüber der Vernunft und dem gesunden Menschenverstand in der Politik (und in anderen Dingen auch) – eine bezeichnende Charaktereigenschaft, auf die wir in der Folge immer wieder stoßen werden –, so kann man sich nur schwer vorstellen, daß der Plan Speranskijs je akzeptiert worden wäre. Und wirklich sollte es fast genau hundert Jahre dauern, bevor eine Duma eingesetzt wurde: unter dem Eindruck der mißlungenen Revolution von 1905; und da war es schon viel zu spät.

2

Speranskij wurde im März 1812 entlassen. Im Juni desselben Jahres überschritt Napoleon die Memel und fiel in Rußland ein. Im Widerstand gegen den Eindringling schloß sich das ganze Land wie vielleicht nie zuvor zusammen. Im März 1814, nach der Vernichtung der *grande armée*, marschierte Alexander mit seinen Truppen in Paris ein. Gegen den Rat seiner Generäle hatte er darauf bestanden, den Feind über die Grenzen Rußlands hinaus zu verfolgen, koste es, was es wolle: Napoleon müsse ein für allemal vernichtet werden und Rußland, in der Person seines Zaren, beweisen, daß es von nun an entschlossen sei, als europäische Großmacht aufzutreten. Von nun an sollte Rußland nicht mehr wie ein unbekanntes, aber drohendes Omen undeutlich durch den Nebel der weiten eurasischen Tiefebene ragen; es sollte nicht mehr ein schier unerschöpfliches Reservoir an bäuerlichem Kanonenfutter sein, das durch ausländische Finanzspritzen in Armeen verwandelt wurde, um ausländische Kriege auszutragen; es sollte nicht länger das fünfte Rad am Wagen sein. Jetzt, da Frankreich zerschlagen war, sollte Rußland den ihm zustehenden Platz innerhalb des europäischen Systems einnehmen und sich aktiv an der Umgestaltung dieses Systems beteiligen. Es sollte sich nach Belieben Gehör verschaffen in allen Angelegenheiten, die den Frieden und die Sicherheit des Ganzen betrafen, vom westlichen Mittelmeer bis zum Schwarzen Meer, von der Ägäis bis zur Ostsee.

Das war für Alexander großartig. Er war jetzt am Höhepunkt des Ruhmes angelangt, wie ihn kein russischer Monarch je erreicht hatte. Er beherrschte den Wiener Kongreß, erfüllt von der edlen Mission, die europäischen Monarchien zu einer Heiligen Allianz zusammenzufassen; diese sollte die zwischenstaatlichen Beziehungen in Übereinstimmung mit den christlichen Prinzipien »im Namen der allerheiligsten und unteilbaren Dreieinigkeit« und »dem ewigen Gesetz Gottes, des Erlösers« regeln. Auch als einige Jahre später dieses erhabene Konzept etwas modifiziert – oder pervertiert – wurde (zu einer Gewerkschaft der Monarchen, die sich verpflichteten, zusammen gegen aufrührerische Agitatoren und Subversion vorzugehen), herrschte noch immer der Gedanke vor, war noch immer die Vorstellung lebendig, daß das edle Vorhaben der Russen, gestützt auf das russische Machtpotential, jenen moralischen Aufschwung bringen würde, der nötig war, um den Ton der zynischen, kurzsichtigen, engstirnigen Ratsversammlungen des Westens auf eine höhere Ebene zu heben und bei der Abwicklung der internationalen Angelegenheiten Raum für große Konzepte zu schaffen.

Es war wirklich großartig für Alexander, aber es war keineswegs großartig für Rußland. Des Zaren visionäre Begeisterung, die sich einst auf interne Reformen beschränkt hatte, konzentrierte sich nun ausschließlich auf das Wohl weit entfernter Länder. Und jenes Rußland, das Europa vor sich selbst retten und die Aufsicht über ein Goldenes Zeitalter der Gerechtigkeit und der Eintracht übernehmen sollte, blieb leider dasselbe Rußland, dessen erbärmlicher Zustand noch immer sofortige und einschneidende Reformen verlangte. Alles, was Alexander jetzt von seinem Volk wollte, war Wohlverhalten und gutes Benehmen, während er sich seiner europäischen Mission widmete. Wenige im Westen begriffen anfänglich, daß der Zar, der im Ausland als Prediger der Aufklärung auftrat, der in Frankreich die Einzelheiten zur Einführung einer konstitutionellen Monarchie vorbereitete, der innerhalb seines eigenen Reiches eine Verfassung gewährte, die Oberherrschaft über sein eigenes weites Land dem erzreaktionären Rohling Araktschejew überließ.

Es ist hier nicht der Ort, um sich eingehender mit den unendlich faszinierenden Problemen zu befassen, die der Charakter und die Beweggründe eines der unergründlichsten Herrscher in der Geschichte Europas aufgeben. Wichtig im Zusammenhang mit diesem Bericht ist, daß das reaktionäre Gehabe im letzten Jahrzehnt der Regierung Alexanders den Weg zum Dekabristenaufstand von 1825 vorbereitete. Der Zar hatte sein Heer bis ins Herz Europas geführt; damit beschleunigte er gerade jene Entwicklung, die er am meisten fürchtete.

Das Wissen um die Rückständigkeit Rußlands, die Bestechlichkeit seiner Bürokratie, die Kenntnis seiner mannigfaltigen Übel, vor allem des Übels der Leibeigenschaft, das zwischen der erschreckend kleinen herrschenden Klasse der Gutsbesitzer und Beamten und der großen Masse des Volkes einen Abgrund schuf wie zwischen Mensch und Tier – der großen Masse des Volkes, neun Zehntel der Bevölkerung dieses Landes, dessen Monarch sich gerade anschickte, Europa Ratschläge zu geben, wie es seine Angelegenheiten in Ordnung bringen könne: dieses Wissen war zum ersten Mal unter Katharina der Großen, knapp fünfzig Jahre vor Napoleons Marsch nach Moskau, in den Schriften von Radischtschew und Nowikow zum Ausdruck gebracht worden. Man hatte diese Männer für ihre Offenheit bestraft.

Der konservative Radischtschew, der selbst Leibeigene besaß, geriet unter den Einfluß Rousseaus und gab in seiner »Reise von St. Petersburg nach Moskau« (1790) eine lebhafte und schmerzliche Beschreibung der damaligen Zustände; er wurde nach Sibirien verbannt. Der Freimaurer Nowikow, der auf dem Gebiet des Volksschulwesens, der Hilfsaktionen bei Hungersnöten, der Stipendien für Auslandsstudien der russische Pionier der aufgeklärten Wohltätigkeit war, endete sein Leben im Gefängnis von Schlüsselburg. Diese Männer stehen am Beginn einer langen Reihe fähiger Russen, die in die Wüste geschickt wurden, weil sie den Mut hatten, etwas von dem, was sie fühlten und sahen, zu Papier zu bringen. Diese Reihe bewegt sich bereits durch zwei Jahrhunderte, ihr Ende ist noch immer nicht abzusehen. 1825 sollte sie großen Zuwachs bekommen. Seit Alexanders ersten schüchternen Reformen war eine neue Generation herangewachsen.

Ihre Mitglieder waren 1812 gerade alt genug, um an dem Feldzug gegen Napoleon teilzunehmen. In ihrer frühen Jugend hatte sie der Zar selbst ermutigt, sich den Kopf über die Dringlichkeit radikaler Reformen zu zerbrechen. Sie waren sich, anders als ihre Vorgänger, über die drückende Last der Leibeigenschaft im klaren; sie begriffen, daß sie den Aufschwung von Industrie und Landwirtschaft blockierte (einige von ihnen hatten mit eigenen Augen auf den Ländereien ihrer Eltern die verheerenden Auswirkungen der Kontinentalblockade gesehen und waren zu der Erkenntnis gekommen, daß Rußland nicht in der Lage war, zahlungsfähig zu bleiben, solange sein einziges Einkommen auf Primärexporten, hauptsächlich Getreide, beruhte). Sie berieten in kleinem Kreis die Mittel und Wege einer Verbesserung, zuerst in den Freimaurerlogen, dann in zahllosen kleinen Klubs und Gesellschaften, als sie plötzlich und so unmißverständlich zu den Waffen gerufen wurden. Dann geschahen zwei Dinge. Erstens brachten die Entbehrungen des Feldzuges gegen Napoleon sie in engeren Kontakt als je zuvor mit ihrem eigenen Volk, den Bauern in Uniform, und gaben ihnen ein ganz neues Nationalgefühl. Zweitens wurde ihnen durch diesen ersten Blick in eine andere Welt erst so richtig klar, wie tief der Abgrund zwischen Rußland und dem Westen war, geistig wie auch materiell; das hatten sie bis dahin nur geahnt. Es handelte sich nicht darum, Glanz und Prunk zu vergleichen: auch in St. Petersburg gab es Glanz und Prunk. Was sie beeindruckte, war nicht ein Vergleich zwischen Versailles, Potsdam, Schönbrunn und Zarskoje Selo: nichts konnte die Herrlichkeiten von St. Petersburg übertreffen. Was sie beeindruckte, waren der verhältnismäßige Wohlstand eines verhältnismäßig freien Bauernstandes, die Bedeutung und die Breite des großen bürgerlichen Mittelstandes, die Freiheit und Beweglichkeit des Adels (selbst im Wien Metternichs), und vor allem die gärenden Ideen: hier gab es eine Gesellschaft, die weit freier war als ihre eigene und die dennoch nach mehr Freiheit verlangte und im Begriff war, sie zu empfangen. Die erstaunten Besucher aus dem Osten waren intelligent und kultiviert; sie begegneten den besten Köpfen des Westens, unterhielten sich mit ihnen und konnten sich ihnen gegenüber behaupten. Aber sie wußten, daß diese Intellektuellen Vertreter ihres Volkes waren; sie aber, die Besucher, repräsentierten niemanden als sich selbst.

Sie dachten an ihre Bauernsoldaten, sie dachten an ihre kriecherischen Rangälteren daheim, und brennende Scham stieg in ihnen auf. Aber sie hatten noch Hoffnung. Und die große Hoffnung dieser leidenschaftlichen Männer hieß Alexander. Er war der größte russische Held, er genoß mehr Ansehen als je ein Zar vor oder nach ihm. Er war der Herrscher eines Landes der Sklaven, die im Kampf bewiesen hatten, daß sie mehr als nur Sklaven waren. Es konnte nie wieder so sein wie zuvor.

Aber alles war sofort wieder so wie zuvor. Das erste Zeichen davon war, daß die Polizei die Bürger von St. Petersburg und anderen Städten zurückdrängte und auf sie einschlug, als sie sich versammelten, um ihre heimkehrenden Helden willkommen zu heißen; die Helden wurden im Schutz der Dunkelheit in ihre Heimat zurückgeschafft und auf ihre verstreuten Garnisonen verteilt, ehe man noch wußte, daß sie heimgekommen waren. Alexander mag sich als der wohlwollende und aufgeklärte Gönner des wiederhergestellten Europa gezeigt haben; er konnte seinem neuen Königreich Polen eine Verfassung zubilligen; er konnte sich mit der neuen konstitutionellen Verfassung unter Ludwig XVIII. in Frankreich einverstanden erklären; aber sein eigenes Volk, dessen mutige und opferbereite Loyalität ihm zu Sieg und Macht und Ruhm verholfen hatte, wurde in seine Hundehütten zurückgejagt – von einem Araktschejew. Die Tatsache, daß Alexander effektiv von mächtigen konservativen Elementen gezwungen worden war, Speranskij in die Wüste zu schicken und dessen sorgfältig ausgearbeitete Reformpläne ad acta zu legen; daß der Adel – die Väter und Onkel eben jener revoltierenden jungen Männer – ihn genötigt hatte, alle Gedanken an die Aufhebung der Leibeigenschaft fallenzulassen, sprach ihn in ihren Augen keineswegs von Schuld frei. Im Gegenteil: bei einem tyrannischen Monarchen, der reaktionäre Maßnahmen aus zutiefst persönlicher Überzeugung beschloß, wußte man wenigstens, woran man war. Aber was konnte man mit einem wohlgesinnten Monarchen anfangen, der ein Gefangener war, an Hand und Fuß gefesselt von den blindesten und selbstsüchtigsten Mächten im Lande? Die jungen Männer kämpften gegen ihre Väter, und sie wandten sich an den Zaren, ihrer aller Vater, um Hilfe. Er ließ sie im Stich. Der Absolutismus selbst hatte sie im Stich gelassen und mußte daher abgeschafft werden.

**4**

So nahm die Verschwörung langsam Gestalt an. Es gab Hindernisse bei ihrer Entwicklung, einerseits, weil die Verschwörer untereinander eine ganze Reihe verschiedener Meinungen vertraten, andererseits, weil – die meisten von ihnen waren Offiziere – es immer wieder passierte, daß sie plötzlich versetzt wurden. Die Schlüsselrolle bei jeder erfolgreichen Revolte fiel St. Petersburg zu. Es war reiner Zufall, daß die entschlossensten und radikalsten Anführer nicht in St. Petersburg stationiert waren, sondern weitab im Süden.
Die erste ernstliche und zielbewußte Organisation wurde 1816 in St. Petersburg gegründet unter dem Namen »Bund der Rettung« oder »Gesellschaft der wahren und echten Söhne des Vaterlandes«. Anfänglich bestand sie aus einer Handvoll enger Freunde, alle Gardeoffiziere: Alexander und Nikita Murawjew, Iwan Jakuschkin, Matwej und Sergej Murawjew-Apostol und Fürst Sergej Trubetzkoj. Zu diesen stießen bald einige andere, am wichtigsten unter ihnen ein brillanter junger Offizier, Pawel Iwanowitsch Pestel, der – er war damals vierundzwanzig – sofort begann, die Dinge unter seine Kontrolle zu bringen und sie zu beschleunigen. Er war der Sohn eines als bestechlich und brutal bekannten Generalgouverneurs von Westsibirien, war in Deutschland zur Schule gegangen und hatte mit besonderer Auszeichnung die St. Petersburger Militärakademie absolviert, war bei Borodino schwer verwundet und sodann zum Adjutanten General Wittgensteins ernannt worden. Der junge

Puschkin, der ihm 1821 begegnete, als er siebenundzwanzig und soeben zum Obersten und Regimentskommandeur befördert worden war, nannte ihn »einen Weisen in der vollsten Bedeutung dieses Wortes... einen der originellsten Köpfe, die ich kenne«.[4] Er war wirklich ein außerordentlicher Mann, eine geborene Führernatur, berstend vor Vitalität, die er im Zaume hielt, mit einer Leidenschaft für Politik im weitesten Sinn. Er war in einem Land geboren worden, das nur einen Führer anerkannte und wo Politik verbotenes Terrain war. So mündete die politische Betätigung fast unvermeidlicherweise in Verschwörung und seine von Natur aus intolerante, autoritäre Art im Jakobinertum. Die Geschichte der Vorbereitung der Dekabristenverschwörung in den Jahren 1817 bis 1825 ist in erster Linie die Geschichte von Pestels unnachsichtigem Kampf gegen alle, die seinen eigenen radikalen Lösungen entgegenstanden, wobei er freilich auch allen jenen Mut und Kraft einflößte, die zwar im Prinzip die Notwendigkeit einsahen, die Autokratie zu stürzen, die wenn nötig auch zum Königsmord bereit waren, in der Praxis aber nur zögernd Gefolgschaft leisteten.

Zwietracht blieb. Viele von den Rebellen betrachteten Pestel als einen gefährlichen Mann, eine Gefahr für jegliche Art von Ordnung, ja sogar einen potentiellen Diktator. Darunter waren vor allem Männer wie N. I. Turgenjew und Nikita Murawjew, die hauptsächlich damit befaßt waren, die wirtschaftlichen Gründe für Rußlands Rückständigkeit zu analysieren und Lösungen für wirtschaftliche und institutionelle Reformen innerhalb des Rahmens einer konstitutionellen Monarchie vorzuschlagen. Solche Männer hatten nichts übrig für Alexander und seine Ratgeber, aber sie hatten eine fast krankhafte Angst davor, daß als Folge eines Frontalangriffes auf die bestehende Autorität die bürgerliche Ordnung zusammenstürzen und in ihrer Begleitung zügellose Bauernrevolten ausbrechen könnten. Was Pestel und seinen Anhängern jedoch zugute kam, waren die krassen Exzesse Araktschejews und der bösartige Obskurantismus von Alexanders »Pädagogen« – den Reaktionären Michael Magnitzki und Dimitri Runitsch, die die Universitäten von Kasan und St. Petersburg mehr oder weniger zugrunde richteten.

Noch mehr Grund zur Besorgnis gab die fast revolutionäre Situation in Alexanders Militärsiedlungen, die als Ersatz für das normale Kasernenleben der Armee in Friedenszeiten geplant waren. Zu dieser Zeit fand in Rußland noch keine reguläre Rekrutierung statt. Die große militärische Maschine, die den Westen so beeindruckt hatte, da sie auf ein scheinbar grenzenloses Reservoir von Rekruten zurückgreifen konnte, war auf völlig willkürliche Art organisiert, meist nach den Prinzipien der gewaltsamen Dienstverpflichtung, die so lange die britische Flotte aufrechterhielt, aber in viel umfangreicherem Maße, da jeder Gutsbesitzer seinen eigenen Rekrutierungsstab hatte. Die Regierung verlangte von den Gutsbesitzern und Dorfgemeinden eine ad-hoc-Quote von Männern, deren Zahl je nach dem Bedarf des Augenblicks wechselte und die zum Heeresdienst abgestellt werden mußten. Die offizielle Dienstverpflichtung war fünfundzwanzig Jahre. In der Regel bedeutete dies lebenslänglich. Es war lediglich der Zufall oder persönliche Feindschaft, die das Opfer bestimmten. Sobald der arme Teufel zum Soldaten bestimmt war, wurde er festgenommen und ging von diesem Moment an seinem Dorf und seiner Familie verloren. So etwas wie Urlaub gab es nicht. Es gab keine Invalidenrente. Wenn jemand zäh genug war, seine Dienstzeit zu überleben, war er erschöpft, war vergessen, wurde abgewiesen, fand keinen Platz mehr in seinem Dorf. Alexander war entschlossen, diesem System ein Ende zu setzen. Es war willkürlich, unmenschlich, unrentabel und kostspielig. Es wäre doch allgemein nützlicher, wenn Soldaten in Friedenszeiten zusammen mit ihren Familien in Spezialsiedlungen auf dem Lande leben und zwischen den Übungen bei der Landarbeit helfen könnten.

Dieses hochtrabende und unüberlegte Vorhaben brachte nichts als Leid. Sogar Araktschejew war dagegen. Er sagte, wenn der Zar das Los seiner Truppen verbessern wolle, wäre es besser, die Dienstzeit um fünf oder sechs Jahre zu kürzen. Aber Alexander war hartnäckig, und natürlich blieb es Araktschejew überlassen, das System in die Praxis umzusetzen, und er tat es auch, indem er disziplinäre Maßnahmen setzte, oder was er unter Disziplin verstand. Ganze Regimenter wurden auf Ländereien der Krone angesiedelt und dazu angehalten, ihre eigenen Hütten zu bauen und die Felder zu bestellen. Die Frauen und Kinder wurden derselben Kasernendisziplin unterworfen wie die Männer. Ihr Leben wurde von Trompetensignalen geregelt. Es gab regelmäßige Ausrüstungsinspektionen der Haushaltsgüter (jeder Topf, jede Pfanne hatten ihren Platz nach Vorschrift). Waschtage wurden festgesetzt, die täglichen Mahlzeiten auf die Minute eingeteilt. Kinder wurden in Uniformen gesteckt. Die Feldarbeiter wurden in Marschkolonnen zu ihrer Arbeit gebracht und in abgezählte Gruppen eingeteilt. Dann ging es wieder in Marschkolonnen nach Hause. Männer mußten mit achtzehn, Mädchen mit sechzehn heiraten; zeigten sie Widerwillen, so wurden ihnen ihre Bräute durch das Los zugeteilt. Die leiseste Verletzung der Vorschriften wurde grausam bestraft, und Auspeitschungen waren häufig.

Alexander glaubte, damit das System der österreichischen Militärgrenze nachzuahmen. Dort hatte man zum Schutz gegen die Türken in einem breiten *cordon sanitaire* entlang der Donau und ihrer Nebenflüsse Soldatenbauern angesiedelt. Alexander war stolz auf seine Erfindung, und Araktschejew richtete es so ein, daß ihm bei seinen Inspektionsreisen Idyllen vorgeführt wurden – Siedlungen, die von wohlhabenden, fleißigen, gut gewaschenen und zufriedenen Dorfbewohnern bevölkert waren. Wenn – was häufig geschah – die Unzufriedenheit in blutigem Aufstand mündete, fühlte er sich schmerzlich gekränkt durch die Undankbarkeit der Leute, für die er so viel getan hatte; er schrieb die Schwierigkeiten

»dem Geist des Bösen« zu, der sich über ganz Europa verbreitete, und befahl, die härtesten Maßnahmen zu ergreifen, um den Missetätern eine Lektion zu erteilen. Das System, als Wirtschaftsform eine Mischung von Leibeigenschaft und Zwangsaushebung, wurde fortgesetzt: zur Zeit von Alexanders Tod waren mehr als dreihunderttausend Soldaten mit ihren Familien davon betroffen. Und es war diese Institution zusammen mit bereits länger bestehenden Übeln, die die gemäßigten Mitglieder des Wohlfahrtsbundes davon überzeugten, daß die absolutistische Herrschaft vernichtet werden müsse, wenn das Land selbst nicht in einer revolutionären Explosion enden sollte.

Dann im Jahre 1821 ereignete sich jener Zwischenfall, der viele davon überzeugte, daß der Zar selbst verrückt sein müsse.

Das Semjonowskij-Garderegiment war eines der stolzesten, angesehensten und aufopfernd treuesten Regimenter der russischen Armee. Zusammen mit der Preobraschenskij-Garde stammte es direkt von den zwei Regimentern von »Spielzeugsoldaten«, die der spätere Zar Peter der Große schuf, als er in jungen Jahren aus Sicherheitsgründen aus Moskau in die Provinz abgeschoben wurde. Es gab ferner die Ismailowskij-Garde, von der Zarin Anna als deren persönliche Leibgarde aufgestellt (sie stand unter dem Befehl eines Schotten, die Offiziere waren meistens Deutsche aus dem Baltikum), und die Pawlowskij-Garde des Zaren Paul, der darauf bestand, daß alle Gardisten Stupsnasen haben mußten wie er selbst. 1821 wurden einige Kompanien der Semjonowskij-Garde von einem befehlshabenden Offizier, der für seine Grausamkeit bekannt war, zur Verzweiflung getrieben; sie weigerten sich, einen gewissen Befehl auszuführen, was tatsächlich gegen das Gesetz verstieß. Es war eine rein lokale und spontane Angelegenheit und verlief sich, ohne daß es zu Tätlichkeiten kam. Die Rädelsführer wehrten sich nicht gegen die Festnahme, und die Affäre hätte normalerweise mit einer Gerichtsuntersuchung geendet, mit einem Verweis und einer Versetzung für Oberst Schwarz und einem kurzen, harten Disziplinarverfahren gegen die Missetäter. Doch sie geriet außer Kontrolle. Alexander war, wie so oft, unterwegs. Er befand sich gerade in Troppau in Schlesien, wo er mit den Österreichern, den Preußen und den Franzosen über die Zukunft der Heiligen Allianz konferierte. Beunruhigt durch revolutionäre Tätigkeit im Ausland, war er zu dem Schluß gekommen, daß diese Allianz sich zu einer Union verstärken ließe, in der sich die Monarchen verpflichteten, das monarchische Prinzip zu unterstützen, indem sie überall in Europa, wo sich aufrührerische Tätigkeit zeige, mit Gewalt eingreifen würden. Die unmittelbare Gefahr, wie er sie sah, kam von dem italienischen Geheimbund der Carbonari, die soeben den König von Neapel entthront hatten. Als er die Nachricht von der Semjonowskij-»Meuterei« erhielt, war Alexander sofort überzeugt, daß die Carbonari in die Feste des heiligen Rußland eingedrungen waren: Wie könnte sonst der Geist des Bösen, *le génie du mal*, die Treuesten aller Treuen verseucht haben? Sein erster Gedanke war, daß er sofort nach St. Petersburg zurückkehren müsse, um der Gefahr persönlich entgegenzutreten. Aber er überlegte es sich und sandte statt dessen eine Weisung nach der anderen, was die Bestrafung der Rädelsführer betraf, die alle bereits verurteilt waren und hinter Schloß und Riegel in der Festung Schlüsselburg saßen. Gefängnis war nicht genug. Sie sollten sechstausend Peitschenhiebe bekommen. Außerdem war es klar, daß neue Aufpasser benötigt wurden, und bei der Militärpolizei wurde eine Sondereinheit geschaffen mit der Aufgabe, die Garderegimenter zu infiltrieren und aufrührerisches Gerede zu melden.

Das genügte, um die Herzen vieler patriotischer Gardeoffiziere zu verhärten. Sie wußten genau, was geschehen war und warum. Und tatsächlich war jenes berühmte Regiment so fern von jedem Verdacht einer Infiltration revolutionären Gedankenguts, daß es knappe vier Jahre später entschlossen an der Seite des neuen Zaren am Senatsplatz stehen sollte und es ablehnte, sich den Meuterern anzuschließen.

5

Von nun an häufte sich das Gerede vom Königsmord. Aber immer noch waren die Verschwörer völlig uneinig; ihre Meinungsverschiedenheiten fanden Ausdruck in den neuen und einander widersprechenden Verfassungen, die von Nikita Murawjew im Norden und Pestel im Süden ausgearbeitet worden waren. Die Murawjew-Verfassung war, wie das Grünbuch des Wohlfahrtsbundes, immer noch im Grunde reformistisch: sie sah die Zukunft des Reiches in einer geordneten Föderation, mit einer zentralen Regierungsmaschinerie unter einem konstitutionellen Monarchen, dem gewisse präsidentenähnliche Vollmachen zugebilligt wurden. Pestels Verfassung war für die damalige Zeit echt revolutionär. Sie war in dem berühmten Dokument enthalten, das er – in bewußter Anspielung auf den verhältnismäßig aufgeklärten mittelalterlichen Kodex des Kiewer Rußland vor der Tatareninvasion – *Russkaja Prawda, Russische Gerechtigkeit*, nannte, und sah die Entthronung des Zaren und die Abschaffung der Monarchie vor, die von einer republikanischen Regierungsform ersetzt werden sollte, ferner freies Unternehmertum und Handelsfreiheit.[5] Weder die eine noch die andere Verfassung ging näher darauf ein, das Leben der Massen zu erleichtern. Murawjew bediente sich häufig des Begriffes der Demokratie, aber was er vor Augen hatte, war eine sehr begrenzte Demokratie: viel mehr Personen als bisher sollten in die Arbeit der Regierung einbezogen werden, aber auf Grund von strengen und genau abgestuften besitzrechtlichen Qualifikationen. Pestel protestierte dagegen aufs heftigste, weil er behauptete, daß eine Aristokratie des Reichtums noch bedauerlicher sei als eine Aristokratie der Geburt; an-

scheinend kam es ihm nicht in den Sinn, daß seine eigene geplante Lösung einer unbeschränkten freien Wirtschaft unweigerlich ihre eigene Aristokratie des Reichtums hervorbringen würde. Tatsächlich hätte eine freie Wirtschaft in der von ihm vorgesehenen Gesellschaftsordnung nie gedeihen können. Während der Gründung der Republik müsse – einfach zur Aufrechterhaltung der Ordnung – eine Diktatur eingeführt werden; vorübergehend, versteht sich. Man kann sich schwer vorstellen, wie eine solche Diktatur bereit gewesen wäre, ihrer Macht über den Staat wieder zu entsagen – einen Staat, der so intensiv und strikt zentralisiert war wie das Modell, das Pestel entworfen hatte, der bei aller Sorge um die Freiheiten des Individuums die Gefühle und Wünsche der nationalen und kulturellen Minderheiten nicht mit einbezog. Denn dieser leidenschaftliche und brillante Jakobiner war an kleinen Völkern und Völkerschaften nicht interessiert. Er war eigentlich der erste Verfechter totaler Russifizierung. Die russischen Eroberungen im Kaukasus und in Transkaukasien waren noch nicht beendet, die in Turkestan standen noch bevor. Aber diese lästigen Grenzstaaten einschließlich der Mongolei, die er für zu schwach hielt, um die eigene Unabhängigkeit zu behaupten, sollten erobert und von Rußland annektiert werden, und die vielen Völker, die dort lebten, müßten zusammen mit Ukrainern, Finnen, Tataren, Litauern, Letten, Esten und zahllosen kleineren östlichen Stämmen in den Schmelztiegel geworfen und zu Russen gemacht werden. Sie sollten ihrer eigenen Vergangenheit und ihrem kulturellen Erbe entsagen. Juden müßten entweder assimiliert oder *en masse* nach Kleinasien deportiert werden, wo sie ihren eigenen unabhängigen Staat gründen mochten. Zigeuner hätten die Wahl, entweder orthodoxe Christen zu werden und sich wie brave Bauern niederzulassen, oder aber das Land zu verlassen. Mit einem Wort, es sollte nur eine Kategorie Bürger geben: Russen. Und alle russischen Bürger sollten vor dem Gesetz gleich sein. Nur ein Volk war ausgenommen, und das waren die Polen, ein besonderer Fall, dessen Unabhängigkeit Jahrhunderte weit zurückging, lange vor den Teilungen des achtzehnten Jahrhunderts. Aber auch die Polen mußten sich bereit erklären, eine republikanische Konstitution anzunehmen, die das Ebenbild der russischen sein würde; überdies sollten sie in einer formellen ewigen Allianz mit Rußland ihre Armee der russischen Regierung zur Verfügung stellen. Die russische Regierung selbst sollte ihre Verbundenheit mit der großen Masse der Bevölkerung dadurch bestätigen, daß sie von St. Petersburg ins Landesinnere verlegt würde, nicht nach Moskau, sondern nach Nischnij Nowgorod am Mittellauf der Wolga, das einen neuen Namen bekommen sollte, und zwar Wladimir, nach der uralten Stadt, die die Wiege des Moskowiterstaates gewesen war. Für die Ordnung sollte eine Geheimpolizei sorgen, die mächtiger und besser organisiert sein würde als frühere Einheiten dieser Art.
Während Pestel seine Verfassung mit ihrer unheimlichen Vorahnung auf

den Stalinismus ausarbeitete, näherte sich die Situation einem Höhepunkt. Der südliche Bund gewann Anhänger; er schloß sich mit einem polnischen Geheimbund zusammen sowie mit einer sozialistisch eingestellten Gesellschaft von kleinen Gutsbesitzern, die über die Grenzen Rußlands hinausblickten und sich die Vereinigten Slawen nannten. Anfang 1825 war man allgemein der Meinung, daß es im folgenden Jahr zur entscheidenden Tat kommen müsse. Sogar Fürst Trubetzkoj, N. I. Turgenjew und Nikita Murawjew schlossen sich dieser Ansicht an, obwohl sie noch weit davon entfernt waren, mit Pestel und seinem neuen und ergebensten Anhänger, Sergej Murawjew-Apostol, über Mittel und Ziele einer Meinung zu sein. Der Wille zu radikaler Tätigkeit im Norden war in letzter Zeit durch den Beitritt von neuen Mitgliedern aus dem Zivilstand gestärkt worden, und zwar besonders durch den romantischen Dichter Rilejew, einem Idealisten durch und durch, der der Bewegung Verwegenheit und theoretischen Glanz verlieh und mit Pestel und Murawjew-Apostol ganz einer Meinung war: die unbedingte Notwendigkeit der Tat um ihrer selbst willen, und sei es auf Kosten vorübergehender Fehlschläge. Denn selbst Pestel begann zu begreifen, daß vielleicht mehr als ein Gewaltstreich nötig war, um eine Revolution zu machen; vielleicht waren Märtyrer vonnöten. Rilejew, der sich in einem Dauerzustand exaltierter Begeisterung befand, war ein Wortführer der Idee von der *garde perdue*, die bereit war, sich zu opfern und ihr Leben für das Erwachen des Landes zu geben. Aber er besaß genug Vernunft, um zu begreifen, daß es notwendig war, im Falle eines Scheiterns sich und den Bund zu erhalten. Als daher andere Enthusiasten zu ihm kamen (unter ihnen vor allem der fanatische Kachowskij, der entschlossen war, den Zaren zu ermorden) und um die Ehre baten, ihr eigenes Leben der Sache opfern zu dürfen, machte er ihnen zwar Mut, weigerte sich aber, sie in den Bund aufzunehmen. Kachowskij oder Jakubowitsch oder wer auch immer mochte die unschätzbare Ehre haben, Alexander umzubringen, aber der Bund würde sie verleugnen.
Das war ungefähr die Situation im November 1825, als man die Aktivitäten des Bundes dem Zaren hinterbrachte, der kaum noch einen Monat zu leben hatte. Sogar noch vor Alexanders Tod lief eine großangelegte Untersuchung an, die zu Pestels Festnahme führte – am 14. Dezember, am Tag vor dem Aufstand im Norden. Der Aufstand im Norden wurde durch lokalen Verrat beschleunigt. Und während Nikolaus durch die Aufdeckung einer weitläufigen Verschwörung zum Sturz des Absolutismus endlich dazu bewogen wurde, die Krone schnell zu akzeptieren, waren die Verschwörer selbst gezwungen, vor der Zeit loszuschlagen, ohne ihre Aktivitäten mit denen ihrer Kollegen im Süden koordiniert zu haben, weil sie das vom Himmel gesandte Interregnum ausnützen mußten.
Das Interregnum selbst kam zustande durch das außerordentliche Zögern Nikolaus', bevor er die Krone annahm. Der rechtmäßige Erbe, da Alexan-

der kinderlos gewesen war, war sein Bruder, Großfürst Konstantin. Aber diesem fehlte alles, was einen Kaiser ausmacht. Grob, lässig, unerschütterlich egozentrisch, mit einer Stupsnase wie sein ermordeter Vater, hatte er die Familienehre befleckt, indem er seine bürgerliche Mätresse geheiratet hatte, und seine begrenzten Ambitionen waren mit dem Gouverneursposten von Polen vollauf befriedigt. Er hatte seinen Sitz in Warschau, ein Potentat in einem fremden Land, wo er alle Vorrechte genießen konnte, die der Genuß von mehr oder weniger unumschränkter Macht mit sich brachte, ohne wie ein russischer Herrscher die Bürde der Verantwortung seinem Volk gegenüber auf sich nehmen zu müssen. Vor Jahren hatte Alexander ein rechtmäßiges Dokument unterzeichnet, das Konstantin von der Nachfolge ausschloß und seinen viel jüngeren Bruder Nikolaus als Erben bestätigte. Aus Gründen, die ihm wohlbekannt waren, wurde dieses Dokument versiegelt und versteckt, ja sogar seine Existenz vor jedermann geheimgehalten, einige wenige Mitglieder der kaiserlichen Familie ausgenommen. Nikolaus wußte wohl davon, als die Zeit kam und Alexander, erst siebenundvierzigjährig, plötzlich in Taganrog starb, aber er tat, als wisse er von nichts und wollte sogleich Konstantin, seinem neuen Herrscher, den Treueid schwören. Es folgte eine lächerliche Komödie, die fast drei Wochen dauerte. Kuriere galoppierten zwischen Moskau und Warschau hin und her: Nikolaus lag seinem Bruder zu Füßen; Konstantin antwortete, daß dies absurd sei, da er, Nikolaus, der Zar sei; Nikolaus flehte Konstantin immer wieder an, er möge doch nach Moskau kommen; Konstantin weigerte sich, auch nur einen Schritt zu tun; er war zufrieden, dort wo er war, und je schneller Nikolaus sich krönen lassen würde, desto besser.[6]

Niemand weiß, was in Nikolaus' Kopf vorging. Wie so viele erbliche Herrscher – und wie auch viele gewählte – beteuerte er, daß der Gedanke, herrschen zu müssen, ihn mit Abscheu erfülle: er wolle in Ruhe gelassen werden, um sich seiner militärischen Karriere und seinem Privatleben zu widmen. Aber einige der ihm am nächsten Stehenden behaupteten, daß er seit Jahren zum Herrschen entschlossen war. Und tatsächlich kann man im Hinblick auf seinen Charakter, wie er sich später erweisen sollte, unmöglich glauben, daß dieser geborene Tyrann, der seinem heiligen Amt bis zum Fanatismus ergeben war, der erfüllt war von dem tiefen Glauben an seine gottgegebene Überlegenheit über die anderen Menschen, daß dieser Mensch je bereit gewesen wäre, im Schatten seines gutgelaunten, ungehobelten Bruders zu dienen, der seine häusliche Bequemlichkeit, so zeremoniell diese auch war, über seine Pflichten gegenüber seinem Land und seiner Dynastie stellte. Die wahre Antwort auf dieses Rätsel ist wahrscheinlich die auf der Hand liegende, vielfach präsentierte: Nikolaus sei bei seinen Offizierskameraden äußerst unbeliebt gewesen und habe es gewußt; er habe auch von der aktiven Unzufriedenheit im Offizierskorps gewußt und von dem üblen Ruf, den sich sein verehrter Bruder Alexander erworben hatte; so hielt er es für tunlich, dem Schicksal nicht in den Arm zu fallen, indem er vortrat, um dann in Feindeskreisen als Usurpator dazustehen.

Nichtsdestoweniger war es ein Fehler – ein Fehler, der beinahe in einer Katastrophe endete. Hätte Nikolaus zugelassen, sofort nach dem Tod seines Bruders zum Zaren ausgerufen zu werden, dann hätten die aktivsten Verschwörer es schwer gehabt, eine Aktion gegen diesen jungen und glänzend schönen Zaren durchzusetzen, der die ganze emotionelle Unterstützung durch den Beifall des Volkes hatte und dem nichts anderes vorgeworfen werden konnte, als daß er als Armeeoffizier ein rechter Kasernenhengst war. Nur durch die lange Zeit des Zögerns, zusammen mit der Erkenntnis, daß man dabei war, die Verschwörung aufzudecken, brachten die Dekabristen überhaupt den Mut zum Handeln auf. Und der letzte Anstoß kam am 13. Dezember, als bekannt wurde, daß Nikolaus sich endlich entschlossen habe, am nächsten Tag den Throneid zu leisten. Selbst dann trat die entschlossenere Gruppe im Süden, durch Pestels Verhaftung am 13. verstört, erst am 19. Dezember in Aktion, als sie zum ersten Mal von der Erhebung im Norden hörte – aber dann war es zu spät. Wie sich dann herausstellte, war die verspätete Revolte im Süden viel gefährlicher, weitaus verbreiteter und viel ernster zu nehmen als die kurze Affäre in St. Petersburg. Unter der Führung von Murawjew-Apostol, der nach Pestels Verhaftung das Kommando übernommen hatte, wuchs sie zu einer größeren militärischen Kampfhandlung an, die erst nach zehn Tagen qualvoller Ungewißheit zusammenbrach – teils wegen mangelnder Verständigung mit den Polen, vor allem aber wegen Murawjew-Apostols fast mystischen Idealismus. Anders als seine Kameraden im Norden war er nicht bereit, seinen Truppen vorzugaukeln, sie kämpften für einen rechtmäßigen Zaren, der ihnen mehr Sold und bessere Lebensbedingungen bringen werde: Er sah sich als Anführer eines Kreuzzugs und verlor viel kostbare Zeit in dem gewissermaßen rituellen Bemühen, seine Bauernsoldaten in eine Armee von Kreuzfahrern für Freiheit und Gerechtigkeit zu verwandeln. Er hätte Kiew nehmen sollen, und wäre ihm dies geglückt, dann hätte dies möglicherweise das Land in einen größeren Bürgerkrieg gestoßen, Polen mit einbegriffen, dessen Ausgang niemand hätte voraussehen können. Doch er war zum Scheitern verurteilt, und er scheiterte großartig; nachher sollte er so manchen seiner Kameraden im Norden beschämen, indem er darauf bestand, allein für die Erhebung verantwortlich zu sein, und tapfer für die Sache in den Tod ging.[7]

# III Das Erbe des Absolutismus

## I

*Die russische Autokratie, wie wir sie nun erkennen, ist eine Sache für sich. Es ist unmöglich, ihr irgendeinen rationalen Ursprung in den Lastern, den Mißgeschicken, den Bedürfnissen oder den Erwartungen zuzuschreiben.*

Dies schrieb der Schriftsteller Joseph Conrad im Jahre 1905 über das russische Debakel im Krieg gegen Japan. Er fährt fort:

*Diese Despotie hat weder in Europa noch im Orient ihre Vorfahren; mehr noch, sie scheint auch nicht in den Institutionen noch in den Narrheiten dieser Welt zu wurzeln. Und eben dieses Unmenschliche an ihr ist, was einen mit einer Art Schauder erfüllt. Es ist wie eine Heimsuchung, wie ein Fluch des Himmels, der im Dunkel der Zeitalter auf die unendlichen Weiten von Wald und Steppe herabfiel, die dumpf an der Grenze zweier Kontinente liegt: eine wahre Wüste, die weder den Geist des Westens noch den des Ostens beherbergt.*[1]

Hier spricht ein Pole, dessen Heimat so sehr unter Rußland zu leiden hatte und dessen Mutter jung gestorben war; deren frühzeitiger Tod war durch das Exil in Wologda, tief in den Wäldern des Nordens (der Vater hatte in dem Aufstand von 1863 eine Rolle gespielt) beschleunigt worden. Dieser verzweifelte Aufschrei zeigt mit erschreckender Deutlichkeit die Empfindungen, die die meisten Besucher Rußlands – vom 16. Jahrhundert bis zum heutigen Tag – ergreifen und bedrücken, wenn sie über das eine oder andere Beispiel einer unbeschreiblichen Unmenschlichkeit nachdenken. Will man die russische Tragödie überhaupt begreifen, so muß man gegen solche Stimmungen ankämpfen.

Vielleicht die erste Schilderung des Eindrucks, den der russische Absolutismus auf einen Westeuropäer machte, findet sich in den Schriften des Gesandten Kaiser Karls V. am Moskauer Hof, die erstmals 1549 erschienen. Sigismund Freiherr von Herberstein äußert sich über die willkürliche und absolute Macht des Zaren über alle seine Untertanen, die höchsten Würdenträger der orthodoxen Kirche inbegriffen, und bemerkt dazu: »Es ist die Frage, ob die Roheit des Volkes den Fürsten zum Tyrannen gemacht hat oder ob das Volk selbst durch die Tyrannei seines Fürsten so roh und grausam geworden ist.«[2] Diese Frage beschäftigte westliche Beobachter jahrhundertelang. Es ist eine der ersten Fragen, die sich vielen Besuchern der Sowjetunion auch heute noch präsentieren.

In ihren positivsten Auswirkungen war die russische Autokratie seit jeher von einem so eindrucksvollen Absolutismus, daß sie den Mythos der Allmacht mit fast hypnotischer Kraft beschwor. Zweifellos gelang es den fähigsten und energischsten Repräsentanten dieses Absolutismus – Iwan dem Schrecklichen, Peter dem Großen – und auch anderen, weniger dynamischen Herrschern, sich und zuweilen auch ihre Untertanen davon zu überzeugen, daß sie tatsächlich allmächtig waren. Aber sie benahmen sich sehr oft so, als wüßten sie in Augenblicken der Einsicht sehr wohl, daß sie nichts dergleichen waren. Je totalitärer ihre Ansprüche, um so zermürbender war die Angst, die ihr Leben überschattete; in der düsteren, halluzinatorisch-brütenden Musik Mussorgskijs für den sterbenden Boris Godunow kommt etwas von den geheimen, manchmal auch nicht so geheimen Gedanken, Ängsten und Gewissenskonflikten des leibhaftigen Absolutismus zum Ausdruck. Diese Autokraten regierten mit Hilfe von Gunstbeweisen, und in ihrem Innersten wußten sie es. Der russische Staat ist das Ergebnis einer Wechselwirkung zwischen Untertanen, die nicht nur einmal, sondern immer wieder die Idee der absoluten Herrschaft herausforderten, obwohl sie bestimmte Symptome dieser Herrschaft ablehnten, und dem Autokraten, der dem Volk in allen Einzelheiten seinen absoluten Willen aufzuzwingen versuchte. Sie tyrannisierten sich gegenseitig. Das ist die eigentliche Antwort auf Herbersteins Frage.

Denn der Absolutismus war nicht, wie Joseph Conrad es sah, eine Heimsuchung, ein Unheil, von okkulten Mächten dem russischen Volk auferlegt: er war die Reaktion auf ein allgemeines Bedürfnis – was keineswegs bedeutet, daß das Volk glücklich war über das, was es sich selbst wünschte. Es war natürlich kein aktiv gefordertes Bedürfnis. Als die Zeit gekommen war, da das russische Volk oder der Adel oder beide mehr als zu jeder anderen Zeit ihr Schicksal in ihre eigenen Hände hätten nehmen können, nämlich zur »Zeit der Unruhen« nach dem Tod von Boris Godunow im Jahre 1605, schienen die Männer, die das Moskowiterreich auf einen neuen Kurs hätten steuern können, den Anforderungen nicht gewachsen zu sein, die der Versuch einer Selbstregierung an sie stellte. Die Tradition zeigte sich stärker als der Wille zu Reformen, und die tiefe, beruhigende, selbstzerstörerische, selbstsüchtige Sehnsucht nach einem »richtigen« Zaren gewann die Oberhand. Der Chronist Abraham Palitzyn schrieb über die Zeit der Unruhen, die er selbst miterlebte, daß die arge Zerstörung des Moskowiterstaates nur durch eine tiefe nationale Gleichgültigkeit hervorgerufen worden war: Es gab keine Widerrede, keinen entschlossenen Versuch von seiten des Volkes, das Schicksal zu meistern. »Für diese nationale Gleichgültigkeit, für das gedankenlose Schweigen des ganzen Landes wurde das Volk bestraft.«[3]

1613 wurde Michael Romanow als Ahnherr einer neuen Dynastie auf den

Thron gesetzt, ohne daß man Kontrollen und Gegengewichte schuf. Diese Dynastie sollte nicht nur über ein Volk herrschen, sondern auch über einen starrköpfigen Adel, der, nach allem, was er unter den früheren Zaren zu leiden gehabt hatte, dennoch lieber das Joch der Tyrannei auf sich nahm, als die unbequeme Last der Verantwortung zu schultern. Nach dem Jahr 1613 sollte das Volk jahrhundertelang immer wieder bestraft werden und immer für dasselbe Vergehen: »Das gedankenlose Schweigen des ganzen Landes.«

Im Laufe der Zeit wurde das russische Volk durch die Wucht und den Einfluß des absolutistischen Systems so verdorben, daß das Bedürfnis zur Notwendigkeit wurde. Es lag im Wesen des Absolutismus, daß ein Volk, das ihm durch Menschenalter hindurch ausgesetzt war, ohne ihn nicht mehr existieren konnte. Daher fand ein rebellischer Geist wie Puschkin zu Anfang des neunzehnten Jahrhunderts es gar nicht erstaunlich, die großen Zaren dem Geist der Revolution gleichzusetzen. Veränderungen waren eine Notwendigkeit des Lebens, sie mußten sein. Aber wer außer dem Zaren konnte sie herbeiführen? Bemerkenswerterweise hatten die Zaren des neunzehnten Jahrhunderts sehr wenig russisches Blut in den Adern. Wie so viele ihrer begabtesten Beamten waren sie fast zur Gänze deutscher Abstammung. Kaiser Paul war bestenfalls ein halber Russe (Katharina war ja seine Mutter; niemand konnte mit Sicherheit sagen, wer sein Vater war). Er heiratete eine deutsche Prinzessin, ebenso wie seine Söhne Alexander I. und Nikolaus I. und sein Enkel Alexander II. Und dennoch nahmen sie alle die russische Tradition in sich auf und führten sie weiter.

Gehorsam gegenüber einer Autorität, die, so unvollkommen sie auch ist, festgelegte Prinzipien einer Lebensform verkörpert oder personifiziert, ist eines; Gehorsam gegenüber einem Herrscher oder einer Hierarchie von Herrschern, für die keinerlei richtungsweisende Prinzipien existieren, deren Verhaltensweise von Zweckmäßigkeit bestimmt wird, ist offensichtlich etwas ganz anderes. Wenige Russen haben diesen Unterschied begriffen, wenn auch viele unbewußt versucht haben, den Mangel an Prinzipien in ihrem absolutistischen Regime, sei es monarchstisch oder diktatorisch, dadurch zu kaschieren, daß sie übermäßigen Nachdruck auf den Begriff der Orthodoxie legten – einer Orthodoxie freilich, die erstaunlicherweise, ja sogar sinnigerweise, sozusagen im leeren Raum existiert und selbst aus nichts anderem besteht als einem auferlegten und von Menschenhand geformten kirchenähnlichen Ritual ohne geistigen Inhalt; oder, später dann, einem auferlegten Katechismus, ebenfalls von Menschenhand geformt, aus einer fast unverschämten Vereinfachung der Lehre eines großen deutschen Wirtschaftsphilosophen, der fast nichts von Menschen verstand.

Thomas Carlyle, der es eigentlich besser hätte wissen sollen, erkannte den Unterschied ebenfalls nicht. Ihm war der Gehorsam alles, das *sine qua non* der Ordnung. In einem der bizarrsten Briefwechsel, die man sich vorstellen kann, schrieb er im April 1855 – also auf dem Höhepunkt des Krimkrieges – an den im Exil lebenden russischen Revolutionär Alexander Herzen, um ihm für die englische Übersetzung seiner Flugschrift »Über die Entwicklung revolutionärer Ideen in Rußland« zu danken.

*In Ihrem riesenhaften Land – welches ich immer als eine ungeheure, dunkle »Geburtsstätte der Vorsehung«, deren Bedeutung noch unbekannt ist, respektiert habe – ist bis auf den heutigen Tag eine Begabung offenkundig, in der es den Vorrang hat und die ihm eine Kraft gibt, die alle anderen Völker in den Schatten stellt: die Begabung (unentbehrlich für jedes Volk, jede Kreatur und ihnen allen unter Strafandrohung rigoros abverlangt), die Begabung zum Gehorsam, die anderwärtig derzeit aus der Mode gekommen ist! Und ich bezweifle nicht, kann es nicht bezweifeln, daß ihr Fehlen früher oder später bestraft und diese Strafe bis auf den letzten Heller eingetrieben wird; und wo dies nicht der Fall ist, wird es zu einem ungeheuren Bankrott kommen. Das ist mein trauriger Glaube in diesen revolutionären Tagen.*[4]

Carlyle, dieser autoritäre Anbeter rebellischer Helden, sah in den großen Massen, die er verachtete, gehorsame Handlanger des heldischen Willens. Aber er hätte erkennen müssen, daß Nikolaus I. auch bei größter Vorstellungskraft kein Held war, und daher hätte er den bedingungslosen Gehorsam in Frage stellen müssen, der es ihm ermöglichte, absoluter zu herrschen (zumindest nach außen hin) als beispielsweise Friedrich der Große oder Cromwell, denen beiden ein erhebliches Maß an positivem Gehorsam im Dienste einer Idee, sei sie nun rühmenswert oder nicht, entgegengebracht wurde. Der Gehorsam des russischen Volkes war etwas anderes. Er war ein negativer, ein passiver Gehorsam. Er war eine Absage an die Verantwortung. Die russischen Autokraten konnten nur in sehr eingeschränktem Maße herrschen: außer in Zeiten extremer nationaler Gefahr konnten sie lediglich Unterdrückung ausüben. Und sie selbst konnte man daher sozusagen als Marionetten eines stummen Volkes bezeichnen, das sich mit seinem Leid von der Freiheit loskaufte, sich am Aufbau einer Nation zu beteiligen. Die Zentralregierung Rußlands mit ihrem straff organisierten Provinzsystem, das sich über unvorstellbare Entfernungen erstreckte, war, soweit es die Regierten betraf, weniger der administrative Nexus einer einheitlichen Nation als die Kolonialbetreuung einer Besatzungsmacht, die keinerlei organische Verbindung mit den Untertanen hatte – eine Analogie, die in dem Rußland nach Peter dem Großen unterstrichen wurde, als St. Petersburg zum Sitz der Regierung bestimmt wurde. Ein Mensch, und nur dieser eine Mensch, stand in den Augen der Untertanen über der verhaßten Regierung, war aber gleichzeitig ihr Opfer; und er, dessen höchste Stellung tatsächlich die Bedürfnisse des Volkes widerspiegelten, war ausgerechnet der Mann, der sich mit der Regierung identisch fühlte: der Zar.

Das war die Tradition, die Nikolaus I. widerspruchslos übernahm, als er an jenem traurigen Dezembermorgen im Jahre 1825 seinem älteren Bruder auf den Thron folgte. In seinem Aussehen, seiner Art, seinem Charakter und seiner Denkungsweise war er die reinste Verkörperung des autokratischen Prinzips. Er war neunundzwanzig und nicht zum Herrscher erzogen worden, aber nach wenigen Tagen ließ er seinen Staatsrat wissen, wer der Herr sei: »Ich kann nicht dulden«, erklärte er, »daß jemand es wagt, sich meinen Wünschen zu widersetzen, sobald er diese kennt.«[5] Dies war eine fast genaue Wiederholung seines ersten Tagesbefehls, den er sieben Jahre zuvor nach seiner Ernennung zum Generalinspekteur der Genietruppe ausgegeben hatte: »Die geringste Mißachtung der Vorschriften wird mit aller Härte des Gesetzes bestraft: es gibt kein Pardon.«[6] So sollte er es sein ganzes Leben halten.

Er war in höchstem Maße furchterregend. Als er in seinen mittleren Jahren im Frühsommer 1844 von der jungen Königin Viktoria von England in Windsor empfangen wurde, war sie von seinem Aussehen und seinem eleganten und würdevollen Auftreten tief beeindruckt. Er flößte ihr auch Unbehagen ein. Sie war fünfundzwanzig. Der Zar aller Reußen war achtundvierzig, er hatte fast zwanzig Jahre lang regiert. Er verkörperte den Absolutismus in seiner repressivsten, manchmal sogar grausamsten Form.

Die junge Königin hatte sich auf diesen Besuch nicht gefreut; aber Nikolaus, ein Meter neunzig groß, mit blendender Figur und hervorragender Haltung, war zweifellos der stattlichste Monarch weit und breit, und Viktoria, wie so oft, ließ sich von einem gut aussehenden Mann beeindrucken. Sie fand, daß er ein »wunderschönes Profil« habe und schrieb es auch ihrem Onkel Leopold nach Brüssel. Am meisten muß sie von der schönen und ungebrochenen Linie von Stirn und Nase beeindruckt gewesen sein, die tatsächlich etwas Klassisches an sich hatte. Sie übersah dabei das vorspringende Kinn mit den zu schweren Kinnladen und dem kleinen, gepreßten Mund. Die Augen beunruhigten sie am meisten: »...der Ausdruck der Augen ist *beängstigend*; ich habe nie etwas ähnliches gesehen.«[7] Auch Alexander Herzen, der Nikolaus haßte und verachtete, war von diesen Augen beeindruckt. Er erwähnte auch die Kinnbacken; aber für ihn waren das wichtigste in diesem Gesicht, dem Gesicht des obersten Gendarms von Europa, wiederum die Augen. »Gänzlich ohne Wärme, ohne den leisesten Hauch von Barmherzigkeit. Winterliche Augen.«[8] Viktoria, die ja kein Untertan dieses schrecklichen Mannes war, sondern Monarch wie er, fand bald heraus, daß seine Augen auch sanfter blicken konnten: »...die Strenge seiner Augen verflüchtigt sich oft, wenn man ihn kennt, und verändert sich, je nachdem, ob er aus dem Konzept gebracht wird oder nicht, oder auch wenn ihm heiß wird, denn er leidet unter Wallungen, die ihm zu Kopf steigen.« Er faszinierte sie, und nach einigen Tagen fand sie sich außerstande, ihm nicht wohlgesinnt zu sein; doch beunruhigte er sie immer noch: Er war so sehr der »größte aller irdischen Potentaten«, daß sie Schwierigkeiten hatte, ihn zu begreifen; und sie konnte sich nie ganz jenen Augen entziehen: »...er lächelt selten, und wenn er es tut, ist der Ausdruck *kein* glücklicher.«

Ein weiterer Beobachter, der berühmte französische Weltreisende Marquis de Custine, hatte früher über Nikolaus, mit dem er lange Gespräche geführt hatte, berichtet: Er könne nicht gleichzeitig mit den Augen und mit dem Mund lächeln. Sein charakteristischster Ausdruck sei einer von »sorgenvoller Strenge«.[9] Dies fiel auch Viktoria auf, die vergeblich zu verstehen versuchte, warum ein absoluter Herrscher, dessen Wort Gesetz war, der jeglichen physischen und materiellen Vorteil für sich beanspruchen konnte, der die Dinge ganz natürlich entweder schwarz oder weiß sah und der äußerst aktiv war, dennoch diesen Eindruck besorgter Melancholie vermitteln konnte. »Er ist streng und hart – mit festen Prinzipien, was die *Pflicht* betrifft, und nichts auf der Welt könnte ihn veranlassen, von ihnen abzugehen. Ich glaube *nicht*, daß er sehr *gescheit* ist, und sein Verstand ist unzivilisiert; seine Bildung ist vernachlässigt worden; Politik und Heeresangelegenheiten sind das einzige, wofür er sich interessiert; er hat keinerlei Gefühl für die Kunst und alle angenehmeren Betätigungen, aber er ist ehrlich, davon bin ich überzeugt, *ehrlich* sogar in seinen despotischen Taten, aus der Überzeugung heraus, daß dies die *einzige* Art ist, das Land zu regieren.« Sie stellte mit Sympathie fest, daß er freundlich und höflich war zu den Menschen, die ihn umgaben, daß er Kinder liebte. Sie war überrascht, daß er einen Kennerblick für die weibliche Schönheit besaß. Am meisten aber beeindruckte sie ein Charakterzug, den man üblicherweise nicht mit Machtmenschen in Verbindung bringt: »Sein Bedürfnis, daß man ihm *Glauben* schenkt, ist sehr groß.«

Das war eine grundlegende Beobachtung. Zehn Jahre früher war de Custine fast überwältigt von dem leidenschaftlichen Wunsch dieses so mächtigen Herrschers, sich zu rechtfertigen und die Reinheit seiner Motive zu beteuern – nicht vor Gott, sondern vor allen, die es hören wollten. Noch früher stand eine Anzahl der Dekabristen demselben Phänomen gegenüber, als man sie aus dem Gefängnis holte und dem Herrscher vorführte, den zu vernichten sie versucht hatten. Kachowskij, der Mörder Miloradowitschs, war so beeindruckt, daß er nachher aus seiner Gefängniszelle schrieb: »Majestät, ich kann und will Ihnen nicht schmeicheln; aber seit gestern abend fühle ich mich als Mensch zu Ihnen hingezogen und wünsche von ganzem Herzen, Sie als meinen Herrscher und Vater meiner Heimat zu lieben.«[10]

Viktoria hatte allen Grund für ihr Unbehagen. Sie hatte recht, was die Ehrlichkeit des Zaren betraf, aber eines begriff sie nicht: daß diese Ehrlichkeit einer brennenden Überzeugung gleichkam, einer Überzeugung (die nach normalen menschlichen Maßstäben an die Grenzen des Wahnsinns herankam) von der absoluten Richtigkeit, der göttlichen Tugend seiner eigenen Ansichten und der Verschrobenheit, Frivolität oder lediglich bösen Absicht all jener, die sie in Frage stellten.

Und dennoch: zu dieser Überzeugung trat eine tiefe, versteckte Unsicherheit. Nikolaus übertrieb seine Selbstverteidigung. Es bestand nicht der leiseste Grund für ihn, seine Überlegenheit zu betonen, weder als junger Großfürst und Befehlshaber eines Teils der Armee noch als Zar aller Reußen. Die ganze Welt akzeptierte sie. Nur Nikolaus selbst mußte sie immer wieder beweisen. Seine unheilkündenden, schrecklichen Augen verfolgten all die dreißig Jahre seiner Regierung hindurch jede Abweichung von den von ihm vorgeschriebenen Verhaltensnormen. Niemand schien zu begreifen, er selbst am allerwenigsten, daß etwas Herabsetzendes darin lag, wenn der mächtigste Herrscher der Welt dauernd auf seine persönliche Machtfülle pochte oder wenn ein Mann, der darüber erhaben sein sollte, immer wieder den leidenschaftlichen Wunsch äußerte, daß die anderen an ihn glaubten. Diese Eigenschaften gingen Hand in Hand mit unendlichem Selbstmitleid. Der ganze eigenartige Komplex von Arroganz, Selbstverteidigung und Selbstmitleid sollte am Vorabend des Krimkrieges in jenem außerordentlichen Briefwechsel zum Ausdruck kommen, den Nikolaus, damals an die sechzig, mit dem jugendlichen österreichischen Kaiser Franz Joseph führte, der dem Zaren zu größter Dankbarkeit verpflichtet war, jedoch dessen Beteuerungen, gegen die Türken auf dem Balkan aus purem Altruismus vorzugehen, einfach keinen Glauben schenken konnte.

»Kannst Du glauben«, drängte der Zar, »daß ein ehrenhafter Mann doppelzüngig sei oder daß er zurücknehmen könnte, was er einmal als seine Absicht verkündet hat? Wenn das festgestellt ist, ist es dann nicht eine häßliche Überflüssigkeit, sich einen Zweifel an seinem gegebenen Wort zu erlauben oder ihm zuzumuten, daß er es wiederhole?...« Verletzte Selbstgerechtigkeit führt zu der dunklen Drohung: »Solltest Du wirklich die Sache des Türken zu der Deinen machen? Apostolischer Kaiser, erlaubt Dir das Dein Gewissen? Wenn dem so wäre, gut; dann wird Rußland allein unter dem heiligen Kreuz seinen heiligen Geboten folgen. Solltest Du Dich mit dem Halbmond gegen mich stellen, so erkläre ich, daß dies ein vatermörderischer Krieg würde.«[11]


3

Was die russische Geschichte des 19. Jahrhunderts, verglichen mit anderen europäischen Monarchien, besonders kennzeichnet, ist das Fehlen jeglicher konstruktiver Wechselwirkung zwischen dem Monarchen und seinen Untertanen. In der Entwicklung anderer Monarchien äußerte sich zumindest der dauernde Konflikt zwischen dem Willen des Monarchen und den spezifischen Ideen und Forderungen der deutlich profilierten Interessengruppen, über die er herrschte. So kam es zu einer langen Reihe von Kompromissen und Anpassungen, von dauernder Bewegung, von taktischen Manövern, die einmal schnell, einmal langsam stets auf ein deutlich erkennbares Ziel zusteuerten: die sichtbare Erweiterung des Unterbaus einer einst feudalen Gesellschaft, die Anerkennung der Bedürfnisse und Bestrebungen eines sich dauernd erweiternden Kreises der Untertanen. Dieser dynamische Konflikt war im zaristischen Rußland nicht sehr ausgeprägt; unter Nikolaus I. war er überhaupt nicht vorhanden. Der Zar hatte keine Finten nötig: er bestimmte die Gesetze, und die Öffentlichkeit hatte keine Möglichkeit, die Gesetze in Frage zu stellen, wenn damit auch nicht gesagt war, daß sie immer eingehalten wurden. Daher gab es keine allmähliche und organische Weiterentwicklung, keine öffentliche Vorbereitung auf unvermeidliche Änderungen.

Die Regierung Nikolaus' I. zeichnete sich vor allem eben dadurch aus, daß einfach gar nichts geschah. Sie fing mit einer Tragödie an und endete in einer Katastrophe, dem Krimkrieg. Dazwischen ereignete sich vieles, von der Niederwerfung der Polen bis zum Bau der ersten Eisenbahnen, aber man entwickelte keinen Sinn für die Triebkraft der Zeit, für Entwicklungsmöglichkeiten, man wollte nicht aus begangenen Fehlern lernen. Aus der Sicht des Historikers ergeben sich dadurch gewisse Schwierigkeiten, in welche Ordnung man den Fluß der Erzählung bringen soll. Was geschah als nächstes? Und warum? Wieso hatte diese oder jene Tat bzw. dieser oder jener Konflikt ausgerechnet diese Folgen? Und so weiter. In der Zeitspanne von dreißig Jahren, wenn man von rein chronologischen Abläufen absieht, geschah tatsächlich nichts. Nikolaus entwickelte sich nicht. Er ließ auch anderwärtig keine Entwicklung zu. Und die Folgen seiner Taten, mit der großen Ausnahme des Krimkrieges, wurden erst nach seinem Tod verspürt. Das bedeutet, daß es einem bei der Beschreibung seiner Regierungszeit unmöglich ist, einen roten Faden zu verfolgen, eine Entwicklung, bei der Fortschritt und Rückschlag klar hervortreten, als Stationen im bewußten Streben einer dominierenden Einzelpersönlichkeit oder einer herrschenden Klasse auf ein entferntes Ziel zu, mag dieses noch so undeutlich wahrzunehmen sein. Die Regierung Nikolaus' I. wies keine Entwicklung auf; es war eine in die Länge gezogene Situation. Gegen Ende seines Lebens konnte einer der ergebensten Diener des Staates, A. V. Nikitenko, ein aufgeklärter Beamter und ehemaliger Leibeigener, erschöpft und frustiert erklären: »Die Hauptschwäche der Regierung von Nikolaus Pawlowitsch bestand darin, daß alles ein Irrtum war.«[12] Das hieß mit anderen Worten, daß das Rußland von 1855 in allen wichtigen Punkten mit dem Rußland von 1825 identisch war; materiell zwar gestärkt aufgrund gewisser industrieller Entwicklungen (aber, verglichen mit dem übrigen Europa, im Verhältnis nicht stärker), moralisch und intellektuell aber geschwächt – weil nicht nur Ideen, sondern auch jede individuelle Regung, jedes Gefühl für Verantwortung auf eiserne Ablehnung stießen.

Es ist nicht möglich, genau festzustellen, ab wann sich Nikolaus nicht mehr weiterentwickelte. Das genaue Datum (es muß wohl mit achtzehn oder neunzehn Jahren gewesen sein) ist nicht ausschlaggebend. Der Generalinspekteur der Genietruppe, der mit zweiundzwanzig seiner neuen Truppe erklärt hatte, daß jede Abweichung von der Vorschrift auf das härteste bestraft werden würde, war der gleiche Mann wie der junge Kaiser, der, inzwischen neunundzwanzig, in all seiner erschreckenden Pracht vor den Rebellen auf dem Senatsplatz erschien. Er war auch der gleiche Mann, der fast zwanzig Jahre später die junge Viktoria mit seiner beängstigenden Macht und Hoheit und seinem Mangel an Gescheitheit beeindruckte. Er war so aus einem Guß und unantastbar in seinem nach außen hin selbstsicheren Gehaben, daß man Mühe hat, ihn sich zu einer Zeit vorzustellen, da er noch nicht bewußt der Potentat aller Potentaten war. Aber er war nicht zum Zaren erzogen worden, und er muß es in seiner Jugend außerordentlich schwer gehabt haben. Wenn es schon schwer ist, sich Alexander als den Sohn des armen, verrückten Paul vorzustellen, so ist es noch schwerer, sich Nikolaus in dieser Gesellschaft vorzustellen. Aber so war es. Nikolaus war erst fünf Jahre alt, als die eigene Leibwache seinen Vater im Michaelspalast erdrosselte und sein Bruder Alexander der herrliche neue Zar wurde. Alexander war damals vierundzwanzig, Konstantin zweiundzwanzig. Dadurch ergab sich zwischen den beiden älteren Brüdern einerseits und Nikolaus und dessen jüngerem Bruder Michael andererseits ein unüberbrückbarer Generationsunterschied.

Das bedeutet auch, daß Nikolaus seine ganze Kindheit im Schatten seines großartigen Bruders verbrachte. Während er sich, hartnäckig dagegen ankämpfend, mit weitläufigen, aber schlecht vorgetragenen Studienfächern abquälte, mußte er zusehen, wie dieser Bruder in den höchsten Himmel aufstieg. Er war zehn Jahre alt, als Alexander ein Jahr nach der Schlacht von Austerlitz bei Tilsit mit Napoleon zusammentraf; 1812, er war gerade sechzehn, konnte er es nicht erwarten, in die Armee einzutreten. Man steckte ihn vor Ende des Feldzuges in Uniform, hielt ihn aber von Gefahren fern.

**4**

Als der Ruf an ihn erging, war Nikolaus in seinem Wesen völlig gefestigt, was die Außenwelt betraf. Aber die Außenwelt wußte nichts, ahnte nichts von den Spannungen, die dadurch hervorgerufen wurden, daß einem sentimentalen, höchst gefühlsbetonten Wesen, das überdies noch zu Ausbrüchen fast apoplektischer Wut neigte, wenn man ihm widersprach, eine eisig starre Hülle übergestülpt wurde. Denn während seiner Kindheit hatte sich dieser große Verfechter der Disziplin gegen jegliche Disziplin gewehrt, und als er erwachsen wurde und die Notwendigkeit von Selbstdisziplin erkannte, kultivierte er eine mystische Verehrung der Pflicht, die im Grunde genommen romantisch war. Für einen Mann, der vor heftigen Leidenschaften zu ersticken drohte, bedeuteten Ordnung und Harmonie alles. Die junge Viktoria hatte mehr Einblick in ihn als die meisten, aber sie irrte sich in einem Punkt: Nikolaus war weicheren Gefühlen gegenüber keineswegs unempfindlich. Wie viele Neurotiker, die berüchtigte Tyrannen sind, war er leicht zu Tränen gerührt. Er war erst achtzehn, als er sich in Berlin Hals über Kopf in die preußische Prinzessin verliebte, die man sowohl in Petersburg als auch in Potsdam als passende Braut für den jungen Großfürsten ausgewählt hatte. Prinzessin Charlotte, jung, schön, sentimental, fröhlich, war hingerissen, daß ihr überwältigend gut aussehender Bräutigam anscheinend ihre Vorliebe für Musik und Theater teilte, gar nicht zu reden von dem Zauber der Natur, der sich ihnen in den Wäldern und dem Heideland von Potsdam darbot, die sie Hand in Hand durchwanderten. Im Laufe der Jahre jedoch wurde es klar, daß weder Beethoven noch Schiller in seiner Seele Wurzeln gefaßt hatten. Obwohl Nikolaus in reiferen Jahren stolz darauf war, als Förderer der Kunst zu gelten, ja sogar an kleinen musikalischen Soiréen zu Hause Gefallen fand, suchte er eigentlich ein Spiegelbild, so banal es auch war, ein Spiegelbild jener Ordnung und Symmetrie, die ihm, verstärkt durch das Gefühl persönlicher Macht, den Anblick eines Regiments auf dem Exerzierplatz zum tiefsten ästhetischen Erlebnis werden ließ.

Der quasi-ästhetische Aspekt der Heeresführung ist von Historikern, die meist temperamentmäßig dem Militarismus abhold sind, unterschätzt worden. Nikolaus, wie vor ihm Friedrich der Große und Napoleon und nach ihm der junge Franz Joseph und Wilhelm II., stellte die eigentliche Ordnung auf den Kopf, indem er sein Heer nicht lediglich als notwendigen und bedauerlicherweise kostspieligen Schutz für den Zivilstaat betrachtete, sondern als höchste Selbstdarstellung des Staates, für dessen Unterhalt die bürgerliche Wirtschaft zu sorgen hatte. Indem sie diese kolossale Maschinerie ausbauten, schufen sie Heere, die nur ein Genie befehligen und wirksam einsetzen konnte. Auf dem Paradeplatz war Nikolaus' Armee grandios. Zehntausende von Bauern und ihre Offiziere waren farbenprächtigst ausgestattet und bis zur Perfektion gedrillt. Bei jeder möglichen Gelegenheit ritt Nikolaus, umgeben von seinen Adjutanten und Kommandeuren, in der Uniform eines seiner Leibregimenter aus, um massierte Truppenbewegungen zu leiten. Er kannte jeden Knopf, jeden Faden der Goldlitzen auf jeder Uniform (viele hatte er selbst entworfen). Er schaltete sich überall ein, ging manchmal sogar so weit, neue

Rekruten den verschiedenen Hausregimentern zuzuweisen. Man kann leicht über diese Manie lachen. Es war tatsächlich absurd. Aber die Absurdität sollte nicht den tiefen romantischen Impuls verdecken, der hinter dieser Hingabe an Details stand. Nikolaus hatte einen Traum. Sein Traum war eine Utopie, in der alle Menschen ihren Platz kannten und zu ihrem eigenen Wohle in einer heiligen Hierarchie eingegliedert waren; einer Hierarchie, die vom Zaren befehligt wurde, der seinerseits wiederum seine Befehle von Gott im Himmel erhielt. Die Armee mit ihrer starren Befehlsfolge und ihrem absoluten Gehorsam war nicht nur der sichtbare Ausdruck dieser Harmonie; sie war auch das Vorbild, dem die bürgerliche Gesellschaft nacheifern sollte.

5

Der Schock, den ein beschränkter Mensch mit einer solchen Einstellung erleiden mußte, als er am ersten Tag seiner Regierung feststellte, daß Teile seiner Armee nicht nur unzufrieden waren, sondern aktiven Hochverrat begingen, war fast mehr, als er ertragen konnte. Als ihm die Gefangenen vorgeführt wurden, war er entsetzt über die Ausdehnung der Verschwörung, die hier aufgedeckt wurde. Wem konnte er von nun an trauen? Der treue alte Miloradowitsch, der erste Tote der Revolte, hatte ihm den schlechten Rat gegeben zu warten, ehe er die Krone annahm. In den vordersten Reihen der Verschwörer waren Mitglieder einiger der ältesten Familien im Lande – ein Trubetzkoj, ein Orlow, nicht weniger als neun Mitglieder der Familie Murawjew. Alle diese Familien, die die Verräter aus ihren Reihen ausstießen, sollten sich in den kommenden Jahren immer wieder auszeichnen. Aber wie konnte Nikolaus wissen, daß es so kommen würde? Die Tatsache, daß der Adel sich um ihn scharte und seine eigenen abtrünnigen Söhne verleugnete, war gewiß beruhigend, aber sie konnte nicht sofort überzeugen. Wem konnte er Glauben schenken? Die Fäulnis war tief eingedrungen. Obwohl die Verschwörer bis in die letzten Monate einen sehr geschlossenen und geheimen Kreis bildeten, wurde ihre Meinung doch von vielen außerhalb dieses Kreises geteilt. Puschkin, der auch verhört wurde, sagte dem Zaren mutig ins Gesicht, er hätte sich den Verschwörern angeschlossen, wenn er nur in St. Petersburg gewesen wäre und nicht im Exil (tatsächlich hatte man ihn nur deshalb nicht eingeladen mitzumachen, weil man Zweifel an seiner Verschwiegenheit hatte).[13] Der spätere diktatorische Ministerpräsident von Österreich, Felix Fürst zu Schwarzenberg, der damals an der österreichischen Botschaft tätig war, hatte den Dekabristen so nahegestanden, daß Nikolaus auf seiner Abberufung bestand; und der österreichische Botschafter war ein Cousin des Fürsten Trubetzkoj, der am Morgen des 14. Dezember bei ihm Zuflucht suchte.[14] Die Verbitterung des jungen

Zaren über die Gardeoffiziere zeigte sich weniger in der Härte der unmittelbaren Strafen als darin, daß er sich weigerte, die Überlebenden im Laufe der Jahrzehnte zu begnadigen.

Tatsächlich wirken die ursprünglichen Strafen auf den europäischen Betrachter für die damaligen Zeiten gar nicht so abscheulich. Fünf der Anführer wurden gehenkt, 200 weitere wurden nach Sibirien ins Exil geschickt; viele der Soldaten, die eigentlich Opfer ihrer eigenen Offiziere waren, wurden ausgepeitscht. Aber schließlich haben Mörder und Attentäter in fast allen Ländern und zu allen Zeiten entweder mit dem Tod oder mit lebenslänglichem Kerker rechnen müssen. Was bei diesen Strafen beunruhigend war, waren weniger die Strafen an sich als die Art, wie gestraft wurde, und die Einstellung, die dahinter stand – vor allem die leidenschaftliche und persönliche Anteilnahme des Zaren an einem Verfahren, das doch am besten den hierzu bestellten unpersönlichen Sicherheitsbehörden des Reiches hätte überlassen werden sollen. Nikolaus mischte sich hier ein, wie er sich im Laufe der nächsten dreißig Jahre in alles einmischen sollte. Und er tat dies noch dazu dermaßen im Licht der Öffentlichkeit, daß er damit seine Handlungsfreiheit einschränkte: er nahm sich selbst die Möglichkeit, aus den Fehlern und Erfahrungen seiner Untergebenen Gewinn zu schlagen, Bedenken zu haben und dementsprechend zu handeln. Denn gerade darin liegt die Stärke eines Vorgesetzten, der delegieren kann. Wären Nikolaus je Bedenken gekommen, so hätte er seinen einmal bezogenen Standpunkt öffentlich revidieren müssen; ein klügerer Mann hätte sich gar nicht erst festgelegt.

Das Verfahren begann in jener bitteren Winternacht, als Nikolaus sich im Winterpalast, wohin er selbst mit seiner Familie erst am selben Tag vom Annitschkow-Palast übersiedelt war, die ersten Gefangenen vorführen ließ. Diese außerordentlichen Konfrontationen setzten sich über Tage und Wochen fort; der neue Zar bewies dabei ein theatralisches Flair, das so viele seiner Aussprüche und Taten kennzeichnen sollte; er zeigte sich bald drohend, bald schmeichelnd, manchmal eher traurig als zornig. Der unglückliche Fürst Trubetzkoj brach gänzlich zusammen und versuchte, die Füße des Zaren mit Küssen zu bedecken; er wurde auf Lebenszeit verbannt. Kachowskij, der Mörder Miloradowitschs, erweckte mit seiner Haltung und seinen Argumenten das Interesse des Zaren. »Kachowskij sprach mit mir und zeigte großen Mut und Ehrlichkeit«, schrieb Nikolaus. »Seine Worte waren bitter und positiv. Er war ein junger Mann voller Liebe für sein Vaterland, aber er hatte sich den verbrecherischsten Taten verschrieben.«[15] Es änderte nichts am Endeffekt. Kachowskij wurde gehenkt; ebenso der brillante, von Puschkin bewunderte Pestel, »ein Schuft im wahrsten Sinne des Wortes, wie man sie selten findet: sein Gesicht hatte einen bestialischen Ausdruck, er trug seine Forderungen mit arroganter Unverschämtheit und keinerlei Anzeichen von Reue vor.«[16] Dasselbe Schicksal ereilte Bestuschew-Rjumin, der tapfer die ganze Schuld auf sich nahm und vom Gefängnis aus dem Zaren einen rührenden persönlichen Brief schrieb, in dem er ihm die Ideale auseinandersetzte, die die Verschwörer geleitet hatten. Auch der Dichter Rilejew wurde hingerichtet, doch Nikolaus setzte sich nachher sehr dafür ein, daß für den Lebensunterhalt der Witwe und ihres Kindes gesorgt wurde.

Während sie auf ihren Prozeß und das Urteil warteten, gab Nikolaus genaueste Anordnungen für die individuelle Behandlung jedes einzelnen Gefangenen. Sie waren eingekerkert in den feuchten und finsteren Zellen der Peter-und-Paul-Festung, die am anderen Newa-Ufer gegenüber dem Winterpalast lag. Die lange niedrige Silhouette dieses Bauwerks, das Peter der Große als Mittelpunkt wie als Bastion seiner neuen Stadt errichtet hatte, wird von dem schlanken, zarten Turm der Kathedrale überragt, wo mit einer Ausnahme alle Zaren von Peter dem Großen bis zu Alexander III. in Grabmälern von außerordentlicher Schönheit begraben liegen. Wenn man heute die Festung betritt und unter sommerlichen Bäumen zur Kathedrale hinübergeht, hat man nicht den geringsten Eindruck, sich in einem Gefängnis zu befinden; tatsächlich wurde auch der eigentliche Gefängnisblock, das berüchtigte Alexander-Vorwerk, unter Alexander III. abgetragen. Hier hatte Peter der Große seinen eigenen Sohn gefangengehalten und zu Tode martern lassen. Hier war Radischtschew untergebracht, bevor ihn Katharina nach Sibirien verbannte; hierher ließ Nikolaus die Dekabristen bringen, wo sie auf den Tod oder auf die Verbannung warteten. Später waren es dann Dostojewskij und andere Mitglieder des Petraschewskij-Kreises; noch später der Anarchist Bakunin. Es war ein grauenhafter Ort, eine eigene Welt, ganz von Wasser umgeben, innerhalb der Festungswelt, die selbst auch von Wasser umgeben war. Die Zellen des viel größeren Gefängnisses in der Trubetzkoj-Bastei, im späten 19. Jahrhundert berüchtigt als lebendiges Grab für zahllose Radikale und Revolutionäre jeder Rasse, waren schon düster genug; sie schienen wie Höhlen aus dem nackten Fels gehauen zu sein, und die eisernen Kettenringe waren fest an die Mauern geschmiedet. Aber die Trubetzkoj-Bastei war geradezu vorbildlich im Vergleich zu dem schrecklichen alten Alexander-Vorwerk, einem vor Wasser triefenden Vorhof zur Hölle. In diesen Zellen verfaßten die Dekabristen ihre Berufungen an den Zaren, ihre Verteidigungsschriften, ihre Geständnisse. Und während sie damit beschäftigt waren, muß Nikolaus aus der Pracht von Elisabeths riesengroßem Winterpalast über die schmalen, nebligen Gewässer zu jener langen, niedrigen Mauer hinübergeschaut haben, die die Gefangenen vor seinen eigenen Augen und vor dem glänzenden Leben der großen Stadt verborgen hielt.

*Das Volk* [schrieb Kachowskij] *hat eine heilige Wahrheit begriffen: daß es nicht für die Regierungen da ist, sondern daß die Regierungen für es erstellt werden müssen. Dafür wird in allen Ländern gekämpft. Völker, die einmal in den Genuß von Aufklärung und Freiheit gekommen sind, streben danach; und Regierungen, die von Millionen von Bajonetten umgeben sind, versuchen diese Völker wieder zurück in die Finsternis der Unwissenheit zu stoßen.*[17]

Bestuschew schrieb:

*Schließlich marschierte Napoleon in Rußland ein, und dann erst erkannte zum ersten Mal das russische Volk seine Macht: Dann erst erwachte in seinem Herzen das Gefühl der Unabhängigkeit, zuerst in politischem, dann in nationalem Sinn. Das war der Anfang einer freien Denkungsart in Rußland. Selbst die Regierung benützte Worte wie »Freiheit«, »Emanzipation«! Sie hatte selbst die Idee von dem Mißbrauch kolportiert, die Napoleons unbegrenzte Macht mit sich brachte, und der Hilferuf des russischen Monarchen fand an den Ufern des Rheins und der Seine seinen Widerhall. Der Krieg war noch nicht zu Ende, als die heimgekehrten Soldaten zum ersten Mal Unzufriedenheit unter den Massen verbreiteten. »Wir haben unser Blut vergossen«, sagten sie, »und jetzt sollen wir wieder gezwungen werden, für einen Hungerlohn uns dem feudalen Joch zu beugen. Wir haben das Vaterland vom Tyrannen befreit, und jetzt werden wir selbst von der herrschenden Klasse tyrannisiert... Haben wir darum Europa befreit, um uns selbst Ketten anzulegen? Haben wir darum Frankreich eine Verfassung gegeben, daß wir jetzt nicht darüber zu reden wagen, und haben wir mit unserem Blut die Vorherrschaft unter den Nationen erkauft, damit wir in der Heimat gedemütigt werden?«*[18]

Auch nachdem sie tot waren oder unterwegs auf der langen, harten Reise nach Sibirien, oft in Begleitung ihrer Ehefrauen, denen es als ein besonderer Gnadenakt erlaubt war, sie zu begleiten – elegante, verfeinerte, manchmal höchst frivole Frauen adeliger Abstammung, die aus freiem Willen das unbekannte Los in der Ferne mutig auf sich nahmen – ja, auch als sie tot oder in der Verbannung waren, konnte der Zar diese Männer nicht aus seinen Gedanken verbannen. Er ließ ihre Berufungen und Aussagen kopieren und kostbar in Leder binden, um sie im Winterpalast stets griffbereit zu haben. In den folgenden Jahren scheint er immer wieder über diese so unterschiedlichen Manifeste des erwachenden Bewußtseins der gesellschaftlichen Verpflichtung nachgedacht zu haben. Es besteht kein Zweifel, daß sie ihn selbst rührten und beunruhigten. Ja, man könnte sogar sagen, daß unter der Maske jenes lächerlich großartigen, eiskalten Äußeren sein theatralisches Pflichtbewußtsein sich an einem echten Gefühl gesellschaftlicher Verpflichtung erwärmte. Natürlich war auch Angst dabei, und Nikolaus nährte seine Angst, indem er sich dauernd daran erinnerte, daß hinter den glatten Gesichtern und glitzernden Uniformen der Männer, die seine Person bewachen und erhalten sollten, verräterische Feindseligkeit verborgen sein könnte. Aber auch Zorn war dabei, in seiner unterdrückten Intensität fast unverständlich: Männer seiner eigenen Leibwache, die alle ihre Privilegien, ja selbst ihr Leben der Krone vedankten, hatten sich verschworen, um den Träger dieser Krone zu töten! Hinter der Verbindlichkeit perfekter Manieren steckte natürlich leidenschaftlicher Mißmut und ein Schuß roher Sadismus. Besessen von der Würde seiner Position, ließ Nikolaus es an Seelengröße fehlen: nur ein Mensch, dem es an Selbstachtung mangelte, hätte die Farce von 1849 inszenieren können, als er voller Absicht Dostojewskij und seine Kameraden mit verbundenen Augen vor das Exekutionskommando führen ließ, obwohl er wußte, daß in letzter Minute sein Bote herangaloppieen würde, um die Begnadigung auszusprechen. Einer von ihnen wurde wahnsinnig.

Aber dieser merkwürdige Komplex von Angst, Verbitterung, Unverständnis und ungebändigten Leidenschaften (er hatte lediglich seine Gesichtszüge in der Gewalt) wurde, so scheint es fast mit Sicherheit festzustehen, über jedes Maß verschärft durch das Gefühl des Verrates an seiner Person, das sich in tiefem Selbstmitleid äußerte: diese abscheulichen und verhaßten Kreaturen, seine eigenen Altersgenossen (Trubetzkoj war mit zweiunddreißig der Älteste), hatten es gewagt, in halb ausgegorener Form mit Ideen vorzupreschen, die, zumindest teilweise, langsam schon in seinem eigenen Kopf Gestalt annahmen. Damit hatten sie sozusagen einen Weg zu sozialer Reform vorweggenommen, entstellt und zunichte gemacht – einen Weg, den zu beschreiten dem Zaren und sonst niemanden zustand.

Obwohl Nikolaus von Herzen eine Verbesserung der Zustände in seinem Reich wünschte, fehlte ihm die nötige Intelligenz, die ihm hätte eingeben können, was getan werden mußte... Und wenn ihm, der gehemmt war durch die Angst vor dem Unbekannten, durch Unwissen und intellektuelles Unvermögen, nichts Brauchbares einfiel, wenn er aus Stolz und Befangenheit es nicht über sich brachte, Männer mit klarem Verstand um Rat zu bitten und diesen zu beherzigen, so konnte er dafür Männer verantwortlich machen, die jetzt bereits tot waren oder weit weg in der Verbannung lebten: Männer, die ihm durch ihren gottlosen Verrat die Hände gebunden hatten.

Man kann sich nur schwer vorstellen, wie einsam ein erblicher absolutistischer Monarch ist, der nicht übermäßig begabt ist. Wäre Nikolaus nicht in Purpur geboren worden, hätte er es vielleicht zum Kommando einer Brigade gebracht, sicherlich nicht zu mehr. Genauso, wie er sich als Großfürst und Kommandeur voll und ganz dem Drill seines Truppenkörpers hingab, so war er auch als Kaiser am glücklichsten auf seinen Inspektionsreisen. Er war unermüdlich, reiste schnell und weit; er hatte ein unbestechliches Auge für Regimentsküchen, Pfeifenton und die vorschriftsmäßige Ausrüstung. Er inspizierte auch Schulen, brachte Klassen zum Erstarren, indem er die Klassenlehrer unterbrach und den Schülern belanglose Fragen stellte. Nicht aus Langeweile, sondern weil er intensiv zuhörte, vergaß sich ein Schüler einmal so weit, daß er in Anwesenheit seines Regenten einen Ellenbogen auf sein Pult aufstützte; Nikolaus forderte die sofortige Entlassung des unglücklichen Klassenlehrers.[19] Diese Art von Hysterie saß nie sehr tief unter der Oberfläche. Er fand Ablenkung in ruhelosen Reisen, Erfüllung in Inspektionen von Kasernen, Entspannung bei seiner Frau und seinen Kindern – im späteren Leben auch bei seiner Geliebten, Barbara Nelidowa, mit der er eine Anzahl Kinder hatte, für die er aufs gewissenhafteste sorgte –, unter den Fittichen seines Verkehrsministers, Graf Kleinmichel, eines berüchtigten Schinders. Aber von keinem dieser Menschen konnte er die geringste Hilfe erhoffen, wenn es darum ging, politische Entscheidungen zu treffen, wie sie täglich von ihm verlangt wurden. Er war vom Temperament her viel zu unsicher, je einen Vertrauten um sich zu dulden, dem er seine Unzulänglichkeit hätte gestehen können. Er konnte zwar seiner Familie gegenüber seinen Gefühlen Luft machen, und das tat er auch; aus seinem Briefwechsel erhalten wir einen kleinen Einblick in das zermürbende Selbstmitleid eines Mannes, der nicht wußte, wie er sich eine Bürde erleichtern konnte, die zu schwer für ihn war.

So schrieb er, nachdem die feierlichen Urteile über die Dekabristen gefällt waren, an seine Mutter, die ehemalige Kaiserin Marie, Witwe des wahnsinnigen Zaren Paul:

*Meine liebe, gute Mama, das Urteil ist verkündet worden. Ich kann schwer ausdrücken, was ich fühle: Es ist, als würde mich ein Fieber schütteln... Außerdem fühle ich tiefste Qual, gleichzeitig danke ich Gott, der es mir ermöglicht hat, diesen schrecklichen Fall zu einem Ende zu bringen. Mir dröhnt der Kopf. Ich werde mit Briefen bombardiert, einige von ihnen sind voller Verzweiflung, andere sind in einem Zustand verfaßt, der dem Wahnsinn nahe ist. Nur der Gedanke einer grausamen Pflicht ermöglicht es mir, solch ein Martyrium zu ertragen.*[20]

Aber er ertrug es. Die Hinrichtungen fanden statt. Am nächsten Tag gab es einen feierlichen Sühne- und Dankgottesdienst, der unter freiem Himmel auf dem Senatsplatz abgehalten wurde. In dieser Nacht begannen in Petersburg wieder die Bälle, und während die Spitzen der Gesellschaft in der Pracht ihres Schmucks und ihrer Orden im Kotschubej-Palast zusammenkamen, begann drüben auf der anderen Seite des Flusses für den ersten Gefangenentransport, unter ihnen nahe Verwandte einer ganzen Anzahl der Geladenen, von der Peter-und-Paul-Festung aus der lange Marsch in die sibirische Hölle.

Die Regierung hatte jetzt ihr Gleichgewicht gefunden. Es sollte keine weiteren Verschwörungen unter den Gardeoffizieren und dem Adel geben. Wofür Nikolaus trotz allen Brütens nie auch nur den Zipfel eines Verständnisses hatte: Die Dekabristen-Revolte war keine Verschwörung von Armeeoffizieren an sich; sie war eine Verschwörung der Gründungsmitglieder einer neuen Intelligenzschicht, die zufällig Offiziere waren oder gewesen waren – aus dem einfachen Grund, daß für einen jungen Mann aus gutem Hause die Armee die einzige allgemein respektierte Karriere war. Hätte Nikolaus dies begriffen, so hätte er sich sicherer gefühlt; gleichzeitig hätte er, auf die Sympathie und die Unterstützung der Armee bauend, vorbeugende Maßnahmen treffen können, um die Positionen zu schwächen, die bald darauf von den Nachfolgern der loyalen Opposition eingenommen werden sollten – der neuen, wurzellosen Bourgeoisie, die ganz und gar nicht loyal war.

Die Geschichte geht mit Recht hart mit Nikolaus um; er wird als Sündenbock für die Sünden seiner Vorfahren, ganz zu schweigen von jenen seiner Nachfahren, und bis zu einem gewissen Grad sogar für die Sünden des russischen Volkes verantwortlich gemacht. Er war kein attraktiver Mann. Er hatte einen Zug von Gewalttätigkeit, ja sogar Sadismus, und mehr als nur einen Zug von Verfolgungswahn. Er war ein Poseur bis zum Exzeß. Er war grausam gegen die Polen, aber nicht grausamer als sein Nachfolger Alexander II., der Befreierzar. Er begab sich in kalte und finstere Opposition allen gegenüber, die den Absolutismus in Frage stellten, aber er selbst versuchte aktiv, planmäßig und beharrlich, wenn auch keineswegs vernünftig, diesen menschlicher zu gestalten. Er war tatsächlich der erste russische Monarch, der ein soziales Gewissen in die Tat umsetzte und nicht nur darüber redete.

Ein weiterer seiner Charakterzüge war eine etwas verwirrende Dummheit. Für einen Mann in seiner Position, seiner Haltung und seinem majestätischen Aussehen mangelte es ihm, wie schon erwähnt, erstaunlicherweise an Würde. Er sprach viel zuviel, hielt unnütze und unkluge Reden, wenn ihm der Sinn danach stand. In dieser Hinsicht besteht, übertragen in eine spätere Epoche und in ein anderes geistiges Klima, eine deutliche Ähnlichkeit mit dem deutschen Kaiser Wilhelm II. So veröffentlichte Nikolaus, als überall in Europa (aber nicht in Rußland) 1848 die Revolution ausbrach, gegen die Bedenken seiner Ratgeber sein berüchtigtes Manifest, von dem auch nur ein Wort ändern zu lassen er sich strikt weigerte und das die Staatskanzleien von ganz Europa zu den wildesten Vermutungen veranlaßte.

*Die Dreistigkeit, die nicht mehr ihre Grenzen kennt, bedroht in ihrem Wahnsinn selbst Unser Rußland, das Uns von Gott anvertraut ist.*
*Das darf nicht sein!*
*Dem heiligen Beispiel folgend, sind Wir mit der Hilfe des Allmächtigen, die Wir auf Uns herabflehen, bereit, Unseren Feinden entgegenzutreten, wo immer sie auch auftauchen mögen, und ohne Rücksicht auf Uns selbst werden Wir in unauflöslicher Einigkeit mit Unserem heiligen Rußland die Ehre des Namens Unseres Landes und die Unverletzlichkeit seiner Grenzen verteidigen.*
*Wir sind der Überzeugung, daß jeder Russe, jeder einzelne Unserer treuen Untertanen freudig dem Rufe seines Monarchen folgen wird;*

*daß unser alter Kampfruf »Für Glauben, Zar und Vaterland« uns nun
aufs neue den Weg zum Sieg weisen wird: Dann werden wir alle mit dem
Gefühl ehrfurchtsvoller Dankbarkeit, so wie jetzt mit dem Gefühl heiligen Vertrauens in Ihn, ausrufen: »Gott ist mit uns! Versteht dies, ihr
Völker, und unterwerft euch, denn Gott ist mit uns!«* [21]
Trotz alledem tat er sein Bestes, mit den unzureichenden intellektuellen
Gaben, die er besaß, zurechtzukommen. Für Ordnung im Inneren, so wie
er sie sich vorstellte, und für das Legitimitätsprinzip im Ausland war er
bereit, jedes Opfer zu bringen. Es war sein Unglück, daß er der erste russische Monarch war, der es mit einer einheitlichen sozialkritischen Bewegung zu tun hatte. Die Übeltaten seiner Regierung sind in den brillanten
Beschreibungen und Polemiken Alexander Herzens verewigt, und das
Vermächtnis Herzens war es, von dem sich Generationen von Liberalen
und Revolutionären ihre geistige Nahrung holten, so daß Nikolaus in ihren Augen die Verkörperung des Erztyrannen wurde, bösartig, grausam
und bildungsfeindlich.

Dazu kam ein tiefes Nationalgefühl. Alexander I., der mit hochtrabenden
Worten über noch hochtrabendere Ideale so freigebig umging, war viel
herzloser gewesen und richtete wesentlich mehr Schaden an als sein nicht
so intelligenter jüngerer Bruder. Aber Alexander war ein siegreicher
Krieger, ein glänzendes Symbol nationaler Einheit gegenüber dem Feind,
untrennbar mit der neuen patriotischen Legende verbunden, gegen die
nicht einmal ein Tolstoj immun war. Alexander hatte davon gesprochen,
die Knute abzuschaffen; es war Nikolaus, der es in die Tat umsetzte.
Alexander führte das System der militärischen Siedlungen ein; Nikolaus
schaffte sie wieder ab; Alexander übergab die Regierung seines Reiches
dem Scheusal Araktschejew; Nikolaus wurde ihn los. Alexander jagte den
brillanten Reformer Speranskij davon; Nikolaus holte ihn zurück und
ließ eine große Kodifizierung und Revision der Gesetze durchführen.
Alexander regierte ohne Prinzipien, ohne Ziel; Nikolaus war ein Sklave
seiner Prinzipien und bemühte sich um ein positives Regierungssystem
im Sinne eines wohlwollenden Despotismus. Sein Wohlwollen war kein
leeres Versprechen. Auch war er mutig. Er bewies seinen Mut bei etlichen
Gelegenheiten. Er bewies ihn unter Beschuß im türkischen Krieg; er bewies ihn während der großen Choleraepidemie von 1832, als er sich einer
aufrührerischen Menge zeigte, die nach dem Blut der Ärzte und Krankenschwestern schrie, die, so hieß es, die Kranken in den Spitälern vergif-
teten; er bewies ihn 1837 in der großen Feuersbrunst, als der Winterpalast niederbrannte.

Aber er verdarb alles. Sein persönliches Eingreifen im ersten Krieg mit
der Türkei war so katastrophal, daß er sich verbittert seine Unzulänglichkeit als Truppenkommandeur eingestehen mußte. Während der Choleraepidemie in Moskau entließ er den leitenden Arzt eines Krankenhauses,
weil dieses Krankenhaus mehr Todesfälle gemeldet hatte als die anderen;

lange Zeit wurden nirgendwo mehr Todesfälle gemeldet. Nach dem gro-ßen Feuer, in dem dreißig oder vierzig Feuerwehrmänner starben, befahl er, den riesigen Palast innerhalb eines Jahres wieder aufzubauen. Wegen dieser unsinnigen Eile geschah es, daß Arbeiter in Räumen erstickten, die überheizt waren, damit der Verputz schneller trocknete.

Aber das starre Festhalten an einem dogmatischen Prinzip, einem Prinzip, das zur *idée fixe* wurde, war eben der Stein des Anstoßes und viel-leicht der Hauptgrund für den traditionellen Haß der Russen auf Niko-laus.

Gegen Ende seines Lebens führte ihm das entsetzliche Versagen im Krimkrieg sein eigenes Versäumnis vor Augen, mit der Verderbtheit und Korruption des ganzen aufgeputzten, epaulettierten Bürokraten- und Militärklüngels aufzuräumen. Als er sich mit einem besonderen Ver-trauensbruch auseinandersetzen mußte, starrte er ins Leere, dachte an die schrecklichen Umstände seines Regierungsantritts zurück und mur-melte: »Rilejew und Bestuschew hätten mir dies nie angetan.«[22]

# IV Der Zustand des Kaiserreiches

I

Das St. Petersburg, das Nikolaus 1825 übernahm, war sehr verschieden von jener Stadt, die ihr Gründer bei seinem Tode hundert Jahre zuvor hinterlassen hatte. Peter der Große war grob und grausam, unerträglich in seiner titanischen Art und gleichzeitig auch von genialem Weitblick gewesen. Er glaubte Rußland zu europäisieren und seinem Volk die Aufklärung zu bringen; in Wirklichkeit aber machte er sich bloß die technischen Kenntnisse des Westens zu eigen, die er dem alten Moskowiter Stamm aufzupfropfen suchte.

Die unvermittelte, krampfhafte Gewalttätigkeit, mit der er sich dieser Aufgabe widmete, wirkte erschreckend und beleidigend auf das russische Ingenium, ohne es zu ändern. Peter verachtete vererbte Privilegien. Er zwang den Adel in ein Regiment genauest abgestufter Posteninhaber, er verwandelte die Kirche in einen Arm der Regierung. Und so brachte er – wenn auch in sehr institutionalisierter Form – die schwelende Schizophrenie ans Licht, die seit der Eroberung durch die Tataren im 13. Jahrhundert die russische Einstellung dem Westen gegenüber charakterisiert und die bewirkt hat, daß Rußland tatsächlich 250 Jahre lang vom Europa der Renaissance abgeschnitten war. Die bloße Existenz von St. Petersburg war Symbol und Widerspiegelung dieses schmerzhaften Zwiespalts in der Seele der Nation.

St. Petersburg, der strahlende Mittelpunkt; eine Großstadt, auf Pfählen in den Sumpf des Nordens hineingestellt, deren unpersönliche, kolossale Eleganz auf den Leibern unzähliger Sklaven lastete, den Opfern aus dem immer wieder aufgefüllten Arbeitsheer von 40000 Menschen, die man weg von ihren Familien riß und unter die Knute zwang. Sie schufteten, bis sie umfielen, und schufen so für eine Reihe von Monarchen, die einander auf dem Thron folgten, die Fülle der architektonischen Herrlichkeiten dieser Stadt. Die Russinnen Anna und Elisabeth und vor allem Katharina II., eine deutsche Prinzessin aus dem Hause Anhalt-Zerbst, sie alle wandten sich von der Tradition russischer Baukunst ab und ließen sich von westlichen Vorbildern inspirieren. Und dennoch: Obwohl St. Petersburg seit der Regentschaft der Zarin Anna Sitz der Regierung und

Hauptresidenz des Herrschers aller Reußen war, obwohl im 18. Jahrhundert unbeschränkte Mittel darauf verwendet wurden, nicht nur die Stadt selbst in ein Schmuckstück zu verwandeln, sondern auch überwältigend extravagante Phantastereien zu verwirklichen, wie den abseits gelegenen Palast Peterhof mit seinen vielen Terrassen und Springbrunnen und dem Blick über die Ostsee, oder Zarskoje Selo mit seinem wunderbaren, von Cameron erbauten Schloß und den Nebenpalästen und zahlreichen kaiserlichen Villen und Pavillons, so wurde es doch nur als zweite Hauptstadt Rußlands angesehen. Die erste war Moskau. Zaren und Zarewnas waren in der Kapelle der Petersfeste begraben, aber gekrönt wurden sie im Moskauer Kreml. Fast jedes zweite Gebäude in St. Petersburg war ein Palast oder eine Kaserne; in Moskau war fast jedes zweite Gebäude eine Kirche. Das Volk hing noch an dem alten Moskowiter Geist, während der Adel sich nach dem Westen richtete und die eigene russische Sprache nicht mehr beherrschte.

Von seinem Schreibtisch im Winterpalast aus blickte der Zar in Richtung Moskau und darüber hinaus. Nördlich über der das halbe Jahr zugefrorenen Newa lag die unentrinnbare, stets präsente Peter-und-Paul-Festung – dahinter kam bereits Finnland, das sich weit hinaus zum arktischen Ozean erstreckte. Im Westen lag der Golf von Finnland und danach der Onegasee und die baltischen Provinzen. Im Osten der Ladogasee und dann Tausende von Kilometern nichts. Spärlich besiedeltes, bewaldetes Land, das bis zum Uralgebirge und Tobolsk und darüber hinaus zu den Bergen Ostsibiriens und dem Stillen Ozean reichte, langsam in die unfruchtbare Tundra übergehend, als einziger Hafen Archangelsk – die ganzen nördlichen Gewässer waren wie die Newa ein halbes Jahr lang zugefroren. Die Stoßkraft des Reiches ging nach Süden, etwas nach Südwesten (dort lagen Weißrußland und Russisch-Polen) und fast ohne Begrenzung nach Südosten.

Sogar damals war die Aussicht verstellt. Es war irgendwie symbolhaft, daß von den Fenstern des Winterpalastes, der damals nicht wie heute einen grünen Bewurf hatte, sondern einen dunkelroten, dem Alleinherrscher aller Reußen die Aussicht nach Süden verstellt war durch die große, sichelförmige Masse des Generalstabsgebäudes auf der anderen Seite des Palastplatzes, das bei der Thronbesteigung Nikolaus' noch nicht fertiggestellt war. Später dann wurden dort neben dem Generalstab auch noch das Finanzministerium und das Außenministerium untergebracht. Dieses riesige Gebäude, das sich in mehr als einer Hinsicht zwischen den Monarchen und sein Volk schob, war durchbrochen von einen Triumphbogen, der einen Durchgang vom Palastplatz zum Newski-Prospekt bildete; und entlang dieser berühmten Straße, die hier zwei der drei Meilen ihrer Länge kerzengerade verlief, nahmen alle Reichsgeschäfte ihren Weg, bis Nikolaus 1851 die Bahnverbindung nach Moskau eröffnete. Der Zar, seine Minister, seine Kommandeure und Zivilgouverneure, alle

Offiziere und Staatsbeamten, ob weltlich oder kirchlich, ob zivil oder in Uniform, die nach St. Petersburg kamen, um Bericht zu erstatten, oder die nach Moskau und noch weiter weg gesandt wurden, um Erlasse zu übermitteln, Inspektionsreisen zu unternehmen, neue Stellen zu übernehmen, sie alle passierten diese Straße am Anfang oder am Ende ihrer Reise, die sicherlich Tage und oft auch Wochen dauerte.

Es gab in Rußland weder vor der Einführung der Eisenbahn noch nachher ein Postkutschennetz, das all die weit ausgedehnten Gebiete, die von der Bahn nicht berührt wurden, erschlossen hätte. Aber entlang der sehr vereinzelten und schlechten Hauptverkehrsstraßen gab es ein organisiertes System von Poststationen, die eine primitive und oft von Ungeziefer strotzende Unterkunft sowie Ställe zum Wechseln der Pferde boten. Der Hochadel fuhr in seinen schweren Reisewagen oder bei kürzeren Reisen in eleganten Fahrzeugen; das mindere Volk jedoch unternahm seine mühsamen Reisen während des Sommers in einem eigenartigen ungefederten Karren, der *Telega*, die hinter dem Kutschbock keine Sitze hatte: die Reisenden saßen auf Koffern oder lagen im Stroh. In einer solchen *Telega* fuhr im Jahre 1849 der junge Graf Leo Tolstoj mit seinem Diener von Kasan bis zum Kaukasus, eine Reise, die er später auf den ersten Seiten der »Kosaken« schilderte. Die *Tarantas*, ein primitiver Zweisitzer mit einem Dach, wurde für Familienreisen der Landbesitzer, die sich eine Kutsche nicht leisten konnten, verwendet. Die meistbenützten aller Wagen waren die äußerst schnellen kleinen Zweisitzer, im Sommer auf Rädern, im Winter auf Kufen, in denen selbst der Zar recht lange Reisen unternahm, dem Wind und dem Wetter ausgesetzt und nur von einem einzigen Adjutanten begleitet.

Jenes Rußland, das sich vor dem Alexander-Newskij-Kloster ausbreitete, war in Provinzen eingeteilt, mächtige administrative Einheiten unter einem Gouverneur als Vertreter des Zaren. Diese Gouvernements sollten sich im Laufe des Jahrhunderts vermehren: am Vorabend der Revolution gab es allein im europäischen Rußland deren neunundfünfzig. Außer den Gouvernements gab es Territorien, die eigentlich reines Kolonialgebiet waren – asiatische Provinzen, die unter Militärverwaltung standen. Unter Nikolaus I. grenzte an das eigentliche Rußland das Generalgouvernement von Westsibirien, das selbst wieder aus mehreren Gouvernements bestand; der Generalgouverneur war ein sehr mächtiger Herr. Im Süden lag das Vizekönigreich des Kaukasus, das sich von Tiflis bis Baku erstreckte. Gewisse größere Städte waren selbständige Verwaltungseinheiten unter einem Stadtgouverneur. Die Provinzregierungen waren in Bezirke, Städte und Landkreise eingeteilt; hier lag die Verwaltung bei den obersten Polizeibeamten, die Präfektenvollmacht hatten und dem Gouverneur unterstanden. Die gesamte Macht ging vom Zaren aus; aus diesem einfachen Grund waren alle Beamten des Zaren auch dessen Vertreter, was wieder dazu führte, daß die Vollmachten der lokalen Verwaltungsorgane nicht genau bestimmt waren. In der Praxis konnten die Polizeichefs in der Provinz tun und lassen, was sie wollten, außer sie wurden aus irgendeinem Grund vom Gouverneur zur Verantwortung gezogen – oder von dem ihm übergeordneten Amt, das der Privatkanzlei des Zaren direkt unterstellt war, oder von dem Vertreter der Dritten Sektion der Kanzlei, der Gendarmerie bzw. der Geheimpolizei, die jeder Provinzregierung zugeteilt war.

In einem Land mit so großen Entfernungen und so schlechten Verkehrsverbindungen, das theoretisch von einer höchst zentralisierten Bürokratie regiert wurde, die um den Thron einer absoluten Autorität versammelt war, in einem solchen Land hängt jegliche Hoffnung auf eine gute Regierung weitestgehend von den individuellen Fähigkeiten der Machthaber in den Provinzen ab. Wenn diese weder ein festgelegtes Maß an verantwortungsvoller Autonomie besitzen noch durch genaue Anweisungen, die für alle Eventualitäten vorsorgen, gebunden sind, wird die Möglichkeit geschaffen, unangenehme Entscheidungen an die Zentrale weiterzuleiten und willkürliche Entscheidungen zu treffen, womit jene Atmosphäre der Unsicherheit entsteht, die für die Entwicklung der Tyrannei ein günstigerer Nährboden ist als härteste gesetzliche Bestimmungen. Denn bei einer genauen Gesetzgebung, und mag sie noch so unterdrückerisch sein, weiß der Untertan, woran er ist, und kann sich danach richten. Unter dem russischen System wußte niemand, woran er war. Daher wagte es niemand, sich zu rühren. Auf diese Weise kam es bei einem Minimum gesetzlicher Verbote zu einem Maximum an Unterdrückung.

Nikolaus I. erreichte bei weitem nicht die Gründlichkeit und Einheitlichkeit des Terrors, den hundert Jahre später Stalin einführte. Auch beabsichtigte er dies nicht. Er war der Meinung, daß er wohlwollend regierte, wenn auch streng durch eine genauest vorgeschriebene Befehlskette, wobei die Geheimpolizei, die Dritte Sektion der kaiserlichen Privatkanzlei, als Wachhund und Kontrollorgan in seinem Namen fungierte. Aber unter diesem System konnte alles passieren, und meistens war es auch so. Je größer die Entfernung von St. Petersburg, desto absoluter war die Macht der Provinzgouverneure. Unter ihnen waren echte Schurken, die das Volk mit systematisch bösartiger Härte unterdrückten und ausplünderten, wie in Westsibirien der berüchtigte General Pestel, der Vater des gehenkten Dekabristen. Oder sie waren fröhliche Ganoven, vergnügt in ihrer Korruption, wie General Bronewskij in Irkutsk, der eigentliche Monarch von Ostsibirien, der sich und seine Freunde damit belustigte, daß er von einem benachbarten günstigen Punkt aus mit Kanonenkugeln in die Stadt hineinschoß, »wenn er gut aufgelegt war«.[1] Andere wieder, und dazu gehörten ziemlich viele, fingen mit den besten Vorsätzen an, wollten weise und gut regieren, aber nach einiger Zeit verzweifelten sie an dem undurchdringlichen Dschungel von Bestechung und Erpressung, in dem die Provinzbeamten lebten und gediehen. Es ist schon oft darauf hingewiesen worden: Das einzige, was das zaristische System erträglich und durchführbar machte, war die gemütliche Laxheit des durchschnittlichen Beamten. Wären die Vorschriften mit teutonischer Genauigkeit angewandt worden, hätte sich die Maschinerie einfach festgefahren – oder es wäre hundert Jahre früher zu einer blutigen Revolution gekommen. Und das mag stimmen, ebenso wie es auf die zentralistisch geplante Sowjetunion zutrifft, die nur dadurch leben und atmen kann, daß sie den Plan ignoriert und auf die alte Tradition zurückgreift, die Räder durch Gefälligkeit und Bestechung in Schwung zu halten und den Dienstweg abzukürzen. Alexander Herzen stellte fest, daß die Russen eigentlich einer dauernden zielstrebigen Unterdrückung nicht fähig sind: es langweilt sie auf die Dauer. Auch das stimmt, wenn auch mit vielen Ausnahmen (heute mehr als im 19. Jahrhundert). Aber diese Launenhaftigkeit ist ein zweischneidiges Schwert. Wohlgesinnte Russen (auch hier wieder gibt es Ausnahmen) sind auch unfähig, sehr lange den Kampf gegen das Böse aufrechtzuerhalten; sie lassen sich zu leicht entmutigen. Einige legen dann ihr Amt zurück, eine viel größere Anzahl gibt den Kampf auf, tarnt sich und bleibt in Amt und Würden.

Das schlimmste Übel kam jedoch direkt von der Institution der Leibeigenschaft. Die Landbesitzer waren Teil der bürokratischen Hierarchie und nominell ihr unterstellt. Auf ihren Besitztümern aber waren die Landbesitzer in der Praxis die Vertreter des Zaren. Sie waren völlig unbelastet von jeder Spur einer Verhaltensvorschrift, außer daß sie nicht töten durften – obwohl sie auch dies manchmal taten.


2


Was die innere Entwicklung Rußlands betraf, so war es die große Tragödie Nikolaus' I., daß er weder imstande war, das vorhandene Reservoir an Fähigkeiten oder Begabungen auszuschöpfen noch eine neue Verwaltung aufzubauen und einen sozialen Rahmen zu schaffen, der sowohl den humanitären Impulsen der Zeit wie den Bedürfnissen der Industrie, des Handels und der Landwirtschaft am Beginn des Dampfmaschinenzeitalters entsprochen hätte.

Das eifersüchtige Pochen auf seine Position als absoluter Herrscher, das ja nur natürlich war, wurde verschärft durch ein tiefes Mißtrauen gegenüber dem gesamten Adel und einem deutlichen Wissen um die Bestechlichkeit und Korruption der Bürokratie. Aber das von ihm aufgebaute System war direkt darauf ausgerichtet, unter fähigen, wohlgesinnten und kritisch intelligenten Männern das Gefühl des Mißtrauens und der Ablehnung nur noch zu vergrößern und Justiz und Verwaltung dem Würgegriff einer unterbezahlten Bürokratie auszuliefern.

Dies war hauptsächlich auf die starre Zentralisierung des Regierungsapparates zurückzuführen. Es gab keinen Bereich der lokalen Administration, in dem der Landbesitzer eine aktive Rolle spielen konnte. Jegliche Macht und Verantwortung ging von der Zentralstelle abwärts. Nikolaus war es zufrieden, daß die Landbesitzer für ihre Leibeigenen verantwortlich waren und für nichts sonst. Anstatt sie, die kleinen wie die großen, zu den Angelegenheiten ihres eigenen Bezirkes heranzuziehen und so eine Klasse von aktiv gesinnten Staatsbürgern heranzubilden, die mit den grundlegenden Fragen eines verantwortungsvollen Dienstes am Staat vertraut waren und aus denen man künftig auch den Nachwuchs für die Beamtenposten in der Zentralregierung hätte beziehen können, hielt sie der Zar praktisch vom Gemeinwesen fern, dessen »Verwaltung« (in Ermangelung eines besseren Wortes) Karrieremachern überlassen blieb, die alle nicht aufs Volk schauten, sondern nach oben durch eine engmaschige Hierarchie bis hinauf zum Gouverneur, der seinerseits wieder nach St. Petersburg blickte.

Der russische Landbesitzer konnte sich nur dann an der Führung seines Landes beteiligen, wenn er aufhörte, ein Landbesitzer zu sein, seine Besitztümer in den Händen von Verwaltern hinterließ und als professioneller Bürokrat in kaiserlichen Dienst trat. Dies war eine Karriere, die den besseren Landbesitzern nicht sehr sympathisch war; wenn nicht Ehrgeiz oder häusliche Umstände wie bevorstehender Ruin sie dazu bewog, zögerten sie, in den Dienst des Zaren zu treten, der für seine Korruption und Unfähigkeit, seine Verleumdungen und Intrigen berüchtigt war. So blieben sie auf ihren Besitzungen oder vergeudeten ihre Zeit in St. Petersburg oder Moskau, entmündigt im weitesten Sinn des Wortes, vollständig nutzlos für ihr Vaterland.

Aber auch denjenigen, die, aus welchen Gründen immer, den Staatsdienst gewählt hatten, wollte Nikolaus keine Verantwortung übertragen. Er war nicht imstande, sich eine Regierungsform vorzustellen, die auf wirklicher, ausdrücklicher Ministerverantwortung beruhte. Er fand die Idee unerträglich, daß seine Minister als ein Kollegium oder ein Kabinett zusammenarbeiten sollten; da könnten sie ja unter sich Richtlinien besprechen, vielleicht Kabalen spinnen und sich zusammentun, um sich seinen Anordnungen zu widersetzen oder sie zu vereiteln! Jeder Minister mußte ihm persönlich, üblicherweise einmal in der Woche, in Privataudienz Bericht erstatten; jeder Minister hatte sich ausschließlich um sein eigenes Ressort zu kümmern – mit der einen notwendigen Ausnahme des Finanzressorts, von dem die anderen Ministerien ihre Budgetzuwendungen erhielten. Theoretisch bedeutete dies, daß er, der Zar, der einzige Mensch im Reich war, der eine vollständige Übersicht über die Staatsangelegenheiten hatte. In der Praxis hingegen, wie es jedem hätte klar sein müssen – und Nikolaus war sich dessen auch wohl bewußt –, war dies ganz und gar nicht der Fall. Tatsächlich wurde er, samt seinen Ministern, von lauter kleinen Einzelheiten so aufgefressen, daß größere Entscheidungen aufgeschoben und vergessen oder jüngeren Beamten zur dringenden Behandlung übergeben werden mußten. Jedes einzelne Ministerium war dadurch ein Bürokratenparadies, und das System der Bestechung und Korruption, das in jeder unterbezahlten Bürokratie unvermeidlich ist, konnte in diesen klaustrophobischen Enklaven des Beamtentums in unerhörtem Ausmaß wachsen und gedeihen.

Kein Mensch hätte sich entschlossener anstrengen können, die Verwaltung auf eine gesündere Grundlage zu stellen, als Nikolaus, aber wenn auch seine strenge und unerbittliche Gegenwart in St. Petersburg einen günstigen Einfluß hatte, um die Korruption im Zentrum einzudämmen, war er außerhalb der Hauptstadt machtlos, und es ist kaum eine Übertreibung, daß es in ganz Rußland weit und breit nur sehr wenige Richter oder Beamte gab, die nicht gekauft werden konnten: wenn nicht mit eindeutigen Bestechungen, so doch mit Versprechungen auf künftige Gefälligkeiten seitens reicher oder einflußreicher Landbesitzer mit der Aussicht auf rasche Beförderung – oder mit der Drohung von beruflichem Ruin, wenn sie die Missetaten ihrer Vorgesetzten, die selbst auch bestochen worden waren, vertuschten oder nicht vertuschten. Ein ehrlicher Mann hatte es schwer, und das wußte der Zar.

Dieser Umstand – und nicht übertriebener militärischer Eifer – war der Grund dafür, daß unter den Ratgebern des Zaren die Armeeangehörigen so bemerkenswert in der Überzahl waren. Neben dem diplomatischen Dienst war die Armee nach alter Tradition die einzige angesehene Karriere, die einem Russen aus guter Familie offenstand. Hier fanden sich nicht nur die intelligentesten Diener der Krone, sondern auch, wie wir wissen, ihre entschlossensten Kritiker. Gegen Ende der Regierungszeit Nikolaus' I. konnte beispielsweise der junge Leo Tolstoj, der sich, ohne von seinem Genie zu ahnen, für eine Karriere entscheiden mußte, nur drei Möglichkeiten in Betracht ziehen: er konnte seine sehr hochstehenden Beziehungen bei Hofe nützen, um sich eine Ernennung als Adjutant des Zaren zu beschaffen; er konnte sich auf den diplomatischen Dienst vorbereiten, der ein ziemlich hohes Niveau an Kenntnissen erforderte; oder er konnte Jus studieren und einen einträglichen, mühelosen Posten im Staatsdienst annehmen. Sogar nach Nikolaus' Tod war die militärische Tradition noch so stark, daß man ihr begegnet, wo man sie am wenigsten erwartet. So zum Beispiel finden wir beim Studium der unglaublichen Blüte in der russischen Musik in der zweiten Hälfte des Jahrhunderts, daß Mussorgskij Gardeoffizier war; Borodin war Militärarzt und ein hervorragender Chemiker; Rimskij-Korssakow fuhr als Marineoffizier zur See; César Cui, der außer einer großen Anzahl gefälliger eigener Kompositionen so viel für die Förderung der Musik seiner Zeitgenossen getan hat, machte seinen Mangel an musikalischem Genie durch militärische Leistungen wett: als Offizier der Genietruppen wurde er einer der führenden Experten im Festungsbau und brachte es bis zum Generalleutnant. Für Nikolaus war die Armee naturgemäß die Welt; die einzige, die er verstand. Von Zeit zu Zeit fand er einen Zivilisten, der ihm auffiel, weil er administrative Fähigkeiten mit Ergebenheit gegenüber der Mystik des Absolutismus verband. Aber instinktiv mißtraute er Zivilisten prinzipiell: sie begriffen nicht den Sinn des Gehorsams; sie waren nicht gedrillt worden. Und leider konnten sie nie gedrillt werden; aber zumindest gelang es Nikolaus, das ganze Land in Uniformen zu stecken. Er verbrachte glückliche Stunden dabei, die Uniformen für die verschiedenen Sektionen des Staatsdienstes, der freien Berufe, der Universitäten und der Schulen auszusuchen oder höchstpersönlich zu entwerfen.

Nikolaus war nicht zufrieden damit, sich mit Soldaten zu umgeben, Männern, denen er vertrauen zu können glaubte. In seiner ruhelosen und im vorhinein zum Scheitern verurteilten Entschlossenheit, die ganze Bevölkerung Rußlands seiner strengen, aber wohlwollenden Disziplin unterzuordnen, ging er noch einen Schritt weiter. Er entwickelte eine übertriebene Leidenschaft für jene Komitees, die speziell zur Behandlung einer besonderen Frage eingesetzt wurden und unter den Romanow-Herrschern zur Tradition gehörten. Er nahm sie für jede Angelegenheit in Anspruch, die seine Aufmerksamkeit erregte, wobei der übliche ministerielle Amtsweg umgangen wurde und der Zar direkt zu entscheiden hatte. Nikolaus setzte sein Korps von Adjutanten in ähnlicher Weise ein – indem er plötzlich, ohne Warnung, diesen oder jenen jungen Offizier aus guter Familie auf irgendeine Inspektions- oder Untersuchungsmission aussandte.

Vor allem aber erhob er die kaiserliche Privatkanzlei zu einem Machtinstrument erster Ordnung. Vordem hatte die Kanzlei als persönliches Sekretariat des Zaren gedient und die großartigen privaten Stiftungen und Wohltätigkeitseinrichtungen der Kaiserinmutter verwaltet, der Witwe des ermordeten Zaren Paul. Aber Nikolaus sah in ihr sein eigenes unbestechliches Instrument. Die Erste Sektion blieb sein persönliches Sekretariat; die Zweite Sektion wurde zur Vorbereitung und Formulierung von Gesetzen geschaffen; Maria Fjodorownas wohltätige Einrichtungen wurden von der Vierten Sektion betreut; später kam eine Fünfte Sektion dazu mit der Aufgabe, das Leben der Bauern zu verbessern. Aber der Stolz und die Zierde der Privatkanzlei war die Dritte Sektion, die bald als Oberkommando der Gendarmerie, als politische Geheimpolizei berüchtigt werden sollte.

Nikolaus hatte die besten Absichten. Mit der Rangerhöhung der Privatkanzlei versuchte er die Korruption, die Gleichgültigkeit und das nach innen gerichtete Wirken des offiziellen Regierungsapparates zu bekämpfen. Tatsächlich aber verschlechterte sich alles. Er hätte frischen Wind in die Regierungsmaschinerie bringen können, indem er seinen Ministern ein größeres Maß an gemeinsamer Verantwortung gewährte; dadurch

Nikolaus I.              Alexander II.

Alexander III.          Nikolaus II.

1 DIE ZAREN

P. T. Pestel

A. A. Bestuschew

K. P. Rylejew

Wilhelm Küchelbecker

N. A. Karamsin

Michail Speranski

Alexander Puschkin

W. A. Schukowskij

W. G. Belinskij

P. A. Tschaadajew

General Benckendorff

Alexander Herzen

4 Die Flußfront des Winterpalastes am Ufer der Newa (Foto von 1905)

5 Der Haupteingang zum Winterpalast (Foto von 1906)

wären nicht nur die Ideen der einzelnen Abteilungen befruchtet, sondern auch ihre Aktivitäten dem kritischen Blick der Kollegen ausgesetzt worden, deren Arbeitsleistung dann vielfach von der Leistung anderer abhängig gewesen wäre. Er hingegen stieß sie noch mehr in sich selbst zurück, indem er ihnen ein privates Imperium vor die Nase setzte.

Auf diese Weise wurde die Dritte Sektion, die das Zaren Vertrauen besaß und viele Jahre hindurch das Privatreich des Grafen Benckendorff war, praktisch bald ein eigenes Ministerium, das weit in die Bereiche des Ministeriums des Innern, des Unterrichts und anderer Regierungsstellen eingriff.

Nikolaus sah in der Dritten Sektion nicht den Arm willkürlicher Unterdrückung, sondern eine sich aufopfernde Organisation in Händen einer Elite, die unberührt war von der Korruption und Bestechlichkeit des bürokratischen Apparates; sie war als Aufpasser gegen aufrührerische Tätigkeit bestens geeignet, mehr noch aber gab sie ein gutes Beispiel, indem sie ehrliche Untertanen davor bewahrte, von gefährlichen Ideen angesteckt zu werden, und schließlich Männer von Begabung, die nur allzu leicht das Opfer ihrer eigenen Naturen wurden, in ihre Obhut nahm. Der ideale Staat, den Nikolaus anstrebte, hatte Ähnlichkeit mit einer englischen Public School in der Art, wie sie Thomas Arnold gerade in Rugby schuf, mit dem Monarchen als Direktor, den Ministern und Bürokraten als geduldeten, aber nicht ganz zuverlässigen Aufsichtspersonen, Lehrern und Schuldienern und der Dritten Sektion als einem gewaltigen Korps glänzender Präfekten, die sich vollen Herzens der Ehre der Schule verschrieben hatten. Es funktionierte nicht so, denn die Russen waren menschlich und außerdem sehr russisch. Und Nikolaus war es auch.

Nikolaus glaubte, daß die Dritte Sektion in allen Einzelheiten von seinem lieben, treuen Freund Benckendorff geleitet würde, einem besonders liebenswürdigen, besonders versnobten Mann, der seine unerschütterliche Trägheit, seine Tändeleien (er konnte Schauspielerinnen nicht widerstehen) und mäßige Käuflichkeit hinter einem Ausdruck wohlwollender Rechtschaffenheit verbarg, der wieder durch seine sehr schönen Augen gemildert wurde. Dieser Geheimpolizist der Ballsäle tat so, als liefen in seiner weißbehandschuhten Hand alle Fäden der Innenpolitik zusammen, als sei er allen Bittstellern zugänglich, die der Zar nicht selbst empfangen konnte, als habe er seine Hand am Pulsschlag der Nation. Und tatsächlich gelang es ihm, seinen Herrn davon zu überzeugen, daß dies der Fall sei. Niemand konnte seinem Herrn so eindringlich weismachen, daß das Reich im Innersten gesund war, wie Benckendorff; niemand konnte eine bessere, einleuchtendere Erklärung für diesen oder jenen Skandal oder blutigen Aufstand erbringen; niemand verstand es besser, sich Bittstellern gegenüber so zu geben, als ob er ihre Beschwerden mit größtem Wohlwollen anhöre, Tränen wegwische – und dann wegzugehen, ohne

ein einziges Wort erfaßt zu haben. Seine Geistesabwesenheit war legendär; man sagte, daß er zuweilen seinen eigenen Namen vergaß. Aber dies
war eine Tarnung ersten Grades. Niemand verstand es so wie er, die
Betreuung seiner so wichtigen Sektion in die Hände seiner Untergebenen
zu legen. Und es ist ein Beweis für den Mangel an Intelligenz, der Königin
Viktoria an Nikolaus so aufgefallen war, daß der Zar nicht begriff, daß
gerade so etwas geschehen mußte: wenn nämlich der Zar nicht bereit war
zu delegieren, und vielmehr mit Hilfe von »Günstlingen« regierte, die
wußten, wie sie ihm gefällig sein konnten, dann delegierten eben die
Günstlinge, wobei sie die Machtausübung Männern überließen, von denen der Zar kaum je etwas gehört hatte.

So wurde die Dritte Sektion viele Jahre hindurch nicht von Benckendorff
geführt, sondern zuerst von einem nicht sehr interessanten Geheimpoli-
zisten, M. I. von Vock, dann von einem äußerst kultivierten Beamten,
General Dubbelt, dem eigentlichen Erfinder der berühmten Gendarmerie, der, als Spiegelung seines eigenen Charakters, der Dritten Sektion
ihre eigenartige, ambivalente Note gab. Dubbelt war eine jener zwielichtigen Gestalten, für die die Institution einer Geheimpolizei eigens geschaffen zu sein scheint. Ursprünglich Berufssoldat, war er bei Borodino
verwundet worden, heiratete die liberal eingestellte Nichte des Admirals
Mordwinow, wurde der Mitwisserschaft an der Dekabristenverschwörung verdächtigt, kam davon und avancierte zum Oberst. Dann hatte er,
ein Mensch von leidenschaftlichem Temperament, einen Streit mit seinem Divisionsgeneral und reichte seinen Abschied ein. Herzen, ein eingefleischter Gegner der Dritten Sektion und von allem, was sie repräsen-
tierte, sagte von ihm, er sei »intelligenter als alle Sektionen der
Privatkanzlei Seiner Majestät zusammengenommen«.[2] Er hatte den Ruf,
geistreich zu sein, und hielt sich für einen Literaten. Sein Seelenkonflikt
spitzte sich zu, als er einen Posten in dem neuen Gendarmeriekorps der
Exekutive der Dritten Sektion annahm. Seine Frau war entsetzt und tat
ihr Bestes, ihn davon abzubringen. In einem der unzähligen Briefe, die
er zu seiner Verteidigung schrieb, heißt es:

*Du sagst, werde nicht Gendarm; aber verstehst Du denn...? Wenn ich
dadurch, daß ich dem Gendarmeriekorps beitrete, zum Spitzel würde, zu
einem Lauscher, so würde mein guter Name sicherlich darunter leiden.
Wenn ich jedoch andererseits mich nicht in die Angelegenheiten der
Polizei mische, sondern eine Stütze der Armen, ein Schutz für die
Unglücklichen würde... hätte ich dann nicht das Recht, bewundert zu
werden?*[3]

Einige Jahre später war dieser Mann zum allmächtigen Stabschef geworden, der Benckendorffs Dritte Sektion in eine Geheimpolizei verwandelte, wie man sich eine solche vorstellt. Er selbst spionierte und bespit-
zelte nicht, aber er organisierte und perfektionierte ein ungeheures Netz
von Spionen und Informanten, die künftigen Generationen zum Vorbild

dienen sollten. Er entwickelte als erster die Kunst, bestechliche Agenten einzusetzen, die er mit Verachtung behandelte, während er sich von Mann zu Mann mit ihren Opfern unterhielt – als wären Ankläger und Angeklagte in gleicher Weise Gefangene eines Systems, das in sich bedauerlich war, aber leider eben eine unumgängliche Tatsache. Damit entwickelte er »die Romantik der Polizei«, wie Herzen es nannte, eine Art Mystik, in der Opfer und Henker sich durch ein tiefes inneres Verständnis verbunden fühlten, die ebenfalls tonangebend für Generationen wurde.

Je mehr man sich mit den Beratern des Zaren beschäftigt, desto mehr fällt einem eines auf: Sie hielten nicht, wie man es hätte erwarten können, engstirnig an der pedantischen Routine des Verwaltungswesens fest, sondern ganz im Gegenteil, sie griffen unaufhörlich und ruhelos auf die Grundprinzipien zurück. Diese Männer mußten ein gewaltiges und zurückgebliebenes Land verwalten und weiterbringen, damit es in einem Europa, das durch die industrielle Revolution eine grundlegende Veränderung mitmachte, seinen Platz behaupten konnte. Anstatt empirische Entscheidungen zu treffen und auf gesunden Menschenverstand zu bauen, verwandten sie sehr viel Zeit auf den Austausch von Memoranden, die oft unter qualvoller Gewissenserforschung die grundlegenden Fragen zur Debatte stellten.

So zum Beispiel ist der Unterrichtsminister S. S. Uwarow sprichwörtlich geworden durch seinen berühmten Wahlspruch, der lange Zeit hindurch als kennzeichnend für den Bildungshaß der Herrschaft Nikolaus' I. galt: »Orthodoxie, Absolutismus und die nationale Lebensart.« Aber Uwarow, der dieses Schlagwort prägte, war kein reaktionärer Beamter, der von oben herab Vorschriften machte. Er war ein begeisterter Karrieremacher, nicht ohne Ideale, der mühselig die Beförderungsleiter hochklomm. Es fehlte ihm die Sicherheit, die entweder hohe Geburt oder tiefe persönliche Überzeugung vermitteln. Er hatte die besten Absichten und versuchte nach Kräften, die Einstellung des Ministeriums, dem er angehörte, zu verbessern. Er hatte zu kämpfen gegen die geistfeindliche Einstellung von Admiral Schischkow, Alexanders ängstlichem alten Unterrichtsminister, die zur fast vollkommenen Unterdrückung des Universitätslebens geführt hatte, und er versuchte, die eher liberalen Prinzipien seines neuen Vorgesetzten, Fürst Lieven, zu rationalisieren, der wieder keinerlei intellektuelle Ansprüche stellte, aber sehr viel gesunden Menschenverstand besaß. Als er dem Zaren über die Situation an der Moskauer Universität einen Bericht erstatten sollte, fand er es notwendig, seine Ideen über die Ziele einer Bildung klarzustellen – die Verwandlung der Studenten in »nützliche und diensteifrige Werkzeuge der Regierung«. Die Hauptaufgabe seines Ministeriums lag in seinen Augen darin, »den festen Glauben an die echt russischen konservativen Prinzipien der Orthodoxie, des Absolutismus und der nationalen Lebensart zu unterstützen und zu nähren – da diese der grundlegende Rettungsanker unseres Heils und die sicherste Bürgschaft der Stärke und Größe unseres Vaterlandes sind«. Der Zar war von dieser Formulierung so beeindruckt, daß Uwarow selbst bald Minister wurde.

Es war, als ob die Russen sich zum ersten Mal mit Regierungsproblemen auseinandersetzten, als ob noch nie jemand solche Probleme zu lösen gehabt hätte. Und in gewissem Sinn stimmte es tatsächlich. Diese Männer wußten genug über die Welt da draußen, um sich im klaren darüber zu sein, daß sie ein Problem geerbt hatten, das in Europa einzigartig war: ein riesiges, hoffnungslos zurückgebliebenes Land, das sich auf Leibeigenschaft stützte. Und sie konnten sich einfach nicht einig werden, was zu geschehen hätte.

## 3

Nirgends kam dieser Zwiespalt, dieses Sich-Verbeißen in die grundlegenden Prinzipien so zur Geltung wie in der Debatte über die Industrialisierung Rußlands, die unter Alexander begonnen worden war und unter Nikolaus weitergeführt wurde. Sowohl die Art als auch der Zeitpunkt dieser Debatte zeigten die ungewöhnliche Situation, in die Rußland dadurch geschlittert war, daß es seit den Tagen Peters des Großen in allen innenpolitischen Angelegenheiten den Weg des geringsten Widerstandes ging. Der geringste Widerstand war natürlich, den Adel zu verwöhnen oder zu beschwichtigen, indem man ihm unverdiente Privilegien, Land und Leibeigene gewährte; und dementsprechend verschlechterte sich die Situation der Leibeigenen zu einer Zeit, als es steter Bemühungen bedurft hätte, sie zu verbessern.

Grob gesprochen ging es bei der Debatte um vertraut klingende Argumente zwischen den Protektionisten und den Vertretern des Freihandels. Während jedoch in England die Protektionisten konservativ waren und die Vertreter des Freihandels radikal, war es in Rußland umgekehrt. Im England des frühen neunzehnten Jahrhunderts bedeutete Protektionismus Schutz für die Landwirtschaft und Zölle gegen importierte Nahrungsmittel; Handelsfreiheit bedeutete billige importierte Nahrungsmittel im Austausch gegen einen riesigen freien Markt für englische Fabrikgüter. In Rußland war es genau das Gegenteil. Hier bedeutete Protektionismus den Aufbau einer Zollmauer gegen Fabrikgüter, um die Entwicklung der inländischen Industrien zu fördern; Handelsfreiheit bedeutete die freie Einfuhr von Fabrikgütern gegen einen enormen freien Markt für russisches Getreide. Daher waren es hauptsächlich die großen konservativen Landbesitzer (nicht alle), die sich für Handelsfreiheit einsetzten, während die Fabrik- und Mühlenbesitzer auf seiten des Protektionismus standen.

Die Argumente der Protektionisten waren klar: die russische Industrie mußte mit allen Mitteln unterstützt werden, sollte das Land den Anschluß ans neunzehnte Jahrhundert finden. Aber auch die Vertreter der Handelsfreiheit konnten eine beachtliche Rechtfertigung vorbringen: Rußland hatte sich ganz individuell entwickelt; seine größte Stärke waren seine Bauern; sein größter Reichtum Getreide; seine größte Tugend eine dauerhafte absolutistische Ordnung. Sicher müßte man die Industrie fördern, aber langsam und zur rechten Zeit. Eine jähe Vergrößerung der Fabrikarbeiterbevölkerung, die damit verbundene jähe Erweiterung des Verkehrssystems könnten allzu leicht den natürlichen Lauf der Dinge stören und gleichzeitig den größten Pluspunkt des Landes, die Getreideproduktion, gefährden.

Dies ist eine allzu große Vereinfachung. Die Ansichten der Hauptvertreter auf beiden Seiten waren breit gestreut und durch scharf entgegengesetzte Schwerpunkte gekennzeichnet. Der klarstdenkende, entschiedenste und aufgeklärteste unter den Protektionisten war der liberale Admiral A. S. Mordwinow, der zur Zeit der Dekabristensäuberung zwar in Verdacht gestanden hatte, aber davongekommen war. Er wurde unter Nikolaus Staatsrat, der Polizeiminister Dubbelt war sein Schwiegersohn. Mordwinow hatte Amerika als Matrose besucht; er war der erste Russe, der die künftige Herausforderung der amerikanischen Industriemacht erkannte. Er war geradezu ein Musterbeispiel eines auf die Praxis bezogenen »Westlers«; er drängte, daß Rußland am besten damit führe, sich in allen Einzelheiten England als Vorbild für seine Entwicklung zu nehmen, angefangen mit protektonistischen Zöllen (wie es England getan hatte), um die Schaffung von Privatkapital zu unterstützen; es solle seine Energien auf den Bau von Straßen und Kanälen konzentrieren, auf die Pflege von Naturwissenschaften und Technik, auf die Beschaffung von Rohmaterial aus den Kolonien und auf das Bankwesen. Nur durch Befolgung des von England eingeschlagenen Weges könne Rußland hoffen, eines Tages seinen eigenen einheimischen Markt von ausländischer, vor allem aber englischer Ausbeutung zu befreien und die Früchte seines eigenen vorhandenen Reichtums zu ernten.

Das beste Beispiel für die Gegensätze und Verwirrungen im russischen Denken des frühen neunzehnten Jahrhunderts sind vielleicht die Lehrmeinungen Heinrich Storcks, des ersten ernst zu nehmenden russischen Wirtschaftsfachmanns. Storck, Universitätsprofessor und Hauslehrer der kaiserlichen Familie, war der beredteste und überzeugteste Anwalt der freien Wirtschaft.[4] Adam Smiths »Über den Reichtum der Nationen« war seine Bibel. Storck übertrug die Theorien des schottischen Volkswirtschaftlers auf die russischen Verhältnisse. Er kam zu der Überzeugung, daß Rußland seiner Zukunft Hohn sprechen würde, legte es seine Geldmittel aus der Landwirtschaft auf die Industrie um. Und weil er leidenschaftlich davon überzeugt war, daß ein hochproduktiver Boden alle Importe von Industriegütern bezahlen könne, die ein Land benötigte, trat er mutig für die vollständige Abschaffung der Leibeigenschaft ein, da diese die landwirtschaftliche Entwicklung hemme.

Storcks Ansichten wurden von dem Dekabristen N. I. Turgenjew geteilt, aber von wenigen anderen. Denn die meisten, die für eine auf der Landwirtschaft beruhende freie Wirtschaft eintraten, wurden weniger von der Vision unbegrenzter Möglichkeiten getrieben als von der Angst vor den Kräften, die in einer Industriegesellschaft frei werden mußten. Auf einem höheren Niveau handelte es sich um ein fast mystisches Festhalten an der alten russischen Tradition, die sich manchmal, nicht zuletzt auch beim Zaren selbst, in einem tiefliegenden Ekel über die Auswüchse der industriellen Revolution im Westen äußerte. Der russische Bauer als Leibeigener, so argumentierte man damals, war in der Regel moralisch und materiell besser gestellt als der englische Fabrikarbeiter, der, von Grund und Boden vertrieben, durch die Brutalität ausbeuterischer Kapitalisten und die Tyrannei der Maschine in einen Abgrund entmenschten Elends versunken war.

Jedenfalls war Graf P. D. Kiseljew, der große Liberale, den Nikolaus als Vorstand der Fünften Sektion seiner Privatkanzlei einsetzte, dieser Meinung, und mit ihm viele andere. Viele Russen waren sich über die Ungerechtigkeiten des englischen kapitalistischen Systems im klaren, lange bevor Friedrich Engels seine eigenen empörten Entdeckungen zu publizieren begann. Dieses Wissen sollte etwas später die slawophilen Intellektuellen beherrschen und gleichzeitig ihre Gegner beruhigen, unter denen sich auch so leidenschaftliche Westler und ausgesprochene Gegner des Absolutismus wie Alexander Herzen befanden. Niemand vermochte die verwirrende Tatsache zu begreifen, daß Rußland sich auf dem besten Wege befand, das Schlechteste beider Welten zu erben. Es gab nämlich schon viel Industrie in Rußland, und zwar seit den Tagen Peters des Großen; diese Industrie wuchs immerfort und mußte weiterwachsen (eine Tatsache, die auch die eingefleischtesten Freihandelsvertreter akzeptierten); und die Arbeitsbedingungen waren für den russischen Industriearbeiter eigentlich genauso schlimm wie die in England. Auch schien man eine weitere Tatsache nicht zur Kenntnis zu nehmen: daß nämlich jenes ländliche Ideal, das ihnen vorschwebte, ein Traum war, der in Wirklichkeit nie existiert hatte und auch nie existieren konnte.

Ein Ergebnis dieses uneingeschränkten Theoretisierens war, wie man hätte voraussehen können, daß Männer mit echtem Weitblick beim Planen ihrer Politik an einen toten Punkt gelangten und die Mitte oft von weniger qualifizierten Menschen eingenommen wurde, die wenigstens wußten, wie man mit den Problemen des Tages fertig wurde. Der Mann, der schließlich die russische Industriepolitik unter Nikolaus bestimmte, war der Finanzminister Graf E. F. Kankrin. Die Mitte, die er sich eroberte, war ganz einfach die Beibehaltung des Status quo: nicht eine schnelle Industrialisierung, vor der er entsetzt zurückschrak; nicht die fortschrittliche Entwicklung der Landwirtschaft, die wiederum radikale Änderungen einer anderen Art hervorgerufen hätte; lediglich Stillstand. Man konnte niemandem trauen, gewiß keiner Klasse: die Bauernmassen waren leicht aufzuhetzen; die Schicht der Kaufleute war gierig und neigte zu Überheblichkeit; die großen Landbesitzer hatten nach dem Stand der Dinge ohnehin schon genug Macht; die großen Industriellen hatten zu viel Macht. Auf jeden Fall war eine rasche Industrialisierung Rußlands nur möglich, wenn man auch massiv auf ausländische Experten und ausländische Kredite zurückgriff. Es bestand keine Aussicht, das nötige Fachwissen oder Kapital aufzubringen, ohne die Zerstörung des traditionellen Gesellschaftsgefüges zu riskieren. Rußland war ein aktives Unternehmen. Es hatte die Napoleonischen Kriege überstanden. Sein Name wurde in der ganzen Welt geachtet. Nun mußte es sich nur ruhig verhalten und langsam wachsen.

Dieses konservative Ideal paßte Nikolaus ausgezeichnet ins Konzept. Solange es Kankrin gab (und das Finanzministerium hatte hier wie überall negative Machtmittel über die anderen Ministerien, was ihm den Vorrang sicherte), war der tägliche Regierungskram in sicheren Händen. Darüber hinaus noch hatte dieser ausgezeichnete Mann die unvermeidlichen Nachteile seiner Qualitäten. Wenn man ihn sich selbst überließ, geschah überhaupt nichts; während er, Nikolaus, der Zar, manchmal sehr wohl die Notwendigkeit von Maßnahmen erkannte. Es sollte seine Aufgabe sein, Kankrin bei Gelegenheit zu überstimmen, wenn es nötig war, Taten zu setzen. Ein solcher Fall ereignete sich in den Jahren nach der Thronbesteigung des Zaren, als Kankrin hartnäckig gegen den Bau der Eisenbahnen stimmte, die er pessimistisch als Erfindung des Teufels empfand, die das Gesellschaftsgefüge zerstören würde. Rußland hatte es nicht eilig. Rußland war praktisch nicht auf fremde Hilfe angewiesen; unter guter Führung konnte es vollends sich selbst versorgen. Das Geheimnis seiner Stärke lag in der Stagnation. Es gab fast keine Straßen, das machte nichts: das Fluß- und Kanalsystem bewältigte den ganzen nötigen Transport und genügte auch sonstiger Beförderung. Nikolaus war anderer Meinung. Man brauchte drei Monate, um Eisen auf dem Wasserweg vom Ural zur Ostsee zu befördern. Bahnen waren unerläßlich. Und es war der Zar selbst, der Kankrins hartnäckige Opposition beiseite fegte und entschied, daß der 30 km langen Versuchsstrecke von St. Petersburg zum kaiserlichen Sommerhauptquartier Zarskoje Selo, die 1837 eröffnet wurde, der Bau der 700 km langen Strecke St. Petersburg–Moskau folgen sollte. Es gab ein hartnäckiges Gerücht, daß Nikolaus, als die Experten sich über die Trassenlegung nicht einigen konnten, die Debatte beendete, indem er seinen Degen als Lineal benützte, um die beiden Städte auf der Landkarte zu verbinden. Er zeichnete einen geraden

Strich von der einen zur anderen, dem die Bahn gehorsam folgte, obwohl die Strecke manchmal durch Sumpfgebiet verlief und weit entfernt von den Städten, die sie hätte berühren sollen.


# 4

Dieses riesige Unternehmen ist ein erstklassiges Beispiel für die russische Art, die Dinge zu bewältigen.[5] Die Seele des Unternehmens war ein hochbegabter russischer Ingenieur, Paul Melnikow, der noch nie eine Eisenbahn gesehen hatte und so vernünftig war, Nikolaus zu überreden, einen hervorragenden amerikanischen Armee-Bahningenieur als obersten technischen Ratgeber nach Rußland einzuladen. Es war dies Major George Washington Whistler, der Vater des Malers James McNeill Whistler, der seine Kindheit und frühen Schuljahre in St. Petersburg verbrachte – er wäre vielleicht viel länger dort geblieben, wenn sein Vater nicht bei der Choleraepidemie des Jahres 1848 gestorben wäre. Die Bahn wurde 1842 begonnen und 1851 vollendet. Die Arbeit wurde gleichzeitig von beiden Endpunkten in Angriff genommen und hauptsächlich von unzähligen Kolonnen zwangsverpflichteter Bauern ausgeführt, die sich mit ihren bloßen Händen oder mit den gewissen langstieligen kleinen russischen Spaten abquälten und mehr als sechzig Millionen Kubikmeter Erde bewegten; diese schafften sie meist in jenen primitiven hölzernen Zweimanntragen fort, die noch heute in Rußland dem Schubkarren vorgezogen werden. Ein Großteil der Arbeitskräfte wurde von den örtlichen Landbesitzern zur Verfügung gestellt, einige von ihnen kamen selbst mit ihren Leibeigenen und bauten provisorische Unterkünfte; die meisten jedoch wurden unter Kontrakt durch Mittelsmänner beschafft, die durch die Gelegenheit plötzlich auftauchten und Vermögen verdienten, indem sie sowohl die Regierung wie auch ihre Arbeiter beschwindelten. Interessanterweise kam der Anstoß von General Kleinmichel, einem der wenigen Vertrauten des Zaren, dem, obwohl er ein technischer Analphabet war, das ganze Transportwesen in Rußland unterstellt wurde. Kleinmichel, eine Bestie und eine korrupte Bestie noch dazu, war für Alexander Herzen der Prototyp des kriecherischen, ungebildeten Tyrannen. Er war von unermüdlicher Vitalität, und im Namen des Kaisers trieb er alle seine Untergebenen bis an die Grenzen des Erträglichen und noch darüber hinaus: er war es, der nach dem großen Feuer das Wunder des Wiederaufbaus des Winterpalastes innerhalb eines Jahres fertigbrachte – ohne Rücksicht auf die Verluste an Menschenleben. Die Bahn kostete Unzähligen das Leben. Unter den Zwangsarbeitern kam es immer wieder zu Revolten, die von Spezialtruppen der Bahnpolizei niedergeknüppelt wurden.

Nachdem er Kleinmichels System in Aktion gesehen hatte, schrieb Whistler an seinen Schwiegervater in Amerika:

*In einem Land wie diesem ist der Erfolg fast das einzige Kriterium (sic) des Verdienstes – viel Ehre wird einem nach Erfolg zuteil, während ein einziges Versagen jeden Verdienst zunichte macht – dies schüchtert die Mehrheit ein, andererseits flößt es einigen wenigen eine Art verzweifelte Energie ein und läßt sie fest an das katholische Prinzip glauben, daß der Zweck die Mittel heiligt. Nicht nur ist der Wille des Kaisers das oberste Gesetz, sondern es wird sogar jede Laune des Kaisers zum Gesetz dieser einigen wenigen – ich könnte fast sagen, aller –, denn es ist in der gänzlichen Unterwerfung der vielen genauso deutlich wie in der Energie der wenigen.*[6]

Man kann in Kleinmichel das Urbild eines Lazar Kaganowitsch sehen, der als Stalins rechte Hand für den Ausbau des sowjetischen Verkehrssystems verantwortlich war. Achtzig Jahre nach Kleinmichel wandte er beim ersten Fünfjahresplan fast genau dieselben Methoden an, und zwar mit demselben absoluten Gehorsam Stalins Befehlen gegenüber.

Die Strecke wurde gebaut. Als sie fertig war, war sie die längste Eisenbahnlinie auf der Welt. Sie durchquerte jungfräuliche Wälder, lief auf erhöhten Trassen durch tückische Sümpfe. Landschaftlich war sie herrlich angelegt, mit unzähligen prächtigen Brücken über tiefe Schluchten durch das Waldai-Gebirge. Sie war auch hervorragend gebaut. Lang bevor der Zar mitsamt der ganzen kaiserlichen Familie in ihrem glänzenden Salonwagen die Strecke eröffnete, wurde sie bereits für Truppentransporte verwendet. Aber es mangelte einfach an Zusammenarbeit und der nötigen Triebkraft: obwohl begabte Planer ein gewaltiges Eisenbahnnetz im Detail ausgearbeitet hatten; obwohl man den Skeptikern eindeutig bewiesen hatte, daß die Lokomotiven und das rollende Material auch in den extremen Schwankungen des russischen Klimas funktionierten und obwohl Nikolaus und seine Generäle sich über die strategische Bedeutung des Bahntransportes klar waren, gab es keine sofortige Fortsetzung. Eine Strecke von St. Petersburg nach Warschau wurde 1852 begonnen, aber das war alles; und als 1854 der Krimkrieg ausbrach, existierten Bahnstrecken nach dem Süden noch immer bloß auf dem Papier. Und so kam es, daß die Truppen, die man zwischen Moskau und St. Petersburg so leicht verschieben konnte, den ganzen Weg von Moskau in die Krim, an die 1500 Kilometer, zu Fuß auf schrecklich schlechten Straßen zurücklegen mußten; ein Drittel der Mannschaft starb unterwegs.

Ausschlaggebend für die Langsamkeit im Ausbau der russischen Eisenbahnen, wie überhaupt in der Modernisierung der russischen Industrie, war Geldmangel. Zu Ausbau und Erhaltung einer militärischen Großmacht im Industriezeitalter war das verfügbare Kapital hoffnungslos unzureichend. Und was noch schlimmer war: Kankrin verwirtschaftete das vorhandene Kapital. Er war recht freigebig mit Staatsanleihen für im

Grund genommen unproduktive Zwecke – z. B. die Aufschließung großer
Landbesitze, um den Landbesitzern, den Stützen des Status quo, ihren
gewohnten Lebensstil zu ermöglichen –, aber zurückhaltend bei der
Finanzierung von Staatsbetrieben oder bei der Gewährung von Anleihen
an private Fabrikanten. Der Kapitalmangel selbst war das Ergebnis des
Leibeigenensystems. Der Adel mußte keine direkten Steuern zahlen. Der
weitaus größte Teil des Staatseinkommens stammte von den Kopfsteuern
der Bauern, die in solcher Armut lebten, daß der Ertrag gering war.


5

Die modernen Historiker haben sich kaum mit den organischen Zusammenhängen beschäftigt, die bei der Verwendung industrieller und landwirtschaftlicher Arbeitskräfte zwischen nach- und vorrevolutionären
Regierungen bestehen. Schon die oberflächlichste Studie der Industrie
und Landwirtschaft unter den drei Alexandern und dem ersten Nikolaus
wirft ein grelles Licht auf die Sowjetpolitik, einschließlich der Zwangsarbeit, einer Einrichtung, die in Rußland Tradition hat, was durch die
Reformen Wittes und Stolypins unter dem zweiten Nikolaus und den
(freilich nicht in die Tat umgesetzten) Bestrebungen Lenins und der frühen Bolschewiken verdeckt worden ist.
Als Nikolaus 1825 auf den Thron kam, befand sich die Bevölkerung des
Reiches in sehr schnellem Wachstum. Zwischen 1811 und 1863 nahm sie
fast ums Doppelte zu, von 41 Millionen auf über 74 Millionen. Es existieren keine genauen Zahlen für den Beginn der Regierungszeit Nikolaus',
aber zur Zeit des Krimkrieges gab es 42 Millionen Leibeigene und Staatsbauern, fast zwei Millionen Freigelassene in den Städten und mehr als
hunderttausend Leibeigene, die als Fabrikarbeiter eingesetzt waren. Der
Großteil der Leibeigenen waren Dorfbauern, die das Land bearbeiteten,
Bauern, die als Dienstboten beschäftigt wurden, oder Bauern, die saison-
mäßig, seltener auf Dauer, in Fabriken und Bergwerken arbeiteten. Etwas
mehr als die Hälfte dieser Leibeigenen war das persönliche Eigentum der
einzelnen Landbesitzer; der andere Teil, meist in den kargen Landstücken
um Moskau und in Sibirien zu Hause, gehörte der Krone.
Aber diese Welt der Leibeigenen schloß auch eine große Zahl von Menschen ein, die dem Außenstehenden als freie Menschen erschienen wären. Der Dienst, welchen die Leibeigenen ihren Besitzern schuldig waren,
konnte auf verschiedene Art geleistet werden. Sie konnten als Bedienstete
in den Haushalt aufgenommen werden, wo sie gelegentlich verantwortungsvolle Posten mit eigenen Untergebenen innehatten: als Verwalter,
als Architekten oder Baumeister auf fürstlichen Besitztümern, als ausgebildete Handwerker jeglicher Art oder als Schauspieler und Musiker.
Blieben sie auf dem Land, so konnten sie auf die traditionelle, fast feudale

Art (*Barschtschina*) leben, indem sie eine gewisse Anzahl von Tagen pro Woche auf dem Grundstück ihres Besitzers arbeiteten und die restliche Zeit auf ihrem eigenen Grundstück verbrachten; oder sie konnten Zahlungen (*Obrok*) leisten, statt zu arbeiten. In den weiten Steppen des östlichen Zentralrußland, wo Arbeitskräfte rar waren und das zu bestellende Land von riesiger Ausdehnung, zogen die Landbesitzer die Arbeitsleistung vor; aber in den eher dichtbesiedelten Gebieten des alten Moskowiterlandes schnitten sie im großen und ganzen besser mit dem Obrok ab, und die Leibeigenen wurden ermuntert, sich als unabhängige Handwerker zu etablieren, als Händler und Unternehmer im Namen ihrer Besitzer, denen sie einen vereinbarten Prozentsatz ihrer Einnahmen ablieferten. Einige dieser Leibeigenen-Kaufleute brachten es zu Rubelmillionären, aber sie waren immer noch Eigentum ihres Herrn – außer er gestattete ihnen, sich freizukaufen. Das elendeste Los von allen hatten wohl die Fabrikleibeigenen und diejenigen, die zur Zwangsarbeit beim Straßen-, Kanal- oder Eisenbahnbau herangezogen wurden. Sogar Russen, die ihre Heimat gut kannten, waren manchmal schockiert über die unfaßbare Erniedrigung von Tausenden dieser Unglücklichen, besonders derer, die aus weit abgelegenen und verarmten Gegenden wie gewissen Teilen von Weißrußland stammten. So schrieb Valerian Panajew, Melnikows erster Assistent beim Bau der Eisenbahnlinie Moskau – St. Petersburg über Bauern aus der Smolensker Gegend, die als Streckenarbeiter eingesetzt wurden:

*Das waren die unglücklichsten Menschen in ganz Rußland, Arbeitstieren ähnlicher als Menschen. Unmenschliche Kraft wurde ihnen in ihrer Arbeit abverlangt, und man könnte sagen, ohne jeglichen Lohn... Als ich diese Leute zum ersten Mal bei der Arbeit sah, fiel mir folgendes auf: Jeder verbeugte sich, ehe er an mir vorbeiging, so daß sein Rücken in eine horizontale Lage kam; dann näherte er sich mir hastig mit gezierten Schritten, faßte das Ende meines Mantels, küßte es mit den Worten »Ich küsse Ihren Pan, Herr Oberst« und zog sich in gleicher Stellung wieder zurück.*[7]

Gewisse große Landbesitzerfamilien hatten in dem weitgespannten Rahmen ihrer Tätigkeiten alle Art der Leibeigenschaft wie in einem Mikrokosmos aufzuweisen. Unter ihnen waren die Scheremetjews eine der auffallendsten; aber es gab auch andere, die ihnen an Pracht nicht nachstanden, und viele andere, die denselben Lebensstil hatten, wenn auch ihren beschränkteren Mitteln angepaßt.

Die Scheremetjews waren eine alteingesessene Familie, die lang vor dem Aufkommen der Romanows schon eine Rolle spielte. Aber ihr außerordentlicher Reichtum war aus späterer Zeit. Feldmarschall Boris Scheremetjew war einer der treuesten Anhänger Peters des Großen erst im Kampf gegen die Regentin Sofia, später bei der Durchsetzung der Reformen des Zaren. Er wurde mit Land und Leibeigenen in vielen Teilen von

Rußland verschwenderisch belohnt. Im Jahre 1743 heiratete sein Sohn Peter die Fürstin Barbara Tscherkassy, zu deren Mitgift, die seinen Besitz fast verdoppelte, auch das abgelegene Dorf Iwanowno nordöstlich von Moskau gehörte, das damals schon für seine Textilien bekannt war. Als Peter III., Katharinas armseliger Gemahl, im Jahre 1762 den Adel von allen Dienstverpflichtungen befreite, nahm Graf Peter Scheremetjew ein liebenswürdiges, hochkultiviertes, aber gänzlich egoistisches, verschwenderisches Leben auf, das auch seine Nachfahren weiterführten. Um die Mitte des neunzehnten Jahrhunderts besaß der regierende Scheremetjew mehr als zweihunderttausend Leibeigene und steckte bis zum Hals in Schulden. Kankrins unproduktive Darlehen, die er im Namen des Zaren nur allzu gern bewilligte, ermöglichten es dem Grafen, weiterzumachen.

Die Schulden waren bereits vor langer Zeit gemacht worden. Graf Peter Scheremetjew und sein Sohn Nikolaus waren begeisterte Bauherren. Sie gaben ihr ganzes Geld und noch viel mehr für den Bau und die Instandhaltung von Schlössern aus sowie für Lustbarkeiten im großartigsten Maßstab. Von ihren riesigen Stadtpalais in St. Petersburg und Moskau abgesehen, waren die zwei berühmtesten Graf Peters Schloß in Kuskowo (1762–75) und Graf Nikolaus' Schloß in Ostankino (1799), beide ganz in der Nähe von Moskau.

Diese waren nicht zu Wohnzwecken vorgesehen, sondern eigentlich als Dauerkulissen für extravagante Darbietungen. Kuskowo, ein prachtvoller Bau im Stil Palladios, bei dem ein leibeigener Architekt, Alexej Mironow, von Anfang bis zum Ende die Bauaufsicht führte, hatte neben der Flucht der Empfangsräume, dem riesigen Ballsaal, dem Prachtschlafgemach, das dem Schlafgemach Ludwigs XIV. in Versailles nachempfunden war, den Gartenpavillons im Rokoko-Stil und dem riesigen Park einmal auch drei verschiedene Theater für Oper, Ballett und Sprechstücke, eines davon unter freiem Himmel. Die Bühnenbildner, die Schauspieler, die Tänzer, Sänger und Musiker – alle waren Leibeigene. Barbara Tscherkassy hatte als Teil ihrer Mitgift einige begabte leibeigene Maler aus den Familienländereien mitgebracht. Die Scheremetjews selbst bemühten sich ohne Zweifel nach Kräften, unter ihren eigenen Leibeigenen die künstlerische Begabung zu fördern und andere, die Talent zeigten, zu erwerben. Einige, wie der Baumeister-Architekt Mironow, waren außerordentlich begabt und hätten im Westen aus eigener Kraft Karriere gemacht. Parascha Kowalewa, die Primadonna der Operntruppe in Ostankino (wo das Theater mit all seinen komplizierten Maschinerien heute noch unversehrt ist), war weithin berühmt: Tochter eines leibeigenen Schmieds auf einer der Ländereien der Scheremetjews, wurde sie von ihrem Herrn im Alter von elf Jahren entdeckt, als Musikerin unter den besten Lehrern in Moskau ausgebildet und in Französisch und Italienisch unterrichtet. Abgesehen davon, daß sie als Sängerin berühmt wurde, war sie auch eine große Schönheit, und schließlich nahm sie ihr Besitzer zur Frau. Es war irgendwie charakteristisch für die Welt der Scheremetjews, daß Graf Nikolaus, nachdem er seine berühmte Operntruppe aufgebaut, Gluck und Mozart zum ersten Mal in Rußland aufgeführt und seine Primadonna geheiratet hatte, plötzlich nicht weiter den Impresario spielen wollte, seine Truppe auflöste und ihre Mitglieder wieder im Haushalt oder im Garten beschäftigte.

Er war bereits in großen Schwierigkeiten. Ostankino war als großartiges Zentrum für alle Künstler vorgesehen gewesen, und von einer Anzahl von ausländischen Architekten wurden Pläne eingeholt; unter ihnen war auch der begabte Italiener Quarenghi. Aber dieser gewaltige Plan überstieg Scheremetjews Mittel und mußte wieder fallengelassen werden. Einer der Gründe war die Verschwendungssucht Peter Scheremetjews, dessen große Gesellschaften tagelang dauerten. An Galatagen waren in Kuskowo manchmal bis zu dreißigtausend Gäste versammelt. Bei einer Gelegenheit kamen fast dreitausend Wagen zum Schloß, und in ganz Moskau gab es nicht genügend Pferde, um alle eingeladenen Gäste hinzubringen.

Um ein Gegenstück dieser Art von Prunk im Westen zu finden, muß man an die großen Esterhazy-Güter im theresianischen Ungarn denken, wo Joseph Haydn die Musiker beaufsichtigte, nicht als Leibeigener, sondern als Lohnbediensteter mit einem detaillierten Dienstvertrag, den er freiwillig abgeschlossen hatte. Der Reichtum der Esterhazy beruhte aber auf einer hochentwickelten, hochproduktiven Landwirtschaft. Er war grenzenlos. Der Reichtum der Scheremetjews basierte auf der Arbeit und dem Obrok der Leibeigenen. Diese waren äußerst begrenzt. Der Ertrag der Landwirtschaft deckte gerade den Lebensunterhalt, der Obrok war niedrig: pro Kopf und Jahr zwei bis drei Rubel. Am Vorabend der Aufhebung der Leibeigenschaft betrug das Einkommen der Scheremetjews etwas über 700000 Rubel pro Jahr, wovon fast 600000 aus Obrokzahlungen stammten. Von allen ihren enormen Besitzungen erhielten sie durch den Verkauf landwirtschaftlicher Produkte lediglich 18400 Rubel. Im Jahre 1859 betrugen die Abzahlungen ihrer Schulden 736000 Rubel – mehr als ihr Gesamteinkommen. Dazu kamen 344000 Rubel für laufende Ausgaben – das ergibt in einem Jahr ein Defizit von fast 400000 Rubel, die nur aufgebracht werden konnten, indem man neue Schulden machte.

Die Scheremetjews hatten außer dem Prunk selbst nichts zu bieten. Und im 19. Jahrhundert trugen sie, abgesehen davon, daß sie eine ganze Armee von Leibeigenen erhielten und einige karitative Einrichtungen stifteten, z. B. das berühmte Krankenhaus in Moskau, das nach ihnen benannt ist, wenig zur Volkswirtschaft bei. Sie konnten ihre Existenz nicht als Pioniere einer fortschrittlichen Landwirtschaft rechtfertigen; trotz Anstellung eines Korps von Verwaltern, einer Art privater Bürokratie, die zahlenmäßig ausgereicht hätte, um einen der kleinen souveränen

Staaten in Westeuropa zu regieren, waren sie unfähig, ihre riesigen Besitztümer ideenreich, und sei es nur im engsten, egoistischen Sinn zu verwalten. In den zwei Dörfern Iwanowno und Wosnesensk, die zusammen einen großen industriellen Komplex bildeten, besaßen sie den Hauptsitz der russischen Textilindustrie, ein russisches Manchester, das Tausende der Scheremetjewschen Leibeigenen beschäftigte.

Aber diese mächtigen Magnaten zogen aus ihrem potentiellen Reichtum keinen Nutzen, wie es zum Beispiel die englische Hocharistokratie mit der Kohle tat, die unter ihren Feldern lag. Statt dessen wurde die Führung der Textilfabriken begabten Leibeigenen übergeben, die, als die Fabriken florierten, große Summen als Obrok zahlten und mit der Zeit einen so hohen Preis für ihre Freiheit bezahlen konnten, daß ihre Besitzer nicht widerstehen konnten, den unmittelbaren, kurzsichtigen Vorteil zu ergreifen, um einige ihrer Schulden abzahlen zu können. Die Gänse, die die goldenen Eier legten, wurden also eine nach der anderen geschlachtet, und im Lauf der Jahrzehnte brachten es die Vertreter einer neuen Handelsklasse, die erst kürzlich aus den Reihen der Leibeigenen aufgestiegen waren, zu großen Vermögen auf dem Textilsektor – in diesem Fall die Grantschews, die Garelins und andere. Gewiß, der Erlös aus den Freikäufen, zusammen mit dem zusätzlichen Einkommen aus Pacht und Grundverkäufen, ermöglichte es den Landbesitzern, ihren Lebensstandard aufrechtzuerhalten. Doch die Familien, die diesen Lebensstandard erreichten und aufrechterhielten, lebten eigentlich von der Hand in den Mund; sie waren mehr Konsumenten als Produzenten, und von einigen beachtlichen Ausnahmen abgesehen, fehlte ihnen jeder Sinn dafür, sich am Aufbau eines nationalen Wohlstands zu beteiligen. Es war unter den Adeligen aller Kategorien vom Großfürsten abwärts durchaus üblich, ihre russischen Besitztümer zu verkaufen und mit ihrem Geld, ihren Frauen oder Mätressen und ihrem Schmuck in ein selbstgewähltes prächtiges Exil an die Riviera oder nach Italien zu ziehen. Die neuen Industriellen hatten solche Mühe, ihre Freikaufsummen aufzubringen, daß das Los der Leibeigenen, die sie selbst beschäftigten, wenn möglich noch härter war als bisher.

## 6

Der Grundfehler des russischen Industriesystems, so wie es bis zur Aufhebung der Leibeigenschaft im Jahre 1861 praktiziert wurde, geht auf Peter den Großen zurück. Für Peter war die russische Industrie jeder Art ein wesentlicher Bestandteil des militärischen Apparats, den er benötigte, um aus Rußland eine Großmacht zu machen. Um dieses Ziel zu erreichen, errichtete er eine Anzahl von Staatsbetrieben, zog es aber vor, diese an Privatunternehmer wie die Familie Demidow zu verpachten. Kleinere

Industrien wurden kleineren Unternehmern überlassen, Außenseitern –
den Leibeigenen der großen Grundbesitzer, oder Abweichlern oder
Andersdenkenden, die abseits vom Hauptstrom der russischen Gesellschaft standen und dies dadurch kompensierten, daß sie Geld machten.
Oft fingen sie als Hausierer an. Unter dem zentralisierten Absolutismus,
wo der Adel an der Krone hing und die Masse der Bevölkerung als Leibeigene am Adel oder direkt an der Krone in Gebieten mit geringem privaten
Grundbesitz (besonders in den kargen Waldgegenden), hatte die Privat-
wirtschaft westlich des Urals nirgendwo Entwicklungsmöglichkeiten.
Es gab daher keine Innungen für Kaufleute, Händler oder Handwerker,
die sich zusammentun und einen kräftigen Mittelstand hätten aufbauen
können. Peter hatte die Industrie nach Rußland gebracht, aber er tat
nichts, um das Entstehen einer relativ offenen Gesellschaft zu stützen,
die die Voraussetzung für das organische Wachstum des westlichen Kapitalismus war, in dem unzählige kleine Unternehmen miteinander in
schärfster Konkurrenz lagen. Peters Betriebe und Fabriken sowie die
Betriebe und Fabriken begünstigter Privatunternehmer waren daher
nicht konzipiert als die Verwirklichung der Träume, des Ehrgeizes und
der Raffgier vieler Einzelpersönlichkeiten, die es zu etwas bringen wollten oder nach Macht und Reichtum strebten oder einfach etwas auf die
Beine stellen wollten – sondern vielmehr als Erweiterung der Zentralregierung, als Versorgungsquellen für die Zentralmacht. Zu einer Zeit, als
die hochproduktiven Werkstätten des Westens meist Familienbetriebe
waren, waren die viel weniger zahlreichen Werkstätten in Rußland praktisch Zivilkasernen. So entstand die Tradition der Großfabrik, die Hunderte, oft Tausende Arbeiter beschäftigte. Und obwohl einige von diesen
nur Saisonarbeiter waren, bäuerliche Leibeigene, die im Sommer ihre
Felder bestellten und im Winter über Land zogen, manchmal Hunderte
Kilometer weit zu Fuß, um in der Fabrik zu arbeiten, lebten und arbeiteten sie in den Fabrikstädten in fast militärischer Disziplin.
Der Leerlauf dieses Systems, dazu die langsame Beförderung der Produkte auf dem Wasserweg über Flüsse und Kanäle hatten im 18. Jahrhundert zu dem raschen Verfall der Eisenindustrie im Ural geführt. Und der
Brauch der kasernenmäßigen Arbeit, der bis ins 19. und 20. Jahrhundert
erhalten blieb, sowie die Ausbeutung durch ausländische Konzessionäre
(wie in den Bergwerken des Donez) waren für das gewaltige Paradoxon
der russischen Industrie verantwortlich. In diesem leeren und rückständigen Land, wo das Proletariat einen solch winzigen Bruchteil der
Gesamtbevölkerung ausmachte, konnte eine organisierte industrielle
Revolte einfach deshalb eine so unverhältnismäßig große Rolle spielen,
weil die Arbeiter zusammengepfercht waren – isolierte Enklaven von
Hilfsarbeitern mitten im Ozean des weiten Landes und viel leichter von
revolutionären Agitatoren aufzuhetzen als ihre Kollegen in Westeuropa,
für die die Fabrik lediglich ein Arbeitsplatz war, von dem sie nach

Arbeitsschluß in ihr eigenes Heim, und sei es auch noch so dürftig, zurückkehrten, in den Schoß ihrer Familie, und sei sie auch noch so arm.

Als Nikolaus sich 1844 entschloß, in Alexandrowsk am Rand von St. Petersburg eine Lokomotivfabrik zu eröffnen (ein Betrieb, der von amerikanischen Fachleuten errichtet und achtzehn Jahre lang geführt wurde), gab es kein allmähliches, natürliches Wachstum. Die ganze Idee entsprang in allen Einzelheiten dem Hirn der Staatsbürokratie; bereits im Dezember 1845 war die Fabrik fertig, und 1600 Facharbeiter stellten zehn Personenwaggons pro Tag und eine Lokomotive pro Woche her. Der amerikanische Ingenieur, der die Fabrik leitete, behauptete, daß sie das beste Unternehmen in ganz Europa war. Zweifellos stimmte das auch. Aber sie wurde mit militärischer Disziplin geführt.

Es war die Art von Disziplin, wie sie etwas früher im Uralgebirge eingeführt worden war. Dort wurde in den ersten Regierungsjahren Alexanders I. der Versuch unternommen, die Eisenindustrie des Urals zu modernisieren. Zu diesem Zweck wurde das ganze Gebiet, in dessen Zentrum eine Anzahl reiner Industriestädte lag, zum Militärkommando erklärt. Unter dem Bergwerksgesetz von 1806 wurde eine eigene zentralisierte Bergwerksverwaltung in St. Petersburg als Abteilung des Finanzministeriums gegründet. Sowohl private als auch staatliche Bergwerke wurden ihrer Kontrolle unterstellt, das Gebiet wurde in sogenannte Bergwerksbezirke und Bergwerksstädte aufgeteilt. Jeder Bezirk mit seinen Bergwerken und Fabriken wurde von einem Bergwerkshauptmann geführt, dessen Aufgabe es nicht nur war, gemäß den allgemeinen Richtlinien der Zentrale die anzustrebenden Produktionsziffern festzulegen und den ganzen Herstellungsprozeß zu überwachen, sondern auch die Oberaufsicht über die Polizei und das Rechtswesen innerhalb der Bezirke sowie über die starken Sondereinheiten der Armee auszuüben, die für die Aufrechterhaltung von Recht und Ordnung verantwortlich waren. Mit einem Wort: die Bergwerksbezirke waren mehr oder weniger riesige Konzentrationslager, wo man zur Arbeit Leibeigene verwendete, meist Saisonarbeiter, die, mit speziellen Pässen ausgestattet, alljährlich aus ihren Dörfern kamen.

Wohl weniger als drei Prozent der gesamten Belegschaft in den Bergwerken waren reguläre Lohnempfänger. Und natürlich gab es einen dauernden Zufluß von Sträflingen. Einige Unternehmen beschäftigten nur Sträflinge. Dem Bergwerkshauptmann war es alles eins, er war tatsächlich der Diktator über alle Menschenseelen, die ihm unterstellt waren.

Dieses System konnte den Unternehmungsgeist nicht fördern. Dazu kam noch, daß ja auch die privat betriebenen Bergwerke, selbst wenn sie ihren Eigentümern Gewinn brachten, dem Bergwerkshauptmann unterstanden, und dieser Umstand bewirkte bei den großen russischen Unternehmern eine fatalistisch-unverantwortliche Haltung. Sie wurden vom Staat gezwungen, Krankenhäuser zu bauen, Sozialleistungen zu gewähren (ein

Vorteil gegenüber dem westlichen System der uneingeschränkten freien Wirtschaft, auf das die Sowjets nie müde werden hinzuweisen). Aber sie wurden von der Zentrale alle über einen Kamm geschoren, und sie waren in ihrer Aktionsfreiheit vom Staat abhängig.

Wenn man die Zustände in Rußland im allgemeinen betrachtet, wo körperliche Züchtigung gang und gäbe und das Existenzminimum haarsträubend niedrig war, wo der Arbeiter als Sache behandelt wurde, kann man sagen, daß das Allgemeininteresse der Zentralplaner die ärgsten Fabrikeigentümer daran hinderte, ihre Arbeiter und deren Kinder ebenso grausam wie die ärgsten Unternehmer in England (die keinerlei ärztlichen Beistand boten, und sei er noch so unzureichend) zu behandeln. Andererseits gab es wenig oder gar keine Möglichkeit oder Anreiz für die Besten, das Beispiel eines fortschrittlichen Unternehmertums zu setzen, das für die westliche Welt charakteristisch werden sollte, ein Ferment, das die öffentliche Meinung belebte, ein dauernder Ansporn für das abgestumpfte Gewissen. Von Zeit zu Zeit unterzeichnete der Zar ein Dekret, das die Arbeitsstunden verkürzte und diese oder jene Art der Kinderarbeit verbot; aber im kaiserlichen Rußland gab es keinen Lord Shaftesbury und keine Fabrikgesetze, die von der erwachenden öffentlichen Meinung durchgedrückt wurden, dem doktrinären *laissez-faire* zum Trotz.

Und bis 1861 herrschte das Leibeigenensystem. Es war absolut. Einzelne Grundbesitzer ließen von Zeit zu Zeit ihre Leibeigenen frei; einer von ihnen war der Vater des Komponisten Rimskij-Korssakow, den sein Gewissen plagte; ein anderer der Schriftsteller Turgenjew. Aber das waren vereinzelte Handlungen. Die Klasse der Grundbesitzer insgesamt sah sie als gefährliche Absonderlichkeit mit Mißbilligung. So stach der alte Rimskij-Korsarkow sehr ab von seinen Zeitgenossen. Als Erbe eines beträchtlichen Besitzes war er von Freunden, denen er zu sehr vertraut hatte, um seine Güter betrogen worden. Er wurde dann zum Zivilgouverneur der Provinz Wolhynien ernannt, die, im äußersten Westen gelegen und an Kongreßpolen angrenzend, zum Großteil von Polen bewohnt war. Nach der harten Niederwerfung des polnischen Aufstands von 1830 fand sich dieser sanfte und humane Mensch einfach außerstande, seine Autorität und seinen Namen für die Politik der Unterdrückung, wie sie St. Petersburg vertrat, herzugeben. Er legte sein Amt nieder und zog sich ins Privatleben zurück, um friedlich von dem Rest seines Erbes zu leben. Zu dieser Zeit war er aber zu dem Schluß gekommen, daß das ganze Prinzip der Leibeigenschaft schlecht sei. Ein paar von ihnen blieben gegen Bezahlung in seinen Diensten. Es gab noch andere, die wie der alte Rimskij-Korsakow dachten, und einige waren bereit, für ihre Überzeugung zu bezahlen. Es war ein Wunder, das es ihresgleichen überhaupt gab; sie mußten das Stigma auf sich nehmen, ihre eigene Klasse verraten zu haben.

Einzelne begabte Leibeigene konnten natürlich ihre eigene Freiheit jederzeit erkaufen, wenn sie genügend dafür bezahlten. Andere lenkten die Aufmerksamkeit ihrer Besitzer oder deren Freunde auf sich, man half ihnen, sich eine Karriere aufzubauen, und gab ihnen ihre Freiheit als Geschenk. Einer der bemerkenswertesten von diesen war A. V. Nikitenko, der Sohn eines talentierten und beliebten Leibeigenen auf einem der Güter der Scheremetjews. Der junge Nikitenko wurde von dem späteren Dekabristen Fürst Eugen Obolenskij und dem Dichter Rilejew, der gehenkt wurde, gefördert. Er überlebte den Fall seiner Gönner und entpuppte sich als einer der interessantesten und fortschrittlichsten Beamten im Unterrichtsministerium. Er war vor allem in der Zensurabteilung tätig, wo er sich einen Namen machte durch seine unermüdlichen Bemühungen, die besten Schriftsteller seiner Zeit vor den krasseren Übergriffen seines eigenen Ministeriums und der Dritten Sektion zu schützen. Trotz allem war es ihm nicht möglich, Graf Dimitri Scheremetjew dazu zu bringen, seiner eigenen verwitweten Mutter und seinem Bruder die Freiheit zu geben; sie blieben Leibeigene bis zu ihrem Tod. »Da bin ich«, schrieb er in sein Tagebuch am 11. März 1841, »ein anerkannter Bürger, genieße sogar einen gewissen Ruf und bin einflußreich; und ich kann nicht einmal – was? – die Unabhängigkeit meiner Mutter und meines Bruders bewirken! Ein schwachsinniger Adliger darf es mir verwehren; das nennt sich Recht. Mein Blut kocht, und ich kann verstehen, daß Menschen zum Äußersten getrieben werden.«[8] Der »schwachsinnige Adlige« war der damalige Scheremetjew, der Erbe des großen Namens, ungeheuren Reichtums, 200 000 Leibeigener, enormer Besitzungen und fabelhafter Paläste. Er war ein Mann, dessen Anteil an dem Land so groß war, daß die Macht eines fortschrittlichen Eigeninteresses ihn, so würde man glauben, dazu angespornt hätte, unermüdlich im Interesse des nationalen Wohlstandes tätig zu sein. Aber wie so viele, wenn auch nicht alle seiner Art, tat er fast nichts. Nikitenko andererseits, sein ehemaliger Leibeigener, setzte sich treu, ausdauernd und ohne Dank zu ernten für die Verbesserung des Zustandes einer Gesellschaft ein, an der er keinen Anteil hatte und die seine Familie gefangenhielt. Ohne es zu wissen, war er der Vorbote einer Zukunft, vor der er entsetzt zurückgeschreckt wäre, hätte er sie gesehen.

# V Intellektuelles Wachstum

1

Ziemlich am Anfang seiner Regierungszeit gab Nikolaus I. dem Dichter Puschkin einen Einblick in die philosophische Grundlage seiner Leidenschaft für autoritäre Herrschaft. Rußland, so erklärte er penibel, existiere noch nicht als eine Einheit: »Die Elemente, aus denen es zusammengesetzt ist, sind noch nicht aufeinander abgestimmt.. Wenn man ihm den grenzenlosen, allmächtigen Willen des Monarchen entzieht, so wird es beim leichtesten Anstoß zusammenbrechen.« Dies nur vierzehn Jahre, nachdem Napoleon von dem Aufgebot des russischen Volkes besiegt worden war.

Zumindest teilweise bedauerte Nikolaus diese Situation, aber er tat nichts, um sie zu ändern: In den dreißig Jahren seiner absolutistischen Regierung machte er keinen einzigen ernsthaften Versuch, eine Reform an Haupt und Gliedern durchzuführen. Was noch schlimmer war: es kam ihm nie in den Sinn, daß es über die Kräfte eines einzelnen Menschen ging, allein ein so großes Reich zusammenzuhalten. Speranskij und auch andere hatten erkannt: Unumgängliche Voraussetzung für ein starkes und wirkungsvolles autoritäres System ist die strikte Befolgung der Gesetze und die verantwortungsvolle Delegierung der Befehlsgewalt im Rahmen der bestehenden Gesetze. Nikolaus konnte mit dem Begriff »Gesetz« nichts anfangen; auch verstand er nicht, wie schon erwähnt, sich fähige und ehrliche Männer heranzuziehen und ihnen dann spezielle Aufgabenbereiche, von nationaler bis zur Gemeindeebene, in Eigenverantwortung zu übertragen und ihnen ihre Vorgangsweise durch gesetzlich klar abgezirkelte Richtlinien vorzuschreiben.

Daran war nicht zu denken, weil Nikolaus außer einer Handvoll Günstlingen niemandem vertraute und keinerlei eigenständige oder quasi eigenständige Ämter duldete; und so trug in dem ganzen riesigen Reich niemand wirkliche Verantwortung. Die höheren Beamten, die an der Spitze der großen Verwaltungsbezirke standen, waren weder an festgelegte Richtlinien gebunden noch einem gemeinsamen Beamtenethos verpflichtet. Die einzige Macht, die sie im Zaum hielt, war der Gehorsam gegenüber dem Willen des Zaren. Der Wille des Zaren war im Grunde willkürlich und launenhaft; und überhaupt hatte der Zar keine Möglichkeit festzustellen, ob man ihm gehorchte oder nicht.

Diese Situation war im Grunde nichts anderes als die logische Folge gewisser traditioneller Entwicklungen, und sie führte zu einer nicht mehr zu korrigierenden Aufsplitterung der Gesellschaft – einer Gesellschaft, deren einziger Zusammenhalt die Person des Zaren war. Der Zar war Cäsar, oberster Befehlshaber, Oberhaupt der Kirche, Regierungschef – nicht nur Ministerpräsident und Außenminister, sondern auch tatsächlich der Leiter jedes einzelnen Ministeriums –, Chef der Polizei, Väterchen aller Leibeigenen. Er war alles – und weil er alles war, war er nichts von allem. Seine Werkzeuge – die Armee und die Polizei, die Beamtenschaft und die Geistlichkeit – hielten gemeinsam den Schein von Ruhe und Ordnung aufrecht, und wenn diese Ruhe und Ordnung verletzt wurde, wie es immer häufiger vorkam – durch blutige Bauernerhebungen, Ermordung von Gutsherren und Niederbrennung von Gutshöfen –, dann folgte die Bestrafung schnell und grausam. Aber es bestand keine dynamische gegenseitige Abhängigkeit zwischen Regierung und Volk. Wenn es da schöpferische Kräfte gab, so waren sie inoffiziell und aus sich selbst entstanden, die Zentralregierung hatte wenig oder gar nichts damit zu tun: Sie entstanden aus einem nach innen gekehrten Sinn für das Gemeinwohl in den verschiedenen Gesellschaftsschichten, und daraus entwickelte sich eine Reihe von praktisch eigenständigen Kooperativen, exklusiv und voneinander abgeschieden, den Außenstehenden verschlossen. Die Kirche, die starken Gruppen von Abweichlern, Schismatikern oder Sekten, die Hocharistokratie, die kleinen Grundbesitzer, die Kaufleute, ja selbst die bäuerlichen Leibeigenen, alle lebten in sich überschneidenden, aber ganz separaten Kreisen, alle waren dem kaiserlichen Gesetz unterstellt, einige der Aufdringlichkeit der Steuereinnehmer und der Polizei ausgeliefert. Aber unter der drückenden Last des Beamtentums lebten sie fast im Verborgenen und kehrten St. Petersburg entschlossen den Rücken.

Diese Zersplitterung hemmte auf breiter Basis die Mobilität der Gesellschaft, die eine so auflockernde und belebende Wirkung hat, und hielt vor den Zentralstellen das wirkliche Leben im Lande verborgen. Man soll nicht glauben, daß der Zar nicht wußte, was seine Untertanen sagten und taten. Die Dritte Sektion war überall, und die Archive (die seit der Revolution zugänglich sind) beweisen, daß das Geheimdienstsystem gut war und seine Berichte von erstaunlicher Offenherzigkeit: wenn es Anzeichen gab, daß dieser oder jener Punkt der kaiserlichen Politik unpopulärer als sonst war, wurde dies gemeldet, auch wenn das persönliche Verhalten des Zaren in ein schiefes Licht geriet. Aber eines konnte die Dritte Sektion niemals tun: die Gründe und Ursachen der Unruhe erforschen. Denn damit wäre das System selbst, das zu unterstützen sie verpflichtet war, in Frage gestellt worden. Solche Zweifel hätten diejenigen, welche Teil des

Systems waren, zu dem Schluß geführt, daß – ohne die Spitzfindigkeit zu weit treiben zu wollen – die Autokratie ein Schwindel war. Eigentlich war es gar keine Autokratie. Es war ein sinistres Zusammenwirken falscher Vorstellungen. Mit anderen Worten, die Autokratie war ein Begriff, nicht ein System. Und das verhängnisvollste Ereignis dieser Verwechslung von Idee und Wirklichkeit war, daß es nicht nur den Zaren und alle treuen Untertanen, vom höchsten bis zum niedrigsten, täuschte, sondern auch alle Gegner des Regimes – die Liberalen, die radikalen Reformer und die Revolutionäre, die auf ihre Art die Wirklichkeit genausowenig begriffen wie der dümmste Adjutant am kaiserlichen Hof.

Der Kaiser hatte keine Kleider. Er war machtlos in allen Angelegenheiten, die die richtige Verwaltung des Reiches betrafen. Er, und er allein, stand hoch oben. Der einzige Trost der leibeigenen Bauern war, daß der Zar, der so hoch über allen stand, im gleichen Maß auf alle herunterblickte. Hatten die Leibeigenen keine Rechte ihren Herren gegenüber, so hatten auch diese Herren keine Rechte gegenüber der Krone. Peter der Große hatte das sichergestellt, als er die Privilegien des Erbadels abschaffte und seinen »Dienstadel« einführte, mit seiner genauest abgestuften Tabelle der vierzehn Ränge oder *Tschins*. »Alle Romanows«, sagte Puschkin (im Gespräch mit dem jüngeren Bruder des Zaren, dem Großfürsten Michael), »waren Revolutionäre und Nivellierer.« De Custine formulierte es unfreundlicher. Er spricht von den beiden großen Anlässen, zu denen der Zar alljährlich seine Paläste – den Winterpalast zu Neujahr, Zarskoje Selo im Sommer – all seinen Untertanen zugänglich machte: »Wenn der Zar seinen Palast den priviligierten Bauern und der ausgesuchten Bourgeoisie, denen er die Ehre zuteil werden läßt, ihm zweimal im Jahr zu huldigen, in betonter Freizügigkeit öffnet, sagt er dem Arbeiter und dem Kaufmann nicht: ›Du bist ein Mensch wie ich‹, sondern er sagt vielmehr dem Granden: ›Du bist ein Sklave wie sie, und ich, euer Gott, schwebe hoch über euch allen.‹«[1] Und falls diese Beobachtung eines Franzosen als Vorurteil eines unwissenden und oberflächlichen Außenseiters abgetan werden sollte, folgen die Gedanken Graf Speranskijs, des verhinderten Reformers, als er an die große, vergebliche Aufgabe herantrat, Rußland ins neunzehnte Jahrhundert zu holen:

*Jemand sollte den Unterschied aufzeigen zwischen der Unterwürfigkeit der Bauern gegenüber ihrem Gutsherrn und der Unterwürfigkeit des Adels gegenüber dem Monarchen. Wenn nur jemand darauf hinweisen würde, daß die Autorität, die der Herrscher über die Grundherren ausübt, in keiner Weise sich von der Macht des Grundherren über seine Bauern unterscheidet! Und daher finde ich in Rußland anstatt jener hochtrabenden Unterteilung des freien russischen Volkes in die besonders freien Klassen des Adels, der Kaufleute etc. nur zwei Stände, und zwar: die Sklaven des Monarchen und die Sklaven der Grundherren. Die*

*ersten werden in bezug auf die letzteren als frei bezeichnet, aber in Ruß-*
*land gibt es keine freien Menschen außer den Bettlern und Philosophen.*[2]
Und doch war der Zar der Gefangene des Adels. Er wagte nicht gegen ihn
vorzugehen. Warum hatte er Angst, wenn seine Macht absolut, wenn er
wirklich ein Autokrat war? Die Antwort ist ganz einfach: er fürchtete das
Schicksal so vieler seiner Vorfahren, seines eigenen Vaters, des Zaren
Paul, das Schicksal, das ihm sogar am Tage seiner Thronbesteigung ge-
droht hatte: den Tod durch seine eigene Leibwache. Wenn der Absolutismus früher einmal einen Sinn gehabt hatte – und das war einst der Fall
gewesen –, so schien er jetzt, an der Schwelle der industriellen Revolution, seinen Sinn verloren zu haben. Das Hanebüchene des Begriffes und
der Einstellung des Zaren zu ihm ist bestens zusammengefaßt in Nikolaus' eigenen Worten zum Thema Leibeigenschaft. Kurz vor seinem Tod
brachte er eine Klage vor. Immer wieder, sagte er, habe er versucht, den
Widerstand gegen die Aufhebung der Leibeigenschaft zu brechen, und
immer wieder habe er gegen die Interessen der Grundherren den kürzeren gezogen. Und tatsächlich hatte er nicht weniger als neun Spezialkom-
missionen eingesetzt, um Mittel und Wege zur Abschaffung der Leibeigenschaft zu finden. Aber wie lau waren ihre Bemühungen! 1842, auf der
Höhe seiner Macht, verkündete er dem Staatsrat: »Es besteht kein Zweifel, daß die Leibeigenschaft in ihrer derzeitigen Form ein abscheuliches
Übel ist, was jedermann auch weiß; aber im Augenblick Abhilfe zu schaffen, wäre natürlich ein noch viel schrecklicheres Übel.«[3]
Diese Art von trauriger Einfältigkeit hielt Rußland im Griff. Was für ein
absoluter Herrscher war er, daß er hilflos war gegen die Starrköpfigkeit
der regierenden Klasse, die alle ihre Privilegien der Krone verdankte und
über deren Mitglieder der Kaiser angeblich Macht über Leben und Tod
hatte! Er konnte einen Mann in Ketten legen lassen, er konnte einen getreuen Diener unverzüglich entlassen, er konnte bis aufs kleinste Detail
die Reihung der Knöpfe auf einer Uniformjacke vorschreiben, er konnte
Familien auseinanderreißen und seine Untertanen durch einen einzigen
Blick erzittern lassen. Er konnte Verträge unterzeichnen und Kriege erklären. Er konnte sich jeder fortschrittlichen oder konstruktiven Politik oder
Maßnahme widersetzen. Wenn es aber dazu kam, die Durchführung
einer solchen Politik gegen den Willen der Landbesitzer zu befehlen, war
er machtlos.
Zugegeben, der Zar war da in derselben Lage wie all die anderen Staats-
oberhäupter im damaligen Europa, wie jegliche mächtige Interessengruppe überhaupt. Der Unterschied lag darin, daß Nikolaus sich einen
Autokraten nannte, sich als solcher fühlte, als solcher sprach und in dieser
Komödie von allen seinen Untertanen unterstützt wurde, von den unzufriedenen genauso wie von den getreuen. Es war, als ob Herrscher und
Untergebene sich miteinander verschworen hätten, sich gegenseitig zu
betrügen. Und die Folgen dieser grundlegenden Täuschung, des Betruges

oder der Lüge, waren weitreichend. Sowohl die Verteidiger als auch die eindeutigen Gegner des Status quo gründeten ihre Argumente auf einer falschen Prämisse, die dazu beitrug, daß ihre Überlegungen keine reale Grundlage hatten.


2


Das erstaunlichste Paradoxon des bleiernen Zeitalters unter Nikolaus, das jegliche Veränderung hemmte, war der intellektuelle Aufschwung. Unter Alexander – ausgerechnet im Rußland Araktschejews! – war das Goldene Zeitalter der Dichtung angebrochen. Es war ein aristokratisches Zeitalter, und obwohl es in seinen Erkenntnissen viel dem Gärstoff der Revolution verdankte und sich an der neuen Empfindsamkeit begeisterte, war es doch in Haltung und Stil achtzehntes Jahrhundert und zutiefst der französischen Kultur verbunden – ein Stil, der bis in die ersten Jahre der Regierungszeit Nikolaus' I. anhielt, dann aber von einem neuen, schroffen Geist der Entfremdung abgelöst wurde.
Einige Jahre lang vor seinem Tod im Jahre 1837, sogar zu der Zeit, als er einige seiner größten Werke schrieb, wurde selbst Puschkin von einer jungen und meist alles andere als aristokratischen Generation, deren geistige Heimat Deutschland war, voll Verachtung abgelehnt.
Alle großen Persönlichkeiten des Goldenen Zeitalters (sein Wegbereiter war der geniale Universalgelehrte M. W. Lomonosow, 1711–65, der eigentliche Schöpfer der modernen russischen Schriftsprache) waren entweder aus guter Familie oder wurden von ihren hochwohlgeborenen Zeitgenossen, deren Lebensart sie sich aneigneten, als gleichartig anerkannt. Es hatte nichts zu bedeuten, daß Schukowskij der uneheliche Sohn eines Gutsbesitzers aus Tula und einer türkischen Sklavin war: Er wuchs als der Sohn seines Vaters auf und bewegte sich in den Salons von St. Petersburg ebenso selbstsicher wie Puschkin mit seinem brennenden Stolz auf seine Abkunft (natürlich hatte auch Puschkin, abgesehen davon, daß er seine Ahnen väterlicherseits sechshundert Jahre zurückverfolgen konnte, von der Mutter her das Blut des »Negers« Peters des Großen in seinen Adern – des Äthiopiers Abraham Hannibal, General des Pionierkorps). Die Mitglieder der Arzamas-Gesellschaft, einer Art von witzigem Gegenstück zu dem würdevollen literarischen Klub der eifrigen offiziellen Schriftsteller, stammten alle aus Gutsbesitzerfamilien: neben Schukowskij Konstantin Batjuschkow, Peter Wjasemskij und andere, alle Freunde Puschkins; ebenso ihr Held Karamsin, der Feuilletons und Novellen schrieb, ehe er der große Historiker und Publizist wurde. Ihre Familienbesitzungen waren über ganz Rußland verteilt, und ihre Freunde, Förderer und Anhänger bauten untereinander eine Art von unsichtbarem Netz von kultureller Vitalität, das sich über das ganze europä-

ische Rußland breitete und von dem der Autokrat nur soviel wußte, als ihm von der Dritten Sektion berichtet wurde.

Diese Seite des russischen Provinzlebens im 19. Jahrhundert ist bisher noch nicht eingehend untersucht worden. So viele begabte Männer, gar nicht zu reden von vereinzelten Genies, verbrachten ihre Kindheit in jenen kühlen weißen Landhäusern, die über die große Ebene verstreut waren. Diese Häuser waren fast immer nur einstöckig, mit weit ausgedehnten Seitentrakten, die von einem zentralen säulengeschmückten Portikus ausgingen, der von einem Giebel im klassischen »Katharinenstil« gekrönt wurde, und hohen, kühlen Räumen, in denen es von Dienern, Verwandten und Schmarotzern wimmelte. Sie waren der Mittelpunkt ganzer Gemeinden von Leibeigenen. Im schlimmsten Fall waren sie, wie das Vaterhaus des jungen Turgenjew, richtige Gefängnisse, deren Herr oder Herrin sadistische Despoten waren; in der Mehrzahl beherbergten sie unverbesserliche Tagediebe und Nichtstuer, deren kulturelles Niveau kaum über dem ihrer Leibeigenen lag; aber ein paar Häuser waren entlegene, fast missionsähnliche Zentren der Kultur und intellektuellen Vitalität, einander freundschaftlich oder verwandtschaftlich verbunden. Kamenka bei Kiew zum Beispiel, der Sitz der Familie Davidow, berühmt wegen seiner Soldaten und Intellektuellen, war eines der Hauptzentren der Dekabristenverschwörung und Puschkins Lieblingszufluchtsort. In Simbirsk, hoch über der Wolga, wo sie den östlichsten Punkt ihres Laufes erreicht, wurde Karamsin geboren und aufgezogen (und nach ihm sowohl Lenin wie Kerenskij!). F. I. Tjutschew, E. K. Baratinskij, Puschkins bester Freund, der Dichter Baron Delwig und viele andere hatten dieselbe Vergangenheit einer aristokratischen Erziehung in ländlicher Abgeschiedenheit gemeinsam, die Art der Vergangenheit, die S. T. Aksakow und selbst Tolstoj so genau beschrieben haben. Sie bewegten sich mit selbstverständlicher Ungezwungenheit in der intellektuellen Welt wie auch in der Welt der Oberen Zehntausend.

Der Dramatiker Gribojedow, berühmt für seine satirische Komödie »Witz bringt Leid«, die von dem kaiserlichen Herrn, dem er diente, verboten wurde, liefert ein besonders bemerkenswertes Beispiel dieses Widerspruches. Es war ein prominenter Diplomat und wurde mit den heikelsten Missionen betraut. Er war ein Cousin von General Paskjewitsch, dem Günstling des Zaren. Eine Zeitlang war er Adjutant von General Jermolow im kaukasischen Feldzug. Dann wurde er verhaftet und unter dem (fast mit Sicherheit berechtigten) Verdacht der Mittäterschaft in der Dekabristenaffäre nach St. Petersburg zurückgebracht. Er leugnete zornig, fast frech. Nachdem er freigesprochen wurde, ging er zurück in den Kaukasus, diente in Paskjewitschs Hauptquartier während des erfolgreichen Krieges gegen Persien (1826–1828), wurde beauftragt, den Vertrag von Turkmantschai auszuhandeln, der den Krieg beendete, und kehrte nach St. Petersburg zurück; diesmal wurde er von der Festung mit Salutschüssen begrüßt und mit reichen Geschenken überhäuft. Sodann wurde er zum russischen Gesandten in Persien ernannt, verliebte sich in eine sechzehnjährige georgische Prinzessin und heiratete sie. Aber in Täbris hatte er mit den Persern bald Schwierigkeiten. Einige der Forderungen des Zaren an den Schah konnten nicht erzwungen werden. Zwar warnte Gribojedow St. Petersburg, ließ aber in seinen Bemühungen nicht locker. Das Ergebnis war katastrophal. Er ließ seine junge Frau im Schutz des britischen Gesandten in Täbris zurück und reiste nach Teheran zu persönlichen Gesprächen mit dem Schah. Im Januar 1831 stürmte der Mob die russische Gesandtschaft und metzelte bis auf einen Überlebenden alle Anwesenden nieder – darunter auch Gribojedow, der im Kampf fiel; später fand man seine nackte und verstümmelte Leiche.

Ich habe diese kurze Laufbahn Gribojedows – er wurde sechsunddreißig Jahre alt – hier angeführt, weil sie trotz aller Ambivalenz zeigt, wie das Rußland Nikolaus' I. auch von höchst kritischen Geistern als gut funktionierendes Unternehmen akzeptiert wurde. Für jene Untertanen des Kaisers, die in der Lage waren, über ihre direkten Gebieter hinaus den Staat zu sehen, der alles zusammenhielt, war das Rußland in den frühen Jahren von Nikolaus' Regierung der wahre Inbegriff von Stabilität. Für die Mehrzahl war es auch das Gelobte Land. Patriotische Gefühle gingen hoch und konnten in leidenschaftlichen Chauvinismus umschlagen, sobald gierige Perser, intrigante Türken, unruhige Kaukasusstämme, rebellierende Polen an ihnen rührten. Das Revolutionsjahr 1848 ging an Rußland ohne sichtbare Spuren vorüber, während halb Europa wie vom Erdbeben verschlungen zu werden drohte; und als im folgenden Jahr Nikolaus dem neuen jungen Kaiser von Österreich zu Hilfe eilte, indem er Paskjewitsch mit einer mächtigen Armee aussandte, um die ungarischen Rebellen unter Kossuth zu vernichten, erwog kein geringerer als der junge Graf Leo Tolstoj ernstlich den Eintritt in dieses Instrument der Unterdrückung. Ein, zwei Jahre später schloß sich derselbe Tolstoj freiwillig der Armee im Kaukasus an, wo ein Kolonialkrieg gegen muselmanische Bergstämme geführt wurde.

Tolstoj war natürlich Aristokrat und sich dessen sehr bewußt. Als solcher war er, als er mit der Publikation seiner Novelle »Kindheit« 1852 an die Öffentlichkeit trat, eher ein Rückfall in die Anfänge der Regierung – er hielt stolz Abstand von der neuen Intelligenzschicht, die ihre Abstammung nicht auf die Wolkonskijs aus dem zehnten Jahrhundert zurückführen konnte.

Aber hier kommt es auf etwas anderes an: In den ersten Jahren der Nikolausschen Regierung (und in geringerem Maße später) fand die offensichtliche Stimmung des Zeitalters ihren Ausdruck weder in den Freunden der Dekabristen, die die Verbannten und Toten beklagten, noch in den neuen Kritikern des Regimes, deren Stimmen bald nach dem Tod Gribojedows hörbar wurden, sondern vielmehr in der Karriere von Gribojedow selbst. Sie zeigte sich im Leben und Tod Puschkins, dem die Zensur den Mund stopfte, der ohne Polizeigenehmigung nicht reisen durfte, der gezwungen war, seine lächerliche Position bei Hofe zu akzeptieren, weil der Zar ein oberflächliches Auge auf die oberflächliche Schönheit seiner Frau geworfen hatte, die ja das Duell auslösen sollte, in dem er starb. Sie zeigte sich im Schicksal Lermontows, des jüngeren Zeitgenossen Puschkins, der Gardeoffizier war und auch ein genialer Dichter und Poseur à la Byron: Nach seinem beißenden Gedicht über Puschkins Tod von der Garde zu einem Frontregiment im Kaukasus versetzt, wegen eines Duells ein zweites Mal in die Verbannung geschickt, fand er in einem weiteren Duell im Alter von siebenundzwanzig Jahren den Tod. Er hinterließ eine romantische Legende, den Ruf unübertroffenen Mutes vor dem Feind, ein paar Gedichte und etwas Prosa von höchstem Rang und mit »Ein Held unserer Zeit« den ersten großen russischen Roman.

Aber schon zur Zeit von Lermontows tödlichem Duell im Jahre 1841 war eine Veränderung vor sich gegangen. Puschkin und Gribojedow haßten vielleicht das System und kritisierten es bissig; aber es war ihre natürliche Heimat. Lermontow jedoch, obwohl er aus einer alten Soldatenfamilie stammte, spielte Theater. Er war weder Fisch noch Fleisch. Er akzeptierte das System, war aber nicht wirklich darin zu Hause und litt schwer an der Tatsache, daß seine Familie nicht vornehm genug war, um ihm die Aufnahme in die höchsten Petersburger Kreise zu ermöglichen, was für Puschkin eine Selbstverständlichkeit war. Er war ein Außenseiter, der weder in die alte Welt noch in die neue paßte. Und sein Leben und Tod spiegelten nur zu gut den Leerlauf der Gesellschaft, über die Nikolaus herrschte und die er in ihrer Albernheit unterstützte, auch wenn sich der Zar andererseits mit den ernsten Problemen herumschlug, die das Zeitalter der Dampfmaschine mit sich brachte. Er war dabei meist allein: Es kam ihm gar nicht in den Sinn, daß er nicht nur die Dichter des Landes, sondern auch seine potentiellen Wirtschaftsfachleute, Ingenieure, Direktoren und Politiker dem Alkohol, den Weibern, dem Kartenspiel, dem Duell und dem Selbstmord in die Arme trieb.

*Beim Gardechevalier Narumow spielte man Karten. Die lange Winternacht verging, ohne daß es jemand merkte. Erst um fünf Uhr morgens wurde zu Abend gegessen. Die Gewinner speisten mit großem Appetit, die anderen dagegen saßen zerstreut und geistesabwesend vor ihren unbenutzten Tellern. Aber als die Sektgläser gefüllt wurden, belebte sich das Gespräch, und auch die Verlierer beteiligten sich angeregt daran.*[4]

In diesen Sätzen am Anfang von »Pique Dame« gibt Puschkin die Stimmung in St. Petersburg genauest wieder: So verbrachten die vornehmen Herren ihre Nächte, und so ging es viele Jahre lang weiter. So wie Onegin seinen Freund Lenskij in einem Duell umbringt, Tanjas Herz bricht und zu spät bereut – alles ohne ein Wort der Selbstrechtfertigung –, so akzeptierte Puschkin die Grausamkeit des Lebens ohne eine Spur von Selbstmitleid. Lermontow, auch er ein großer Spieler und Duellant, der nicht nur mit einer Puschkin ähnelnden prachtvollen Klarheit schrieb, sondern auch dessen Sachlichkeit besaß – eine Sachlichkeit, die bis zum Ende des Jahrhunderts die Basis des russischen Realismus sein sollte –, war ohne weiteres bereit, sein Leben aufs Spiel zu setzen; dennoch führte er ein neues Element der Selbstdramatisierung ein. Hier ist eine Prosaübersetzung von Lermontows »Testament«: Ein tödlich verwundeter Offizier übergibt dem Freund seine letzte Botschaft.

*Ich wäre gern allein mit Dir, mein Freund, zum letzten Mal. Man sagt, ich hätte nicht mehr lang zu leben. Du fährst bald nach Haus' auf Urlaub. Schau dann bloß... doch was! Nach mir und meinem Los wird drüben keiner lange fragen.*

*Doch wenn Dich einer fragt, wer immer es auch sei, sag', daß mich eine Kugel in die Brust getroffen hat und daß ich ehrenhaft gestorben sei »für Zar und Vaterland«, daß unsere Ärzte Pfuscher sind und daß ich meine Heimat grüßen möchte.*

*Vater und Mutter werden schwerlich noch am Leben sein; die Wahrheit sollen sie nicht erfahren; sie würde sie nur unglücklich machen; sollte noch einer von ihnen da sein, sag' ihnen, daß ich nicht schreiben kann; sie hätten uns an die Front geschickt; so bald würde ich nicht kommen. Wir hatten eine Nachbarin... wenn Du Dich erinnerst... wir sagten uns auf Wiedersehen... wie lang das her ist... Sie wird nicht nach mir fragen. Immerhin, sag' ihr alles, schon' nicht ihr eitles Herz, lasse sie weinen, Tränen kosten ja nichts.*

Die literarische Technik ist die Puschkins; der Inhalt gehört einem neuen Zeitalter an – einem Zeitalter, das fast vierzig Jahre lang der Poesie den Rücken kehren sollte. Zu dieser Zeit brachten einerseits die großen Romanschriftsteller, andererseits die Komponisten alles zum Ausdruck, was in der russischen Seele am schöpferischsten war. Der erste Teil von Gogols »Toten Seelen« wurde 1842 veröffentlicht, ein Jahr nach Lermontows Tod. Dostojewskijs »Arme Leute« erschien 1846 wie auch die ersten Teile von S. T. Aksakows »Familienchronik«; Turgenjews »Tagebuch eines Jägers« wurde im folgenden Jahr in Fortsetzungen abgedruckt; und fünf Jahre später brachte Tolstoj »Kindheit« heraus. Das Werk aller dieser Männer wurde dadurch erschwert, daß ein dauernder Kleinkrieg mit der Zensur ausgefochten werden mußte. Aber dieser Krieg war anders. Als Puschkin schrieb, war der literarische Journalismus in St. Petersburg mehr oder weniger das Monopol einer Gruppe bestechlicher Schreiberlinge; ihr Anführer, F. V. Bulgarin, war ein bezahlter Polizeispitzel. Bulgarin war es, der für die krassesten Einmischungen des Zaren in die Zensur verantwortlich war. Nikolaus äußerte die Meinung, Puschkin solle seinen »Boris Godunow«, ein düsteres Drama in der Art Shakespeares, in einen historischen Roman in der Art von Walter Scott umschreiben.[5]

Bulgarin, der zusammen mit dem genauso bestechlichen Nikolai Gretsch die »Nördliche Biene« herausgab, war einer jener gewissenlosen Streber, deren Ambitionen in einem lächerlichen Mißverhältnis zu ihren Talenten stehen. Jedermann wußte, daß er im Dienst der Dritten Sektion stand und daß er diese Position ausnützte, um seine Rivalen auszuschalten und seine Vorgesetzten in Verlegenheit zu bringen. Er war einer jener Lumpen, deren Anmaßungen die Großen, mit denen sie verkehren wollen, zuerst verärgern, dann amüsieren und schließlich durch ihre pure Hartnäckigkeit halb hypnotisieren; zuerst werden sie herablassend behandelt, dann ausgenützt, und am Ende verläßt man sich auf sie. Jahrelang zogen Bulgarin und Gretsch als ruchlose und Schaden anrichtende Zwillinge durch die aufblühende literarische Gesellschaft von St. Petersburg. Verbündet mit ihnen war J. J. Senkowskij, ein gerissener Feuilletonist und Kritiker, ein professioneller Zyniker, der weder Genie noch Anstand anerkannte; einer, der nur zerstören konnte. Solche Männer gibt es in jeder Gesellschaft, in Rußland waren sie nicht auszurotten. Aber nie wieder sollten sie die russische literarische Szene so absolut beherrschen wie in den vierziger Jahren des 19. Jahrhunderts – bis ihr Geist in der offiziellen Literatur unter Stalin wiederauferstand. Die neue Richtung wurde vor allem von Belinskij vertreten, der später als der Vater der russischen Intelligenzia gefeiert werden sollte; damals hielt er noch die Flagge des politischen Engagements hoch.


3

In diesem Buch geht es nicht um die Literatur als solche, und man könnte fragen, warum sich eine historische Studie des neunzehnten und frühen zwanzigsten Jahrhunderts mit den Werken von Romanschriftstellern und Dichtern befaßt, gar nicht zu reden von literarischen Journalisten. Die Anwort darauf ist, daß die Geschichte Rußlands in ihrer tiefsten Bedeutung von der Thronbesteigung Nikolaus' I. an bis zur Kriegserklärung im Jahre 1914 das Ergebnis des Wechselspiels zwischen dem Absolutismus und der Intelligenzschicht war: Anfangs wirkte die Intelligenzschicht in einem leeren Raum, dann schloß sie sich einer revolutionären Bewegung an, von der sie schließlich verschlungen wurde. Man kann eine umfassende historische Studie über das England des neunzehnten Jahrhunderts schreiben, ohne Matthew Arnold oder John Stuart Mill, ja sogar ohne Charles Dickens zu erwähnen, denn die Ideen, die sie vertraten, fanden in den Aktionen mächtiger und durchschlagskräftiger politischer Bewegungen ihren Ausdruck. Aber man stelle sich ein Land vor, in dem Arnold, Mill und Dickens, unterdrückt von der Zensur, belästigt von der Polizei, die *einzige* Stimme waren, die dem diktatorischen Willen Widerstand leistete... Das traf auf Belinskij, Turgenjew und viele andere zu –

sie alle wurden von den Behörden lediglich als subversive Elemente angesehen, aber sie alle machten Geschichte. Diese Männer, denen sich bald
auch Frauen anschlossen – und deren Ideen sehr unterschiedlich, manchmal sogar von extremer Gegensätzlichkeit waren –, stellten ein für Rußland typisches Phänomen dar. Selbst der Name, unter dem sie bekannt
wurden, die Intelligenzia, hat in keinem anderen Land ihr Gegenstück.
Denn im kaiserlichen Rußland (wie auch später in der Sowjetunion) galt
es an sich schon als subversiv, eigene Gedanken zu haben. So kam es, daß
im Laufe der Zeit die Intelligenzia in gewissem Sinne ein eigener Stand
wurde, wo sich aktive und aggressive Revolutionäre zusammenfanden
mit Männern, die allein den Gedanken an Revolution verabscheuten; es
verband sie ihre gemeinsame Opposition gegen den Absolutismus und
der Umstand, daß der Absolutismus keinen Unterschied machte zwischen
einem Revolutionär, der ihn zu vernichten suchte, und einem Liberalen,
der eine Reform erstrebte.
Aus dieser Situation entsprang unter anderem das Eintreten der Künste,
vor allem natürlich der Literatur, für die Politik – im speziellen für eine
Kritik am bestehenden System und an der Unzulänglichkeit der Gesellschaft, die die Existenz dieses Systems ermöglichten. Und es war Belinskij, der der russischen Literatur das soziale Gewissen einimpfte, das sie
von da an prägen sollte. Er war aber nicht ein Einzelfall, der aus dem
Nichts auftauchte. Die frühen dreißiger Jahre des neunzehnten Jahrhunderts brachten den Beginn einer außerordentlichen intellektuellen Blüte,
einen Frühling des Geistes und der Seele, der eine fast grenzenlose Entwicklung versprach. Aber auf diesen Frühling folgte kein Sommer.
Die genaue Chronologie dieses Wachstums, das Zusammenspiel von
Ursache und Wirkung, war äußerst komplex. Die zwei Gruppen von Feu-
erköpfen, die beide das offizielle Rußland striktest ablehnten, schöpften
aus zwei sehr unterschiedlichen Quellen: einerseits aus den kulturellen
und materiellen Errungenschaften des Westens im allgemeinen und der
deutschen Philosophie des Idealismus im besonderen; andererseits aus
einer rückwärtsblickenden Beschwörung des Geistes des Slawentums,
dem die Reformen Peters des Großen nichts hatten anhaben können – der
Glaube, daß Rußland durch Wiederbelebung der uralten russischen
Institutionen und durch Wiederentdeckung der alten slawischen Tugenden nicht nur sich selbst retten und die Fehler des Westens vermeiden,
sondern dem Westen auch den Weg zu seiner eigenen Erlösung zeigen
könne.
So entstand die Gegnerschaft zwischen Westlern und Slawophilen, die,
obwohl einzelne Vertreter jeder Seite extreme Positionen bezogen, keine
starren Fronten hatte. Die meisten Slawophilen gaben offen zu, daß man
vom Westen etwas lernen könne, und waren der Meinung, daß man
westliche Methoden heranziehen solle, um Rußland aus seiner Rückständigkeit zu befreien und es auf seine heilige Mission vorzubereiten.

Viel später erst wurde der philosophische Philoslawismus von den chauvinistischen Plumpheiten der extremen Panslawisten übernommen, die eine apokalyptische Endauseinandersetzung zwischen einem allmächtigen Rußland und einem degenerierten Westen predigten: diese müßte in einem totalen Sieg des Slawismus enden. Umgekehrt wieder hatten viele Westler durchaus verständliche Bedenken im Hinblick auf westliche Einstellungen und Institutionen, und im Laufe der Zeit, vor allem nach dem Fehlschlag der Revolution des Jahres 1848, wurden sie arg desillusioniert – wie Alexander Herzen, der sich in eine fast mystische Verehrung des russischen Bauerntums flüchtete.

Früher einmal hatte die Opposition eher religiöse und philosophische Wurzeln gehabt und nicht so sehr politische. Die Slawophilen waren aristokratisch, konservativ und christlich. A. S. Chomjakow, ihr Gründer und Prophet, war einer der hervorragendsten Männer seiner Zeit. Er nahm 1828–29 als Kavallerieoffizier am Krieg gegen die Türken teil und ließ sich sodann als aufgeklärter und fortschrittlicher Landbesitzer, Philosoph, Theologe und Dichter nieder, der es als seine Hauptaufgabe ansah, seine Heimat für ihre besondere Mission als moralisches Gewissen der Welt zurückzugewinnen. Rußland war groß, nicht weil es Rußland war: Chomjakow hatte nicht die Spur eines chauvinistischen Nationalisten an sich. Es war groß, weil die orthodoxe Kirche das Asyl des wahren christlichen Glaubens war, dem der formalistische, legalistische, im Grunde genommen rationalistische Atem Roms nichts anhaben konnte. Nur in dem Rußland vor Peter dem Großen war der reine Geist des Christentums vor den niederschmetternden Entstellungen durch halb-säkularisierte Einrichtungen und Verordnungen gerettet worden. Dieser Geist war von Peter verjagt, aber nicht vernichtet worden. Er mußte wieder auferstehen. Ein Hemmschuh zu dieser Auferstehung war die Bürokratie, die Chomjakow als ein fremdartiges Gewächs sah, welches keinerlei organische Verbindung zum alten Rußland hatte, sondern von Peter im Sinne des westlichen Ideals eines weltlichen Absolutismus des siebzehnten Jahrhunderts einfach aufgepfropft worden war.

Es ist von Interesse festzustellen, daß Chomjakow aus seinem ganz andersartigen Blickwinkel sich Joseph Conrads Auffassung des russischen Absolutismus als »einer Heimsuchung... eines Fluchs vom Himmel, der in die Finsternis der Jahrtausende fällt...« nähert. Aber nicht ein Fluch vom Himmel... Chomjakow war der Überzeugung, daß der Fluch aus dem Westen kam. Er war ein großartiger Prosa-Schriftsteller, auch ein Dichter. Keiner konnte besser argumentieren und debattieren als er. Und in den Moskauer Salons traf er und argumentierte in bester Laune mit Männern, die nicht seiner Meinung waren. Chomjakow, ein zutiefst religiöser Mensch, freundete sich mit dem Atheisten Herzen an. Er hätte in jedem westlichen Debattierklub geglänzt. Und er war ein praktisch denkender Mensch. Allein die Feststellung, daß ein Mann von Chomjakows

Kaliber von der Teilnahme an der politischen Führung Rußlands ausgeschlossen war, spricht gegen Nikolaus härter als jede Kritik; der Gedanke, daß man sich seiner bedienen könnte, kam dem Zaren überhaupt nicht in den Sinn.

Etwas älter als Chomjakow, eine Art von Verbindungsglied, das die Gegenwart mit jenen aristokratischen wohlwollenden Konservativen verband, die aus Rußland vielleicht etwas gemacht hätten, wenn Alexander I. ihnen die Möglichkeit dazu gegeben hätte, war S. T. Aksakow. Dieser Gutsbesitzer und Schriftsteller hatte zwei Dinge erreicht: er begründete (und erreichte damit vielleicht den Höhepunkt der Gattung) mit seiner »Familienchronik« jenen Stil der autobiographischen Erzählung, der so einzigartig russisch war – lyrisch, elegisch, dabei aber exakt und von peinlichstem Realismus –, der vom jungen Tolstoj in »Kindheit«, »Knabenalter« und »Jugend« aufgegriffen und dann Jahrzehnt um Jahrzehnt, bis zu dem Meisterwerk Konstantin Paustowskijs in unseren Tagen[6], fortgeführt wurde. Aksakow entwarf auch das klassische Bild der alten russischen patriarchalischen Gesellschaft, das den Träumen der rückwärts blickenden Slawophilen Inhalt gab.

Seine zwei Söhne, Anhänger Chomjakows, wurden (ebenso wie ihre Zeitgenossen, die beiden Brüder Kirejewskij) bekannte Slawophile. Wir werden uns später mit ihnen befassen, in der nächsten Regierungsperiode, als die Slawophilen den Schwerpunkt von der Religion auf den Nationalismus und Rassismus verlegten.

Während der dreißiger und vierziger Jahre hatten die Slawophilen, wenn sie auch über einige hervorragende Führer verfügten, viel weniger Einfluß als die Westler. Diese wieder verkehrten in zwei verschiedenen, aber sich überschneidenden Kreisen, die beide ihr Zentrum an der Moskauer Universität hatten. St. Petersburg, erstarrt im Schatten Nikolaus' und seines Hofes, hatte nichts zu bieten (obwohl ironischerweise das Interesse an ausländischen Ideen durch die Aktivitäten zweier Petersburger Unterrichtsminister, Fürst K. A. Lieven und S. S. Uwarow, genährt wurde: Sie sandten ausgesuchte Studenten ins Ausland in der Hoffnung, daß diese nach ihrer Rückkehr mit dazu beitragen würden, das akademische Bildungswesen in Rußland aus dem Sumpf herauszuziehen, in dem es versunken war). Diese Zirkel waren nicht festgefügt oder auf eine bestimmte Mitgliedszahl beschränkt. Sie waren lediglich Diskussionsgruppen. Die eine scharte sich um Alexander Herzen und seinen Freund und Mitrebellen N. P. Ogarow und ließ sich in erster Linie von den französischen Sozialdenkern Fourier und Saint-Simon inspirieren; ihr ging es hauptsächlich um die politische Aktion. 1832 wurde diese Gruppe bei der Polizei angezeigt und Herzen in die Provinz Wjatka verbannt, wo man ihn auf Grund seiner Bildung und bedeutender Beziehungen ins Büro des Gouverneurs steckte. So landete der junge Mann, der als Knabe mit Ogarow geschworen hatte, sein Leben der Vollendung des Werkes der

Dekabristen zu widmen, in der bürokratischen Maschinerie, in die er nun Einsicht gewinnen und sie in jeder Einzelheit verdammen konnte. Bei seiner Rückkehr nach Moskau sechs Jahre später fand er einen neuen Zirkel in vollem Gange vor, der seinen Namen nach Peter Stankjewitsch hatte, einem begabten jungen Adeligen – einem jener unbezahlbaren Männer, die selbst zwar keinen persönlichen Beitrag zur Politik oder zur Ideengeschichte leisten, es dafür aber verstehen, Geist und Gemüt ihrer Zeitgenossen anzufeuern und das Feuer zu bewahren. Stankjewitsch, der in sehr jungen Jahren starb, war mehr Philosoph als Politiker. Sein Abgott war Hegel. Eine Zeitlang hatte er manches mit Michael Bakunin gemeinsam, bevor sich dieser hochbegabte und unberechenbare Aristokrat dem Dogma der Zerstörung zuwandte. Einer der Protégés Stankjewitschs war der junge Belinskij, der sich schon seit einiger Zeit im Moskauer Journalismus einen Namen gemacht hatte und den nun Herzen unter seine Fittiche nahm.

Zu der explosiven Mischung, die jetzt in Moskau zusammenkam, gehörte noch ein weiteres Element: eine neue Richtung im Journalismus, die nichts der Protektion Benckendorffs zu verdanken hatte, jedoch alles der Initiative und dem Ehrgeiz zweier energischer und enthusiastischer Mitglieder des neuen Mittelstandes, die in St. Petersburg niemals Karriere hätten machen können, ohne sich der Hofberichterstattung zu verschreiben: Nikolaus Polevoj mit seinem »Moskauer Telegraphen« und Nikolaus Nadeschdin mit dem »Teleskop«. Durch ihre rücksichtslosen, wenn oft auch unausgegorenen Angriffe auf die literarischen Errungenschaften der Vergangenheit im allgemeinen und die St. Petersburger Sitten im besonderen trugen beide dazu bei, ein Klima zu schaffen, in dem die neuen jungen Radikalen gedeihen konnten. Belinskij begann 1832, nach seinem Abgang von der Universität, für das »Teleskop« zu schreiben, während Nadeschdins gefeierte Tat der Abdruck des »Philosophischen Briefes« von Peter Tschaadejew war, aufgrund dessen seine Zeitung eingestellt, er selbst verbannt und aus der Literatur vertrieben wurde; Tschaadejew aber wurde auf Anordnung des Zaren für verrückt erklärt und unter ärztliche Aufsicht gestellt.


4


Tschaadejew gehörte keinem der Moskauer Kreise an, auch war er in keiner Weise ein professioneller Schriftsteller. Neunzehn Jahre älter als Belinskij, siebzehn Jahre älter als Herzen, ging er seiner Wege, abseits und einsam; ein Gardehusar und Freund Puschkins, suchte er nach der Dekabristentragödie sein persönliches Heil in der Kirche. Er kombinierte einen Zug persönlichen Mystizismus mit einem höchst eigenwilligen Hang zur römisch-katholischen Kirche, in der er den erhabenen und ehrgeizigen Bau sah, der die verschiedenen, aber dennoch vereinten Kulturen des Westens beschützte, ja sogar ernährte.

1830 schrieb Tschaadejew eine Reihe von Essays auf französisch, die er unter seinen Freunden zirkulieren ließ, aber erst sechs Jahre später, als die Flut der Ideen junger Radikaler Moskau überschwemmte, ließ er sich dazu überreden, den ersten dieser »Philosophischen Briefe« zu veröffentlichen – und in Nadeschdin fand er einen Herausgeber, der mutig genug war, mit ihm das Risiko zu teilen. Das hatte unmittelbare und fast brutale Folgen. Vor Tschaadejew hatten manche schon die Rückständigkeit Rußlands bedauert und aufzuzeigen versucht, warum es so weit hinter den Errungenschaften des Westens zurückgeblieben war. Aber wenige seit Peter dem Großen hatten so klar darauf bestanden, daß Rußland selbst an dieser Situation schuld war, und keiner hatte die moralische Entwicklung der westlichen Christenheit und die Gesetzgebung mit dem materiellen Fortschritt im Westen in Zusammenhang gebracht.

*In unserer Lage zwischen den zwei großen Trennungslinien der Welt, zwischen Ost und West, einen Ellbogen in China, den anderen in Deutschland, sollten wir imstande sein, in uns selbst die großen Prinzipien des Wissens, der Phantasie und der Vernunft zu vereinen und so in unserer eigenen Kultur die historische Vergangenheit der ganzen Welt zu umfassen. Aber dies ist keineswegs die Rolle, die die Vorsehung uns vorgeschrieben hat. Im Gegenteil, sie scheint sich nicht im geringsten für unser Schicksal zu interessieren. Sie versagt uns den wohltuenden Einfluß des menschlichen Geistes und hat uns völlig im Stich gelassen. Sie will mit unseren Angelegenheiten nichts zu tun haben, sie will uns nicht lehren. Die Erfahrung der Jahrhunderte hat uns nichts bedeutet; wir haben in keiner Weise von all den Epochen und Generationen, die uns vorausgegangen sind, profitiert. Wenn man uns betrachtet, würde man sagen, daß das allgemein gültige Gesetz der Menschheit in unserem Falle widerrufen wurde. Als einziges unter den Völkern haben wir der Welt nichts gegeben, wir haben auch nichts von der Welt gelernt. Wir haben nichts zum Fortschritt des menschlichen Verstandes beigetragen, wir haben ihn nur verunstaltet. In unserem Blut ist etwas, das jeden echten Fortschritt ablehnt. Es könnte einem scheinen, daß wir nur gelebt haben, ja nur noch leben, um einer künftigen Nachwelt, die wissen wird, was sie daraus lernen kann, als gewichtiges Beispiel zu dienen. Heute sind wir lediglich eine Lücke in der intellektuellen Rangordnung.*[7]

Tschaadejews extreme Stellungnahme, dieses niederschmetternde Eingeständnis der russischen Inferiorität, die er in seinem Essay eingehend behandelte, trug mehr als irgendein anderes schriftliches Dokument dazu bei, die Unzufriedenheit der geistig wachen Russen mit ihrem Erbe zutage zu bringen. Diese Unzufriedenheit war zuerst unter den jungen Dekabristen aufgetaucht und brutal in den Untergrund vertrieben worden. Der »Philosophische Brief« erschien im selben Jahr wie Gogols satirisches Meisterwerk »Der Revisor«, das die Korruption und Kriecherei, in die das System verstrickt war, allen sichtbar aufzeigte. Nikolaus höchstpersönlich gab Gogol seinen (später widerrufenen) offiziellen Segen – was alle sehr überraschte, einschließlich der offiziellen Zensoren; aber es war ebenso Nikolaus höchstpersönlich, der befahl, Tschaadejew für verrückt zu erklären. Um diesen scheinbaren Widerspruch zu verstehen, ist es ratsam, einhundertzwanzig Jahre zu überspringen.

Nach Stalins Tod 1953 sahen seine Nachfolger mit Unbehagen, wie abgrundtief das künstlerische Niveau durch die stalinistische Unterdrückkung gesunken war; sie forderten Schriftsteller und Dramatiker auf, sie sollten aufwachen und mithelfen, die »negativen« Aspekte der sowjetischen Gesellschaft zu attackieren oder satirisch bloßzustellen, anstatt so zu tun, als stände alles zum besten in der besten aller möglichen Welten. Aber es wurde bald klar, daß die Kritik sich nur auf Symptome, niemals auf Ursachen beziehen durfte. So zum Beispiel konnte ein Dramatiker ein Stück über Skandale mit faulen oder korrupten Beamten, Direktoren und Bürokraten schreiben, aber es durfte nicht die leiseste Andeutung gemacht werden, daß das System oder die Führung für das Verhalten solcher Personen verantwortlich sei. Und Nikolaus sah im »Revisor« einen Angriff auf genau jene Korruption und Bestechlichkeit des Beamtentums, die er selbst so bedauerte. Es kam ihm nicht in den Sinn, daß die Verhaltensweise, die es einem Chlestjakow ermöglichte, sich als hohen Beamten auszugeben und ungestraft davonzukommen, letztlich auf ihn zurückfiel – auf ihn persönlich als absoluter Herrscher oder auf die lange Reihe seiner Vorfahren. Tschaadejew war aber ein ganz anderer Fall. Hier wurde das heilige Rußland angegriffen. Schlimmer noch, es wurde eine andere, fremde Welt als Vorbild hingestellt. Denn Tschaadejew begnügte sich nicht damit, seine eigenen Landsleute zu rügen, auch beschränkte er sich nicht darauf (wie es andere in der Vergangenheit getan hatten und in zunehmendem Maß in der Zukunft tun sollten), die materielle Zurückgebliebenheit Rußlands dem materiellen Fortschritt des Westens gegenüberzustellen. Das war, in Grenzen, erlaubt – ja wurde sogar gutgeheißen. Man war sich einig, daß der Westen bessere Eisenbahnen hatte und daß Rußland in größerem Maße von den Fachkenntnissen Englands, Deutschlands und Frankreichs profitieren müsse. Was aber nicht erlaubt war: im Westen geistigen Fortschritt zu suchen. Tschaadejew tat genau dies:

*Die Völker Europas haben eine gemeinsame Physiognomie, eine Familienähnlichkeit. Trotz ihrer generellen Trennung in Romanen und Germanen, in Südländer und Nordländer ist es jedem, der ihre Geschichte studiert hat, klar, daß eine Gemeinsamkeit sie zu einer Gruppe vereint. Man weiß, daß Europa vor nicht allzu langer Zeit als christlich galt, und dieser Terminus hatte seinen Platz im öffentlichen Recht. Außer dem allgemeinen Charakter hat jedes dieser Völker seinen eigenen Charakter,* doch das alles ist bloß Geschichte und Tradition. Es ist das Erbteil überlieferter Ideen. Jeder einzelne dort ist im Besitz des gemeinsamen Erbguts und eignet sich ohne Schwierigkeiten oder Mühe zu seinem Besten die Begriffe an, die quer durch die ganze Gesellschaft gehen. Wollen Sie wissen, was das für Ideen sind? Es sind die Begriffe der Pflicht, des Rechts, des Gesetzes und der Ordnung.[8]

Nadeschdin wurde in die Verbannung geschickt, weil er Tschaadejew veröffentlicht hatte, und hatte nie wieder etwas mit Journalismus zu tun. Das »Teleskop« wurde eingestellt. Polevoj geriet bald darauf in Schwierigkeiten; der Anlaß war ein verhältnismäßig unbedeutender Verstoß gegen die Zensur. Im Gegensatz zu Nadeschdin beugte er sich der Autorität und war von Stund an ein gehorsamer Schreiberling. Aber die Arbeit dieser beiden war getan. Tschaadejew erhielt bald Erlaubnis, wieder nach Moskau zurückzukehren. Er schrieb sehr wenig, ging aber nie einen Kompromiß ein und verbreitete einen gewaltigen moralischen Einfluß – seine seltsame, hochgewachsene, schlaksige Gestalt mit dem kahlen, hochstirnigen Kopf, die so gar nicht dem Bild eines Kavallerieoffiziers entsprach, bewegte sich gelassen durch die liberalen Salons Moskaus, hochgeachtet auch von jenen, die für seinen Mystizismus, seine Anhänglichkeit an Rom nichts übrig hatten und die sein leidenschaftliches Eintreten für das Gesetz nie begriffen. Man hat manchmal behauptet, daß er 1837 mit seinem Essay »Apologie eines Irren« seine Ansichten widerrief. Aber es war eine Selbstrechtfertigung, keine Entschuldigung. Auch war nichts Neues oder Erstaunliches in seiner Schlußfolgerung, daß gerade Rußlands unfruchtbare Vergangenheit ihm gegenüber allen anderen Nationen zum Vorteil gereiche: »Wir stellen uns jeder neuen Idee mit jungfräulichem Geist.« Sogar in dem beleidigenden »Philosophischen Brief« war er auf diesen Gedanken eingegangen und hatte ihn 1833 in einem Brief an N. I. Turgenjew näher ausgeführt:

Wie alle Völker liegen wir heute in einem Rennen – auf unsere eigene Art, wenn Sie wollen, aber wir rennen, das ist sicher. Ich bin überzeugt, daß in Kürze die großen Ideen, wenn sie uns einmal erreichen, sich in unserer Mitte leichter durchsetzen und im Volk verwurzeln werden als irgendwo anders, weil sie hier auf keine tiefsitzenden Vorurteile, keine alten Gewohnheiten, keine starrköpfige Routine stoßen werden, die sie erst bekämpfen müßten. Ich vermute, daß der europäische Denker dem derzeitigen Stand seiner Lehren bei uns nicht ganz gleichgültig gegenüberstehen sollte.[9]

Die großen Lehren waren tatsächlich im Kommen. Tschaadejew hätte sie zwar für die falschen Ideen gehalten, oder für richtige, wenngleich verzerrte Ideen. Er stand mit seiner Meinung sehr isoliert da. Die religiös eingestellten Slawophilen lehnten seine Verehrung Roms schärfstens ab und richteten ihren Blick zurück nach Byzanz: durch ihre Absage an Rom verwarfen sie, ohne es zu begreifen, die fast mystische Idee von der

Gesetzesherrschaft, die sie mit einem trockenen und heuchlerischen Legalismus gleichsetzten. Die Westler waren Agnostiker oder noch öfter Atheisten und standen seinem Aufruf zu einem dem Westen verpflichteten universellen Christentum verständnislos gegenüber:

*Denken wir doch daran, daß sie fünfzehn Jahrhunderte hindurch in derselben Sprache zu Gott sprachen, unter einer einzigen moralischen Obrigkeit lebten und demselben Glauben anhingen. Denken wir doch daran, daß fünfzehn Jahrhunderte hindurch alle gemeinsam jedes Jahr, am selben Tag, zur selben Stunde mit denselben Worten ihre Stimme erhoben, um den Höchsten in seiner Herrlichkeit zu preisen. Eine mächtige Symphonie, tausendmal erhabener als alle Harmonien der sinnlich wahrnehmbaren Welt!*[10]

Die Ideen, die sich in den Moskauer Diskussionskreisen breitmachten, waren die Ideen westlicher Philosophen, vor allem der deutschen Romantiker, die im hellsten Aufruhr gegen die geistige Autorität Roms standen; und die Slawophilen selbst waren eher den westlichen Protestanten als den Katholiken zugeneigt. Aber die Worte Tschaadejews waren ein Fingerzeig in die unmittelbare Zukunft – und eine Prophezeiung.

In unmittelbarer Zukunft sollte innerhalb Rußlands Belinskij das Wort führen, außerhalb der Landesgrenzen der exilierte Revolutionär Alexander Herzen. Keiner von beiden begriff den Kern von Tschaadejews Vision: die alles in Schatten stellende Notwendigkeit des Gesetzes. Beide sollten Bewegungen ins Leben rufen, die, hauptsächlich aus diesem Mangel an Verständnis heraus, den erwachenden russischen Geist dazu anhielten, die »großen Ideale« aufzugreifen und sie gefährlich zu entstellen, sie zum Werkzeug der Zerstörung zu machen.

V. G. Korolenko, einer der sanftesten, ehrlichsten, zurückhaltendsten und mutigsten russischen Liberalen (er selbst hielt sich für einen Revolutionär), schrieb um die Jahrhundertwende, als Belinskij an die fünfzig Jahre tot war: »Meine Heimat ist nicht Rußland; meine Heimat ist die russische Literatur.«[11] Das war kein Rückzug aus der Wirklichkeit, aus der Welt der Tat in eine Welt des Traums. Im Gegenteil, es war eine Bejahung, eine Deklaration, wie von einem Menschen, der sich der einzigen Macht im kaiserlichen Rußland zugehörig erklärte, die nicht nur als Gewissen des Landes, sondern auch als Vorhut der sozialen Reform wirkte. Diese Worte könnten heute bei Solschenizyn ihr Echo finden.


## 5

Belinskij war der erste Held dieser Idee. Wie schon erwähnt, war er kein Einzelfall, der aus dem Nichts auftauchte. Sehr früh in seiner allzu kurzen Laufbahn (er wurde 1810 geboren und starb, geschwächt von Schwindsucht und nervöser Erschöpfung, im Alter von 38 Jahren) wurde er zu einer dominierenden Figur. Seine rein literarischen Einsichten waren eigenständig, aber in seinem allgemeinen Ideengut war er im wesentlichen anderen Denkern verpflichtet. Aus einer armen Familie kommend, geriet er in den Sturm westlicher Ideale, der in den frühen dreißiger Jahren durch die Moskauer Universität fegte – dort konnte sogar ein junger und leidenschaftlicher Professor der mittelalterlichen Geschichte wie T. N. Granowskij seine Vorlesungen dazu benützen, um kaum verschleiert die Ideen Hegels und Fichtes und deren Anwendung auf russische Zustände zu propagieren.

Belinskijs einmaliger Beitrag war die überwältigende Intensität, Geradlinigkeit und entschlossene Zielstrebigkeit, mit der er die Wahrheit suchte und verkündete. Er war unermüdlich, ungestüm, anmaßend, manchmal kaum zu ertragen; er wechselte aufgrund einer neuen Erkenntnis immer wieder seinen Standpunkt; er hetzte sich bis an die Grenze des Erträglichen und auch darüber hinaus, zwang sich, viel zuviel zu schreiben, als daß er Leib und Seele hätte zusammenhalten können (es ist erstaunlich, daß er überhaupt so lange durchhielt); dabei vergaß er meist noch das Essen, sein geschwächter Körper wurde von Asthma gequält; schließlich spuckte er Blut. Er trieb die anderen ebenso hart wie sich selbst, er forderte, bestand darauf, daß sie mit ihm jeder Falschheit entsagen sollten, jeder Doppelzüngigkeit, allen Ausflüchten, aller Heuchelei und Selbstgefälligkeit. Es trug ihm nicht nur ihre absolute Ergebenheit ein, solange er lebte; noch Jahrzehnte nach seinem Tod sollten die, die ihn einst gekannt hatten, wie Turgenjew, ihr eigenes Verhalten an der Erinnerung an ihn messen.

Belinskij impfte der russischen Literatur jenes soziale und politische Gewissen ein, das seither, ob zum Guten oder zum Schlechten, für sie charakteristisch ist. Seine Stellung war einmalig. Kein Literaturkritiker in der Geschichte hat einen vergleichbaren Einfluß nicht nur auf seine eigene Zeit, sondern auch auf künftige Generationen ausgeübt. Es ist nicht übertrieben, wenn man sagt, daß dieser wütende und explosive Antipatriarch einer der Begründer der russischen Intelligenzia, gleichzeitig auch der Held der Radikalen jeder Gesinnung war und somit ein Gründer der revolutionären Bewegung – wenngleich er selbst nie im engeren Sinn des Wortes politisch engagiert war. Geistig aber war er ein Befreier, der von der philosophischen Hinnahme der Wirklichkeit, die auf Hegel zurückging, zu einem dynamischen Aktivismus fand.

Eigentlich war er ein autodidaktischer Romantiker, dem die äußere Hülle fehlte. Ein Bakunin, brillant, überschwenglich, unverantwortlich, wie er war, konnte seinen Geist anregen und formen, was er auch tat. Aber Belinskijs Wegweiser war letzten Endes sein eigenes Herz. Sein Herz, sein ganzes Wesen litten Qualen unter den Grausamkeiten, die der Mensch dem Menschen auferlegt – im Namen der Religion, im Namen der Regierung, im Namen des Besitztums, im Namen der Ehe, im Namen jeglicher Institution, jeder Ideologie, jeder bereits etablierten oder erdachten Konvention. Er war ein Frauenrechtler, lang bevor es Suffragetten gab, weil er die Erniedrigungen nicht ertragen konnte, die die Frauen von den Männern hinnehmen mußten. Er konnte den Anblick der Armut nicht ertragen: Männer, die durch das Elend, zu dem sie verdammt waren, zu Trinkern wurden; das verderbte Lächeln eines Mädchens, dem nichts anderes übrigblieb, als auf die Straße zu gehen. Seine Artikel und Briefe sind Kataloge all der Übel und Schlechtigkeiten, die ihre Ursache hauptsächlich in der Trägheit und Selbstgefälligkeit des Menschen haben und die das ganze 19. Jahrhundert hindurch (und noch darüber hinaus) Generationen von Reformern in allen Ländern beschäftigen sollten. Er war nicht selektiv in seinen Horrorvisionen: Er bürdete sich selbst alle Sünden dieser Welt auf und haßte sich: »Ich bin den Tränen nahe, wenn ich einem alten Soldaten eine Kopeke schenke; ich laufe vor einem Bettler, dem ich eine Kopeke gegeben habe, davon, als hätte ich eine böse Tat begangen, und versuche das Geräusch meiner eigenen Tritte zu dämpfen. Das ist das Leben: in Lumpen gehüllt am Randstein sitzen und mit einem idiotischen Ausdruck im Gesicht am Tag Kopeken einsammeln und sie in der Nacht versaufen. Die Menschen sehen es. Aber niemand kümmert sich darum.« Belinskij war verzehrt, überwältigt von der Sorge um andere und um die leidende Menschheit. Das war der Grund, warum er die Moral der Kunst in Frage stellte. »Was schert mich die Existenz des Alls, wenn der einzelne Mensch leidet? Was schert es mich, daß das Genie auf Erden im Himmel lebt, wenn die Massen im Dreck versinken?« Und immer weiter in diesem Ton: der erste große Aufschrei gegen die Eitelkeit und den Egoismus des Träumers, der die himmlische Stadt sucht, während sein Nachbar verhungert; ein Schrei, der in Rußland das ganze Jahrhundert hindurch immer wieder ein Echo fand. Weg mit Shakespeare, weg mit Puschkin, solange ein einziger lebender Mensch barfuß und in Fetzen gehen muß!

So viele von denen, die diese Parole auf ihr Banner schrieben, wußten kaum, wer Shakespeare war oder Puschkin, und es kümmerte sie auch nicht; meist bluteten ihre Herzen nicht für die Schwachen – sie waren so von Neid verzehrt, so von Haß erfüllt auf die Mächtigen, daß für nichts anderes mehr Platz war – sie hatten nur einen Wunsch: selbst stark genug zu sein, um die Mächtigen zu demütigen. Nicht so Belinskij. Sein Verständnis für die Literatur war sprunghaft und unsicher. Aber er hatte eine echte leidenschaftliche Liebe für die Dichtkunst, und er war der erste russische Kritiker, der die wahre Größe Puschkins erkannte, der doch in fast jeder oberflächlichen Hinsicht sein gerades Gegenteil war. Er hob ihn in den Himmel. Später tat er seine Überzeugung kund, es sei besser, ein zweitrangiger Künstler im Dienste des Liberalismus zu sein als der größte Dichter im Dienste reaktionärer Ideen. Damit umschrieb er in einer unzulänglichen Definition eine Situation, die am Höhepunkt von Nikolaus'

Regierung durchaus zutraf (da es ja wirklich unvorstellbar war, daß ein vernünftiger Mensch mit der Sensitivität eines Künstlers sich von den schreienden Nöten der Zeit abkapseln konnte). Was ihn letztlich zur Verzweiflung trieb, war seine bittere Enttäuschung, als Gogol 1846 ein Potpourri unter dem Namen »Auswahl aus Briefen an meine Freunde« herausbrachte. Dies war der Versuch eines kranken Mannes, sich mit Gott und dem Zaren zu versöhnen, Rußland zu regenerieren und seine eigene Seele zu retten. Tatsächlich war es eine unterwürfige und oft lächerliche Verherrlichung des Absolutismus, der Orthodoxie, der Leibeigenschaft, der angeblichen Frömmigkeit und Geistigkeit des russischen Bauern, der Erfüllung in der Disziplin des Absolutismus fand; für viele von Gogols Verehrern war dieses Buch ein arger Schock.

Belinskij, wie alle anderen russischen Radikalen, hatte verständlicherweise völlig mißverstanden, daß dieser Mensch, den man nach den »Toten Seelen« und dem »Revisor« zum Fürsten aller Satiriker und nach dem »Mantel« zum mitleidvollen Kämpfer für die Verfolgten ausrief, keine Ahnung hatte, was er getan hatte: Er war weit davon entfernt, ein kampfbereiter Rebell gegen das System zu sein. Gogol war unverantwortlich; seine Einstellung, wenn man sie so nennen kann, war die eines ängstlichen Konservativen mit konventionellen Scheuklappen, der zufällig einen unbändigen Hang zu fast surrealer Phantasie besaß, die mit Vernunft nichts zu tun hatte. Daher war dieser unbeholfene und verzweifelte Versuch des armen Gogol, sich mit Gott und dem Zaren auszusöhnen, für Belinskij (und auch für viele andere) ein Akt bewußter Abtrünnigkeit, die heftigste Ablehnung verdiente. Daher auch sein berühmter offener Brief an den Schriftsteller, der solche bleibende Auswirkungen haben sollte und auch das wahre Bild Belinskijs verzerrte.

Die Auswirkungen waren zweifach. Erstens prangerte Belinskij in einer grandiosen Schmährede in Bausch und Bogen die gesamte Idee an, die Gogol bis zur Lächerlichkeit übertrieben hatte, die aber von vielen Slawophilen und später von Tolstoj vertreten wurde – nämlich, daß der russische Bauer grundsätzlich ein religiöses Wesen sei, die unbewußte und unbefangene Quelle einer reinen Spiritualität, die den Gebildeteren nicht zugänglich war. Belinskij behauptete, daß die Religion in Rußland eine Bauernfängerei sei, eine Ansammlung unwürdigen Aberglaubens, und daß die russischen Popen, durchweg versoffen, stets korrupt, von den Leuten, die vor ihnen das Knie beugten, verachtet wurden. Diese Vereinfachung, diese Halbwahrheit sollte spätere Generationen von russischen Radikalen blind machen gegenüber gewissen Aspekten der russischen Realität, die bis zum heutigen Tage gelten. Zweitens ließ sich Belinskij dazu verleiten, im Gegensatz zum Künstler den sozialen Reformator in alle Himmel zu heben und darauf zu bestehen, daß die Literatur die Dienerin der Politik sein müsse.

Belinskij starb, bevor er diese Idee ausbauen oder verfeinern konnte. Aber die Botschaft wurde in der nächsten Regierungsperiode von den Jungtürken der radikalen Bewegung – N. G. Tschernischewskij, N. A. Dobroljubow und ihren Anhängern – übernommen und endlos weitergesponnen. Diese Männer waren keine Künstler, die ihre Begabung heldenhaft in den Dienst der Politik stellten; es waren Politiker, die sich in einer Gesellschaft, in der Politiker nicht öffentlich wirken konnten, als Künstler tarnen mußten. Mit der Zeit begannen sie ernstlich zu glauben, daß sie das waren, wofür sie sich ausgaben.

Das Wirken des großen Fermentstoffes, das eine Generation von leidenschaftlichen und oft brillanten Köpfen begeisterte und sie in ihrer verzweifelten Verwundbarkeit trotz grundlegend entgegengesetzter Ansichten zu engster Gemeinsamkeit zwang, dauerte, ohne sichtbare Auswirkungen auf die Welt ringsum zu bringen. Erst nach Nikolaus' Tod und nachdem der Mythos der russischen Großmacht durch den Krimkrieg vernichtet worden war, begannen die seismischen Kräfte, die von den Moskauer Kreisen entfesselt worden waren, die Welt zu erschüttern.

# VI Die Mission des Zaren

I

Als Nikolaus starb, gedemütigt und geschlagen, war es ein bitteres Ende
für einen Menschen, der in seinen eigenen Augen und einst auch in den
Augen der Welt als eine der Hauptstützen des europäischen Systems galt,
das zu bewahren er sich verpflichtet hatte. Er hatte keine Absichten auf
Europa. Rußlands Aufgabe bestand darin, mit starkem Arm für die Aufrechterhaltung des Status quo zu sorgen und die etablierten Regierungen
vor subversiven Kräften zu schützen. Für Nikolaus wuchs diese Rolle zur
fixen Idee. Im Inland konnte er Ordnung bewahren, während sein großes,
sein unvergleichliches Heer im Ausland bereitstand, im Interesse der
Stabilität des ganzen Kontinents einzugreifen, wann immer es notwendig
war.
Aber – und leider gab es niemanden, der es ihm sagte –: er konnte zwar
innerhalb Rußlands jegliche Änderung verhindern, auch wenn dies seinen Nachfolgern große Schwierigkeiten bereiten sollte; außerhalb seiner
Grenzen jedoch war er zu nichts dergleichen imstande. Und daher mußte
jede Außenpolitik, die sich über die Einsicht hinwegsetzte, daß der
Mensch von Natur veränderlich ist, unweigerlich scheitern.
Sein Hauptratgeber auf internationaler Ebene war Graf K. W. Nesselrode, ein gescheiter, anspruchsloser, zurückhaltender kleiner Deutsch-
balte halbjüdischer Abkunft, der seltsamerweise Anglikaner war. Er ging
in allen Staatskanzleien Europas aus und ein, war berühmt für seine
Abendgesellschaften und stand mit allen, die er kannte, auf bestem Fuß.
Er hatte Alexander durch den Wiener Kongreß gesteuert und danach sein
Bestes getan, den unsteten Kurs des Zaren etwas auszugleichen; nun war
er bereit, seine enorme Erfahrung dem Nachfolger zur Verfügung zu
stellen. Nesselrode war sich durchaus im klaren darüber, daß die einfachen Gewißheiten, die die Haltung Nikolaus' zu bestimmen schienen,
wenig mit den dunklen und veränderlichen Komplexitäten dynastischer
Rivalitäten zu tun hatten, von der unvorhersehbaren Labilität der Mas-
senmeinung in der nachnapoleonischen Epoche ganz zu schweigen. Aber
er war nicht der Mann, der seinem Herrn die Fakten des politischen
Lebens oder auch nur die des menschlichen Wesens beibrachte. Und ob-

wohl er eine viel positivere Rolle spielte, als er zugab (»Ich bin lediglich die Stimme meines kaiserlichen Herrn«, beteuerte er jedem, der es hören wollte), so bestand diese Rolle hauptsächlich darin, in kritischen Momenten zur Vorsicht zu mahnen, diskret Ideen vorzuschlagen, die der Zar dann als seine eigenen entdeckte, und durch geschickte diplomatische Manöver dafür zu sorgen, daß seinem Heimatland aus allen Taten des Zaren, ob diese Taten nun verfehlt waren oder nicht, der größte Vorteil erwuchs. Kurz, er bewirkte wahre Wunder, indem er einen stolzen, heftigen und erschreckend gefühlsbetonten absoluten Herrscher mehr oder weniger bändigte.

Niemand hatte weniger Talent für eine flexible Diplomatie als Nikolaus. Kein Mensch war weniger dazu imstande, sich in die Lage seiner europäischen Zeitgenossen zu versetzen und ihre Ängste zu verstehen. Er wußte natürlich, daß er London und Wien nichts vorschreiben konnte; aber es war ihm einfach nicht möglich, diese Einschränkung als eine unvermeidliche Tatsache taktvoll zu akzeptieren. Er war völlig davon durchdrungen (und daher sollte es doch auch einem Metternich, einem Canning oder einem Palmerston ebenso klar sein), daß er nicht nur in allen seinen Taten recht hatte, sondern daß diesen Taten unfehlbar auch die erhabensten Motive zugrunde lagen. Erinnern wir uns nur an seine Bemerkung seinem eigenen Staatsrat gegenüber: »Ich kann es nicht dulden, daß sich jemand meinen Wünschen widersetzt, sobald er diese kennt.« Die Einstellung, die hinter dieser Erklärung stand, war in seinen Verhandlungen mit den Großmächten stets unterschwellig präsent.

In seinem leidenschaftlichen Bedürfnis, glaubwürdig zu erscheinen, war er bestrebt, seine Motive zu erklären; aber selbst wenn er sich bemühte, war der autoritäre Ton, das apoplektische Glitzern in seinen vorstehenden Augen nur zu oft spürbar. So schien es manchmal, als parodierte er sich selbst, fast als wollte er sagen: »Ich kann es nicht dulden, daß irgendeine Regierung meine Motive in Frage stellt, sobald ich diese einmal klargestellt habe.«

Aber leider waren diese Motive durchaus nicht klar. Nikolaus war nicht nur eine Stütze des europäischen Systems; er war auch Erbe eines großen Reiches, das sich noch immer ausdehnte. Und obwohl er die Grenzen im Westen als für alle Zeiten festgelegt betrachtete, war im Süden, an den Grenzen zu Persien und zur Türkei, von solcher Stabilität nicht die Rede. Hier herrschte noch die expansionistische Tradition, hier war die Idee des Imperialismus noch lebendig, so wie damals, als unter Katharina der Großen das Russische Reich sich auf Kosten der Türkei an der Küste des Schwarzen Meeres etablierte. Nikolaus wußte sehr wohl, daß die »orientalische Frage«, wie sie in den europäischen Staatskanzleien hieß, mit äußerster Vorsicht zu behandeln war. Der langsame Machtverfall der Pforte seit dem Ende des 17. Jahrhunderts, als die Türken vor den Toren Wiens zurückgeschlagen worden waren, hatte zu solchen Spannungen geführt, daß jeder russische Vorstoß in Richtung auf Konstantinopel und die Meerengen der Dardanellen, die (über das Marmarameer und den Bosporus) die Verbindung zwischen Ägäis und Schwarzem Meer darstellen, unweigerlich zu einer schweren internationalen Krise geführt hätte. Aber obwohl er es mit dem Verstand begriff, war es ihm doch mühsam, manchmal fast unmöglich, es mit dem Herzen zu erfassen.

2

Seine Karriere als Oberbefehlshaber einer großen Militärmacht begann recht imposant. Vom ersten Tag seiner Regierung an existierte das Problem der europäischen Türkei, und es manifestierte sich zuerst im griechischen Freiheitskampf. Aus einer äußerst heiklen Situation heraus wurde die Gelegenheit zu einer gemeinsamen Aktion mit England und Frankreich geboten, die damit endete, daß die türkische Flotte bei Navarino vernichtet und die Zukunft Griechenlands als unabhängiger Staat gesichert wurde.

Fast sofort errang er einen zweiten Sieg. Zur Zeit, als die drei Großmächte im Sommer 1826 ihre Haltung gegenüber der Türkei auf eine gemeinsame Linie brachten, beschloß Persien, sich Rußlands anderwärtiges Engagement zunutze zu machen, um Teile seines Reiches zurückzuerobern, die vor Zeiten an Rußland verlorengegangen waren – Georgien und den Norden der kaspischen Provinz Aserbeidschan. Anfangs machten die Perser gute Fortschritte. Ausgerechnet zur Zeit seiner Krönung mußte Nikolaus die Demütigung hinnehmen, daß die Perser vor Tiflis standen. Dann wendete sich das Blatt. General Jermolow, einer der Helden des Feldzugs von 1812, wurde von General Paskjewitsch abgelöst, einem launenhaften, rücksichtslosen und ziemlich überschätzten Feldherrn, einem der wenigen Vertrauten des Zaren. Später sollte er zum Schrecken der gegen Rußland rebellierenden Polen werden, noch später zum Schrecken der gegen Habsburg rebellierenden Ungarn. Paskjewitsch also eroberte rasch die verlorengegangenen Gebiete zurück und trug den Krieg weit ins Feindesland hinein; 1827 beendete er den Feldzug mit der Eroberung von Täbris und von Eriwan, der Hauptstadt des persischen Armenien.

Das war ein guter Beginn für Nikolaus. Innerhalb von zwei Jahren nach seiner Thronbesteigung hatte er eine Revolte gegen die Krone niedergeschlagen, ein vorteilhaftes, wenn auch nur kurzfristiges Bündnis mit England und Frankreich gegen die Türkei geschlossen, hatte seinen Teil zur Demütigung der Pforte beigetragen, und nun war Persien ihm ausgeliefert. Er benahm sich äußerst korrekt. Manche erwarteten von ihm, daß er einmarschieren, Teheran besetzen und Persien zu einem Vasallenstaat machen würde. Aber Nikolaus hatte keine solchen Absichten. Gewiß, der

Schah war ungerechtfertigter Aggression schuldig; aber der Schah war ein Monarch wie er selbst, und Monarchen vernichteten sich nicht gegenseitig. So behielt Rußland Eriwan und Persisch-Armenien mit seiner christlichen Bevölkerung, gab aber Täbris großzügig zurück.

Der Haken an der Sache war, daß diese leichten Siege Nikolaus ein falsches Bild von den Fähigkeiten seines Heeres gaben. Als dann nach Navarino die Türkei den Vertrag von Akkerman zurückwies, in dem allen Forderungen Rußlands stattgegeben worden war, erklärte er umgehend den Krieg. Es kam ihm gar nicht in den Sinn, daß dieser Krieg etwas anderes sein könne als ein Defiliermarsch. Er selbst übernahm das Kommando.

Eine Zeitlang schien es gegen die Türken gut zu gehen. Drüben hinter dem Kaukasus gewann Paskjewitsch mit seiner kampferprobten Armee eine ganze Reihe von Schlachten und nahm unter anderem auch Kars ein, die große Festung an der Haupthandelsstraße zwischen Kleinasien und Transkaukasien; aber die Hauptarmee unter Wittgenstein hatte bald Schwierigkeiten.

Die »Donaufürstentümer« der Moldau und der Walachei, die später das Königreich Rumänien bilden sollten, standen zwar unter türkischer Oberherrschaft, waren aber aufgrund eines Vertrages mit Rußland entmilitarisiert worden. Die türkischen Befestigungen liefen entlang der Donau, die das heutige Rumänien vom heutigen Bulgarien, damals eine türkische Provinz, trennte. Nach einem mühelosen Anfang, einem schnellen Marsch durch die Donaufürstentümer und der Eroberung einiger Donaufestungen kamen die Russen in Schwierigkeiten. Nikolaus nahm unter großem Pomp seinen Platz im Heereshauptquartier ein und konnte sich bald selbst von den Leiden seiner Truppen überzeugen.

Es war Hochsommer und die Gegend dürr und trocken. Der lange Marsch nach Süden auf den grauenhaften Straßen hatte die Truppen erschöpft; nun forderte die glühende Sommerhitze bei gleichzeitiger Frischwasserknappheit unter der Mannschaft furchtbare Opfer. Der Nachschub an Nahrung und Munition funktionierte nicht – daran waren eben diese grauenhaften Straßen schuld und die mangelhafte Organisation. Trotz der gewaltigen Ressourcen des Reiches, trotz eines stehenden Heeres von über einer halben Million Soldaten stand Wittgenstein jetzt weit vorgeschoben auf türkischem Boden, mit einer Armee von weniger als hunderttausend Mann, die durch Krankheit schwere Ausfälle erlitten hatte. Wie verzweifelt Nikolaus war, zeigt sein Entschluß, die kaiserliche Garde nachkommen zu lassen – die Garderegimenter mußten in der Sommerhitze fast eintausend Meilen marschieren, um den Kriegsschauplatz zu erreichen.

Anfänglich dauerte es eine Zeit, bevor Nikolaus die echten Gefahren der Situation begriff. Er schien wie in einem Traum zu leben. Er war überzeugt davon, daß es genügte, sich den Truppen zu zeigen und eine Reihe von großen Paraden abzuhalten, um ihnen Begeisterung und Enthusiasmus einzuimpfen. Er hatte eine ganze Schar von Adjutanten und Hofstallmeistern bei sich, alle auf wunderschönen Pferden, und ein ganzes Heer von Bedienten. Das Heereshauptquartier war ein St. Petersburg *en miniature*. Nesselrode und die Hälfte des diplomatischen Korps waren anwesend, um dem kaiserlichen Sieg beizuwohnen. Zehntausend Pferde wurden benötigt, um diesen kaiserlichen Zirkus und sein Gepäck zu transportieren – der Hafer wurde den hungernden Regimentsgäulen weggenommen.[1] Anfänglich hatte Nikolaus dem klugen, aber alten und sehr vorsichtigen Wittgenstein die Führung des Feldzuges überlassen, während er, der Zar, zufrieden zusah. Aber nun war er überzeugt, daß er persönlich eingreifen müsse: mutiges und entschlossenes Handeln war vonnöten, und das konnte nur von ihm kommen. Die Zeit des Zuwartens war vorüber. Die hartnäckigen Festungen Varna, Schumla und Silistria müßten alle belagert und gleichzeitig eingenommen werden; er, der Zar, würde die Schlacht beaufsichtigen, indem er allgegenwärtig seinen Truppen Mut einflößte. So kam es, daß die schwachen russischen Streitkräfte getrennt wurden. Die Generäle sahen entsetzt zu, wie zum Beispiel 30 000 Mann gegen Schumla ausgesandt wurden, zu dessen Verteidigung die Türken 40 000 Mann aufgeboten hatten.

Vor Schumla verlor Nikolaus plötzlich die Nerven. Er hatte seine geliebten Soldaten in dieses gottverlassene Land gebracht, und jetzt mußte er hilflos zusehen, wie sie von Krankheit dahingerafft und vom Krieg zerbrochen und zerfetzt wurden; und es gab keine anständigen Spitäler, die sich ihrer annahmen. Der Schock, der Schmerz und die Demütigung waren einfach zu viel.[2] Er begriff endlich, daß er seinen Befehlshabern nur im Wege war. So gab er auf, verließ das Schlachtfeld, und nach ein paar Wochen in Odessa, wo ihn die Zarin besuchte, kehrte er nach St. Petersburg zurück. Dort, von seinen glücklichen Untertanen empfangen, die schon über seine lange Abwesenheit gemurrt hatten, konnte er fein säuberlich wieder an die Aufgabe herangehen, für die ihn Gott offensichtlich geschaffen hatte: die Beaufsichtigung der Reichsangelegenheiten, die er kühl und detachiert, sehr von oben herab tätigte.

Man kann sich kaum einen härteren Schlag für einen Mann vorstellen, einen absoluten Herrscher, der sich vor allem als Soldat fühlte. Aber Nikolaus schien völlig ungerührt. Und als sich im folgenden Jahr unter Wittgensteins Nachfolger, dem schlesischen General Diebitsch, das Glück am Balkan wendete und Paskjewitsch gleichzeitig im Osten einen siegreichen Vorstoß auf Erzerum machte, war Nikolaus auf ihre Siege ebenso stolz, als wären sie seine eigenen gewesen. Gedanken über den Verlust an Menschenleben verfolgten ihn anscheinend nicht mehr, und sein eigenes Versagen schien er auch vergessen zu haben.

Der Sieg war tatsächlich vollständig. Als die Russen in Adrianopel standen und im Begriff waren, nach Konstantinopel und den Meerengen vorzustoßen, beeilte sich der Sultan, Frieden zu schließen, und so war es für den Zaren wieder an der Zeit, sich als Diplomat zu betätigen. Er war erstaunlich bescheiden in seinen Ansprüchen. Er betonte, daß er nicht mehr verlange, als daß die Türken die legitimen Rechte, für die er gekämpft habe, anerkannten. Trotz des beachtlichen Widerstands patriotischer Russen, die empört waren, daß Konstantinopel nicht erobert wurde, bewies Nikolaus den Westmächten, daß er zu seinem Wort stand – nämlich, daß er es auf die Türkei nicht abgesehen hatte und der Meinung war, ihre weitere Existenz sei eine Notwendigkeit für Europa. Nach einem etwas schwankenden Beginn hatte er auch die unverminderte Stärke des kaiserlichen Heeres bewiesen.

Es war Herbst 1829. Nikolaus hatte seine eigenen Meuterer niedergeschlagen, er hatte die Perser besiegt, er hatte die Türken besiegt, er hatte der Welt bewiesen, daß er ein großzügiger Sieger sein konnte und daß es ihm wichtiger war, den Frieden in Europa zu erhalten, als sein Reich zu erweitern. Er hatte seinen Untertanen bewiesen, daß er wußte, was er wollte. Einen kurzen Augenblick lang war das Glück grenzenlos. Während St. Petersburg sich einem langen, glänzenden Winter der fröhlichsten Entspannung hingab, blickte das Volk in den ungeheuren Weiten des Landes zu seinem neuen Zaren auf und erwartete von ihm, daß er sich nun den so lange überfälligen Reformen widmen werde.

## 3

Doch es kam anders. In der zweiten Hälfte des Jahres 1830 traten einige miteinander in Zusammenhang stehende Ereignisse ein, die Nikolaus' wahres Wesen gespenstisch ans Licht brachten und die zeigten, daß seine olympische Großzügigkeit und Ruhe nur gekünstelte Verkrampftheit war. Sie sollten auch beweisen, daß seine oftmals erklärte Entschlossenheit, das Einvernehmen zwischen den Großmächten zu bewahren, so ehrlich sie auch an sich gemeint war, wenig oder gar nichts zu bedeuten hatte. Er, Nikolaus, regierte von Gottes Gnaden, und dasselbe Prinzip der Legitimität hatte auch auf alle anderen Monarchen zuzutreffen, sonst war alles verloren. Als nach der Pariser Revolution vom Juli 1830 in Belgien eine Revolte gegen das Haus Oranien ausbrach, war Nikolaus schockiert und fest davon überzeugt, daß es seine Pflicht sei einzugreifen. In ganz Europa war man höchst bestürzt über die drohenden Töne, die die Fürsprecher der Ordnung in St. Petersburg verlauten ließen.

Rußland, bei weitem die größte Landmacht des Kontinents, tobte. Nicht einmal die konservativsten Kreise konnten mit Gleichmut der Möglichkeit entgegensehen, daß aus dem Osten Kosakenarmeen einfallen mochten, unter dem Vorwand, in den betreffenden Ländern die Ordnung wiederherzustellen, obwohl diese nichts anderes begehrten, als in Ruhe ihre eigenen Probleme selbst zu lösen. Daß es solche Bedenken gab und daß sie berechtigt sein könnten, kam Nikolaus nie in den Sinn. Er wußte, daß er gegen Europa nichts im Schilde führte, was hatte Europa also von ihm zu befürchten? Gewiß, er rasselte mit seinem Säbel, aber das geschah doch in einer heiligen Sache, die absolut nichts mit russischem Nationalismus zu tun hatte; und nach dem Sieg würde man den Säbel eben wieder in seine Scheide stecken. Politisch war er kein Analphabet, aber es fehlte ihm bis zu einem erstaunlichen Grade der Sinn für das Mögliche – und für das, was Rußland nützen könnte. Es war jedoch sein Glück, daß er, bevor er sich unwiderbringlich in Westeuropa engagieren konnte, von einer Krise, die ihn viel unmittelbarer betraf, abgelenkt wurde. Diese Ablenkung war die Revolution in Polen.

Nikolaus, absoluter Herrscher über vierzig Millionen Russen, war auch konstitutioneller Monarch über vier Millionen Polen. Das war eine Situation, die diesem eingefleischten Gegner konstitutioneller Einrichtungen zuwider war, um es milde auszudrücken. Aber sie war das Erbe des willkürlichen Idealismus seines verehrten Bruders Alexander, und deswegen, und auch weil er sein einmal gegebenes Wort halten wollte, duldete er sie. Die Polen hatten ihr Palament – in seinen Augen ein Werk des Teufels; aber er war entschlossen, es zu respektieren, und war der aufrichtigen Meinung, daß er es auch wirklich respektierte. Offensichtlich war ihm nicht bewußt, was es bedeutete, daß der polnische Ministerrat seine Sitzungen unter den Augen eines offiziellen russischen Delegierten abhalten mußte, dessen Bestellung eine glatte Mißachtung der auf dem Papier so liberalen Konstitution bedeutete und der in der Praxis die Selbstverwaltung kontrollierte. Die Polen hatten ihre eigene Sprache. Was wollten sie mehr? Dazu ihre eigene Religion. Sie genossen steuerliche Zugeständnisse und Zollprivilegien. Sie hatten sogar ihre eigene Armee; Großfürst Konstantin, der sie befehligte, versicherte dem Zaren ihre Treue, obwohl Teile dieser Armee mit den Dekabristen im Bunde gewesen waren. Aber, so beklagte er sich, die Polen seien nie zufrieden. Anstatt sich mit dem Rest ihrer Heimat als unabhängiges Königreich unter einem russischen Zaren zu begnügen, verlangten sie dauernd, daß ihnen alle Gebiete, die ihnen Katharina weggenommen hatte, einschließlich Litauen, zurückgegeben werden sollten. Dies sei lächerlich, man müsse ihm keine Beachtung schenken. Und Nikolaus fühlte sich Polens so sicher, daß er 1830, als in Paris und Brüssel Revolutionen ausbrachen und auf einige deutsche Länder überzugreifen drohten, in Warschau keine besonderen Vorkehrungen traf. Im Gegenteil, er fühlte sich so sicher, daß er im Begriff war, polnische Truppen zusammen mit der russischen Armee zur Niederschlagung des belgischen Aufstands am anderen Ende Europas einzusetzen. Und tatsächlich war es die allgemeine revolutionäre Stimmung des Jahres 1830 und insbesondere das Gerücht, man wolle die Polen zur Unterdrückung des Freiheitskampfes der Belgier gegen ihre holländischen Zwingherren heranziehen, was die Revolte in Warschau auslöste.

Der Anfang war bescheiden. Am 29. November bemächtigte sich eine Gruppe von Kadettenschülern, deren Verschwörung ganz geheim blieb, der Residenz Konstantins, des Belvedere-Palasts oberhalb des Lazienski-Parks in den Vororten von Warschau. Konstantin gelang es gerade noch, durch die Hintertür zu entkommen, aber sein Polizeipräfekt und ein Armeegeneral wurden erschlagen. Das war der Auftakt zu Chaos und Blutvergießen, das über ein Jahr lang dauerte. Am Ende stand die Unterwerfung der Polen und die Abschaffung der von Alexander gewährten Verfassung. In den Augen des liberalen Europa aber waren Nikolaus und die russische Regierung ein für allemal als grausame Bestien gebrandmarkt.

Die Beziehungen zwischen Rußland und Polen sind oft mit den Beziehungen zwischen England und Irland verglichen worden. Dieser Vergleich ist irreführend. Schon die Ähnlichkeit zwischen den verwegenen Polen und den Iren an sich ist irreführend. Denn die Iren sind seit fast tausend Jahren ein Volk der Untertanen; ihre Heimat wird ganz selbstverständlich als Teil der Britischen Inseln angesehen. Und ihre Verantwortungslosigkeit ist die Verantwortungslosigkeit eines unterdrückten Volkes, das jahrhundertelang wie der letzte Dreck behandelt worden ist. Die Polen andererseits sind ein Volk mit einer beachtlichen, glorreichen Vergangenheit. Mit anderen Worten, ein Volk der Sieger. Auf der Höhe ihres Ruhmes, im sechzehnten Jahrhundert, geboten sie über eines der größten Reiche Europas, es erstreckte sich von der Ostsee fast bis zum Schwarzen Meer, umfaßte Litauen und große Gebiete des späteren Weißrußland und der Ukraine. Nach dem Tod Iwans des Schrecklichen drang eine polnische Armee bis nach Moskau und sogar noch weiter vor. Der Konflikt war unausbleiblich. Und die spätere Überlegenheit Rußlands wurde teilweise durch dynastische Zufälle ausgelöst, aber mehr noch dadurch, daß die Polen nicht imstande waren, für eine ordentliche Selbstregierung zu sorgen. Denn die Unverantwortlichkeit der Polen war nicht die Unverantwortlichkeit eines Volkes der Untertanen, sondern im Gegenteil die Unverantwortlichkeit eines stolzen, arroganten und gierigen Adels, der seine Bauern äußerst kurz hielt und selbst nicht imstande war, sich mit seinesgleichen soweit zusammenzutun, um ein vernünftiges Regierungssystem auszuarbeiten.

Aus diesem Grund war Polen so hilflos, als im späten 18. Jahrhundert Rußland, Preußen und Österreich sich zusammenfanden und nach drei aufeinanderfolgenden Teilungen Polen von der Landkarte löschten. Diese Teilungen waren Gewaltakte der übelsten und brutalsten Art – perfekter Ausdruck der politischen Ethik ihrer Zeit. Und als beim Wiener Kongreß 1815 die Grenzen innerhalb Europas neu gezogen wurden, blickte das wiedererstandene Königreich Polen (dessen König nun freilich der Zar von Rußland war) mit Bitterkeit über seine engen Grenzen hinaus, wo ringsum reiche Ländereien lagen, die ihm im Osten und Westen und Süden entrissen worden waren.

Von einem allgemeinen Krieg in Europa abgesehen, in dem es selbst entsetzlich gelitten hätte, war dem Land nicht zu helfen. Ohne Verbündete konnten die Polen nicht hoffen, die Russen wirkungsvoll zu bekämpfen; ihre nächsten Nachbarn waren Österreich und Preußen, die beide über große Teile des alten Polen herrschten. Und Frankreich und England – wären sie etwa bereit gewesen, für die Freiheit Polens und seine Irredenta gegen Rußland, Österreich und Preußen zu Felde zu ziehen? Der Gedanke war absurd. Aber viele Polen glaubten daran. Auch viele Engländer und Franzosen glaubten daran; sie brannten vor Empörung, daß die größte Macht der Erde ein so kleines Volk tyrannisierte.

Bereits vor 1830 hatten die Polen ohne ersichtlichen Grund den Zaren auf verschiedene Weise provoziert. Seine ärgsten Befürchtungen wurden wach, als die Polen ihre Landsleute, die in die Dekabristenverschwörung verwickelt waren, recht milde behandelten. Doch Konstantin, der sich im Laufe der Zeit mit den Polen, zumindest mit der polnischen Armee identifizierte, verteidigte sie und versicherte seinem Bruder, daß sie ihm im Grunde treu ergeben seien. Selbst nach dem Eintreffen der Nachricht von der Studentenrevolte tat Nikolaus zuerst einmal gar nichts, obwohl er in typisch theatralischem Stil feurige Erklärungen abgab. Eine schnelle Reaktion, sofortige Intervention loyaler Truppen, und die Revolte wäre im Nu niedergeschlagen worden. Aber obwohl Konstantin über die Tatsache, daß es in seiner geliebten polnischen Armee Rebellen gab, erschüttert war, nahm er entschieden Stellung gegen den Gebrauch von Schußwaffen und versuchte zu verhandeln, währenddessen die Gemüter sich beruhigen mochten. Nikolaus war sich noch immer nicht im klaren, was eigentlich vorging: War es eine neue Dekabristenverschwörung einer Handvoll Offiziere? War es eine richtige Meuterei der gesamten Armee? War es eine Volksrevolution? Er war auch entschlossen, seinen Eid auf die Verfassung zu halten, und wartete ab in der Hoffnung, daß die Vernunft schließlich siegen und der Großteil der Armee und der Zivilbehörden loyal bleiben und die Revolte im Zaum halten würden.

Dies geschah nicht. Die Lage war nicht mehr zu kontrollieren. Drucki-Lubecki und Czartoryski, ein Jugendfreund Alexanders I., versuchten die Lawine aufzuhalten. Mit der Ernennung eines beliebten Offiziers, General Chlopicki, trachteten sie das Vertrauen der Rebellen zu gewinnen; gleichzeitig wandten sie sich an die Polen mit der Bitte, nicht gegeneinander zu kämpfen. Aber es war zu spät. Chlopicki versuchte die Stellung zu halten: er ernannte sich zum Diktator und sandte eine hochqualifizierte Delegation nach St. Petersburg zu Nikolaus. Nun tauchte eine surrealistische Komponente auf. Während Chlopicki seine völlige Loyalität beteuerte, ließ er Nikolaus mitteilen, daß der Zar zur Wiederherstellung der Ordnung in Polen lediglich die litauischen Provinzen zurückgeben müsse. Gleichzeitig aber machte sein Abgesandter, nachdem er vor dem Thron des Zaren das Knie gebeugt hatte, hoffnungsvoll den Vorschlag, Nikolaus möge den Polen eine Möglichkeit zur Wiedergutmachung geben: er solle ihnen gestatten, sofort in Galizien und Posen (Provinzen, die jetzt zu Österreich bzw. Preußen gehörten) einzumarschieren und sie zu annektieren. Mit anderen Worten, Rußland möge Polen auf seine engsten Verbündeten loslassen... Kein Wunder, daß Nikolaus an Konstantin schrieb: »Sie sind alle mehr oder weniger verrückt: ich kann es mir anders nicht erklären.«[3]

Mehr als zwei Monate verstrichen, bevor sich die Russen zu einer Aktion aufrafften. Aber inzwischen hatte sich die polnische Armee organisiert: Als es im Februar bei Grotschow an der Weichsel, gegenüber von Warschau, zum ersten größeren Zusammenstoß kam, siegten die Rebellen. Und statt einer sofortigen und zerschmetternden Niederlage der Polen kam es nun zu einem lang ausgedehnten Feldzug. Er erinnert an die schmähliche Kampagne der Sowjetunion gegen die Finnen 1939. Rußland mußte siegen. Aber es dauerte seine Zeit. Einige der tapfersten Rebellen kamen aus russischen Gebieten; dort wurde der Aufstand schnell niedergeschlagen, und sie mußten für ihren Verrat schrecklich büßen. Die Russen selbst waren für einen Winterkrieg nicht ausgerüstet; viele erfroren im Schnee. Im Frühling kam die Cholera. Diebitsch erkrankte daran und starb. Auch Konstantin, der gebrochenen Herzens mit dem russischen Heerbann mitzog, fiel der Krankheit zum Opfer. Erst als Paskjewitsch, der Held des Kaukasus, Diebitsch ersetzte, konnten sich die Russen endlich fassen, Warschau einnehmen und dem Spuk bald ein Ende machen. Nun wurde Polen wie ein besiegtes Land behandelt. Lange Zeit hindurch hatte Nikolaus die polnische Revolte nicht als kriegerische Handlung betrachtet; nun aber, da er Ernst machte, war er zu völliger Unterjochung entschlossen. Am Höhepunkt des Kampfes, während die russischen Truppen schwer kämpften und durch Krankheit sehr geschwächt waren (in der Schlacht von Ostrolenka nordöstlich von Warschau Ende Mai 1831 verloren beide Seiten je 6000 Mann), dachte Nikolaus ernstlich an einen völligen Rückzug aus Westpolen: »Wir können bestätigen«, schrieb er in einem Entwurf zu einem Memorandum, »daß der russischen Ehre durch die Eroberung des Königreiches Polen mehr als Genüge getan wurde. Rußland ist nicht daran interessiert, eine Provinz zu besitzen, deren Undankbarkeit so offenkundig gewesen ist. Vielmehr ist es in Unserem Interesse, die Grenzen Unseres Reiches entlang der Weichsel und des Narew zu ziehen und die übrigen Gebiete aufzugeben – denn diese sind nicht würdig, zum Reich zu gehören. Mögen unsere Verbündeten damit verfahren, wie es ihnen beliebt.«[4]

Aber diese defätistische Stimmung hielt nicht lange an. Als Paskjewitsch in Warschau einmarschierte, gewann Nikolaus wieder Zuversicht und erinnerte sich seiner dynastischen Pflichten. Er war schließlich kein Mensch, der die Bürde der Verantwortung, die eine höhere Macht ihm auferlegt hatte, abschüttelte. Die Polen waren leider nach wie vor vorhanden. Sie mußten regiert werden – und das sollten sie auch: und zwar von einem russischen Zaren, der nun glücklich seines Eides auf die Verfassung entbunden war.

Kongreßpolen blieb bestehen. Aber es gab jetzt keinen Gouverneur mehr, als Nachfolger des armen Konstantin. Statt dessen wurde Paskjewitsch zum Fürsten von Warschau und zum Vizekönig ernannt. An die Stelle der Verfassung trat ein sogenanntes Organisches Gesetz, das eine beschränkte Selbstregierung vorsah – die es praktisch aber nur auf dem Papier gab. Paskjewitsch war ein Diktator. Es war typisch für Nikolaus, daß er diesem Mann fast mehr als allen anderen vertraute. Obwohl er ein fähiger Soldat war, neigte er dazu, in einer Krise zu zögern; aber sobald er seines Sieges sicher war, konnte er zuschlagen. Er hatte gegen seine Vorgesetzten intrigiert, und seine Untergebenen haßten ihn, weil er beim leisesten Anzeichen wirklicher Begabung sofort eifersüchtig war. Aber eigenartigerweise war er sich seiner eigenen Fehler bewußt, und das verlieh ihm den Anschein einer gewissen Ehrlichkeit in einer korrupten Umgebung. Nikolaus verehrte ihn fast (sie waren einander sehr ähnlich) und nannte ihn »Väterchen Oberst«. Einer englischen Reisenden, die von St. Petersburg nach Warschau unterwegs war, empfahl er den Vizekönig als »homme froid, distrait, rêveur, mais un grand homme«.[5] Es war eine der Eigenheiten Paskjewitschs, immer in Begleitung einer Abordnung seines berühmten »Musulmanen«-Regiments zu reisen – Kavalleristen, die sich aus den Völkern rekrutierten, die er im Kaukasus und in Transkaukasien selbst besiegt hatte. Sie hatten prachtvolle Pferde und brachten in ihrer Nationaltracht ein exotisches Flair, einen Hauch des barbarischen Asien mitten ins katholische Polen.

Es war jedoch nicht Paskjewitsch, sondern Nikolaus, der die Bedingungen der Kapitulation festsetzte. Eine Delegation von zwölf polnischen Magnaten, an ihrer Spitze Fürst Radziwill, wurde in den Winterpalast befohlen; dort mußten sie dem Zaren öffentlich huldigen und für das Weiterbestehen ihres Königreiches ihre Dankbarkeit aussprechen. Die Fahnen der besiegten und aufgelösten polnischen Regimenter wurden als Trophäen an den Säulen der Kirche Unserer Lieben Frau von Kasan in St. Petersburg aufgehängt, Seite an Seite mit den Standarten und Adlern der napoleonischen Invasionsarmee. Die Anführer der Revolte und die höheren Offiziere der polnischen Armee wurden tief ins innerste Rußland und nach Sibirien verbannt und ihre Ländereien beschlagnahmt, ebenso die Ländereien von über zweitausend Polen, die ihr Land verlassen hatten. Die Kinder der Auswanderer und Deportierten wurden zusammen mit den Kindern gefallener Offiziere in russische Militärschulen gesteckt und auf Kosten des Zaren als Russen erzogen. In einer systematischen Kampagne wurde jede leiseste Spur des polnischen Nationalismus ausgemerzt. Ganze Bibliotheken wurden von Polizeispitzeln konfisziert, die selbst kaum lesen und schreiben konnten. Das Unterrichtssystem, die Lokalregierung, alle Bücher und Zeitschriften wurden russifiziert. Sogar die katholische Kirche mußte ihre Ländereien und Einkünfte abliefern; die Priester wurden Staatsbeamte. Jahre später, als Nikolaus in einem Brief Friedrich Wilhelm IV. von Preußen dringend davor warnte, je mit Revolutionären Kompromisse zu schließen, zitierte er als Beispiel richtigen Verhaltens die russische Unterwerfung Polens. Rußland, behauptete er, habe die Fehler Alexanders I. mit seinem Blut wiedergutgemacht.»Die Polen«, sagte er weiter, »müssen glücklich gemacht werden, selbst gegen ihren Willen, indem man ihnen die Möglichkeit nimmt, sich selbst etwas anzutun, indem man sie wie blinde Kinder behandelt, die Spielzeug in die Hand nehmen, das ihnen und auch anderen schaden könnte.«[6]

Der polnische Feldzug und das nachträgliche Verhalten des Zaren gegenüber den Polen waren es vor allem, die Nikolaus in den Augen westlicher Liberaler zum blutigen Tyrannen machten, den man hassen und fürchten müsse. Aber Nikolaus stand nicht allein, und was der Westen nie verstanden hat und auch bis heute nicht versteht, ist die eigenartige Position, die Polen in den Augen der Russen einnimmt. Der österreichische Botschafter in St. Petersburg, Graf Karl de Fiquelmont, ein außerordentlich intelligenter Mann, kam dem Kern der Sache nahe, als er 1830 Metternich berichtete: »Hier hat man das sichere Gefühl, daß Rußland nur durch den Fall Polens stark und mächtig geworden ist, und sollten die polnischen Provinzen ihm einst verlorengehen, so würde es wieder nur zu einem asiatischen Reich werden. Dieses Gefühl liegt all den getroffenen Maßnahmen zugrunde...«[7]

Puschkin (– wenn es je einen leidenschaftlichen Menschen gegeben hat, dann war er es: edelmütig und romantisch, selber mit dem Absolutismus und allen seinen Begleiterscheinungen zerworfen –) drückte es anders aus. In zwei Gedichten, »Den Verleumdern Rußlands« und »Der Jahrestag von Borodino«, zog er mit ätzendem Grimm über jene Ausländer her, die gegen die russische Behandlung der Polen protestiert hatten. Was geschehen war, sagte er, war lediglich ein weiteres Kapitel in einer jahrhundertelangen Auseinandersetzung unter Slawen. Manchmal waren die Polen oben, manchmal die Russen. Es war ein Streit, der die Außenstehenden nichts anging. Ausländer sollten sich um ihre eigenen Angelegenheiten kümmern. Wenn sie dies nicht täten, dann wären sie entweder voller Eifersucht und Haß gegen die russische Macht erfüllt, oder sie fühlten sich schuldig, weil Rußland im Widerstand gegen Napoleon den größten Heldenmut bewiesen habe. Und er schloß mit der Erklärung: sollte ein Außenseiter es wagen, die Drohungen in Taten umzusetzen, dann würde ganz Rußland sich »in Waffen erheben«.

Nicht jeder Russe war in diesem Zusammenhang von der russischen

Tugendhaftigkeit so überzeugt. Aber Puschkin kam der allgemeinen Einstellung zu den Polen nahe, und ohne Zweifel ging diese Stimmung tiefer als etwa die Gereiztheit, die Verachtung oder selbst die Schuldgefühle, die die Angehörigen eines großen Reiches gegenüber dem Widerstand eines kleinen, aber unangenehmen Nachbarn empfinden. Wir zitieren Puschkin: »Wer wird in dem ungleichen Kampf siegen, der stolze Pole oder der treue Russe? Werden die slawischen Flüsse zusammen in das russische Meer fließen? Oder wird das Meer austrocknen?«

Man übertreibt nicht, wenn man sagt, daß Rußland sich nur kraft seiner Gewalt über Polen als ein Teil Europas fühlen konnte. Lange war Polen die Grenze gewesen, die den Weg nach Europa versperrte, als das Moskowiterreich sich aus der Herrschaft der Tataren löste. Katholisch, arrogant, verschlagen, von sich selbst sehr eingenommen, oberflächlich, gewandt und protzig: so sahen die russischen Bojaren die Polen. Aber sie gehörten dem Westen an, und als ihre Macht am größten war, zwangen sie Rußland ostwärts, noch weiter weg vom Westen.

## 4

Die Bestürzung des Jahres 1830 ebbte langsam ab. Jetzt war es zu spät für Nikolaus, in die belgische Revolte einzugreifen. Die polnische Krise hatte ihn glücklicherweise davor bewahrt, sich dort leichtsinnig zu exponieren. Jetzt plötzlich versetzten ihn Umstände, die außerhalb seiner Kontrolle lagen, in eine äußerst vorteilhafte Situation und brachten ihm einen überwältigenden diplomatischen Sieg.

Wieder ging es um die Türkei. Nach Beendigung der griechischen Affäre im Jahre 1826 war nach allgemeiner Ansicht die orientalische Frage zumindest für einige Jahre bereinigt. Doch dies war nicht der Fall. Mehmet Ali, des Sultans Vizekönig in Ägypten, hatte seinen Sohn Ibrahim mit starken Streitkräften zur Unterstützung des Sultans im Kampf gegen die Griechen gesandt. Jetzt fühlte er sich schlecht behandelt. Er war zutiefst gekränkt, daß man ihm seine Hilfe zu einem kritischen Zeitpunkt nicht ausreichend gelohnt hatte. Mehmet Ali war bei weitem der fähigste Mann des Osmanischen Reiches. Mit Blut und Feuer hatte er Ägypten erobert und die Mameluken niedergemetzelt; er hatte Mekka zurückerobert, er hatte den Sudan annektiert. Jetzt wollte er ganz Syrien für sich. Als der Sultan sich weigerte, entschloß sich Ali, aufs Ganze zu gehen. Ibrahim fiel in Kleinasien ein und errang bei Konya in Anatolien einen überwältigenden Sieg über den Sultan. Das war im Dezember 1832. Als die Rebellenarmee vor Konstantinopel stand, war der Sultan gezwungen, jede ausländische Macht um sofortige Hilfe zu bitten, die bereit war, ihm diese zu gewähren.

Rußland tat ihm den Gefallen. Es war für Nikolaus ein Augenblick tiefster

Befriedigung, als Sultan Mahmud an ihn, den Erzfeind, mit der Bitte um Hilfe herantrat. In kürzester Zeit stand die russische Schwarzmeerflotte vor Konstantinopel. Der Marine folgten Truppen. Den Truppen folgte Graf Orlow, der Abgesandte des Zaren, um einen formellen Vertrag mit der Pforte auszuhandeln. Mehmet Ali konnte sich nicht auf einen Krieg mit Rußland einlassen; er mußte klein beigeben, doch gewährte man ihm so günstige Bedingungen, daß seine Macht am Ende größer war als zuvor.

Im Juli unterschrieb der siegreiche Graf Orlow in Hunkar Iskelesi einen Bündnisvertrag zwischen der Türkei und Rußland, demzufolge Rußland der Türkei militärische Hilfe angedeihen lassen würde, wann immer es darum ersucht werden sollte, während die Türkei die Dardanellen für alle ausländischen Kriegsschiffe sperren sollte.

Mehr wollte Nikolaus für den Augenblick nicht. Keine ausländische Macht außer Rußland hatte auch nur irgendein Interesse, die Türkei anzugreifen; Rußland ging also mit dieser Verpflichtung gar kein Risiko ein. Andererseits aber war durch die Sperre der Dardanellen für ausländische Kriegsschiffe eine mögliche Bedrohung der russischen Schwarzmeerhäfen abgewendet.

England sah in dem zumindest vorderhand defensiven Manöver einen Schritt zur Verwandlung der Türkei in einen russischen Satellitenstaat. Aber die Engländer konnten nichts weiter unternehmen, als Lord Ponsonby mit dem allgemeinen Auftrag nach Konstantinopel zu entsenden, den Sultan von seiner Abhängigkeit von Rußland abzubringen. Ponsonby war der erste jener britischen Gesandten in Konstantinopel, die einen heftig übertriebenen Russenhaß entwickelten. Er sah unter jedem Bett einen russischen Spion, und ihm ist es zu verdanken, daß die britische Öffentlichkeit gar nicht in die Lage kam, die russischen Aktivitäten im Nahen Osten unvoreingenommen oder vernünftig zu beurteilen. Der Gerechtigkeit wegen muß erwähnt werden, daß dieser übertriebene Verdacht durch die fast melodramatische Plumpheit der russischen Agenten – die es tatsächlich gab – angeheizt wurde, ebenso wie durch die immer zweideutiger werdenden Motive des Zaren selbst – Zweideutigkeiten, die sich so lang potenzierten, bis es im Rückblick klar wird, daß er selbst nicht mehr wußte, ob er nun die Türkei zerstückeln wollte oder nicht.

1833 freilich erreichte Nikolaus sein Ziel und fühlte sich an seinen südlichen Grenzen sicherer, als dies am Anfang seiner Regierung möglich erschienen war. Es blieb noch die Aufgabe, die politischen Interessen gegenüber Österreich und Preußen zu wahren. Sehr von oben herab ließ Nikolaus verkünden, daß er endlich bereit sei, persönlich nach Böhmen zu kommen, um seine Monarchenbrüder auf einer Konferenz zu treffen, auf die Metternich, den er nie kennengelernt hatte, seit zwei Jahren drängte. Sie trafen einander in Münchengrätz, laut Fürstin Metternich »einer schmutzigen Kleinstadt« nordöstlich von Prag. Dort versuchten sie den Geist der Heiligen Allianz wiederzuerwecken. Es war die Jagdsaison, September 1833. Der Zar von Rußland, der Kaiser von Österreich und der Kronprinz von Preußen gingen bei Tag auf die Jagd, während Metternich und Nesselrode, gar nicht zu reden von dem Geheimpolizeichef des Zaren, Graf Benckendorff, lange Unterredungen hatten, in denen hauptsächlich, so wurde berichtet, von ihren Liebesabenteuern gesprochen wurde.

Benckendorff war anwesend als Wahrer von Gesetz und Ordnung, als Geißel der Revolution; er fuhr nach Hause mit der Zustimmung, daß die russische und österreichische Polizei harmonisch zusammenarbeiten sollten, um Europa für den Absolutismus tauglich zu machen.
Er war auch ein Mann, mit dem man über Geschäfte reden konnte. Das Münchengrätzer Abkommen gründete ein konservatives Bündnis, das für weitere zwanzig Jahre Geltung hatte. Das Osmanische Reich sollte erhalten bleiben; wenn es zu irgendeiner Zeit zusammenzubrechen drohte, sollten die hohen Vertragspartner bei einer Aufteilung gemeinsame Schritte unternehmen. Die bestehende Teilung Polens wurde garantiert, und darüber hinaus einigte man sich für den Fall einer Rebellion, wo immer diese auch sich ereignen würde, auf gemeinsames Vorgehen. Schließlich vereinbarten die drei Regierungen, daß sie jedem Herrscher, der um Hilfe im Kampfe gegen liberale Insurgenten bat, zu Hilfe eilen würden.


5

Einige Jahre nach Münchengrätz blieb das europäische Modell – auf der einen Seite die drei »nördlichen« Monarchien, auf der anderen England und Frankreich – unverändert. Aber während der ganzen Zeit war Rußland als imperialistische Macht ununterbrochen in Bewegung, immer wieder sondierend und in die relativ offenen Gebiete an seinen unendlich weiten Grenzen vorstoßend, abseits von dem grellen Licht, das unbeirrt auf Konstantinopel und die Meerengen gerichtet war.
Die hauptsächlichen Militäraktionen fanden im Kaukasus statt. Nach Beendigung des Krieges mit Persien wurden die russischen Verbindungslinien zwischen Stavropol, Tiflis und Baku dauernd von einigen noch unbezwungenen Hochlandstämmen bedroht, die sich in unzugänglichen Gebirgsregionen hielten, im Westen im Tscherkessenland hoch über dem Schwarzen Meer, im Osten in Daghestan an den Hängen des Kaspischen Meeres.
Die Flußtäler, vor allem die des Kuban und des Terek, waren schon seit langem in der Hand von Kosakensiedlern, die hier, als Gegenleistung für ihre Befreiung von der drückenden Kontrolle durch die Zentralstellen, eine stets kampfbereite Vorpostenlinie zur Verteidigung der fluktuierenden Grenze bildeten.

Paskjewitsch ging gerade daran, einen größeren Vorstoß gegen die Tscherkessen vorzubereiten, als er abberufen wurde – zuerst mußte er die Invasion der Perser stoppen, dann die polnische Revolution niederschlagen. Aber gegen Ende der dreißiger Jahre des neunzehnten Jahrhunderts machte man Ernst – mit Truppenlandungen von der Seeseite her und einem entschlossenen Vorstoß in die Berge vom Norden her. Darauf erfolgte der Bau eines gewaltigen Festungsringes, der die Bergstämme einkreisen und zurückdrängen und sie so zur Unterwerfung zwingen sollte. Die Dinge nahmen nicht den erhofften Verlauf. Die Tscherkessen waren sehr tapfer. Außerdem gaben ihnen die Ereignisse in Daghestan Auftrieb. Dort, an der Ostseite des Kaukasus, sahen sich die kaiserlichen Streitkräfte einer wirklich gefährlichen Bedrohung gegenüber – einem heiligen Krieg, der von einem Mann geführt wurde, der ein genialer Guerilla-Taktiker war und gleichzeitig als religiöser Führer verehrt wurde; tatsächlich gab es einen Zeitpunkt, da der Imam Schamil die gesamte russische Position im Kaukasus gefährdete.

Der Kampf war hart und lang; Schamil wurde endgültig erst nach dem Krimkrieg bezwungen. Fast zwanzig Jahre lang erforderten die Kampfhandlungen im Tscherkessengebiet und mehr noch in Daghestan den dauernden Einsatz von russischem Militär. Dieser Kriegsschauplatz wäre hervorragend geeignet gewesen, um – wenngleich in einer etwas spezialisierten Art der Kriegführung –, die Eigeninitiative, die Phantasie und das Selbstvertrauen des Offizierskorps zu fördern. Doch die Chance wurde nicht genützt. Die russische Armee im Kaukasus, dauernd in Feindberührung, lebte ihr eigenes Leben. Hier bot sich für alle die Gelangweilten und Unzufriedenen die Gelegenheit, aus der bürokratischen Misere, die den Kern Rußlands erfaßt hatte, auszubrechen. Hier gab es Abenteuer für den, der Abenteuer suchte; Vergessen für den, der seine Vergangenheit hinter sich lassen wollte; die Wiederherstellung der Ehre für den, der in Ungnade gefallen oder dessen Ruf ramponiert war.

Und die Kampfhandlungen waren durchaus nicht immer geringfügig. Die Truppenaktion, die schließlich mit dem Tod von Schamils Vorgänger endete, erforderte eine konzentrierte Hochgebirgsoffensive unter Einsatz von 10 000 Mann. In den vielen Feldzügen, die folgten, waren Verluste der Russen von Tausenden Verwundeten und Toten an der Tagesordnung.

Von Anfang bis Ende dieses lang hinausgezogenen Eroberungskrieges nahm die exotische Schönheit der kaukasischen Landschaft mit ihren hohen, in ewigen Schnee gehüllten Bergen über der subtropischen Opulenz der Flußtäler die russische Phantasie gefangen. Für die Russen war dies mehr als ein Land, wo die Zitronen blühen; es war ein Land mächtig rauschender Ströme, hoher Pässe, zerklüfteter Berggipfel; ein Land kraftvoller und heißblütiger Männer – Georgier, die Christen und auch Krieger waren und sich unter ihren eigenen Königen und Königinnen jahrhundertelang behauptet hatten; neben ihnen stolze, rachsüchtige Moslems mit ihrem alten Kulturerbe, ein Gemisch von romantischer Wildheit und höchster Ritterlichkeit; prachtvolle Tscherkessinnen, die bei den türkischen Sklavenhändlern den Vorzug vor allen anderen Frauen hatten –: Stolz, Herrlichkeit, rasch aufbegehrendes, leidenschaftliches Ehrgefühl. Es war ein Land, das selbst die russischen Kosakensiedler beeinflußte und schwerfällige russische Bauern in kecke Freibeuter verwandelte; ein Land voller Bären und Wölfe, wo ein Mann sich gegen die Elemente wehren mußte, weltweit entfernt von Benckendorf und den trostlosen, bestechlichen Beamten, den leibeigenen Bauern, den kriecherischen Höflingen der großen russischen Ebene. Puschkin in »Ein Gefangener des Kaukasus«, Lermontow in »Ein Held unserer Zeit«, Tolstoj in »Die Kosaken«, »Der Überfall«, »Holzfällen«, »Hadschi Murad« – sie alle waren von seinem Zauber gefangen. Der junge Tolstoj selbst nahm in der Armee an einem der Feldzüge gegen Schamil teil.

Für die russischen Romantiker war das kaukasische Erlebnis eine Offenbarung, das Eintreten in eine Welt nicht nur von außerordentlicher, bezaubernder natürlicher Schönheit, sondern auch von unvorstellbarer Freiheit – die Flucht vor einem allumfassenden System, dem sie in ihrem Herzen entfremdet waren.

Die übrigen Schwerpunkte der russischen Expansion lösten weniger literarische Begeisterung aus. Östlich und südlich des Kaspischen Meeres stieß die russische Macht fast unwiderstehlich in das offene Steppenland vor, das heutige Kasachstan, und weiter bis zu dem staatlich straffer organisierten Weideland Turkestans: Dieser Vorstoß sollte erst viel später richtig in Schwung kommen, und überdies war er auf Indien gerichtet, was in London arge Befürchtungen auslöste; den Russen ging es übrigens mit den Engländern, die von Afghanistan aus Chiva und Buchara bedrohten, nicht anders.

Der dritte Schwerpunkt der Expansion lag fernab an den Grenzen Chinas. Dort segelte Graf N. N. Murawjew, der verwegen-chauvinistische und energische Generalgouverneur von Ostsibirien, den Amurfluß hinauf, fuhr um die Insel Sachalin herum, die er im Namen des Zaren einnahm, und gründete am Vorabend des Krimkrieges die spätere Stadt Nikolajewsk.

Der vierte Punkt war im fernsten Nordosten, wo die Russen im Jahre 1744 von Kamtschatka über die Beringstraße, die nach dem russischen Arktisforscher benannt ist, nach Alaska übersetzten.

Nikolaus in St. Petersburg blickte über diese dauernde Ausdehnung seines Reiches und befand sie für gut. Die Grenzen des kaiserlichen Rußland wurden heimlich weiter vorgeschoben, um alle Ausländer fernzuhalten – die Engländer, die Chinesen, die Kanadier und die Amerikaner –, die möglicherweise in Versuchung kommen konnten, in diesen leeren Raum einzudringen. Es hatte nichts zu bedeuten, daß die Flächenausdehnung

Rußlands bereits enorm war und daß es die Fähigkeiten der Zentralregierung weit überstieg, dieses Riesenreich ordentlich zu verwalten; es hatte nichts zu bedeuten, daß die Bevölkerung so dünn war, daß es absurd schien, sich noch weiter auszubreiten; es hatte nichts zu bedeuten, wie es auch nichts zu bedeuten hatte, daß unter früheren Herrschern diese endlose Erweiterung der Grenzen dazu geführt hatte, daß die unendlich reichen Bodenschätze des Landes in der nahen Umgebung vernachlässigt wurden. Wichtig war einzig und allein die Größe Rußlands, und die einzige Art, diese Größe zu bewahren, war, den Ausländer immer weiter weg von seinem Herzland zu halten.

## 6

Die europäischen Mächte, besonders England, in geringerem Maße Österreich, verfolgten diese Entwicklung mit Sorge. Wo sollte sie enden, und was hatte sie zu bedeuten? Sie schien keinen Sinn zu haben, es sei denn im Rahmen eines zielbewußten Vorstoßes zu unbegrenzter territorialer Vergrößerung seitens eines Volkes, das bereits so viel Land besaß, daß es nicht wußte, was es damit anfangen sollte.

Heutzutage ist es üblich, sich über jene britischen Diplomaten und Politiker des 19. Jahrhunderts lustig zu machen, die von der Idee besessen waren, Rußland gefährde Englands Stellung als Kolonialreich. Tatsächlich ruhte diese Zwangsvorstellung in mancher Hinsicht auf schwachen Beinen, und die Schlüsse, die daraus gezogen wurden, waren wenn auch nicht falsch, so doch übertrieben. Aber die westlichen Staatsmänner waren nicht die einzigen, die sich über den ruhelosen, sondierenden, beunruhigend drohenden Vorwärtsdrang der Romanows bis an die Grenzen des Erlaubten (und manchmal auch darüber hinaus) Fragen stellten. Es war ein patriotischer Russe, der aufgeklärte konservative Nikitenko, der ehemalige Leibeigene, der zur Zeit des Krimkrieges erklärte, daß Rußland nur sich selbst für die Katastrophe verantwortlich machen müsse – schließlich habe es Europa mit seinen waghalsigen Unternehmungen, begleitet von drohenden Gebärden, dreißig Jahre lang in Angst und Schrecken versetzt.[8] Früher noch, im Jahre 1838, hatte einer der begabtesten russischen Diplomaten, Baron Brunnow, damals rangältester diplomatischer Ratgeber Nesselrodes, für den Zarewitsch, den künftigen Alexander II., einen Bericht über die kaiserliche Außenpolitik ausgearbeitet, der auch eine Warnung war. Er bezog sich vorsichtigerweise auf die Zeit der Regierung Katharinas: unter Nikolaus geschahen solche Dinge natürlich nicht mehr. Aber Alexander verstand sehr wohl die unausgesprochene Kritik an seinem Vater:

*Die Politik des russischen Hofes während der Regierung Katharinas berechtigt leider vollkommen den heute kursierenden Verdacht bezüglich*

*der Absichten unserer Regierung. Die Engländer sind sich stets einge-*
*denk, daß alle Länder, die Rußland unter seinen Schutz nahm, am Ende*
*ihre Unabhängigkeit verloren haben; daß Rußland die Schutzmacht*
*Polens wurde, um die Teilung Polens herbeizuführen; daß Rußland die*
*georgischen Stämme von osmanischer Herrschaft befreite, nur um sie*
*selbst zu unterjochen; daß es die Unabhängigkeit der Krim anerkannte*
*und sich diese dann einverleibte. So wirken Beispiele aus der Vergangen-*
*heit auf die Gegenwart, und die edlen Motive unserer heutigen Politik*
*werden nicht anerkannt, weil im Gedächtnis ausländischer Regierungen,*
*die unsere Macht mit Sorge und Neid beobachten, noch immer Erinne-*
*rungen an längst vergangene Ereignisse wach sind.*[9]

Er hätte sich nicht präziser ausdrücken können. Brunnow schrieb zu einer
Zeit, als zwei Ereignisse dem britischen Verdacht Nahrung gaben. Im Jahr
zuvor hatte St. Petersburg den neuen Schah von Persien eifrigst ermutigt,
nach Afghanistan zu marschieren, um Herat zurückzuerobern, das einst
zum alten Persischen Reich gehört hatte. Man hatte erst davon abgelas-
sen, als es klar wurde, daß England bereit war, den Schah (und den russischen Einfluß) mit Waffengewalt von der Nordwestgrenze Indiens fernzuhalten. Und 1839, als der Bestand des Osmanischen Reiches von einem
neuerlichen Konflikt zwischen dem Sultan und Mehmet Ali bedroht war,
traf Nikolaus zu Palmerstons Sorge und Verärgerung ohne vorherige
Rücksprache mit London in Teplitz in Böhmen mit Kaiser Ferdinand von
Österreich zusammen, wobei die beiden Monarchen den Sultan ihres
Beistandes im Sinne der Verträge von Hunkar Iskelesi und Münchengrätz versicherten. Doch innerhalb eines Jahres veränderte sich dann die
Situation drastisch: England, Rußland, Österreich und Preußen schlossen sich zusammen, um Mehmet Ali in die Schranken zu weisen – und
nicht nur Mehmet Ali, sondern auch Frankreich, Englands offiziellen
Verbündeten, das einmal fast soweit war, dem übrigen Europa den Krieg
zu erklären: so entschlossen war es, die Ansprüche seines Protégés, des
ägyptischen Paschas, durchzusetzen. Und Brunnow war es, der in zwei
Sondermissionen in London die Genugtuung hatte, die schwierigen und
heiklen Verhandlungen zu einem guten Ende zu bringen.
Nicht zufrieden mit den Bedingungen, die er zu Ende der ersten Krise
1833 errungen hatte, hatte Mehmet Ali die erbliche Herrschaft über
Ägypten und Syrien gefordert; er schien von einem neuen arabischen
Reich zu träumen. Frankreich unterstützte ihn gegen den Sultan und
Rußland, während der Sultan mit bedeutenden Handelskonzessionen um
britische Unterstützung warb – von der Verpachtung Adens ganz abgesehen. Ein langes Hin und Her von diplomatischen Manövern und multila-
teralen Intrigen kam zu einem plötzlichen Ende, als der Sultan die Geduld
verlor, in Syrien einmarschierte und von Ibrahim Pascha bei Neshib Prügel bezog.

Nun war rasches Handeln vonnöten, um den Sultan zu retten und einen gefährlichen Zusammenstoß zwischen den Großmächten zu verhindern. Man schrieb den Juni 1839. Nikolaus und Nesselrode sahen klar, was bereits undeutlich zu ersehen war: solange England in der Levante rechtmäßige Interessen hatte, konnte Rußland nicht hoffen, die Türkei so zu beherrschen, wie es sich dies erträumt hatte; und außerdem: ohne die Hilfe der britischen Flotte konnte der Sultan nicht wirkungsvoll gegen Ägypten und Syrien unterstützt werden. Rußland mußte daher mit England zu einem Einverständnis kommen und dabei auf ein angestrebtes Ziel zusteuern: den Bruch des anglo-französischen Bündnisses, das in Nikolaus' Augen der Mittelpunkt revolutionärer Tätigkeit und Gedanken war. Palmerston seinerseits sah die Chance, die Sonderstellung Rußlands in bezug auf die Türkei und die Dardanellen, wie sie nach dem russischen Sieg des Jahres 1833 im Vertrag von Hunkar Iskelesi festgelegt worden war, zu beenden und in Sachen Meerengen zu einem bindenden Abkommen zu gelangen, das die Pforte aus der Abhängigkeit von St. Petersburg befreite und gleichzeitig die künftige Sicherheit Rußlands wahrte.

So setzte sich, in einer allgemeinen Stimmung der Unsicherheit und Unruhe, das Räderwerk in Bewegung. Das Ergebnis war ein formeller Vertrag, der im Sommer 1840 von England und den kontinentalen Mächten unterzeichnet wurde – Frankreich wurde nicht beigezogen –, in dem die neuen Verbündeten übereinkamen, gemeinsam den Sultan zu unterstützen. Die englische und die österreichische Flotte sollten vor Syrien und Ägypten operieren, wobei die Großmächte gemeinsam den Schutz des Bosporus und der Dardanellen übernehmen würden. Mehmet Ali sollte die erbliche Herrschaft über Ägypten und auf Lebzeiten die Herrschaft über Südsyrien erhalten.

Der Rest war eigentlich enttäuschend. Auch Mehmet Alis Siegeslauf war vorüber. Die Syrer erhoben sich gegen ihn. Englische und österreichische Truppen landeten im Libanon; die Festung Akkon wurde von einem englisch-österreichisch-türkischen Flottendetachement zur Aufgabe gezwungen. Ibrahim Pascha war am Ende, und auch Mehmet Alis Träume von einem Großreich waren vorbei. Aber der Sultan war tot, er erlebte seinen Sieg nicht mehr. Rußland hatte zustimmen müssen, keinen aktiven Anteil an der ganzen Operation zu nehmen; aber seine große Macht stand drohend im Hintergrund.

Die Chancen für eine generelle Beilegung des Konflikts waren gegeben, und England und Rußland nahmen sie wahr. Ohne Frankreich konnte freilich ein solches Abkommen nicht getroffen werden, und so mußte Nikolaus seinen Widerwillen gegenüber Louis Philippe unterdrücken, ebenso wie Frankreich seine Wut auf England dämpfen mußte. Palmerston leitete die Gespräche, und im Londoner Vertrag von 1841 kam man endlich zu einer Einigung: zu Friedenszeiten durfte keine ausländische Macht ihre Kriegsschiffe durch die Dardanellen und den Bosporus sen-

den. Damit war auf Rußlands Sicherheit genau so wirksam Bedacht genommen wie unter dem Vertrag von Hunkar Iskelesi; aber die Türkei war
nicht mehr ein russischer Satellitenstaat. Das Schwarze Meer war immer
noch ein wunder Punkt, sollte die Türkei im Bündnis mit einer anderen
feindlichen Macht Krieg gegen Rußland führen. Aber dies war eine Art
von Ungewißheit, die kein Vertrag beilegen konnte. Nikolaus akzeptierte
diese Unvollkommenheit im Jahre 1841. Aber sie irritierte ihn. Gefühls-
betont und ungeduldig wie er war, mit seiner Leidenschaft für minuziöse
und detaillierte Bestimmungen und einer tiefsitzenden Angst vor dem
Ungreifbaren und Unbestimmbaren, zog er aus der Krise um Mehmet Ali
und dem Londoner Vertrag keine Lehre. Er hatte nach wie vor den Drang,
die Zukunft ebenso wie die Gegenwart zu bestimmen. Dies wäre arg genug gewesen, wenn er sich hätte entscheiden können, welcher Art diese
Zukunft sein sollte, und sich daran gehalten hätte. Aber das konnte er
nicht.

# VII Der langsame Abstieg ins Verderben

## I

Die Londoner Konvention war ein hervorragendes Beispiel dafür, was kühle, gewandte Diplomatie unter mehr als widrigen Umständen erreichen konnte. Denn sogar während der Verhandlungen setzte Palmerston seine wohlbedachte Politik fort, jeglicher russischen Aktivität, die auch nur im entferntesten auf eine Ausbreitung des Einflusses von St. Petersburg über die bestehenden Grenzen hinauszielte, nach Kräften entgegenzuwirken. Und die Stimmung des englischen Volkes war noch immer heftigst, fast rabiat anti-russisch. Palmerston selbst, der meist als Vorkämpfer des Liberalismus und als Geißel der Reaktion gilt, kam wegen seiner »Besänftigungspolitik« St. Petersburg gegenüber dauernd unter Beschuß. Als Premierminister Robert Peel 1835 Lord Londonderry, einen Reaktionär bis auf die Knochen, als Botschafter nach St. Petersburg entsenden wollte, wurde er in der »Times« frontal angegriffen: der edle Marquis habe sich für diesen Posten disqualifiziert, da er »den allgemeinen Gefühlen der Engländer zugunsten der unterdrückten Freiheit und der mit Füßen getretenen Rechte der Polen keine Sympathie entgegenbringe«. In einem merkwürdigen Satz bezeichnete der Artikel dann St. Petersburg als den Sitz des »durchtriebensten und heimtückischsten Hofes von Europa«.[1] Peel mußte nachgeben. Und fünf Jahre später hatte sich die Stimmung der Öffentlichkeit kaum geändert.

Dennoch hielt man es im Jahre 1840 für angebracht, daß der Zarewitsch Alexander England einen Besuch abstattete. Und vier Jahre später wagte auch Nikolaus den Schritt über den Kanal und hinterließ bei Viktoria den starken und beunruhigenden Eindruck, den wir bereits in einem früheren Kapitel beschrieben haben. Und es sollte dieser an sich äußerst zufriedenstellend verlaufene Besuch sein, der endlose Probleme für die Zukunft aufwarf. Es fing an mit der quälenden Sorge des Zaren um den drohenden Untergang des türkischen Reiches. Er konnte dieses Thema nicht lassen. Er ruhte nicht, bis er nicht die Großmächte, besonders England, auf die Gefahren aufmerksam gemacht hatte, die der Zusammenbruch der Türkei mit sich bringen würde, und sie dazu überredet hatte, zusammen mit ihm einen genauen Aktionsplan auszuarbeiten. Er verlangte, daß die

Mächte sich über ein Aktionsprogramm einigten, das eine friedliche Aufteilung des türkischen Besitzstandes unter ihnen vorsah, um so allen künftigen Mißverständnissen vorzubeugen. Je mehr Nikolaus darüber redete, desto mehr beteuerte er in seiner deklamatorischen Art, daß er keine Ansprüche auf die Türkei stelle und sie so lange wie möglich erhalten wolle; und desto mehr schöpften die Mächte Verdacht – besonders England mit seiner angeborenen Abneigung, sich mit hypothetischen Fragen auseinanderzusetzen oder sich den Kopf über eine Zukunft zu zerbrechen, die, sobald sie einmal da war, doch ganz anders als alle Erwartungen sein würde.

Mit Österreich war Nikolaus schon 1833 auf das Thema zu sprechen gekommen, zur Zeit der ersten von Mehmet Ali ausgelösten Krise und lange bevor er begriff, welch entscheidende Rolle England spielen sollte. Er würde sein Äußerstes tun, um dem Sultan zu helfen, versicherte er de Fiquelmont, dem österreichischen Botschafter, aber es würde nicht genügen. »Es ist nicht in meiner Macht, einem Leichnam Leben einzuhauchen, und das türkische Reich ist tot. Es wird uns vielleicht möglich sein, die derzeitige Krise zu überwinden. Aber selbst wenn uns dies gelingt, habe ich keine Hoffnung mehr, diesen Greis am Leben zu erhalten; er bröckelt an allen Seiten ab; früher oder später wird er zusammenbrechen.«[2]

Hier wird zum ersten Mal das Thema angeschlagen, das in den nächsten zwanzig Jahren immer wieder zur Sprache kommen sollte. Kaum war der Meerengenvertrag glücklich unterschrieben, drückten Nikolaus schon wieder seine alten quälenden Sorgen. Im darauffolgenden Jahr erinnerte ihn ein mißlungener Aufstand in Serbien – falls der Zar es überhaupt nötig hatte, erinnert zu werden – an die labile türkische Position auf dem Balkan und an seine sich selbst auferlegte Aufgabe als Schutzherr der orthodoxen Christen unter mohammedanischer Herrschaft.

Gleichzeitig war er alles andere als glücklich über seine eigene geliebte Kontinentalallianz, die nicht ganz so stark war, wie es zur Zeit von Münchengrätz den Anschein gehabt hatte. In Wien war der alte, schlaue, vorsichtige Franz I. 1835 gestorben; sein Nachfolger Ferdinand war ein sanfter, gutmütiger Schwachkopf. Und in Berlin hatte der Tod Friedrich Wilhelms III. im Jahre 1840 dem Zaren einen zuverlässigen und gehorsamen Verbündeten von anerkannt reaktionärer Gesinnung genommen. Sein Sohn, Friedrich Wilhelm IV., der Bruder der Zaritza, war eine unbekannte Größe. Er glaubte an ein Königtum von Gottes Gnaden, war sogar besessen von einem hochgradigen dynastischen Romantizismus: das war ja alles recht schön. Aber er schien auch der Meinung zu sein, daß es sich für einen Herrscher der Mitte des neunzehnten Jahrhunderts ziemte, mit liberalen Ideen zu liebäugeln, und dies erfüllte Nikolaus mit argen Befürchtungen – die später in Zorn und Verachtung umschlugen. Zu all dem kam noch, daß in England wieder Peel an die Macht kam, Palmerston

6  Der Newski-Prospekt, eine Petersburger Prachtstraße (Foto von 1912)

7 Russisches Landleben: Die Herrschaftsfamilie vor der Hütte
eines Waldwächters (Foto von 1906)

8 Bauern, die vor dem Tscheremenetz-Männerkloster Almosen erbitten
(Foto von 1907)

9 Wladiwostok: Der Hafen um die Jahrhundertwende

10 Wladiwostok: Gesamtansicht

11 Eisenbahnbau im zaristischen Rußland

12 Verbannten werden nach ihrer Ankunft in Sibirien Hand- und Fußketten angelegt.

wurde im Außenamt durch Aberdeen ersetzt, was Nikolaus zur Überzeugung brachte, daß die Engländer ihn wieder verdächtigten, aggressive Absichten auf die Türkei zu hegen. Er selbst fühlte sich ziemlich aus dem Gleichgewicht gebracht, und er handelte dementsprechend. Aus blauem Himmel schlug er Österreich vor, daß es Konstantinopel einnehmen solle.[3]

De Fiquelmont, dem Nikolaus dieses Angebot machte, traute seinen Ohren nicht, und Metternich war ebenso überrascht, als die Nachricht ihn in Wien erreichte. Hier, sagte Nikolaus, sei der beste Beweis dafür, daß er selbst keinerlei Absichten auf die Türkei habe. Aber die Türkei sei dem Zusammenbruch nahe, und wenn die Großmächte nicht ihre Anstalten träfen, würde der darauffolgende Interessenkonflikt zur Katastrophe führen.

»Ist es nicht besser, die Ereignisse vorauszusehen und sie zu steuern?« Wie sträflich, zu warten, bis das Unglück zuschlug! Was würde Rußland dann mit Konstantinopel anfangen? Sein Besitz, auch als Geschenk der Großmächte, würde den ganzen Charakter des Reiches verändern. Daher solle Österreich, mit seinen unmittelbaren Interessen am Balkan, der naturgemäße Herrscher sein:

»Ich werde nie die Donau überqueren, und alle Gebiete zwischen dem Fluß und der Adria sollen Dir gehören... Diese Kombination ist die einzige, die uns vor einer schrecklichen Umwälzung retten kann; sie hat mich eine lange Zeit hindurch Tag für Tag beschäftigt; ich finde keine andere Lösung, die sich statt ihrer anböte.«[4]

In einem Punkt war er unerbittlich: keine andere Macht außer Österreich sollte Konstantinopel besitzen:

»Ich will keine Neugründung des Byzantinischen Reiches; das werde ich nie gestatten. Ich will nicht, daß die Franzosen oder die Engländer gemeinsam oder jeder für sich Konstantinopel besetzen oder ihm materiellen Schutz bieten. Ich werde diese Kombinationen mit all meiner Macht zu verhindern suchen.«[5]

Natürlich wurde nichts daraus. Metternich wußte besser als irgendeiner, wie man auch der schärfsten diplomatischen Initiative den Schwung nehmen konnte, so daß sie eines natürlichen Todes starb. Aber was sollte er von diesem launischen Monarchen denken, der behauptete, sein einziger Wunsch sei es, eine latent explosive Situation zu entschärfen, und nun als passende Lösung einen Kurs vorschlug, der unweigerlich einen allgemeinen Krieg auslösen würde?

Die Großmächte hatten recht, daß sie Nikolaus gegenüber ein Gefühl des Unbehagens hatten – nicht weil er, wie sie manchmal meinten, hinter einem Vorhang schöner Worte mit Bedacht auf die Zerstörung des Osmanischen Reiches hinarbeitete, sondern weil er sich unweigerlich in alles einmischte; weil er ein absoluter Herrscher war, der nicht früher Ruhe gab, als bis er die Ereignisse voraussehen und steuern konnte, weil er sich einfach nicht heraushalten konnte. Niemand glaubte an die unmittelbare Gefahr eines Zusammenbruches des türkischen Reiches. Die Zustände unter dem Halbmond waren gewiß in vieler Hinsicht eine Schande und ein Skandal, aber eine unabhängige Türkei, die nicht von der einen oder der anderen Großmacht beherrscht wurde, hatte zumindest den Zweck, eine turbulente, ja fast barbarische Ecke Europas unter schärfste Aufsicht zu stellen und außerdem als Puffer zwischen den imperialistischen Mächten zu dienen. Auch wenn man Nikolaus in seinen inbrünstigen Beteuerungen, daß er die Türkei so lange wie möglich erhalten wolle, Glauben schenkte, so war doch das dauernde Insistieren auf den Gefahren, die in einer hypothetischen Zukunft lauerten, beunruhigend, um es milde auszudrücken. Das Problem lag darin, daß Nikolaus sich in eine solch arge Verfassung hineingeredet hatte, daß er nicht mehr in der Lage war, die Dinge objektiv zu sehen. Wie er es einmal in einem Gespräch ausdrückte: »Nesselrode und ich sind nicht einer Meinung: er meint, daß die Türkei im Begriff ist zusammenzubrechen; ich bin der Meinung, sie ist bereits zusammengebrochen.«

Was war der Grund zu dieser Verblendung? Abgesehen davon, daß der Zar sich unbedingt als Herr aller Ereignisse sehen mußte, kann man nur annehmen, daß er sich im Innersten seiner Seele schuldig fühlte für Unterlassungssünden bei der Erfüllung des romanowschen Schicksals, wie dies einst von Katharina der Großen als der Schutzherrin der Christen festgelegt worden war. Er mochte zwar Katharinas spektakuläres Ziel, den Besitz von Konstantinopel, aufgegeben haben. Aber als Haupt der orthodoxen Kirche kam er seiner Pflicht gegen seine Religionsbrüder, die unter mohammedanischer Herrschaft lebten, nicht nach. Mit anderen Worten: er *wünschte* sich, zumindest im Unterbewußtsein, daß das Osmanische Reich zusammenbrechen möge, und fühlte sich daher besonders verantwortlich für das neue Staatssystem, das seinen Platz einnehmen sollte.

Als er bei Metternich nichts erreichen konnte, beschloß er 1844, sich an England zu wenden. Er war in einer äußerst frustrierten Stimmung. Von dieser Stimmung war nichts zu merken, als er in jenem Sommer in seiner ganzen Herrlichkeit in London eintraf. Wie wir wissen, war er für die noch sehr junge Königin der Inbegriff männlicher Schönheit, aber andere, die ihn von früher kannten, waren erschrocken über den merklichen Verfall seines Körpers: er war immer noch hochgewachsen und von denkbar imponierendem Äußeren, aber seine Züge waren gröber geworden, und es war eine Spur von Korpulenz da. Er war erst achtundvierzig, aber er spürte die selbstauferlegte Anspannung seines Absolutismus, gar nicht zu reden von seiner Entschlossenheit, ein Europa zu organisieren, das sich beharrlich weigerte, sich organisieren zu lassen.

Die Engländer fand er – armer Kerl! – von reizender Hilfsbereitschaft. Welten lagen zwischen Metternichs höflichen, aber hemmenden Aus-

flüchten und den Geheimgesprächen mit Peel und Aberdeen. Hier war alles von gravitätischer Herzlichkeit und Unbeschwertheit. Ihre Kaiserliche Majestät wünschten die Pforte so lang wie möglich zu erhalten? Wir freuen uns außerordentlich, unser völliges Einverständnis zu bestätigen. Ihre Kaiserliche Majestät habe keine Absichten auf Konstantinopel oder einen sonstigen Teil des Osmanischen Reiches? Ihre Kaiserliche Majestät sind zu gütig, eine derartige Zusicherung zu geben, aber ein solcher Verdacht könnte ja gar nicht aufkommen. Ihre Kaiserliche Majestät wollen prinzipiell festhalten, die Regierung Ihrer Britannischen Majestät möge hinsichtlich der gerechten Aufteilung der Länder des Sultans umgehende Konsultationen mit Ihrer Kaiserlichen Majestät aufnehmen, falls die traurige Notwendigkeit dazu eintreten sollte? Ihre Kaiserliche Majestät können mit Sicherheit damit rechnen.
So weit kam Nikolaus. Sinnvolle Diskussionen von der Art, wie er sie so brennend wünschte – und zwar über den Modus der künftigen Aufteilung – fanden nicht statt. Aber er glaubte, daß er einen bindenden schriftlichen Vertrag zustande gebracht hatte, daß im Falle eines bevorstehenden baldigen Zusammenbruchs der Türkei Rußland und England in gemeinsamer Aktion und unter voller Berücksichtigung ihrer vertraglichen Rechte eine Einigung über ein neues staatsrechtliches System anstreben würden. – Was England betraf, so war der darauf folgende Austausch von Briefen nicht mehr als eine provisorische Absichtserklärung, und eine recht vage noch dazu.[6] Sie konnte in keiner Weise für künftige Regierungen bindend sein.
Man hat öfters darauf hingewiesen, daß Nikolaus in der Überzeugung nach Hause fuhr, England habe sich faktisch formell verpflichtet – und daß seine spätere Enttäuschung die Erklärung für sein Verhalten am Vorabend des Krimkrieges sei. Sicher waren die Engländer, wie immer, ausweichend; sicher waren ihnen die Absichten des Zaren nach wie vor verdächtig; sicher würden sie, selbst wenn sie jedes seiner Worte geglaubt hätten, nicht in der Lage gewesen sein, sich und ihre Nachfolger im Guten oder im Schlechten zu einer bestimmten Vorgangsweise in einer hypothetischen Zukunft zu verpflichten. Nikolaus mag das alles nicht begriffen haben. Tatsache ist, daß das Bild, das wir von der Haltung des Zaren haben, falsch ist. Denn etwas über ein Jahr nach seiner englischen Reise, deren Ergebnis er (so will man uns glauben machen) für äußerst zufriedenstellend hielt, machte er sich neuerlich an Metternich heran. Und was hatte er ihm nun im Lichte seiner gerühmten Vereinbarungen mit London zu sagen? Noch einmal: daß Österreich Konstantinopel und die ganze europäische Türkei haben sollte. »Wenn die Engländer, Franzosen oder irgendwelche andere Truppen Konstantinopel erobern wollen, werde ich sie fortjagen, und ich glaube nicht an die Möglichkeit einer Vertreibung, weil ich vor ihren Truppen an Ort und Stelle sein werde. Wenn ich einmal in Konstantinopel bin, werde ich nicht mehr zurückgehen.«[7]

Nikolaus erklärte sodann kategorisch, daß er all das bereits in London Lord Aberdeen gesagt habe. Das ist eine sehr eigenartige Behauptung. Sicher ist, daß Graf Colloredo, der neue österreichische Botschafter in St. Petersburg, überzeugt davon war, daß der Zar in Sachen Österreich und der Türkei kein ehrliches Spiel betrieb. Er glaubte, daß Nikolaus nach einem Vorwand suchte, um gegen die Türkei vorzugehen, wenn die Zeit reif war, ohne sich dem Vorwurf der Gebietsvergrößerung auszusetzen. Aber wenn er Konstantinopel einmal besaß, dann würde er Mittel und Wege finden, um einen neuen Staat zu errichten, der ihm in jeder Hinsicht verpflichtet war und faktisch von ihm kontrolliert wurde.

Ich bin auf diese Verhandlungen näher eingegangen, weil sie Wesentliches zum Verständnis der Haltung der Großmächte acht Jahre später, am Vorabend des Krimkrieges, beitragen. Man muß nicht unbedingt einer Meinung mit Graf Colloredo oder mit den Russenhassern in England sein, die glaubten, daß Nikolaus ein undurchsichtiges und verschlagenes Spiel spielte, das den Zusammenbruch der Türkei beschleunigen und ihm als Zuschlag Konstantinopel bringen sollte. Andererseits muß man sich im klaren sein, daß er tatsächlich ein doppeltes Spiel trieb, bestenfalls indem er eine Macht gegen die andere ausspielte – aber zu wessen Gunsten? Wenn man die äußerst eigenartigen Eskapaden der Türkei-Politik Nikolaus' I. über einen Zeitraum von fast dreißig Jahren betrachtet, so kommt man zur Einsicht, daß er sich selbst nie recht klar werden konnte, was er eigentlich wollte. Die Schwäche der Türkei war ihm tatsächlich ein echtes Anliegen, und er fürchtete den Machtkampf, zu dem es nach ihrem Zusammenbruch kommen mochte. Er glaubte an Rußlands historisch-religiöse Mission und fürchtete die heilige Sache zu verraten, wenn er vor entschlossenem Handeln zurückschreckte. Er war entschlossen, den Frieden Europas zu wahren; aber was den Balkan betraf, auch wenn er selbst nicht zugriff, so sah er es als Rußlands Aufgabe, die Verteilung der Beute zu überwachen (die Engländer können Ägypten haben, wenn sie wollen, hatte er großzügig de Fiquelmont erklärt, und sie und die Franzosen können sich die Ägäischen Inseln untereinander teilen). Der überwiegende Eindruck, wie gesagt, ist weniger berechnende Hinterlist als eine etwas triviale Doppelzüngigkeit, und weniger Doppelzüngigkeit als eine grundlegende Dummheit – jene Dummheit, der man schon bei des Kaisers Umgang mit seinen eigenen Untertanen begegnet ist: das ewige Sich-Einmischen, die Unfähigkeit, die Dinge so zu lassen, wie sie waren – ein eigenartiger Zug bei einem Monarchen, der üblicherweise als Stütze des Konservatismus galt. Doch er hatte auch einen Zug von Größenwahn.

Nikolaus war nun in seinem fünfzigsten Jahr, und die Ernüchterung begann an ihm zu zehren. Er hatte, das war seine Überzeugung, keine Freunde. Den neuen König von Preußen mochte er persönlich ganz gut leiden, aber politisch, mit seinem Liebäugeln mit liberalen Ideen, war Friedrich Wilhelm IV. eine verlorene Seele. Sein Haß gegen Louis Philippe von Frankreich war unvermindert. Er traute England genausowenig, wie England ihm traute. Er hatte Lust, Europa den Rücken zu kehren und es in seinem eigenen Saft schmoren zu lassen.

Im eigenen Land gab es genug Probleme. Kiseljew war es trotz verbitterter Opposition möglich gewesen, das Los der Staatsbauern zu verbessern, aber alle Versuche, den Adel zu überreden, das Problem der Leibeigenschaft ohne Vorurteile aufzugreifen, waren fehlgeschlagen: es gab eben Vorurteile. Die Industrie entwickelte sich wie auch der internationale Handel. In den ersten zwanzig Jahren der Regierung hatte sich die Belegschaft der Fabriken mehr als verdoppelt, von 200000 auf fast eine halbe Million. Und eine neue Klasse der Kapitalisten war dabei, die Führung von den Adeligen zu übernehmen. Das Zeitalter der Eisenbahn war angebrochen. Es gab sogar neue Straßen mit Oberflächenbefestigung. Es gab Dampfschiffe auf der Wolga. Das Wachstum des internationalen Handels brachte Rußland in engeren Kontakt mit der lästigen Außenwelt gerade zu einer Zeit, als Nikolaus diese ausschließen wollte. Der Weizenexport machte große Fortschritte. Die Wirtschaft hing davon ab, und das bedeutete, daß sie von Ausländern abhing. Das war unerwünscht, aber der ganze ungute Prozeß war zu meistern, solange nur er, der Zar, gesund blieb und alle Aktivitäten in seinem Reich in jeder Einzelheit kontrollieren könne.

Es war unmöglich, daß er unbeeinflußt bleiben sollte von der Schmeichelei, die ihn umgab. In unserer eigenen Zeit haben wir mit fassungsloser Verständnislosigkeit zugesehen, wie Stalin zum Universalgenie, zum großen Führer, zum großen Lehrer hinaufgelobt wurde; aber die Männer, die in der Stalinanbetung des Sowjetregimes führend waren, waren die direkten Nachkommen jener Beamten, die das kaiserliche Rußland zur Anbetung des Zaren führten. Es war kein Phantast, es war der in Deutschland geborene Finanzminister Graf Kankrin, der ernstlich vorschlug, daß sogar der Name Rußlands geändert werden sollte. »Alles: Herrlichkeit, Macht, Wohlstand und Aufklärung«, erklärte er, »verdanken wir der Familie Romanow; aus Dankbarkeit sollten wir den Namen unserer Rasse von Slawen auf den Namen des Gründers dieses Reiches und seinem Wohlergehen ändern. Rußland sollte *Petrowia* heißen und wir *Petrowianer*; oder es sollte das Reich *Romanowia* heißen und wir – *Romanowiten*.«[8] Selbst die Exzesse der Panslawisten, der Publizisten und Professoren Pogodin und Schewejrew, des begabten Dichters Tjutschew, mit ihrer Glorifizierung von allem, was russisch war; ihrer ausdrücklichen Verachtung für den häßlichen und korrupten Westen, der krank und dem Tode geweiht war; ihrer Verherrlichung der lebensspendenden und reinigenden Macht des russischen Geistes (und des russischen Schwertes): – selbst sie trugen zu der stetig wachsenden Selbstanbetung des Zaren bei. Es war paradox: Je mehr er die Bestechlichkeit und den Egoismus seiner Landsleute verabscheute, desto stolzer erfüllte ihn das Gefühl seines eigenen einsamen Schicksals. Er mag über Tjutschews patriotische Extravaganzen etwas erstaunt gewesen sein –:

*Sieben Binnenmeere und sieben große Flüsse!...*
*Vom Nil bis zur Newa, von der Elbe bis nach China –*
*Von der Wolga bis zum Euphrat, vom Ganges bis zur Donau...*
*Das ist das russische Zarenreich...*

Aber die euphorische Stimmung beeinflußte ihn doch. Im Laufe der vierziger Jahre entfernte er sich immer mehr von der Wirklichkeit. Mehr als je zuvor versammelte er jetzt in seiner Regierung unnütze Kreaturen um sich. Selbst der getreue Kankrin, der für die Finanzen des Reiches so viel getan hatte, mußte 1844 gehen; Nikolaus wollte seine mit erdrückendem Beweismaterial belegten Argumente für einen Abbruch des Eroberungskrieges im Kaukasus, der die Staatsfinanzen ruinierte, nicht gelten lassen. Er wurde durch einen unbedeutenden Menschen ersetzt: »Ich werde mein eigener Finanzminister sein«, bemerkte Nikolaus einfältig, und niemand war da, der gemurmelt hätte, daß er übergeschnappt sei. Benkkendorff war tot – er war zumindest gebildet und gutmütig gewesen; der neue Vorstand der Dritten Sektion war Fürst Orlow, ein majestätisch gutaussehender blonder Hohlkopf, dessen einziger Anspruch auf Beachtung war, daß er die loyalen Truppen angeführt hatte, die die Dekabristenrevolte niederwarfen. Von da an hatte Nikolaus ihm vertraut und ihn für Sondermissionen eingesetzt, wo er nichts anderes zu tun hatte, als seine Anweisungen genauest durchzuführen. Er war in seiner Art perfekt, von göttlichem Auftreten in den Salons, ein Mann, der all seinen Untergebenen Schrecken einflößte, aber ein Mann, der dafür bekannt war, daß er im Verkehr mit Nikolaus sich wie ein Untersekundaner gegenüber seinem Schuldirektor verhielt.[9] Und das war der Mann, mit dem der Zar mehr Zeit verbrachte als mit irgendeinem, in dessen Wagen er zu seinen unzähligen Reisen aufbrach, die ihn wie aus innerem Zwang kreuz und quer durch Rußland führten, von Kaserne zu Kaserne, von Schule zu Schule. Der Höhepunkt dieser Entwicklung war wohl die Entlassung Uwarows als Unterrichtsminister 1849 und die Einsetzung eines Speichelleckers sondergleichen, des Fürsten Schirinskij-Schichmatow, eine Art von Witzfigur, im Vergleich zu dem Uwarow ein Bollwerk von Aufgeklärtheit und eisernem Willen war. Schichmatow war einer jener

Männer, die sich mit einer einzigen Phrase Unsterblichkeit erwerben. Er erklärte voller Stolz einem Untergebenen: »Sie sollten wissen, daß ich weder einen eigenen Verstand noch einen eigenen Willen besitze – ich bin lediglich ein blindes Werkzeug des kaiserlichen Willens.«[10]

## 3

Er sagte dies zugegebenermaßen zu einer Zeit, als Nikolaus ausgesprochen störrisch war. 1848 explodierte Europa. In Frankreich wurde Louis Philippe vom Thron verjagt; in Wien fiel Metternich, die kaiserliche Familie mußte fliehen; und während die Wiener Studenten für bürgerliche Freiheiten kämpften, kämpften Italiener, Ungarn, Böhmen und Polen für ihre nationale Unabhängigkeit. In Berlin wurde Friedrich Wilhelm IV. gezwungen, eine Verfassung zu gewähren; in Dresden verkündeten Richard Wagner und der russische Anarchist Bakunin den Anbruch einer neuen Ära. Sogar in London beobachtete die Regierung mit überflüssiger Besorgnis die Vorbereitungen für die große Chartistendemonstration am 11. April.

»Überall auf dem Kontinent wird gekämpft«, schrieb Palmerston, »zwischen Regierenden und Regierten, zwischen Gesetz und Unbotmäßigkeit, zwischen jenen, die etwas besitzen, und jenen, die etwas besitzen wollen, zwischen anständigen Menschen und Spitzbuben.«[11]

Karl Marx, damals gerade dreißig Jahre alt und noch völlig unbekannt, formulierte es anders. Nur ein paar Wochen vor der Pariser Revolution hatte er den Text seines Kommunistischen Manifests herausgegeben. Es begann:

*Ein Gespenst geht um in Europa – das Gespenst des Kommunismus. Alle Mächte des alten Europa haben sich zu einer heiligen Hetzjagd gegen dies Gespenst verbündet, der Papst und der Zar, Metternich und Guizot, französische Radikale und deutsche Polizisten.*

*Und es endet: Mögen die herrschenden Klassen vor einer kommunistischen Revolution zittern. Die Proletarier haben nichts in ihr zu verlieren als ihre Ketten. Sie haben eine Welt zu gewinnen.*

*Proletarier aller Länder, vereinigt euch!*[12]

Die Diagnose stimmte nicht ganz. Sicher spielten die Habenichtse (nach Palmerston die »Spitzbuben«) eine Rolle in der allgemeinen Unruhe. Aber sie spielten keine Hauptrolle. Soweit sich die Revolutionen des Jahres 1848 auf Sozialreformen bezogen, konstitutionelle Reformen inbegriffen, wurden sie von Studenten und Intellektuellen angeführt, die bürgerliche Freiheiten forderten. Erst als diese in den Straßen ihren Kampf mit den Behörden fochten, strömte beispielsweise in Wien das Marxsche Proletariat aus seinen Zinswohnungen und Elendsquartieren. Doch fast überall war der erschwerende Faktor der neue Geist eines volkstümlichen Nationalismus. Dies natürlich am ausgeprägtesten im Habsburgerreich, wo sich Italiener, Ungarn und Slawen gegen den deutschen Herrscher auflehnten. Aber auch die Französische Revolution war größtenteils eine nationalistische Demonstration seitens eines ungeduldigen Volkes, das sich nach erneuertem Prestige und Ruhm sehnte und die seine Herrscher ihm nicht bieten konnten.

Es muß nicht erst betont werden, daß Nikolaus von diesen Vorgängen keine Ahnung hatte. Er hatte keine Vorstellung von diesem neuen Geist des Nationalismus und konnte ihn als solchen nicht erkennen. In seinen Augen waren die Polen keine Nationalisten; die Warschauer Frauen, die noch immer für ihr gemordetes Land in Trauer gingen, waren keine Patrioten – sie waren lediglich böswillige Untertanen, die aus Schlechtigkeit oder Unwissenheit den höchsten Gott nicht anerkennen und sich ihm nicht unterwerfen wollten. Der Nationalismus fegte natürlich auch durch Rußland wie ein starker Wind; aber hier war es der Nationalismus eines Volkes, das seine eigene Identität zu behaupten versuchte: es verherrlichte den Absolutismus. Was Nikolaus sah, wenn er vom Winterpalast hinausschaute, war ein Europa, das von Anarchie bedroht wurde. Sogar jetzt, dreiundzwanzig Jahre nach seiner Thronbesteigung, fühlte er sich nicht sicher.

Als die Nachricht von der Abdankung Louis Philippes in St. Petersburg eintraf, schwankte Nikolaus zwischen Befriedigung über die Demütigung des gehaßten Usurpators und Beunruhigung über den Sieg des Mobs. Selbstverständlich wurden die diplomatischen Beziehungen mit Frankreich abgebrochen. Nikolaus war nicht mehr in der kriegerischen Stimmung seiner frühen Jahre. Dennoch gab er Befehl zur sofortigen Mobilmachung von ungefähr 350000 Mann an seiner westlichen Grenze; er war bereit, an den Rhein zu marschieren. Es wurde genausowenig etwas daraus wie aus der früheren Mobilmachung gegen Belgien im Jahre 1830. Damals war die polnische Revolte zwischen Nikolaus und seinen geplanten Marsch nach Westen getreten. Jetzt war es eine ganz andere Art von Revolte in Preußen.

»O mein armer Bruder! Mein armer Wilhelm!« rief die Zarin erschrokken, als die Nachricht kam, daß Friedrich Wilhelm in Berlin von einem revolutionären Mob angegriffen worden sei – und dessen Forderungen kampflos gebilligt habe. »Was schert mich dein Bruder«, entgegnete Nikolaus, »wenn ganz Europa wankt und selbst Rußland untergehen kann?«

Er konnte nie seinen Zorn gegen seinen Schwager unterdrücken. In einem der vielen Briefe an Friedrich Wilhelm schrieb er: »Wegen Deiner Launen hat Preußen der Traditionen entsagt, die Jahrhunderte hindurch seine Stärke, seinen Ruhm, seinen Wohlstand ausgemacht haben... Das alte Preußen besteht nicht mehr... Mit ihm ist unsere jahrhundertelange Einheit dahingegangen. Rußland kann nicht einer Macht zu Hilfe kommen, . . . die von nun an mit all den Schwierigkeiten konstitutioneller Formen zu kämpfen hat.«[13]

Friede und Ruhe herrschten weiterhin, kaum die leiseste Welle bewegte die Oberfläche. Innerhalb Rußlands »dicken, hohen Mauern« (um Schukowskijs Phrase zu gebrauchen) wurden Notmaßnahmen getroffen, um die Tore zum Westen abzuriegeln – und sie abgeriegelt zu lassen. Nikolaus war in einer so desperaten Stimmung, daß er sich einen Augenblick lang an England wandte. »Was bleibt in Europa bestehen?« fragte er in einer persönlichen Botschaft an Königin Viktoria: »Großbritannien und Rußland!« Sie sollten sich doch zusammentun, um die Revolution, wo immer sie sich zeige, zu bekämpfen. Die Königin antwortete nicht.[17] Nikolaus fürchtete sich vor seinem eigenen Schatten, aber es gab wirklich nichts zu befürchten. In Rußland existierte fast kein Proletariat – die Warnung war all jenen klar, die es durch rasche Ausweitung der Industrie und Freilassung der Leibeigenen leichtfertig anwachsen ließen. Die Intelligenzschicht war noch viel zu schwach und gespalten, um eine einheitliche geheime Opposition zu bilden oder sich beim Volk Unterstützung zu holen. Aber Nikolaus erinnerte sich nur allzu gut an Tschaadejews verzweifelten Angriff auf alles, was heilig war in Rußland. Und obwohl Tschaadejew selbst gezüchtigt worden war und jetzt, nachdem man ihn als Irren aus seiner Haft entlassen hatte, sich harmlos in der St. Petersburger Gesellschaft zeigte, verblieb im Salon der Schwägerin des Zaren, der Großfürstin Helena, ein Zentrum subversiver Infektion, die man schlecht überwachen konnte. Noch ärger war die heimliche Verbreitung von Belinskijs Brief an Gogol, und, was am schlimmsten war, die Aufdeckung einer scheinbar äußerst gefährlichen Verschwörung hinter dem Petraschewskij-Kreis.

Etwas mußte geschehen. Der Zar gründete eine Dauerinstitution unter der Leitung des Fürsten Menschikow, ein Zensurkomitee mit mehr oder minder unbegrenzten Vollmachten, das an die Stelle der statutenmäßigen Zensur des Unterrichtsministerium trat. Jede Kritik der Regierung und der Verwaltung, selbst in ihren untersten Stufen, war verboten. Aber auch das reichte nicht. Bald wurde auch jedes Lob verboten – denn Äußerungen von Untertanen des Zaren über Regierungstätigkeiten seien einer Majestätsbeleidigung gleichzusetzen, auch wenn diese Äußerungen positiv waren. Es war zunehmender Wahnsinn, und neue Einschränkungen wurden auferlegt, sobald sie dem Zaren oder seinem Komitee einfielen. So mußten im Jahre 1851 alle Musikpartituren dem Zensor vorgelegt werden: die Aufzeichnung könnte ja chiffrierte Botschaften enthalten. Unter den ausländischen Schriftstellern, die auf den Index der verbotenen Autoren gesetzt wurden, waren Harriet Beecher Stowe (»Onkel Toms Hütte«) und Nathaniel Hawthorne. Belinskijs Tod im Jahre 1848 rettete ihn vor sicherem Arrest und Verbannung, wenn nicht Inhaftierung. 1850 wurde die lange und meist unfruchtbare Untersuchung des Petraschewskij-Kreises beendet. Es war keine effektive Verschwörung nachzuweisen, bloß die Existenz einer lose verbundenen Diskussionsgruppe, die sich aus Schriftstellern und Gardeoffizieren, Lehrern und Geschäftsleuten, Beamten und Studenten zusammensetzte. Aber einundzwanzig der neununddreißig Angeklagten wurden zum Tode verurteilt. Obwohl sie am Fuße des Galgens begnadigt wurden, erhielten sie schwere Strafen. Dostojewskij, dessen Vergehen darin bestand, daß er Belinskijs Brief laut vorgelesen hatte, wurde zur Zwangsarbeit nach Sibirien verurteilt und mußte später als gemeiner Soldat Militärdienst leisten. Er überlebte es, wie wir wissen, und verherrlichte die heilige Mission seines Vaterlandes, die es über alle anderen erhob. Zu dieser Zeit war selbst der einst von Nikolaus so verehrte Gogol zur Unperson geworden, wie man heute in der Sowjetunion sagen würde, und der Romanschriftsteller Iwan Turgenjew wurde ziemlich früh in seiner Karriere auf seinem Landhaus unter Hausarrest gestellt, weil er beim Tode Gogols 1852 einen ehrfürchtigen Nachruf verfaßt hatte.

Die einzig mögliche Gefahr für die Stabilität des Reiches stellten die Bauernunruhen dar. Selbst die waren nicht bedenklich, obwohl von lokaler Bedrohlichkeit. Die Tätigkeit der Sonderkommissionen, die sich mit den Problemen der Leibeigenschaft befaßt hatten, hatte Gerüchte von einer unmittelbar bevorstehenden Freilassung aufkommen lassen, Gerüchte, die wie ein Lauffeuer durch das russische Kaiserreich liefen; es gab auch Widerstand gegen die Zwangsrekrutierung, die man für notwendig befand, um das Heer gegen Zerrüttung von außen zu stärken (damals veröffentlichte Nikolaus sein hysterisches Manifest, die früher bereits zitierte militante Herausforderung an die Welt); es herrschte eine Choleraepidemie; Schlechtwetter hatte die Wintersaat über weite Gebiete vernichtet. Viele kluge Russen waren überzeugt, daß der Kaiser sich viel zuviel mit einer schemenhaften Drohung aus dem Ausland beschäftigte. Was er zu fürchten hatte, waren nicht so sehr irgendwelche importierte Ideen, die nur bei wenigen Anklang fanden, sondern vielmehr das uralte Gespenst eines plötzlichen Bauernaufstandes.

Tatsächlich aber fürchtete Nikolaus beides. Es war an der Zeit, so entschied er, den Adel für sich zu gewinnen. Von dort hatte man in letzter Zeit viel Murren gehört. Der alte Adel nahm die Aufweichung seiner Reihen durch die Nobilitierung der höheren Zivilbeamten, die man für unerwünschte Eindringlinge hielt, sehr übel. Die Aristokraten waren auch verärgert über all das offizielle Gerede über die Abschaffung der Leibeigenschaft. Mitte April 1849 gebar Nikolaus eine jener theatralischen Erklärungen, in denen die Rhetorik den Sinn ersetzte. Vor einer Delegation von Adeligen erklärte er in St. Petersburg:
»Meine Herren, ich habe keine Polizei. Ich mag sie nicht. Meine Polizei sind Sie.«[15]
Darauf erklärte er ihnen, daß er sie für das Verhalten all derer, die ihnen

138

untergeben waren – das soll heißen, ihrer Leibeigenen – verantwortlich mache. Und er bestätigte ihnen feierlich das heilige Prinzip des Landbesitzes. Was ging im Kopf dieses Monarchen vor, der die mächtigste Polizei der Welt befehligte und sich ihren Präsidenten zum Vertrauten gewählt hatte? Was ging in den Köpfen all jener vor, die ohne Fragen zu stellen die offenkundige Lüge hinnahmen und so zusammen mit ihrem Herrscher eine Verschwörung des Unsinns bildeten?

## 4

Im folgenden Jahr erlebte Nikolaus eine Art von Apotheose. Die Heilige Allianz wurde wahr. Die Habsburgermonarchie war unter dem jungen Kaiser Franz Joseph mit Nachdruck wiederhergestellt, doch Ungarn leistete noch immer Widerstand. Teils durch Unfähigkeit, teils weil es für sie schwer, ja fast unmöglich war, gegen ihre ehemaligen Kameraden und Offizierskollegen der ungarischen Regimenter mit der nötigen Rücksichtslosigkeit vorzugehen, brachten es die österreichischen Generäle nicht zuwege, die Ungarn niederzuwerfen, so wie sie zuvor die Tschechen, die Italiener und die revolutionären Wiener niedergeworfen hatten. Nach langem Zögern trat Franz Joseph mit der Bitte um Hilfe an Nikolaus heran. Nikolaus selbst war unentschlossen, obwohl sich ihm hier ein großartiger Vorwand bot, der Legitimität zu Hilfe zu eilen und sich gleichzeitig Österreich zutiefst zu verpflichten. Was ihm schließlich die Entscheidung erleichterte, war der Umstand, daß sich unter den Führern der ungarischen Rebellen zwei sehr prominente polnische Generäle befanden, die seiner Rache im Jahre 1831 entgangen waren. Mit einer großen Geste entsandte er 200000 Mann unter dem unvermeidlichen Paskjewitsch. Die Ungarn konnten nicht hoffen, diesem massiven Angriff in ihrem Rücken standzuhalten. Kossuth flüchtete in die Türkei, nachdem er das Oberkommando dem begabten Rebellengeneral Görgey übertragen hatte, dem es gelang, die Österreicher zu verärgern, indem er sich den Russen ergab, so daß Paskjewitsch wieder eine seiner berühmten Depeschen an den Zaren senden konnte: »Ungarn liegt Eurer Majestät zu Füßen!« Auch erboste er die Österreicher, weil er Görgey unter seinen persönlichen Schutz nahm, während Nikolaus, der unter den polnischen Rebellen gewütet hatte, alles noch schlimmer machte, indem er Franz Joseph drängte, gegenüber den ungarischen Rebellen Milde walten zu lassen.
Es war des Zaren herrlichste Stunde. Einmal war sein Gerede über die ihm von Gott verliehene Aufgabe als Verfechter der Legitimität in die Tat umgesetzt worden. Er hatte triumphierend bewiesen, daß er »der größte weltliche Potentat« war, und begann sich dementsprechend zu benehmen; dadurch entfremdete er sich fast ganz Europa.

Die Zeit nach der Revolution und der erfolgreichen Gegenrevolution war erfüllt von Nervosität und Unruhe. Rußland hatte den jüngst vergangenen Aufruhr dem Anschein nach völlig unberührt überstanden, hatte dagestanden wie ein Fels; es gab keinen Politiker in Europa, der nicht überzeugt davon war, daß das Zarenreich unbezwingbar sei. Nikolaus war auch dieser Meinung.

Einige Ereignisse hätten ihn warnen können: die Reaktion der Engländer auf seine gebieterische Forderung an den Sultan, die polnischen Flüchtlinge, die von Ungarn in die Türkei geflohen waren, auszuliefern – eine herausfordernde Zurschaustellung ihrer Macht; die kühle österreichische Haltung auf sein enthusiastisches Angebot hin, wenn nötig der Türkei den Krieg zu erklären, um den scharfen (und letztlich erfolgreichen) Protest Wiens gegen die grausamen Strafexpeditionen Omer Paschas ins aufständische Montenegro Nachdruck zu verleihen; vor allem aber die sehr offensichtliche Entschlossenheit Louis Napoleons, für sich Prestige zu gewinnen und Frankreichs rechtmäßigen Platz unter den Großmächten wiederherzustellen, indem er im trüben fischte und sich als Verfechter der unterdrückten Nationen aufspielte. Preußen befürchtete französische Ambitionen im Rheinland; Österreich hatte Angst vor dem, was Napoleon in Italien unternehmen mochte. England sah sich mit Unbehagen einem neuen und beunruhigenden Einfluß im politischen Gleichgewicht Europas gegenüber. Der Sultan war imstande, Europa ganz durcheinanderzubringen, was der Türkei die Möglichkeit gab, sich von ihrer Abhängigkeit von Rußland zu lösen. Nur Nikolaus, der immer noch in einfachen Begriffen von Revolutionär gegen Autorität dachte, schien die tiefschürfende Veränderung überhaupt nicht zu bemerken. Er gewöhnte sich bald an Louis Napoleon als Präsidenten der französischen Republik, aber als dieser sich zum Kaiser der Franzosen machte, war das etwas anderes. Wieder einmal konnte es der Zar nicht über sich bringen, einen anderen Monarchen mit »mon frère« anzureden. Und nun machte Napoleon Politik in der Türkei.

Jahrhundertelang waren die heiligen Stätten in Jerusalem und Bethlehem unter türkischer Herrschaft von Mönchen sowohl der katholischen als auch der orthodoxen Kirche gepflegt worden. Diese römischen und griechischen Christen, die, eingepfercht in den kleinen, muffigen Enklaven der mohammedanischen Wildnis, ein introvertiertes Leben führten und deren Existenz beherrscht war von der peinlichen Befolgung des Rituals und der Priorität, hatten – was nicht verwunderlich war – oft Streit untereinander. In den vierziger Jahren des neunzehnten Jahrhunderts nahmen ihre Differenzen schärfere Formen an als üblich: man stahl einander die in Ehren gehaltenen Ornamente, trampelte auf den Altartüchern der anderen herum, es kam sogar zu Tätlichkeiten. Louis Napoleon, auf der

Suche nach Vorwänden, um sich in Szene zu setzen, sah für sich die Chance als Vorkämpfer der römisch-katholischen Kirche – was ihn als Staatsoberhaupt auf Kollisionskurs mit dem Zaren brachte, dem Vorkämpfer der griechisch-orthodoxen Christen, der sich außerdem noch als Schutzherr aller Christen im Osmanischen Reich betrachtete. Im Laufe des Jahres 1852 erfuhr Nikolaus, daß der Sultan den Franzosen Rechte zubilligte, die er selbst für sich in Anspruch nahm. Inzwischen war Louis Napoleon zum Kaiser gekrönt worden; nun war es an der Zeit, seinen Intrigen in der Türkei ein Ende zu bereiten und den Sultan wieder gefügig zu machen.

## 6

Sicherlich war ein europäischer Krieg das letzte, was Nikolaus wollte. Es ist fast sicher, daß er nicht bewußt einen Krieg mit der Türkei wünschte. Der Krieg hätte vermieden werden können, wenn Napoleon nicht auf Profit ausgewesen wäre, wenn England intelligenter und entschlossener gehandelt hätte, wenn Österreich sich klarer geäußert hätte. Vielleicht. Aber sicherlich hätte er vermieden werden können, wenn Nikolaus zielstrebiger gewesen wäre in seiner immer wieder proklamierten Entschlossenheit, das Osmanische Reich so lange wie möglich zu erhalten. Er war auch in immer zunehmendem Maße ein Mann, der besessen war von einem Hang zu Kreuzzügen. Jede Darstellung der Ursprünge des Krimkrieges, die sich auf eine einfache Aufzeichnung des ihm vorangehenden diplomatischen Schriftwechsels stützt, ist unvollständig, ja sogar bedeutungslos, weil sie die Stimmung des Zaren nicht berücksichtigt, seine geistige Einstellung, den Tonfall seiner Stimme, die alle bezeichnend für einen Mann sind, der einfach nicht glauben wollte, daß er lediglich ein Herrscher unter anderen Herrschern war, auch wenn er dies in vernünftigeren Momenten sehr wohl wußte.

Der Beweis von Nikolaus' guten und friedlichen Absichten ist immer wieder darin gefunden worden, daß er bei seiner hypothetischen Teilung der Türkei sehr großzügig war. Für sich selbst wollte er nichts außer der Kontrolle über die Moldau-Fürstentümer und Bulgarien. Der Rest sollte unter den Großmächten aufgeteilt werden – auf verschiedene Art zu verschiedenen Zeitpunkten. Was verwunderlicherweise übersehen wird, ist die Art, in der er die Teilung aussprach, als wäre all dies sein Eigentum. Er verlangte vielleicht nicht viel für Rußland, aber *er* war es, Nikolaus, der den Rest verteilte. So stand man im Januar 1853 dort, wo man während des Besuchs des Zaren in London gestanden hatte und danach im Jahre 1844.

Der gewählte Zeitpunkt war interessant. Bei einem Ball in St. Petersburg hatte er zuerst eine Reihe von Besprechungen mit Lord Seymour, dem britischen Botschafter. Es war die alte Geschichte vom unmittelbaren Sturz des Osmanischen Reiches. Aber jetzt wurde die Angelegenheit dringlicher vorgebracht als neun Jahre zuvor. Es könnte, so sagte er, über die Sache mit den heiligen Stätten oder sogar wegen der grausamen Behandlung der Montenegriner durch die Türken zum Krieg kommen. Die Türkei würde einen solchen Krieg nicht überleben. Aber selbst ohne Krieg könne das Ende nicht sehr fern sein. Wie bei so vielen Gelegenheiten in so verschiedenen Zusammenhängen schien Nikolaus von seiner Rhetorik hypnotisiert: »Wir haben hier einen kranken Mann, einen Mann, der schwer krank ist.« Und weiter: »Der Bär liegt im Sterben; man kann ihm Moschus geben, aber selbst Moschus wird ihn nicht lang am Leben erhalten.«[16]

Seymour war anfänglich ernstlich besorgt. Der Zar, dachte er, war ein Mann, der sich von Natur aus quälte und den man beruhigen müsse. Es stimme ja, daß sich die Türkei in einer ungesunden Situation befinde, aber sie war doch sicherlich von einem Zusammenbruch weit entfernt, und die Großmächte gemeinsam würden es nicht schwer haben, sie zu unterstützen und ihre Existenz zu festigen. Nikolaus gab ihm recht, aber ohne große Begeisterung: und bald darauf sorgte er sich wieder und kam mit neuen Vorschlägen, was die Aufteilung der Beute betraf.

Die Moldau-Fürstentümer waren bereits »faktisch ein unabhängiger Staat unter meinem Schutz«, und den Interessen der unterdrückten Christen (die natürlich auch Slawen waren) am Balkan könne am besten Rechnung getragen werden, indem man Bulgarien und Serbien die gleiche Art von Regierung gebe. England könne Ägypten haben und Zypern ebenfalls, wenn es wolle. Das in Ungnade gefallene Frankreich sollte gar nichts bekommen. Was Konstantinopel betraf, das Nikolaus früher Österreich angeboten hatte, so sollten weder Rußland noch eine der anderen Großmächte es besitzen: vielleicht sollte es am besten eine Freistadt sein, aber Rußland könnte gezwungen sein, es zu besetzen, bis sich die Lage beruhigt hatte. Österreich, so erklärte er in einer erstaunlichen Nebenbemerkung, war mit all diesen Ideen völlig einverstanden. Nichts hätte der Wahrheit weniger entsprechen können; aber Nikolaus sollte der österreichischen Wirklichkeit noch lange blind gegenüberstehen: er fand es selbstverständlich, daß der junge Franz Joseph auf seiner Seite stand, ja daß seine Intervention in der ungarischen Angelegenheit Österreich unweigerlich mit Fesseln unauslöschlicher Dankbarkeit an ihn band. »Österreich wird die Welt mit dem Ausmaß seiner Undankbarkeit in Staunen versetzen«, soll Schwarzenberg bemerkt haben als Antwort auf den Einwand, daß er durch die Annahme der russischen Hilfe gegen die Ungarn sich und seinen Kaiser dem Zaren in unerträglicher Weise verpflichtet hätte. Es ist fast sicher, daß er nichts dergleichen gesagt hat, aber diese ihm unterschobene Bemerkung stimmte insofern, als sie die

Realität wiedergab – wie Nikolaus bald erfahren sollte, mit Verspätung freilich und zu seinem großen Schaden.

Inzwischen – selbst während in St. Petersburg die Besprechungen mit Botschafter Seymour noch andauerten – war Nikolaus tätig. Im Februar sandte er Fürst Menschikow nach Konstantinopel, um eine Lösung bezüglich der heiligen Stätten zugunsten Rußlands zu erzwingen. Anfänglich gelang es Menschikow, den Sultan daran zu erinnern, daß er von Rußland mehr zu befürchten habe als von Frankreich, obwohl die französische Flotte im Mittelmeer sich durchaus als eine Macht gezeigt hatte, mit der man rechnen mußte. Er benahm sich arrogant und anmaßend; er beleidigte öffentlich den Großwesir, der daraufhin zurücktrat. Auch wurde er wesentlich von dem britischen Botschafter, Lord Stratford de Redcliffe unterstützt, einem Mann, der in Konstantinopel sehr großen Einfluß hatte und der meist als ein Intrigant und skrupelloser Feind Rußlands dargestellt wird. Tatsächlich war Stratford ein gefährlicher Gegner, wenn man sich seine Feindschaft zuzog; aber Anfang des Frühjahrs 1853 nützte er seinen ganzen Einfluß, um die neue Krise zu entschärfen, indem er auf Annahme von Menschikows Forderungen drang. Und tatsächlich kam man Anfang Mai zu einer Einigung, und ein Vertrag wurde von Menschikow und dem französischen Botschafter unterschrieben. Die Franzosen gaben nach, und alles schien bestens – bis Menschikow plötzlich mit einer neuen Forderung kam: diesmal nach einem Vertrag zwischen Rußland und der Türkei, der das Recht der russischen Regierung garantierte, die orthodoxen Untertanen des Osmanischen Reiches zu schützen.

Dies schob die Krise auf eine höhere Ebene. Der Sultan lehnte ab, weil er darin eine direkte Einmischung in die türkische Souveränität sah, und jetzt unterstützte ihn Stratford. Drei Wochen später, am 21. Mai, kam Menschikow wütend nach St. Petersburg zurück. England war nun beunruhigt, und am 2. Juni erschien eine anglo-französische Flotte in der Besika-Bucht außerhalb der Dardanellen. Nun hätte es Nikolaus klar sein müssen, daß seine letzte Forderung, die die Integrität der Türkei beeinträchtigte und einer direkten bewaffneten russischen Intervention in türkischen Angelegenheiten Tür und Tor öffnete, von den anderen Großmächten nicht toleriert werden würde. Er zog sie nicht zurück. Statt dessen befahl er seinen Truppen, am 2. Juli den Pruth zu überqueren und die Moldau-Fürstentümer zu besetzen.

Es folgte eine fieberhafte, verwickelte, bis zu einem gewissen Grad verworrene diplomatische Aktivität; aber sie war letzten Endes irrelevant. Die Richtung war eingeschlagen worden. Nikolaus, der immer noch vorgab, das Osmanische Reich erhalten zu wollen, hatte eine Forderung gestellt, die die Integrität dieses Reiches untergrub. Er wollte keinen Krieg führen, aber seine Prophezeiung, daß es Krieg geben werde, hatte das Wesen einer Selbstverwirklichung. Alle Beteiligten arbeiteten fieberhaft, besonders in Wien, um eine neue Verhandlungsbasis zu erstellen. Im August war es die Türkei, die den ersten Vorschlag verwarf, weil sie darin eine französisch-russische Verschwörung sah. Im September war es England: Nikolaus war kurz zuvor in Olmütz mit Franz Joseph zusammengetroffen, der sich sehr vernünftig gezeigt hatte; also sprach man in London jetzt von einer österreichisch-russischen Verschwörung. Schließlich wurde die britische Flotte durch die Dardanellen gesandt, die französische Flotte folgte. Am 8. Oktober erklärte die Türkei, die sich der Unterstützung der Flotten der Seemächte sicher war, Rußland den Krieg. Zwei Wochen später überquerten türkische Truppen unter Omer Pascha die Donau.

# VIII Fiasko in der Krim

## I

Anfänglich waren die Kampfhandlungen auf das Donaubecken und den Kaukasus beschränkt und verliefen mehr oder weniger zugunsten Rußlands. Doch am 30. November kam der dramatische Schock der Seeschlacht von Sinope, als Admiral Nachimow die türkische Flotte im Hafen überraschte und vernichtete. Die britische Presse war in heller Aufregung und sprach von einem »Massaker«. Das war es keineswegs, eher eine mutige und glänzend durchgeführte Flottenaktion, in der ein überalterter russischer Kampfverband einen um kein Jota weniger antiquierten türkischen in den Grund bohrte. Aber damit hatte Rußland die Herrschaft über das Schwarze Meer gewonnen, wenn man nichts dagegen unternahm. Und so rafften sich Engländer und Franzosen im Januar 1854 endlich auf, durchsegelten den Bosporus, und sechs Wochen später forderten sie die Räumung der Moldau-Fürstentümer binnen zweier Monate.

Interessant dabei ist, daß noch vor diesem Ultimatum der russische Oberbefehlshaber Paskjewitsch den Zaren von der Zweckmäßigkeit einer Räumung überzeugen wollte. Die russische Armee sei dort von keinem Nutzen, betonte er. In einem nochmaligen verzweifelten Versuch, von Österreich wenigstens ein Neutralitätsversprechen zu erlangen, war Orlow nach Wien gesandt worden. Er hatte nichts erreicht. Das bedeutete, daß die Russen in den Fürstentümern an ihrer ausgedehnten rechten Flanke von der mächtigen Armee der Donaumonarchie bedroht wurden, deren Absichten völlig undurchsichtig waren. Aber Nikolaus war dickköpfig. Als das anglo-französische Ultimatum am 27. Februar eintraf, nahm er es nicht zur Kenntnis, und am 28. März erklärten England und Frankreich den Krieg.

Trotz Paskjewitschs Befürchtungen war Nikolaus entschlossen, vorzurücken und die Donau zu überqueren. Er wollte es noch immer nicht glauben, daß sich Österreich gegen ihn stellen könnte. Im Oktober hatte er an Franz Joseph geschrieben: »Meine Hoffnung liegt in Gott und in der Gerechtigkeit der Sache, die ich verteidige, der Sache des Christentums. Der Fanatismus, der jetzt die unglücklichen Türken beherrscht, macht daraus fast einen Kreuzzug, in welchem Rußland die Christenheit verteidigt, während Frankreich und England sich der Niedertracht schuldig machen, für den Halbmond zu kämpfen. Ist es denkbar, daß Rußland in der heiligen Sache, die es verteidigt, keine Verbündeten haben soll?«[1]

Wie rechtschaffen des Zaren Bitte auch in den Augen eines ausschließlich christlichen Gottes gewesen sein mag, sie war nicht geeignet, im Herzen eines Habsburgers auf ein Echo zu stoßen. Jahrhundertelang hatten die österreichischen Habsburger unter dem Druck des türkischen Vorstoßes nach Europa zu leiden gehabt, und in manchen kritischen Momenten, eigentlich die meiste Zeit, hatten die christlichen Könige von Frankreich alles getan, was sie konnten, um den Türken bei der Vernichtung der christlichen Habsburger behilflich zu sein. Deren Nachfahren sahen in Nikolaus nicht den Kreuzfahrer. Er wollte seinen Willen in der Türkei durchsetzen, und das schien in Ordnung. Man müsse es jedoch nicht bemänteln mit all dem Gerede von einem heiligen Krieg. Und wenn die Ambitionen des Zaren mit dem, was Österreich als seine eigenen Interessen auf dem Balkan betrachtete, in Konflikt gerieten, dann müsse der Zar entmutigt, wenn nötig auch zurückgehalten werden. Tatsächlich gab es in Wien zwei scharf geteilte Meinungen, was Nikolaus nie begriff. Die Kriegspartei (die Falken, würde man heute sagen) drängte auf eine Kampfallianz mit England und Frankreich: ein militärischer Sieg würde allen russischen Aktivitäten am Balkan für lange Zeit ein Ende setzen. Die konservativen Generäle aber fanden, daß die Auflösung der Allianz mit Rußland undenkbar sei. Und dann gab es noch als zusätzliches Erschwernis Louis Napoleon: je stärker er im Osten engagiert war, desto geringer die Gefahr seiner Intervention in Italien auf Österreichs Kosten. So beschränkte sich Franz Joseph auf eine einzige Forderung: »Um aber die strikte Neutralität, die ich aufrechtzuerhalten entschlossen bin, auf eine solide Basis zu stellen . . ., muß ich von Deiner Seite die bestimmteste und feierliche Versicherung erhalten, daß Du in der Defensive diesseits der Donau bleibst oder, wenn die Kriegsereignisse Dich dazu zwingen, sie zu überschreiten, nicht im geringsten von Deinen früheren Erklärungen abweichen wirst . . .«[2] – das heißt, keine erneuten Ansprüche an die Türkei zu stellen.

So hatte noch niemand mit Nikolaus gesprochen. Er hatte sich selbst fälschlich eingeredet, daß er mit seinem Streben nach Schutzherrschaft über die Christen in der Türkei seine Rechte laut Katharinas Vertrag von Kütschük Kainardsche geltend mache. Durch Franz Josephs eisige Forderung kam der ganze düstere, verwundete, von Selbstmitleid erfüllte Stolz zum Vorschein, der seinen Blick trübte, noch verschärft durch ein Gefühl der Empörung über das Unvorstellbare: daß ein junger Monarch, der fast sein Enkel hätte sein können und dessen Thron er erst vor kurzem gerettet hatte, ihn herausforderte: »Ist es nicht eine häßliche Überflüssigkeit, sich einen Zweifel an seinem gegebenen Wort zu erlauben oder ihm zuzumuten, daß er es wiederhole? . . . Solltest Du wirklich die Sache der Türken zu der Deinen machen? Apostolischer Kaiser, erlaubt Dir das Dein Gewissen? Wenn dem so wäre, gut. Dann wird Rußland allein unter dem heiligen Kreuz seinen heiligen Geboten folgen. Solltest Du Dich mit dem Halbmond gegen mich stellen, so erkläre ich, daß dies ein vatermörderischer Krieg würde.«[3]

Diese lauernde, drohende, fast hieratische Diktion ist ein eigenartiges Echo aus einer sehr fernen Vergangenheit. Iwan der Schreckliche hatte Elisabeth von England in einem ähnlichen Ton geschrieben, als er ihr die ausweichende und lässige Ablehnung seiner feierlichen Annäherungsversuche vorhielt. Iwan war ein Russe, Nikolaus war fast zur Gänze ein Deutscher: aber beide waren auf verschiedene Weise Männer, die von der hoffnungslosen Größe und Rückständigkeit des Landes, das sie zu regieren versuchten, besessen und geformt waren. Beide waren absolute Herrscher, fast religiös in ihrem Absolutismus, zutiefst beleidigt und aus der königlichen Qual ihres Herzens aufschreiend. Eine derartige Sprache in einem privaten Brief eines Monarchen des neunzehnten Jahrhunderts an einen anderen hatte mit Diplomatie nichts zu tun, sondern mit einer Art von Wahn: Der Absolutismus versuchte dem Zweifler mit Exkommunikation zu drohen. Nikolaus wollte den Krieg nicht, und der Zwischenfall, der den Krieg tatsächlich auslöste, war lächerlich; und dennoch: ein Mann seiner Geisteshaltung, der noch dazu von dem Bedürfnis, der Pflicht besessen war, bei der Zerstückelung der Türkei den Vorsitz zu führen (wenn auch in der großzügigsten Weise), wäre früher oder später wohl zwangsweise dazu getrieben worden, zu weit zu gehen.

Der Absolutismus war ihm zu Kopf gestiegen. Vielleicht, ja sicher sogar sah er die Notwendigkeit ein, mit den Großmächten als Gleichberechtigter zusammenzuarbeiten. Aber er war immer noch der Mann, jetzt auf internationaler Ebene, der einmal in seiner Jugend seiner Armeegruppe gesagt hatte, der leiseste Ungehorsam würde ohne Erbarmen bestraft werden. Er war auch ein Mensch, immer bereit, die Motive anderer in Frage zu stellen, und unfähig, einem anderen Menschen zu vertrauen; dennoch erwartete er, daß alle anderen an ihn glaubten und ihm ihr Vertrauen schenkten.

Da gab es einen vielsagenden Zwischenfall mit V. A. Schukowskij, dem liebenswerten und verehrten Lehrer und Dichter. Schukowskij war bei Hof bestens bekannt; er tat mehr als irgendein anderer, um die Dummheiten der Zensur und die Vorurteile des Zaren zu bekämpfen. Puschkin und viele andere waren ihm zu unsagbarem Dank verpflichtet. Er hatte eine besondere Vertrauensstelle inne. Als Nikolaus noch als Großfürst seine deutsche Braut, die Prinzessin Charlotte, heiratete, erhielt Schukowskij den Auftrag, ihr Unterricht im Russischen zu geben. Später ernannte ihn Nikolaus selbst zum Lehrer seines Sohnes und Nachfolgers, des späteren Alexander II.

Eines Tages kam Schukowskij äußerst bekümmert zum Zaren. Er war empört und entsetzt über einen heftigen Angriff Benckendorffs auf das Werk und den Charakter eines brillanten jungen Schützlings, Kirejewskij (später als prominenter Slawophile berühmt), der angeblich den Absolutismus in Frage stellte. Schukowskij erklärte dem Zaren, er verbürge sich persönlich für Kirejewskijs Integrität und Loyalität. Aber Nikolaus richtete seine unerträglichen Augen auf seinen treuen und ergebenen Diener und sagte:

»Und wer bürgt für Sie?«[4]

Und dieser Mann fand es unerträglich, daß irgend jemand den Edelmut und die Aufrichtigkeit seiner Absichten gegenüber der Türkei bezweifelte – auch wenn diese Absichten, wie erwähnt, sich so oft änderten.

Und so ging die Verwirrung immer weiter. Im April entschlossen sich Österreich und Preußen zu einer Neutralitätsallianz. Im Mai machte Nikolaus einen Vorstoß, um die Festung Silistria einzunehmen und die Donau zu überqueren. Der Angriff schlug fehl.

Eine Woche später forderte nun auch Österreich formell die Evakuierung der Moldau-Fürstentümer; fast gleichzeitig unterzeichnete es ein Abkommen mit der Türkei, das ihm nach Abzug der Russen den Einmarsch gestattete. In demselben Augenblick traten die Engländer und Franzosen in Aktion: Sie landeten mit insgesamt 60 000 Mann in Varna am Schwarzen Meer, während ein britisches Flottengeschwader bis weit in die Ostsee vordrang und vor Kronstadt, der Seefestung von St. Petersburg, auftauchte. Es war eine außerordentliche Situation und demütigend für Nikolaus. Gortschakows Heer in der Moldau und Walachei war von allen Seiten her bedroht: im Osten durch die Engländer und Franzosen in ihrem Brückenkopf von Varna, im Süden durch Omer Paschas Truppen entlang der Donau und im Westen durch die österreichischen Streitkräfte in Galizien. Die Armee im Kaukasus stand bereits in vollem Einsatz. Der Zar, die Zarin und ihre Kinder befanden sich gerade in ihrer Residenz Peterhof, mit ihren Traumpalästen und Springbrunnen und Wasserfällen mit dem Blick auf das Meer, als das britische Geschwader unter Admiral Napier vor aller Augen vorbeisegelte. Die russische Flotte wollte nicht zu einem Gefecht herauskommen, und Napier fühlte sich nicht stark genug, sie im Hafen anzugreifen. Er beschränkte sich darauf, zusammen mit den Franzosen verschiedene Inselstützpunkte zu überfallen und zu zerstören. Die direkte Drohung vom Meer her war vorbei; die Gefahr aber bestand weiter. Zweihunderttausend der besten Truppen des Zaren, alle Leibregimenter mit inbegriffen, waren für den Rest des Krieges in Finnland und rund um St. Petersburg festgenagelt. Nicht nur, weil die Russen eine größere Landung der Alliierten im Norden befürchteten: Wäre es zu einem solchen Angriff gekommen, so hätte auch Schweden Front gegen Rußland bezogen.

Also mußte Nikolaus schließlich am 8. August nachgeben und sich aus den Fürstentümern zurückziehen, die er in der Praxis und aus strategischen Gründen bereits als Teil Rußlands betrachtet hatte. Österreich, auf dem Papier nach wie vor neutral, besetzte die Walachei, ohne einen einzigen Schuß abgegeben zu haben. War ein Krieg überhaupt nötig? Die Diplomaten setzten sich sofort in Bewegung. Frankreich, England und Österreich einigten sich auf vier Punkte, die man Rußland vorlegen würde: Der Status der Fürstentümer, auch Serbiens, sollte von allen Mächten ausgearbeitet und garantiert werden; freie Schiffahrt auf der Donau; Verzicht Rußlands auf seinen Anspruch der Schutzherrschaft über die orthodoxen Untertanen des Sultans; Überprüfung des Meerengen-Vertrages »im Interesse des politischen Gleichgewichts in Europa«. Am 26. August lehnte Rußland diese Bedingungen ab; der heikle Punkt war der vierte. Der Krieg ging weiter. Nach vielen Diskussionen zwischen Frankreich und England wurde eine Invasion auf der Halbinsel Krim beschlossen; Ziel der Aktion: die Einnahme des großen Flottenstützpunkts Sewastopol. Die Truppenlandungen begannen am 14. September in Eupatoria. Sie trafen auf keinen Widerstand. 27000 Engländer, 25000 Franzosen und etwa 6000 bis 7000 Türken, insgesamt 60000 Mann, wurden sicher an Land gebracht. Die Russen verfügten über ebenso viele Truppen. Das Kommando führte Fürst Menschikow, der ehemalige Kavallerist, der nun die Marine befehligte. Als aktiver General war er ungeeignet. Aber es gab einen großen Mangel an guten Generälen. Die meisten Veteranen des Jahres 1812 waren tot. Paskjewitsch war Oberbefehlshaber; Gortschakow handhabe die langwierige und unangenehme Evakuierung der Fürstentümer. Von Flüchtlingen belästigt und aufgehalten, starben die halb verhungerten Männer zu Tausenden an Erschöpfung und Krankheit. Wrangel, Andronnikow und Bebutow waren erfolgreich im Kaukasus beschäftigt. Menschikow war ganz auf sich selbst gestellt, und als er den einmarschierenden Truppen am 20. September am Almafluß gegenübertrat, war er, obwohl er eine beherrschende Position auf der Anhöhe oberhalb des Flusses innehatte, dem Feind sowohl taktisch wie in der Truppenanzahl und in der Artilleriebestückung unterlegen. Er wurde geschlagen und verlor fast 6000 von seinen 33000 Mann, während die Alliierten bei einer Kampfstärke von 57000 Verluste von 3000 hatten.

2

Das hätte das Ende bedeuten können. Sewastopol, der wichtigste Stützpunkt am Schwarzen Meer, lag offen da, seine Verteidigungsanlagen landeinwärts waren Stückwerk. Die Alliierten wußten das nicht. Anstatt nachzustoßen und die russische Schlappe in eine totale Niederlage zu verwandeln, warteten sie ab; zwei Tage später entschloß man sich, die

Festung zu umgehen, nach Osten und dann nach Süden zu marschieren, den Hafen Balaklawa einzunehmen, diesen als Nachschubplatz zu benützen und sodann Sewastopol vom Süden anstatt vom Westen anzugreifen. So wurde eine große Möglichkeit vertan, und es begann die langausgedehnte Misere des Krimkrieges.

Menschikow war noch immer auf sich allein gestellt. Er zog seine Haupttruppen von Sewastopol ab und stationierte sie entlang des Belbekflusses, nordöstlich der Festung. Die Verteidigung von Sewastopol selbst wurde Admiral Nachimow und General Kornilow überlassen, die eine Mischung von Armee- und Marineeinheiten kommandierten. Nachimow war der Held des großartigen Gefechts bei Sinope gewesen. Nun bewies er, daß er ein organisatorisches Genie war. Er war auch ein großer Menschenführer. Er hatte einen General Totleben zu seiner Verfügung, einen begabten und entschlossenen Pionieroffizier. Nachimow gab die Anregungen; aber es war Totleben, der das beachtenswerte System von Festungsanlagen entwarf und unter Zeitdruck erbaute – eine Reihe von Bastionen, die miteinander durch riesige Erdwälle verbunden waren und die die Alliierten so lange in Schach halten sollten.

Diese Männer, deren Leben auf eine winzige Enklave auf dem südlichsten Zipfel der entlegenen Krimhalbinsel beschränkt war, existierten in einer eigenen Welt. Man fragt sich, wie es möglich war, daß Rußland mit seinem mächtigen Landheer von einer halben Million Mann, dem interne Kommunikationslinien zur Verfügung standen, von einer relativ kleinen Invasionsarmee besiegt werden konnte, die, Tausende Meilen von ihrer Heimat entfernt, einen unwesentlichen Brückenkopf am äußersten Ende eines enormen Reiches besetzt hielt.

Tatsächlich kam nur ein Teil der großen Armee des Zaren je zum Einsatz in der Krim. Die Ausdehnung Rußlands, von Westeuropa aus gesehen drohend und überwältigend, wirkt von innen her betrachtet ganz anders. Für den russischen Generalstab ist das alles lediglich Grenzland, unendliches Grenzland, das meiste davon exponiert und ungeschützt. Für ihn ist das riesige Landgebiet, das den Westen einschüchtert, eher etwas Negatives als etwas Positives; es bedeutet riesige Entfernungen, über die auf unzulänglichen Straßen Truppen und Nachschub transportiert werden müssen; bestenfalls eine Defensivfalle für den einmarschierenden Feind. Es ist die Grenze, die zählt, eine Grenze, die an viel mehr Stellen durchbrochen als wirksam verteidigt werden kann. So mußte Nikolaus vor der drohenden Invasion der Türkei, Frankreichs und Englands seine vorhandenen Streitkräfte in eine Anzahl mehr oder weniger selbständiger Armeen aufteilen. Und was das Problem noch vertiefte, war die Angst vor einem Angriff der Österreicher, ja sogar (wenn auch unwahrscheinlich) vor einem der Preußen und der Schweden, die sich verpflichtet hatten, mit loszuschlagen, wenn Österreich sich dazu entschloß.

Paskjewitsch hatte recht gehabt, als er darauf bestand, die Fürstentümer bald zu evakuieren; aber es war die einzige vernünftige Entscheidung, die er während des ganzen Krieges traf. Denn es war Paskjewitsch mit seiner Überbewertung der österreichischen Gefahr und seiner dauernden Unterbewertung der Wichtigkeit des Kriegsschauplatzes in der Krim, der den Engländern und Franzosen, die sich später noch um 35 000 Piemontesen verstärkten, ihre Chance gab.

Erstens war er wie Menschikow (aber nicht wie Gortschakow) davon überzeugt, daß die Alliierten eine Landung nicht vor dem Frühjahr 1854 versuchen würden; ferner, daß die Krim nicht bedroht war: die Alliierten würden eine Landung im Gebiet des Kuban und Terek versuchen, um den türkischen Truppen im Kaukasus zu Hilfe zu kommen. Dann, als sich das als falsch erwiesen hatte, überredete er den Zaren während einer kritischen Periode, dringendst benötigten Nachschub für die Armee in der Krim nicht zu bewilligen: es stünden 60 000 Mann dort, und die könnten unbegrenzt allen Truppen standhalten, die die Alliierten gegen sie einsetzen mochten. Offensichtlich müßten größere Truppenverbände bereitgestellt werden, um eine baltische Front im Norden und eine österreichische Intervention im Westen abzublocken. Aber Paskjewitschs fixe Angstvorstellung führte zu einer absurden Verzerrung. Während Menschikow mit seinen 60 000 Mann bei Sewastopol zurückgetrieben wurde, standen 200 000 untätig in Finnland Gewehr bei Fuß, und in Polen hielten weitere 200 000 ein Auge auf die Österreicher. Wenn man dazu noch die kämpfende Armee im Kaukasus und starke Garnisonen an anderen gefährdeten Punkten zählt (im August 1854 führte eine englische Flotteneinheit tatsächlich einen verheerenden Angriff auf die Kola-Halbinsel im Arktischen Meer, und im September attackierte eine anglo-französische Streitmacht am anderen Ende der Welt die Garnison in Petropawlowsk auf Kamtschatka), so kann man sich nur wundern, daß die Russen in der Krim überhaupt so lange durchhielten, bis endlich doch Verstärkung eintraf.

Sie hätten es nie zuwege gebracht, wäre da nicht die Unfähigkeit der alliierten Kommandeure gewesen. Aber die allgemein bekannten Fehler auf seiten der Alliierten wurden von den Fehlern der Russen wettgemacht und noch übertroffen. Letzten Endes korrigierten jedoch die Alliierten zum größten Teil ihre Irrtümer und erreichten schließlich ihr Vorhaben, obwohl sie fern von der Heimat in Feindesland standen. Die Russen versagten völlig. Und was den Unterschied vor allem ausmachte, war das Fehlen einer freien Presse, die die wahre Lage hätte aufzeigen können. Es gab auf russischer Seite gute und begabte Leute. Es gab sogar ein russisches Gegenstück zu Florence Nightingale – keine Frau, sondern ein aufopfernder Chirurg, N. I. Pirogow, der unter den Truppen ebenso zu einer Legende wurde, der ganz allein organisatorische Wunder vollbrachte und von einer Schar freiwilliger Krankenschwestern unterstützt wurde, die die Großfürstin Helena, diese unermüdliche Kämpferin für gute Werke, ausgesandt hatte. Aber weder Nikolaus noch Paskjewitsch waren jemals dazu in der Lage, den wahren Stand der Dinge zu begreifen. Es gab keinen unabhängigen Zeitungskorrespondenten, der die Wahrheit sagte und die öffentliche Meinung aufstachelte. Es gab keine öffentliche Meinung. Es gab den Befehl des Zaren. Und der Zar hatte stets seine Paradeplatz-Armee vor Augen, die mit Präzision ihre Truppenbewegungen durchführte. Aber die Wirklichkeit sah anders aus.

Als das Hauptquartier des Fürsten Gortschakow seinen langsamen, schmerzhaften Rückzug von der Donau antrat und sich in Kischinew niederließ, war unter den jüngeren Stabsoffizieren ein junger Verwandter des Fürsten, Leo Tolstoj, damals gerade fünfundzwanzig. Bei einer Reise nach Odessa, das von der britischen Marine blockiert wurde, kam Tolstoj mit englischen und französischen Kriegsgefangenen zusammen und war tief beeindruckt von ihrem standhaften, selbstbewußten Verhalten: »Auftreten und Haltung dieser Männer gibt mir, ich weiß nicht warum, das unangenehme Gefühl, daß sie unseren Soldaten weit überlegen sind«, schrieb er in sein Tagebuch. Bald ersuchte er, abgestoßen von dem Luxus und Glanz des Lebens im Hauptquartier, um Versetzung an die Front; unterwegs traf er französische und britische Verwundete: »Jeder Soldat ist stolz auf seinen Posten und ist sich seines Wertes bewußt. Er ist der Meinung, daß er eine Stütze seiner Armee ist. Er hat gute Waffen und weiß sie zu benützen; er ist jung, er hat seine Meinung über Politik und Kunst, und das verleiht ihm ein Gefühl der Würde.«[5]

Lord Cardigan, der behaglich in seiner Jacht im Hafen von Balaklawa vor Anker lag, während seine Truppen den beginnenden Winter in ihren Zelten erwarteten (Zelte, die von den frühen Winterstürmen bald niedergefegt und in Fetzen gerissen werden sollten), hätte aus der Beschreibung des jungen Tolstoj wohl kaum erkannt, daß es sich um seine eigenen Truppen handelte. Aber tatsächlich waren die Engländer und Franzosen größer und stärker und geistig beweglicher als die russischen Rekruten, die Leibeigene in Uniform waren. »Sinnlose Übungen, nutzlose Waffen, schlechte Behandlung, allgemeine Verzögerung, Unwissen, erschreckende hygienische Zustände und gräßliche Verpflegung ersticken den letzten Funken von Stolz in einem Mann und geben ihm sogar eine vergleichsweise zu hohe Meinung vom Feind.«[6]

Das war Tolstojs erster Eindruck von den russischen Truppen auf der Krim. Sehr bald kam er in Kampfeinsatz: er lag in Sewastopol unter Beschuß. Da begann er dann eine andere Meinung von seinen eigenen Leuten zu bekommen. »Meine kleinen Soldaten sind sehr nett«, schrieb er, »ich bin recht vergnügt mit ihnen.«[7] Die Gefahr zog ihn einerseits an, andererseits erschreckte sie ihn. Und es war vielleicht das erste Mal, daß er die Bauernrekruten als Menschen betrachtete. Aber sein früheres hartes Urteil kam der Wahrheit näher.

Denn die russische Armee, sowohl Kavallerie wie Infanterie, wurde für

nichts anderes geschult als für geschlossenes Exerzieren auf dem Paradeplatz: die Kavallerie war, was Dressurreiten betraf, hervorragend. Nikolaus selbst äußerte sich einmal nach einer Parade begeistert zu einem seiner Obersten: »Sie haben mir ein ganzes Regiment von Reitlehrern
vorgeführt!«[8] Sie konnten in geschlossener Formation stürmen; aber der
leichten Kavallerie, den Husaren und Ulanen, wurde nicht einmal die
Grundzüge ihres Berufes beigebracht – Plänkeln, Ausschwärmen, Aus-
kundschaften. Ihre Marschleistungen waren auch nicht gut. In einem
Land von solchen enormen Entfernungen war es fast unglaublich, daß ein
durchschnittlicher Tagesritt knappe 20 Kilometer war, immer im Schritt;
Trab war strengstens verpönt. Wenn es zu Gewaltmärschen kam, die sie
ja nie geübt hatten, wurde ein Tagesritt von 25 km als beinahe übermenschliche Leistung angesehen. Die Pferdepflege wurde durch Aber-
glauben erschwert. Am Ende eines Tagesmarsches ließ man die Pferde
zwei Stunden voll gesattelt stehen, bevor man sie tränkte, damit sie sich
nicht verkühlten.[9] Deutsche Militärbeobachter, die über diese Praktiken
berichteten, fanden sie unverständlich. Aber niemand, der im Zweiten
Weltkrieg bei der Sowjetarmee war, wird sich darüber wundern. Der russische Bauernrekrut hatte auch dann noch keine Ahnung, wie die Pferde,
von denen seine Beförderung abhing, zu versorgen waren. Es besteht
kein Grund anzunehmen, daß der leibeigene Rekrut unter Nikolaus es
besser gewußt hätte. Die Bestimmungen, von dummen Männern für
noch dümmere Soldaten ausgeklügelt, mußten einfach und beinhart sein
– sonst wären die Pferde in kürzester Zeit zu Tode geritten worden. Unter
den gegebenen Umständen war es meist ihr Schicksal zu verhungern,
wenn das Futter, das sie trugen, zur Gänze aufgebraucht war und in der
Umgebung keines mehr aufzutreiben war. Nur die Kosaken, die auf dem
Rücken ihrer Pferde lebten, eine widerstandsfähigere Pferderasse züchte-
ten und wenig Gepäck hatten, bewährten sich als schlagkräftige Kavalle-
riearmee, solange sie nicht in geschlossener Formation kämpften. Diese
Schlagkraft wurde jedoch durch Disziplinlosigkeit gemindert.
Was die Infanterie betrifft, jene grauen Massen, die auf dem Papier so
überwältigend wirken, so waren diese, wie schon erwähnt, bäuerliche
Leibeigene, die von ihren Besitzern zum Militärdienst abgestellt wurden;
mit anderen Worten lang dienende Truppen, die mit hartem Drill brutal
zu blindem Gehorsam gezwungen wurden. Es gab keine Reserveeinhei-
ten mit kurzer Dienstverpflichtung, die gleichsam als Sauerteig für die
Massen gewirkt hätten. Die Offiziere, fast durchwegs Söhne aus adeligen
Familien (ein sehr oft minderwertiger und verarmter Adel), waren selbst
zu gedankenlosem Gehorsam angehalten; nur einige wenige hatten eine
der Kadettenschulen, die des Zaren Stolz waren, besucht. Die meisten
verbrachten ihre Zeit mit Trinken und Glücksspielen; und da waren auch
hochintelligente Männer darunter, die in anderen Ländern die General-
stabsschule besucht oder zumindest über ihren Büchern gesessen hätten.

Dafür gab es einen guten Grund: das leiseste Anzeichen von Initiative, auch nur einer wißbegierigen Intelligenz wurde von den Kommandeuren, die ihre Beförderung meist Familienbeziehungen zu verdanken hatten, scheel angesehen.

Waffen und Ausrüstung des Infanteristen waren genauso unzulänglich wie seine Ausbildung. Waffen, die gegen Bergstämme oder auch gegen Türken genügten, waren nutzlos gegen die britischen und französischen Gewehre, deren Schußweite jener der russischen Musketen überlegen war und die auch eine größere Feuergeschwindigkeit hatten. Der Infanterist wurde nicht für eine richtige Verwendung seiner Waffen ausgebildet; es gab wenig oder gar keine Schießübungen mit scharfen Patronen. Man verließ sich auf das Bajonett; und im Kampf Mann gegen Mann waren die langen russischen Bajonette eine wirklich furchtbare Waffe. Ohne Übertreibung kann man sagen, daß im Anfangsstadium des Krieges die russische Muskete überhaupt nicht als Feuerwaffe betrachtet wurde, sondern vielmehr als ein Bajonetthalter im Gefecht und als Aufputz bei der Parade. Man verwendete auch kaum Mühe daran, den Soldaten beizubringen, ihre Musketen zu pflegen. Gewehrlauf und Schloß wurden selten, wenn überhaupt, eingefettet. Um den Lauf für Paradezwecke zum Glänzen zu bringen, griffen die Soldaten zu Feilen und Schmirgelpapier; dadurch wurde das Metall so gefährlich dünn gerieben, daß es öfters zu Laufkrepierern kam. Die Schäfte waren so ausgeleiert, daß die Ladestöcke ganz locker in ihren Hülsen saßen, was ein beängstigendes Rasseln verursachte, wenn die Musketen bei der Parade geschultert wurden.[10]

Man braucht hier nicht auf die Schwächen der britischen Armee unter Lord Raglan und die Unfähigkeit des Oberkommandos einzugehen; sie wurden für alle Zeiten zum Schandfleck der Nation. Man sollte dabei aber nicht vergessen, daß die britische Armee traditionsgemäß von den Regierungen vernachlässigt und finanziell äußerst knapp gehalten wurde. Im Gegensatz dazu war die russische Armee das A und O des Zaren, dem alles andere geopfert wurde.

Man hat sich oft gefragt, wieso die russischen Kanoniere und Pioniere sich so gut bewährten, während die Kavallerie und die Infanterie so schlecht waren. Das ist kein Geheimnis. Intelligenz und Initiative wurden zwar bei den Infanteristen und den Kavalleristen mißbilligt; aber im Umgang mit Geschützen ist einfach ein gewisses Maß an Ausbildung erforderlich, und dasselbe gilt für viele Tätigkeiten der Genietruppe, wo man ebenfalls auf sich allein gestellt ist und Initiative zeigen muß, um jedes anfallende Problem lösen zu können. Auch der dümmste Generalstabsoffizier wußte dies und mußte die nötige Intelligenz tolerieren mit dem Resultat, daß die Intelligenten sich natürlich zu diesen beiden Waffengattungen hingezogen fühlten. Den Kanonieren an ihren Geschützen und den Pionieren und Sappeuren mit ihren Festungsbauten und ihren Minenfeldern hatte Sewastopol zu verdanken, daß es so lange durchhielt.

Gestützt auf die Ausdauer der Bauernsoldaten, zu denen Matrosen kamen, die nun an Land dienten, hätten diese Kanoniere und Pioniere endlos lange ausharren können und die Alliierten zum Rückzug gezwungen (was sie ohnehin vor einem zweiten Winter hätten tun müssen), wenn sie von St. Petersburg auch nur mäßige Unterstützung erhalten hätten oder wenn Menschikow außerhalb der großen Festung nicht so kläglich versagt hätte. Aber Menschikow, schon immer unzulänglich, war bald ein gebrochener Mann.

Schon nach der Demütigung am Almafluß hatte er begonnen, sich in sich selbst zu verkriechen. Dieser unnütze und unangenehm arrogante Mann war ein ausgezeichnetes Beispiel dafür, daß der Zar selber nicht imstande war, sich mit guten Ratgebern zu umgeben. Wie Kleinmichel war er ein Schmeichler und Leuteschinder, aber noch mehr von sich selbst eingenommen und wesentlich unbegabter. Ein Kavallerist, dem man die Marine unterstellte, die er dann verfallen ließ; ein Gouverneur von Finnland, der für seine Brutalität berüchtigt war; das Ende seiner steilen Karriere war ein Echo des Endes seines kaiserlichen Herrn. Er war fast siebzig – kein hohes Alter in einer Gesellschaft, wo es, egal ob unter den Romanows oder den Sowjets, immer auf unüberwindliche Schwierigkeiten stieß, abgetakelte, in Mißkredit geratene Veteranen zu pensionieren –, aber alt genug, um von einem naheliegenden Gefühl der Hoffnungslosigkeit befallen zu werden. Er hatte sich immer schon von seinen Untergebenen distanziert, von den einfachen Soldaten gar nicht zu reden, und nun war er soweit, daß er zu niemandem mehr Kontakt finden konnte. Als er seinen Flankenmarsch antrat, der ihn nordöstlich von Sewastopol in eine beherrschende Stellung bringen sollte, sagte er niemandem, was er vorhatte. Ohne den Befehlshabern von Sewastopol, Admiral Nachimow und General Kornilow, auch nur ein Wort über seine Pläne mitzuteilen, gab er den Befehl zum Abmarsch und war mit seiner Armee einfach verschwunden. Die Verteidiger Sewastopols mußten glauben, er habe sie ihrem Schicksal überlassen. Gleichzeitig übersah er gänzlich, daß er Kundschafter hätte aussenden müssen, um festzustellen, was der Feind machte. Als er herausfand, daß die Alliierten, anstatt sofort anzugreifen, selbst eine Flankenbewegung um die Festung herum zum Hafen von Balaklawa ausführten, war er überrumpelt. Er wußte nichts davon, bis eine Kolonne der Alliierten auf das Ende seines eigenen Trosses stieß und ihn vernichtete. Zu seinem Glück wurde seine eigene Unfähigkeit von der der alliierten Kommandanten wettgemacht, die ebenfalls die Kundschafter vergessen hatten. Wenn eine der beiden Seiten erfahren hätte, was die andere vorhatte, so hätte dies in einer gewiß entscheidenden Schlacht einen überwältigenden Vorteil bedeutet.

Man schrieb den 25. September; seit dem Gefecht von Alma waren fünf Tage vergangen. In Sewastopol nutzte Totleben die aus der Truppenbewegung der Alliierten entstandene Atempause, um die landeinwärts gelegenen Verteidigungsanlagen auszubauen. Es war einer jener typisch russischen Energieausbrüche, die eine Zeitlang so gewaltig sind und die so schnell wieder verebben. Totleben verwarf die bewundernswerten, aber allzusehr nach Schema F geratenen Pläne für kunstvolle Verteidigungsbauten aus Stein und zog alle verfügbaren Truppen heran, um in einer Art inspirierter militärischer Zwangsarbeit improvisierte Erdwälle auszuheben. Und als die Alliierten sich in ihrem neuen Stützpunkt in Balaklawa eingenistet hatten, fanden sie zu ihrer Überraschung, daß die Verteidigungsstellung, die noch einen Monat zuvor ziemlich verwundbar schien, nun uneinnehmbar war – mit Erd- und Holzbastionen, flankiert von einem Schutzwall von hohen Erdmauern, in dessen Mittelpunkt der Malakom-Hügel lag.

3

Ende September war es klar, daß die Alliierten sich auf eine Belagerung eingerichtet hatten; jetzt lag es an Menschikow, sie ins Meer zu jagen, bevor sie über den kleinen, fjordähnlichen Hafen von Balaklawa eine zu starke Armee ins Land brachten.
Er hatte endlich Nachschub erhalten; ein Teil davon war für seine Zwecke zwar ungeeignet, aber es brachte seine Armee auf 100000 Mann. Anfänglich war er bereit zuzusehen, wie die Alliierten bei einem Großangriff auf die Festung verbluteten. Dieser begann am 17. Oktober mit einem fürchterlichen Bombardement. Es zeigte sich, daß Menschikows Entschluß eine riskante Entscheidung gewesen war. Die Franzosen wurden zurückgeschlagen und ihre Geschütze zum Schweigen gebracht. Die große Kanone in der Festung hatte eine größere Reichweite als die Schiffsgeschütze der alliierten Flotte, die zum Abdrehen gezwungen wurde. Aber der britische Angriff war erfolgreicher. Durch einen Volltreffer auf das Pulvermagazin wurde die dritte Bastion so gut wie vernichtet. Hätte man dem Bombardement einen Angriff auf die Verschanzung folgen lassen, so wäre eine Bresche geschlagen und die Verteidigung der restlichen Bastionen unmöglich gemacht worden. Obwohl der Angriff nie kam, begann sich die Verteidigung aufzulösen. Die Kanoniere hatten ihre Munition fast zur Gänze aufgebraucht, und Menschikow konnte nicht länger untätig bleiben. Am 24. Oktober sandte er eine seiner Divisionen zum Angriff auf die Engländer vor Balaklawa, nicht um den Feind ins Meer zu treiben, sondern um den Druck auf Sewastopol abzuschwächen. Zum Teil gelang das Vorhaben. Vier Redouten samt ihrer türkischen Besatzung wurden genommen, und die Artillerie der Division Liprandi, die auf den Anhöhen oberhalb des Hafens Stellung bezogen hatte, kam zu dem unvorhergesehenen Ruhm, die in die Legende eingegangene britische Leichte Brigade auszulöschen, die irrtümlich einen

Frontalangriff mitten auf die russischen Stellungen ritt und bei ihrem langen, traurigen Ritt zurück durch das Tal wie auf dem Schießstand abgeknallt wurde.

Aber obwohl Balaklawa gut für den Kampfgeist der russischen Truppen war, war es kein großer Sieg. Die Alliierten zogen die Lehren daraus und verstärkten ihre Stellung an einem kritischen Punkt. Menschikow mußte einen weiteren Versuch machen, und in diesem letzten unglücklichen Gefecht setzte er drei Infanteriedivisionen und einen größeren Teil der Kavallerie ein. Das war die Schlacht von Inkerman am 5. November.

Von russischer Sicht aus war die Schlacht von Inkerman ein Modellfall dafür, wie man eine Schlacht nicht schlagen sollte. Niemand kannte das Terrain. Obwohl Menschikow zwei Divisionen Leichter Kavallerie bei sich hatte, die mehr aßen, als sie wert waren, wurden keine Spähtrupps ausgesandt; auch gab es keine anständigen Landkarten. Dessenungeachtet arbeitete Menschikow einen unnotwendigerweise komplizierten Angriffsplan aus. Es war ein Plan, der garantiert schiefgehen mußte, selbst bei Manövern in Friedenszeiten. Er sah ein synchronisiertes Vorgehen zweier verschiedener Aufmarschkolonnen vor, ein Ablenkungsmanöver in Divisionsstärke und einen gleichzeitigen Ausfall aus der Festung Sewastopol. Sobald die zwei angreifenden Kolonnen sich vereint hatten, sollten deren Kommandeure, die Generäle Soimonow und Pawlow, sich zur Verfügung eines übergeordneten Generals halten, der den Endangriff koordinieren würde. Der übergeordnete General war Dannenberg, ein Mann, der im Donaufeldzug einen Mißerfolg nach dem anderen gehabt hatte. Um die Katastrophe ein für allemal zu sichern, sollte die ganze Operation von Menschikow selbst vom Hauptquartier hinter der Front überwacht werden. Unter den gegebenen Umständen war es der Plan eines Verrückten.

Und dennoch wurde es fast ein Triumph für Rußland. Alles ging schief, wie dies unvermeidbar ist, wenn Kommandeure und Truppen von der damals verfügbaren Qualität zu einem Treffpunkt mitten auf dem Schlachtfeld marschieren sollen. Es gab die unvermeidlichen Verzögerungen und Verwirrungen. Nichts war richtig aufeinander abgestimmt. Aber trotz allem gelang den Russen der Überraschungseffekt – hauptsächlich deshalb, weil unvorhergesehener Nebel den Vorstoß eingehüllt hatte. Anstatt des geplanten vernichtenden Schlages degenerierte das Ganze in eine Art von Seriengefechten, die sich wie ein Alptraum wiederholten. Die immer wiederkehrenden Wellen der Angreifenden schienen kein Ende zu nehmen. Aber die Engländer wurden von den Franzosen gerettet, gegen die das Ablenkungsmanöver der Division Liprandi gerichtet war. Doch Liprandi brachte es nicht zuwege, daß sein Scheinangriff wie eine echte Attacke wirkte; der französische Befehlshaber Bosquet durchschaute ihn und war vernünftig und mutig und auch anständig genug, den größten Teil seiner eigenen Leute den Engländern zu Hilfe zu senden.

Die Russen hatten die Schlacht verloren, was die Alliierten in Anbetracht der überwältigenden Mehrheit des Feindes freilich nicht wußten: Sie rechneten fest damit, daß der Angriff am nächsten Tag wiederholt würde. Aber tatsächlich hatte ihr Widerstand den Russen den Mut genommen. Dannenberg und Gortschakow verloren die Nerven. Sie hatten immer noch enorme Reserven zu ihrer Verfügung, und die Alliierten hätten sich ihrer nicht erwehren können. Aber sie gaben auf und ließen zum Rückzug blasen. Von den zirka 42 000 Mann, die effektiv an der Schlacht beteiligt waren, hatten sie fast 12 000 verloren, darunter ein halbes Dutzend Generäle; die Alliierten hatten bei einer Gesamtstärke von 8000 bis 9000 Mann an die 4000 Mann Verluste.

4

Für Menschikow war es das Ende. Es hätte Nikolaus und Paskjewitsch klar sein müssen, daß dieser Unglücksmensch nie wieder kämpfen würde. Er ging herum und erklärte, Rußlands einzige Hoffnung sei, daß Stürme und Orkane die Seeverbindungen der Alliierten zerstörten. Das war die Stimmung, über die sich der junge Tolstoj so ätzend äußerte, als er nach der Schlacht von Inkerman in Sewastopol eintraf. Tatsächlich sollten sich Menschikows Hoffnungen fast erfüllen. Als just eine Woche nach Inkerman ein schrecklicher Sturm aufkam, der zwei Tage und eine Nacht tobte, die englischen Zelte davonblies und die Truppen zuerst einem niederprasselnden Regen, dann eisiger Kälte preisgab, sprachen sich einige englische Generäle bereits für eine Beendigung des Feldzugs aus. Die Versorgungsstraßen vom Hafen waren fast weggeschwemmt, und die britischen Truppen mußten sich als ihre eigenen Packtiere betätigen. So begann jener schreckliche Winter der Krankheit, der Erschöpfung und des Todes. Durch mehrere Monate hindurch waren die alliierten Armeen, selbst die Franzosen in ihren verhältnismäßig warmen Holzhütten, als Kampftruppe praktisch ausgeschaltet. Alles, was man tun konnte, war abwarten und beten, daß die Russen nicht einen Großangriff machen würden.

Menschikow tat ihnen den Gefallen. Sein neuer Stabschef, Fürst Wasiltschikow, schäumte vor Wut über diese Untätigkeit. Der Zar in St. Petersburg, fast fünfzehnhundert Meilen weit weg, bombardierte ihn mit Aufforderungen, aktiv zu werden, während er, wie er meinte, sich gefährlich an seinen Grenzen entblößte, um immer weitere Verstärkung in die Krim zu senden. Aber Menschikow rührte sich nicht. Eigentlich war die Verstärkung nicht so überwältigend, wie sie auf dem Papier aussah. Mindestens ein Drittel war unterwegs, während des langen Marsches über ungebahnte Straßen, an Krankheit und Entkräftung gestorben. Und südlich von Moskau gab es ja noch immer keine Eisenbahn.

Tatsächlich war es der Zustand, in dem die Entsatztruppen eintrafen, dazu die ungenügende Nachschubsituation und das entsetzliche Los von Tausenden von Verwundeten nach der Schlacht von Inkerman, die schließlich Menschikow in die Apathie der Verzweiflung trieben. Es gab keine Spitäler. Jedes Gebäude, jeder Keller in der Stadt Sewastopol war voll von Verwundeten. Pirogow und seine ergebene Gruppe von Chirurgen arbeiteten wie die Wahnsinnigen. Unter den katastrophalsten Bedingungen, oft bis zu den Knien in Schlamm stehend, operierten und amputierten sie Tag und Nacht. Unvorstellbar die Leiden derer, die davonkamen und in Spitäler hinter der Front gebracht wurden. Der übliche russische Wagen ist eine Art von hölzernem Trog auf vier Rädern, dessen Seiten sich stark nach außen neigen. Auf dem engen Bretterboden war gerade genug Platz für eine einzige Tragbahre; zwischen ihr und den abgeschrägten Seiten wurden zwei weitere hineingezwängt. Zusammengequetscht und durchgebeutelt, jedem Wetter ausgesetzt, blieben die Unglücklichen ohne Nahrung.

Nikolaus wußte nichts davon: »Um Gottes willen, verlieren Sie keine Zeit, sie ist kostbar... rief er über die endlose zugefrorene Winterlandschaft seinem alten Günstling zu, der wie gelähmt schien. Es war offensichtlich, daß die Garnison guter Dinge war. Die Kommandeure ermutigten häufige Ausfälle, oft in Kompaniestärke, um den Feind in seinen düsteren Winterquartieren zu überraschen und Gefangene zu machen. Die französischen Sappeure wurden durch russische Gegenminen, die mit Entschlossenheit und Erfindungsreichtum verlegt wurden, gehörig zurückgewiesen. Aber es gab kein wirksames Zentralkommando mehr. Das blieb Nikolaus nicht verborgen. Er selbst war, als der Winter nahte, von einem wahren Rausch der Energie befallen und stand doch kurz vor dem Zusammenbruch. Der Mann, der einst in die Straßen von St. Petersburg hinausgegangen war, um den Feuerwehrleuten zu Hilfe zu eilen, der sich bei den Cholerakrawallen der Menge gestellt hatte und sie in ihre Elendsviertel zurückgejagt hatte, führte nun den Krieg in der Krim, so schien es ihm, fast allein. Seine Nerven waren zermürbt. Den ganzen Herbst hindurch war jede Niederlage für ihn eine persönliche Demütigung gewesen, eine Demütigung für einen Mann, der Niederlagen nicht kannte! Jeder Fetzen einer guten Nachricht war ein persönlicher Triumph. Er konnte seine Tränen, Tränen des Kummers oder der kurzlebigen Freude, nicht zurückhalten. Er war nicht imstande, die Rückkehr ins öffentliche Leben von St. Petersburg auf sich zu nehmen. Statt dessen verschanzte er sich mit der Zarin in der einsamen Düsternis des alten Palastes seines Vaters in Gatschina. Dort wurde die Kaiserin krank und starb beinahe. Nikolaus lebte nur für sie, er aß nicht, schlief nicht, wachte dauernd an ihrer Seite. Er war im Begriff, moralisch abzudanken.

Dann, plötzlich, riß er sich zusammen und kehrte zurück in den Winter-palast, entschlossen, wieder die Führung zu übernehmen. Nun wurden ihm persönlich die Berichte und Schlachtbefehle jedes einzelnen Kommandeurs in der Krim vorgelegt; und eigenhändig gab er genaue und detaillierte Befehle für die Zusammensetzung, die Aufgabe, den Einsatz jeder einzelnen Einheit. Er machte jetzt verzweifelte Versuche, die Alliierten aus der Krim hinauszubekommen, bevor er der lang befürchteten österreichischen Invasion vom Westen gegenübertreten mußte. Denn am 2. Dezember hatte Österreich sich endlich entschlossen, hatte seine Neutralität aufgegeben und war eine Allianz mit England und Frankreich eingegangen. Es kam Nikolaus nie in den Sinn, daß es irgendwie widersinnig erscheinen könnte, wenn ein Staatsoberhaupt, der die ganze Welt gegen sich hatte, bis ins kleinste Detail den Einsatz einer weit entfernten Armee regelte, über deren wahre Situation er keine wirkliche Vorstellung hatte. Es kam ihm nicht in den Sinn, daß der Mangel an Vertrauen, den er den Männern an der Front entgegenbrachte, jede Entschlußkraft und Eigeninitiative lähmte. Erst hatte er den Nachimows und Totlebens einen unbegabten Günstling vor die Nase gesetzt, den er als Verlängerung seines eigenen Armes betrachtete. Jetzt, als der Günstling versagt hatte, hatte er niemand außer sich selbst. Er hatte seine geliebte Armee auf dem Schlachtfeld vernichtet, so wie er während seiner ganzen Regierung alles Leben überall in seinem Reich vernichtet hatte.

5

Diese Regierung näherte sich jetzt ihrem Ende, in einer düsteren Stimmung der Empörung und des Verrates – Verrat durch Menschikow, der viel zu spät pensioniert und durch Gortschakow, den Kommandeur der Donauarmee, ersetzt wurde; Verrat durch Franz Joseph in Wien; Empörung über Sardinien, als es sich auf Beharren des weitblickenden Cavour, der für seinen Herrscher ein Mitspracherecht bei der Friedenskonferenz ergattern wollte, der alliierten Koalition anschloß (um dieses Ziel zu erreichen, wurden 35 000 Piemontesen, ohne zu begreifen warum, durch halb Europa auf die Krim gesandt). Doch bevor Gortschakow seinen neuen Posten antreten konnte, war Nikolaus tot. Sein Tod kam seinem Volk als ein Schock von ungläubiger Überraschung; aber eigentlich schien er ihn selbst heraufbeschworen zu haben. Am 12. Februar wohnte er der Hochzeit von Graf Kleinmichels Tochter bei. Das Wetter war eisig, und er trug nur die scharlachrote Uniform der Gardekavallerie mit Wildlederreithosen und Seidenstrümpfen unter den hohen Stiefeln. An jenem Abend holte er sich eine Verkühlung, nahm sie nicht ernst, nachtmahlte allein mit Graf Kiseljew, der zuerst ablehnte, weil er selbst Grippe hatte, und ging dann zeitig schlafen. Aber am nächsten Morgen war er wieder auf, um einer Routinebesichtigung der Reitschule beizuwohnen. Am selben Abend legte auch er sich mit Grippe nieder. Innerhalb von vierundzwanzig Stunden war er tot. Er war neunundfünfzig. Er war fast die ganze Zeit bei Bewußtsein und hatte ein gutes Ende; er diktierte noch Abschiedstelegramme nach Moskau, Warschau und an den preußischen König, den er ermahnte, der Allianz zu gedenken. Die Kaiserin wollte seine Mätresse, Barbara Nelidowa, holen, um ihn Abschied nehmen zu lassen; aber Nikolaus sagte, es schicke sich nicht. Er dachte an seinen Nachfolger. Es sollte keine Wiederholung des Dezembers 1825 geben: alle Regimenter der Leibwache wurden in die großen Säle des Winterpalasts herbeigeholt, um sofort nach Nikolaus' Tod dem neuen Kaiser, Alexander II., den Treueid zu leisten.

## 6

Der Krieg ging weiter. Allein die Tatsache, daß Nikolaus starb und den Konflikt ungelöst hinterließ, bestätigte symbolisch den weiterhin wirksamen Einfluß seiner katastrophalen Politik. Sein Sohn Alexander, jetzt siebenunddreißig Jahre alt, konnte nicht frisch beginnen; die Reformen, über die er sich Gedanken gemacht hatte, konnten nicht in Angriff genommen werden, bevor nicht der Krieg entweder verloren oder gewonnen war. Ein Frieden schien im Bereich des Möglichen zu liegen. Aber es sollten noch viele Monate der Kämpfe vergehen; und ehe das Ende im Frühjahr und Sommer 1855 erreicht wurde, brachte die Verteidigung von Sewastopol einen derartigen Höhepunkt an anhaltendem Heldentum, wie es selten erreicht, vielleicht nie übertroffen worden ist. Gortschakow war anfänglich voll Optimismus gewesen; er gab dem Krieg noch sechs Wochen und versicherte den Truppen in seinem ersten Tagesbefehl, daß das Ärgste schon hinter ihnen lag. Die Verteidiger an Ort und Stelle wußten es besser, und Gortschakow selbst ging innerhalb von zehn Tagen von einem hochtrabenden Optimismus fast zu Defätismus über. Aber er war ein besserer Mann als Menschikow. Er kümmerte sich wirklich um seine Truppen und zeigte sich unter ihnen. Obwohl durchaus kein begabter Kommandeur, konnte er doch Begabung in andern erkennen und zögerte nicht, ihr freien Lauf zu lassen. Mit anderen Worten, er brachte eine neue Stimmung in die ganze jetzt zirka 300000 Mann starke Armee, besonders in die belagerte Festung. Und der Krieg der Pioniere wurde zum ganz besonderen Heldenlied. Die Russen nahmen immer wieder neue Bollwerke in die Befestigungen auf, um den Franzosen und Engländern entgegenzuwirken – besonders den Franzosen –, die ihre eigenen Stellungen mit Erfindungsgabe und brillanten Attacken weitertrieben. Es war ein Krieg, in dem neue Bastionen, Redouten und Schanzen, neue Geschütze und Quergräben plötzlich über Nacht auftauchten und in dem

jede Seite die andere mit Minen und Gegenminen, Sappen und Stoß-
truppunternehmen blockierte. Einige Ausfälle waren größere Kampfhandlungen. Im März wurden beispielsweise 5000 Mann ausgesandt, um
die kürzlich errichteten französischen Stellungen zu vernichten, die gefährlich in die Nähe des Schutzwalles gerückt waren; nach Ansicht der
Russen rechtfertigte dies durchaus den Verlust von tausend Mann.

Aber natürlich waren die Angriffe der Alliierten von wesentlich größerem Umfang; da griffen zum Beispiel nicht weniger als fünf Divisionen
nach einem gewaltigen Bombardement den Malakow-Hügel an, wobei
die Russen 2500, die Franzosen fast 3000 und die Engländer 500 Mann
verloren. Und auf diese Attacke, die beinahe Erfolg gehabt hätte, folgte
nur zwei Wochen später ein noch größerer und verlustreicherer Angriff.

Mit dieser konzertierten Aktion unter der gemeinsamen Leitung von
Pélissier und Lord Raglan versuchten die Engländer und Franzosen, dem
Krieg ein Ende zu setzen. Sie hatten keinen Erfolg, obwohl der Angriff
von heftigstem Artilleriefeuer eingeleitet wurde und die Alliierten selbst
dann nicht nachgeben wollten, als Sturmlauf auf Sturmlauf zurückgeschlagen wurde. Das Feuer der hervorragend placierten russischen Batterien, die die Angreifer mit einem Kartätschenhagel zudeckten und sie
nach jeder fehlgeschlagenen Attacke bis in ihre Schützengräben zurück
verfolgten, war kaum mehr zu ertragen. Die Verlustliste ist ein Hinweis
auf die Entschlossenheit der Angreifer und die Hartnäckigkeit der Verteidiger: die Russen büßten fast 5000 Mann ein, die Franzosen über 3000,
die Briten noch weitere 1600.

Dieser Tag, der 18. Juni, war der Wendepunkt. Zwar war der neue Zar
in seinem Gratulationsbrief an Gortschakow von der Abwehr des
Angriffs begeistert; er erklärte, daß nun offensichtlich keine Rede mehr
davon sei, die Festung preiszugeben. Gortschakow aber sah keine Möglichkeit, wie die Truppen noch viel länger durchhalten sollten; und obwohl die Ankunft frischer Verstärkungen ihm neuen Mut gab, so hielt
dies nicht länger als ein oder zwei Tage an. Bald war es jedem verantwortungsvollen Kommandeur auf der russischen Seite klar: die einzige Möglichkeit für sie war die Evakuierung der Festung. Sie wußten nicht, daß
auch auf der Seite der Alliierten die Verzweiflung herrschte.

Im August – der Zar und seine Abgesandten drängten dauernd zu einer
Offensive zum Entsatz der Festung, und weitere Verstärkungen trafen
ein – entschloß sich Gortschakow, da er eine ehrenvolle Evakuierung
nicht durchführen konnte und durch Krankheit und Artilleriefeuer am
laufenden Band Verluste erlitt, aus der Not eine Tugend zu machen und
in einem Gewaltstreich das Schicksal der ganzen Armee aufs Spiel zu setzen. Ein Großangriff gegen die sehr starken Stellungen der Alliierten am
Tschernajafluß sollte alles entscheiden. Es ging um Biegen oder Brechen.

Gortschakow glaubte eher ans Brechen. Kein General ist je in eine von ihm festgelegte Schlacht gezogen mit einer solchen Überzeugung, einer Niederlage entgegenzugehen. Seine besten Kommandeure, auch Totleben, widersetzten sich seinem Plan. Er selbst schrieb nach St. Petersburg, daß er eine Niederlage erwarte: seine Position sei hoffnungslos gewesen von dem Moment an, da er Menschikow abgelöst hatte; sie sei immer noch hoffnungslos. Sein Plan betonte sogar noch die Hoffnungslosigkeit. Es war ein Plan ohne Sinn. Selbst wenn die 30000 Mann russischer Truppen, die daran beteiligt waren, die befestigten Anhöhen stürmen konnten, war keine zweite Welle vorgesehen, und die Angreifer wären dem sofortigen Gegenangriff der alliierten Reserven ausgesetzt gewesen. Unter den gegebenen Umständen waren die unmittelbaren Befehle Gortschakows so verwirrend, daß der Plan, wenn man ihn so nennen kann, mißlang. Der Angriff wurde bei einem Minimum an Verlusten für die Franzosen und Piemontesen – weniger als 2000 Mann – auf der Anhöhe zurückgeschlagen. Die russischen Verluste waren elf Generäle und 8000 Mann. Das war am 16. August. Von diesem Moment an konnten die Alliierten ihre ganzen Bemühungen auf die Einnahme der Festung selbst konzentrieren; von außen mußten sie keinen Angriff mehr befürchten. Von diesem Moment an konzentrierte sich Gortschakow gänzlich auf die unvermeidbare Evakuierung.

Das letzte Bombardement von Sewastopol begann am 18. August. Es dauerte zwanzig Tage. Fast drei Wochen lang wurden die großen Schanzen von einem endlosen Granatenhagel langsam in Stücke geschlagen. Drei Wochen lang wehrten sich die Verteidiger verbissen. Von Tag zu Tag, von Stunde zu Stunde wurde ihre Anzahl geringer: Volltreffer auf die Batterien, mehr aber noch die unvermeidliche Erschöpfung des Munitionsvorrates verringerten ihre Feuerkraft. Am Vorabend des letzten Angriffes waren nur noch acht der 63 schweren Geschütze von Fort Malakow in Aktion. Die Verteidiger waren gezwungen, in flachen Gräben draußen vor den zerstörten Schutzwällen zu liegen, um den Feind mit Handfeuerwaffen zurückzuschlagen. Und Tag für Tag verloren sie an die 2500 Mann.

Zermürbt, erschöpft, auf Nachschub und Verstärkung wartend, die nie eintrafen, harrten sie ihrer völligen Vernichtung. Doch ihre größte Stunde sollte erst schlagen: Als der letzte Angriff schließlich gegen sie rollte, rafften sie sich zusammen, ringsum Chaos und Verwirrung, und von zwölf Sturmläufen der Alliierten schlugen sie alle zurück – bis auf den letzten. Die Verwirrung ging aufs Konto der Franzosen, die durch wiederholten falschen Alarm, der durch scharfes, intensives Geschützfeuer eingeleitet wurde, wie durch irreführende Raketensignale die Verteidiger immer wieder glauben machten, die Stunde sei gekommen. Dann trat eine Kampfpause ein. Als dann der wirkliche Angriff kam, glaubten die Verteidiger, die das nur allzu bekannte Artilleriefeuer in ihre Unterstände getrieben hatte, daß es wieder nur falscher Alarm sei.

Der wirkliche Angriff, als er dann kam, bestand aus einer Vergrößerung der Reichweite der französischen Geschütze und einem grandiosen Sturmlauf von 10000 Franzosen, an ihrer Spitze General MacMahon, über eine Strecke von 40 Metern offenen Terrains zur Kornilow-Bastion von Fort Malakow. Gleichzeitig stürmte ein anderes Aufgebot von tausend die zweite Bastion und die Schutzwälle und die Batterien. Die Engländer, deren Aufgabe es war, die dritte Bastion zu nehmen, blieben weit hinterdrein.

Als der Tag zu Ende ging, sah es aus, als ob die Russen einen großen Sieg errungen hätten. Die Engländer waren zurückgeschlagen. Die Franzosen wurden beim Angriff auf die fünfte Bastion zurückgeschlagen. Die zweite Bastion war vom Feind gesäubert. General Pélissier fürchtete, daß er es nicht leicht haben würde, seine einzige Stellung, die Kornilow-Bastion, gegen einen überwältigenden russischen Gegenangriff zu verteidigen. Die Russen selbst schwelgten im Sieg. Sie hatten während der Kämpfe des Tages 13 000 Mann verloren. Aber die Alliierten hatten Verluste von mindestens 10000 zu beklagen, und sie standen nun dort, wo sie am Beginn gestanden hatten – mit Ausnahme ihrer Stellung auf den Trümmern der einstigen Kornilow-Bastion.

Nur Gortschakow hatte begriffen. Nie konnte er, das wußte er, die Kornilow-Bastion zurückerobern; und wenn die Alliierten einmal dort Stellung bezogen hatten, war Totlebens ganzer großer Komplex nicht mehr zu verteidigen. Er mußte sich zurückziehen, und das tat er auch. Sein Rückzug war die schlagkräftigste Aktion in seiner nicht sehr glanzvollen Karriere. Die Alliierten, die sich für einen Gegenangriff sammelten, hatten keine Ahnung, was hinter den russischen Linien vorging. Um fünf Uhr, noch vor Beendigung des Kampfes, wurde der Befehl zur allgemeinen Evakuierung gegeben. Um sieben Uhr begann der Rückzug, unter dem Feuerschutz einer heftigen Kanonade von den Befestigungen, die den Feind ablenken sollte. Die Evakuierung wurde dadurch ermöglicht, daß Gortschakow gerade diese Eventualität vorbereitet hatte. In aller Heimlichkeit hatten seine Pioniere direkt unter den Nasen der Alliierten eine schwimmende Brücke gebaut, die mehr als einen halben Kilometer lang über die schmale Bucht führte. Die Bretterstraße wurde von riesigen schwimmenden Holzbalken getragen, von denen jeder einzelne aus der Ukraine quer über die baumlose Krim geschafft worden war – Tausende Karren, die sich schwerfällig auf unbefestigten Straßen ihren Weg bahnten, inmitten der allgemeinen Verwirrung, Entsatztruppen auf dem Anmarsch, endlose Wagenkolonnen mit Verpflegung, Munition und Viehfutter und dazu die grausige Prozession der Verwundeten, die in die Spitäler der Etappe befördert wurden. Der Bau dieser Brücke war eines der erstaunlichsten Glanzstücke des ganzen Krieges. Durch sie wurde eine Armee vor der Vernichtung bewahrt. Während der ganzen Nacht strömten die Verteidiger über die Brücke und schafften viele Geschütze mit zurück. Andere setzten in Dampfern und kleinen Booten über die Bucht. Sogar die Verwundeten holte man heraus. Die Magazine wurden in die Luft gesprengt; der größte Teil der Stadt wurde niedergebrannt. Der Krieg war um Sewastopol und die Herrschaft über das Schwarze Meer entbrannt. Mit dem Fall von Sewastopol war er eigentlich vorbei. Es gab noch harte Kämpfe in Transkaukasien, und die Schlacht um Kars dauerte noch Wochen bis zur Einnahme der Stadt im November durch Murawjew. Mit besseren Generälen hätten die Russen Kars längst einnehmen und sodann Erzerum erobern und so den türkischen Einfluß auf Ostanatolien brechen können. Wieder einmal konnten die russischen Truppen ihren Feinden fast bewundernde Hochachtung abringen. Wieder einmal wurden sie von ihren Generälen im Stich gelassen.

Aber die Eroberung von Kars ließ wenigstens die Erkenntnis aufkommen, daß trotz des Falls von Sewastopol und obwohl die russische Schwarzmeerflotte nicht mehr existierte, die kaiserliche Armee doch nur an einer Front besiegt worden war. Der Feind war nicht ins Landesinnere vorgedrungen, und der Großteil der riesigen russischen Armee war nach wie vor intakt. Die Seemächte hatten ihr Hauptziel erreicht, nämlich die Neutralisierung der russischen Macht im Schwarzen Meer. Rußland hatte im Schwarzen Meer keine Flotte mehr; damit war das Problem der Meerengen für den Augenblick rein akademisch geworden.

Gerade während beide Seiten darüber nachdachten, wie man am besten Frieden schließen könne, fand Österreich den Augenblick gekommen, um die Ernte einzuholen, die andere gesät hatten. Am 15. Dezember stellte die Donaumonarchie ein Ultimatum, das außer den bereits bekannten vier Punkten noch zwei weitere Forderungen enthielt: Rußland solle Bessarabien an Österreich abtreten, wodurch Rußland die Kontrolle über die Donau aufgeben würde; und die Alliierten (natürlich inklusive Österreichs, das nicht mitgekämpft hatte) sollten das Recht haben, bei der offiziellen Friedenskonferenz weitere Forderungen zu stellen.

Am 15. Januar 1856 entschied der neue Zar, daß er neben Frankreich, England und Sardinien es nicht auch noch mit Österreich aufnehmen könne. Er gab sich geschlagen. Der Krieg war zu Ende.

# IX Der neue Zar

1

Niemand wußte über den neuen Zaren Bescheid. Es stellte sich heraus, daß er einer jener Herrscher war, die für historische Deterministen so befriedigend sind, weil sie von den Ereignissen, die sie zu meistern scheinen, geformt werden. Er hatte ein angenehmes Wesen, sah nicht übel aus, wenn auch ein bißchen aufgeschwemmt (er begann Gewicht anzusetzen, bevor er zwanzig war), mit einem herunterhängenden Schnurrbart, der den schwachen Mund und das schwache Kinn halb versteckte. Er hatte dunkelblaue, schöne Augen, er konnte bezaubern, aber nicht beruhigen. Er war eigentlich eine unberechenbare Mischung von Hartnäckigkeit und Schwäche, Mut und Furchtsamkeit, Aufgeklärtheit und Bildungshaß. Er sollte über eine Epoche radikaler Veränderungen den Vorsitz führen, einmal als Anreger des Neuen, dann wieder als Bremsblock; aber obwohl er in der Geschichte als der »Befreier-Zar« gefeiert wird, drückte er seiner Zeit nicht den Stempel seiner Persönlichkeit auf; er setzte keine Akzente. Er konnte sich durchsetzen, was er auch tat, und er setzte sich mit Macht für die Befreiung der Leibeigenen ein, für Reformen der Rechtsprechung und, nach Jahrhunderten der Vernachlässigung, für die Wiederherstellung lokaler Verwaltungsstellen; aber er hatte zu diesen beachtlichen Leistungen eine eigenartig negative Einstellung. Er bestand darauf und er bestimmte; aber die schöpferische Energie kam von anderer Seite. Auch zeichnete sich seine Regierung einerseits durch großangelegte imperialistische Ausbreitung, andererseits durch ein Aufblühen der Künste von unerhörter Fülle aus; aber der Zar trug wenig dazu bei, das eine wie das andere zu fördern, und seine erobernden Generäle waren in ihrem Individualismus fast so eigenmächtig und unverantwortlich wie die großen Schriftsteller und Musiker. Der Regierung fehlte ein harter Kern. Es gab kein erkennbares System. Schließlich versauerte alles. Die Reformen, sensationell, wie sie waren, büßten ihre Schlagkraft ein; das Angefangene wurde nie zu Ende geführt; die Tugend versickerte im Wüstensand. Der vom Zaren kommende Antrieb trug wenig oder nichts zur Stärkung der natürlichen Schätze des Landes bei, schwächte die Staatsfinanzen und endete in einer diplomatischen Demütigung, die kaum weniger bitter war als die militärische Niederlage am Anfang seiner Regierung. Nichts konnte die Großartigkeit der künstlerischen Leistung schwächen; aber das hatte nichts mit dem Zaren zu tun. Überdies wurde sie von der Zensur beschnitten und eingeengt. Der mächtige Strom politischer und moralischer Ideen entartete wieder zur Verherrlichung der revolutionären Gewalt und des Terrors, der mit der Ermordung des Zaren selbst ihren ersten Höhepunkt erreichte.

Man hat behauptet, daß kein anderer zukünftiger Monarch je eine bessere Gelegenheit gehabt hat, sich für sein hohes Amt zu rüsten. Insofern, als Nikolaus alles tat, um den Zarewitsch für den Thron vorzubereiten und später mit der Regierungsarbeit vertraut zu machen, mag dies ja stimmen; denn der Vater wiederholte nicht die Fehler so vieler seiner Vorfahren, die den Thronfolger von dem Mysterium der Macht fernhielten, weil sie fürchteten, auf diese Weise eine Gegenmacht heranzuziehen, oder weil sie davor zurückschreckten, ihre eigene Unsicherheit und Unzulänglichkeit bloßzustellen. Aber allein die Tatsache, einen Nikolaus zum Vater zu haben, genügte, um die harmonische Entwicklung bei jedem außer dem stärksten Charakter zu hemmen. Alexander war nicht sehr stark. Er war nicht so stark wie sein jüngerer Bruder Konstantin, der – in Reaktion auf die Politik seines Vaters – sich in aller Ruhe zu einem überzeugten Radikalen entwickelte, der aber gleichzeitig so charakterfest war, seine Meinung für sich zu behalten, wenn durch demonstrativen Protest nichts zu erreichen war.

Alexander war gütig, sensibel und leicht zu Tränen gerührt. Von frühester Jugend an war er voller kurzlebiger Begeisterung, ohne diese in die Tat umzusetzen. In der Schule gab er schnell auf, wenn er Schwierigkeiten hatte. Probleme stellten sich ihm nicht als eine Herausforderung, sondern als unüberwindliche Hindernisse; er löste sie, indem er den Kampf aufgab und sich selbst einredete, daß das Problem gar nicht existiere. Die Begeisterung wurde von Perioden anscheinender Apathie abgelöst, was seine Lehrer beunruhigte; dieses emotionelle Wechselbad sollte sein ganzes Leben andauern und seine Ratgeber beunruhigen. Aber als Gegenstück dazu besaß er, wie schwache Männer so oft, eine dickschädelige Hartnäckigkeit; wenn sie einmal erregt wurde, war er durch nichts umzustimmen. Er konnte gelegentlich sogar seinem Vater widersprechen und ihn zum Nachgeben zwingen. Aber diese Gelegenheiten waren selten und unvorhersehbar, an keinerlei Zusammenhänge gebunden.

Seine Lehrer waren aufgeklärter und phantasievoller, als der damalige Zeitgeist hätte vermuten lassen, vor allem sein Präzeptor V. A. Schukowskij, der Dichter und Humanist, der Freund Puschkins, der als Russischlehrer für Nikolaus' junge Braut, die zukünftige Zarin, an den Hof kam. Sie schenkte ihm bald ihre Zuneigung und ihr Vertrauen. Sie war es, die Kaiserin, die darauf bestand, daß Schukowskij der einzig geeignete Mann sei, die Studien des kleinen Zarewitsch zu überwachen.

Nikolaus stimmte höchst widerwillig zu und benahm sich bei etlichen Gelegenheiten dem armen Schukowskij gegenüber ganz abscheulich. Aber er brachte es nicht übers Herz, den Dichter zu entlassen, der auf seinen jungen Schüler einen liberalen Einfluß ausübte, bis dieser erwachsen war – nicht nur direkt, sondern auch über seine Mutter, der er lange und sorgfältig formulierte Briefe schrieb.

Es war eine außerordentliche Situation für diesen toleranten, wißbegierigen, zutiefst humanen Menschen, der sich in jeder westlichen Hauptstadt einen Namen hätte machen können. Er hatte unter den Dekabristen und in den Kreisen rund um sie so viele Freunde und Bekannte gehabt, daß es ein Wunder war, daß er unter der Herrschaft Nikolaus' überhaupt noch am Leben war. Alexander war an jenem schrecklichen Dezembertag sieben Jahre alt gewesen, alt genug, um sich ein wenig an die Spannung und Besorgnis im Winterpalast zu erinnern, als sein Vater hinausging, um den Meuterern auf dem Senatsplatz gegenüberzutreten. Schukowskij erschien am Nachmittag jenes Tages, um die Zarin in ihren neuen Räumlichkeiten im Winterpalast zu besuchen, und traf Alexander und seine Schwestern an, wie sie mit ihrer Mutter im Zimmer spielten; »absolut ruhig, obwohl ihr Gesicht Spuren der schrecklichen Angst dieses Tages trugen«.[1] Schukowskij selbst, obwohl er damals von den genauen Ereignissen dieses Tages nichts wußte, muß unter furchtbaren Vorahnungen gelitten haben. Wer von seinen Freunden war dabei? Wen würde man »als Helfershelfer« für schuldig befinden? Was würde mit ihm selbst geschehen? Er war zwar dem Absolutismus treu, stand aber einigen seiner Auswüchse höchst kritisch gegenüber und war allgemein bekannt als Freund, ja sogar Beschützer einiger der radikalen Kritiker des Regimes. Aber er selbst hatte einen Beschützer in der Zarin, die damals mit Nikolaus machen konnte, was sie wollte, und Alexander liebte ihn und sprach auf ihn an wie auf keinen anderen.

Im Rahmen des Systems war Schukowskij äußerst mutig. Er hatte nichts übrig dafür, durch Gewalttaten Veränderungen herbeizuführen; aber sein Herz konnte für jene bluten, deren Überzeugung sie zu Gewalttaten trieb. Er war auf Grund seines patriotischen Gedichts, das in ganz Rußland berühmt wurde, von Zar Alexander I. ausgewählt worden; bald zeigte es sich, daß er ein sehr begabter Lehrer war. Und er setzte sich dank seiner unanfechtbaren Ehrlichkeit und Lauterkeit gegenüber allen Hofintrigen durch. Als im Lauf seiner Herrschaft Nikolaus immer deutlicher seine wahre Natur herauskehrte, sah Schukowskij seine besondere Aufgabe darin, seinem jungen Schüler das Beste der Gedankenwelt in- und außerhalb Rußlands zugänglich zu machen, um dem geistestötenden Einfluß des Zaren entgegenzuwirken, der entschlossen war, seinen Nachfolger zu einem Soldaten zu machen, wie er selbst einer war. In einem Punkt freilich verstanden sich der Zar und der Lehrer: der Zarewitsch dürfe keinesfalls verwöhnt oder verhätschelt werden, und jedes

Anzeichen von Arroganz oder Selbstgefälligkeit müsse sofort ausgemerzt werden. Für Nikolaus bedeutete dies, daß sein Sohn, wie er selbst, auf einem harten, schmalen Bett schlafen mußte, das wie das Lager eines Fakirs inmitten des vergoldeten Luxus im Winterpalast oder Zarskoje Selo stand. Es bedeutete militärische Disziplin und harte Arbeit am Schulpult. Es bedeutete einfache Nahrung. Für Schukowskij bedeutete es dauernde und anspornende Hinweise auf die Bürde der Verantwortung, die Alexander für alle Bürger dieses Riesenreiches, das eines Tages ihm gehorchen würde, trug; auf die Verpflichtung, die ihm aus seiner erlauchten Stellung heraus gegenüber dem Unglück anderer erwuchs; und vor allem bedeutete es, dem Knaben Mißtrauen gegen den Militarismus und Haß auf den Krieg einzuflößen.

Alexander selbst hatte einen Abscheu vor Gewalttaten und konnte angesichts des Elends leicht zu Mitleid bewegt werden. Er hatte nicht den Hang seines Vaters zum militärischen Ethos, aber der Zauber der Montur konnte ihm leicht den Kopf verdrehen. Als er im Alter von elf Jahren in Berlin zu Besuch war, machte ihn sein Onkel, der König von Preußen, zum Obersten eines Ulanenregiments; da wollte er sich nicht von seiner schönen neuen Uniform trennen. Von Anfang an widersetzte sich Schukowskij solchen Eitelkeiten. Es gibt einen erstaunlichen und mutigen Brief, den er im Sommer 1820 aus Dresden an die Kaiserin schrieb. Schukowskij hatte sich nach einer Krankheit zu einem Erholungsaufenthalt außer Landes begeben und versäumte so die Aufregung und den Glanz der Krönungszeremonien in Moskau. Als er in der Ferne las, was für eine Rolle der achtjährige Alexander in diesen Festlichkeiten gespielt hatte, war er bestürzt. Der Knabe war in Uniform zu Pferd erschienen und von der begeisterten Menge belagert worden. Das war keine Art, ein Kind zu erziehen, und Schukowskij wagte sein Leben und entschloß sich, seine Meinung zu sagen:

*Solch eine Episode, Madame, ist ganz falsch am Platz in dem wunderschönen Gedicht, an dem wir arbeiten. Ich flehe Eure Majestät an, dies längere Zeit nicht mehr vorkommen zu lassen. Natürlich freute sich die Menschenmenge, dieses schöne Kind zu sehen – aber bedenken Sie den Eindruck, den es auf ihn gemacht haben muß... Besteht nicht die Gefahr, daß er sich als völlig erwachsener Mann vorkommt? Es ist genauso, wie wenn man einem achtjährigen Mädchen die Kunst der Koketterie beibringen würde... Madame, verzeihen Sie mir... aber eine überentwickelte Leidenschaft für die Kriegskunst – auch wenn sie nur am Paradeplatz ausgeübt wird – würde Seele und Verstand verdorren lassen... Er würde zum Schluß sein Volk als ein enormes Regiment betrachten und sein Land als eine Kaserne...* [2]

Die Zarin wußte sehr wohl, daß Schukowskij ihren eigenen Mann genau so sah. Aber sie ließ sich nichts anmerken und arbeitete ständig und mit Erfolg daran, den Willen ihres Gatten zu umgehen.

Es war nur die leidenschaftliche Entschlossenheit der von Nikolaus noch immer heiß geliebten Zarin, die selber von der Welt ihres Gemahls durch einen hoffnungslosen, wenn auch uneingestandenen Abgrund getrennt war, die Schukowskij rettete. Denn einige seiner Lehren, wären sie je dem Zaren zu Ohren gekommen, waren eindeutig subversiv. Hier ist ein Auszug aus einer kleinen Moralpredigt über den »idealen Herrscher«, die Schukowskij für den elfjährigen Alexander schrieb:

*Respektiere das Gesetz, und durch dein Vorbild werden andere es respektieren; ein Gesetz, das der Zar mißachtet, wird vom Volk nicht eingehalten werden.*

*Liebe die Bildung und fördere sie; sie ist die schönste und stärkste Stütze aller Autorität ... Eine ungebildete Nation ist eine Nation ohne Würde, und blinde Sklaven können leicht brutale Rebellen werden.*

*Der Herrscher möge die Meinung seines Volkes respektieren ... Er möge die Gerechtigkeit lieben.*

*Die wirkliche Kraft eines Herrschers liegt im Wohlstand seiner Untergebenen und nicht in der Zahl seiner Soldaten ...* [3]

Nicht daß Schukowskij sich hinter den Rockschößen der Zarin versteckte. Er war von ihr abhängig. Aber wenn die Gelegenheit es erforderte, so konnte er sich auch gegen Nikolaus selbst stellen. In einem früheren Kapitel haben wir gesehen, wie er der Wut des Kaisers mutig entgegentrat und sich für seinen slawophilen Protegé Kirejewskij einsetzte. Aber er konnte auch für sich und andere sprechen – wie damals, als Nikolaus sich scharf seiner Empfehlung eines gewissen Professors widersetzte, der Alexander Geographie und Geschichte lehren sollte, als Schukowskij aus Gesundheitsgründen auf kurze Zeit ins Ausland gehen mußte. Es war dies der Historiker Arsenjew, der ehedem wegen seiner offenen Kritik an Korruption und Leibeigenschaft degradiert worden war. Nikolaus bestand darauf, daß er ein unloyaler Untertan war. Aber Schukowskij antwortete:

»Sire, Treue und Schmeichelei sind nicht dasselbe. Es gibt zahllose Fehler in unserem Gesetzessystem, und niemand weiß das besser als Eure Majestät. Der Großfürst kommt jetzt in ein Alter, wo man ihm die Wahrheit, wenn sie auch noch so hart ist, nicht vorenthalten soll.« [4]

Es muß Nikolaus manchmal so vorgekommen sein, als wolle dieser sanfte, aber verwirrend offenherzige Lehrer es als einen Teil seiner Pflicht ansehen, den Vater ebenso wie den Sohn zu unterweisen. Es spricht für die grundlegende Ehrlichkeit des Zaren, daß er diesen unangenehmen, aber so offensichtlich guten Mann duldete und manchmal gewähren ließ. Es läßt sich daraus etwas vermuten: Hätte es in und um den Zarenhof noch mehr mutige und anständige Männer wie Schukowskij gegeben, die ihre Meinung in aller Ruhe, aber beharrlich geäußert hätten, so hätte Nikolaus vielleicht seinen Kurs geändert.

Nikolaus war wenigstens vernünftig genug einzusehen, daß sein Nachfolger etwas über die Zustände in dem Land, das er einmal regieren sollte, wissen sollte. Er, Nikolaus, war einst viel gereist; sein Sohn sollte noch mehr reisen. Und so kam es, daß dieser eigenartige Mann den neunzehnjährigen Jüngling auf eine siebenmonatige Tour sandte, begleitet nicht von einem seiner Günstlinge, dem er vertraute, sondern von niemand anderem als Schukowskij, dessen Einfluß er mit größtem Vorbehalt gegenüberstand und dessen offizielle Pflichten als Lehrer nun zu Ende waren. Und der Mann, der auserwählt wurde, die Reiseroute zusammenzustellen, war jener Professor Arsenjew, der Historiker, gegen dessen Ernennung der Zar sich so entschieden gesträubt hatte. Als Adjutant begleitete ihn der junge Graf A. A. Kawelin, der genau gleichaltrig mit Alexander war. Nikolaus leistete seinen Beitrag, indem er einen genauest detaillierten Fahrplan aufstellte – als ob die russischen Straßen eine genaue Zeiteinhaltung zuließen! –, in dem er vorschrieb, wer in jeder Stadt zu besuchen und was zu besichtigen sei.

Die Reise war für Schukowskij, damals sechsundfünfzig und bei schlechter Gesundheit (es war das Jahr 1837), die reinste Hölle. Es mußte alles schnell, schnell, schnell gehen: »Sogar abends im Bett«, schrieb er der Zarin, »haben wir das Gefühl, als ob wir noch immer galoppierten.« Aber es lohnte sich. Es blieb keine Zeit, sich eingehend mit lokalen Zuständen und den Tugenden oder Unzulänglichkeiten der Männer zu befassen, die im Namen des Kaisers die riesigen Gebiete, die sie bereisten, verwalteten.

Aber es blieb genügend Zeit für Eindrücke. Bei jedem offiziellen Aufenthalt wurde der Zarewitsch durch Loyalitätsbeweise stürmisch gefeiert, von einem jubelnden Volk als Vorzeichen einer besseren Zukunft begrüßt. Provinzgouverneure gaben glanzvolle Bankette und zeigten Seiner Kaiserlichen Hoheit ihre besonderen Schaustücke – Schulen, Feuerwehrgebäude, Fabriken, Armenhäuser, Gefängnisse, die ausgemalt und für diese Gelegenheit hergerichtet worden waren.

Aber es ging nicht immer alles wunschgemäß. Alexander war über die Wärme seines Empfanges erfreut, aber er war entschlossen, mehr zu sehen. Er erfreute Schukowskijs Herz und trieb die lokalen Beamten zur Verzweiflung, indem er nicht nur einmal, sondern immer wieder auf Aufenthalten bestand, die nicht vorgesehen waren, gottverlassenen Dörfern, von deren Existenz diese Beamten kaum etwas wußten und deren Einwohner sie kaum als Menschen betrachteten. Für Alexander waren sie Menschen. Während die Beamten verzweifelte Blicke wechselten und sich gegenseitig beschuldigten, die Reise schlecht arrangiert zu haben, ging Alexander auf gut Glück in die eine oder andere dieser armseligen Hütten, setzte sich in der dumpfen und luftlosen Finsternis auf verdreckte

Schemel, sah und fühlte selbst das Elend, unter dem so viele Millionen seiner treuen Untertanen litten. Er hörte von ihnen kein Wort der Beschwerde: niemand wagte zu sprechen. Aber er konnte sehen, und er erinnerte sich.

So ging es durch das ganze europäische Rußland und schließlich über das Uralgebirge nach Sibirien: es war der erste Besuch eines Romanow in Sibirien. Im Ural sah er etwas von den fast unberührten Bodenschätzen, die, wenn man sie nur nützte, sein künftiges Reich verändern konnten. Er war geblendet von Riesensmaragden und wurde mit Geschenken von sibirischem Gold und Halbedelsteinen überhäuft. Aber er bestand darauf, einige Strafkolonien zu besuchen, und sah, wie die Gefangenen in Ketten arbeiteten. Viele von ihnen waren Mörder, sagte man ihm. Es wäre besser gewesen, entgegnete er, wenn man sie gehenkt hätte, anstatt sie zu diesem trostlosen Leben zu verdammen. In Tobolsk schockierte er das Beamtentum, indem er erklärte, er wolle einige der verbannten Dekabristen und ihre Frauen, die ihnen vor zwölf Jahren gefolgt waren, kennenlernen. Er war so entsetzt über die Zustände, unter denen einige von ihnen lebten, daß er einen Sonderkurier an seinen Vater in St. Petersburg sandte mit einem erregten Brief, in dem er bat, man möge ihnen gewisse Zugeständnisse und Erleichterungen gewähren. Nikolaus, dessen Haß gegen die Dekabristen unvermindert war, sagte erstaunlicherweise zu. Seine Antwort erreichte die kaiserliche Reisegesellschaft, nachdem diese Sibirien verlassen hatte und auf der Straße von Simbirsk wolgaaufwärts zog. »Gestern«, schrieb Schukowskij an die Kaiserin, »war einer der glücklichsten Tage meines Lebens. Dort auf der Straße, unter freiem Himmel, umarmten sich Seine Kaiserliche Hoheit, Kawelin und ich ob der Güte Seiner Majestät, das schwere Los jener Menschen in Tobolsk zu mildern.«[5]

Nikolaus lenkte in noch einer Sache ein. In Wjatka, im trostlosen Waldgebiet des Nordostens, traf der Zarewitsch den jungen Alexander Herzen, der seine Verbannung unter dem berüchtigt korrupten und sadistischen Gouverneur Tjufajew abdiente. Noch vor seiner Ankunft hatte der Zarewitsch bereits von dem Ruf des Gouverneurs gehört, und als er ihn traf, behandelte er ihn so kühl, daß Tjufajew ganz verstört war; der junge Herzen wurde beauftragt, die kaiserliche Gesellschaft herumzuführen. Schukowskij und Arsenjew nahmen ihn ins Gebet und beschlossen, den Zarewitsch zu bitten, für ihn einzutreten. Alexander schrieb an Nikolaus mit der Bitte, er möge diesem harmlosen und aus guter Familie stammenden jungen Mann seine Unbesonnenheiten verzeihen und ihn nach St. Petersburg zurückkommen lassen. Nikolaus antwortete, daß dies anderen Verbannten gegenüber nicht fair wäre; aber er sei bereit, ihm zu gestatten, in Wladimir, nicht weit von Moskau, zu leben. Gleichzeitig erkundigte sich der Zarewitsch näher über Tjufajew und veranlaßte seine Absetzung. Von solchen Zufällen hing das Schicksal der Russen ab.[6]

Nikolaus' Einstellung Alexander gegenüber ist voller Rätsel. Da erlaubte er seinem Sohn und Nachfolger, den er als Militär schon nicht für voll nahm, zusammen mit seinen Lehrern, denen der Zar nicht vertraute, Rußland zu besichtigen; Alexander bestätigte seine ärgsten Befürchtungen, indem er für Leute um Milde bat, die die erwiesenen Feinde seines Vaters waren. Anstatt in Wut zu geraten, hatte Nikolaus zugehört und, zumindest teilweise, nachgegeben.

Nun, nach der Rückkehr des Kronprinzen nach St. Petersburg, war es für ihn an der Zeit, die Welt draußen kennenzulernen und auch eine Braut zu wählen. Und wieder wurde Schukowskij dazu auserkoren, ihn auf seiner Europareise zu begleiten. Alexander hatte seinen Vater bereits in Wut versetzt, als er sich in eine Polin verliebte und darauf bestand, sie zu heiraten, auch wenn er deswegen dem Thron entsagen müsse. Er war darüber hinweggekommen, aber Nikolaus hatte hinsichtlich der geistigen und emotionellen Stabilität seines Sohnes nach wie vor ernstliche Bedenken – und doch reiste er nun mit Schukowskij und Kawelin nach Deutschland. Obwohl man ihm sagte, er könne völlig frei wählen, erwartete man von ihm, daß er eine badische Prinzessin heimführen würde. Er tat nichts dergleichen. Dafür aber begegnete er nach Monaten der Reise, die zur weiteren Verärgerung seines Vaters von Krankheit und einem Genesungsaufenthalt in Italien unterbrochen wurde, zufällig der fünfzehnjährigen Prinzessin Marie von Hessen-Darmstadt, einem schönen, intelligenten, warmherzigen Mädchen. Alexander war hingerissen. Schukowskij war begeistert. Die Nachricht wurde freudig nach St. Petersburg gesandt. Postwendend kam mit Eilkurier die kalte Dusche: So eine Heirat, erklärte Nikolaus, komme nicht in Frage: der Zarewitsch möge seine Reise sofort unterbrechen und wieder nach Hause zurückkehren.

Jetzt aber bewies Alexander seine Hartnäckigkeit. Er kam zwar pflichtgetreu nach Hause und hörte sich an, was sein Vater ihm zu sagen hatte, doch er blieb ungerührt. Im Schatten der väterlichen Ungnade machte er seinen verspäteten Besuch in London, tanzte mit der jungen Königin Viktoria und bezauberte sie. Wieder in St. Petersburg, trat er vor seine Eltern. Er erklärte sich bereit, dem Thron zu entsagen, aber er würde niemanden anders heiraten. Etliche Gründe sind für die Wut des Zaren genannt worden. Die beliebteste Skandalgeschichte ist, daß Prinzessin Marie ein uneheliches Kind war und daß Nikolaus und Alexander es wußten. Ein anderer Grund, der manchmal vorgebracht wird, war die Sorge der Eltern, eine angeborene Mißbildung der Prinzessin würde es ihr nicht ermöglichen, Kinder zu bekommen: Die erste Frau des verrückten Kaisers Paul war eine Prinzessin von Hessen-Darmstadt gewesen, und sie war nach furchtbarem Leiden im Kindbett gestorben. Wie immer dem auch sei, der Widerstand war echt und fast leidenschaftlich: kein Romanow dürfe je eine Prinzessin von Hessen-Darmstadt heiraten. Aber

Alexander setzte sich durch, und viele Jahre lang sollte dieses warm-
herzige und intelligente Geschöpf das Beste in ihm wecken und ihn in seinen aufgeklärten Ansichten bestärken.


## 3

Alexanders Hochzeit fand im Jahre 1840 statt. Es erweist sich, daß der
Zar den langen Streit begrub, seine Sorgen wegen der Reife seines Sohnes
überwand und sich nach Kräften bemühte, ihn in die Regierungsgeschäfte
einzuführen. Von nun an bis zu Nikolaus' Tod fungierte der Zarewitsch,
wenn sein Vater sich nicht in St. Petersburg aufhielt, als sein Stellvertreter. Und 1842 erhielt er einen wichtigen Posten als Vorsitzender der
kürzlich gegründeten Kommission zur Untersuchung der Leibeigenschaft.
Noch widerspruchsvoller war Alexanders Benehmen. Er war zweiundzwanzig Jahre alt, verheiratet mit der Frau, die er liebte und die ihn liebte,
Herr seines eigenen Haushalts im Annitschow-Palast in St. Petersburg
und dem Alexander-Palast in Zarskoje Selo. Er und seine junge Frau
schufen sich einen eigenen Freundeskreis, in dem man Bücher las, Musik
machte und frei diskutierte. Gleichzeitig aber verblieb Alexander auf bestem Fuße mit den karrieresüchtigen kriecherischen Günstlingen seines
Vaters – den Adlerbergs, den Orlows und den Schuwalows – und schien
das Prinzip des Absolutismus in seiner logischen Konsequenz, der be-
hördlichen Kontrolle, völlig zu akzeptieren. Die beiden Standpunkte sind
unvereinbar; während seines ganzen Lebens sollte Alexander in seinem
Benehmen eine chronische Spaltung der Ideen zu unverständlichen
Extremen führen. Es gab in seinem Denken kein Zentrum, keinen Treffpunkt, wo gegensätzliche Ideen aufeinanderstießen und sich vereinigten
und sich gegenseitig modifizierten. Reaktion und Liberalismus existierten Seite an Seite, sozusagen parallel laufend, sich aber nie berührend;
Empfindsamkeit und Gleichgültigkeit; Güte und Härte; Aufgeklärtheit
und Kulturfeindlichkeit.
Das war schon, wie wir gesehen haben, in der Kindheit herausgekommen.
Jetzt, in der Auseinandersetzung mit dem hoffnungslos verhedderten
Problem der Leibeigenschaft, kam es noch mehr zum Ausdruck. Alexander hatte das Los der Bauern mit eigenen Augen gesehen. Als er auf Order
seines Vaters dessen Platz in einem der geheimen Untersuchungskomi-
tees einnahm, fand er dort eine kleine Gruppe von Männern mit sehr unterschiedlichen Standpunkten vor. Da waren Graf Orlow und seine Anhänger, deren Widerstand gegen die Bauernbefreiung laut und entschlossen war. Andererseits war da Graf Kiseljew, jetzt fast sechzig. Sein ganzes
Leben lang hatte er sich für die undankbare Sache der Freilassung eingesetzt: als junger Mann noch unter Alexander I., für den er ein unver-

blümtes und prophetisches Memorandum verfaßt hatte; später dann, als Minister für die Staatsbauern unter Nikolaus, gelang es ihm in harter Arbeit, ihr Los zu mildern. Kiseljew trat für all das ein, was Schukowskij verfocht. Er war bereit, bis zum Umfallen zu arbeiten, und nahm immer wieder die Bürde intensiver Komiteearbeit auf sich, obwohl er in seinem Herzen wußte, daß es dem Zaren nicht ernst war.

Man könnte meinen, daß Alexander, der von seinen Reisen so viel wußte und dessen Einstellung zum Elend der Getretenen eindeutig war, diesem großartigen Mann treu zur Seite stand. Keineswegs. Immer wieder zeigte er sich als Fürsprecher der Privilegien der Grundbesitzer. Dabei gab man ihm nicht einmal die Möglichkeit zu vergessen, was er auf seiner Reise durch das europäische Rußland gesehen hatte. Unter den Dokumenten, die dem Komitee vorlagen, war ein Bericht eines seiner tüchtigsten Beamten, Sablotskij-Desjatowskij, den Zustand der Leibeigenen im Jahre 1831 betreffend. Dieser Bericht vom Leben der bäuerlichen Leibeigenen und der gleichgültigen Haltung des durchschnittlichen Eigentümers war so haarsträubend, daß sogar Kiseljew es nicht wagte, ihn dem Zaren vorzulegen, der sich nie bereit gefunden hätte, der Wahrheit, die aufzudekken er das Komitee bestellt hatte, ins Gesicht zu blicken. Aber Alexander sah den Bericht und erkannte die Wahrheit, weil er selbst in diese verfallenen und stinkenden Hütten vorgedrungen war.

Der Bericht war eine gewaltige Anklage. [7] Einige westliche Historiker behaupten auch heute noch, daß mit einigen bedauerlichen Ausnahmen die Leibeigenen in Rußland materiell besser gestellt waren als die freien Bauern anderswo in Europa inklusive England. Sicher sollte man dabei im Auge behalten, daß die Berichte Desjatowskijs und seiner Kollegen zur Zeit der »hungrigen vierziger Jahre« und der irischen Hungersnot erschienen. Nur zehn Jahre früher hatte Cobett in England seine »Rural Rides« (Landritte) gesammelt in einem Buch herausgegeben, in dem das Elend der englischen Landarbeiter während der nachnapoleonischen Depression dramatisiert wurde. Und es sollten noch weitere Depressionen folgen. Auch in Frankreich fand die neue nachrevolutionäre Klasse der bäuerlichen Landbesitzer das Leben äußerst schwer. Sicher waren die russischen Leibeigenen, wenn sie das Glück hatten, auf den Ländereien wohlwollender oder fortschrittlicher Besitzer zu leben, in einem Maße gegen Elend abgesichert, um das sie viele englische Landarbeiter beneidet hätten. Aber das waren keineswegs typische Fälle; und es ist einfach ausgeschlossen, nach Lektüre des Desjatowskij-Berichts noch zu glauben, daß es die leibeigenen Bauern im großen und ganzen besser hatten als ihresgleichen in anderen Ländern. Allzu oft überließen die Gutsbesitzer die Verwaltung ihrer Ländereien ungerechten Verwaltern, denen es nur darauf ankam, für ihre Herrschaft auch die letzte Kopeke einzutreiben oder sich selbst zu bereichern. Da wurden dann die Bauern wie Vieh behandelt.

»Die Hütten werden aus Espen- oder Birkenholz gebaut, und manchmal ist das Material so morsch, daß sie innerhalb von fünf bis sechs Jahren verfallen.« In solchen Fällen war dann kein Material für anständige Reparaturen da; es blieb nichts anderes übrig, als die Hütten mit getrocknetem Dung und Stroh und Lehm zusammenzuflicken. »Wir sahen kaum eine Hütte mit einem intakten Dach. Stroh wird meist für Brennstoff und Futter benötigt, also kann man es für Dachausbesserungen nicht entbehren.«

In den Hütten gab es keinen Rauchfang. Der Rauch zog durch die offene Tür ab, ungeachtet der Kälte – obwohl es natürlich fast keinen Rauch gibt, sobald der russische Ofen einmal brennt. Es gab nichts zu essen außer Kohl, Zwiebeln, gelben Rüben und Roggenbrot; Fisch, wenn in der Nähe ein Fluß war; Fleisch nicht öfter als »ein oder zweimal im Jahr«. Salz war ein teurer Luxus.

So etwas wie Gemeindefürsorge gab es nicht, auch keinerlei Armengesetze, so streng sie auch seien. Wenn die Gutsbesitzer in schlechten Jahren ihren Leibeigenen nichts zu essen gaben, so bekamen sie eben nichts zu essen.

»Wenn die Ernte schlecht ist, hungern sie. Im Bezirk Tula hielten sie sich 1840 mit Sumpfgras, Eicheln, Stroh und Baumrinde am Leben. In schlechten Jahren sterben sie wie die Fliegen.«

Dieses Leben nach irischem Modell war ein Dauerzustand. In England war die Kindersterblichkeit hoch, und es gab vereinzelte Fälle von Tod durch Unterernährung. Armut konnte in schlechten Zeiten sehr drückend sein, Hunger kritisch. Aber üblicherweise ließ man die armseligen Arbeiter nicht verhungern. In Rußland schon. Natürlich waren die Zustände unterschiedlich: Im bewaldeten Norden waren die Bauernhütten solider und wärmer – aber es gab weniger zu essen; im Süden war das Leben leichter außer in den nur allzu häufigen Jahren der Dürre, wenn das ganze Getreide am Halm verbrannte. Der Desjatowskij-Bericht bezog sich vor allem auf das europäische Rußland, die wohlhabenden Bezirke von Tula und Orel, das Land Tolstojs und Turgenjews. Und was das Los der russischen Bauern am ärgsten verschärfte, war das Klima. Um diese extreme Kälte und Hitze zu ertragen, müssen die Menschen mehr essen und bessere Behausungen haben als die Bauern der gemäßigten Zone. Im Winter durch Monate hindurch der Düsternis ausgeliefert, im Frühjahr und Herbst durch Schlamm und Überschwemmungen von den Nachbarn abgeschnitten, in der sengenden Hitze des kurzen Sommers bis zum Verrücktwerden überarbeitet, war das Leben von Millionen von Russen in äußerstem Maße erniedrigend. Sie flüchteten sich in den Trunk. Bei jeder nur möglichen Gelegenheit brachte billiger, scheußlicher Fusel zuerst Vergessen und dann Bewußtlosigkeit.

Wie ist dies mit dem behaglichen und gemütlichen Bild weitläufiger und reich ausgestatteter Landhäuser zu vereinen, wo die Leibeigenen wie

Familienmitglieder behandelt wurden? Was von beiden stimmt? Beide stimmen. Es gab genügend Gutsbesitzer, die ihre im Haus tätigen Leibeigenen schauerlich behandelten (Turgenjews schreckliche Mutter beispielsweise war im Jahre 1841 noch am Leben und behandelte ihre Dienerschaft mit aufsehenerregender Grausamkeit), aber viele andere wurden wie Familienmitglieder behandelt. Und wenn zwischen den vertrauenswürdigen und geliebten Hausgenossen, wie es Puschkins Kinderfrauen waren, und den ungehobelten Hausdienern ein Unterschied gemacht wurde, so war das verständlich. Die Tatsache, daß sie meist auf Türmatten, in Kästen oder unter dem Tisch schlafen mußten, hatte nichts zu sagen: sie hatten es warm, und die Russen waren (und sind es auch heute noch) gewohnt, an seltsamen Plätzen zu schlafen. Was physische Gewaltanwendung betrifft, so nahm man es einfach hin: sogar Tolstoj konnte als junger Mann, wenn er in Wut geriet, einen Diener schlagen. Aber man kann bei Tolstoj (man vergleiche die lyrischen Abschnitte aus dem Landleben in »Kindheit« und den Vignetten über die leibeigenen Bauern in »Der Vormittag eines Gutsbesitzers«) die mangelnde Bereitschaft feststellen, die Bauern, die da namenlos in ihren Elendsquartieren hausten, als ebenbürtige Menschen anzuerkennen. Er schlief zwar manchmal mit einem Bauernmädchen, aber als Klasse hatte er sie aufgegeben: die einzige Hoffnung sah er darin, ihnen ihre Kinder ganz jung wegzunehmen und sie für ein besseres Dasein auszubilden. Die Eltern dieser Kinder waren jene unzugänglichen Kreaturen, die über sein Angebot, ihnen eine bedingte Freiheit zu schenken, gelacht hatten. Oder in den Worten des Desjatowskij-Berichtes: »Ein Bauer – immer unter Druck, verzweifelt in seinen Sorgen, am Rande der Armut – verläßt sich auf List und Betrug, um die Schwierigkeiten des Lebens zu meistern. Er betrügt systematisch und bringt seinen Kindern das Betrügen bei. Das Eigentum seines Herrn zu stehlen, scheint ihm ganz natürlich.«
Tolstoj sah dies in jungen Jahren in Jasnaja Poljana. Aber er brauchte viele Jahre, um jenes Ausmaß an Verständnis zu erreichen, das diese geduldigen Beamten bei ihren Untersuchungen während der Regierung von Nikolaus I. aufbrachten. Desjatowskij beobachtete, daß die leibeigenen Bauern, die in dauerndem Kampf mit den Gutsbesitzern standen und denen kein Streich, den man diesen spielen konnte, zu gemein war, doch zueinander unendlich gütig waren; die Halbverhungerten waren stets bereit, den Verhungernden ihr letztes Stück Brot zu geben. Und es war ihm ebenso klar wie einem Belinskij, daß die Behauptung, der russische Bauer besäße eine angeborene Spiritualität, die ihn über alle anderen erhaben machte und die irgendwo durch seine Armut bestärkt wurde, absurd war: »Sie haben keine religiöse Erkenntnis... Sie lernen, wie und wann man sich bekreuzigen soll, aber sie haben keine Ahnung, warum sie es tun. Ohne Bildung wachsen sie auf wie Wilde... Ihr Verstand hat die Lehre unseres Herrn in eine lächerliche Mythologie verwandelt... Ein

Bauer wird Gott als Zeugen anrufen, wenn er die fürchterlichste Lüge ausspricht. Die Priester haben fast überhaupt keinen Einfluß. Selbst unwissend und roh, werden sie sowohl vom Gutsbesitzer wie auch vom Bauern verachtet.«

Das Komitee, dem Sablotskij-Desjatowskij zugeteilt war, brachte es zu nichts, ebenso wie alle anderen Komitees, die Nikolaus zur Behandlung des Leibeigenenproblems einsetzte. Aber der Zarewitsch hatte viel gelernt; und obwohl er keinen ernstlichen Versuch machte, sich gegen die Gutsbesitzer zu stellen, im Gegenteil den Eindruck machte, als sei er auf ihrer Seite, so hatte er doch genug gesehen, um zu wissen, daß radikales Vorgehen nicht viel länger mehr hinausgeschoben werden konnte. Und als im Krimkrieg zu diesem Einblick in die Erniedrigung unzähliger Millionen seiner künftigen Untertanen noch die düsteren Enthüllungen über die Fehlleistungen der Verwaltung und des Heeres dazukamen, da wurde die Schrift an der Wand groß und deutlich. Was die größte Schande war: daß das Epos von Sewastopol nicht von der herrschenden Klasse getragen wurde, sondern ihr zum Trotz von den Bauernsoldaten, die in ihren stinkenden Hütten groß geworden und jetzt bereit waren, bis zum Tod zu kämpfen, weil sie in der Treue zur Fahne ein Ziel gefunden hatten, das sie über sich selbst hinaushob und sie zu Männern machte; und ihr Symbol war die kaiserliche Krone, göttlich und unendlich weit weg.

4

Bevor zu einer größeren Reform geschritten werden konnte, mußte der Krieg in der Krim beendet werden. Als der neue Zar im März 1855 vereidigt wurde, war er ganz auf Sieg eingestellt: Sewastopol müsse gehalten und der Feind ins Meer geworfen werden. Sieben Monate vergingen, ehe dieser Traum verblaßte, und erst im Februar des folgenden Jahres begann die Friedenskonferenz in Paris. Aber selbst im Schatten des Krieges begann die neue Regierung mit einem Funken Hoffnung. Die Zensur wurde sofort gemildert; Auslandsreisen wurden sofort genehmigt; durch die Aufhebung von zahlreichen Restriktionen strömte neues Leben in die Universitäten, die seit 1848 tot gewesen waren. Die Intelligenzler jeglicher Gesinnung, hitzige Radikale und gemilderte Liberale, progressive Westler und konservative Slawophile, vergaßen eine Zeitlang ihre Differenzen und begrüßten gemeinsam den Anbruch einer neuen Ära und natürlich auch den neuen Zaren, der allein das Wunder des Sonnenaufgangs bewirken konnte.

Die Friedenskonferenz, die mit dem Vertrag von Paris am 30. März 1856 zu Ende ging, war eine Aufräumungsaktion. Die Folge von Rußlands Niederlage war, daß die orientalische Frage neutralisiert und für den Moment die Angst vor der Größe seines Heeres sehr herabgesetzt wurde.

Man konnte Rußland nun lediglich als eine Macht unter anderen Mächten sehen, es war nicht mehr überwältigend in seiner Bedeutung; und so sollte es fast einhundert Jahre ble ben.

Das Fazit des Pariser Vertrages war daß Alexander sich mit der Neutralisierung des Schwarzen Meeres einverstanden erklären mußte, was bedeutete, daß weder Rußland noch die Türkei dort Kriegsschiffe halten konnten: er mußte die endgültige Unabhängigkeit der Moldau-Fürstentümer zugestehen, die bald zu einem einzigen Staat – Rumänien – zusammengeschlossen werden sollter, und den Verlust des südlichen Bessarabiens, das schließlich an Rumänien fiel. Rußland war also von der Donaumündung ausgeschlossen. Was Alexander am schlimmsten traf, war das Übereinkommen in bezug auf das Schwarze Meer: daß ihm verboten wurde, eine Flotte zum Schutz Odessas und der Schwarzmeerküste zu halten, war eine Demütigung. Die Tatsache, daß auch die Türkei ihre Flotte nicht im Schwarzen Meer stationieren durfte, spielte keine Rolle: denn die Türken konnten so viele Schiffe, wie sie wollten, im Ägäischen Meer halten und sie in Kriegszeiten schnell durch die Dardanellen schaffen. Es war ein Zustand, der sich nicht halten konnte, und Alexander war entschlossen, ihm eines Tages ein Ende zu machen. Er war aber bereit zu warten, bis er sein soziales System, seine Verwaltung und sein Heer reformiert hatte. Was blieb, war das Mißtrauen und der Haß der Russen gegen Österreich.

Nie wieder sollte auch nur ein Funken der alten Freundschaft zwischen den zwei Kaiserreichen aufflammen, und lange Zeit war es Preußen, Bismarcks Preußen, das in erster Linie von Rußlands Zuneigung profitierte – zuerst zum Schaden Österreichs und später, 1870, zum Schaden Frankreichs. So war Bismarck hauptsächlich aufgrund seines Einverständnisses mit Rußland in der Lage, das Deutsche Reich aufzubauen, das später Rußland vernichten sollte.

# X Revolution von oben

I

Am 30. März 1856, als in Paris die Friedensverhandlungen ihrem Ende zugingen, rief Alexander in Moskau die Adelsmarschälle zusammen und hielt ihnen eine Rede, die den Beginn einer neuen Ära bedeutete. »Es ist besser«, erklärte er, und dieser Satz ist seither berühmt geworden, »die Leibeigenschaft von oben her abzuschaffen, als zu warten, bis die Leibeigenen selber sich von unten her befreien.« Er beabsichtige nicht, übereilt zu handeln. Sofortige Abschaffung käme nicht in Frage. Das Ziel sei gewiß die Befreiung der Bauern, aber dieses Ziel solle in Etappen erreicht werden. Er bat seine Adeligen, sich mit dem Problem zu befassen und unter den Gutsbesitzern ihrer Bezirke kleine Komitees zusammenzustellen, die über Mittel und Wege beraten sollten, wie das erwünschte Ziel zu erreichen sei; über die Ergebnisse ihrer Untersuchungen möge man ihm, dem Zaren, berichten.

Alle hörten ehrerbietig zu und begaben sich nach Hause – und nichts geschah. Die Gutsbesitzer hatten nicht die leiseste Absicht, sich ihr eigenes Grab zu schaufeln. Als der milde und liberale Graf Lanskoj, ein überzeugter Abolitionist, Veteran aus den Tagen Alexanders I. und nun mit achtundsechzig Jahren Innenminister, sie zur Räson rief, antworteten sie mit unschuldiger Miene, daß sie von der Regierung keinerlei Anleitungen erhalten hätten und daß es nicht an ihnen liege, allgemeine Richtlinien der Politik vorzuschlagen. Diese Anzeichen passiver Resistenz waren der Anfang eines langen und bitteren Kampfes zwischen den Abolitionisten und ihren Gegnern.

Äußerlich war es nichts Neues, daß ein Monarch am Anfang seiner Regierung entschlossen war, die Leibeigenschaft abzuschaffen. Seit der Thronbesteigung Katharinas der Großen vor fast einhundert Jahren hatten die Autokraten, die ihr folgten, einer nach dem anderen darauf bestanden, daß die Leibeigenschaft weg müsse. Sogar Alexanders eindrucksvoller Satz zur Abschaffung der Leibeigenschaft von oben war einem Memorandum von einem der Komitees seines Vaters aus den vierziger Jahren entnommen. Die Gutsbesitzer hatten also eine gewisse Rechtfertigung, daß sie den Aufruf ihres Monarchen ignorierten und der

Meinung waren, wenn sie nichts täten, würde die Angelegenheit bald vergessen werden und im Druck wichtigerer Geschäfte untergehen. Es gab aber einen Unterschied. Wichtigere Geschäfte standen jetzt gar nicht zur Diskussion. Die intelligenteren Gutsbesitzer und Beamten im ganzen Land wußten sehr gut, daß der gerade zu Ende gegangene Krieg in äußerst demütigender Weise den Schiffbruch des Systems aufgedeckt hatte. Und wenn sogar ein Gortschakow behaupten konnte, daß die Leibeigenschaft »die Wurzel allen Übes in Rußland« sei, so bedeutete dies, daß die Veränderung in der Luft lag. Auch war man sich aufs neue der Unmenschlichkeit des Systems der Leibeigenschaft bewußt wie auch seiner Unzulänglichkeit. Immer mehr Leute begannen, die Bauern als Menschen zu betrachten und nicht als Vieh. Viele hatten zu ihrem Unbehagen gewußt, in welchem Elend, welcher Erniedrigung das Leben von Millionen ihrer Landsleute verlief; nun begannen immer mehr Leute, die unter der Last von Armut und Angst fast zerbrochene, in der Anlage aber vorhandene menschliche Größe zu erkennen, ja manchmal auch zu übertreiben. Diese Einsicht war zu einem erstaunlichen Maße durch die Veröffentlichung von Turgenjews »Tagebuch eines Jägers« geweckt worden, in dem die leibeigenen Bauern in ihrem täglichen Leben als vollwertige Menschen gezeigt wurden, mit all den guten und bösen Eigenschaften, wie sie Menschen überall und in allen Lebenslagen aufweisen. Alexander selbst soll von diesen Porträts, die nicht als Propaganda, sondern einfach als die Wiedergabe der Wirklichkeit gelten wollten, zutiefst bewegt gewesen sein. Er hatte auf seiner großen Reise durch Rußland manches von dem Elend und der Erniedrigung gesehen; vielleicht brauchte es einen Dichter, um die unaustilgbare Menschlichkeit begreifen zu können, die irgendwie auch diese Demütigung überstand. Ganz offensichtlich änderte sich die Stimmung im Land. Bald sollten sich besorgte Gutsbesitzer melden, die behaupteten, daß die Erniedrigung nicht nur die Bauern in ihrem versklavten Zustand traf, sondern auch sie selbst, als Sklavenbesitzer.

Der Großteil der Gutsbesitzer hatte noch nie etwas von Turgenjew gehört. Aber sogar die Hinterwäldler merkten: etwas lag in der Luft. Es gab keine öffentliche Diskussion über die Emanzipation der Bauern, aber viele private Gespräche ließen alle möglichen Gerüchte aufkommen. Das ganze Land war voller Gerüchte, und diese Gerüchte zogen ihre Kreise. Etwas braute sich zusammen, und die Bauern wußten dies; und durch ihre Reaktion wurde es unumgänglich notwendig, daß etwas geschah. Bis zum Sommer 1856 hatte sich aus den Gerüchten eine einzige Überzeugung herauskristallisiert, die fast Allgemeingut wurde: der neue Zar habe die Absicht, anläßlich seiner Krönung im kommenden Jahr in Moskau den Leibeigenen Freiheit und Landbesitz zu schenken. Die Folge davon war, daß die Gutsbesitzer natürlich alles unternehmen würden, um die Pläne des Zaren zu durchkreuzen.

Es waren nicht nur die eingefleischten Reaktionäre, die über diese neue und zielbewußtere Welle der Bauernunruhen erschrocken waren. Viele verhältnismäßig aufgeklärte Männer, die bereit waren, ihren Leibeigenen die Freiheit zu geben, sahen nur den Ruin – nicht nur für sich selbst, sondern für das ganze Land –, wenn die Bauern zu ihrer persönlichen Freiheit auch noch Grund und Boden erhalten würden. Ein Brief an den reformbegeisterten Minister Graf Blüdow bringt solche tiefe Besorgnisse lebhaft zum Ausdruck. Der Absender ist kein anderer als Leo Tolstoj, damals 28 Jahre alt und noch weit von einem heiligmäßigen Leben entfernt. In einem charakteristischen Anfall von Begeisterung hatte er beschlossen, sich mit an die Spitze der Bauernbefreiung zu stellen, und hatte einen Plan zur Freilassung seiner Leibeigenen in Jasnaja Poljana ausgearbeitet: kurz gesagt sollten sie ihm dreißig Jahre lang Pacht zahlen, dann würde das Land ihnen gehören. Der junge Tolstoj war erschüttert, mit welch tiefem Zynismus und welch unüberwindlichem Argwohn seine Vorschläge aufgenommen – und zurückgewiesen wurden. Es dauerte einige Zeit, bevor er erfuhr, daß sie alle überzeugt waren, innerhalb von wenigen Monaten werde der Zar ihnen ihre Freiheit geben und Grund und Boden noch dazu; daß der junge Herr dies ebenso wisse wie sie selber, daß er sie also betrügen wolle, indem er versuchte, ihnen einen Pachtschilling für das Land abzuverlangen, das bald ihnen gehören würde, und zwar umsonst.

»Ihr Starrsinn machte mich so wütend, daß ich mich fast nicht beherrschen konnte«, schrieb Tolstoj in sein Tagebuch.[1] Er hatte diese servilen Gesichter zu hassen begonnen – manche klobig, manche verzerrt, andere wieder mit den klaren und breiten Zügen und dem leeren, edlen Ausdruck des russischen Bauern in den Märchenbüchern, mit seinem herrlichen Bart und dem langen, glatten, in der Mitte gescheitelten Haar; manche von ihnen die Väter der Mädchen, die er besessen hatte; alle aber schlau, argwöhnisch, neidisch, zynisch und feindselig, verdorben durch Jahrhunderte der Knechtschaft. Viele Jahre sollten vergehen, ehe Tolstoj den russischen Bauern zur Quelle aller Weisheit, Tugend und Spiritualität erklärte. Damals war er von seiner Gefährlichkeit überzeugt. So schrieb er in fast panischer Angst an Blüdow, mit dem er bekannt war, und machte ihm, als hätte er eine Entdeckung gemacht, Mitteilungen über die Stimmung unter den Bauern, die überhaupt nichts Neues waren (»Als sie mir bei einer unserer Zusammenkünfte sagten, ich solle ihnen das ganze Land geben, und ich darauf antwortete, daß ich dann bloßfüßig gehen müsse, lachten sie mich nur aus«), warf der Regierung vor, daß sie keine klare Stellung bezog, und betonte besonders, daß er es nicht für richtig halte, den Bauern sowohl Land als auch die Freiheit zu geben. Das wichtigste sei die persönliche Freiheit, und die müsse bald kommen: »Die Zeit ist kurz... Wenn die Leibeigenen nicht innerhalb von sechs Monaten frei sind, wird es ein Massaker geben. Alles ist reif dafür. Nur eine verbrecherische Hand fehlt noch, um die Flammen der Rebellion anzufachen, und wir werden alle in der Feuersbrunst verzehrt werden.«² Es dauerte fünf Jahre, nicht sechs Monate, bevor die Befreiung kam. Die Feuersbrunst kam erst sechzig Jahre später.

2

Es steht zur Diskussion, ob die Art der Freilassung, als sie endlich kam, eine wesentliche Ursache jener späteren Feuersbrunst war. Aber es ist schwer zu sagen, was Alexander noch hätte tun können. Als die Grundsatzentscheidung, den Bauern nicht nur ihre persönliche Freiheit, sondern auch Landbesitz zu gewähren, endlich angenommen wurde und die Einzelheiten ausgearbeitet waren, ergab es sich, daß zu viele Bauern zu wenig Land zum Leben hatten, während die übermäßigen Ablösegelder, die sie zahlen mußten, viele von ihnen in Schulden trieb, die je abzuzahlen sie kaum hoffen konnten. Andererseits aber war die Vergütung, die die Gutsbesitzer erhielten, nicht hoch genug; und sehr wenige von ihnen, auch wenn sie dazu die Absicht hatten, konnten das Kapital aufbringen, das nötig gewesen wäre, um die ihnen verbliebenen Besitztümer zu nutzen und zu erschließen.

»Zu wenig und zu spät« – dieser Lieblingssatz frustrierter Reformatoren gibt keinerlei Erklärung, sondern ist bloß leeres Nachplappern. Da bei menschlichen Einrichtungen Vollkommenheit unerreichbar ist, ergibt sich, daß jeder Versuch einer Reform entweder zu wenig oder zu viel bringt, zu früh oder zu spät erfolgt – wenn er nicht eine Verbindung aller vier ist. Man kann sehr überzeugend argumentieren, daß das Emanzipationsgesetz des Jahres 1861 alles andere als »zu wenig und zu spät« war, sondern eigentlich zu früh zu viel gab – aber nicht aus den Gründen, die von den schärfsten Gegnern der Reform vorgebracht wurden. Sich dieser Möglichkeit zu verschließen, zeugt von unzulänglichem Verständnis für die schiere Größe dieser Reform. Es war eine Revolution.

Am Vorabend der Emanzipation gab es mehr als 48 Millionen Leibeigene, die Hälfte davon in Privatbesitz, die andere Hälfte Staatsbauern. Mit ihren Familien machten sie vier Fünftel der gesamten Bevölkerung aus. Die leibeigenen Bauern waren, von wenigen Ausnahmen abgesehen, nicht nur Analphabeten, sondern auch die untüchtigsten und rückständigsten Landwirte in Europa. Jahrhunderte der Unterdrückung hatten ihnen die Selbstachtung genommen. Sie wurden, auch wieder mit wenigen Ausnahmen, von Verwaltern und Aufsehern überwacht, die sich hauptsächlich damit befaßten, auf schnellste Weise und bei kleinstmöglichem Aufwand für ihre Herrschaft Bargeld einzutreiben, wobei für die eigene Tasche noch reichlich abfiel. Die kleineren Gutsbesitzer, die ihre eigenen Ländereien bearbeiteten, waren oft beinahe ebenso ungebildet wie ihre

Bauern. Die Produktivität war jämmerlich niedrig, die Güter personell maßlos übersetzt.

Die leibeigenen Bauern lebten in ihren Hütten in ihren eigenen Dörfern und suchten Führung nicht bei ihrem Besitzer, sondern bei ihren eigenen älteren Leuten. Wie bereits erwähnt, sahen sie in ihrem Besitzer weniger das natürliche Oberhaupt einer patriarchalischen Gemeinde, deren Zentrum das Herrenhaus war, sondern eher einen außenstehenden Eindringling, dem sie Tribut zahlen mußten, einen Eindringling, der durch den Apparat der Kolonialherrschaft gestützt wurde – Polizei und Bürokratie. In der Regel hatten nur die Hausleibeigenen, die Domestiken, ein Gefühl der Verbundenheit mit der Familie ihres Besitzers. Für die Dorfbewohner war ihr einziger Vater der Zar selbst, weit entfernt, unermeßlich, nichtsahnend von ihrem Elend, von ihnen durch verhaßte und verachtete Beamte getrennt.

Es ist schwer, sich das ganze Ausmaß der Umwälzung vorzustellen, die die Freilassung einer Nation von Leibeigenen von einem Tag auf den anderen mit sich brachte. Beim besten Willen der Welt konnte dieser ganze Komplex einer traditionellen Lebensform nicht über Nacht einfach dadurch geändert werden, daß man die Rechtsstellung der Bauern änderte: sie mußten weiterhin in denselben Hütten, in denselben Dörfern, in denselben starren sozialen Gruppen oder Gemeinden leben, geschart um dieselben Ältesten, im Schatten derselben Besitzer, denselben Steuereinnehmern, Bürokraten und derselben Polizei ausgeliefert. Dieselbe Anzahl lebte von weniger als derselben Fläche Land, die sie mit denselben primitiven Methoden bearbeitete: der einzige Unterschied lag in der teilweisen Neuverteilung des Landes und der Auflösung traditioneller Bande gegenseitiger Verantwortlichkeit zwischen Landbesitzern und Bauern. Es herrschte arge Verwirrung, was sich des öfteren darin zeigte, daß die freigelassenen Leibeigenen sich weigerten, für das Land, das sie als ihr Eigentum betrachteten, Ablösezahlungen zu leisten.

Aber das war nur die eine Seite. Auf der anderen gab es Hunderttausende von Gutsbesitzern, große und kleine, die ihre Leibeigenen ohne irgendeine Vergütung und mindestens ein Drittel ihres Landes gegen eine unzureichende Vergütung aufgeben mußten. Das Wunder besteht nicht darin, daß die Reformatoren fünf Jahre eines oft bitteren Kampfes benötigten, um die Emanzipation durchzudrücken, sondern daß ihnen dies überhaupt gelang, und zwar ohne ein riesiges Heer von Landarbeitern ohne Grundbesitz zu schaffen. Und angesichts der damals immer mehr um sich greifenden Meinung, die Leibeigenschaft sei der Schandfleck der Nation, fragt man sich, ob Alexander nicht besser beraten gewesen wäre, dem Trend zu einer humanitären Einstellung und dem Druck des wirtschaftlichen Fortschritts zu vertrauen, die ihm seine Arbeit hätten abnehmen können. Er hätte vielleicht materielle Anreize bieten können, um die freiwillige Freilassung (die sich bereits häufte) auf breitester Basis zu fördern; oder aber er hätte die Rechte der Besitzer über ihre Leibeigenen drastisch einschränken und sie zwingen können, all denen, die sich freikaufen wollten, dies zu günstigen Bedingungen zu ermöglichen. Hätten die Leibeigenen tatsächlich im ganzen Land revoltiert, wenn Alexander seine Aufgabe langsamer und selektiver gelöst hätte? Die Frage ist nicht zu beantworten. Er hat es nicht versucht. Es fiel ihm auch nicht ein, sich an das ganze Volk zu wenden – sein Vorhaben zu erklären, die Schwierigkeiten aufzuzeigen und eine glücklichere Zukunft zu verkündigen, gleichzeitig aber die Mitarbeit aller bei einem äußerst schwierigen Unterfangen zu erbitten. Er sprach nur mit seinen Adeligen.

Die Gegner der Emanzipation taten nichts, um die Situation zu klären. Es gab keine ernsthaften Debatten darüber, ob ein behutsames Vorgehen im Gegensatz zu sofortiger Aktion soziale und wirtschaftliche Vor- oder Nachteile bringen würde. Der Grund dafür: Die Opposition, von Eigennutz oder Angst bestimmt, übte zunächst passive Resistenz, dann, in den Komitees, bewußte Obstruktionspolitik in blindem Widerspruch zu dem Willen des Zaren. Anfänglich stellten sich die Konservativen gegen die bloße Idee der Emanzipation in jeglicher Form; aus dieser Position abgedrängt, versteiften sie sich auf wütende Ablehnung des Vorschlags, den Bauern Land zu geben; aus dieser Position abgedrängt, blieb ihnen schließlich nur mehr der Kampf mit Händen und Füßen, um das Beste für sich und das Schlechteste für ihre Bauern herauszuschlagen. In keinem Stadium wurde die Debatte auf einer höheren Ebene aufgenommen; das soll heißen, in keinem Stadium wurden die führenden Abolitionisten, die ja von den edelsten Motiven bestimmt wurden, von ihren Gegnern gezwungen, die möglichen Folgen einer plötzlichen Freilassung zu überdecken und Mittel und Wege zu erwägen, solchen Forderungen zu begegnen. Ihre gesamte Energie und ihr ganzer Verstand konzentrierten sich auf die unmittelbare und sehr anstrengende Aufgabe, die Opposition zu besiegen und die Emanzipation als ein Endziel an sich durchzusetzen. Eine der eher bedauerlichen Konsequenzen dieser allzugroßen Vereinfachung der Problemlage war, daß die gemäßigten Gutsbesitzer, die der Sache wohlwollend gegenüberstanden, zwischen den Extremisten eingezwängt wurden und nie zu Wort kamen.

Was Alexander am meisten beschäftigte, war nicht, wie man für die Bauern eine gerechte Regelung erreichen könnte (im Prinzip war er entschlossen, daß sie zusammen mit ihrer Freiheit auch Grund und Boden bekommen sollten), sondern wie man den Widerstand des Adels brechen könnte, ohne ihn der Krone zu entfremden – wie man ihnen Land wegnehmen könnte, ohne sie zu ruinieren.

Wie hätte es anders sein können? Die Adeligen waren seine Diener, und er war ihr Beschützer. Er mochte über sie herziehen, weil sie ihm das Leben so schwer machten; aber sie sprachen die Sprache, die er sprach und verstand. Man hat ihn kritisiert, weil er gerade jene Männer zu Hilfe rief, die die Befreiung in jeglicher Art am entschlossensten bekämpften. Und tatsächlich hat es den Anschein, als hätte er beim ersten Zusammentreten seines offiziellen Geheimkomitees im Januar 1857 das Kräfteverhältnis innerhalb des Ausschusses zu seinen Ungunsten festgelegt. Vorsitzender war dem Namen nach der Zar, aber sein Stellvertreter und effektiver Vorsitzender war kein anderer als der jetzt 71jährige Graf Orlow, der Günstling und Vertraute des Zaren Nikolaus, der Nachfolger Benckendorffs als Chef der Dritten Sektion, unter Alexander Präsident des Staatsrates: Die Verkörperung des alten Systems führte bei den Beratungen des neuen Systems den Vorsitz! Auch die nach ihm mächtigsten Komiteemitglieder waren überzeugte Reaktionäre: die Fürsten Dolguruki und Gagarin; der Justizminister Panin; die etwas zwielichtige Gestalt des Generals M. N. Murawjew, dessen Vetter, Sergej Murawjew-Apostol, als Dekabrist gehenkt worden war, der selbst am Rand der Dekabristenbewegung gestanden hatte und mit dem Leben davongekommen war. Er besaß Humor: »Ich gehöre zu den Murawjews, die hängen«, pflegte er zu prahlen, »nicht zu denen, die gehenkt werden.« Und so schockierte er wenig später, nach dem Zusammenbruch des zweiten polnischen Aufstands im Jahre 1858, die Öffentlichkeit mit seinen Greueltaten gegen die Litauer.

Das Gegengewicht zu diesen beiden beängstigenden Vertretern der alten Schule bildeten der ältliche Graf Lanskoj und General Rostowtzew, ein im Dienst ergrauter Soldat, gegen den manche ein Mißtrauen hegten, weil er als junger Offizier Nikolaus vor den Plänen seiner Freunde, der Dekabristen, gewarnt hatte (tatsächlich hatte er sehr ehrenhaft gehandelt, weil er die Verschwörer von seiner Absicht vorher in Kenntnis gesetzt hatte). In dem einsetzenden Ringen sollte sich Rostowtzew buchstäblich zu Tode arbeiten. Zusammen mit einem von Lanskojs hohen Beamten im Innenministerium, Nikolaus Miljutin, wurde er der Hauptarchitekt des Emanzipationsgesetzes.

Was konnte diese kleine Gruppe von Reformatoren gegenüber Orlow und seinen Freunden zu erreichen hoffen? Wenn Alexander wirklich wollte, daß sie Erfolg hatten, warum unterstützte er sie nicht? Aber eigentlich tat er das in seiner indirekten und undurchsichtigen Art. In kritischen Augenblicken, immer wieder, wenn alles verloren schien, intervenierte der Zar.

Man kann sich seine Einstellung unschwer vorstellen, ja sogar sich mit ihr befreunden. Sein Verstand sagte ihm, daß diese große Tat vollbracht werden müsse, und sein Herz gab seinem Verstand recht, wenn er das Elend bedachte, in dem so viele seiner Untertanen lebten. Aber in einer ganz anderen Hinsicht war sein Herz durchaus nicht eins mit seinem Verstand; mit allen seinen Instinkten bevorzugte es einen Kurs, der den Status quo am wenigsten störte. Doch er war – trotz seiner fast ausschließlich deutschen Ahnen – Russe genug, um in absoluten und extremen Begriffen zu denken: Er wollte nichts unternehmen; aber da etwas unternommen werden mußte, würde er aus der Not eine Tugend machen und es bis zum letzten durchfechten. In dieser verwirrten Verfassung war es doch das Natürlichste in der Welt, daß er in sein Komitee ebenjene Männer aufnahm, die sich am entschiedensten seinen Zielen widersetzten. Denn auf diese Art schob er wenigstens den direkten Zusammenstoß mit der Opposition hinaus. Er würde die großen Gutsbesitzer dazu bringen, ihre Unterschrift unter die eigene Ausplünderung zu setzen; wenn ihm dies nicht gelingen sollte, so würde er sie wenigstens zu einer zögernden Annahme der Pläne der Reformatoren bringen; wenn ein toter Punkt erreicht war, würde er selbst in aller Öffentlichkeit intervenieren, aber nur in beschränktem Ausmaß und Schritt für Schritt, so daß es der Opposition schwerfallen würde, sich auf eine Entscheidungsschlacht einzustellen: Orlow und seine Freunde würden so in die Defensive gezwungen werden und müßten sich allmählich Schritt für Schritt zurückziehen.

So geschah es jedenfalls. In keinem Augenblick ließ sich Alexander Enttäuschung anmerken; wenn es notwendig schien, setzte er Druck dahinter. Anderseits warf er sich auch nie mit Anzeichen der Begeisterung in den Kampf: die Emanzipation mußte kommen, er wußte es, aber er mochte sie nicht. Er war ganz der absolute Herrscher und sah den gegnerischen Parteien von oben herab zu, wie sie ihre Rollen zu Ende spielten. Wenn er sich je aussprach, so war es mit seinem jüngeren Bruder Konstantin und mit der Witwe seines Bruders Michael, der Großfürstin Helena. Konstantin, ein begeisterter Abolitionist (als Oberbefehlshaber zur See war er selber auch ein aktiver Reformator der Marine), mußte in den Konflikt eingreifen, wenn die Opposition allzu obstruktiv war. Und was die Großfürstin Helena betrifft: in ihrem Salon kamen die Reformatoren zusammen, um wieder neue Kraft zu schöpfen. Sie war es, der es schließlich gelang, Alexander mit Nikolaus Miljutin zusammenzubringne, den der Zar nie kennengelernt hatte und von dem er glaubte, er könne es sich nicht leisten, ihn offiziell kennenzulernen – obwohl er Kiseljews Neffe, Lanskojs Protegé und Rostowtzews rechte Hand war. Aber Alexander konnte sich nie bereit finden, die Bedeutung von Miljutins Leistung zuzugeben. Als der Konflikt vorbei war und der Emanzipationserlaß Gesetz geworden war, war es eine seiner ersten Handlungen, diesem Mann, dem er so viel verdankte, den Laufpaß zu geben. Es tat ihm leid, sagte er, aber »ich muß es tun, denn der Adel behauptet, daß Sie ein Roter sind«.

Er konnte in gleicher Weise auch die Hocharistokratie kurz abtun. Als Rostowtzew, erschöpft und zermürbt von seinen Anstrengungen und den endlosen gegen ihn gerichteten Intrigen, zu denen noch eine gemeine verleumderische Flüsterkampagne kam, im Winter 1860 erkrankte und, das Ziel seiner Mühen vor Augen, starb, schockierte und entsetzte Alex-

ander die Reformatoren, indem er seinen Posten als Präsident des endgültigen Bearbeitungskomitees mit Rostowtzews Erzfeind Panin besetzte. Die Großfürstin Helena war besonders empört. Es war Panin gewesen, der einmal öffentlich erklärt hatte, derjenige, welcher als erster dem Zaren die Idee der Emanzipation in den Kopf gesetzt habe, verdiene gehenkt zu werden, und er hatte seine Meinung seither nicht geändert. Aber zu Helena sagte Alexander: »Du kennst Panin nicht. Seine Prinzipien bestehen darin, meinen Befehlen zu gehorchen.«
Man könnte daraufhin die Frage stellen, warum der Zar es dann zugelassen hatte, daß dieser Mann das Pack anführte, das Rostowtzew zu Tode hetzte. Hier haben wir wieder jenen Zug despotischer Einfältigkeit, der bei Nikolaus so ausgeprägt war.

## 3

Mit einem Wort, im Grunde seiner Seele war Alexander ein Despot. Während des Kampfes um die Abolition gab es Momente, wo ein Prophet hätte behaupten können, der Zar sei in seiner Zusammenarbeit mit seinem Volk oder zumindest mit dem Adel so weit gegangen, daß er nicht wieder zurückkönne. Viele glaubten das auch, unter ihnen Alexander Herzen, der seinen Kampf gegen die Autokratie von London aus führte. Aber das war eine Illusion. Der absolute Herrscher in Alexander schlief nie. Im Gegensatz zu seinem Vater sah er ein, daß es notwendig oder zumindest erwünscht war, die Regierungsbasis zu erweitern, und sei es nur, um der unerträglichen Vernachlässigung von Begabungen ein Ende zu machen und die Wirtschaft zu modernisieren. Aber die Regierung, wie er sie sah, war letzten Endes eine Maschine, die den Willen des Monarchen ausführte: Sobald einer seiner Untertanen, und sei er noch so hochstehend, Zweifel hegte oder Miene machte, eigene Ideen zu entwickeln, erhielt er einen scharfen Verweis.
Zum ersten Mal wurden die Zügel im Winter 1857/58 gelockert, als der Zar erstmals eine politische Frage zur allgemeinen Debatte freigab. Der litauische Adel war endlich der Bitte des Zaren um Vorschläge nachgekommen und präsentierte in aller Förmlichkeit einen Plan, der die Freilassung vorsah, nicht aber eine Landvergabe. Alexander beschloß, daß es Zeit war, ein für allemal klarzustellen, daß eine Freilassung ohne Landvergabe nicht in Frage komme. In diesem Sinne gab er seinen berühmten Erlaß heraus, adressiert an den Generalgouverneur von Litauen, General Nasimow, in dem er seine Absichten darlegte. Ein solcher Erlaß war traditionellerweise eine private Weisung des Zaren an den Empfänger, aber zur Überraschung aller ließ Alexander diesen Erlaß auch anderen Gouverneuren als Richtlinie zukommen; dann ließ er ihn veröffentlichen, damit jedermann ihn lesen konnte. In dieser eigenartigen indirekten Art

teilte er seinem Volk zum ersten Mal mit, was er vorhatte. Er meine es ernst, wollte er damit sagen: es gab kein Zurück mehr. Er hatte sich öffentlich für die Sache der Befreiung eingesetzt. Die Opposition war verwirrt; aber die Intelligenzschicht jubelte hell auf vor Freude. Sogar Tschernischewskij, dieser verschworene Feind des Regimes, vergaß seinen Haß auf den Absolutismus so weit, daß er Alexander mit Peter dem Großen verglich. In London erschien Herzens berühmter Artikel in der »Glocke«, der mit dem Satz: »Du hast gesiegt, o Galiläer!« begann und endete. Michael Katkow, der mächtige Redakteur und Publizist, der später als ein begeisterter Anhänger der Reaktion berühmt werden sollte, führte in seinen »Moskauer Nachrichten« den Reigen der Ovationen an. Diese Euphorie dauerte nicht lange. Am 20. Januar wurde aus dem Geheimkomitee das »Hauptkomitee der Bauernangelegenheiten«. Das war nicht mehr geheim, sondern stand im Zentrum der lebhaftesten öffentlichen Diskussion. Aber innerhalb von vier Monaten hatte Alexander genug von der freien Meinungsäußerung der Presse. Es war zweifellos erfreulich, als der größte Wohltäter akklamiert zu werden; aber war es nicht auch ein wenig erniedrigend? Vielleicht hatte Nikolaus recht gehabt, als er öffentliche Äußerung der Zustimmung ebenso verbot wie öffentliche Kritik, aus dem Grund, daß beide ungehörig seien... Außerdem waren die Äußerungen in der Presse einigermaßen außer Kontrolle geraten. Wie dem auch sei, das Hauptkomitee veröffentlichte eine Weisung an alle Redakteure, daß künftige Diskussionen der Bauernangelegenheiten sich strengstens an die vorgeschriebene offizielle Linie halten möchten.

So endete nach vier Monaten der erste russische Versuch einer freien Meinungsäußerung. Dieses kurze Zwischenspiel oder Tauwetter, die Lockerung starrer Kontrollen, die alsbald rückgängig gemacht wurden, schufen ein Muster, das sich in Intervallen von unterschiedlicher Länge bis zum heutigen Tag wiederholt hat. Am interessantesten und bedeutendsten war das Verbot öffentlicher Diskussion außerhalb der offiziellen Sphäre – außerhalb, wie wir heute sagen würden, der Parteilinie. Dieser Widerruf war es, der bei Tschernischewskij und seinen radikalen Kameraden übertriebene Enttäuschung hervorrief. Aber innerhalb eines Jahres wurde dasselbe Prinzip mit gleicher Kraft gegen die Konservativen angewandt, und es ist eine Ironie der Geschichte, daß die Waffen, die in künftigen Jahren und Jahrzehnten gegen Reformatoren jeder Art zum Einsatz kommen sollten, tatsächlich von Alexander und seinen ministeriellen Helfern im Verlauf des ersten großen Kampfes um die Reform geschmiedet wurden.

Denn als im Frühherbst des Jahres 1859 die Abgeordneten der Provinzen nach St. Petersburg berufen wurden, um an den angeblich letzten Etappen zu der großen Reform mitzuarbeiten, versuchten verständlicherweise viele von ihnen prinzipielle Fragen zu stellen. Alle wurden klar und deutlich, und das nicht einmal, sondern wiederholte Male, auf ihren Platz verwiesen. Sie hätten kein Recht zu zweifeln. Sicher sei ihre Meinung vonnöten, aber nur dann, wenn das Komitee sie darum bat; man werde Fragen an sie stellen, die sie dann schriftlich zu beantworten hätten. Sie konnten inoffiziell zusammenkommen, nicht um die allgemeinen Prinzipien der Emanzipation zu besprechen, da diese im vorhinein festgelegt worden seien, sondern nur um zu klären, wie diese Prinzipien am besten ihren eigenen lokalen Bedingungen angepaßt werden könnten. Die Abgeordneten akzeptierten diese Entmündigung nicht ohne Widerspruch. Ihre Proteste waren laut und deutlich. Die Reformgegner schlugen am meisten Lärm: sie erklärten, daß das Komitee selbst die Absichten des Zaren verdrehe (das war der zermürbende Konflikt, der schließlich dem armen Rostowtzew, der die Hauptwucht des Angriffes zu tragen hatte, die Gesundheit kostete). Es wurde sogar eine Petition an den Zaren geschickt, er möge durch Wahl eine Nationalversammlung unter seinem Vorsitz einberufen, die die endgültigen Maßnahmen ausarbeiten und festlegen solle. Nichts war besser geeignet, den absoluten Herrscher in Alexander herauszubringen. Am Rand eines Gesuches vermerkte er, daß es offensichtlich war, daß die Ansucher und jene, die wie sie dachten, »unser Land als oligarchisches Regierungssystem aufbauen« wollten. Nähere Einzelheiten brauchte man nicht: dies war die größte Sünde gegen den Absolutismus. Alle jene, die irgendwelche Gesuche, egal ob konservativen oder liberalen Inhalts, eingebracht hatten, wurden formell zurechtgewiesen. Die Abgeordneten fuhren nach Hause. Die Bürokraten nahmen die Sache in die Hand.

Das Wesentliche an dieser Angelegenheit ist, daß die Abolitionisten verloren hätten, wenn die Stimmen der Mehrheit in den Bezirkskomitees zum Tragen gekommen wären. Jede denkbare gewählte Versammlung wäre ganz entschieden gegen irgendeine anwendbare Form der Emanzipation aufgetreten. Mit anderen Worten: Der Zar ging weiter und schneller vor als jeder Gutsbesitzer, selbst die mit den besten Absichten. Und das traurigste Paradox war, daß die eingefleischten Abolitionisten, bis zum letzten Mann der Reform verschworen, die in jedem anderen Land an der Spitze einer liberalen Partei gestanden hätten, die sich für die Milderung der autokratischen Herrschaft einsetzen würde, auf diese Art selbst gezwungen waren, ob sie es nun wußten oder nicht, das absolute Prinzip in all seiner Härte zu unterstützen. Der Anstoß, die zentrale Bürokratie zu schwächen und damit auch den Absolutismus selbst, kam von den Konservativen. Der Zar, und nur der Zar in seiner absoluten Machtfülle, konnte die reaktionäre Bewegung besiegen und das Land in eine neue Ära führen.

Kein Wunder, daß Alexander manchmal müde war. Es ist auch kein Wunder, daß die Radikalen unter der Intelligenzschicht verzweifelten – angesichts der Formel, die lautete: Der Absolutismus ist die Wurzel allen

Übels, aber ohne Absolutismus gibt es keine Reform. Wie konnte man dieses Dilemma umgehen? Es schien nur eine Antwort zu geben, das war anfangs nur wenigen, später einer immer größeren Anzahl klar: die Revolution.

**4**

Aber sehr wenige dachten im Frühjahr 1861, als der Emanzipationsbeschluß zum Gesetz wurde, an Revolution. Nach all den Jahren brachte die tatsächliche Befreiung der Leibeigenen ein Gefühl der Enttäuschung mit sich. Man hatte so viel erwartet, so viel befürchtet. Das große Drama war zu Ende, die große Veränderung hatte stattgefunden. Niemand war zufrieden.

Die im Haushalt tätigen Leibeigenen mußten zwei Jahre warten, bevor sie frei wurden. Den Bauern wurden Ablösegelder auferlegt, die zu hoch angesetzt waren und fünfzig Jahre lang weitergezahlt werden mußten; und das Land, wofür sie diese Ablöse zahlen mußten, reichte nicht aus, um sie zu ernähren, und wurde immer weniger, je mehr Mäuler zu stopfen waren. Außer seiner Ablöse mußte der Bauer auch noch Kopfsteuer zahlen; nach dem Grundsatz, daß der Reichtum des Landes im Grund und Boden liege, und wer diesen Grund und Boden bearbeite und sich davon ernähre, solle auch für die Erhaltung des Apparats aufkommen, dem er seinen Grund und Boden und seine Sicherheit verdanke – der ganzen Staatsmaschinerie, das heißt: Bürokratie, Armee, industrieller Entwicklung.

Was die Gutsbesitzer betrifft, so verloren sie ihre Leibeigenen und einen Großteil ihrer Ländereien. Viele von ihnen, deren Leibeigene und Länder bereits verpfändet waren, waren schwer getroffen. Viele fanden die Vergütung, die sie vom Staat erhielten, nicht annähernd ausreichend. Als Angehörige einer traditionell leichtsinnigen Klasse eines leichtsinnigen Volkes verbrauchten viele alles, was sie hatten, und standen dann vor dem Ruin. Andere, die intelligenteren, verkauften alles und traten in die Reihen der vergrößerten Bürokratie ein oder in die neuen Berufe, die durch die Nachwirkungen der Emanzipation ins Leben gerufen worden waren. Ganz wenige unter den Reichsten befaßten sich auf ihren riesigen Ländereien mit der Einführung moderner Landbearbeitungsmethoden unter Einsatz von Lohnarbeitern.

Für eine Gesellschaft wie die unsere, in der fortwährende Veränderungen, gleichgültig, wie unangenehm sie einigen sind, auch von jenen als unvermeidlich und natürlich anerkannt werden, die sie mißbilligen – für eine solche Gesellschaft ist das ganze Verfahren einfach unverständlich. Es geht nicht bloß darum, daß die Bauernbefreiung auf die friedliche Art, wie sie tatsächlich geführt wurde, einzig und allein unter einem autokra-

13  Alexander II. (Porträt von 1872)

14 Die Ermordung Alexanders II. am 13. 3. 1881

15  Vera Nikolajewna Figner, 1852–1942, die an der Vorbereitung des Bombenanschlags auf Alexander II. maßgeblich beteiligt war.

16 Der Panzerkreuzer »Potemkin« beschießt am 28. Juni 1905 Odessa.
(Zeitgenös. Presseillustration)

tischen Regime stattfinden konnte. Sie hätte in keiner Gesellschaftsform durchgeführt werden können, in der den Rechten der Einzelmenschen eine große Bedeutung zugemessen wird oder wo man von der Unantastbarkeit des Privateigentums überzeugt ist.

Auch so ist es ein Wunder, daß es nicht zu mehr Gewalttaten kam. Natürlich gab es welche. Aber es gab keine Anzeichen, daß der Adel den Zar absetzen wollte; noch fand irgendein größerer Bauernaufstand statt. Hier und dort gingen zwar die Bauern auf ihre Gutsherren los und brannten ihre Häuser nieder. Es herrschte die weitverbreitete Überzeugung, daß die Vorkehrungen des Emanzipationsbeschlusses nur den ersten Schritt zu einem radikaleren Prozeß darstellten – oder daß die örtlichen Landbesitzer und Beamten bösartigerweise den echten Beschluß unterdrückt und eine Fälschung unterschoben hätten. Aber Gewaltanwendung in irgendeinem organisierten Ausmaß war selten. Bei weitem der berüchtigtste Fall war die traurige Affäre in Besdna im Bezirk Kasan, auf dem Gut des Grafen Musin Puschkin. Hier waren es die Truppen, die im Namen der Ordnung mordeten. Das Besdna-Massaker zeigt deutlich die Mentalität des russischen Bauern der Zentralebene vor hundert Jahren, und ebenso die Mächte von Gesetz und Ordnung.

Ein junger leibeigener Bauer namens Petrow, der lesen gelernt hatte, wurde von seinen ungebildeten Kameraden und Ältesten als selbstverständlicher Führer akzeptiert. Niemand weiß, was er zu erreichen hoffte, vielleicht nicht mehr als einen kurzen Augenblick des Ruhmes. Oder vielleicht war er verrückt. Sei es, wie es sei, er präsentierte ein phantastisches Hirngespinst, das, selbst gemessen an den damaligen Gerüchten, einigermaßen ausgefallen war. Er versicherte seinen Nachbarn, daß alle ihre Vermutungen, die Beamten und Gutsbesitzer hätten die Wünsche des Zaren verraten, tatsächlich stimmten. Er, Petrow, sei selbst in geheimer Verbindung mit dem Zaren, der dabei sei, gegen jene loszuschlagen, die das Volk betrogen hatten, indem sie als Emanzipationsakt ein Dokument vorgelegt hatten, das nichts als eine Fälschung war. In diesem Augenblick sei ein Sonderbote vom Zaren nach Besdna unterwegs, um das persönliche Manifest des Zaren in dessen eigener Handschrift ihm, Petrow, zu überreichen, damit er es der Menge vorlesen und unterbreiten könne. Aber bis der Bote eintraf und das kostbare Dokument überreichte, bedürfe er, Petrow, des Schutzes: böse Männer trachteten nach seinem Leben. So rief er alle Bauern weit und breit zusammen, um ihm gegen die Feinde des Zars beizustehen.

Zirka fünftausend folgten dem Ruf. Sie drängten sich ins Dorf, ließen sich am Rande nieder und warteten auf den Boten, der kommen sollte. Aber statt des Boten kamen Truppen: Petrow sollte wegen Verbreitung subversiver Gerüchte festgenommen und abgeführt werden. Die Truppen fanden sich einer geschlossenen Reihe von Bauern gegenüber, die den Zugang zu Petrows Hütte abriegelten – außer mit Stöcken und Heugabeln waren sie unbewaffnet, aber sie befanden sich in einer Stimmung euphorischer Begeisterung. Sie hätte nicht lange angehalten. Aber anstatt seine Truppen zurückzuhalten und den Bauern Gelegenheit zu geben, sich zu beruhigen, bis sie nach Hause gingen, wie sie es sicherlich getan hätten, um Essen zu holen und nach ihrem Vieh und dem Getreide zu sehen, entschied sich der befehlshabende Offizier durchzugreifen. Er gab den Befehl, in die Menge zu schießen… Als alles vorbei war, blieben mindestens fünfzig Tote und fast doppelt soviel Verwundete zurück. Und in ganz Rußland war die radikale Intelligenzschicht, als sie die Nachricht hörte, überzeugt, daß sich nichts geändert hätte: die Emanzipation sei tatsächlich ein Betrug und ein falscher Hoffnungsschimmer, und Zusammenarbeit mit den Autoritäten sei Verrat.

Das soll nicht heißen, daß plötzlich revolutionäre Aktivitäten auflebten. Nichts dergleichen geschah. Es gab eine mutige Demonstration an der Universität von Kasan, gefolgt von Unruhen in anderen Zentren. Gleichzeitig (im Herbst 1861) gab eine Reihe sehr kleiner Gruppen Flugblätter und Plakate heraus, die eine Revolution durch Gewalt propagierten. Der erste Versuch zur Schaffung einer aktiven politischen Partei war die Gründung einer Geheimorganisation »Land und Freiheit« *(Semlja i volja)* im Dezember 1861 durch den Idealisten N. A. Serno-Solowjewitsch, der damals um die zwanzig war. Keines dieser Unternehmen hielt sich lange, aber alle waren Vorläufer, die in eine zornige Zukunft deuteten. Im Mai 1862 brachen wie eine Epidemie gefährliche Brände in St. Petersburg aus. Bis zum heutigen Tage weiß niemand, wer dahintersteckte. Aber damals war es leicht, das Gerücht in Umlauf zu setzen, daß die radikalen Studenten zu Brandlegern geworden waren. Und in diesem erregten Klima entschlossen sich die Behörden, streng und entschieden einzugreifen. Tschernischewskij, Serno-Solowjewitsch und viele andere wurden festgenommen und in die Verbannung geschickt, während viele Studenten, die gar nicht revolutionär eingestellt waren, die Zellen der Peter-und-Paul-Festung von innen kennenlernten. Alexander war zu dieser Zeit außer Landes, und man muß ihm zugute halten, daß er bei seiner Rückkehr der Meinung war, die Reaktion sei zu weit gegangen: Admiral Putjatin, der die Studenten mit äußerst harter Hand vom Unterrichtsministerium aus regiert hatte, wurde entlassen. Aber der Schaden war geschehen. Die ersten einer neuen Generation revolutionärer Märtyrer saßen jetzt im Gefängnis oder in Sibirien.

# XI Grenzen der Toleranz und des Weitblicks

I

In konventioneller Sicht ist Alexander II. ein Reformer, der, entsetzt über die radikalen und revolutionären Mächte, die er entfesselt hatte, eine Kehrtwendung machte und zum Reaktionär wurde. Aber in Wirklichkeit war sein Verhaltensmuster viel komplizierter. Man kann sogar bezweifeln, ob es überhaupt ein Verhaltensmuster gab; je mehr man über die zwanzig Jahre zwischen der Emanzipation und dem Tod des Befreier-Zaren nachdenkt, um so schwerer wird es, eine zusammenhängende Linie der Entwicklung zu finden. Sogar während der großen Reformjahre, in denen jeder Funken von Energie und Begabung für die kolossale Aufgabe benötigt wurde, Rußland den Anschluß an das neunzehnte Jahrhundert zu ermöglichen, vergeudete Alexander viel Kraft in seinem Drang, die Grenzen seines Reiches auszuweiten, das von unausgewerteten Schätzen strotzte und bereits zu riesig war, um verwaltet zu werden; anderseits war er ganz am Ende seiner Regierung, nach etlichen Attentaten auf sein Leben, immer noch fähig, ein Reformprogramm zu verabschieden. Während seiner ganzen fünfundzwanzigjährigen Amtsperiode bewies er jene Inkonsequenz, jenen Mangel an Fortschritt, jenes Schwanken zwischen Begeisterung und Apathie, Hartnäckigkeit und Defätismus, Weitsicht und Kurzsichtigkeit, das in frühen Tagen seine wohlmeinenden Lehrer so aus der Fassung bringen konnte. Er war nur in drei Dingen konsequent, und die paßten nicht zusammen: Er war ernsthaft um das Wohl seines Volkes besorgt, bereit, im Interesse des Allgemeinwohls radikale Änderungen durchzuführen; er war ein überzeugter Imperialist; und er war seinen Intentionen nach ein Autokrat, genauso wie sein Vater.
Im Gegensatz zu seinem Vater war er vernünftig genug einzusehen, daß er nicht die ganzen Agenden seines Reiches persönlich überwachen konnte. Aber es fehlte ihm die Weisheit, aus dieser Erkenntnis die richtigen Schlüsse zu ziehen. Wenn er schon nicht selbst alles überwachen konnte, so brauchte er die aktive Unterstützung seiner fähigsten und treuesten Untertanen. Wie konnte man diese Männer ausfindig machen? Es gab nur einen Weg: man mußte diesen geborenen Führerpersönlichkeiten den Weg nach oben bahnen, und zwar mit Hilfe gewählter Körper-

schaften, aus denen die Männer hervorgehen würden, die er brauchte; außerdem würden diese ein politisches Übungsgelände abgeben, wo man sich auf höchste Aufgaben vorbereiten könnte.

Anfang der sechziger Jahre, zur Zeit der Gründung der Semstwos, der gewählten Körperschaften auf Bezirks- bzw. Provinzebene, hatte es kurz den Anschein, als habe der Zar verstanden, worum es ging. Aber obwohl einige der Semstwos auf rein lokaler Ebene hervorragende Arbeit leisteten, besonders durch die Gründung und Führung von Volksschulen und Feuerwehren (die letzteren von größter Wichtigkeit in einem Land der Holzhäuser!), im Straßenbau, in der Krankenversorgung auf dem Lande und der Förderung von verbesserten landwirtschaftlichen Anbaumethoden, so hatten sie doch keine Machtbefugnis und standen unter dem Einfluß der Gutsbesitzer. Ihre Leistungen variierten kraß von Bezirk zu Bezirk, je nach den Fähigkeiten der Gutsbesitzer. Und es fehlte ihnen auch die Vollziehungsgewalt; was die Durchführung ihrer Verordnungen betraf, so waren sie auf die Polizei angewiesen, und die empfing ihre Befehle vom Gouverneur. Der Gouverneur der Provinz war zwar nicht ganz ein so absoluter Diktator, wie er es unter Nikolaus gewesen war, aber immer noch näherten sich ihm alle, die sich mit den Behörden gutstellen wollten, mit schmeichlerischer Unterwürfigkeit, und es bedurfte schon gewaltiger Charakterstärke, wenn ein Semstwobeamter sich seiner willkürlichen Einmischung widersetzte. Da der Gouverneur meist ein pensionierter General war, der weder durch Intelligenz noch durch Reformbegeisterung hervorstach, stand er meist der Reaktion nahe, auch wenn er es gut meinte.

Das Gesetz, das die Semstwos ins Leben rief, wurde 1864 verabschiedet; und mit der strengen Beschränkung der Vollmachten der Semstwos und der Weigerung des Zaren, den logischen zweiten Schritt zu tun, nämlich eine gewählte Nationalversammlung zuzulassen, wurden die Strukturen festgelegt, die vierzig Jahre lang in Kraft bleiben sollten, bis endlich Nikolaus II. unter heftigem Druck das erste allrussische Parlament, die Duma, einberief. Dieses Versäumnis führte letztlich dazu, daß die Nationalversammlung, als sie endlich zusammentrat, sich nicht so sehr als verantwortungsvoller Arm der Regierung verstand als vielmehr als Handlanger der Revolution.

Alexander löste das Problem der Vollmachtübertragung, indem er die zentrale Bürokratie stärkte. Seine Minister hatten mehr Verantwortung zu tragen als ihre Vorgänger unter Nikolaus. Sie waren auch zumeist tüchtiger. Aber wenn sie auch unabhängig handelten, so waren sie selbst keine absoluten Herrscher, die nur dem Zaren verantwortlich waren. Vor allem wurden sie aus dem engen Kreis des Hofes und der Petersburger Bürokratie gewählt. Es wurde kein Versuch gemacht, versteckte Talente ausfindig zu machen und einzusetzen, wie es sie zweifellos unter den Grundbesitzern gab, die die Atmosphäre der Postensucherei in St.

Petersburg verachteten und es vorzogen, in Moskau oder auf ihren eigenen Besitzungen zu leben.

Dieser absichtliche Verzicht auf Begabungen, die man dringend benötigte, wurde nicht stillschweigend hingenommen. In den frühen sechziger Jahren unternahmen Männer mit Vermögen und gutem Willen einen beharrlichen, aber gänzlich unkoordinierten Vorstoß: Sie wollten Alexander dazu bewegen, die Voraussetzungen zu schaffen, die es ihnen ermöglichen sollten, ohne materielle Vergütung an den Regierungsgeschäften teilzunehmen. Jeder Versuch stieß auf glatte Ablehnung.

Alexander hatte seinen Standpunkt schon während des Kampfes um die Bauernbefreiung klargestellt. Damals hatte der Adel von Twer darauf bestanden, zu Problemen im Zusammenhang mit einem zu erwartenden Aufruhr seine eigenen Ideen kundzutun, und wegen dieser Unverschämtheit wurde der Twerer Adelsmarschall nach Wjatka verbannt. Das lag auf einer Linie mit der Politik des Zaren, der entschlossen war, eine öffentliche Diskussion der vorgesehenen Emanzipation nur dann zuzulassen, wenn die örtliche Durchführung der vom Zaren vorgeschriebenen Richtlinien zur Debatte stand. Die Twerer Gutsbesitzer jedoch ließen sich nicht einschüchtern. Kurz nach der Bekanntmachung des Emanzipationsmanifests waren sie über die Unruhe unter den Bauern und die Zwistigkeiten zwischen Gutsbesitzern, Bauern und Bürokraten über die Verteilung von Land und über Einzelheiten der Ablöse und Vergütung so bestürzt, daß eine größere Abordnung von ihnen, insgesamt dreizehn, unter ihnen der ganz und gar nicht revolutionäre Bruder des Anarchisten Bakunin, eine Botschaft an den Kaiser richtete, die er in ihrer radikalen Humanität als glatte Herausforderung nehmen mußte.

Das Gesuch vertrat die Ansicht, daß die Probleme so komplex seien und so viele Menschen aller Schichten beträfen, daß es nur einen Weg gebe, sie friedlich und konstruktiv zu lösen: die Einberufung einer Versammlung von gewählten Abgeordneten, ohne Rücksicht auf Rang und Stand. Ferner wurde vorgeschlagen: Da alle Untertanen des Zaren jetzt freie Menschen seien, so müßten alle in den Augen des Herrschers gleich sein, müßten der gleichen Vorrechte und der gleichen Pflichten eines vollwertigen Staatsbürgers teilhaftig werden. Vor allem sei es eindeutig ungerecht, daß die ganze Bürde der Steuer auf dem Arbeiter lastete, während der Hochadel und die Gutsbesitzer fast unbehelligt blieben: »Sire, wir empfinden es als eine Todsünde, solche Vorteile auf dem Rücken anderer zu genießen. Es ist wirklich eine ungerechte Einrichtung, wenn ein armer Mann einen Rubel zahlen muß, während ein Reicher nicht eine Kopeke geben muß. Das mag vielleicht in den Tagen der Leibeigenschaft toleriert worden sein. Aber jetzt macht man uns zu Parasiten und Drohnen ... Wir ersuchen Eure Majestät untertänigst, uns zu erlauben, einige Steuern zu übernehmen ...«[1]

Die Unterzeichner dieser beachtenswerten Deklaration – die einen Aspekt der vorrevolutionären russischen Gesellschaft aufzeigt, der bis heute nicht genügend untersucht worden ist –, alles Männer mit Vermögen und aus guter Familie, mußten eines bald feststellen: Obwohl sie glaubten, besondere Vorrechte zu genießen, standen sie in einer Hinsicht mit dem Untersten im Lande auf gleicher Ebene – auch für sie gab es keine Redefreiheit. Alle dreizehn wurden auf des Zaren Befehl festgenommen und kurz in der Peter-und-Paul-Festung eingesperrt. Alexander, anstatt Gott zu danken, daß es unter seinen treuen Untertanen einige gab, die erpicht darauf waren, an der Erneuerung des Landes teilzunehmen, war erbost. Auch waren die Adeligen aus Twer nicht die einzigen Übeltäter. Forderungen nach einer Nationalversammlung waren aus vielen anderen Provinzen nach St. Petersburg gedrungen; doch keine war so radikal. Der neue Innenminister, Graf P. A. Walujew, der Nachfolger des alten Graf Lanskoj, gab ein Rundschreiben heraus, das noch einmal generell die in Sachen Emanzipation bereits etablierten Richtlinien festlegte: Alle Versammlungen der Adeligen mußten ihre Beschlüsse und Empfehlungen auf Angelegenheiten beschränken, die ihre eigenen örtlichen Bedürfnisse betrafen; unter keinen Umständen durften sie über Angelegenheiten, die die Regierung des Landes als solche betraf, Meinungen äußern oder Empfehlungen abgeben. Das war im März 1862. Es war eine Ohrfeige für alle jene, die außerhalb des Hofes und der Bürokratie versuchten, auf eigene Kosten an der besseren Verwaltung Rußlands teilzunehmen.

Ein Verhängnis lag über den sechziger Jahren der Reformen. Die ersten Jahre dieses Jahrzehnts bedeuteten einen Wendepunkt in mehr als einer Hinsicht. Damals wurde nicht nur die Intelligenzschicht dem Staatswesen entfremdet, auch die Reformen im Kielwasser der Emanzipation wurden abgeschwächt. Einen erregenden Augenblick lang hatte es so ausgesehen, als würde die Bauernbefreiung die Einrichtung einer parlamentarischen Regierungsform ankündigen. Aber das Ende des Konfliktes war noch nicht abzusehen. In der Sonderkommission, die den Entwurf für eine lokale Verwaltungsreform erstellen sollte, gab es hitzige Debatten; Walujew erhob seine Stimme. Hier hatte er es nicht mit Außenseitern zu tun, sondern mit Beamten und Ministern, unter denen manche den Semstwos größere Macht und Autonomie geben wollten, als der Zar oder Walujew es für richtig fanden: »Wenn man den Semstwos eine Stimme in den Reichsangelegenheiten zubilligte, so würde dies die Auflösung der zentralen Macht des Reiches bedeuten und deren Verteilung auf vierzig oder fünfzig Stellen. Damit wäre die soziale Ordnung und das gesamte kaiserliche System Gefahren preisgegeben, die jedem offensichtlich sein müssen.«

Wohl das letzte Wort in dieser Angelegenheit sprach der Zar selbst, im Januar 1865. Nach der Verabschiedung des Semstwo-Gesetzes stimmte die Adelsversammlung des Bezirks Moskau in überwältigender Mehrheit (6236 zu 36) für die Verfassung eines formellen Gesuches an den Zaren

mit der Bitte um Einberufung einer Nationalversammlung von gewählten Abgeordneten aus ganz Rußland, die sich der Bedürfnisse des Staatsganzen annehmen sollte. In einer solchen Nationalversammlung, die der Adel mit den besten Leuten aus seiner Mitte beschicken würde, sah man die logische Vollendung der großen Regierungsreformen. Und wieder antwortete der Zar im Zorn. In einem eisig gehaltenen Bescheid an Walujew tat er seinen Willen kund. Die Angelegenheit der Reform betreffe den Zaren und sonst niemanden. Keine Gruppe oder Klasse sei berechtigt, im Namen anderer zu sprechen. Im Klartext hieß das: Der Zar, und nur der Zar, könne (durch seine Minister) Entscheidungen für das allgemeine Wohl treffen. Alle Versuche anderer Personen, den Lauf der Dinge zu beeinflussen, würden es ihm nur erschweren, seine gewünschten Ziele zu erreichen: »In keinem Fall können sie damit die Verwirklichung des Vorhabens, das sie bezwecken mögen, fördern.«[2]
Alexander stand mit dieser leidenschaftlich vertretenen Haltung nicht allein da. Paradoxerweise wurde er nicht nur von den Walujews, sondern auch von vielen der resoluten Reformatoren unter seinen Ministern und Beamten unterstützt. In Wirklichkeit war Walujew keineswegs das Ungetüm, das die radikale Intelligenzschicht in ihm sah. Er war ein aalglatter, gewandter Funktionär mit Koteletten, der sich auf eine subtile Art der Schmeichelei verstand, der eine klare Einsicht in die Notwendigkeit von Reformen in allen Regierungsbereichen hatte, dem aber die Prinzipientreue abging, die seinen Vorgänger Graf Lanskoj ausgezeichnet hatte. Es wäre ihm nicht im Traum eingefallen, seinem Herrscher öffentlich zu widersprechen; aber er fand nichts dabei, geheime Intrigen zu spinnen, um die Absichten seines Herrn zu durchkreuzen, wenn es den Anschein hatte, sie könnten die Macht der Bürokratie schwächen. Er wollte geliebt und respektiert werden, und bei all seinem Zynismus war er stolz darauf, daß er den Idealismus derjenigen – besonders der Jugend – verstand und achtete, deren unpraktischen und warmherzigen Forderungen entgegenzutreten seine traurige Pflicht war. Korolenko gibt in seiner Autobiographie ein hervorragendes und sehr komisches Bild von Walujew in Aktion, wie er darangeht, eine Versammlung von Universitätsstudenten so zu bezaubern, daß sie glauben, er wäre auf ihrer Seite.[3]
Walujew – und das ist gewiß nicht zuviel gesagt – war ein Politiker, der vom Typ her in Rußland völlig neu war. Unter seinen Vorgängern hatte es ein paar aufgeschlossene Aristokraten gegeben, die sich dem öffentlichen Dienst widmeten; aber die weit größere Anzahl waren Feldwebel in Feldmarschalluniform gewesen. Walujew selbst war ganz einfach ein zielstrebiger Politiker, der, um das Vertrauen seines Kaisers zu gewinnen, dieselbe Taktik anwandte, die seine westlichen Zeitgenossen anwandten, um das Vertrauen der Wählerschaft zu gewinnen. Nur darin war er ein Ungetüm.
Aber es waren nicht nur der Zar und Walujew, die sich gegen jegliche

Art einer Nationalversammlung stellten. Es gab tatsächlich ein bizarres und unausgesprochenes Bündnis zwischen den größten und mächtigsten Gutsbesitzern einerseits und den leidenschaftlichsten Reformern unter den Bürokraten anderseits. Die großen Magnaten, die, jeder auf seine Art, reich genug waren, um ohne ernstlichen Schaden den Verlust all ihrer Leibeigenen und eines großen Teiles ihres Landes zu verschmerzen, widersetzten sich jeder Art von Entwicklung, die ihren immer noch großen Einfluß im Lande schmälern konnte und ihren kleineren Nachbarn ein Stimmrecht geben würde. Die an der Reform arbeitenden Bürokraten waren überzeugt, daß jede Nationalversammlung von den Gutsbesitzern beherrscht sein würde, die weitere Reformen nicht zulassen würden. Zu Recht oder zu Unrecht hielten sie nicht viel von der Einstellung, die die Adeligen von Twer mit ihrem Ersuchen bewiesen hatten, man möge ihnen erlauben, Steuern zu zahlen. Offensichtlich war ein solcher Gemeinsinn nicht vorherrschend, aber die Tatsache, daß er überhaupt existierte, ließ eine jener tiefschürfenden Veränderungen der Gefühlslage ahnen, die in anderen Ländern zu gewichtigen Konsequenzen geführt haben. In Rußland kam es zu nichts. Der Adel war in immer zunehmendem Maße überzeugt, daß er der Gesellschaft gegenüber eine Verpflichtung hätte. Diese Überzeugung beruhte zum Teil darauf, daß gewisse Ideen, die von der stetig anwachsenden Intelligenzschicht propagiert wurden, ihren Weg in Adelskreise fanden; zum Teil nach dem Vorbild des Zaren selbst, der die Grundlage der Gesellschaft verändern wollte; zum Teil nach einem echten Bedürfnis paternalistisch denkender Gutsbesitzer, die jetzt, da sie nicht mehr automatisch als inoffizielle Obrigkeit der Leibeigenen fungierten, für sich eine neue Aufgabe suchten. Sie wurden kurz abgefertigt, zurückgewiesen, bedroht.

Wenn ich mich scheinbar übermäßig lang mit diesem unterschwelligen und gedämpften Konflikt in Sachen Nationalversammlung befasse, so deshalb, weil er einen kritischen Wendepunkt in der Entwicklung des kaiserlichen Rußland darstellt. Niemand konnte behaupten, daß eine Nationalversammlung, welcher Art auch immer, die in den sechziger Jahren des neunzehnten Jahrhunderts zusammengetreten wäre, sich zu einem richtigen Parlament entwickelt hätte. Das Stimmrecht hätte streng begrenzt sein müssen, seine Vollmachten fest umrissen, und so wäre die absolute Macht des Zaren nicht geschmälert worden. Der Zar hingegen wußte, daß er bei der Formulierung seiner Politik auf guten Rat angewiesen war und auf Unterstützung bei ihrer Durchführung. Durch die Errichtung einer Nationalversammlung hätte er von örtlich gebundenen, spezialisierten, derzeit brachliegenden Kenntnissen (von hellen Köpfen gar nicht zu reden) seinen Nutzen ziehen können. Er hätte damit ein Forum geschaffen, wo man Interessen und Ideologien, die einander widersprachen, offen hätte diskutieren können, wo man sich in parlamentarischer Praxis üben und einem immer breiteren Publikum die Probleme des Tages hätte nahebringen können. Er hätte damit eine Schule für politische Führer geschaffen, wo Männer und Ideen und Ambition ihre Vorstellungen realisieren und ihre Begabung an der Wirklichkeit hätten messen können. Nicht daß die Idee der Gründung einer Nationalversammlung eine unerhörte Majestätsbeleidigung gewesen wäre. Nikolaus hatte sie als solche betrachtet, aber Alexander I. hatte einst davon geträumt, und Alexander II. hatte bei verschiedenen Gelegenheiten erklärt, er würde sich sehr freuen, eine konstituierende Nationalversammlung ins Leben zu rufen, wenn dies nicht unweigerlich zum Zusammenbruch der Autorität und zum Ruin des Reiches führen würde. Er wurde in diesem einfältigen Glauben von Männern bestärkt, die es besser hätten wissen müssen. Nicht nur von den Walujews, die sich natürlich gegen jede angedrohte Verwässerung der Macht der Zentralbürokratie zur Wehr setzten, sondern auch von ernst zu nehmenden und fortschrittlichen Denkern und Reformern, deren Uneigennützigkeit und Gemeinsinn außer Zweifel standen.

So brachten Nikolaus Miljutin, einer der Hauptarchitekten des Emanzipationsgesetzes, und Juri Samarin, einer der fortschrittlichsten Slawophilen, heftige Argumente gegen eine Nationalversammlung vor. Warum? Miljutin, der von den Reaktionären als »rot« verschrien war und deswegen viel mitzumachen hatte, hätte doch mehr als alle anderen jeden möglichen Schritt zur Erweiterung der Regierungsbasis begrüßen müssen; Samarin, der in ernstliche Schwierigkeiten mit dem Zaren geraten war, weil er den übermäßigen deutschen Einfluß in der Regierung mißbilligte, hätte eigentlich jede Maßnahme begrüßen müssen, die die Sonderstellung von Hof und Bürokratie schwächte, welche beide von Männern von mehr oder weniger direkter deutscher Abstammung beherrscht wurden.

Die Gründe für ihren Widerstand gegen eine Nationalversammlung hatten mit Überlegungen dieser Art nichts zu tun. Es war die uralte russische Geschichte, daß die Besseren die Feinde der Guten sind. Wenn man die Macht des Absolutismus auf irgendeine Art einschränkt, so argumentierten sie, und an ihre Stelle eine privilegierte Gruppe setzt, so wird diese unweigerlich zu einer sich selbst verewigenden Oligarchie werden. Fast dreihundert Jahre früher, zur Zeit der Unruhen, hatten die Bojaren dies als das Hauptübel angesehen, das unter allen Umständen vermieden werden müsse; und so versäumten sie die Gelegenheit, eine Selbstregierung ins Leben zu rufen, und beschlossen die Wahl eines neuen Zaren, dessen Herrschaft ihnen die Gleichheit in der Unterwerfung bescherte.

Die hochintelligenten Theoretiker um die Mitte des neunzehnten Jahrhunderts dachten genauso. Der Tag würde kommen, davon waren sie überzeugt, da das Volk reif sein würde, seinen Anteil an der Regierung zu übernehmen; aber man müsse ihn hinausschieben, bis die ganze

Nation genügend Bildung besitze, um ihrer Rolle bei der Wahl einer wirklich repräsentativen Volksversammlung gewachsen zu sein. Sie fragten nicht, wie eine solche Bildung erreicht werden sollte, wenn nicht durch die allmähliche Ausweitung der regierenden Klasse und einer dementsprechenden allmählichen Ausweitung der Vorrechte wie der Pflichten.

Die allgemeine Neigung für eine autoritäre Regierung ging sehr tief und zeigte sich auf verschiedene Art und Weise. Im Sommer 1861 zum Beispiel finden wir unter den verschiedenen Manifesten, die in diesem Jahr auftauchten, Flugblätter zweier eher wirrer Träumer, N. V. Schelgunow und M. Michailow, die eine totale Ablehnung des bestehenden Systems predigten, gleichzeitig aber eine extrem slawophile Ablehnung aller westlichen Werte vertraten. Auch sie dachten in autoritären Begriffen. Der erbliche Zar sollte durch einen gewählten Zaren ersetzt werden, »einen einfachen Sterblichen, einen Mann der Scholle, der das Leben des Volkes kennt und vom Volk gewählt wird«.[4] Ein paar Jahrzehnte später sollte der exzentrische Philosoph Leontjew von einem Zaren träumen, der sich einer sozialistischen Bewegung voranstellte und diese führte.

Es soll damit nicht behauptet werden, daß alle intelligenten Russen so dachten; keineswegs, aber viele dachten so, und das Gefühl hinter der Überlegung war weit verbreitet und ist es noch heute – der Schriftsteller Alexander Solschenizyn, der so schrecklich unter der Tyrannei gelitten hat, vertritt immer noch Ideen, die den Vorstellungen, die unter Alexander II. so viel Unruhe erregten, nicht unähnlich sind. Nachdem sich Solschenizyn mit den Exzessen westlicher Demokratien auseinandergesetzt hat, blickt er zurück auf die russische Geschichte und kommt zu dem interessanten Schluß, daß bis zu Peter dem Großen die russische autoritäre Ordnung eine starke moralische Grundlage hatte, die sie nicht nur lebensfähig, sondern auch entwicklungsfähig machte. Vielleicht, meint er weiter, muß das russische Leben weiterhin autoritär bleiben.

*Es kommt ganz darauf an, was für eine Art von autoritärer Ordnung uns in Zukunft erwartet. Es ist nicht das autoritäre System an sich, das unerträglich ist, sondern die ideologischen Lügen sind es, die uns täglich aufgetischt werden. Nicht so sehr das autoritäre System ist von Übel als die Eigenmächtigkeit und Illegalität – die bloße Illegalität, in jedem Bereich einen Gebieter zu haben, der oft ungebildet und brutal ist und dessen Willen allein alles entscheidet. Ein autoritätes System bedeutet nicht unbedingt, daß Gesetze unnötig sind oder daß sie nur auf dem Papier existieren, oder daß sie die Vorstellungen und den Willen des Volkes nicht berücksichtigen...[5]*

Die Nationalversammlung wurde nicht einberufen. Der Zar allein sollte die Quelle aller Reformen sein, und diese sollten von Männern ausgearbeitet und durchgeführt werden, die er selbst ernannt hatte. Einige der Reformen waren radikal, weitreichend und dauerhaft; einige der Ernannten waren fähige Männer mit Charakter. Abgesehen von der Gründung der Semstwos, betrafen die größten und dauerhaftesten Reformen das Rechtswesen und das Heer. Rußland erhielt endlich ein unabhängiges Gerichtssystem, das auf der Gewaltentrennung beruhte und deren Handhabung eine Mischung aus der englischen und französischen Praxis war, wobei die französische überwog. Es scheint Alexander nie in den Sinn gekommen zu sein, daß er selbst mit der Einführung von Geschworenengerichten im Strafrecht und der Unabsetzbarkeit der Richter das absolute Prinzip kompromittierte. Er war jedoch in seiner Unschuld nicht allein. Auch die radikale Intelligenzschicht, die die neue Situation doch hätte ausnützen müssen, begriff nicht ihre volle Bedeutung, obwohl die Reformen überraschend schnell eine Berufsgruppe der Juristen schufen, zu der viele fähige und unabhängige Köpfe fanden, für die die Gesellschaft bis dahin keine Beschäftigung geboten hatte. Die Heeresreformen wurden von General Dimitri Miljutin, dem älteren Bruder Nikolaus Miljutins, konzipiert und dann auch im Laufe von mehr als einem Jahrzehnt mit erstaunlicher Weitsicht und Beharrlichkeit durchgezogen. Er war Berufssoldat, hatte auf der Krim gekämpft und brachte es 1862 einzig und allein aufgrund seiner Fähigkeiten zum Verteidigungsminister. Knapp vor seiner Ernennung erwarb er sich als Stabsoffizier in St. Petersburg die ausdrückliche Bewunderung des preußischen Gesandten – Otto von Bismarck, dessen Tätigkeit am Zarenhof, die ihm einen so gründlichen Einblick in die russischen Angelegenheiten gewährte, damals gerade zu Ende ging.
Miljutins erste große Tat war die Abschaffung der grausamsten und demütigendsten Formen der körperlichen Züchtigung (wie zum Beispiel Spießrutenlaufen, bis der Delinquent vor Erschöpfung und Schmerzen tot umfiel) bei der Armee. Das war 1863. Als nächstes verkürzte er die Dienstzeit von fünfundzwanzig auf sechzehn Jahre. Er hob das Niveau des Generalstabs, schuf die Position eines Stabschefs, trieb die Entwicklung der Rüstung voran, verbesserte das Sanitätswesen der Armee über alle Maßen und schuf eine Einteilung des ganzen Reiches in eigenständige Militärbezirke. Aber sein größter Kampf, der von 1863 bis 1874 dauerte, galt der Einführung der Allgemeinen Wehrpflicht, die sich bis dahin (seit den Gutsbesitzern durch die Aufhebung der Leibeigenschaft die Machtbefugnis entzogen worden war, Männer zum Dienst in der Armee abzukommandieren) auf Bauern und Arbeiter beschränkt hatte. Das Wehrpflichtgesetz vom 1. Januar 1874 war ein Triumph über die vererbten

Interessen der Privilegierten, die sich mit verständlicher Verbitterung zur Wehr setzten; die Sprößlinge aristokratischer Familien auf einer Ebene mit Bauern!

Aber sie kamen nicht darum herum. Alle jungen Männer von zwanzig Jahren waren dienstpflichtig, mit Ausnahme gewisser erbarmungswürdiger Fälle, was nichts mit gesellschaftlicher Stellung zu tun hatte, obwohl sie meist die Armen betrafen, die Eltern oder Großeltern unterstützen mußten. Jede Militärzone mußte jährlich eine vorgeschriebene Anzahl von Wehrpflichtigen stellen, die durch Wahl bestimmt wurden. Die Dienstverpflichtung belief sich auf sechs Jahre im Heer, neun in der Reserve und fünf in der Landwehr. Die Länge der Dienstzeit im Heer wurde je nach dem Bildungsgrad entsprechend verkürzt. Nur wer völlig ungebildet war, mußte die ganzen sechs Jahre dienen: Volksschulbildung verkürzte die Zeit auf vier Jahre, nicht abgeschlossene Mittelschulbildung auf drei, das Reifezeugnis der Mittelschule auf zwei, Universitätsstudium auf sechs Monate. Auf diese Weise war der Adel eindeutig bevorzugt, aber im Zuge der raschen Ausbreitung des Bildungswesens hatten Knaben der armen Schichten zunehmend die Möglichkeit, irgendeine Art von Mittelschulbildung zu erwerben, und die Gescheitesten kamen an die Universität. Das wichtigste war, daß das Heer durch eine völlig neue Einstellung zu diesem Beruf verändert wurde. Es war typisch für den gefühlsbetonten Komplex von Widersprüchen, der die Reformen Alexanders II. umgab, daß intelligente und fortschrittliche Soldaten wie General Barjatinskij, der Eroberer des Kaukasus, hartnäckigsten Widerstand gegen Änderungen leisteten, die sich nur zum Vorteil auswirken konnten.

Neben Miljutin gab es noch andere hervorragende Männer, von denen noch viele jung waren: Dimitri Miljutin selbst war erst fünfundvierzig, sein Bruder Nikolaus dreiundvierzig. Graf M. K. Reutern, im Jahre 1861 einundvierzig, Finanzgenie und leidenschaftlicher Reformer, wurde Finanzminister; ihm gelang es, eine einheitliche Finanzkontrolle aller Ministerien durchzusetzen und das erste Staatsbudget zu erstellen. Baron N. A. Korff, noch keine dreißig, folgte Blüdow als Chef der Zweiten Sektion der kaiserlichen Kanzlei, die für die Ausarbeitung der Gesetze verantwortlich war, während der damals schon über siebzig Jahre alte Blüdow, ein engagierter Reformer, Präsident des kaiserlichen Rats wie des Ministerrats wurde. Alle diese Männer blickten in die Zukunft, und besonders Reutern und Korff hatten im Kampf für die Ausweitung der Kompetenzen und der Verfügungsgewalt der Semstwos Walujew harte Sträuße geliefert. Aber der eindrucksvollste aller dieser neuen Männer war A. V. Golownin, Anfang der Vierzig, der Licht und Leben in das Unterrichtsministerium brachte.

Die Situation im Unterrichtsministerium zeigt am deutlichsten die eigenartige, fast unverständliche Unberechenbarkeit, man möchte fast sagen die Inkonsequenz der Reformbewegung.

Im Jahre 1853, am Vorabend des Krimkriegs, wurde der unbeschreibliche Schirinskij-Schichmatow von einer wesentlich menschlicheren, aber keineswegs starken Persönlichkeit abgelöst, A. S. Norow, der viele seiner Ideen von dem früheren Leibeigenen Nikitenko übernahm und dem es gelang, sich bei den besseren Universitätsprofessoren Respekt zu verschaffen. Für die Schulen aber tat er viel zuwenig, und als der Krieg vorbei war, übernahm ein Mann, der kein Beamter war, die Führung der Reformbewegung: N. I. Pirogow, der Chirurg, der sich in der Krim bis zum Umfallen dafür eingesetzt hatte, einen halbwegs funktionierenden Sanitätsdienst einzurichten.

Unglaublich, woher dieser bemerkenswerte Mann die Energie nahm, einen Kreuzzug für eine klassenlose Schulbildung auf breiter kultureller Basis zu führen, wo an die Stelle des Auswendiglernens die Entwicklung der Persönlichkeit treten sollte. Aber er tat es und warf sich im Alter von sechsundvierzig Jahren auf eine neue Laufbahn, stets im harten Schlagabtausch mit der Reaktion. Am Ende erlag er den Intrigen seiner Feinde, bevor er vollenden konnte, was sein großes Monument werden sollte: die Gründung der Universität von Odessa.

Pirogow wurde ein Opfer des Rückschlags von 1861, und obwohl Golownin ihn 1862 rehabilitierte – man vertraute ihm eine Gruppe junger Wissenschaftler an, die vor ihrer Berufung an russische Universitäten noch im Ausland studieren sollten –, hatte er sein bestes Werk getan. Seine Arbeit aber wurde von K. D. Uschinski weitergeführt, auch er ein Mann von bemerkenswerten, wenn auch weniger glanzvollen Fähigkeiten. Uschinski, ein Beamter im Unterrichtsministerium, stand ebenfalls unter dem Einfluß Nikitenkos; mit sechsunddreißig wurde er im Jahre 1860 Chefredakteur des Amtsblattes des Ministeriums, das er in eine Zeitschrift von großem Einfluß verwandelte, die ganz offen neue Ideen diskutierte. Begeistert von dem Traum, einem ganzen Volk, das aus den Fängen der Sklaverei befreit war, eine Bildungsmöglichkeit zu bieten, glaubte er wie Pirogow an ein System, das die Schüler zu Menschen machen sollte. Beide Reformer erkannten die Wichtigkeit einer naturwissenschaftlichen Ausbildung, aber beide waren vom leidenschaftlichen Glauben an den belebenden Einfluß der humanistischen Bildung besessen: Pirogow legte das Hauptgewicht auf die Klassiker, Uschinski auf das Studium der russischen Sprache.

Die Ideen dieser beiden Männer und vieler anderer, die ähnlicher Gesinnung waren, wurden unterstützt, kodifiziert und offiziell in die Praxis umgesetzt durch Golownin, der gerade in dem Augenblick auftauchte, als alles verloren schien. Der anständige, aber unzulängliche Norow wurde in direkter Auswirkung der Sommerunruhen von 1861 durch Admiral Putjatin ersetzt, einen Seemann mit politischen Ambitionen, der vom Unterrichtswesen keine anderen Vorstellungen hatte, als rebellierende Studenten einzuschüchtern. (Er sollte bald darauf seine wahre Berufung als harter Verhandler im Interesse der russischen Expansion im Orient finden.) Einige der bedeutendsten Universitätsprofessoren traten aus Protest zurück, und selbst Alexander kam zu der Überzeugung, daß ein flexibleres Verhalten am Platze sei. Golownin, selbst Universitätsprofessor, erhielt seine Chance und griff mit beiden Händen zu. Seine großen Taten waren die Universitätsstatuten von 1863, die den Universitäten eine größere Autonomie brachten, als sie je gehabt, ja, sich je erträumt hatten; die Mittelschulstatuten von 1864 und die Volksschulstatuten von 1865, beide zusammen ein großer Schritt vorwärts in Richtung auf die Schaffung von Bildungsmöglichkeiten für alle und ebenso in Richtung auf die Säkularisierung der Dorfschulen, die nach Auffassung des Heiligen Synods zu dessen Bereich gehörten.

Einen aufschlußreichen Einblick in die Stimmung, die im Unterrichtsministerium unter Golownin herrschte, zeigt eine Auseinandersetzung zwischen Golownin und Innenminister Walujew über den Unterrichtsversuch des Grafen Leo Tolstoj in Jasnaja Poljana. 1862 beauftragte Walujew aufgrund von Informationen, die er erhalten hatte, eine diskrete Untersuchung der Aktivitäten Tolstojs, der damals bereits ein bewunderter und berühmter Schriftsteller war, aber »Krieg und Frieden« noch vor sich hatte. Die Untersuchung wurde durchgeführt und der Bericht dem Unterrichtsministerium überreicht. Von dort kam er mit der Bemerkung an Walujew zurück, die Unterrichtstätigkeit von Graf Tolstoj verdiene Hochachtung, und das Unterrichtsministerium sehe es als seine Pflicht an, dem Grafen zu helfen und ihn zu fördern, auch wenn es nicht alle seiner Ansichten teilte. »Eine einfache, unbeschwerte und unabhängige Beziehung zwischen Lehrer und Schüler herzustellen; gegenseitige Zuneigung und gegenseitiges Vertrauen zu fördern; Lehrstunden ohne Zwang und Auswendiglernen; die Schule in eine Art Familie zu verwandeln, in der der Lehrer als Vater gilt: was könnte wünschenswerter und für alle vorteilhafter sein?«[6]

Es war typisch für Tolstoj, daß er keine Ahnung hatte, daß im Ministerium Beamte mit einer humanen und fortschrittlichen Auffassung an das Erziehungsproblem herantraten und alles taten, um ihre Ideen in die Praxis umzusetzen. Ebenso typisch für ihn war, daß er jedes Bildungskonzept, das auch nur um Haaresbreite von seinen eigenen kompromißlosen Grundsätzen abwich, durchaus ablehnte. Es war typisch für die radikalen politischen Rebellen unter der Intelligenzschicht (die von Tolstoj auch verachtet wurden), daß sie, anstatt die Bemühungen Golownins und seiner liberalen Untergebenen zu begrüßen, in ihm einfach den Feind sahen, einen Teil des offiziellen Systems, das zu vernichten sie entschlossen waren. Die Revolutionsbewegung wurde ausgerechnet in dem Moment geboren, als das Werk eifriger Reformer sehr deutliche Spuren im System zu hinterlassen begann. Es war typisch für Rußland, daß es trotz all seiner Rückständigkeit manchmal der übrigen Welt voranging.

Die Gründer der russischen Revolutionsbewegung hatten ihr wahres Format erst außerhalb Rußlands erlangt; zu ewiger Verbannung verdammt, kämpften sie, auf sich allein gestellt, für die Sache des internationalen Sozialismus. Tonangebend waren die zwei Freunde Michael Bakunin und Alexander Herzen, beide Aristokraten, aber unendlich verschieden in Temperament und Mentalität. Bakunin wurde für den Westen der Inbegriff des Revolutionärs, strahlend, mutig, apokalyptisch, unverantwortlich, unmöglich festzunageln und einzuordnen. Am stärksten wirkte sein Einfluß auf das Gedankengut der russischen Radikalen in den Moskauer Kreisen der dreißiger Jahre, bevor er ins Ausland ging und seine extreme Position bezog. Im Revolutionsjahr 1848 wurde sein Name in ganz Europa bekannt. Bei den leisesten Anzeichen von antiautoritären Aktivitäten erschien Bakunin, eine Art Einmann-Sturmtruppe, flößte Mut ein und predigte radikale und gewaltsame Aktionen, seine riesige und exhibitionistische Gestalt immer in der vordersten Linie. Da war er in Prag und predigte den Böhmen Widerstand gegen Wien, nützte aber die Stunde, um darauf hinzuweisen, daß die einzige Rettung in der Vereinigung aller Slawen unter russischer Führung läge; im nächsten Augenblick war er in Dresden, wo er zusammen mit dem jungen Richard Wagner lauthals gegen den König von Sachsen demonstrierte und vorschlug, die Revolutionäre sollten sich der Sixtinischen Madonna bemächtigen und sie vor sich hertragen – keiner würde es wagen, auf dieses Heiligenbild zu schießen. Die österreichischen Behörden lieferten ihn an den Zaren aus, der ihn in die Peter-und-Paul-Festung einliefern ließ und später nach Sibirien verbannte. 1859 gelang ihm über Japan seine spektakuläre Flucht nach Amerika; Bakunin wurde zu einer lebenden Legende. Aber in seinen Ansichten gab es keinen Zusammenhang. Als Anarchist, der an die totale Vernichtung aller existierenden Systeme glaubte, bevor man die neue Welt planen, geschweige denn bauen könne, war er auch Sozialist; als Sozialist sagte er auch einen unmittelbar bevorstehenden blutigen Bauernaufstand in Rußland voraus. Es war erstaunlich, daß er mit Karl Marx, dem Systematiker, auch nur fünf Minuten lang zusammenarbeiten konnte, aber so war es tatsächlich – bis die Erste Internationale an den Unstimmigkeiten zwischen den beiden Männern zugrunde ging. Während seiner letzten Jahre in Genf hegte dieser leidenschaftliche Exzentriker den Glauben, daß er Führer und Fanal der neuen jungen Generation der russischen Revolutionäre sei, mit denen er in Wirklichkeit überhaupt keinen Kontakt hatte und die er nicht verstand. Die letzte Narretei dieses Riesen im Niedergang bestand darin, daß er Netschajew (wir werden ihm später kurz begegnen) unterstützte, einen destruktiven Psychopathen mit winzigem Gefolge, der nach Genf kam und Bakunin überzeugen konnte, daß er eine enorme revolutionäre Organisation hinter sich hatte, die nur auf den Tag wartete. Im Innersten seines Herzen wußte Bakunin, daß es nicht stimmte, aber seine endgültige Enttäuschung, die er bis zur elften Stunde aufschob, hatte fast tragische Ausmaße. Das ereignete sich Anfang der siebziger Jahre. Das Leben war an ihm vorübergegangen. Die jungen Russen hatten es längst aufgegeben, zu ihm als Führer aufzublicken (er war nicht imstande, irgend jemand vernünftig zu führen, und war immer unfähig dazu gewesen: er konnte nur zu Gewalttaten aufwiegeln), aber der Eindruck seiner Persönlichkeit war so groß, seine Riesengestalt so romantisch, sein Naturell so ungestüm, daß ihn ein Glanz umgab, der nie verlosch; und in diesem Sinn war er eine fortdauernde Inspiration.

Auch Alexander Herzen war seit 1848 dazu verurteilt, im Ausland zu leben. Er war 1847 nach Paris gegangen, nachdem er von seiner Verbannung in die Provinz nach Moskau zurückgekehrt war und beim Tod seines Vaters ein beträchtliches Vermögen geerbt hatte. Er kam gerade am Vorabend der großen revolutionären Umwälzung im Westen an. Berauscht nicht nur von dem Schauspiel eines Europa, das sich erhob, um seine Ketten abzuschütteln, sondern für den Augenblick auch von der Mannigfaltigkeit und Reichhaltigkeit der europäischen Gesellschaft, verkündete er in begeisterten Tönen seine Überzeugung, die Befreiung der Menschheit stehe unmittelbar bevor. Schrecklich war seine Enttäuschung, als die Revolution in einem Land nach dem anderen im Sande verlief. Auch war er völlig kaltgestellt; nach Rußland konnte er nicht zurück, in Frankreich und Deutschland war er unerwünscht. Das Schauspiel einer selbstgefälligen und wohlhabenden Bourgeoisie, die sich auf den Trümmern der Volksrevolte niederließ, zusammen mit seiner typisch russischen Abneigung gegen die vernunftmäßige Scheinheiligkeit einer spießbürgerlichen Gesellschaft überzeugten ihn, daß es in Europa keine Rettung gäbe, während Rußland unter Nikolaus in dessen reaktionärster Phase darniederlag. Aber er nahm sich zusammen und begann seine beiden Meisterwerke zu schreiben, »Vom anderen Ufer«, das direkt durch den Fehlschlag der Revolution angeregt wurde, und »Meine Vergangenheit und Gedanken«. 1853 beendete er seine Wanderschaft und setzte sich in London zur Ruhe, wo er die Gründung der ersten russischen Oppositionsblätter, die je im Ausland erschienen waren, in Angriff nahm – die ersten Salven eines langen Streufeuers, das bis zum heutigen Tag anhält.

So war er nach dem Tod Nikolaus' I. bereit, aus der Ferne das Versprechen einer sofortigen Reform zu begrüßen und auszunützen. 1857 gründete er seine berühmte Zeitschrift »Die Glocke« (Kolokol), die in großen Mengen nach Rußland eingeschmuggelt wurde. Die nächsten vier Jahre war »Die Glocke« tatsächlich die Stimme des russischen Gewissens. Es waren die Jahre der Konflikte und der Gärung, die 1861 mit dem Emanzipationsmanifest endeten; und »Die Glocke« tat mehr, als nur das Denken der Radikalen und Reformern jeglicher Gesinnung zu beeinflussen und aufzuklären und zu läutern. Sie wurde auch von Ministern und hohen Beamten gelesen, ja sogar, wie man vermutet, vom Zaren selbst. Das war nicht so paradox, wie man meinen möchte, denn Herzen, obwohl voller sozialistischer Ideen, war im Grunde genommen ein menschenfreundlicher Pragmatiker; er war ein Reformer, der nur zögernd zum Revolutionär wurde, als er durch die Ereignisse überzeugt wurde, daß radikale Reform von der Abschaffung des Systems abhing. Er hatte nichts von der destruktiven Begeisterung Bakunins; im Gegenteil, er schreckte vor Gewalt zurück. Er war ein Denker und ein Träumer, und dazu ein Mann der Tat; im Westen wäre er ein liberaler Politiker geworden. Als er glaubte, daß Alexander sich ernstlich der Reform widmen würde, war er bereit, ihn mit der ganzen Kraft seiner Persönlichkeit zu unterstützen und Lob zu zollen, wem Lob gebührte. Gleichzeitig war er unermüdlich in seiner Verdammung von Unrecht, Korruption und jedem Mißbrauch der Macht. So ist es kaum eine Übertreibung, wenn man sagt, daß in gewisser Hinsicht »Die Glocke« ein Gehilfe der Regierung wurde. Immer wieder kam es vor, daß Mißbrauch und Exzesse, die auf ihren Seiten aufgezeigt wurden, die hohe Amtsgewalt aufrüttelten und zu Untersuchungen und Maßnahmen veranlaßten.

Einige Zeit lang waren die extremsten der jüngeren Radikalen, eine neue Generation, bereit, Alexander seinen echten Willen zur Reform zu glauben. Aber als der Kampf um die Emanzipation sich dahinschleppte und der Zar eine offene Diskussion nicht zuließ, wurden sie verbittert. Noch vor Bekanntwerden der Einzelheiten des Emanzipationsgesetzes begannen sie sich zu fragen, wie sie sich je zum Glauben hatten verleiten lassen, unter dem Absolutismus sei echte Reform möglich. Der arme Herzen schien ihnen jetzt als abgetakelter Liberaler, der ihrer Zeit nichts mehr zu sagen hatte, und die Entfremdung zwischen dem großen alten Verbannten und den neuen Fahnenträgern des Fortschritts wurde verschärft, als Herzen selbst sie in der »Glocke« mit der Anschuldigung angriff, daß sie durch ihren kompromißlosen Extremismus direkt in die Hände des Absolutismus spielten. Unter den Gemäßigten blieb er einige Zeit noch eine verehrte Persönlichkeit, aber 1863 büßte er aufgrund seiner mutigen Verteidigung der rebellischen Polen die Sympathien all jener rechtschaffenen russischen Liberalen ein, in deren Träumen von einem zukünftigen Zeitalter des Weltfriedens kein Platz für ein freies Polen war. Herzens Zeit war vorbei. Er selbst verlor seine Orientierung; verachtet von den »neuen Männern«, den Gemäßigten entfremdet, gänzlich vom Westen enttäuscht, verfiel dieser begabte und feinfühlige Intellektuelle, der die natürliche Brücke zwischen der russischen und der westlichen Denkungsart hätte sein können, wie so viele andere Zeitgenossen in eine fast mystische Verehrung des russischen Bauern, des künftigen Lichts der Welt. Wie es Turgenjew ausdrückte, war er gezwungen, »die Erlösung in einem Schafspelzmantel« zu suchen.

Die neuen Männer waren ganz anders. Die einflußreichsten waren N. G. Tschernischewskij und N. A. Dobroljubow, die in einem früheren Kapitel als Erben und Verdreher von Belinskijs Lehre von der Notwendigkeit, die Kunst der Politik zu unterstellen, kurz erwähnt worden sind. Zwischen diesen beiden war ein ziemlicher Altersunterschied: Tschernischewskij war siebenundzwanzig, als Alexander den Thron bestieg, Dobroljubow erst neunzehn. Aber gemeinsam lieferten sie einen unauslöschlichen Beitrag zur Entwicklung des russischen revolutionären Denkens.

Beide waren Söhne orthodoxer Priester, wie so viele der Revolutionäre in künftigen Jahren. Als ehemalige Seminaristen ließen sie einen angeborenen Puritanismus in ihre ästhetische Ablehnung der Religion einfließen. Beide begrüßten anfänglich die erhofften Reformen des Zaren, wandten sich jedoch um so schärfer gegen den Absolutismus, als der Kampf um die Emanzipation sich hinzog und der Zar entschied, daß die öffentliche Diskussion ein Ende nehmen müsse. Ihr Hauptsprachrohr war die bemerkenswerte kritische Zeitschrift »Der Zeitgenosse« *(Sowremmenik)* von N. A. Nekrasow, der, an sich ein Dichter, überdies ein genialer Chefredakteur war und ein hartnäckiger und perfekter Gegner der Zensur. Seiner Begabung für taktische Kompromisse haben eine ganze Generation russischer Schriftsteller und ihre Leser unendlich viel zu verdanken – noch hundert Jahre später Solschenizyn und Genossen bis zu Konstantin Twardowskij, auch er ein Dichter und Herausgeber der »Neuen Welt« *(Nowi Mir)*, das Gegenstück zum »Zeitgenossen« im zwanzigsten Jahrhundert.

»Der Zeitgenosse« war Puschkins ehemalige Zeitschrift, die unter harmlosen und mittelmäßigen Redakteuren bis 1846 durchhielt. Dann wurde sie von dem damals fünfundzwanzigjährigen Nekrasow übernommen, der sie durch die schweren Jahre der Reaktion nach dem Revolutionsjahr 1848 steuerte und bei Alexanders Regierungsantritt bereit stand, um die radikalsten Ideen zu lancieren. Er war der letzte, dem man es zumutete, daß er die Rolle eines Helden in dem Kampf um das Gute übernehmen würde. Berühmt und berüchtigt für seinen extravaganten und losen Lebenswandel, war er einer der ersten intellektuellen Bohemiens in Rußland, mit einer Leidenschaft für Glücksspiele und Saufereien, die einem jungen Gardeoffizier alle Ehre gemacht hätte. Und schließlich siegte dieser Zug der Schwäche in ihm. Als 1866 der notorische Henker General Murawjew nach Karakosows Anschlag auf das Leben des Zaren die Leitung der Untersuchungen übernahm und versuchte, die ganze Schar der Radikalen mit hineinzuziehen, konnte Nekrasow zwar nicht den »Zeitgenossen« vor dem Untergang retten, wohl aber sich selbst, indem er eine geschmacklose Ode an Murawjew als Retter des Reiches dichtete.

Trotz alledem war er besessen von einer echten humanitären Leidenschaft, einem Abscheu vor Unterdrückung, Mitgefühl für das Leid und einer beharrlichen Entschlossenheit, alle guten Kämpfer in Sachen der

Reform unter seine Fittiche zu nehmen. Er liebte auch die Literatur. Seine eigenen Gedichte fanden erst lang nach seinem Tode die ihnen gebührende Anerkennung, aber er war erstaunlich frei von Neid und griff jedes leiseste Zeichen literarischer Begabung auf, nährte und unterstützte es. Er hatte ein gutes Auge. Er hat das Verdienst, 1847 den jungen Turgenjew und 1852 den noch jüngeren Tolstoj entdeckt zu haben. Das »Tagebuch eines Jägers« wurde zuerst im »Zeitgenossen« abgedruckt, wie ebenfalls »Kindheit, Knabenalter und Jugend«. Aber der Ton seiner Zeitschrift änderte sich gegen Ende der fünfziger Jahre, als Tschernischewskij und Dobroljubow ihre sture Kampagne begannen, um die Literatur zur Sklavin der Politik zu machen. Turgenjew war von ihnen teils abgestoßen, teils fasziniert. Tolstoj verachtete sie. Schließlich war es soweit, daß Nekrasow, den niemand als Künstler ernst nahm (er war ihr Herausgeber, ihr Zahlmeister, ihr Schutz gegen die Zensur), der aber die Literatur liebte und verstand, eine Zeitschrift herausgab, die sich der Vernichtung dieser Literatur widmete. Im »Zeitgenossen« nämlich veröffentlichte Dobroljubow, unerbittlich in seiner jugendlichen Arroganz, Monat für Monat jene außerordentliche Serie von Artikeln über zeitgenössische Meisterwerke – Turgenjews »Am Vorabend«, Gontscharows »Oblomow«, Ostrowskijs »Gewitter« etc. –, in der er die großen Meisterwerke der Literatur zum Kanonenfutter im Kampf gegen den Absolutismus machte, indem er die politischen Ideen hervorhob, die darin enthalten waren oder die er in sie hineinlas, und das Künstlerische überging. Dobroljubow starb 1861 im Alter von – es ist schwer zu glauben – fünfundzwanzig Jahren. Tschernischewskij lebte viel länger, die meiste Zeit im Exil. Er wurde 1862 in den Unruhen nach der Emanzipation festgenommen, verbrachte zwei Jahre in der Peter-und-Paul-Festung und wurde dann nach Sibirien abgeschoben, zuerst ins Gefängnis, dann zu fast lebenslänglicher Verbannung im entferntesten Nordosten. Sanft, freundlich, eine Stahlbrille auf der Nase, benahm er sich mit unwandelbarer Würde, ohne eine Spur von Heroismus. Er war ganz und gar nicht das, was man sich unter dem wahren Vater des Bolschewismus vorstellt; aber so war es. In der Festung schrieb er sein berühmtestes Werk, den fast unlesbaren Roman »Was tun?«, der die Ankunft eines neuen Typs des Revolutionärs feiert: hart, brutal, der Sache völlig ergeben, schlau, unversöhnlich. Und die Frage, die er aufwarf, sollte weitere vierzig Jahre lang diskutiert und debattiert werden, bis Lenin, in bewußter Bezugnahme auf Tschernischewskij, seine eigene Polemik unter demselben Titel schrieb – und selbst die schreckliche Antwort darauf.

**4**

Es war ein Dichter, nicht ein Verfasser von Flugblättern, der zu einer Zeit, als es noch im Werden begriffen war, es als erster unternahm, das Wesen jenes Elements in der russischen revolutionären Bewegung gesondert zu untersuchen und zu verstehen, das am Ende vorherrschen und Erfolg haben sollte. Dieser Dichter war Turgenjew. Wie schon erwähnt, konnte er Tschernischewskij und Dobroljubow nicht ausstehen. (»Sie sind eine Schlange!« sagte er eines Tages zu Tschernischewskij, »aber Dobroljubow ist eine Klapperschlange.«) Gleichzeitig aber waren sie auf seiten der Guten, und sie waren jung. Tolstoj, der zwanzig Jahre später, nach Vollendung von »Krieg und Frieden« und »Anna Karenina«, den Sinn der Kunst mit der ganzen Autorität seines unvergleichlichen Rufes leugnen sollte, reagierte so heftig auf Dobroljubow und Tschernischewskij, daß er zu einer Zeit, als die ganze russische Intelligenz an nichts anderes denken konnte als Reformpolitik, zum Verfechter des *l'art pour l'art* wurde. Turgenjew, Künstler durch und durch (1883, auf seinem Totenbett, schrieb er an Tolstoj, den »großen Schriftsteller Rußlands«, und bat ihn, zur Kunst zurückzukehren), Turgenjew sah sich gezwungen, mit diesen zornigen, bigotten jungen Männern zu sympathisieren oder zumindest sie zu verstehen, obwohl ihre lebensverneinenden Doktrinen ihn fast physisch schmerzten.

Aus dieser Spannung heraus entstand im Frühjahr 1862 der Roman »Väter und Söhne« mit der epochalen Studie des wissenschaftlichen Revolutionärs Basarow, dem neuesten der neuen Männer. Basarows eisige und unabänderliche Überzeugung, daß nichts auf dieser Welt einen Wert habe, wenn man es nicht wägen und messen könne; daß humanitäre Ideale nichts als sentimentale Bequemlichkeit seien; daß vage liberale Bestrebungen der Verachtung nicht wert seien, daß die ganze Gesellschaftsstruktur verworfen und vernichtet werden müsse, damit spätere Generationen auf einer neuen wissenschaftlichen Basis aufbauen könnten: das alles versetzte die russische Intelligenz in Aufruhr und löste einen Sturm gegen Turgenjew aus, dessen Echo ihn für den Rest seines Lebens – und sogar bis ins Grab verfolgen sollte. Basarow, der meinte, daß die kleinste neue Entdeckung auf dem Gebiet der Chemie mehr wert sei als die ganze Kunst, der die Analyse der Gesellschaft so betrieb wie ein Biologe, der einen Frosch seziert, wurde zum Propheten und zum Symbol. Für ihn erfand Turgenjew das Wort »Nihilist«, das alsbald ein Stigma oder ein Schlachtruf werden sollte. Der arme Turgenjew wußte kaum, wohin er sich wenden sollte. Einige Gemäßigte lobten ihn dafür, daß er die brutale Roheit der neuen Radikalen aufdeckte; andere griffen ihn an, weil er sie viel zu sympathisch schilderte. Die meisten neuen Radikalen lehnten es ab, sich in Basarow wiederzuerkennen; sein totaler Agnostizismus schien ihren Idealismus zu leugnen, und bitter waren ihre

Vorwürfe, Turgenjew habe, wie sie behaupteten, eine häßliche Karikatur geschaffen.

Aber die Dinge änderten sich so schnell, daß es noch neuere neue Männer gab, die das Etikett »Nihilist« aufgriffen und es stolz trugen. Der erste von ihnen war D. I. Pisarew, der erst zweiundzwanzig war, als »Väter und Söhne« herauskam, und der zwar nicht für den »Zeitgenossen« schrieb, sondern für ein Konkurrenzblatt namens »Das russische Wort« *(Russkoje Slowo)*. Später in diesem stürmischen Jahr sollte er, wie so viele andere, festgenommen werden und vier Jahre Gefängnis erhalten. 1868 kam er dann bei einem Badeunfall ums Leben. Pisarew war kein Plebejer oder Priestersohn, wie so viele seiner radikalen Zeitgenossen, sondern der Sohn eines wohlhabenden Gutsbesitzers. Trotz seines beißenden Nihilismus und der Tatsache, daß er die Doktrin der Kunst als Politik zu neuen Extremen führte, hatte er in seiner Art etwas Anziehendes und in seinen Ansichten eine relative Flexibilität und eine scharfe Auffassungsgabe. Hätte er länger gelebt, so wäre er sehr wohl ein Mann geworden, mit dem man hätte rechnen müssen – vielleicht wäre er ein pragmatischer und vernünftiger Wegweiser geworden, der kommenden Generationen von Revolutionären so schmerzlich fehlte. Mit zweiundzwanzig war er stolz darauf, so erklärte er, als Nihilist angesehen zu werden, und stolz darauf, sich Basarow als Vorbild zu nehmen. Und tatsächlich hatte er etwas, das den Tschernischewskijs und den Dobroljubows fehlte, das Turgenjews eigene besorgte Bestrebungen rechtfertigte, die engagierte Jugend zu verstehen, während er ihre Methoden in Frage stellte und ihr Benehmen verabscheute.

Das Bild, das von dem Zustand der russischen Intelligenz Anfang der sechziger Jahre entsteht, ist daher äußerst verworren. Es brodelt und schäumt vor Leben. Die Tage, als noch eine Handvoll aristokratischer Reformer mühselig mit ein paar gescheiten, verarmten Studenten aufgeputzt wurde, waren vorüber. Die neue Bourgeoisie wuchs an Stärke und Zahl. Das künstlerische und kulturelle Leben der großen Städte entwikkelte ebenfalls ein Eigenleben. Und es gab bereits ein wichtiges kulturelles Element, das, wenn auch kritisch dem Absolutismus gegenüber, der radikalen Jugend gegenüber noch kritischer war. Die konservativen Reformatoren, deren Symbol der Journalist Michael Katkow war, der jetzt sowohl Turgenjew als auch Tolstoj in seinem »Russischen Boten« *(Russki Westnik)* abdruckte, fanden ihre Interessen im Status quo vertreten. Und das Gefühl einer russischen Identität, das dreißig Jahre vorher durch Tschaadejews selbstzerfleischende Aufdeckung der russischen Schwächen vorweggenommen worden war und sich in den einander widersprechenden Idealen der Westler und der Slawophilen herauskristallisierte, begann sich einerseits in eine totale Verneinung des gesamten Systems zu verhärten, andererseits in einen wachsenden Nationalismus, der seinen frühen und reinsten Ausdruck zuerst in Tolstojs »Krieg und Frieden«

fand, dann in der wunderbaren und plötzlichen Blüte der großen Komponisten, um dann zu einem immer schrilleren Chauvinismus auszuarten, der seinen Höhepunkt 1877 im Krieg mit der Türkei erreichte.

Die Veröffentlichung von »Väter und Söhne« bedeutete daher mehr als die Dramatisierung eines neuen Abschnitts im Kampf gegen den Absolutismus als solchen: sie bedeutete die endgültige Trennung zwischen Reform und Revolution. Von nun an mußte, wer Radikaler war, in immer stärkerem Maße die gewaltsame Änderung predigen. Es war der Anfang eines langen Prozesses, in dem immer mehr Liberale, die die Gewalt verabscheuten und von den Exzessen der Revolutionäre zurückschreckten, sich dennoch aus Schuldgefühl heraus veranlaßt sahen, solche Exzesse zu tolerieren, ja sogar aktiv zu unterstützen: die Revolutionäre waren verbohrt, ihre Methoden waren bedauerlich, aber letzten Endes waren sie auf seiten der Guten, und sie waren mutig, ihrer Sache ergeben und zielstrebig bis zum Tod. Wie konnte man sie verdammen? Es war eine Einstellung, die bis zum endgültigen Umsturz beibehalten werden sollte. Was sollte ein wohlmeinender, an Reformen interessierter Mensch tun? Der Absolutismus wollte nichts von ihm wissen und verweigerte ihm jede nützliche Teilnahme an einer verantwortungsvollen Regierung, außer auf dem Niveau des örtlichen Semstwo. Sollte er da den Eifer derer verdammen, die die Revolution predigten, weil es keinen anderen Weg gab? Und während der Großteil der Liberalen einerseits durch zögernde Sympathie mit den Revolutionären geschwächt wurde, bröckelte er anderseits durch den Abfall vieler ab, die genötigt waren, ihre Billigung des Systems dadurch zu rechtfertigen, daß sie es als letzten Ausweg mit dem Geist des heiligen Rußland gleichsetzten.

Das war Rußland. Das war die damalige Zeit. In jenen Jahren, der ersten Hälfte der sechziger Jahre, wurden alle Hauptrichtungen des künftigen revolutionären Denkens mehr oder weniger fruchtlos entworfen, sozusagen aus dem Nichts gegriffen. Sie reichten vom idealistischen Populismus, der seine Rettung im russischen Bauern suchte (der für diesen Zweck natürlich durch städtische Intellektuelle ausgebildet werden mußte), wurden erstmals dargelegt in dem Programm eines jungen Regierungsbeamten, Serno-Solowjewitsch, dessen Geheimorganisation »Land und Freiheit« durch seine Verhaftung 1862 aufgelöst wurde, bis zum Jakobinertum des »Jungen Rußland«, das die Ideen des gehenkten Dekabristen Pestel wiederaufleben ließ.

Bis zum Jahre 1866 behielt Alexander II. einen klaren Kopf und ließ sich nicht in eine systematische Unterdrückung der Universitäten hineintreiben, wie dies seine konservativen Ratgeber verlangten. Aber diese Art der Zurückhaltung genügte nicht. Der Zar führte den Vorsitz über die Verhaftung, die Einkerkerung und die Verbannung aller, die bei aufrührerischer Tätigkeit ertappt wurden oder auch nur unter Verdacht standen, etwas damit zu tun zu haben. Er hätte sich mit ihnen gar nicht abzugeben brauchen. So aber sorgte der absolute Herrscher für eine nie abreißende Kette von Märtyrern und folglich für eine nie abreißende Kette von Jüngern dieser Märtyrer, die aus Protest zu Verzweiflungstaten getrieben wurden.

Die erste Verzweiflungstat, das erfolglose Attentat auf Alexander durch den ehemaligen Studenten Karakosow im Jahre 1866, brachte das Faß zum Überlaufen. Angesichts des vorsätzlichen Königmordes mußte der Zar zugeben, daß diejenigen, welche für Unterdrückung plädiert hatten, recht gehabt hatten. Und er fand sich von der allgemeinen Meinung unterstützt, die heftig gegen die Intelligenzschicht als Ganzes reagierte. Die Spitzen dieser Reaktion waren der alte Freund des Zaren, Graf Peter Schuwalow, der zum Vorstand der Dritten Sektion ernannt wurde, Graf Dimitri Tolstoj, der den liberalen Golownin im Unterrichtsministerium ersetzte, und General F. F. Trepow, der die Agenden Fürst Suworows als Generalgouverneur von St. Petersburg übernahm. Es war dieser Trepow, der sich einen so grausigen Ruf schuf, daß sechzehn Jahre später, als ihn die Terroristin Vera Zasulitsch anschoß und verwundete, die Geschworenen sich weigerten, sie zu verurteilen.

Die Reaktion war eigentlich gar nicht so grausam in ihrer Repression. Im Vergleich mit der Situation unter Nikolaus war sie sehr zahm. Sogar Graf Tolstoj, den man als den Inbegriff eines bildungsfeindlichen Schinders hassen sollte, war weit davon entfernt, ein solcher zu sein. Sicher fürchtete er Ideen und betrachtete nicht ohne Grund die Universitäten Golownins als Brutstätten gefährlicher und subversiver Gedanken. Er schrieb es der neuen Begeisterung für die Naturwissenschaften zu (Basarows Frösche) und reorganisierte den Stundenplan sowohl der Gymnasien und der Universitäten, um diese Wissenschaften auszuschalten und die Klassiker in den Vordergrund zu rücken. Aber er war immer noch der Meinung, nicht leidenschaftlich (er war vom Temperament her ein kalter und trockener Mensch), aber mit vernünftiger Überzeugung, daß Bildung in einem rückständigen Land von Wichtigkeit sei, und wendete ungeheure Mühe dafür auf, arbeitete intensiv und erhöhte die Anzahl der Schulen beträchtlich, besonders der Volksschulen.

Aber das, was unter Nikolaus vielversprechend gewesen wäre, war unter Alexander ein Rückschritt. Die radikale Intelligenzschicht hatte keine Absicht, rückschrittlich zu werden oder auch nur stehenzubleiben. Indem sie einen Tolstoj angriffen, als sei er der Teufel selbst, stärkten sie bloß Männer wie Graf Schuwalow, der jetzt ein Hans Dampf in allen Gassen und imstande war, einerseits den Tolstojs so weit Angst einzujagen, daß sie ihre Strenge noch verschärften, anderseits die Bemühungen der nicht doktrinären Reformer, deren Liberalismus er haßte, zu unterbinden – Männer wie General Miljutin, der damals an seiner großartigen Heeresreform arbeitete.

Und es waren nicht nur die Radikalen, die die Reaktionäre in ihrer Opposition gegen ordnungsgemäße Reform unterstützten. Gemäßigte Liberale mit den besten Vorsätzen der Welt begannen bereits jenes fatale Spiel – Verfolgung von Einzelinteressen, Streitsucht; Spaltung; die hoffnungslose Unfähigkeit, kleine Zwistigkeiten zu begraben, um Einheit in wesentlichen Fragen zu erzielen –, das in künftigen Jahrzehnten das bezeichnende und verderbliche Merkmal aller Reformbewegungen sein sollte – und auch der revolutionären Parteien, bis in Lenin ein Mann kam, der stark und entschlossen genug war, seine eigenen Interessen bei seinen streitenden Kollegen durchzusetzen und alle, die sich ihm widersetzten, zu vernichten.

# XII Frieden im Ausland, Wohlstand zu Hause

I

Die Zeit der großen Reformen brachte den Höhepunkt des russischen Absolutismus als schöpferische Kraft. Revolutionen von oben fanden später keine mehr statt. Während der nächsten fünfzig Jahre hielt die Dynastie nur das fest, was sie bereits erreicht hatte, und griff nur fallweise in das Drama ein, das von Kräften inszeniert wurde, die sie nicht mehr kontrollieren konnte: die Bürokratie; imperialistische Soldaten; die aufkommende Klasse der kapitalistischen Unternehmer; nationalistische oder panslawistische Journalisten oder Agitatoren; der Wirklichkeit entfremdete Reformer; Revolutionäre, die sich der Zerstörung verschrieben hatten – sie alle, und noch andere dazu, agierten in einem Kraftfeld, dessen Hintergrund eine verstockte Bauernschaft und ein schnell heranwachsendes Proletariat bildeten.

Alexander II. war der intelligenteste aller Romanows und außerdem der humanste. Aber seine Intelligenz reichte nicht aus, sich dazu zu zwingen, sich mit der Frage der Rolle des Herrscherhauses in einer sich rasch verändernden und zunehmend komplexen Welt auseinanderzusetzen. Selbst wenn er seine Grenzen gekannt hätte, ganz zu schweigen von den Grenzen der russischen Wirtschaft, wäre die Aufgabe, die sich ihm stellte, selbst für den stärksten Autokraten zuviel gewesen. Die großen Reformen allein waren eine Lebensaufgabe für einen Mann. Berücksichtigt man noch, daß er unter dem Zwang stand, seinem Land den Anschluß an das Zeitalter des Stahls und der Eisenbahn zu ermöglichen und den ihm zustehenden Platz unter den Großmächten zurückzugewinnen, so war die Aufgabe gigantisch. Aber Alexander schien nicht fähig, seinem Reich eine Atempause zu gönnen, in der es Gelegenheit gehabt hätte, seine internen Probleme zu überdenken und in Ordnung zu bringen, seine Zahlungsfähigkeit wiederherzustellen und für die weitere Entwicklung einen Katalog der Prioritäten auszuarbeiten, während man die Großmachtambitionen zurückschraubte. Alles mußte auf einmal gemacht werden, und nichts wurde ordentlich gemacht.

Der Krimkrieg, der einerseits aufgezeigt hatte, daß etwas faul war an dem System, hatte gleichzeitig bewiesen, daß Rußland gegen eine Invasion gefeit war. Nichts auf der Welt hätte es davon abhalten können, sich nach innen zu kehren und alle Bemühungen und Sachmittel darauf zu konzentrieren, die Zustände zu verbessern. Aber Alexander fand keine Ruhe. Sogar in seiner Jugend war seine echte Sorge für das Wohlergehen des russischen Volkes von einem Hang zu wilden Abenteuern begleitet: Er war es gewesen, der 1851 seinen Vater dazu überredet hatte, Graf Murawjew-Amurski offizielle Unterstützung zu gewähren, als dieser an der chinesischen Grenze, an der Mündung des Amur, die russische Fahne aufpflanzte. Jetzt, wo es darauf ankam, sich einzuschränken, das Vorhandene zu konsolidieren und mit allen Mitteln die rasche wirtschaftliche Entwicklung voranzutreiben, fing er eine Reihe von Eroberungen in Asien an – oder ließ es zu, daß seine Diplomaten und Heerführer damit anfingen. Durch diese Expansion wurden die leeren Weiten Sibiriens um weitere riesige Flächen fast menschenleerer Wildnis vergrößert, während in Zentralasien ein Gebiet von der Größe West- und Mitteleuropas dazukam, das von Moslems bewohnt war. Damit verärgerte er die Chinesen, alarmierte die europäischen Mächte, belastete in gefährlichem Maße die Volkswirtschaft und wies sein Land auf den Weg, der in späteren Jahren dazu führen sollte, daß die Russen gegenüber den von ihnen unterworfenen Völkern zahlenmäßig in die Minderheit gerieten.

Neben Alexander gab es nur zwei Männer, deren Amt es ihnen gestattete, den ganzen Bereich zu überblicken, dem der Zar vorstand – und auch sie wurden sehr kurzgehalten. Das waren die Männer, die das Geld und das Heer zur Verfügung stellten, der Finanzminister, Graf Reutern, dessen größte Tat es war, die Finanzen aller Abteilungen zu zentralisieren, so daß zumindest ein Staatsbudget ausgearbeitet werden konnte, und der Verteidigungsminister, General Dimitri Miljutin. Alle anderen Ressorts versuchte Alexander ausschließlich in seiner Hand zu behalten: er war genauso gegen eine Kabinettsregierung wie sein Vater. Und paradoxerweise war es gerade dieses Ideal der persönlichen Herrschaft, die es stürmischen und ruhelosen Abenteurern ermöglichte, fast wie souveräne selbständige Kriegsherren vorzugehen. Wären nämlich Graf Murawjew-Amurski als Generalgouverneur von Ostsibirien oder General Kaufman, der außerordentlich fähige, aber aggressive Eroberer und Generalgouverneur von Turkestan, einem ganzen Kabinett von Ressortministern verantwortlich gewesen, so hätten sie ihre sämtlichen Aktionen rechtfertigen und die meisten zumindest vorher überlegen müssen. Aber sie waren nur dem Zaren Rechenschaft schuldig; und der Zar war viel zu beschäftigt, um zu wissen, was sie gerade unternahmen. Sie handelten zuerst und berichteten nachher. Und mit all seiner Intelligenz und Humanität konnte Alexander sich nur geschmeichelt fühlen von den herrlichen Trophäen, die sie ihm ständig zu Füßen legten.

Er war natürlich ein Märtyrer; ein Märtyrer einer Idee. Human, aber nicht gerecht; hartnäckig, aber nicht stark: von Natur aus ein Opfer des

Schicksals. Die Lungenschwäche, die ihn in seiner Jugend fast umgebracht hatte, blieb ihm sein ganzes Leben. Er wurde von einem asthmatischen Husten gequält und geschwächt. Er bestand darauf, an Hofbällen teilzunehmen, auch wenn er um Luft ringen mußte. Er war überzeugt, daß dies das Kreuz war, das ein Zar eben tragen müsse. Aber wenn es nicht Asthma gewesen wäre, so wäre es eben etwas anderes gewesen. Er war der letzte, der alleinstehen konnte, aber er hatte keine wirklichen Freunde. In seiner Jugend hatte er sich zu sehr auf seinen Lehrer Schukowskij verlassen; in den ersten Jahren seiner Regierung konnte er sich Kiseljew, dem alten Liberalen, anvertrauen. Aber obwohl er mit seinen Altersgenossen gerne Karten spielte und plauderte, hatte er unter ihnen keinen Vertrauten. Sogar Graf Peter Schuwalow mußte sich in acht nehmen mit dem, was er sagte, und wurde schließlich degradiert, weil er seine Zunge nicht im Zaum hielt.

Worüber Schuwalow zu offen gesprochen hatte, war die eigenartige Bindung des Zaren zu der Fürstin Katharina Dolgorukaja. Es soll hier nicht das Privatleben der Zaren ausgeschrotet werden. Es war kein Anlaß, die Mätressen Nikolaus' I. zu erwähnen: wohl aber ist es notwendig, von Katharina Dolgorukaja zu sprechen, denn Alexanders Beziehung zu ihr beleuchtet nicht nur seinen eigenen Charakter, sondern hatte auch direkten Einfluß auf den Charakter und das Benehmen seines Nachfolgers, Alexanders III.

Alexander II. war siebenundvierzig, als er sich 1865 Hals über Kopf in Katharina verliebte, die genau dreißig Jahre jünger war als er. Sie war außerdem sein Mündel. Sie gehörte einer Familie an, die so alt war wie die Romanows und deren Schicksal mit der Dynastie verwoben war. Ihr Vater, Fürst Michael, war nach einem wüsten, extravaganten Leben früh gestorben und hatte ungeheure Schulden hinterlassen. Alexander übernahm die Vormundschaft über seine Kinder. Die beiden Mädchen wurden in die Smolni gesandt, das berühmte Pensionat für adelige Töchter; gegründet von Katharina der Großen, lag es oberhalb der großen Newaschleife neben dem großartigen Waisenhaus, einer Stiftung der Zarin Elisabeth, das von Nonnen geleitet wurde. Es stellte sich heraus, daß Alexander sich bereits lebhaft für Katharina interessierte, als sie noch in die Schule ging. Schon mit fünfzehn entwickelte sie sich, wie allgemein berichtet wird, zu einer Schönheit von ganz besonderer Art – strahlend blond, aber mit sehr dunklen Augen. Sie war auch beunruhigend erwachsen: zurückhaltend, ernst, verschlossen, mit einem Wort rätselhaft, faszinierend rätselhaft für jene, die Rätsel lieben, aber ärgerlich für jene, die nichts dafür übrig hatten. Das Geheimnis dieses speziellen Rätsels ist bis zum heutigen Tag nicht aufgedeckt worden.

Alexander, wie sein Vater, hatte einige Mätressen gehabt; seine Ehe war längst schal geworden, und der Hof war im großen und ganzen auf seiner Seite: Er fand die einst heißgeliebte Zarin als zum Widerspruch reizende

Mischung von kalter Förmlichkeit und subversiven Attitüden. Aber die Dolgorukij-Affäre war etwas anderes und wurde allgemein mißbilligt. Katharina mag sich absolut diskret benommen haben, aber sie war so in sich verschlossen, daß niemand auch nur die geringste Ahnung hatte, was sie dachte oder fühlte oder was ihre Ziele und Ambitionen waren, und ob sie überhaupt welche hatte. Praktisch wurde dieses Kind, das seine jüngere Tochter hätte sein können, zu Alexanders einziger Vertrauten, – zuerst lebte sie in der einen oder anderen von einem halben Dutzend verschiedener Villen, in Zarskoje Selo, in Peterhof, in Jalta, später in ihren eigenen Räumen im Winterpalast selbst. Alexander hatte ihr gesagt – niemand wußte es –, er betrachte sie vor Gott als seine Frau, und Gott segnete diese erhabene Bindung mit vier Kindern. (1880, in der Aufregung nach dem Bombenattentat auf den Zaren, übersiedelte die ganze Familie in den Winterpalast.) Katharina, die weltlichem Prunk ganz entsagte, mag in dieser Hinsicht tatsächlich wie eine Heilige gewesen sein, aber es war offensichtlich, daß die glanzvolle Welt ihre Beziehung in dem ärgsten Licht sah und sie als einen unheilvollen Einfluß betrachtete. Dieses Urteil schien bestätigt, als einige Jahre später die Zarin starb und Alexander die Fürstin innerhalb von vier Monaten heiratete. Es war natürlich eine morganatische Ehe, aber Alexander war entschlossen, Katharina sehr bald zur Kaiserin krönen zu lassen. Dies wäre auch geschehen, wenn er selbst nur etwas länger gelebt hätte.

Diese ganze Sache richtete beträchtlichen Schaden an, Schaden für das Land wie für die Krone. Jene, die es sich sehr überlegt hätten, bevor sie die liberale Politik des Zaren ablehnten, konnten sich jetzt als die Loyalsten der Loyalen ausgeben, die sich nur gegen den schlechten Einfluß der Dolgorukaja wehrten. Gleichzeitig untergrub der Anblick des absoluten Herrschers, der sich vor einem jungen Ding erniedrigte, den Respekt, den man ihm zollte. Es brachte auch künftige Schwierigkeiten mit sich. Sein Sohn und Nachfolger, der künftige Alexander III., nahm ihm die Demütigung seiner Mutter bitter übel, ganz zu schweigen von der Art, in der sein Vater das Ansehen der Krone in den Augen der Welt herabgesetzt hatte. Da er sich gegen das persönliche Betragen seines Vaters stellte, stellte er sich auch gegen seine liberale Politik und war daher eher geneigt, die leidenschaftlichen Ausbrüche seines Lehrers, des schrecklichen und verhängnisvollen K. P. Pobedonoszew, gegen den Zeitgeist auf sich wirken zu lassen.

Wie erwähnt, war Alexander nicht stark genug, um alleinzustehen. In den frühen sechziger Jahren war er nicht imstande, seine nachlassende Leidenschaft für seine Gattin in eine tiefe und trostreiche Kameradschaft umzuwandeln. Er mußte vergöttert werden; leichte Affären hatte er satt. Aber es hatte in seinem Leben einen steten und dankbaren Mittelpunkt gegeben: in der Gestalt seines Sohnes und Nachfolgers, des Großfürsten Nikolaus, der Ansätze zu einem intelligenten, einsichtsvollen und aufgeklärten Monarchen zeigte. Leider hatte Nikolaus, von seinen Brüdern wie auch seinen Eltern heiß geliebt, keine kräftige Konstitution. Er hatte sich gerade mit der dänischen Prinzessin Dagmar verlobt (der Schwester der legendär schönen wie dummen Alexandra, der künftigen Königin von England), als er starb. Sein Vater war völlig gebrochen. Die ganze Tragödie spielte sich in einer Atmosphäre übersteigerter Gemütserregung ab. Auf dem Totenbett bat Nikolaus seinen jüngeren Bruder, Dagmar an seiner Stelle zu heiraten. Mit Bestürzung im Herzen – er liebte eine andere – nahm es der zwanzigjährige Alexander auf sich. Man kann sich vorstellen, welch emotionsgeladene Stimmung im kaiserlichen Haushalt herrschte. Eine Zeitlang wußte der Zar keinen Ausweg. Seiner Gemahlin entfremdet, fand er in dem einzigen Heim, das er kannte, den kaiserlichen Gemächern, die wie eine Insel der Behaglichkeit in dem enormen, klirrenden Glanz des Winterpalasts eingebettet waren, keinen Trost. Der Sohn, auf den er seine ganze Hoffnung gesetzt hatte, war plötzlich tot, und der neue Nachfolger, obwohl durchaus anständig und ehrlich, war schwerfällig und teilnahmslos. Der arme Alexander II. lebte in einer Art glänzender Leere zwischen seinem Arbeitszimmer und der mönchischen Kargheit seines Schlafraums mit dem Feldbett (diese spartanische Schlafgewohnheit hatte er von seinem Vater geerbt und teilte sie mit seinem Zeitgenossen Franz Joseph I. in Wien). Und in diese Leere trat auf wunderbare Weise dieses erstaunlich schöne, fügsame, ihm in ernster Anbetung ergebene und entschlossene Wesen, das ihn schon seit längerer Zeit bezaubert hatte. Sie, nur sie, konnte ihm ein neues Leben schenken. Großfürst Nikolaus starb im Alter von 22 Jahren in Nizza; und im selben Jahr, 1865, kam Alexanders verzehrende Leidenschaft für das Mädchen, das seine Tochter hätte sein können, zum Durchbruch. Es ist seltsam, daß Alexanders Zeitgenossen diesen offensichtlichen Zusammenhang ganz übersehen haben. Doch diese Zeitgenossen haben recht, wenn sie das Urteilsvermögen des Zaren, seine Selbstkontrolle wie seine Kontrolle über die Staatsgeschäfte in Frage stellten. Und dieses Privatleben, das viel zu sehr in sein öffentliches Leben übergriff, in die gewaltigen Probleme, die zu lösen er bestellt war, dieses Privatleben hätte belangloser nicht sein können.

2

Dieser Mangel an Urteilsvermögen, an instinktiver Ausgeglichenheit hatte sich bereits auf verschiedene Weise bemerkbar gemacht – nicht zuletzt in dem unverhältnismäßig großen Aufwand an Energie und Geldmitteln im Dienste imperialistischer Expansion. Nach dem Krimkrieg hatte Alexander keine Möglichkeit, Rußlands Bedeutung in Europa zum Tragen zu bringen, solange nicht das eigene Haus bestellt war (dazu gehörte auch die Reorganisation der Armee) und solange nicht die Zeitläufe eine Verschiebung des europäischen Gleichgewichts mit sich gebracht hatten.

Alexander verstand dies sehr wohl und machte keine Anstalten, die Sache zu forcieren. Was er freilich nicht begriff: Dadurch, daß er leichte Erfolge in Kolonialkriegen förderte, vergeudete er gerade das Potential, das seine Minister aufzubauen trachteten. Und was seine Zurückhaltung in europäischen Angelegenheiten betrifft, so entging ihm die historische Bedeutung dessen, was sich in Preußen ereignete – Preußen, von dem man lange Zeit hindurch gleichsam als selbstverständlich annahm, es sei Rußlands einziger verläßlicher Freund. Von 1859 bis März 1862 war Preußen am Zarenhof durch einen bemerkenswerten Mann vertreten, Graf Otto von Bismarck-Schönhausen, der bald darauf (seit Oktober 1862) als preußischer Ministerpräsident ein Hauptanreger des Wandels werden sollte. Während seines Aufenthaltes in St. Petersburg verfaßte Bismarck, der ein paar Jahre älter als Alexander war, eine genaue und tiefschürfende Studie über russische Sitten und Verhältnisse. Zwei Jahre später führte diese Untersuchung zu einem konkreten Ergebnis: Als Bismarck 1864 daranging, in seinem großen Spiel um die Vorherrschaft Preußens über Deutschland den ersten Zug zu tun (ein Unternehmen, mit dem er die Hegemonie Österreichs brach, das sich dann seinerseits auf dem Balkan schadlos zu halten versuchte), da wußte er, wie er Rußland für seine eigenen Zwecke benützen und es doch weiterhin als Freund erhalten könne. Kurz, Bismarck benützte Rußland in seiner erfolgreichen Kampagne, das Gleichgewicht Europas ins Wanken zu bringen, indem er ein mächtiges deutsches Reich unter den Hohenzollern gründete. Alexander war, nach dem österreichischen »Verrat« während des Krimkrieges, so voller Ressentiments gegen Wien, daß er die potentiellen Gefahren einer Konstellation übersah, die schließlich zur Vernichtung der alten europäischen Ordnung führen und auch das Ende der Romanows, Habsburger und Hohenzollern bringen sollte.

Alexander war über Preußens Haltung während des Krimkrieges nicht erfreut gewesen; von einem Alliierten konnte man mehr erwarten als nur strikte Neutralität. Aber er war sich über Preußens Schwäche im klaren, und wenigstens hatte sich König Friedrich Wilhelm IV., im Gegensatz zu dem viel stärkeren falschen Freund Franz Joseph von Österreich, an seine Neutralität gehalten. In den Beziehungen zwischen den beiden Ländern kam es bald wieder zu der alten Herzlichkeit. Und als 1859 Österreich bei Solferino von den vereinten Streitkräften Napoleons III. und Viktor Emanuels von Sardinien aufs Haupt geschlagen wurde und Preußen sich weigerte, Österreich zu Hilfe zu kommen, da konnte Franz Josephs Empörung über Preußen nicht größer sein als Alexanders Schadenfreude über die österreichische Demütigung.

Drei Jahre später – Bismarck saß nun fest im Sattel und war im Begriff, die Dinge zu beschleunigen – hatte Rußland noch mehr Grund, Preußen dankbar und ergeben zu sein. 1862 explodierte wieder einmal das polnische Pulverfaß, und als Rußland sich bald von überallher beschimpft, von manchen Seiten sogar bedroht fand, war Preußen sein einziger Freund und Parteigänger.

Das sollte der letzte Akt in der Vernichtung Polens sein; er endete mit Massenmord auf beiden Seiten, mit der Deportierung von mindestens hunderttausend Polen nach Sibirien und mit der Tilgung des Namens Polen von der Landkarte. Das kleine Königreich von Polen, eine Gründung des Wiener Kongresses, hörte auf zu bestehen und wurde zu einer russischen Provinz, dem Weichselgebiet, degradiert.

Die Schwierigkeiten hatten sich langsam entwickelt. Nach der Unterdrückung der Revolte des Jahres 1830, unter der eisernen Hand von Paskjewitsch und der grausamen Politik der Russifizierung, herrschte Friedhofsruhe in Polen. Aber als Alexander II. auf den Thron kam, war er entschlossen, den Polen noch eine Chance zu geben, in der Annahme, daß sie seinen liberalen Schritt freudig begrüßen würden. Paskjewitsch wurde durch Fürst Michael Gortschakow ersetzt, den letzten Oberkommandierenden in der Krim, einen gütigen und braven Mann. Er verstand sich gut mit all jenen polnischen Aristokraten (und es gab viele von ihnen), die, von edlen oder niedrigen Motiven geleitet, bereit waren, aus dem Leben im Schatten St. Petersburgs das Beste zu machen. Politische Gefangene wurden freigelassen, Zivilgerichte ersetzten Militärgerichte, in den Schulen wurde wieder Polnisch unterrichtet und gesprochen. Aber dieser verhältnismäßige Liberalismus führte bald zur Forderung nach mehr. Anfang des Jahres 1861 wurden die Aristokratie und die Intelligenzschicht von einer neuen Welle des Nationalismus überschwemmt. Just in den Schulen, in denen Polnisch wieder zugelassen war, wurden die Kinder im Russenhaß erzogen. Anstatt sich ständig und vernünftig für weiterreichende Zugeständnisse einzusetzen und die bereits errungenen Zugeständnisse verantwortungsvoll zu genießen, schwelgten die Polen in unmöglichen Träumen. Ihre Reden wurden wilder, erneut wurde die Forderung nach totaler Unabhängigkeit gestellt und nach Rückgabe aller Ländereien, die Polen von Katharina weggenommen worden waren. Es schien, als sei rohe Gewalt die einzige sofortige Antwort. Der arme Gortschakow starb an Herzversagen – oder an gebrochenem Herzen. Ermutigt von Bismarck und dem neuen preußischen König Wilhelm I., sandte Alexander einen starken Mann, General N. O. Suchosanet, der so etwas wie eine Schreckensherrschaft einführte und das ganze Land unter Kriegsrecht stellte; von seinem brutalen Durchgreifen blieben auch Frauen und Kinder nicht verschont.

Alexander, der immer noch hoffte, sich ohne Gewaltanwendung durchzusetzen, war empört über diese Behandlung, als er davon hörte. Im späten Frühjahr 1862 wurde Suchosanet abberufen und der Bruder des

Zaren, Konstantin, der unerschütterlichste aller Liberalen, zum Vizekönig ernannt. Konstantin, der bereits eine so aktive Rolle in dem Kampf für die Emanzipation gespielt hatte, war ein sehr mutiger Mann. Er wurde angeschossen und verwundet. Aber er widersetzte sich dem Befehl seines Bruders zurückzukommen, und blieb mit seiner Frau in Polen. Mehr noch, er trat persönlich vor eine riesige, ihm feindlich gesinnte Menge und rief zur Vernunft und zur Beendigung des Blutvergießens auf. Den Ratschlägen seiner Generäle zum Trotz ließ er alle Zugeständnisse und Privilegien wiederaufleben, die Suchosanet gestrichen hatte, befreite die Bauern von ihrer Lehnspflicht den Gutsherren gegenüber und gab vielen Polen Posten in der Verwaltung. Es nützte alles nichts. Als einmal die Kämpfe ausbrachen, dauerte es fünfzehn Monate, bis die Ordnung wiederhergestellt war. Es kam zu keinen richtigen Schlachten wie im Jahre 1830, weil es keine reguläre polnische Armee gab, die die Rebellion hätte anführen können. Diesmal waren es endlose und oft entsetzlich grausame Partisanenkämpfe, bei denen auf keiner Seite Pardon gegeben wurde. Russische Truppen, vor allem die Kosaken und die Mongolen, die auf ihren struppigen Pferden Schrecken verbreiteten, töteten ohne Mitleid; die Greuel wurden noch verstärkt durch die Mordtaten der polnischen Bauern, die die Frauen und Kinder der Rebellen abschlachteten. Die Aufständischen wieder töteten auch russische Frauen und Kinder.

Und doch gab es auch Heldentum von großem romantischen Zuschnitt; und dort, wo nicht gekämpft wurde, gingen die russischen Behörden immer noch mit einer, gemessen an den heutigen Normen, fast unvorstellbaren Nachsicht und Großzügigkeit vor. Korolenko (seine Mutter, eine Polin, war mit einem halb in Polen ansässigen Ukrainer verheiratet, einem Provinzrichter im Dienst der Krone) gibt einen rührenden Einblick in das Durcheinander und die Verwirrung, den Terror und die Noblesse, die Erniedrigung und die erhabene Romantik dieser schrecklichen Monate.[1] Apolle Korzeniowski, der Vater des Schriftstellers Joseph Conrad, war ein extremer und verwegener polnischer Nationalist, ein Schriftsteller und Revolutionär mit einem ergebenen Gefolge. Er hätte 1863 gewiß an der Spitze der Revolte gestanden, doch zwei Jahre zuvor wurde er verhaftet und mit seiner Frau und dem vierjährigen Joseph in die Verbannung in die Wälder des Nordens geschickt. Seine Frau war zart; Schwindsucht setzte ein. Der Gouverneur von Wologda, der für ihre Sicherheit verantwortlich war, sorgte dafür, daß sie – auf Treu und Glauben, ohne Bewachung – nach Tschernigow in die Ukraine verlegt wurden; dort, nahe der Heimat, war das Klima viel günstiger. Der Gouverneur von Kiew, unter dessen Aufsicht sie nun waren, erbarmte sich Evelina Korzeniowskis und erlaubte ihr, zusammen mit ihrem Sohn auf längere Zeit auf das Gut ihres Bruders zu ziehen; eines jener vernünftigen und einflußreichen Polen, die, obwohl sie die russische Herrschaft haßten, der Meinung waren, daß ein gewaltsamer Aufstand nichts Gutes bringen

17 Truppen eröffnen das Feuer auf Demonstranten vor dem Winterpalast am 22. 1. 1905

18  Vor dem Winterpalast wartende Menge am Tag der russischen Kriegserklärung gegen Japan

K. P. Pobedonoszjew                M. T. Loris-Melikow

Graf S. J. Witte                   P. A. Stolypin

19  STAATSMÄNNER IM DIENST DES ZAREN

20 Zarin Alexandra von Rußland mit Großfürstin Olga auf dem
Schoß. Zar Nikolaus II. von Rußland, Königin Viktoria von England
und ihr Sohn Prinz of Wales, der spätere König Edward VII.

könne. Mit solch erstaunlicher Menschlichkeit behandelten hohe russische Staatsbeamte am Höhepunkt des Konflikts die Familie eines Rebellenführers![2]

Nach einem dreimonatigen Blutbad erklärte zu Ostern 1863 auch Alexander, unter westlichem Druck stehend, öffentlich eine Generalamnestie unter der Bedingung, daß die Rebellen ihre Waffen niederlegten. Sie trauten nicht der Ehre eines russischen Zaren, antworteten die Polen, und der Kampf zog sich ein weiteres grimmiges Jahr hin.

In diesem Jahr wurde die Lage durch das Verhalten der europäischen Mächte, besonders Frankreichs und Englands, noch verschärft. Alexanders Zögern und fast verzweifelte Bitten waren nicht bekannt oder wurden nicht zur Kenntnis genommen; man sah nur die Pranke des Gefangenenwärters oder einen finsteren, mächtigen Riesen, der, schrecklich in seiner Größe, einen tapferen und trotzigen David bedrohte. Mit demonstrativem und nicht ernst gemeintem Zuspruch ermutigten sie den selbstmörderischen Widerstand der Polen und verletzten gröblich den Stolz der Russen. Die Polen hatten sich an Napoleon III. gewandt, der sich stets voller Eifer als Verfechter der Freiheit der kleinen Nationen aufspielte. War er nicht für die Sache der italienischen Einheit gegen Österreich zu Felde gezogen? Er hatte nichts dergleichen getan: Er hatte Cavour unterstützt, um für sich Ruhm und für Frankreich Nizza und Savoyen einzuheimsen. In Osteuropa hatte Frankreich nichts zu gewinnen. Napoleon fühlte sich verpflichtet, kriegerische Töne von sich zu geben, und sei es auch nur, um die eigene öffentliche Meinung zu befriedigen. Aber er hatte keine Absicht, sich auf einen neuerlichen Krieg mit Rußland einzulassen. Frankreich und Österreich, und auch England, hatten bei den Friedensverhandlungen nach dem Fall von Sewastopol ihre Chance versäumt, Rußland auf Generationen hinaus zu lähmen. Österreich war jetzt, kaum weniger als Preußen, daran interessiert, den Status quo in Polen beizubehalten, unabhängig von den gespannten Beziehungen zwischen Wien und St. Petersburg.

Die Polen hatten sich auch an England gewandt, das Land der Freiheit, bekamen aber nur eine vage Antwort. Mit Protestnoten und lauten Verdammungsurteilen über die russische Brutalität war London sehr freigebig. Aber weiter wurde nichts getan. »Ein Krieg in Mitteleuropa«, erklärte Disraeli, »unter dem Vorwand der Wiederherstellung Polens ist ein allgemeiner Krieg und ein langer. Wenn er vorüber ist, wird die Landkarte von Europa ganz anders aussehen, aber ich zweifle, ob der Name Polen darauf aufscheinen wird.«[3]

Jeder hätte Alexander und Gortschakow sagen können, daß niemand für Polen zu Felde ziehen würde, aber – und das wirft ein Licht auf die Schwierigkeiten, denen sich selbst recht intelligente Staatsmänner gegenübersehen, wenn sie unter Druck entscheiden müssen, was sein könnte und was nicht sein kann – eine Zeitlang rechnete St. Petersburg ernstlich mit einer Kriegserklärung Frankreichs und Englands. Die Admiralität in St. Petersburg sandte mit eindrucksvoller Geheimhaltung und Eile ein beachtliches Flottenkontingent – jedes Schiff stach mit versiegelter Order einzeln in See – nach Halifax in Neu-Schottland, das im Falle einer Kriegserklärung Englands als Basis für einen Angriff auf die britische Schiffahrt im Atlantik ausersehen war.

Die ganze Aufregung brachte als Ergebnis die Bestätigung der gegenseitigen Feindseligkeit und Verdächtigungen zwischen Rußland und England, das Gegenteil einer Annäherung zwischen Rußland und Frankreich, die Stärkung der Bande zwischen Rußland und Preußen – der neue Bund, der mit dem Blut jener polnischen Aufständischen besiegelt wurde, die nach Preußen geflüchtet waren und von Bismarck formell den Russen ausgeliefert wurden.

Es gab noch ein weiteres Resultat: Der Aufstand selbst und die moralische Unterstützung (wenn man so sagen kann) der Polen durch die europäischen Mächte stärkte die russischen Reihen wie nichts sonst – und zwar nicht nur der Außenwelt gegenüber, sondern auch gegenüber den radikalen Kritikern des Systems, obwohl es deren auch innerhalb und außerhalb Rußlands nur wenige gab. Alexander Herzen erhob in London seine einsame Stimme des Protests und wurde danach von vielen, die mit seiner allgemeinen Linie sympathisiert hatten, als ein Verräter angesehen. Damals wurde der berühmte radikale Journalist Michael Katkow über Nacht zum Vorkämpfer der Reaktion – jener Katkow, der später der erste russische Chauvinist wurde und in den kommenden Jahrzehnten einen ungeheuren Einfluß ausübte. Sogar die Ausschreitungen des »hängenden Murawjew«, jetzt Gouverneur von Litauen, wurden in der Öffentlichkeit nicht verurteilt, obwohl viele Russen seine Greueltaten insgeheim bedauerten. Gleichzeitig schuf das Aufwallen chauvinistischer Gefühle ein günstiges Klima für imperialistische Abenteuer, wo diese unternommen werden konnten, ohne direkt mit den europäischen Mächten zusammenzustoßen.


3


Das Feld für Abenteuer war weit. Es erstreckte sich entlang der ganzen ungeheuren, unendlichen asiatischen Grenze Rußlands vom Pazifischen Ozean bis zum Kaspischen Meer. Es war unwiderstehlich.

Faktisch hatte Rußland in seinem Vorwärtsdrang nie nachgelassen. Der Krimkrieg hatte Nikolaus' bescheidenen und sorgfältig geregelten Expansionismus eingedämmt. Aber während noch die Verhandlungen für den Pariser Vertrag liefen, wurde die Eroberung des Kaukasus wiederaufgenommen. 1859 wurde Schamil nach heldenhaftem Kampf gegen eine überwältigende Übermacht mit dem winzigen Rest seiner Stammesangehörigen endlich eingekreist und ergab sich dem Vizekönig des Kaukasus, der ihn mit allen militärischen Ehren empfing. Das war General Barjatinskij, der als Truppenkommandeur sechs Jahre früher von dem Mut des jungen Grafen Leo Tolstoj beeindruckt gewesen war und ihn gedrängt hatte, sich um ein Offizierspatent zu bemühen. Dieser großartige Mann sandte den besiegten Stammeshäuptling nach St. Petersburg, wo er dem Zaren vorgestellt und dann recht bequem untergebracht wurde – aber fern von seiner bergigen Heimat in der hügeligen Landschaft des schlammigen Großrußland. Dreizehn Jahre später gestattete man ihm eine Wallfahrt nach Mekka, und dort starb er.

Mit dem Rest der kaukasischen Völker, die nun verhältnismäßig leicht unterworfen werden konnten, wurden weniger Umstände gemacht. Den unseligen Tscherkessen wurde eine Behandlung zuteil, die ein sehr milder Vorgeschmack auf Stalins Verhalten im Kaukasus und sonstwo war (es war natürlich auch ein Nachgeschmack der Methoden, die die vorromanowschen Zaren in der Gegend von Nowgorod und anderswo angewendet hatten, um mögliche Zentren des Widerstandes gegen die absolutistische Herrschaft auszuschalten): Man gab ihnen zehn Wochen, um sich zu entscheiden, ob sie friedlich in neue Wohnsitze ziehen, die man ihnen in der enormen russischen Ebene zuwies, oder ob sie in die Türkei auswandern wollten. Vertrieben aus ihren Bergfestungen, wählte fast eine halbe Million die Auswanderung. Im Frühjahr 1864 war alles ruhig, und ganz Kaukasien und Transkaukasien wurde endlich ins russische Reich übernommen. Es war keine glückliche Lösung, aber die Verfrachtung und erzwungene Auswanderung der mohammedanischen Stämme hatten das Herz des Widerstands gebrochen, und die christlichen Georgier und Armenier waren froh, unter russischem Schutz zu stehen, was im Vergleich zur Türkei oder Persien das kleinere Übel für sie war.

Trotz seines vizeköniglichen Glanzes war Fürst Barjatinskij angeekelt und gedemütigt von der Politik, die er ausführen mußte. Er war in vieler Hinsicht seiner Zeit voraus. Das zeigt sich in den Vorschlägen, die er dem Zaren unterbreitete. Natürlich müsse eine Rumpfgarnison erhalten bleiben, aber die erste Pflicht der russischen Macht sei es, mit Menschen, Material und Geldmitteln zum Wiederaufbau eines verheerten Landes beizutragen. Weiter sollten die örtlichen Verwaltungsbeamten über die Bräuche und Denkweise der Stämme und ihre speziellen Bedürfnisse instruiert werden, damit sie für die einheimische Bevölkerung arbeiten könnten, mit ihr zusammen und nicht gegen sie. Das würde zwar Geld kosten, das war nicht zu vermeiden, aber das Geld wäre gut angelegt – und es müsse unbedingt ausgegeben werden, wenn Rußland seinem Namen als Kulturnation gerecht werden sollte.

Dieser ehrliche Soldat ist übergeschnappt, muß Alexander gedacht haben. Wofür waren die Kolonien denn sonst da, als ihre Schätze an die kaiserliche Macht abzuliefern? Er antwortete recht scharf: »...der Fürst werde verstehen, daß der Kaukasus nur ein Teil Rußlands sei, und Rußland habe das Recht zu erwarten, daß in einer Zeit ernstlicher nationaler Knappheit der Kaukasus die Nationalausgaben verringern und nicht erhöhen werde.«[4]

Rußland war am Ende des Krimkrieges tatsächlich in Geldschwierigkeiten: Es gab nicht einmal genügend Geldmittel, um die dringendst benötigten Bahnen, Bergwerke und Fabriken zu finanzieren, ganz zu schweigen von der Rehabilitierung eines besiegten Landes. Aber das Beharren Alexanders, Rußland »habe das Recht zu erwarten«, daß die neu unterworfenen Völker zum Reichtum des unterwerfenden Landes beitrugen, hatte tiefere Gründe. Und die Einstellung der russischen Beamten, die die Verwaltung der neuen Gebiete übernahmen, brachte Barjatinskij zur Verzweiflung; kurz darauf reichte er seinen Abschied ein. Ihm folgte Großfürst Michael, der jüngere Bruder des Zaren, und ihm hinterließ Barjatinskij eine Art Testament, das bewies, daß er in seinem Verständnis für die nationale Empfindlichkeit der »niedrigeren Rassen« turmhoch über der überwiegenden Mehrzahl seiner Zeitgenossen in Rußland stand und sich mit den aufgeklärtesten Verwaltungsbeamten seiner Zeit messen konnte:

»Meiner Meinung nach liegt die Hauptgefahr darin, fremden Völkern gegenüber eine unkluge, feindselige Haltung einzunehmen und ihnen unsere eigenen Gewohnheiten und Bräuche aufzuerlegen... Diese Einstellung und Haltung kann sich nur allzu leicht bis in die untersten Ränge der Beamtenschaft ausbreiten und die kleinsten und trivialsten Einzelheiten des täglichen Lebens beeinflussen... Fragen Sie sich, ob man mit solch überheblicher Arroganz die Treue und Ergebenheit eines unterworfenen Volkes gewinnen kann.«[5]

Barjatinskij hat dies 1860 geschrieben, kaum drei Jahre nach dem Sepoy-Aufstand in Indien. Er empfahl weiter Richtlinien der Kolonialverwaltung, die auf ein System der indirekten Regierung durch einheimische Häuptlinge hinausliefen – ein System, das einem absoluten Herrscher und einer Bürokratie, die selber nicht bereit waren, zur erfolgreichen wirkungsvollen lokalen Verwaltung ihres eigenen Landes Verantwortung anderen zu übertragen – auch nicht den loyalsten und begabtesten Söhnen alter Familien –, unverständlich sein mußte. Wie sollten die russischen Bürokraten die Ergebenheit und die Achtung der besiegten Völker gewinnen, wenn sie ihr eigenes Volk wie Sklaven behandelten?


4


Mit der Eroberung des Kaukasus war ein einmal begonnenes Unternehmen zu Ende gebracht, das nötig war, zumindest um ein für allemal die Grenzen mit Persien und der Türkei festzulegen. Alexander hatte keine andere Wahl, als die Aufgabe zu beenden, die sein Vater unvollendet gelassen hatte. Aber der Kaukasus war bei weitem nicht der einzige Schauplatz der Expansion, und die russischen Aktivitäten in Asien, besonders in Turkestan und entlang der chinesischen Grenze, waren keineswegs so leicht zu rechtfertigen.

St. Petersburgs großes Interesse an der Zukunft Japans war unvermeidlich. Nachdem der amerikanische Admiral Perry durch seinen berüchtigten Kraftakt die Japaner gezwungen hatte, die Häfen ihres geheimnisvollen Landes dem ausländischen Handel zu öffnen, fanden sich andere Mächte ein, um Konzessionen zu ergattern, und es war nur natürlich, daß sich unter ihnen auch Rußland befand. Ein Vertrag, der im letzten Jahr der Regierung Nikolaus' I. abgeschlossen worden war, hatte eine Teilung der Kurilen formell ratifiziert, einige japanische Häfen dem russischen Handel geöffnet und sehr vage ein gemeinsames russisch-japanisches Interessengebiet auf Sachalin etabliert, dessen Inselcharakter erst vor kurzem festgestellt worden war.

Was jedoch große Sorgen bereitete, war die außerordentliche Beharrlichkeit, mit der die Russen auf breiter Front einerseits nach China, andererseits in Richtung auf Afghanistan und Indien vordrangen. Nach allen diplomatischen und strategischen Normen gab es nicht die geringste Notwendigkeit für diese Art von imperialistischer Aktivität, wenn Rußland tatsächlich »Frieden im Ausland und Wohlstand zu Hause« haben wollte, wie sein neuer Außenminister, Fürst Alexander Gortschakow, laut ausposaunte. Im Gegenteil: Ein mehr oder weniger bankrottes Staatswesen, das nicht in der Lage war, innerhalb seiner bestehenden Grenzen eine schlagkräftige Verwaltung einzurichten, hatte jeden Grund dazu, beim Ausbau des Reiches Zurückhaltung zu üben – um so mehr, als dieser Ausbau keinen unmittelbaren Ertrag erwarten ließ, der den benötigten Einsatz von Energie, Arbeitskräften und Geldmitteln auch nur im entferntesten rechtfertigte.

Für einen Außenstehenden mußte diese fortwährende und scheinbar zweckgerichtete Expansion ein Hinweis dafür sein, daß es da ein großes strategisches Konzept gab. Wo würden die Russen haltmachen? Was war der Beweggrund für diesen andauernden Vorstoß in die Wildnis – es sei denn, es existierte ein undurchsichtiger Plan zur Eroberung Asiens, auf Kosten der Position des Westens. Doch es gab kein strategisches Konzept, es existierte nicht einmal ein unmittelbarer Beweggrund. Die Ursachen des russischen Imperialismus im 19. Jahrhundert waren komplex; aber eine der wichtigsten, die im Westen ganz und gar nicht verstanden wurde, war die Chance, die strebsamen und unternehmungslustigen Privatpersonen geboten wurde, der bürokratischen Einengung ihres Lebens in Rußland zu entfliehen. Männer, deren Fähigkeiten dem Aufbau des Wohlstands im Lande hätten dienen können, fanden nur an den Grenzen des Reiches – so weit als nur möglich von den Zentralbehörden entfernt

- Raum für die Entwicklung ihrer Anlagen. – Das traf sogar auf Diplomaten zu, die eigene Ansichten vertraten. So fand der hochbegabte Graf N. P. Ignatjew, ein überzeugter Imperialist, hier das Betätigungsfeld, das seinen Anlagen entsprach; hier konnte er seine Begabung als Intrigant, Lügner und Heuchler unter Beweis stellen. Zuerst unternahm er es, die barbarischen Khanate von Turkestan dem russischen Einfluß zu öffnen, eine Tätigkeit, die ihn in besonderem Auftrag nach Chiva und Buchara brachte; dann ging er nach China, wo er die militärischen und diplomatischen Manöver eines halben Jahrzehnts dadurch krönte, daß er den Vertrag von Peking abschloß, durch den Rußland die riesigen Gebiete zwischen Amur und Ussuri erhielt und einen Stützpunkt am Pazifischen Ozean, Wladiwostok, die Beherrscherin des Ostens.

Ignatjew war natürlich dem Namen nach und tatsächlich der Gesandte des Zaren. Aber sobald er einmal St. Petersburg hinter sich gelassen hatte, genoß er eine Bewegungsfreiheit, die sich seine Kollegen zu Hause nicht träumen ließen. Auch ging er mit den Chinesen sehr geschickt um. Die Chinesen waren in einer äußerst mißlichen Lage, hart bedrängt von England und Frankreich, die seit dem Opiumkrieg (1839–42) der Welt ein Schauspiel boten, zu welch häßlichen Auswüchsen der Wirtschaftsimperialismus führen kann. In den Jahren von 1858 bis 1860 nützten die russischen Gesandten die Situation mit jener lächelnden Rücksichtslosigkeit aus, die hundert Jahre später so typisch für das Vorgehen der Sowjetrussen in Osteuropa sein sollte: eine Politik von Zuckerbrot und Peitsche. Da ließ man kurz blanken Stahl blitzen, da versprach man Unterstützung gegen England und Frankreich, um sich im nächsten Augenblick mit ihnen gegen China zusammenzutun... In kürzester Zeit erreichten die Russen (durch die Verträge von Aigun und Peking) alles, was sie wollten.

Die Verhandlungen zum Vertrag von Peking führte der Diplomat Ignatjew – derselbe, der als erster nach Turkestan vorgedrungen war. Aber den Anstoß zur Annexionspolitik hatten Männer von wesentlich unkomplizierterem Zuschnitt gegeben. Im Fernen Osten war der Held Graf Murawjew-Amurski, der als Generalgouverneur von Ostsibirien eine Autonomie genoß, die seine Amtskollegen, die ihren Sitz näher der Heimat hatten, nie erreichen konnten. Murawjew-Amurski war eine Art russischer Cecil Rhodes. Er war überzeugt, daß Rußland in Südostasien eine große Zukunft hatte; bereits 1847 überredete er Nikolaus I. dazu, seine Einwilligung zur Erforschung des unteren Amur zu geben – trotz des Widerstands des Außenministers: Der in konventionellen Bahnen denkende Nesselrode fand es sinnlos, in einem Gebiet, das – soweit er es beurteilen konnte – auch in ferner Zukunft Rußland keinen Nutzen bringen konnte, eine aggressive Politik zu verfolgen, die einerseits die Chinesen, andererseits die europäischen Mächte vor den Kopf stoßen mußte. Murawjew setzte sich durch und begann höchstpersönlich eine Reihe von

Forschungsreisen, in deren Verlauf er schließlich 1851 an der Amurmündung einen russischen Stützpunkt anlegte, die spätere Stadt Nikolajewsk. Es war hauptsächlich der Intervention des Zarewitsch Alexander zu verdanken, daß der Zar seine Einwilligung gab. Daraus ergab sich dann alles weitere. Murawjew-Amurski wurde nicht nur von imperialistischen Träumen angefeuert, sondern auch von einem Mißtrauen gegen die Engländer. Überall sah er britische Spione, obwohl es London tatsächlich um nichts Romantischeres oder Glorreicheres ging als die Aufschließung Chinas für den Handel.

Sei es zum Guten oder zum Schlechten, durch die Gründung von Wladiwostok wurde Rußland eine Macht am Pazifischen Ozean, und es war lediglich eine Frage der Zeit, bis es wünschenswert schien, mehr Druck auf Japan auszuüben. Wieder trat Ignatjew, damals Chef der Asiatischen Abteilung im Außenministerium, in Aktion. Und das war das Ergebnis mehrjähriger Verhandlungen, gewürzt mit Einschüchterungen: Im Vertrag von St. Petersburg (1875) erhielt Rußland die ganze Insel Sachalin, während Japans Herrschaft über die gesamte Inselgruppe der Kurilen anerkannt wurde. Zu dieser Zeit waren die Kurilen für Rußland weniger wichtig, als man einst annahm.

Im achtzehnten Jahrhundert hatten russische Pelzjäger ihren Vorstoß in die Wildnis Sibiriens und darüber hinaus fortgesetzt und sich auf den Aleuten und Kurilen sowie auf dem nordamerikanischen Kontinent niedergelassen. 1797 wurde nach dem Vorbild der Britischen Ostindischen Gesellschaft eine Vereinigte Amerikanische Gesellschaft gegründet, die noch im selben Jahr in Russisch-Amerikanische Gesellschaft umbenannt wurde und ihren Sitz auf der Insel Sitka vor der Küste von Alaska hatte. Im Lauf der Zeit und während der große Kampf mit Napoleon ausgefochten wurde, besetzten russische Siedler Alaska und gründeten Handelsstationen an der nordamerikanischen Pazifikküste bis hinunter nach Fort Ross, etwas nördlich der Bucht von San Franzisko. Das war im Jahre 1812; im selben Jahr sandte der russische Befehlshaber sogar eine Expedition aus, um die Sandwich-Inseln zu erforschen. Erst fünf Jahre später distanzierte sich Alexander I. von dem beherzten Abenteurer, der in seinem Namen von Hawaii Besitz ergreifen wollte, und erst fünfzig Jahre später begann sich sein Neffe Alexander II. zu fragen, ob er sich nicht ein bißchen übernahm, wenn er Alaska halten wollte. Der Hauptwert dieser Provinz in Eis und Schnee war das Fell des Seeotters gewesen, aber die russischen Pelzjäger hatten dieses harmlose und reizende Tier fast ausgerottet; es waren keine Einnahmen mehr zu erwarten. 1867, als der amerikanische Bürgerkrieg dazwischenkam, entschloß sich St. Petersburg, Alaska an Washington zu verkaufen, und tat dies auch um 7 Millionen Dollar. Erdöl und Frühwarnsysteme lagen noch in weiter Zukunft.

Es gab jedoch ein Gebiet, wo die russische Kolonialtätigkeit am ehesten mit den unmittelbaren Interessen der westlichen Mächte in Konflikt zu geraten drohte, und das war Turkestan. Es hatte den Anschein, als bereite Rußland, nachdem seine Ziele im Mittelmeer für den Augenblick vereitelt worden waren, einen sorgfältigen und systematischen Eroberungs- und Annexionsplan vor, der die Grenzen des Zarenreiches bis zum Hindukusch tragen und so die britische Position in Indien bedrohen würde. Tatsächlich gab es gar keinen solchen Plan, auch wenn Zar Paul sechzig Jahre früher die Schnapsidee gefaßt hatte, sich mit Napoleon zu einem Landfeldzug gegen die Engländer in Indien zusammenzutun. Die emsige russische Aktivität in Turkestan während der sechziger Jahre war eine natürliche Folge der langsamen Bewegung südwärts, die zur Übernahme des Steppenlandes (heute bekannt unter dem Namen Kasachstan) mit seinen nomadischen Hirtenvölkern geführt hatte. Südlich von Kasachstan fanden sich die russischen Abenteurer den Nachkommen einer uralten, sagenumwobenen Kultur gegenüber, die politisch in drei Khanaten zusammengefaßt waren, Kokand, Buchara und Chiva; an ihrer Flanke lebten zwischen dem Aralsee und dem Kaspischen Meer die Turkmenen, eine zähe Rasse rinderzüchtender Nomaden. Die Russen hatten ein sehr konkretes Interesse daran zu erfahren, was in jenen fernen Ländern vorging, denn von dort aus nahmen die Raubzüge gegen die kasachischen Hirten und deren Herden ihren Ausgang, ebenso die Überfälle auf entlegene Kosakenposten. Auch war man fest davon überzeugt, daß aus Afghanistan und Persien britische Spione ins Land kamen, die fortwährend Komplotte schmiedeten und Intrigen spannen, um Rußland zu vernichten.

Unter Nikolaus, vor dem Krimkrieg, hatte man dieses riesige Gebiet sondiert, ohne viel zu erreichen. Der Sepoy-Aufstand des Jahres 1857 jedoch überzeugte Ignatjew, daß der Moment gekommen sei, die britische Schwäche zu nützen und weiter nach Zentralasien vorzudringen. Seine Missionen nach Chiva und Buchara im Jahre 1858 brachten eines zutage: Wenn Rußland über die Khanate herrschen wolle, so müsse es erst einmal gegen sie Krieg führen und sie unterwerfen. Erst ein, zwei Jahre später erschien die Unterwerfung der Khanate in etwas dringlicherem Licht: Rußland hatte nachdrücklichsten Bedarf an Rohbaumwolle, da die normalen Lieferungen aus den Vereinigten Staaten wegen des Bürgerkriegs ausgeblieben waren. Der Gedanke an den Erwerb und den Ausbau der potentiell unendlich reichen Rohstoffquellen in Turkestan gab den letzten Anstoß zu einer langen Reihe von Feldzügen, die 1864 begannen und erst 1881 mit der Niederlage und dem Massaker der Turkmenen endeten. Ehe es soweit war, bedurfte es vieler aufreibender Kämpfe auf unerhört beschwerlichem Terrain, halb Gebirge, halb Wüste. Der Feind war grau-

sam, barbarisch und wehrte sich verbissen. Die romantischen Ortsnamen
– Samarkand, Buchara; die geheimnisvollen Flußtäler des Oxus (Amu-
Darja) und des Jaxartes (Syr-Darja); die großen Moscheen und die Erinnerungen an Tamerlan – das alles, und dazu noch ein gebrauchsfertiger
Nationalheld in der Person des Generals Kaufman: das hätte Stoff für ein
Nationalepos abgeben können. Der russische Nationalismus war zwar
bereits im Werden; aber tatsächlich war die Reaktion der Öffentlichkeit
auf die Eroberung Turkestans nicht zu vergleichen mit der seinerzeitigen
Aufregung über die Erschließung des Kaukasus. Es mag ganz einfach
daran gelegen haben, daß kein Puschkin da war, der die Phantasie beflü-
gelte; kein junger Tolstoj, kein Lermontow, der unter Kaufman oder
Skoboljew kämpfte und dann von diesen Kämpfen berichtete. Wahr-
scheinlicher aber ist es, daß die Stimmung im Volk eine Veränderung erfuhr. Die Eroberung Turkestans war keine Romanze, sondern ein Stück
Arbeit, das getan werden mußte als Teil der Bürde des weißen Mannes.
Und in den höchsten Kreisen waren die Gefühle über die Eroberung sehr
gemischt.
Alexander II. hatte Freude daran, die Grenzen seines Erbes zu erweitern,
obwohl es ihm vor seinem Tod eigenartig erschienen sein muß, daß er,
der Befreier, der Friedensstifter, das russische Reich nach Osten und
Süden viel weiter ausgedehnt hatte, als es sich sein Vater in seinen kühn-
sten Träumen erhofft hatte, um insgesamt nicht weniger als 2 1/2 Millionen Quadratkilometer: im Januar 1881, einen Monat vor Alexanders
Tod, nahm der verwegene Skoboljew Geok-Tepe ein und ließ die gesamte
männliche Bevölkerung über die Klinge springen.
Ignatjew, der weitsichtige Diplomat, und Dimitri Miljutin vom Verteidi-
gungsministerium waren die treibenden Kräfte hinter dem Eroberungs-
feldzug, aber sie hatten, zumindest am Anfang, einen recht starken Gegner in Finanzminister Reutern, der nachdrücklich betonte, daß Kriege,
auch Kolonialkriege, ein Luxus seien, den sich ein bankrottes Land nicht
leisten konnte.
Es war Fürst Gortschakow, Vetter des Oberkommandierenden in der
Krim (und des Schriftstellers Tolstoj), der als Außenminister die Last der
ausländischen Mißbilligung tragen mußte. Sie machte ihm große Sorgen.
Er war ein eingebildeter kleiner Mann mit engstirnigen Ansichten, aber
er begriff wenigstens, daß – abgesehen von internen Reformen, die nicht
seine Sache waren – es die erste Aufgabe seines Landes war, bis zur Revision des Pariser Vertrags die frühere Großmachtstellung zurückzugewinnen. Aus diesem Grund versuchte er unnötige Reibereien mit den
Mächten zu vermeiden und sie nach bestem Vermögen zu beschwichtigen, wenn Spannungen aufkamen. Nach dem polnischen Aufstand fiel
es ihm schwer, den Aufbruch des russischen Nationalismus zu erklären,
der die expansionistische Politik von Ignatjew und Miljutin ermöglichte,
so daß er, als Kaufman 1864 wie ein Teufel tief nach Turkestan eindrang,

sich bemüßigt fühlte, sein berühmtes Rundschreiben an die Großmächte abzufassen. Es war als versöhnliche Geste gedacht und offerierte England und Frankreich, diesen alten, abgebrühten Sündern, eine Kindergartenlektion in Sachen Imperialismus: »Die Situation Rußlands gleicht der Situation jedes anderen zivilisierten Landes, das halb-wilde, halb-nomadische Volksstämme als Nachbarn hat«, begann er und setzte sich in der Folge dafür ein, daß im Interesse der Sicherheit und der Handelsbeziehungen solche Nachbarn »einer gewissen Autorität« unterworfen werden müßten. Aber leider, kaum hatten sie dies getan, wurden die wohlwollenden Herrscher an den neuen Grenzen von einer weiteren Welle von Barbaren bedroht, die unterworfen werden mußten, und so weiter und so weiter. Periodische Strafexpeditionen genügten nicht: ein Rückzug des Eroberers würde als Schwäche gewertet. Daher müsse ein Staat entweder seine zivilisatorische Mission aufgeben und seine Grenzen ständigen Angriffen aussetzen, oder aber er müsse immer weiter vordringen. »Die ganze Kolonialgeschichte ist nach diesem Muster verlaufen.« Es war, so schloß er, »ein Prozeß, in dem die physische Notwendigkeit den Ehrgeiz verdrängt, und am schwersten ist es, zu wissen, wo aufhören…«[6]

Der arme Gortschakow, er konnte England und Frankreich nichts sagen, was sie nicht schon wußten. Aber zumindest tat er nicht so, als seien Rußlands Neuerwerbungen etwas anderes als Kolonien. Er wäre erstaunt gewesen, er hätte es nicht geglaubt, wenn man ihm gesagt hätte, daß knappe hundert Jahre später Rußland in der Welt als letzte imperialistische Macht dastehen und unbestrittene Herrschaftsgewalt über Länder und Völker ausüben würde, die von den Zaren unterworfen worden waren, vor allem von dem Befreierzaren.


6

Das Jahr des polnischen Aufstandes kennzeichnet das Ende der ersten Phase von Alexanders Diplomatie nach dem Krimkrieg. Er hatte nur ein Ziel: den Widerruf jener Klauseln des Pariser Vertrags, die Rußland vom Schwarzen Meer fernhielten. Preußen unterstützte ihn darin, und das war ein Grund mehr für Alexander, sich eng an Berlin zu halten, aber Preußens Unterstützung reichte nicht aus, und so bemühte er sich heftig und hartnäckig, Napoleon III. auf seine Seite zu ziehen – mit dem Argument, Österreich sei ihrer beider gemeinsamer Feind. Napoleon war am Schwarzen Meer nicht sonderlich interessiert, aber er war nicht bereit, ernstliche Schwierigkeiten mit den Engländern zu riskieren, die sich jeder Änderung unnachgiebig entgegenstellten. Während dieser Periode einer franko-russischen Zusammenarbeit vollzogen sich auf dem Balkan gewisse Veränderungen, die eine bleibende Wirkung haben sollten. 1858

wurde nachdrücklich die Forderung nach einer Vereinigung der Fürstentümer Moldau und Walachei erhoben. Diese Forderung wurde von
Napoleon III., dem Fürsprecher der kleinen Nationen, unterstützt, von
Österreich abgelehnt; der Standpunkt der Engländer war geteilt; Rußland hatte keine dezidierte Meinung, wollte jedoch Paris einen Gefallen
erweisen und Wien ärgern. Das Ergebnis einer 1859 in Paris abgehaltenen
Konferenz war die Gründung der »Vereinigten Fürstentümer«, Vorläufer des späteren Königreichs Rumänien, und die Wahl Alexander Cuzas
zu ihrem Herrscher. 1858 wurde in Serbien der österreichfreundliche
Alexander Karageorgewitsch gestürzt; sein Nachfolger war die damals
prorussische Dynastie Obrenović, die auch von Frankreich unterstützt
wurde. Im selben Jahr gelang es Frankreich und Rußland, nach einem
lokalen Aufstand gegen die Türken für Montenegro eine Gebiets-
erweiterung zu erwirken. 1859 schlossen Frankreich und Rußland einen
Geheimvertrag, der Napoleon Rußlands wohlwollende Neutralität versprach, sollte Frankreich gegen Österreich einen Krieg führen – einen
Krieg, den England unbedingt verhindern wollte.
Von Zarskoje Selo und dem Winterpalast aus gesehen, wirkten diese
Jahre fieberhafter diplomatischer Tätigkeit äußerst zielstrebig; und nach
der österreichischen Niederlage bei Solferino 1859 und dem Verlust der
Lombardei (die bald darauf in das neue geeinte Italien eingegliedert
wurde) konnten Alexander und Gortschakow mit Befriedigung feststellen, daß der russische Einfluß auf dem Balkan wiederhergestellt war – und
zwar in der Hauptsache auf Kosten Österreichs. Dazu kamen noch Rußlands enge Beziehungen zu einem Frankreich, das – wenn Alexander auch
Napoleons Hilfe für Garibaldi und seine Rothemden aufs tiefste bedauerte – allem Anschein nach seine Position als Supermacht gefestigt hatte.
Aber St. Petersburg übersah eine Gefahr, die viel näher lag.
Als Napoleon III. den polnischen Aufstand von 1863 unterstützte, war
dies das Ende der guten Beziehungen zu Frankreich. Und es war die polnische Angelegenheit, die eine neue Entwicklung ins Rollen brachte, die
damit endete, daß ganz Europa aus dem Gleichgewicht kam.
Rußland, Frankreich, England mochten glauben, daß sie die europäische
Politik steuerten. Sie irrten. Der einzige Mann in ganz Europa, der genau
wußte, was er wollte und wie er es erreichen konnte, war Bismarck, seit
1862 preußischer Ministerpräsident, der bereits entschlossen war, der
österreichischen Hegemonie in Deutschland ein Ende zu machen und
dann Preußen an die Spitze zu setzen. Bereits 1859, während seines Auf-
enthalts als Botschafter in St. Petersburg, äußerte er sich darüber in
einem Brief an Schleinitz, den Außenminister in Berlin: »Ich betrachte
die bundesstaatlichen Beziehungen in Deutschland als eine Krankheit,
von der Preußen früher oder später geheilt werden muß, *ferro et igne*.«[7]
1862, als frisch ernannter Ministerpräsident, hielt er eine Rede, die später
berühmt werden sollte und in der er einen Krieg voraussagte: »Deutsch-

land sieht in Preußen nicht seine Liberalität, sondern seine Macht... Die großen Fragen der Zeit werden nicht durch Reden und Mehrheitsbeschlüsse entschieden werden... sondern durch Blut und Eisen.«[8]
Ebenfalls in diesem Jahr, kurz bevor er das Amt des Ministerpräsidenten übernahm, war er in London gewesen und hatte Disraeli (der noch weitere fünf Jahre warten mußte, bevor er selbst Premierminister wurde) durch seine Offenheit überrascht:

*Ich werde bald gezwungen sein, die preußischen Regierungsgeschäfte zu übernehmen. Meine erste Aufgabe wird die Reorganisation der Armee sein – mit Hilfe des Landtags oder ohne ihn... Sobald die Armee in eine respekteinflößende Verfassung gebracht ist, werde ich den ersten Vorwand nützen, um Österreich den Krieg zu erklären, den Deutschen Bund aufzulösen, die kleineren deutschen Staaten zu unterwerfen und unter Preußens Führung Deutschland zu einen. Ich bin hierher gekommen, um dies den Ministern der Britischen Königin mitzuteilen.* [9]

Das war der Mann, der als erste bedeutende Maßnahme, um sich Rußland zu sichern, jenen widerlichen Vertrag abschloß – eine Vorahnung auf das noch abscheulichere Abkommen fünfundsiebzig Jahre später – laut welchem Rußland und Preußen ihre Grenzaktionen gegen die Polen aufeinander abstimmten; Preußen verpflichtete sich, Rebellen, die auf seinem Hoheitsgebiet angetroffen wurden, dem Zaren auszuliefern. Man kann es Alexander und Gortschakow nicht verübeln, daß sie Bismarck damals nicht ernst nahmen. Niemand glaubte, daß er lange an der Macht bleiben würde. Die ausschweifende Amoralität seiner Einfälle hatte bereits bei den liberalen Preußen und auch seinem Herrscher, dem König, Ärgernis erregt. Aber als es ihm ein Jahr später gelang, Österreich zu einem Krieg an Preußens Seite gegen Dänemark zu überreden, um Schleswig-Holstein der dänischen Krone zu entreißen, da hätten sich der Zar und seine Minister ernsthafte Gedanken machen müssen. Sie waren von der preußischen Vorgangsweise nicht erbaut. Alexander hatte sehr enge Beziehungen zu Dänemark. Aber er ließ es geschehen, denn eine russische Unterstützung Dänemarks hätte vielleicht zur Bildung eines skandinavischen Blocks unter schwedischer Führung geführt. Und ein gestärktes Schweden hätte im Bündnis mit England Rußlands Position in der Ostsee bedrohen können.

Er entschied sich für Preußen. Damit überließ er während der nächsten sechs kritischen Jahre die Initiative dem einzigen politischen Genie seiner Zeit, und Bismarck machte Preußen in Form eines geeinten Deutschland zur stärksten Militärmacht der Welt. Denn Preußen bediente sich Österreichs, um Dänemark in die Knie zu zwingen; dann nutzte es mit brillantem Opportunismus eine österreichische Indiskretion, um sicherzugehen, daß Rußlands Haß gegen Österreich nicht nachließ: es handelte sich um den Vorschlag Frankreichs und Sardiniens, Österreich solle sich im Austausch gegen Venetien der Donau-Fürstentümer bemächtigen.

Österreich lehnte anständigerweise ab, denn es wußte sehr wohl, daß dies zum Krieg mit Rußland führen würde; aber vor der Ablehnung wurde die Angelegenheit eingehend diskutiert. Als Bismarck sich entschied, im Gefolge der Schleswig-Holstein-Affäre einen Streit mit Österreich vom Zaun zu brechen, war Alexander sehr düster gestimmt, hielt sich bereit und sah die österreichische Niederlage bei Königgrätz mit großem Genuß.

Gefühlsmäßig war das alles sehr verständlich, obwohl Alexander und Gortschakow sich nun ernstliche Sorgen über das rasche Wachstum der preußischen Macht hätten machen sollen. Zweifellos waren sie immer noch der Meinung, Berlin sei St. Petersburg mit eisernen Ketten verbunden. Und in der Tat: Ein freundliches, ja sogar ein nur eindeutig neutrales Preußen garantierte Rußland die Sicherheit seiner westlichen Grenzen. Österreich aber, abgesehen davon, daß es sich undankbar und in zweifacher Hinsicht verräterisch erwiesen hatte, war der potentielle Feind auf dem Balkan. Aber was dachten sich die Russen, als Bismarck nach seinem totalen Sieg auf dem Schlachtfeld Österreich nicht vernichtete, sondern vielmehr seine triumphierenden Kollegen bremste, drückende Vertragsbedingungen verhinderte und ganz deutlich zu erkennen gab, daß er vorhatte, den besiegten Feind in einen Verbündeten zu verwandeln? Nicht nur, daß er Österreich ungeschwächt ließ; indem er es aus Deutschland hinausdrängte, lenkte er es direkt in Richtung Balkan – und ergo in Richtung Rußland. Er glaubte, gescheit und mächtig genug zu sein, um den Frieden zwischen den beiden Mächten zu wahren – die beiden Wappentiere am Halsband zu halten, wie er sich Jahre später ausdrücken sollte, um zu verhindern, daß sie sich in die Haare gerieten. Er war es auch. Seine Nachfolger hatten weder seine Fähigkeiten noch seinen Verstand; es fehlte ihnen vor allem die Einsicht, daß der Krieg ein schnelles und schreckliches Mittel für ein klar begrenztes Ziel sei.

Sein letzter Krieg, ob nun vorsätzlich geplant oder nur eine prompte Reaktion auf eine unvorhergesehene Gelegenheit, endete mit der Vernichtung Napoleons III. und des Zweiten Kaiserreiches, der Besetzung von Paris und der Krönung des Königs von Preußen zum deutschen Kaiser im Spiegelsaal von Versailles. Bismarck wußte, er konnte sich auf die russische Neutralität verlassen; er wußte, Österreich würde davon absehen, Frankreich zu Hilfe zu eilen, aus Angst, daß ihm 300000 Russen in den Rücken fallen könnten. Alexander brachte es einen lange ersehnten Gewinn. Frankreich war am Boden zerstört. Österreich stand ohne Freunde und allein da, und so konnte Rußland mit der moralischen Unterstützung der alles besiegenden preußischen Armee ruhig jene Punkte des Pariser Vertrags kündigen, die das Schwarze Meer betrafen. Und das geschah auch. England war nicht in der Lage, sich allein der Wiederherstellung der russischen Seemacht entgegenzustellen. Es versuchte, aus der verfahrenen Situation das Beste zu machen, und im Jahre 1871 wurde anläßlich einer Konferenz der Großmächte in London die Angelegenheit offiziell bereinigt. Rußland und die Türkei waren in Zukunft berechtigt, Flottenverbände im Schwarzen Meer zu unterhalten, und der Sultan konnte in Friedenszeiten befreundeten und verbündeten Mächten die Durchfahrt durch die Meerenge gestatten.

Man könnte behaupten, daß Alexander und Gortschakow mit diskreter und geschickter Diplomatie innerhalb von fünfzehn Jahren ohne Blutvergießen das Hauptziel ihrer europäischen Politik erreicht hatten. Kurzfristig gesehen stimmt das. Langfristig gesehen jedoch bahnten sie den Weg zur Vernichtung des zaristischen Rußland, indem sie durch ihre ständige Hilfestellung die Gründung des Bismarckschen Deutschland erleichterten, was gleichbedeutend war mit einem Hohenzollernschen Deutschland (denn Bismarck konnte ja nicht ewig leben). Genauer gesagt, sie hatten wieder einmal die Neigung der Russen bewiesen, in trüben Gewässern zu fischen – was für die vorangegangenen Regierungen so typisch gewesen war und die intelligentesten und weitblickendsten Beamten unter Nikolaus zur Verzweiflung getrieben hatte. Ein konservativer Autokrat, dessen zwingendes Interesse es war, das Prinzip der Legitimität in Europa aufrechtzuerhalten, und dessen ernstliche Sorge der Erhaltung des Friedens galt, unterstützte dennoch zuerst den Abenteurer Napoleon III., dann die militaristische Dynamik Preußens unter Bismarck, beides Mächte, die darauf erpicht waren, das Gesicht Europas zu verändern. Und das alles nur, um einen Herrscherkollegen in Wien zu demütigen und die Abänderung eines Vertrages zu erreichen, den nur England unbedingt aufrechterhalten wollte. Ein klügerer Monarch, ein gescheiterer und einsichtigerer Diplomat hätte seinen ganzen Einfluß darangesetzt, das europäische Gleichgewicht beizubehalten. Gleichzeitig hätte er sich mit London in Verbindung gesetzt und zu beweisen versucht, daß England im Mittelmeer oder in Asien von einem Rußland, das mehr Land hatte, als es benötigte, nichts zu befürchten habe.

# XIII Perspektiven der Eigenliebe

I

Es ist üblich und natürlich, die siebziger Jahre des neunzehnten Jahrhunderts in Rußland als eine Periode revolutionärer Erschütterungen zu betrachten; und tatsächlich wurden sogar so nüchterne Regierungsbeamte wie Dimitri Miljutin fast zur Verzweiflung getrieben von einer Welle des Terrorismus, der 1881 in der Ermordung Alexanders II. gipfelte. Die eigentliche Anzahl der direkt Beteiligten war jedoch sehr gering, und obwohl der Weg für die Erschütterungen von 1905 und 1917 vorbereitet wurde, wird die Bedeutung der revolutionären Intelligenzschicht im nationalen Bewußtsein in den Jahren nach der Bauernbefreiung allzu leicht überschätzt. Wer und was in den siebziger Jahren wie auch den späten sechziger Jahren den Ton angab, das war nicht der Mörder mit der Bombe, auch nicht einmal der fanatische und disziplinierte Verschwörer, sondern einerseits der beschleunigte Ausbau der materiellen Ressourcen des Landes, andererseits das Aufkommen eines selbstbewußten Nationalismus. Nach den Reformen der sechziger Jahre gab es wichtige Fortschritte auf dem Sachgütersektor. Zum Beispiel wurden beachtliche, wenn auch verspätete Anstrengungen im Eisenbahnbau gemacht. Zur Zeit des Krimkrieges verfügte Rußland lediglich über wenig mehr als 1000 km Schienenstrang; zwanzig Jahre später waren es schon fast 20 000 km. Der Krieg hatte natürlich die Notwendigkeit strategischer Bahnlinien bewiesen, aber Reutern und andere wußten auch, daß ein Transportnetz benötigt wurde, um die Produktionsstätten und die großen im Innern des Landes befindlichen Märkte mit den Häfen zu verbinden. Unter Nikolaus war es selbstverständlich gewesen, daß der Bahnbau Sache des Staates war. Aber nun entschloß sich der Staat, Privatunternehmer zu Hilfe zu rufen, und die Männer waren vorhanden. Eine neue Generation von fähigen Unternehmern war bereit, alles zu investieren. Sie waren entschlossen, ihr Glück zu machen, und gleichzeitig widmeten sie sich ihrer schöpferischen Tätigkeit mit Freude und Begeisterung; in einem Land, in dem schöpferische Tätigkeit nicht gern gesehen wurde und in dem nichts klappte, setzten sie alles daran, daß die Dinge klappten. Viele von ihnen waren Baltendeutsche, einige waren Juden – Meck, Dervis, Bloch. Sie teilten die enormen Gebiete unter sich auf, und bald gab es ausgezeichnet funktionierende Bahnverbindungen im gesamten westlichen und südlichen Rußland, die im Osten bis zum Uralgebirge reichten.

Diese Privatgesellschaften verdankten viel dem Erfindungsreichtum und der Energie Reuterns, der die Gründung von Privatbanken und Aktiengesellschaften unterstützte und auch Erleichterungen für kleinere ausländische Anleger schuf, die ihr Geld in Rußland unterbringen wollten – an sich schon ein revolutionärer Vorgang; denn bis dahin hatten sich ausländische Kapitalbeteiligungen strengstens auf Regierungsdarlehen beschränkt oder auf jene ausländischen Händler, Geschäftsleute und Unternehmer, die bereit waren, in Rußland unter den Augen der Zentralverwaltung zu leben und zu arbeiten. Mit einem Wort, ohne es an die große Glocke zu hängen, nahm die russische Wirtschaft immer mehr Kontakte mit dem Westen auf. Die Eisenbahnen spielten darin eine große Rolle, ganz abgesehen von ihren Anleihen. So zum Beispiel hatte die Aufhebung der Getreidegesetze (1846 in England) für ausländische Getreidelieferanten einen wichtigen Markt geöffnet. Rußland brauchte lange, um dies auszunützen, teilweise aus politischen Gründen, aber hauptsächlich wegen Transportschwierigkeiten. Die neuen Bahnen machten es möglich, mit dem Getreide aus den entlegenen Weiten des fruchtbaren Schwarzerde-Gebietes nicht nur die russischen Städte zu versorgen, sondern auch die Häfen für den Export zu beliefern, besonders Odessa, das einen enormen Aufschwung erlebte. So stieg zwischen 1860 und 1880 der Getreideexport von ca. 1,5 Millionen Tonnen im Jahr auf fast 5 Millionen Tonnen – und dies zu einer Zeit, als es eine spektakuläre Landflucht der weniger begüterten Adeligen gab, die nach der Aufhebung der Leibeigenschaft mit ihren Einkünften nicht mehr zurechtkamen und jetzt ihre Güter verließen, um Offiziere oder Beamte zu werden oder einen der freien Berufe wie Arzt oder Rechtsanwalt zu ergreifen, die jetzt sehr im Kommen waren. Das ging auch auf Kosten der Provinzen selbst, der eigentlichen Getreideproduzenten, die höhere Preise zahlen oder zusehen mußten, wie die lokalen Produkte nach neuen und einträglicheren Märkten versandt wurden. Und vor Ende des neunzehnten Jahrhunderts machte sich eine neue Gefahr bemerkbar: auch in den Jahren der Dürre (die in diesen weiten, fruchtbaren Gebieten mit entsetzlicher Regelmäßigkeit wiederkehren) blieb der Getreideexport, der die St. Petersburger Schatzkammer füllen sollte, unvermindert. Die Bauern, die das Getreide anbauten, ließ man verhungern.

In anderen Bereichen war das Wachstum langsamer. Die Eisenindustrie im Uralgebirge erlebte nach der Emanzipation durch den Abbau der Arbeit der Leibeigenen einen Rückgang, und die neu entdeckten Kohlen- und Eisenvorkommen im Donezbecken und in der westlichen Ukraine um Kriwoi Rog blieben in der Entwicklung aus einem typischen Grund zurück. 1869, im gleichen Moment, in dem der walisische Eisenhüttenbesitzer John Hughes seinen Freibrief zur Gründung der New Russia Company zur Ausbeutung von Kohle und Eisen sowie Herstellung von Stahl im Donezbecken erhielt, gaben die Bahnen ihren Bedarf an fast unbegrenzten Mengen von Stahl für die Herstellung von Geleisen etc. bekannt. Aber die Regierung, anstatt sich auf diese gottgesandte Chance zur Entwicklung einer Basisindustrie – wie man es heute nennen würde – mit Hilfe ausländischen Kapitals zu stürzen, zog es vor, den Putilow-Werken in St. Petersburg sowie einer kleineren und erst kürzlich gegründeten Fabrik in Brjansk unweit von Moskau den Zuschlag zu geben. Und die wieder stellten fest, daß es für sie billiger kam, Erz und Kohle aus dem Ausland zu importieren. So wurden die Bodenschätze des Donezbeckens weitere zwanzig Jahre lang vernachlässigt. Gegen Ende des Jahrhunderts ging man dann daran, es auszubeuten – zu schnell und zu spät; und so wurde die Gegend der Nährboden für eine Revolution. Jusowka, nach Hughes genannt (später wurde es Stalino und noch später Donetzk genannt), wuchs zum Zentrum eines großen Industriegebietes heran, das in der Hauptsache von einer Gruppe ausländischer Konzessionäre geführt wurde. Und hierher brachten die armen bäuerlichen Eltern 1906, fast fünfzig Jahre nach seiner Gründung, den Knaben Nikita Chruschtschow. Chruschtschow sollte sich zu einem jener harten, hemdsärmeligen Parteiwachhunde entwickeln, die Stalin benutzte, um die bolschewikischen Intellektuellen unschädlich zu machen – Männer, die ihre Ausbildung mitten in dem grausamen Elend der russischen industriellen Revolution erhielten und die die Träumer der Frühzeit mit ihrer Universitätsbildung und manchmal leidenschaftlichen Idealen unsanft aus dem Weg räumten. Lenin selbst wurde, nur ein Beispiel, einige Monate nach Beginn des französisch-russischen Kriegs geboren, ein paar Monate nach der Gründung von Jusowka. Er kam in Simbirsk zur Welt, einem hübsch gelegenen Provinzhauptstädtchen hoch oben auf dem Westufer der mittleren Wolga. Als Wladimir Iljitsch Uljanow war er der Sohn eines tüchtigen, angesehenen und recht fähigen Schulinspektors und Direktors, der zum Staatsrat – was dem Rang eines Generalmajors entsprach – avancierte und damit in die oberen Ränge des erblichen Adels einrückte. Der kleine Uljanow, unser Lenin, stammte also aus einer Familie, die typisch war für das neue Rußland der Zeit nach den Reformen – eine geachtete, in Wohlstand lebende, höchst gebildete Familie; die Eltern standen dem Regime kritisch gegenüber, waren jedoch zutiefst patriotisch und keineswegs destruktiv in ihrer Kritik. Man sollte nicht vergessen, daß wir es von den siebziger Jahren an mit einem Rußland zu tun haben, in dem Lenin aufwuchs und geformt wurde. Anfangs war er mit diesem Rußland zufrieden, hatte vor, auf die Universität zu gehen und einen konventionellen Beruf zu ergreifen – doch dann, mit achtzehn, beschloß er, diesen Staat zu vernichten: sein älterer Bruder hatte sich an einem dilettantischen Anschlag auf das Leben Alexanders II. beteiligt und wurde 1887 dafür gehängt.

Das Rußland von damals ließ auf dem sozialen Sektor viel Gutes erwarten; auf dem Gebiet der Künste wartete es mit staunenswerten Leistungen auf. In den sechziger Jahren hatte Turgenjew »Am Vorabend«, »Väter und Söhne«, »Erste Liebe« und »Rauch« veröffentlicht. Dostojewskij hatte »Memoiren aus einem Totenhaus«, »Schuld und Sühne«, »Der Spieler« und »Der Idiot« herausgebracht, während im Dezember 1869 der letzte Band von Tolstojs »Krieg und Frieden« erschien. Alle diese Schriftsteller und noch andere dazu sollten in den siebziger Jahren dann weitere Meisterwerke schaffen, als die Komponisten dem erstaunlichen Strom künstlerischer Kreativität einen weiteren Impuls gaben – Mussorgskij, Borodin, Rimskij-Korssakow und Tschaikowskij. Schriftsteller wie Musiker – und das war wichtig – fanden ein Publikum und auch reiche Mäzene nicht nur unter den tätig gesinnten Adeligen, sondern auch unter einer ganz neuen und sich schnell ausbreitenden Klasse, eingebettet zwischen den Gutsbesitzern und den Bauern, zwischen den Höflingen und den Geschäftsleuten. Es war dies die Klasse der jüngeren Gutsbesitzer, die ihre Güter verkauft hatten; ferner kultivierte Staatsbeamte, Rechtsanwälte, Ärzte, Offiziere (natürlich) und die neuen Unternehmer. Zum Beispiel war es die Witwe eines der ersten Industriemagnaten der Eisenbahn, Nadeschda von Meck (sie hatte freilich blaues Blut in ihren Adern), die lange Zeit hindurch Tschaikowskij mit regelmäßigen Zuwendungen unterstützte und ihm Zufluchtsorte bot. Sie weigerte sich stets, ihn persönlich zu treffen, führte aber fast fünfzehn Jahre lang eine ausführliche und aufschlußreiche Korrespondenz mit ihm.

Man kann diese Leute nicht beschreiben. Sie waren eigentlich eine bürgerliche Klasse, aber eine bürgerliche Klasse, der jedes Gefühl einer gemeinsamen Identität abging, anstatt eine kompakte und mächtige Interessengruppe zu bilden, die sich durch harte Arbeit und einen Blick für die beste Chance ihren Weg zur Macht bahnte; die ihren Reichtum dazu benutzte, um noch mehr Reichtum anzusammeln und dabei gleichzeitig die Kassen des Staates zu füllen. Das russische Bürgertum war zersplittert, fast eine Art Wrack im Strudel der Reformen Alexanders, ohne die bürgerlichen Tugenden, ohne die bürgerlichen Laster. Eine Randerscheinung. Eine Gesellschaftsklasse, die zwar ihre Zahl, nicht aber ihren Einfluß vergrößerte; eine Gesellschaftsklasse, die in ihrem Endstadium von Anton Tschechow porträtiert wurde, der ihr selbst angehörte (obwohl sein Großvater noch ein Leibeigener gewesen war, der sich seine Freiheit erkauft hatte, und sein Vater ein Sekretär mit der Seele eines Leibeigenen). Denken wir nur an »Die Drei Schwestern« – das ist ein bürgerliches Milieu von Schullehrern und Garnisonsoffizieren in einer verstaubten Provinzstadt. Aber es ist eine bürgerliche Klasse, die keinen festen Boden unter den Füßen hat und weit davon entfernt ist, irgendeine sinnvolle

Rolle in der Gesellschaft zu spielen, ob nützlich oder schädlich. Sie lebt in einem Niemandsland. Es wäre bequem, die Bezeichnung »Intelligenzia« für alle gebildeten Russen anzuwenden, und es stimmt, daß diese Bezeichnung zuerst als Etikett für alle gebildeten Personen benützt wurde, die eine aktive Rolle in der Gesellschaft spielten – seien sie Beamte, Offiziere, Rechtsanwälte, Lehrer oder sonstwas, aber sehr bald, sogar schon in den siebziger Jahren, wurde das Wort von den extremen Radikalen oder Revolutionären, die sich dem Umsturz der Dynastie und aller etablierten Institutionen verschrieben hatten, übernommen: Nur der waschechte Fanatiker, der Mann oder die Frau, die die höchste, die fast mystische Notwendigkeit begriffen hatten, daß man das Kind mit dem Bade ausgießen müsse, waren würdig, »intelligent« genannt zu werden. Dies führte zu der eigenartigen Situation, daß ein Netschajew zur »Intelligenz« gezählt wurde, der berühmte Chemiker Mendelejew aber nicht. Immerhin, es ist dies nicht verbohrter als der gegenwärtige Usus in der Sowjetunion: Um das Wort zu entschärfen, haben die sowjetischen Behörden verfügt, daß die Bezeichnung »Intelligenzia« auf alle nicht manuell Arbeitenden anzuwenden sei – was dann, wie ein berühmter amerikanischer Gelehrter festgestellt hat, zu einer fröhlichen Gemeinschaft führt, der der Chef der sowjetischen Geheimpolizei ebenso angehört wie sein erbittertster Gegner, Andrej Sacharow.

Es ist ein lästiges Wort. Ich werde es in Zukunft zu vermeiden suchen und statt dessen von Revolutionären, Radikalen, Liberalen, Gemäßigten, Konservativen, bisweilen – in den seltenen Augenblicken der Einigkeit – sogar von den gebildeten Klassen sprechen.

Die gebildeten Klassen befaßten sich in den sechziger und siebziger Jahren hauptsächlich mit der Suche nach einer nationalen Identität. Wie wir gesehen haben, hatte dies mit den frühen Debatten zwischen den Slawophilen und den Westlern angefangen. Im Laufe des Jahrhunderts wurden sowohl Radikale wie auch Konservative von einem eigenartigen Kult befallen – der Anbetung des Bauern. In diesem Festhalten an der Dorfgemeinde sahen die Konservativen ein starkes Band der Einigung, die Radikalen wieder sahen darin eine primitive Form des Sozialismus, die man fördern und nicht ablehnen sollte. Abgesehen davon, daß er den materiellen Aufschwung des Landes hemmte, fand dieser Kult des Dorflebens auf verschiedene Weise Ausdruck – nicht zuletzt in einer kulturellen Hochblüte. Denn ihm verdanken wir Rußlands schönstes Geschenk an die Welt: den Einbruch des Realismus in den Bereich der Künste – vor allem in Roman und Oper. Dieser Realismus war ja in seiner Ursprungsform ein umgekehrter Romantizismus. Es bedarf einiger Phantasie, um zu begreifen, daß dies alles aus der Suche nach einer nationalen Identität entstand, die zuerst von Tschaadejew aufs Schild gehoben wurde.

Tschaadejews Rußland hatte der Welt rein gar nichts gegeben. Es war ein Rußland der Höflinge, Bürokraten, Gutsbesitzer, Soldaten, von ungebil-

deten Priestern und groben, geldgierigen Kaufleuten, die sich an der großen Masse ihrer Mitmenschen, die Sklaven waren, mästeten. Den Vorsitz
über sie alle führte ein gottähnlicher Zar, der in einem Trubel des auf-
wendigsten Luxus, der selbst den des Hofes in Versailles überbot, das
Leben eines Eremiten lebte. Es ist leicht zu verstehen, daß ein Russe der
damaligen Zeit, der sich Gedanken machte, es einfach unvorstellbar, ja
unerträglich fand, daß in diesem enormen Land seiner Vorfahren überhaupt nichts Gutes gedeihen sollte. Wenn die herrschende Klasse versagt
hatte, so konnte dies nur bedeuten, daß sie sich von dem Volk abgesondert
hatte, der Quelle aller Lebenskraft der Nation. Und das Volk, ausgebeutet, unterdrückt, hatte sich nach innen gewandt, litt schweigend, doch es
hielt die einfachen, überlieferten Moralvorstellungen hoch, die noch
nicht unter der trügerischen und räuberischen Gier der Welt da draußen
gelitten hatten – oder, um es anders auszudrücken: Die neuen gebildeten
Klassen, die über ein neues Selbstbewußtsein verfügten, mußten an etwas glauben, und das einzige, woran sie glauben konnten, war der große
Unbekannte und Unerprobte, der russische Bauer, der abseits und verschlossen dastand, nicht berührt von den Wellen der Geschichte; er
würde eines Tages zu seinem Recht kommen. Er würde nicht nur seinen
Unterdrückern, sondern der ganzen müden und abgenutzten westlichen
Welt zeigen, daß er durch Leiden (Leiden, das doch nicht bedeutungslos
sein konnte, das sich doch eines Tages als sinnvoll erweisen mußte!) die
menschlichen Tugenden unversehrt erhalten hatte, ja und auch die Ehre,
deren sich die Bourgeoisie des Westens im Austausch für materielle
Bequemlichkeiten begeben hatte.
So kam es, daß sogar ein Tschernischewskij eine Zeitlang Rußlands Erlösung in der Dorfgemeinde suchte. Dieser Vorläufer des eiskalten Revolutionärs, der die Notwendigkeit einer verschwörerischen revolutionären
Elite predigte, die etwas vom Übermenschen an sich hatte, hatte eigentlich nur Verachtung für den Bauern übrig, wörtlich sagte er: »Der Großteil des Volkes weiß nichts und will nichts außer seinem materiellen Vorteil. Und diese Gleichgültigkeit der Massen macht die Idee der
Veränderungen im politischen Leben überhaupt erst möglich... die
Masse ist einfach das Rohmaterial für diplomatische und politische Experimente. Wer sie beherrscht, sagt ihr, was sie tun soll, und sie gehorcht.«[1]
Aber als dieser selbe Mann sich der Mystik der Kommune gegenüber sah
(zum Unterschied von der Einzelperson des Bauern), da konnte er sich
auf die lächerlichste Weise widersprechen: »...das heilige und nützliche
Brauchtum, Geschenk der Vergangenheit an uns, die kostbare Erbschaft,
die allein uns für alles vergangene Elend reich belohnt: lasset uns nie an
den gemeinschaftlichen Grundbesitz rühren!«[2]
Die Verbeugung des älteren Herzen vor dem Bauern war echter, wenn
auch nicht minder irrelevant. Hier handelte es sich mehr um einen verfeinerten, verwestlichten Radikalen, der der Verlogenheit der westlichen

bürgerlichen Gesellschaft den Rücken kehrte und die Rückständigkeit des russischen Bauern zur Hoffnung der Welt erhob. Eine Perspektive des westlichen Lebens, die Herzen mit besonderem und leidenschaftlichem Unwillen erfüllte, war der Glaube an die Herrschaft des Gesetzes. Und eigenartigerweise war Herzen in seiner lodernden Verachtung für die Heuchelei, mit der der Westen in der Frage nach abstraktem Recht und Gerechtigkeit das Ideal und die Wirklichkeit durcheinanderbrachte, dem Zaren näher als irgendeinem westlichen Liberalen oder Radikalen. Mit einem Wort, er war ein echter Russe.

Wie so viele Russen begriff er nicht das Wesen des Gesetzes. Selbst in Ländern, wo man die Herrschaft des Gesetzes ohne zu fragen anerkennt, begegnet man übertriebenem Legalismus mit einigem Unbehagen, mit Mißtrauen oder Geringschätzung. In Rußland bringt man (und brachte man immer schon) dem Gesetz an sich, der Idee des Gesetzes, weitgehenden Argwohn entgegen, oft eine Verachtung, die nichts mit der Anmaßung, der Gier, der Rabulistik der Advokaten zu tun hat. Sie stammt zum Teil aus der traditionellen Annahme, als Gesetzgeber könne einzig und allein nur der Zar fungieren, der gleichzeitig über allen Gesetzen stehe; andererseits entspringt sie jener anarchistischen Gesinnung, als deren Gegenpol der betonte Kult der Aristokratie geschaffen wurde, demzufolge der Zar über alle Menschen erhaben sei, damit er alle Menschen zusammenhalten könne, sei es durch Güte, sei es durch Brutalität; und der unbestrittene Wille dieses Mannes galt. Die Erhöhung eines sorgfältig ausgearbeiteten Gesetzeswerkes zu einer Reihe von bindenden Kontrakten, die notwendigerweise in mehr oder weniger starrem Detail festgelegt waren, bedeutete andererseits wieder, daß alle Menschen sich zusammentaten, um *sich selbst zu binden* – eine freiwillige Aufgabe persönlicher Freiheit, die dem russischen Charakter zuwiderlief. Außerdem muß das Gesetz unbeugsam und unversöhnlich sein. Es schließt die lebenspendende Wärme menschlicher Gnade und menschlicher Impulse aus. Es preist die Heuchelei, weil Gesetzgeber und Richter Menschen sind wie wir alle, nicht frei von menschlichen Schwächen, und die dennoch aufgrund ihres Berufes so tun, als seien sie es nicht. Schließlich begriffen die meisten Russen sehr wohl, und das lange vor Marx und Engels, daß Gesetze nicht in abstrakter Tugend unbefleckt empfangen werden, sondern daß sie von den Starken hauptsächlich zum Schutz ihrer eigenen Vorrechte und Besitztümer geschaffen werden: eine Tatsache, die sich nach der Natur der Sache im Westen eher verschleiern ließ als in Rußland, wenn auch nur deswegen, weil in Rußland das Gesetz, soweit es eines gab, das Werkzeug der Autokratie war, so daß ein Universitätsprofessor, ein Feldmarschall, ein hoher Beamter nicht weniger in Gefahr waren, mit dem Gesetz in Konflikt zu geraten, als der ärmste Bauer. Im Westen hingegen, wo mit Ausnahme der hoffnungslos Armen und der Außenseiter alle unermüdlich nach Ansehen strebten, nach feiner

Lebensart, dann nach einem gewissen Maß an materiellem Wohlstand, dann nach Aufnahme in den Kreis der Landbesitzer, im Westen führte dies dazu, daß alle (außer den Bösen oder Unverbesserlichen in ländlichen oder städtischen Elendsvierteln) ein ganz persönliches Interesse am Gesetz hatten.

In seinem berühmten Brief an den Historiker Michelet bringt Herzen eine zutiefst russische Einstellung aufs vortrefflichste zum Ausdruck. Hier spricht der Aristokrat, Erbe eines ziemlich großen Vermögens, der nichts daran fand, auch während er im Exil lebte und einen internationalen Sozialismus predigte, sich der Unterstützung der Rothschilds zu versichern, um seine eigenen finanziellen Ansprüche geltend zu machen, und der doch dem Bauern nähersteht als seinesgleichen.

*Der Bauer, der vom Gericht freigesprochen worden ist, macht sich keineswegs freudiger bewegt auf den Heimweg, als wenn man ihn verurteilt hätte. Für ihn ist der Rechtsspruch in beiden Fällen das Ergebnis willkürlicher Tyrannei oder des Zufalls. Desgleichen wird er, wenn man ihn als Zeuge aufruft, hartnäckig behaupten, nichts zu wissen, auch wenn das Gegenteil bewiesen ist. Von einem Gericht verurteilt zu werden, ist in den Augen des russischen Bauern keine Schande. Verbannte und Sträflinge nennt er* Unglückliche.[3]

Herzen entwickelt diesen Gedanken weiter, als er auf die Geburt der großen literarischen Befreiungsbewegung zu sprechen kommt:

*Zwischen den Bauern und der Literatur erhebt sich das Ungetüm des offiziellen Rußlands.* »Rußland die Täuschung, Rußland die Pest«, *wie sie es nennen. Dieses Rußland geht vom Zaren aus, wird weitergegeben von Gendarm zu Gendarm, von Beamten zu Beamten bis hinunter zu dem niedrigsten Polizisten in der entferntesten Ecke des Reiches. Jede Sprosse der Leiter erwirbt, wie bei Dante, neue Kraft zum Bösen, ein neues Maß an Korruption und Grausamkeit. Diese lebende Pyramide der Verbrechen, des Mißbrauches und der Bestechung, bestehend aus Polizisten, Schurken, stets habgierigen, herzlosen deutschen Beamten, stets betrunkenen unwissenden Richtern, stets niederträchtigen Adeligen, das alles wird zusammengehalten von einer Interessengemeinschaft für Plünderung und Profit und von sechshunderttausend lebendigen Maschinen mit Bajonetten. Der Bauer besudelt sich nie durch Kontakt mit der Regierung der Aggression; er erträgt ihre Existenz – und nur das ist ihm vorzuwerfen.*[4]

Nur das...? Aber natürlich waren nicht alle Richter betrunken, auch nicht alle Adeligen niederträchtig, und die Beamten, ob deutscher oder anderer Abkunft, waren nicht alle habgierig. Viele waren es, zweifellos die Mehrheit; aber viele waren es nicht. Herzen wußte dies besser als jeder andere. Als Sohn eines exzentrischen und unermeßlich reichen Aristokraten aus alter Familie war er formell ein uneheliches Kind: Sein Vater hatte das Mädchen, das Herzens Mutter werden sollte, in Deutschland zum Altar geführt, wie es sich gehörte; doch versäumte er es in Rußland, die Trauungszeremonie zu wiederholen. Aber der junge Herzen wuchs in Wohlstand auf und war gewöhnt daran, im Hause seines Vormunds und Onkels häufig Männern zu begegnen, die dem Zaren nahestanden und hohe Positionen innehatten – unter ihnen der Gouverneur von St. Petersburg, Miloradowitsch, der gemütliche Held des Jahres 1812, der später von einem jener Dekabristen erschossen wurde, die von Herzen in den Himmel gehoben werden sollten. Als einer der ersten Studentenrebellen hatte Herzen bessere Gelegenheit als sonst wer, die Autorität von ihrer besten und ihrer schlimmsten Seite aus erster Hand kennenzulernen. Im Laufe der Zeit war er so angeekelt von den Auswüchsen des Systems, so voller Verachtung für die Engstirnigkeit, die Heuchelei und den Mangel an Zivilcourage unter den Wohlgesinnten, daß er das Positive nicht sah und zu einem Handlanger der Zerstörung wurde.

Er war ein klassisches Beispiel für jene Russen – und darunter befanden sich die Besten –, denen es offensichtlich schwerfiel, zwischen den Übeln zu unterscheiden, mit denen der Mensch geschlagen ist, und solchen, die aus gewissen lokalen Gegebenheiten entstehen; es fiel ihnen sogar schwer zu begreifen, daß ein solcher Unterschied überhaupt besteht. Die leiseste Anerkennung der Existenz der Erbsünde, zum Unterschied von den Sünden des Regimes, wäre den russischen Radikalen bei der Klärung ihrer Absichten und der Verbesserung ihrer Politik sehr zustatten gekommen. Herzen war genau der Mann, dem ein solcher weltanschaulicher Durchbruch hätte gelingen können. Empört und angeekelt vom zaristischen System, suchte er Erlösung im Westen und war genauso empört und angeekelt von dem, was er dort sah. Wäre es zuviel gewesen, wenn er daraus seine Schlüsse gezogen hätte? Und als er sich dann genötigt sah, alles Westliche ebenso scharf zu verdammen, hätte er sich da nicht fragen müssen, ob er in seiner Pauschalverdammung alles Russischen nicht auf dem Holzweg sei? Hätte es ihm nicht auffallen müssen, daß die Übel, die er den politischen Systemen zuschrieb (die schließlich Menschenwerk waren), etwas mit der Natur des Menschen an sich zu tun hatten?

Anstatt dessen schrieb er immer noch an Michelet und verteidigte Rußland gegen dessen Kritik, gab aber zu, daß Rußland in unverbesserlichem Laster erstickte, und mit jener deprimierend masochistischen Selbstbezichtigung (Prahlerei, könnte man fast sagen), die ein so typisches Merkmal der russischen Kritik in den nächsten Jahrzehnten sein sollte, fährt er fort:

*Können wir uns ehrlich mit eurer fadenscheinigen Moral zufriedengeben, dieser unchristlichen und unmenschlichen Moral, die nur in rhetorischen Übungen und Anklagereden existiert? Wie können wir eurem römisch-barbarischen Gesetzessystem Achtung entgegenbringen, diesem leeren, unförmigen Bau ohne Licht und Luft, im Mittelalter repa-*

*riert und von der kürzlich mündig gewordenen Kleinbürgerschaft frisch
getüncht? Ich gebe zu, daß die tägliche Straßenräuberei in den russischen
Gerichtssälen noch ärger ist, aber das soll nicht heißen, daß in euren
Gesetzen oder euren Gerichten die Gerechtigkeit ihren Sitz hat.*
Gewiß, das soll es nicht heißen. Hier können wir das Echo hören:
*Wir werden von zu vielen Ketten niedergehalten, um uns freiwillig wei-
tere aufzuerlegen. In dieser Hinsicht stehen wir auf gleicher Ebene mit
unseren Bauern. Wir ergeben uns dem brutalen Zwang. Wir sind Sklaven, weil wir keine Möglichkeit haben, frei zu sein; aber wir nehmen
nichts von unseren Feinden an.*
*Rußland wird nie protestantisch werden, Rußland wird nie das* juste milieu *werden.*[5]
Diese Art von apokalyptischem Unsinn aus dem Munde eines Mannes
von scharfer Intelligenz, tiefem Einblick und hohem Mut trug mit dazu
bei, die Ketten zu schmieden, die das Rußland unserer Tage fesseln. Der
Unsinn ging sehr tief. Man könnte argumentieren, daß Herzen dies im
Jahre 1851 geschrieben hat, am Höhepunkt der Reaktion in Rußland unter Nikolaus und zur Zeit der größten Enttäuschung nach dem Mißerfolg
des Revolutionsjahres 1848. Das ist richtig. Aber die Stimmung blieb.
Und aus dieser Stimmung heraus lehnte er schließlich das ganze Rußland
ab, selbst dann noch, als die Reformbewegung Fortschritte machte. Aber
gepeinigt von den Unvollkommenheiten des westlichen Systems, wandte
er sich wie so viele andere auch nach rückwärts, um im Bauern und in
der bäuerlichen Gemeinschaft das Heil zu suchen.


3


Die Suche nach einer nationalen Identität, die so oft zur Entdeckung besonderer Werte in den bäuerlichen Massen führte, sollte sich auf kon-
struktivere Art äußern. In einer kritischen Periode beeinflußte sie sogar
Leo Tolstoj, der 1864 mit »Krieg und Frieden« begann. Denn dieser gewaltige Roman, eine Verherrlichung des Lebens durch einen Mann, der
sich später so schmerzhaft vom Leben abwenden sollte, weil er nicht fähig
war, die Klarheit seiner Vision von der Vielfalt und dem Mysterium dieses Lebens zu ertragen, dieser Roman war auch eine Hymne, ein Lobge-
sang auf Rußland. In seinen Seiten erhält Rußland als Nation zum ersten
Mal Profil und Gestalt; bis dahin hatte diese lediglich in den Reden der
absolutistischen Herrscher und seiner Minister und Satrapen existiert.
Fast jeder phantasievolle Schriftsteller der damaligen Zeit hatte den
Wunsch, das russische Volk, worin er sich selbst inbegriff, zu entdecken
und es zu schildern, wie es war. Denn sie wußten nicht, wer sie waren.
Und da keine Gesellschaft existierte, die sich spontan aus sich heraus or-
ganisiert hatte, wie hätten sie es auch wissen können? Der Hof und die

Hocharistokratie, die Männer, die von Natur aus die Führer des Landes hätten sein sollen, sprachen kaum ihre eigene Sprache: sie sprachen französisch. Die kirchlichen Würdenträger, Verfechter der Orthodoxie, hatten über menschliche Werte, ob geistige oder ethische, nichts zu verkünden; sie befaßten sich ausschließlich mit der Aufrechterhaltung des weltlichen Status quo und den rituellen Gesten, mit denen der Seele der Weg in die Ewigkeit gewiesen wurde. Effizienz und Antrieb innerhalb der regierenden Bürokratie kam in überwältigendem Maße von Männern, die alle mehr oder weniger deutscher Abstammung waren und die nach allgemeiner Meinung humorlos, pedantisch, unbeugsam streng und unanständig fleißig waren. Wie konnte man das Russische absondern, definieren, es dazu bringen, sich zu behaupten? Wir erinnern uns an Herzens Worte über die russische Intelligenzschicht: »Wir stehen auf genau derselben Ebene wie unsere Bauern. Wir ergeben uns dem brutalen Zwang.« Im Schatten des brutalen Zwanges sind alle gleich. »Wir sind Sklaven, weil wir keine Möglichkeit haben, frei zu sein; aber wir nehmen nichts von unseren Feinden an.«

In einer Gesellschaft von Sklaven gibt es keine gemeinschaftliche Verantwortung, obwohl eine gemeinschaftliche Sympathie vorhanden sein muß. Die Schriftsteller aus Westeuropa waren der eigentlichen Substanz und der Struktur der Gesellschaft, von der sie ein Teil waren, nie hoffnungslos entfremdet; es war ihre eigene Gesellschaft, auch wenn sie ihnen in mancher Hinsicht abscheulich schien. Sie nahmen die Gesellschaft wie sich selbst als selbstverständlich hin; sie mußten sich als Franzosen, als Engländer nicht fragen, wer sie waren; sie glaubten es zu wissen. Auch die großen Satiriker des Westens befaßten sich weniger mit den Mängeln ihrer eigenen Gesellschaft, wie es ein Gontscharow oder ein Saltjakow-Schedrin taten, als mit der menschlichen Bosheit und Dummheit an sich, unbeschadet der besonderen Umstände oder des besonderen Ortes.

Für die russischen Schriftsteller hingegen – und das ist nun eine extreme Verallgemeinerung – gab es keine Gesellschaft, die sie als selbstverständlich betrachten konnten. Sie mußten herausfinden, wer die Russen eigentlich waren; und diese Suche – angestellt in einem Land, dem es an jeglicher sozialen oder kommunalen Errungenschaft fast zur Gänze mangelte – brachte jenen Realismus hervor, den wir seither als typish russisch betrachten, einen unerschrockenen, rückhaltlosen, schamlosen, in gewissem Sinn formlosen Realismus.

Und dennoch ist es eigenartig, daß, von ein paar leuchtenden Ausnahmen abgesehen, alle diese Russen mit ihrer großartigen visionären Welt, die von keiner lang etablierten Gesellschaft mit ihren überlieferten Ideen und ihren Pressionen getrübt und verzerrt wurde: – daß sie den Lauf der Dinge nicht bremsen konnten. Russische Errungenschaften gab es keine; westliche Errungenschaften waren ein Gegenstand des Hohns, weil sie nicht das hielten, was sie versprachen. Rußland hatte nie leere Versprechungen abgegeben. Das hatte nur der Autokrat getan. Daher blieb das große menschliche Potential des russischen Volkes unberührt und unangetastet wie die Bodenschätze unter der russischen Erde. Anstatt sich zu fragen, warum der Westen trotz heroischer Anstrengungen nicht alles halten konnte, was er versprach; anstatt darüber nachzudenken, daß es möglicherweise eine Lebensbedingung war, daß das Ideal immer ein Traum bleiben muß, dem man nacheifert – ja, daß der Triumph eines Ideals an sich schon seine Zerstörung bedeutet –, verwarfen sie den Gedanken einer schrittweisen Verbesserung der Zustände und setzten ihren Glauben in die Revolution. In dieser Hinsicht waren die konservativen Russen um kein Haar weniger revolutionär als die politischen Radikalen; von den frühen Slawophilen über Dostojewskij bis zu den imperialistischen Panslawisten glaubten sie alle an die heilige Mission eines wiedergeborenen Rußland, das die korrupte und beschmutzte Welt wieder heil machen sollte.

So kam es, daß mit ganz wenigen Ausnahmen wie Solowjew die erlauchtesten russischen Denker der zweiten Hälfte des neunzehnten und der ersten Jahrzehnte des zwanzigsten Jahrhunderts national und nicht universal dachten: oder wenn sie auch universal dachten, so schrieben sie der ganzen Welt nationale Lösungen vor. Wie in vergangenen Jahrhunderten drückte sich der russische Nationalismus in Orthodoxie aus. Einige der radikalsten vorrevolutionären Denker flüchteten zurück in die Orthodoxie der wahren Kirche. Andere wieder trachteten eine nicht weniger strenge weltliche Orthodoxie aufzurichten, und dies glückte ihnen schließlich. Und fast alle träumten davon, der übrigen Welt russische Lösungen aufzuzwingen.


4


Die eigenartige Mischung von russischem Nationalismus und aufgeschlossener Suche bezog sich nicht nur auf politische und gesellschaftliche Probleme. Sie ging viel tiefer. Aus unerwartetem Blickwinkel fällt Licht darauf: von der Tätigkeit eines Kreises her, der von Politik weit entfernt war – jener Gruppe von Musikern der Jahrhundertmitte, die als »die Fünf« bekannt waren: Balakirew, Cui, Mussorgskij, Borodin und Rimskij-Korssakow, gemeinsam mit ihrem Verkünder, dem Musikkritiker Wladimir Stasow.

Im Jahre 1858 machte Michael Glinka, der erste geniale russische Komponist, Schluß mit dem Komponieren und ging ins Ausland, wo er von den Einkünften seiner ererbten Ländereien lebte. Aber die Saat war aufgegangen. Und der nächste Anwärter auf den Mantel des Propheten war ein anderer wohlhabender Dilettant, der junge Balakirew aus Nischnij-Nowgorod, der Abstammung nach ein halber Tatar, dessen eigene Kom-

positionen, abgesehen von zwei oder drei Anthologiestücken, nichts
Besonderes waren, der aber auf die vorhin erwähnte Gruppe von jungen
Komponisten einen überwältigenden Einfluß ausübte. Diese waren ein
eigenartiges Gemisch; ihre Begabung erstreckte sich vom musikalischen
Genie eines Modest Mussorgskij bis zum Mittelmaß des César Cui, der
ein besserer Publizist als Komponist war. Im Grunde genommen war Cui
kaum Russe: sein Vater, ein französischer Offizier in Napoleons *grande
armée*, war als Kriegsgefangener in Rußland hängengeblieben und hatte
sich in Wilna niedergelassen. Cui selbst war ein begabter Militäringe-
nieur, der es bis zum General brachte und ein Standardwerk über
Festungsbau schrieb. Die anderen drei waren echte Russen. Borodin war
ein hervorragender Chemiker, dem seine Arbeit in der Sanitätsschule der
Armee zu wenig Zeit für seine Musik ließ; Mussorgskij war Gardeoffizier. Der einzige wirkliche Berufsmusiker unter ihnen war Rimskij-Korss-
sakow, der als Leutnant zur See in der kaiserlichen Marine begann und
Marinekapellmeister wurde, dann aber ins Zivilleben überwechselte und
einen Posten am neuerrichteten Konservatorium in St. Petersburg annahm, einer Stiftung der Großfürstin Helena, die bei allen zukunftswei-
senden Projekten ihre Hand im Spiel hatte.
Der arme Rimskij-Korssakow ist von den westlichen Kritikern unserer
Zeit äußerst schlecht behandelt worden, weil er die Werke einiger seiner
Kollegen verwässerte. Was vor allem auf seine Version von »Boris Godunow« zutrifft, die so lange aufgeführt wurde und immer noch von Zeit
zu Zeit auf den Spielplänen auftaucht. Ich will keineswegs Rimskijs Mangel an Verständnis für die Kraft und Orginalität der rauhen Seiten, die
er glätten wollte, entschuldigen; aber dennoch gebührt ihm mehr Sympathie, als ihm aller Wahrscheinlichkeit nach je zufallen wird. Denn seiner Meinung nach tat er etwas dringend Nötiges: er lehnte sich nämlich
gegen die Lehren Balakirews auf, von dem er mit Recht annahm, daß er
auf Borodins wie auf Mussorgskijs Werk einen schädlichen Einfluß ausübte, indem er das Amateurhafte an ihnen als eine göttliche russische
Eigenart pries und sie an ernsthafter professioneller Arbeit hinderte.
Hier ist Rimskijs Porträt von Balakirew – flink, brillant, instinktiv, frei
von Verpflichtungen und wohlhabend. Die jungen Komponisten (Mussorgskij war erst einundzwanzig) brauchten einen Führer:
*Dieser Führer war Balakirew, der sich alles durch seine erstaunlich viel-
seitige Begabung und seine Erfahrung angeeignet hatte, ganz ohne
Arbeit und ohne System (er verdankte es tatsächlich einem musiklieben-
den Freund seines Vaters, der ein außerordentlich gutes Orchester aus
Leibeigenen unterhielt) und daher auch von einem System keine Ahnung
hatte ... Da er selbst keine entsprechende Vorbildung genossen hatte,
hielt Balakirew diese auch für andere für unnötig. Übung brauche man
nicht: man müsse einfach zu komponieren beginnen, müsse schöpferisch
fähig sein und durch seine eigenen Schöpfungen lernen. Was auch immer*

in den frühen Werken seiner Kameraden und Schüler unvollendet und unbeholfen war, würde er fertigstellen und wenn nötig auch beenden, und die Komposition würde dann zur Weitergabe für die Aufführung oder Publikation bereit sein.[6]

Und über Balakirew als Lehrer:

*Unter dem Einfluß von Schumanns Kompositionen wurde damals schöpferische melodische Begabung scheel angesehen. Die meisten Melodien und Themen wurden als der schwächere Teil der Musik betrachtet... Meistens erfolgte die kritische Wertung eines Musikstückes aufgrund seiner Elemente: die ersten vier Takte seien ausgezeichnet, sagte man, die nächsten acht seien schwach, die gleich darauf folgende Melodie nichts wert, der Übergang davon zur nächsten Phrase gut und so weiter. Nie wurde eine Komposition in ihrer ästhetischen Bedeutung als Ganzes bewertet...*[7]

Kein Wunder, daß die jungen Russen so viele ihrer Werke unvollendet ließen. Kein Wunder, daß Rimskij-Korssakow sich dagegen auflehnte und sich mit siebenundzwanzig entschloß, sich ausbilden zu lassen.

Wogegen er sich eigentlich auflehnte – und dasselbe gilt für Tschaikowskij, der sich von den Fünf distanzierte –, war nicht nur der willkürliche, wenn auch inspirierte Amateurismus, den Balakirew predigte, sondern auch die Verherrlichung russischer Musik über jede andere Musik. Weiß Gott, sowohl Rimskij als auch Tschaikowskij waren sehr russisch in der Wahl ihrer Opernthemen und in ihrer spontanen Verwendung russischer Volksmusik und Weisen. Aber jeder auf seine Art fühlte sich als ein Teil des riesigen Gebäudes der europäischen Musik.

Die gigantische Leistung der Russen, vor allem von Mussorgskij, war es, jenen Realismus, der sich bereits in der Literatur manifestierte, auch in der Oper, im Gesang einzuführen. Und der wahre Vater dieser Richtung war nicht Glinka, sondern sein jüngerer Zeitgenosse, und wieder ein Gutsbesitzer, Dargomischkij, dessen »Steinerner Gast« beispielgebend war. Hören wir uns an, was Stasow über Dargomischkij schreibt:

*Er schuf eine Oper, die in der Geschichte der Musik einzigartig dasteht. In ihr kam alles zum Ausdruck, was der große Reformator Gluck ein Jahrhundert zuvor erstrebt hatte – aber in einem Bezugssystem, das weiter und tiefer ging als jenes von Gluck. Hier gibt es keine griechischen Götter und Helden, keine klassischen Themen und Personen. Fort sind alle Konventionen und formellen Gepflogenheiten, die wie ein häßlicher Auswuchs die europäische Musik kennzeichneten... Den Forderungen der Vernunft und des opernmäßigen Realismus entsprechend, besteht »Der steinerne Gast« ausschließlich aus deklamierten Rezitativen, einem musikalischen Vortrag, der in einem unregelmäßigen, unsymmetrischen Strom von den Lippen der Darsteller hervorquillt, so wie dies in alltäglichen Gesprächen und im Drama der Fall ist. Aber trotz der Ähnlichkeit dieses Rezitativs mit der menschlichen Sprache und all ihren Schnörkeln* und *Arabesken ist die Form eine musikalische, künstlerische und poetische. Es war dies ein Experiment mit einem neuen musikalischen Genie, wie man es noch nie zuvor gehört oder gesehen hatte.*[8] Abgesehen von der groben Überschätzung von Dargomischkijs musikalischer Begabung ist an diesem Urteil viel Wahres. Aber wer könnte aus dem oben Zitierten erraten, daß zur Zeit der Beendigung des »Steinernen Gastes« Richard Wagner in Deutschland bereits die Hälfte seines kolossalen Werkes hinter sich gebracht hatte?

Und weiter:

*Der Inhalt von Mussorgskijs Liedern und Opern ... ist so reichhaltig, die Rollen sind so unterschiedlich, daß es nicht möglich ist, sie hier im einzelnen zu besprechen. Sie beinhalten eine ganze Welt, die mit außerordentlicher Begabung, Kraft und Originalität in Musik gesetzt ist. Einzelpersonen wie Menschenmassen bewegen sich vor unseren Augen in einer Vielfalt von Szenen, die das größtmögliche Spektrum an menschlichen Gefühlen und Erfahrungen umfassen. Zaren und Einfaltspinsel, Muschiks, Bojaren und Mönche, alte Bäuerinnen und Prinzessinnen, Totengräber und Krankenschwestern, Strelitzen und Altgläubige, Gastwirte und Seminaristen und ein Aufgebot anderer Charaktere bilden eine nationale Galerie von einem Reichtum, wie sie nirgendwo sonst in der Oper zu finden ist.*[9]

Mit diesen Worten hätte Stasow den ganzen gewaltigen Beitrag des russischen Realismus zur Literatur wie zur Musik zusammenfassen können. Er selbst war sich bewußt, daß die treibende Kraft jene Suche nach einer nationalen Identität war, die auch die politischen und sozialen Reformer bewegte. Aber anstatt dies als Tatsache anzuerkennen, trachtete Stasow (und mit ihm viele andere) danach, jenes strebende Suchen, das fast eine Pilgerfahrt war und dessen Ursache im Versagen der Russen lag, selber eine positive Gesellschaft von innerem Zusammenhang zu schaffen, zu einer angeborenen Erztugend hinaufzustilisieren. Daraus ergab sich für ihn und viele andere die Notwendigkeit, westliche Errungenschaften abzulehnen; ja mehr noch, sie zu leugnen.

*Ein weiteres wichtiges Merkmal unserer Schule ist deren dauernde Suche nach einem nationalen Typus ... Dies begann mit Glinka und wurde ununterbrochen bis zum heutigen Tag weitergeführt. Ein ähnliches Streben zeigt sich in keiner anderen europäischen Schule der Komposition.*[10]

Und Hand in Hand mit dieser Einstellung geht die Zurückweisung der berufsmäßigen Ausübung, die bereits von Balakirew so eigensinnig propagiert wurde:»Keiner unserer großen Musiker, angefangen mit Glinka, hatte je viel Zutrauen in eine akademische Ausbildung. Sie haben diese nie mit jener Unterwürfigkeit und abergläubigen Ehrfurcht betrachtet, wie man dies auch heute noch in vielen Teilen Europas tut. Es wäre lächerlich, den Wert einer Ausbildung auf irgendeinem Gebiet, die Musik mit eingeschlossen, zu bestreiten, aber die neuen Russen sehen dem Wissen mutig ins Gesicht. Sie respektieren es, sie machen sich seine Wohltaten zunutze, aber sie übertreiben nicht seine Wichtigkeit oder fallen vor ihm auf die Knie...«

Stasow wußte sehr wohl, daß jeder europäische Komponist von Bedeutung in frühester Jugend zu komponieren begonnen und akademischer Mißbilligung zum Trotz seinen Weg gemacht hatte; dennoch konnte er schreiben: »Unsere Komponisten vergeudeten nicht wie die Deutschen unzählige Jahre mit der Grammatik der Musik; sie erlernten sie schnell und leicht, wie jede andere Grammatik. Aber dies hinderte sie nicht daran, sie gewissenhaft und gründlich zu lernen.«[11]

Auf diese Art von Unsinn gründete Stasow seinen Widerstand gegen die Errichtung eines Konservatoriums in St. Petersburg, dessen Ziel es nicht war, Genies, sondern eine tüchtige Schar von technisch ausgebildeten und disziplinierten Musikern aller Art hervorzubringen.

Und diese Einstellung war es, die Tschaikowskij, der durch und durch Russe war, dazu bewog, seine begabten Kollegen weniger aus Zorn als aus Verzweiflung anzugreifen, wegen ihrer »schrecklichen Vermessenheit und ihrer völlig dilettantischen Überzeugung, sie seien allen anderen Musikern der Welt überlegen«.

Balakirew und Stasow waren extreme Beispiele einer nur allzu verbreiteten Tendenz, die jedoch von vielen russischen Kritikern und Musikern abgelehnt wurde; sie fanden diese Art von musikalischem Chauvinismus so abstoßend, daß sie Stasows bewundernswerte Eigenschaften übersahen. Es war genau dieselbe Tendenz, die sich auf politischem Gebiet als russischer Chauvinismus und Panslawismus manifestieren sollte und solche unglückseligen Folgen hatte. Und es ging sehr tief. Erinnern wir uns an jene eigenartige Episode in »Krieg und Frieden«, in der Natascha ihren russischen Tanz vorführt. »Wo und wie und wann«, fragte Tolstoj, »hat diese junge Gräfin, die von einer ausgewanderten französischen Gouvernante erzogen worden war, aus der russischen Luft, die sie einatmet, diesen Geist eingesogen...?« Denn »der Geist und die Bewegungen waren so unnachahmlich und unerlernbar russisch, wie es Onkel von ihr erwartete«. Wir sind hier in gefährlicher Nähe von Professor Pogodin und seinem »Rußland, ein Wunder! Das russische Volk, ein Wunder! Die russische Sprache, ein Wunder! Der russische Ofen... ein Wunder!«[12]


5


Etwas hat sich ereignet. Wir befinden uns in den siebziger Jahren, weit entfernt vom Winterpalast und dem Hof. Auch weit entfernt von den Bauern. Unmerklich ist im letzten Jahrzehnt eine neue Macht herangewachsen und hat sich gefestigt. Bis in die Mitte der sechziger Jahre war Rußland identisch mit der Autokratie, die die Bauernmassen durch die

Bürokratie unter Mithilfe der Gutsbesitzer beherrschte – angefeindet lediglich von einer zahlenmäßig sehr kleinen Intelligenzschicht, die heftigst dagegen Stellung bezog. Jetzt kommt eine neue bürgerliche Klasse zum Vorschein – abgehalfterte Gutsbesitzer, reiche Kaufleute, Rechtsanwälte, Lehrer und Industrielle –, die ein Eigenleben zu haben beginnt. Sie hat ihre eigenen Publizisten, wie den rechtsstehenden Journalisten Katkow. Sie umfaßt Künstler und Pseudokünstler und konservativ eingestellte Professoren. Sie fängt an, ein Gefühl für das Russische zu entwikkeln. Sie bedauert die Exzesse der Revolutionäre ebenso wie die des Absolutismus. Sie ist in der offiziellen Regierung nicht vertreten und kann sich daher politisch überhaupt nicht äußern. Aber sie ist wohlhabend und gefestigt genug, um ein fast unabhängiges Meinungsklima zu schaffen.

Ein Grund für diese scheinbare Abschweifung in ein Spezialgebiet, das, so mag es scheinen, weitab von dem Hauptstrom der russischen Geschichte liegt, ist der Umstand, daß die Musiker eine Brücke zwischen dem offiziellen Rußland und der rebellierenden Intelligenzschicht bildeten. Sie waren von der Gunst der Hofbeamten abhängig, die die Opernhäuser und Konzertsäle – und die Orchester und Sänger! – unter sich hatten. Aber zu ihrer moralischen Unterstützung brauchten sie die Außenseiter. Und die Existenz dieser Musiker allein zeigt das Aufkommen einer öffentlichen Meinung, der sich der Zar beugen mußte. Die öffentliche Meinung war national gesinnt und dazu völlig ahnungslos über die Mächte, die in der Außenwelt Geltung hatten.

21 Petersburg: Blick vom Ufer der Newa auf die damalige Nikolaus-
Brücke (Foto von 1914)

Nikolai Gogol

Fjedor Dostojewskij

Iwan Turgeniew

Leo Tolstoj

M. P. Mussorgskij

P. I. Tschaikowskij

23 Maxim Gorki

24  Der Priester und Revolutionär G. A. Gapon, zusammen mit dem
Petersburger Stadthauptmann General Fiellow, bei der Eröffnung eines
neuen Hauses für den von Gapon gegründeten Arbeiterverein (Foto
von 1904)

I

Seit dem Pariser Friedensvertrag hatte es fast zwanzig Jahre lang nichts
gegeben, was den unbehaglichen Frieden auf dem Balkan gestört oder die
orientalische Frage wieder hätte aufflammen lassen. Alexander war zufrieden. Er teilte nicht seines Vaters fanatische Sorge über die Zukunft
des Osmanischen Reiches. Er hatte genug andere Sorgen, die ihn beschäftigten, und die 1871 erfolgte Abänderung des Pariser Vertrags, die es
Rußland gestattete, im Schwarzen Meer wieder eine Flotte zu unterhalten, genügte ihm für den Augenblick. Es war das Prinzip, das zählte; die
Flotte mußte warten, bis Reutern die Mittel auftreiben konnte, um sie
zu bauen.

Aber im Sommer 1875 wurden die Balkanländer durch Aufstände in Bosnien und der Herzegowina aufgerüttelt; die dortigen Serben waren durch
erneute Übergriffe der schlechten türkischen Verwaltung zur Verzweiflung getrieben worden. In Serbien selbst gab es sofort einen Aufschrei.
König Milan Obrenović machte sich über den Ausgang eines Krieges mit
der Türkei keine Illusionen, doch er konnte sich der Forderung seines
Volkes nach einem nationalen Kreuzzug nur schwer entziehen. Immerhin gelang es ihm mit Unterstützung aller europäischen Mächte, die Falken in seinem Lager fast ein Jahr lang zurückzuhalten. Und fast ein Jahr
lang bemühten sich die Mächte in fieberhafter diplomatischer Aktivität,
Serbien von einem Krieg abzuhalten und zwischen der Türkei und den
Rebellen zu vermitteln. Alle wollten den Frieden, aber selbst während sie
die Türkei unter Druck setzten, konnten sie sich untereinander nicht
einig werden.

Alexander wünschte natürlicherweise nach wie vor die Einschränkung
der türkischen Macht und hatte für den Kriegsfall eine Schublade voller
Pläne; zur Neugestaltung der Landkarte suchte er Österreichs Zustimmung. In Österreich war man geteilter Meinung. Die offizielle Stimme
der Donaumonarchie war damals die Stimme des etwas gezierten ungarischen Hocharistokraten Julius Andrassy, eines der Rebellen des Jahres
1848, dem es hauptsächlich darauf ankam, die Position Ungarns in der
Doppelmonarchie zu verbessern; in der türkischen Herrschaft über die

Balkanländer sah er eine Bastion nicht nur gegen Rußland, sondern auch gegen heranwachsende nationale Bestrebungen unter den slawischen Völkern der Monarchie. Andererseits liebäugelte Kaiser Franz Joseph mit Bosnien und der Herzegowina, um den Verlust seiner italienischen Provinzen, der ihn persönlich zutiefst getroffen hatte, wieder wettzumachen. Bismarck in Berlin hatte kein aktives Interesse an den Balkanländern. Er war sehr darum bemüht, sowohl mit Rußland als auch mit Österreich gut auszukommen, wie dies der etwas wacklige Dreikaiserbund bewies. Er hoffte, oder gab vor zu hoffen, daß im Ernstfall Rußland und Österreich gemeinsam gegen die Türkei vorgehen und einer freundschaftlichen Aufteilung der europäischen Türkei zustimmen würden. Er befürchtete jeglichen Konflikt, der es Frankreich ermöglichen würde, aus seiner seit 1870 bestehenden Isolierung in ein Bündnis mit einer der beiden Seiten zu flüchten. England (dort war jetzt Disraeli Premierminister), in bezug auf Rußland stets zur Theatralik neigend, verfolgte wie immer Rußlands Absichten mit pathologischem Mißtrauen und war seit der Eröffnung des Suezkanals 1869 mehr denn je entschlossen, Rußland vom Mittelmeer fernzuhalten. Es rasselte mit dem Säbel und war erbost, als die Kontinentalmächte untereinander einig zu sein schienen. Als die drei Kaiser im Mai 1876 den als »Berliner Memorandum« bekannten Vorschlag erbrachten (ein zweimonatiger Waffenstillstand; die drei verbündeten Mächte legen der Türkei die Verpflichtung auf, gewisse Reformen durchzuführen), sah das britische Kabinett darin eine Verschwörung, und Disraeli explodierte vor Wut über die »Beleidigung«, die in dem Vorgehen der drei Mächte lag, die da England um nichts anderes baten, als »ihnen eine Ermächtigung zu erteilen, der Türkei das Messer anzusetzen, ob es uns recht ist oder nicht«.[1]

Dieser gefährliche Streit blieb ohne Folgen. Die Situation änderte sich sofort. Im April war eine ganz neue Rebellion ausgebrochen, diesmal unter den Bulgaren, und die Türken antworteten darauf mit der Niederbrennung von sechzig Dörfern und dem kaltblütigen Massaker von fünfzehntausend Männern, Frauen und Kindern. Als die Nachricht in London eintraf, wurde das Mißtrauen gegen Rußland von einem Ausbruch des Abscheus gegen die Türkei abgelöst – und dieser Abscheu wurde verschärft durch ein entsetztes Schuldgefühl, daß England so lange solch offensichtliche Barbaren hatte unterstützen können: mit einem Wort, London war aus der politischen Gleichung eliminiert. Durch diese eine Tat hatte die Türkei ihren wichtigsten Beistand verloren; kein britisches Kabinett konnte nun auf lange Zeit hinaus es wagen, an ihrer Seite in den Krieg zu ziehen.

Die Greueltaten in Bulgarien waren für Serbien der Tropfen, der das Faß zum Überlaufen brachte. Am 30. Juni 1876 bangte König Milan um seinen Thron, ja sogar um sein Leben und gab dem allgemeinen Drängen zum Krieg nach. In ganz Rußland riefen die Kirchen die Gläubigen auf, für einen serbischen Sieg zu beten und die Sache der Slawen als die einzig wahre, die orthodoxe Sache zu preisen. Jetzt wurde auch Alexander unter Druck gesetzt, in den Krieg einzutreten.

Rußland hatte in seiner Politik einige Zeitlang ein Doppelspiel betrieben. Die Engländer hatten allen Grund für ihren Verdacht, daß Alexander auf einen Krieg zusteuerte und in der Folge auf die Zerstückelung der Türkei. Was sie nicht begriffen: Der Zar war nicht mehr unumstrittener Herr seiner eigenen Außenpolitik. Es gab eine neue Kraft: den russischen Nationalismus, der im Augenblick seinen Ausdruck im Panslawismus fand und bis in die höchsten Ränge der Verwaltung und des Heeres hinaufreichte. Gortschakow, Miljutin, Reutern, Walujew und einige andere in den allerhöchsten Positionen waren vereint in ihrem Bestreben, gute Europäer zu sein und nichts zu unternehmen, was das europäische Gleichgewicht gefährden könnte. Auch betrachteten sie den Panslawismus mit Abscheu, und wenn nicht mit Abscheu, dann mit Bestürzung – »slawophiles Onanieren«[2] war Walujews verächtliches Urteil über die Gefühlswelle, die über die gebildeten Klassen hereinbrach. Aber viele ihrer direkt Untergebenen, einige auch von sehr hohem Rang, waren anderer Meinung. Sie hatten für Europa nichts übrig, verstanden nichts von dem uralten diplomatischen Spiel und dachten nur in Begriffen einer russischen oder slawischen Vorherrschaft.

Denn der russische Panslawismus, das häßliche Stiefkind der slawophilen Philosophen, artete sehr bald in Chauvinismus aus: die Verherrlichung nicht etwa russischer Tugend, echter oder eingebildeter, sondern der russischen Macht.

Gegen Ende der sechziger Jahre waren die älteren und mehr zurückhaltenden Slawophilen entweder gestorben oder hatten sich, meist enttäuscht, von der Welt zurückgezogen. Eines ihrer großen Ziele war mit der Emanzipation erreicht worden, aber was die gemeinschaftliche Verantwortung und eine Teilnahme breiter Kreise an der Regierung betraf, so war ein Fortschritt weder zu erwarten noch zu erhoffen: das bewiesen ihnen die Weigerung des Zaren, irgendeine repräsentative Körperschaft in Form einer Nationalversammlung zu dulden, und die in sehr engen Grenzen gehaltenen Befugnisse und Verfügungsgewalt der provinziellen Semstwos. Die Nachfolger der ersten Slawophilen, unter ihnen die beiden Söhne Aksakows, hatten sich anfangs fast unmerklich von der Suche nach der russischen Identität und den Hauptquellen der alten russischen Tugenden entfernt und waren dazu übergegangen, sich einfach auf eine moralische Überlegenheit festzulegen. Und daraus erwuchs durch einen einfachen Prozeß der Ausbreitung in den Herzen vieler Leute die Überzeugung von der besonderen Mission des Slawentums, und daß der natürliche und vorbestimmte Führer und Lehrer aller slawischer Völker Rußland sei. Aus politischen Gründen wurde diese Denkungsart nicht offen unterdrückt, und der Zar tolerierte die Gründung von slawischen

Wohltätigkeitskomitees, die teils vom Unterrichtsministerium, teils durch Privatzuwendungen subventioniert wurden, um kulturelle und religiöse Aktivitäten der Slawen unter türkischer Herrschaft zu fördern. Das war an sich eine wichtige Gewichtsverlagerung, und sie führte nebst anderem dazu, daß die orientalische Frage in gefährlicher Weise wieder aufs Tapet kam. Seit Katharina der Großen hatte ein russischer Monarch nach dem anderen sich als Beschützer der Christen unter türkischer Herrschaft betrachtet. Aber nun war der Monarch von gebildeten Russen unter Druck gesetzt worden, die zum ersten Mal daran dachten, Brudernationen, Slawenbrüdern zu Hilfe zu eilen, um sie von dem Unterdrücker zu befreien. Der Publizist Pogodin und der Zeitungsherausgeber Katkow, der seinen frühen Liberalismus abgelegt hatte, wandten sich eindringlichst an den heranwachsenden Geist des Nationalismus. Aber die wortreichen Fahnenträger der panslawistischen Bewegung waren N. J. Danielewskij und General R. A. Fadejew, deren grundlegende Werke 1869 bzw. 1870 erschienen. Danielewskij war ein Verfechter des Rassenhasses, der eine pseudowissenschaftliche Soziologie predigte, die die Überlegenheit der Slawen beweisen sollte, so wie Houston Stewart Chamberlain etwas später zum Prediger des arischen Deutschtums werden sollte. Danielewskij bestritt nicht die historische Wichtigkeit der romanischen und germanischen Kulturen. Er behauptete lediglich, daß sie sich überlebt hätten; und das neue kulturhistorische Element, das die Fackel des Geistes übernehmen sollte, werde durch die Slawen vertreten. General Fadejew nahm solche theoretischen Endergebnisse einfach als selbstverständlich an und war viel prosaischer. Rußland sei eins mit den restlichen Slawenvölkern, und der Westen sei allen slawischen Völkern feindlich gesinnt. Rußland müsse sich daher entscheiden. Das einzige, was es nicht tun könne, sei, dauernd angstvoll an der Schwelle Europas zu stehen. Es müsse entweder die Führung aller slawischen Völker übernehmen und bis zur Adria vordringen, oder aber sich hinter den Dnjepr zurückziehen. Es stünde vor der Wahl: »die slawischen Völker oder Asien«.[3]
Es war ein eigenartiges und gewaltiges Zusammenströmen von Kräften. Die Propheten des Panslawismus konnten mit der Unterstützung patriotischer Russen rechnen – der Komponist Tschaikowskij ist ein gutes Beispiel –, die zwar keine imperialistischen Träume hegten, aber der Meinung waren, daß es an der Zeit sei, daß Rußland sich in der Welt bemerkbar mache und seine besonderen Vorzüge zur Geltung bringe. Was ihnen an dieser Sache am meisten zusagte, war nicht so sehr die Tatsache, daß sie den Serben zu Hilfe eilen, sondern eher, daß sie Front gegen den Sultan machen sollten. So brachte man die Idealisten und die Chauvinisten, die Träumer und die Zyniker zusammen, um eine Bewegung zu gründen, die den Zar unter Druck setzte und ihn zwang, sich zum Verfechter des russischen Nationalismus zu deklarieren.
Viel später, im Jahre 1889, sollte der große christliche Philosoph Wladi-

mir Solowjew, der unermüdlich bemüht war, den mystischen Geist der orthodoxen Kirche, die er verehrte, von jeder anderen Form des russischen Nationalismus zu trennen, rückblickend schreiben:

*Anbetung des eigenen Volkes als Träger der universalen Wahrheit; dann Anbetung des Volkes als eine grundlegende Kraft ohne Rücksicht auf die universale Wahrheit; schließlich Anbetung der nationalen Einseitigkeit und historischen Abnormität, die das Volk von der gebildeten Menschheit trennen – das heißt, Anbetung des eigenen Volkes mit einer direkten Verneinung auch nur der Idee der universalen Wahrheit: das sind die drei einzelnen Stadien unseres Nationalismus, wie sie nacheinander von den Slawophilen, von Katkow und von den neuesten Obskurantisten (Dunkelmännern) vertreten werden. Die ersten lehrten reine Phantasien; die zweiten waren realistischer mit einem Schuß Phantasie; die letzten sind Realisten ohne die leiseste Phantasie, aber auch ohne Schamgefühl.* [4]

Als Solowjew schrieb, war Alexander II. bereits tot, und sein Sohn herrschte über ein Rußland, das sich rücksichtslos entschlossen hatte, allen Reichsteilen eine kulturelle und religiöse Einheitlichkeit aufzuzwingen. Aber der Geist, der in diesen aggressiven Chauvinismus mündete, tauchte bereits in allen möglichen Varianten in allen möglichen Menschen auf, die nur eines gemeinsam hatten: die unauslöschliche Überzeugung von der angeborenen Überlegenheit der russischen Seele, angefangen von dem Soldaten Dragomirow, der die Überlegenheit des großen Suworow und seiner speziell russischen Feldherrnqualitäten über alle anderen großen Feldherrn der Geschichte predigte, bis zu dem Romanschriftsteller Dostojewskij, der aus keinem anderen Grund sich der orthodoxen Kirche anschloß, als daß es der Glaube des russischen Volkes war, der Auserwählten Gottes, und daher wahr sein *mußte*.

## 2

Am Vorabend des russisch-türkischen Kriegs hatte sich der Panslawismus noch nicht zum Chauvinismus verhärtet. Einer seiner Hauptvertreter war der brillante, insgesamt etwas anmaßende Graf Ignatjew, dem wir bereits als einem Pionier der russischen Expansion in Zentralasien und im Fernen Osten begegnet sind und der nun Botschafter in Konstantinopel war. Eine eindrucksvolle Persönlichkeit, gut aussehend und mutig, hatte er gleichwohl ein außerordentliches Talent zur Lüge und Intrige. Seine ganze Karriere hatte fern von Europa stattgefunden, und er brachte wenig Verständnis für die Feinheiten der europäischen Gleichgewichtspolitik auf. Was er nicht verstehen konnte, das mochte er nicht. Er sah keinen Grund dafür, daß Gortschakow vorsichtig (ihm schien es feige) die russischen Ambitionen bremste – für den Preis der Aufrechterhaltung guter Beziehungen zu anderen, geringeren Mächten. Ihm schienen jedenfalls alle anderen Mächte offensichtlich geringer: Warum sollte ein mächtiges Rußland sich nach einem klapprigen Österreich-Ungarn, einem Emporkömmling wie dem Deutschen Reich, einem gelähmten Frankreich richten? Eine Rechtmäßigkeit von Englands Interesse an den Meerengen wies er mit Nachdruck zurück. Sie waren »der Schlüssel zum Haus«, Rußlands Haus. Er begriff nicht, wie es Alexander und Gortschakow zögernd begriffen, daß angesichts der Seemacht jener entlegenen, kleinen, kalten, ausweichend feindseligen Insel in Sachen Konstantinopel und der Meerengen einfach nichts zu machen war. Im Interesse des Panslawismus intrigierte er gegen die ganze Welt, auch gegen seine eigenen Herren: Einmal versuchte er vergeblich, Alexander zu verleiten, direkt mit dem Sultan zu verhandeln; ein anderes Mal drängte er über einen seiner Anhänger am russischen Konsulat in Belgrad die Serben zum Kampf, wobei er ihnen versicherte, daß St. Petersburg dies begrüße – wenn auch Gortschakow aus offensichtlichen Gründen so tun müsse, als sei er für den Frieden. Es gab nur einen Grund für einen Russen, die Serben zu einem Krieg anzustiften: Wenn der Zar nichts gegen den Sultan unternehmen wollte, so mußte man ihn zum Kampf zwingen. Und so geschah es.

Noch vor Ausbruch des Krieges wurde Geld aus privaten Fonds nach Serbien gesandt und gleichzeitig mit dem Geld einige wenige Freiwillige, die bereit waren zu kämpfen, wenn sie gebraucht wurden. Allen voran einer der Helden der Turkestan-Feldzüge, General Tschernejew, ein begeisterter Panslawist, der seinen Abschied in der Armee nahm und gegen den ausdrücklichen Wunsch des Zaren heimlich nach Serbien ging, um das Kommando über die serbischen Truppen zu übernehmen. Nach der Kriegserklärung nahm die panslawistische Agitation die Form einer fast religiösen Bewegung mit leicht hysterischem Beigeschmack an. Katkow drängte in seiner Zeitung die patriotischen Russen, sich freiwillig zum Kampf für den slawischen Bruder zu melden; Semstwos, Kirchen, panslawistische Gesellschaften organisierten Geldmittel und sandten Krankenwagen und ganze Spitäler hinaus. Sogar der Haushalt des Zaren selbst wurde von dem Fieber ergriffen; die Zarin höchstpersönlich übernahm den Vorsitz über serbische Hilfsorganisationen, und der Zarewitsch, der künftige Alexander III., schon damals im Widerspruch zu seinem Vater, befürwortete öffentlich die russische Intervention, um den slawischen Bruder vor der Vernichtung zu retten.

Es beweist die Stärke dieser Bewegung, daß Zar Alexander II. nicht einmal zu der Zeit, als er in geduldigen Verhandlungen mit den anderen Großmächten nach Mitteln und Wegen suchte, einen Krieg zu verhindern, in der Lage war, dem Strom der Freiwilligen Einhalt zu gebieten, dem sich aktive Offiziere aus seinen eigenen Leibregimentern anschlossen. Die Tatsache, daß viele von ihnen sich weniger von den panslawistischen Idealen leiten ließen als von der Sucht nach Abenteuer und Vergessen, tut nichts zur Sache. (Man erinnere sich, daß in »Anna Karenina« Wronskij nach Annas Selbstmord davongeht, um für die Serben zu kämpfen.) Die Bewegung existierte, und der Autokrat gab nach. Es war eine Wendemarke in der Geschichte der Dynastie, und als solche wurde es wenigstens von einigen Russen erkannt.

»Was in diesem Sommer in Rußland geschehen ist«, erklärte einer der Brüder Aksakow triumphierend, »ist unerhört in der Geschichte aller Länder: die öffentliche Meinung, von der Regierung nicht unterstützt und ohne eine staatliche Organisation im Rücken, hat einen Krieg in einem fremden Land geführt«.[5]

## 3

Es war kein erfolgreicher Krieg. Die Serben brachten nichts zuwege. Ihre Armee von 130 000 Mann war den Türken, die mit den neuesten Waffen der Firma Krupp ausgerüstet waren, nicht gewachsen. Sie schoben die Schuld für ihre Niederlage auf ihre russischen Kameraden; die Russen wieder schoben die Schuld auf sie. In Moskau und St. Petersburg war die öffentliche Meinung verbittert. Jetzt sprach man schon viel weniger über Hilfeleistungen für die Serben und viel mehr über einen heiligen Krieg gegen die Türken, mit Konstantinopel als Ziel. Die Serben, so vermutete man nun, waren gar keine echten Slawen; sie waren Österreich zu nahe; sie waren von Juden verdorben worden. Die allgemeine Sympathie schwenkte über zu den Bulgaren, den neuesten Opfern der türkischen Barbarei. Außerdem war Bulgarien näher zu Rußland und lag am direkten Weg nach Konstantinopel. Die undankbaren Serben wurden mit Recht beschuldigt, Wien St. Petersburg vorzuziehen; auch waren sie bereits von westlichen Ideen angenagt. Die braven Bulgaren hingegen hatten überhaupt keine Ideen und standen daher dem russischen Einfluß offen; auch hatten sie außer Rußland keinen Fürsprecher. Der Druck auf Alexander, direkt zu intervenieren und der Türkei den Krieg zu erklären, wurde immer unwiderstehlicher, und er deckte sich zufällig mit Alexanders wachsender Überzeugung, daß die Unstimmigkeit unter den Großmächten ihm eine Möglichkeit bot, die er wahrnehmen sollte.
Der Krieg kam erst im Mai 1877. Die ausführliche Geschichte der diplomatischen Manöver, die zu der russischen Kriegserklärung führten, ist hier nur insofern relevant, als sie die Ängste, die Unsicherheit, die Uneinigkeit der europäischen Staatskanzleien in einem kritischen Moment jener Entwicklung aufzeigt, die keine vierzig Jahre später in den Völkerbrand von 1914 münden sollte. Alexander hatte kein Bedürfnis, Krieg zu führen, aber es war ihm klar, daß er bei einem Sieg der Türken über die Serben etwas unternehmen müsse, um zu verhindern, daß die Türkei von

ihrem Sieg profitierte und ihre Macht auf die Balkanländer wieder ausbreitete. In dieser Hinsicht stimmte er mit der öffentlichen Meinung
überein. Aber er hoffte immer noch auf ein Eingreifen mit Zustimmung
der Großmächte, die ihrerseits unentschlossen und eher übel gelaunt um
günstige Ausgangspositionen rauften. Jedes Land, mit Ausnahme von
Preußen, war mit sich selbst uneins. Im Laufe der Zeit schlugen alle
Bemühungen fehl, und es wurde immer klarer, daß Rußlands Hauptgefahr in einem Zusammenstoß mit Österreich lag. Um sich gegen diese
Eventualität abzusichern, verlangte Alexander die uneingeschränkte
Unterstützung Preußens. Bismarck war nun gegen seinen Willen zu einer
Entscheidung gezwungen; obwohl er auf eine Beibehaltung der guten
Beziehungen zu St. Petersburg Wert legte, wußte er doch, daß die
Bewahrung des Habsburgerreiches für Preußen lebenswichtig war. Er
war gezwungen, sich zu deklarieren, indem er Alexander seiner wohlwollenden Neutralität versicherte, aber nicht mehr. Es war nicht genug.
Rußland erwartete seine Belohnung dafür, daß es im Jahre 1870 300 000
russische Soldaten an der galizischen Grenze aufgestellt hatte, um Österreichs Neutralität zu erzwingen, als Preußen gegen Frankreich marschierte.
Da der Zar nun wußte, daß Preußen nicht intervenieren würde und England es nicht konnte, mußte er seine ganze Kraft daransetzen, mit Österreich bezüglich der Weiterungen im Falle eines Krieges und dem Zusammenbruch der Türkei zu einer Einigung zu gelangen. Mühsam wurde
eine Reihe von Verträgen erarbeitet. Dank einer Militärkonvention sicherte er sich Österreichs wohlwollende Neutralität im Tausch dafür, daß
das Habsburgerreich Bosnien und die Herzegowina besetzte. Montenegro
und der Sandschak von Novipazar sollten eine neutrale Zone bilden.
Weitere Vertragspunkte: Serbien und Montenegro konnten Rußland nur
außerhalb ihres eigenen Staatsgebietes mit Truppen unterstützen.
Österreich durfte nicht an Rumänien rühren. Rußland sollte lediglich das
südliche Bessarabien erhalten. Die asiatische Türkei, die jetzt sehr in
Alexanders Blickwinkel gerückt war, blieb ausgeklammert, ebenso Bulgarien. Aber man einigte sich, auf der Balkanhalbinsel solle »kein großer
festgefügter Staat, ob slawischer oder anderer Nationalität« gegründet
werden. Wenn die Türkei zusammenbrach, könnte Konstantinopel eine
Freistadt werden, während Griechenland Kreta sowie den südlichen Epi-
rus und Thessalien übernehmen könnte.
Es war eine Vereinbarung, die den Panslawisten nicht zugesagt hätte, da
sie äußerst heftig jede Art von offizieller Anerkennung von Österreichs
Einfluß auf dem Balkan ablehnten, inklusive der Herrschaft über eine
große Zahl ihrer slawischen Brüder. Aber obwohl es für Österreich ein
diplomatischer Triumph war, da es alles, was es wollte, auch ohne einen
Krieg erreicht zu haben schien, so ließ es Alexander wenigstens freie
Hand. Wenn er die rumänische Zusage für den ungehinderten Durch-

marsch seiner Truppen einmal im Sack hatte, konnte er Krieg erklären, da er wußte, daß weder England noch Preußen intervenieren würden. Den Rest überließ er den Generälen. Im asiatischen Teil der Türkei war etwas zu holen, und wenn die Türkei zusammenbrechen sollte, so konnte die Zukunft Konstantinopels von einer Position der Stärke her geregelt werden.

Und so geschah es, aber gar nicht so, wie es sich Alexander vorgestellt hatte. Anfänglich ging alles gut. Innerhalb Rußlands veränderte sich die Situation schlagartig. In einem Land, das sich so dezidiert gegen seinen Herrscher stellte, daß sogar die nüchternsten Regierungsmitglieder den Zusammenbruch der allgemeinen Ordnung fürchteten, kam eine Stimmung patriotischer Euphorie auf, die alle Zweifel wegschwemmte und jegliche revolutionäre Tätigkeit erstickte. Rußland bot den Anblick eines einigen Volkes, das zu einem Kreuzzug aufgebrochen war. Aber die vernünftig Denkenden ließen sich nicht irremachen. Wenn es schon einen Krieg geben müsse, dann solle er zumindest schnell, begrenzt und entscheidend sein. Wenn sich die Kämpfe hinauszogen, befürchteten sie – Gortschakow und Schuwalow waren sehr eindringlich in ihren Warnungen – einen sich lang dahinschleppenden Feldzug, ein Patt, eine wachsende Versehrtenliste: und das könnte zu erneuten Unzufriedenheiten in der Heimat führen; und außerdem fürchteten sie die Intervention anderer Mächte, sobald diese sahen, daß Rußland festgenagelt war in seinem Engagement durch die Türken.

4

Der russische Marsch in die Türkei begann recht leichtherzig. Alexander II. sah der Prüfung in einer Stimmung von fast religiöser Entschlossenheit entgegen; aber seine Soldaten und die großen Menschenmengen, die ihnen Lebewohl sagten, barsten fast vor patriotischer Begeisterung. Für die meisten von ihnen kam es nicht so sehr darauf an, dem so grausam unterjochten Bruder zu Hilfe zu eilen, sondern man mußte vielmehr der Welt zeigen, daß Rußland sich nicht mehr alles gefallen ließ und nicht ruhig zusah, wie seine kleinen serbischen Vettern geschunden wurden – und schließlich mußte man auch Katharinas Versprechen einlösen, Konstantinopel zu erobern. Seit 1676 war es der zehnte Krieg gegen die Türkei. Es sollte verhängnisvollerweise der letzte werden. Zweiundzwanzig Jahre vorher war die Armee Nikolaus' I. durch die Fürstentümer, das jetzige Rumänien, marschiert, hatte die Donau überquert und sich dann schmählich zurückgezogen, um ihre Streitkräfte auf der Krim zu konzentrieren – aus Angst, von der österreichischen Armee, die in Galizien entlang der ausgedehnten rechten Flanke in Wartestellung stand, abgeschnitten und vernichtet zu werden. Jetzt war Österreich freundlich gesinnt. Die Russen hatten nichts zu befürchten, während sie durch den rumänischen Engpaß strömten. Man erreichte die Donau im Juni und überquerte sie nach heftigen Kämpfen und schweren Verlusten, und die ersten Wochen des Vorstoßes gegen die Balkanberge, die von Osten nach Westen durch Bulgarien laufen, verliefen so gut, daß es den Anschein hatte, als würde Alexander vor Ende Juli bereits in Konstantinopel sein. Gleichzeitig wurde in Transkaukasien ein Großangriff in Richtung Kars gestartet.

Aber nach dem ersten triumphalen Vorstoß begannen die Dinge schiefzugehen. Den ganzen Sommer und bis in den Herbst hinein sah es so aus, als ob Andrassys Voraussage, daß die Russen steckenbleiben würden, sich bewahrheiten würde. An der transkaukasischen Front mußte Großfürst Michael, einer von Alexanders Brüdern, zur Kenntnis nehmen, daß seine Armee von rebellierenden Volksstämmen bedroht war, die aus den Bergen herunterkamen, um seine Nachhut zu überfallen und den Nachschub abzuschneiden; er war gezwungen, den Vorstoß nach Kars abzubrechen und sich zurückzuziehen, um seine Truppen zu sammeln, während am Fuße des Balkangebirges der gleichmäßige Vorstoß auf höchst unerwartete Art zum Stehen gebracht wurde. Einer der tüchtigsten Generäle der Zeit nach dem Krimkrieg, Y. V. Gurko, hatte bereits die Türken durch die Berge und über den Schipka-Paß zurückgetrieben, der die Stadt Philippopel und das verhältnismäßig leicht zu erobernde Hinterland bis hinunter nach Adrianopel beherrscht. Alles schien bereit für den entscheidenden Schlag, als sich dem Haupttruppenkörper ein Hindernis in den Weg stellte: ein eher unbedeutender Stützpunkt, dessen Einnahme man als fast routinemäßige Operation abgetan hatte. Das war die Festung Plewna, an einer hochwichtigen Straßenkreuzung und einem natürlichen Hindernis in Form eines Nebenflusses der Donau gelegen. Was war geschehen? Osman Pascha hatte mit einer neuen Armee in einem mutigen und schnellen Marsch das Balkangebirge überquert und im Rücken der Russen Plewna besetzt. Solange Plewna gehalten wurde, kam eine Fortsetzung des Vorstoßes über die Berge nicht in Frage. Die Festung mußte eingenommen werden. Es gab keinen anderen Weg nach dem Süden: die verhältnismäßig leichte Küstenstraße entlang dem Westufer des Schwarzen Meeres war den Russen nicht zugänglich; ohne den Feuerschutz einer Flotte – und Rußland besaß keine – würde die Armee von der Seeseite durch die türkische Marine unter Beschuß genommen werden.

Die Belagerung von Plewna dauerte vier Monate. Als sie vorüber war, war sie für viele denkende Russen ein grimmiges Symbol für alle Unzulänglichkeiten ihrer Regierung und ihres Landes.

Nach dreimonatiger harter Belagerung und dem Verlust unzähliger Menschenleben schluckte Alexander in seinem Hauptquartier in der Etappe seinen Stolz hinunter und brachte das neutrale Rumänien und das neutrale Serbien in einen Krieg, von dem sie fernzuhalten er entschlossen

266

gewesen war, aus Sorge, es könnten sich daraus Verpflichtungen ergeben. Er ging sogar so weit, Prinz Carol von Rumänien an die Spitze einer starken Armee zu stellen, die auch russische Truppen umfaßte. Und als auch das nichts half, als der dritte Hauptangriff auf Plewna am 11. September in einer Katastrophe endete – 15 000 Russen und 3000 Rumänen fielen –, machte er eine noch drastischere Kehrtwendung.

Großfürst Michael, Alexanders älterer Bruder, der nunmehrige Oberkommandierende auf dem Kriegsschauplatz, hatte den Mut verloren. Er drängte zu einem allgemeinen Rückzug über die Donau, aber Alexanders alte Starrköpfigkeit wollte nichts davon wissen. Wenn man Plewna nicht stürmen konnte, so könnte man es blockieren und durch Aushungern zur Übergabe zwingen; und der Mann, der mit dieser Aufgabe betraut wurde, war kein anderer als der Held von Sewastopol, der alte General Totleben, den man schnellstens aus St. Petersburg herbeiholte, damit er die strategische Planung übernahm. Im Gefolge einiger kleinerer, aber entscheidender und sorgsam geplanter und koordinierter Gefechte wurde Plewna völlig von der Außenwelt abgeschnitten, und sein Fall war nur eine Frage der Zeit.

Osman Pascha hielt sich erstaunlicherweise von Ende Oktober bis zum 10. Dezember. Dann, nach einem letzten Ausbruchsversuch, mußte er sich mit 2000 Offizieren und 44000 Mann ergeben. Er hätte viel früher ausbrechen können, als er sah, was Totleben vorhatte, und seine Truppen für einen späteren Einsatz bewahrt. Aber er hatte Befehl von der Pforte, unter allen Umständen durchzuhalten. Und das tat er. Und dieselben Männer in Konstantinopel, die für den Verlust Osmans und seiner prächtigen Armee verantwortlich waren, bremsten nun in ihrer Furchtsamkeit die Truppenbewegungen noch stärkerer türkischer Armeen, die darauf warteten, den Russen auf den südlichen Zufahrten zum Schipka-Paß entgegenzutreten. Das Balkangebirge ist nicht sehr hoch (der Schipka-Paß, der Paß der Wilden Rosen, liegt in knapp 1300 m Höhe), aber es war eine beachtliche Leistung, mitten im Winter die Truppen und den entsprechenden Nachschub, vor allem die schwere Artillerie, durch diese wilde und wüste Gegend zu schaffen. Die Russen überraschten die Türken: Sie erzwangen den Übergang an mehreren Stellen östlich und westlich des Passes, tauchten im Rücken der Armee Suleiman Paschas auf, die einen Frontalangriff erwartete, und vernichteten sie. Innerhalb eines Monats nach dem Fall von Plewna hatten die Russen Sofia und Philippopel eingenommen und waren nach Adrianopel weitergezogen, das am 20. Januar 1878 fast ohne Widerstand fiel. Der Sieg war vollständig. Konstantinopel lag wehrlos vor der russischen Armee: Jetzt war nur mehr der Wille nötig, die türkische Hauptstadt einzunehmen.

Aber Konstantinopel wurde nicht eingenommen. Achtzehn Monate später, im Juli 1879, konnte Bismarck in einer seiner Unterhaltungen von falscher Offenherzigkeit mit dem ihm völlig verfallenen Peter Saburow, dem russischen Botschafter in Berlin, leichthin behaupten, die Russen hätten nach dem Fall Plewnas ihr Heer um 50 000 Mann verstärken und nach Konstantinopel vorstoßen sollen, gleichzeitig aber »Europa gegenüber einen Eid ablegen«, daß sie die Stadt nach Kriegsende evakuieren würden. »England«, fuhr er fort, »hätte wahrscheinlich, anstatt sich auf einen Konflikt von solch unsicherem Ausgang einzulassen, seinen Ton geändert.«⁶

Das »wahrscheinlich« (wenn Saburow tatsächlich die Besprechungen richtig wiedergegeben hat) war gut. England hatte bereits offiziell erklärt, daß es bei einem Einmarsch russischer Truppen in Konstantinopel nicht neutral bleiben könne. Die britische Flotte hatte schon während der letzten sechs Monate in der Besika-Bucht außerhalb der Dardanellen in Bereitschaft gelegen. Die Regierung in London – der nun auch der nüchterne Salisbury angehörte, der keinerlei Illusionen über die Türkei hegte – war bestürzt über den russischen Nationalismus mit panslawistischem Beigeschmack, wie er nach Plewna selbst an Gortschakow und den am meisten europäisch gesinnten Beamten in St. Petersburg seine Spuren hinterließ.

Die Gefahr eines Krieges mit England war sehr real, ein Krieg, der schnell um sich hätte greifen können. Außerdem: Würde die russische öffentliche Meinung es dem Zaren je gestatten, Konstantinopel, sobald es einmal erobert war, wieder aufzugeben? Und obendrein, was für einen Sinn hatte es, Konstantinopel einzunehmen, nur um es dann wieder aufzugeben, außer als Pfand für günstigere Friedensbedingungen, die auch ohne Konstantinopel erreicht werden konnten? Schließlich war da noch der miserable Zustand der Armee. Die Generäle, auch Großfürst Nikolaus, Alexanders Bruder, wußten, daß die Armee im Winter 1877–78 nicht noch einen Krieg auf sich nehmen konnte. Wäre der Vormarsch nicht bei Plewna aufgehalten worden, so hätten die Russen Konstantinopel im Juli erreicht, mit einer verhältnismäßig frischen Armee, die stark genug gewesen wäre, um Österreich einzuschüchtern – und die öffentliche Meinung in England war noch immer heftigst antitürkisch.

Aber Osman Paschas großartiger Widerstand änderte alles. In ihrer Bewunderung über den Heldenmut der Garnison von Plewna vergaßen die Engländer ganz die Greueltaten in Bulgarien: Die Türkei war für sie wieder die schwache und harmlose Nation, die sich mutig der russischen Tyrannei entgegenstellte. Außerdem waren die russischen Truppen, als sie sich mitten im Winter in wilden Haufen nach Adrianopel durchkämpften, von Krankheit, Erschöpfung und Kälte schwer gezeichnet. Ihre

268

Kameraden in Transkaukasien hatten auch gelitten. Aber sie waren endlich bis Kars vorgedrungen und hatten in ihrem Kommandeur, General Loris-Melikow, einen neuen und etwas unglaublichen Helden gefunden, der es bald zu Großem bringen sollte. Die Türken hielten noch Erzerum und Batum. Die Russen brauchten dringendst Ruhe.

In Alexanders Hirn machte sich Verwirrung breit. Da lag die Türkei nun zu seinen Füßen: der große Preis, der Traum seiner Vorfahren, Konstantinopel, die Meerengen, »der Schlüssel zum Haus«, waren in Reichweite – und er tat nichts. Als zuerst Großfürst Nikolaus, dann Totleben sich weigerten, nach Konstantinopel vorzustoßen, bestand Alexander nicht darauf, auch übernahm er nicht demonstrativ den Oberbefehl auf dem Kriegsschauplatz, wie er es hätte tun sollen, wäre er aufrichtig gewesen. Er fühlte nicht einmal den anderen Mächten auf den Zahn. Er ließ die Angelegenheit einfach fallen und beeilte sich, einen Friedensvertrag abzuschließen, ohne die Großmächte beizuziehen. Er wußte sehr bald, daß die Engländer ziemlich entschlossen waren: Alarmiert durch gewisse russische Truppenbewegungen, die wie die Vorbereitung zu einem Bruch der Waffenstillstandsbedingungen und ein Vorstoß nach Konstantinopel aussahen, sandten sie am 13. Februar ihre Flotte durch die Dardanellen ins Marmarameer. Mit dieser Drohung im Rücken peitschte Alexander seinen Friedensvertrag durch. Bei klarerer Einsicht hätte er wissen müssen, daß er gezwungen sein würde, diesen Vertrag abzuändern.

Der Mann, der den Frieden aushandeln sollte, war Graf Ignatjew, der Panslawist, der mehr als sonst jemand dazu beigetragen hatte, Rußland in den Krieg zu treiben. Und was bei Ignatjew am meisten Gewicht hatte, war seine Verachtung für Österreich und seine tiefe Überzeugung, daß Rußland allein gegen die Welt stehen konnte und auch sollte und daß es sich so benehmen sollte, als wäre die Türkei sowohl in Europa als auch in Asien seine und nur seine Angelegenheit. So ging er daran, in San Stefano, nur sieben Meilen von Konstantinopel entfernt, eine Regelung zu treffen, die die westlichen Empfindlichkeiten, Befürchtungen und Notwendigkeiten außer acht ließ, eine Regelung, die hauptsächlich darauf ausgerichtet war, den österreichischen Einfluß auf dem Balkan zu schwächen und den russischen zu stärken. Es kam gar nicht in Frage, daß Bosnien-Herzegowina an Österreich abgetreten werden sollte, auch wenn dies bedeutete, daß viele gequälte Christen unter türkischer Herrschaft verbleiben mußten. Das Königreich Montenegro wurde vergrößert. Und was das wichtigste war: durch die Schaffung eines sehr großen bulgarischen Staates, der seine Existenz St. Petersburg verdankte und auf russische Unterstützung angewiesen war, weitete Ignatjew die russische Herrschaft bis ins Herz der Balkanländer aus und hielt Österreich fern.

Es sah wie ein diplomatischer Triumph aus. Tatsächlich aber war es eine Falle. Man kann Ignatjews Motive verstehen. Er war immer schon in allem, was er tat, Panslawist oder russischer Chauvinist gewesen; dazu kam

noch eine übertriebene Vorstellung von dem Respekt, den die Großmächte Rußland zollten. Man kann weniger leicht verstehen, was in
Alexanders Kopf vorging. Litt er darunter, daß er die Nerven verloren
hatte, als sich ihm die Gelegenheit bot, den Traum seiner Vorfahren zu
verwirklichen? Suchte er eine Kompensation für sein Versagen im entscheidenden Augenblick – er mußte sich eingestehen, daß er, als es darauf
ankam, einfach nicht wagte, Konstantinopel einzunehmen –, indem er
sich dort stark machte, wo es seinem Gefühl nach nicht gefährlich war?
Aber in Wirklichkeit war der Weg, den Ignatjew eingeschlagen hatte, alles andere als ungefährlich; man mußte ihn bald aufgeben, ja sogar unter
demütigenden Begleitumständen eine Kehrtwendung machen. Oder
glaubte er wirklich, wie es Ignatjew vielleicht getan hatte, er könne durch
ein *fait accompli*, das die Integrität Konstantinopels und der Meerengen
respektierte, Rußland in eine so starke Position bringen, daß ihr nicht wi-
dersprochen würde? Oder war die Entscheidung des Zaren, Ignatjew zu
betrauen und ihn gewähren zu lassen, lediglich ein weiteres Beispiel für
jenes eigenartige Fehlen einer zentralen Ordnungsgewalt, das schon im
Schulzimmer das Benehmen des jungen Alexander gekennzeichnet hatte
und ebenso in seiner größten Stunde, im Kampf um die Abschaffung der
Leibeigenschaft, als er seinen Gegnern Trost spendete und seinen aktivsten Anhängern fast das Herz brach?
Oder war dieser einseitige Vertragsabschluß völlig im Widerspruch zu
der früheren Politik, ein weiteres Beispiel jener speziell russischen Zweideutigkeit, die nichts mit der Person Alexanders zu tun hat und aufgrund
derer die russischen Motive undurchsichtiger wirken als die meisten anderen – jene Eigenschaft, die bald nach dem Abschluß des Berliner Vertrages 1878 von Lord Salisbury erwähnt wird: »Die übliche Zweideutigkeit der russischen Politik macht sich wieder bemerkbar. In der Türkei
benehmen sie sich, als wäre ihr einziges Ziel, einen Krieg mit England
zu führen. Jeder Trick, den man sich nur irgendwie vorstellen kann, jede
raffinierteste Mißdeutung des Vertrages wird dazu verwendet, die kor-
rekte Ausführung des Vertrages zu verhindern. Aber aus Livadja (Alexanders Lieblingssommerschloß am Schwarzen Meer) erhalten wir lediglich wohlklingende Beteuerungen, daß man die Absicht habe, den Vertrag
getreulich zu erfüllen.«[7]
Und was ist denn wirklich mit jener allzu bekannten »Zweideutigkeit«
gemeint? Bedeutet es eine absichtliche Doppelzüngigkeit? Oder die
Unfähigkeit der linken Hand, sich mit der rechten zu verständigen? Oder
ein unschuldig gieriger Wunsch, das eine wie auch das andere zu haben?
Oder einfach ein instinktives Ausweichen, Rückversichern?
All das fließt hinein, und noch manches dazu. Einigem sind wir schon begegnet. Gewiß spielt Doppelzüngigkeit eine sehr große Rolle in der russischen Diplomatie, aber es ist gar nicht so einfach, die russische Einstellung zur Lüge auszuloten, denn sie wird von komplizierten Konventionen

bestimmt, die allen Russen, ob hoch oder niedrig geboren, geläufig sind, nicht aber Außenstehenden. Wie kann man einen Unterschied machen zwischen einer Lüge aus Spaß und einer Lüge, die einem sehr reellen Zweck dient? Was fuhr beispielsweise in Fürst Gortschakow, als er beim Berliner Kongreß schamlos und ganz offen zu schwindeln versuchte: statt einer Landkarte mit den vereinbarten Grenzen Bulgariens präsentierte er eine andere Landkarte, auf der andere Grenzen eingezeichnet waren. Nahm er an, daß man ihn ertappen würde? Wenn ja, wozu tat er es? Oder meinte er, er könne seine Partner so leicht täuschen?

Um diese Fragen auf eine ernstere Ebene zu verlegen, gibt es einen erstaunlichen Passsus in Saburows Memoiren, der so viele offizielle Beteuerungen von Zaren, Ministern und ihren Apologeten einfach über den Haufen rennt, wenn sie das Fehlen jeglicher aggressiven oder schädlichen Absichten seitens der zaristischen Regierung beteuern. Kein Mensch hätte ein freundlicherer und friedliebenderer Beamter als Saburow sein können. Aber in seiner Beschreibung der frühen Stadien des russisch-türkischen Krieges läßt er die Katze aus dem Sack – ohne anscheinend weder Sack noch Katze zu erkennen. »Der ursprüngliche Kriegsplan«, schreibt er, »hatte vorgesehen, daß man nicht weiter als zum Balkangebirge vordringen solle und ein begrenztes Bulgarien schaffe. Der Zar und Fürst Gortschakow schraken vor den Konsequenzen eines großangelegten Feldzuges zurück und zogen es vor, an *unserer traditionellen Politik* festzuhalten, *nämlich die Artischocke Blatt für Blatt zu essen*.«[8] (Hervorhebung des Autors.)

Ignatjew, den man nach Wien gesandt hatte, um sich und seine Regierung zu rechtfertigen, war hilflos. Was konnte er gegen diesen äußerst ungnädigen Andrassy ausrichten? Denn eben dieser gutaussehende, launenhafte, zigeunerische Egozentriker war es gewesen, der Rußland bei seinen Plänen ermutigt hatte – im Austausch für großzügige Garantien bezüglich Bosniens und der Herzegowina und das Versprechen, daß Rußland seinerseits keine imperialistischen Expansionspläne hege. Einen Augenblick lang drohte Andrassy mit Krieg und wurde offensichtlich nur durch Kaiser Franz Joseph zurückgehalten. Ignatjew war wirklich der letzte, den man zu Verhandlungen mit Andrassy entsenden konnte – es sei denn, Gortschakow tat es mit boshafter Absicht. Die wirkliche Arbeit wurde ganz woanders geleistet, in London, wo Graf Peter Schuwalow sich rosarote Kommentare als ein Mann des Friedens und der Vernunft aushandelte.

Dieser Schuwalow war das genaue Gegenteil zu dem dynamischen, genial opportunistischen Ignatjew. Wir erinnern uns, daß er einer von Alexanders engsten Jugendfreunden war, ein arroganter junger Windhund, gut aussehend, groß und blond, ein Sorgenkind für Schukowskij, der in ihm einen schlechten Einfluß auf seinen Zögling sah. Während des ganzen Kampfes um die Abschaffung der Leibeigenschaft nützte Schuwalow seine Freundschaft mit dem neuen Monarchen aus, um eine Front der Aristokraten gegen die Emanzipation zu bilden; bis zum letzten bekämpfte er den Beschluß, den befreiten Leibeigenen Grund und Boden zu überantworten. Die Reformer schikanierte er, wo er nur konnte. Der arme Rostowtzew, der daran zugrunde ging, Nikolai Miljutin und viele andere hatten allen Grund, seinen Namen zu verfluchen.

Aber trotz seiner Intrigen und obwohl er den ausdrücklichen Wünschen Alexanders entgegenarbeitete, fiel er nicht in Ungnade. 1862 entschied Alexander, daß die Zeit gekommen war, in aller Strenge gegen den Radikalismus und die subversiven Tendenzen vorzugehen, und setzte Schuwalow als Chef der Dritten Sektion ein. Er krempelte sie von oben bis unten um und machte sie mächtiger als je zuvor. Es war ihm ein leichtes, seine eigene Bedeutung groß herauszustreichen, indem er die Bedrohung des Staates durch Andersdenkende und Liberale aller Art übertrieb. Sehr bald kamen von allen Seiten Beschwerden: Schuwalow mische sich in die internen Angelegenheiten aller Ministerien und mache sich praktisch zum Herrscher des ganzen Landes. Eine seiner verderblichsten Taten war, dem Bruder des Ministers, General Dimitri Miljutin. der gerade im Rahmen seiner großen Heeresreform die Reaktion bekämpfte, einen Prügel nach dem anderen zwischen die Füße zu werfen. Alexander, obwohl er auf Miljutin angewiesen war und die Notwendigkeit einer Heeresreform ebenso klar erkannte wie seinerzeit die Notwendigkeit der Abschaffung der Leibeigenschaft, ließ es geschehen.

Versetzt an die Londoner Botschaft, als Strafe nicht etwa wegen seiner Obstruktion gegen die Politik seines Herrschers, sondern wegen seiner indiskreten Bemerkungen über Katharina Dolgorukaja, erschien er plötzlich und unerwartet als ein leuchtender Stern der süßen Vernunft. Der aristokratische Konservatismus, der ihn zu Hause zu einem Fürsprecher der Reaktion gemacht hatte, verwandelte sich in ein präzises Verständnis der herrschenden diplomatischen Gepflogenheiten im allgemeinen und der Erfordernisse des europäischen Gleichgewichts im besonderen. Groß, heiter und rotbäckig, einer jener gefährlich kalten Typen, die ihre Gedanken hinter einer allgemein mitteilsamen Art verbergen, übersät mit Orden, war er das genaue Gegenteil Ignatjews, den er verachtete. Beide Männer waren äußerst ehrgeizig; aber Schuwalow, eine Figur aus der Zeit des Wiener Kongresses, hielt seinen Ehrgeiz hinter einer Fassade von vollendeten Manieren und einer verbindlichen Leichtsinnigkeit im Zaum, während Ignatjew, dunkel, launenhaft, nervös trotz seines großen Charmes, einer späteren Generation selbstsüchtiger Idealisten angehörte. Schuwalow suchte nicht, er nahm; von Idealen hielt er nichts, und er blickte voll Verachtung auf Ignatjews nationalistischen und rassistischen Überschwang.

Das war der Mann, den Alexander dazu erkoren hatte, die Beute, die ihm Ignatjew zu Füßen gelegt hatte, wieder abzutreten. Während des Frühjahres und des Frühsommers von 1878 zerlegte Schuwalow in aller Ruhe den Vertrag von San Stefano und erreichte dabei ein so gutes Einverständnis mit London, daß Österreich schließlich, beängstigt durch seine zunehmende Isolierung, sich mit England abstimmen mußte, bevor es zu der großen europäischen Zusammenkunft kam, die als Berliner Kongreß in die Geschichte einging. Es war eine beachtliche Leistung. Schuwalow bewältigte fast allein das drohende Gespenst eines Krieges zwischen England und Rußland. England, das mit einer neuen Entschlossenheit handelte, seitdem Lord Derby das Foreign Office geräumt hatte (»Ein Federbett zum Gehen zu bringen ist gar nichts, verglichen mit der Schwierigkeit, einen unschlüssigen Mann dazu zu bringen, zwei Zoll in die Zukunft zu blicken«, schrieb sein Nachfolger, Lord Salisbury, später über ihn[9]), brachte durch einen Geheimvertrag eine diplomatische *tour de force* zuwege – es zerstückelte das vorgesehene Großbulgarien, ehe es geboren war, schlug Bosnien-Herzegowina zu Österreich und sicherte sich durch einen zweiten Geheimvertrag die Unterstützung der Donaumonarchie. Aufgrund eines weiteren Geheimvertrags mit den Türken erhielt England Zypern als Stützpunkt im östlichen Mittelmeer gegen das Versprechen, die Türkei gegen Rußland zu schützen.

Der Berliner Kongreß, der im Juni 1878 eröffnet wurde, sollte von der Warte des Westens aus dazu dienen, die Revision des Vertrages von San Stefano, die ja insgeheim bereits erreicht worden war, zu formalisieren und auszuarbeiten. Von russischer Warte aus sollten einige der Bedingungen, auf denen London bestand, abgeschwächt werden. Alexander hoffte diese Erleichterungen durch Bismarcks Mithilfe zu erreichen, der wider seinen Willen dazu überredet worden war, dem Kongreß in der Rolle des »ehrlichen Maklers« vorzustehen. Leider konnte Bismarck unmöglich die Russen unterstützen, ohne dabei Österreich zu verärgern, wozu er nicht bereit war – mit dem Ergebnis, daß er in St. Petersburg als der große Verräter betrachtet wurde, während Disraeli und Salisbury eine Zeitlang als ehrliche Feinde respektiert wurden.

Disraeli schrieb an Lady Bradford aus Berlin am 26. Juni über Schuwalow, er kämpfe für eine verlorene Sache »mit hervorragender Begabung und guter Laune. Er ist ein erstklassiger Parlamentsredner; er macht nie Notizen, und dennoch läßt er bei seiner Antwort nie einen Punkt aus.«[10]

Schuwalow mußte noch zusätzlich die Bürde seines alten Vorgesetzten Gortschakow tragen, der unter Garantie gerade jene Bevollmächtigten, die er beschwichtigen sollte, irritieren und gegen sich aufbringen würde, indem er eifrigst bemüht war, jeden einzelnen Vertragspunkt, über den man sich mühselig geeinigt hatte, wieder zurückzunehmen, zu untergraben oder zu umgehen. Auch Bismarck, der Gortschakow noch nicht den Streich verziehen hatte, den dieser ihm vor drei Jahren gespielt hatte, als er gegenüber den Franzosen vorgab, er, Gortschakow, habe eine weitere deutsche Invasion abgewendet, zog Schuwalow vor, der ohne Frage alle anderen russischen Konservativen weit überragte.

Der Berliner Kongreß war die letzte Galazusammenkunft der Bevollmächtigten aller europäischen Mächte – England, Frankreich, Rußland, Deutschland, Türkei, Italien –, die in dem alten Europa stattfinden sollte. Als sie zu Ende ging, war Metternichs Traum des europäischen Konzerts ausgeträumt. Der Kongreß hatte einen Zweck zu erfüllen: Er annullierte den Vertrag von San Stefano und verhinderte eine Vormachtstellung Rußlands auf dem Balkan. Österreich erhielt Bosnien-Herzegowina, jedoch bloß zur Verwaltung. Der neue Staat Bulgarien wurde in drei Teile aufgeteilt: im Norden gab es ein neues unabhängiges Bulgarien, im Süden ein türkisches Protektorat, das als Ostrumelien bekannt wurde, während Mazedonien bei der Türkei blieb. Das Bestehen der Türkei war auf Jahrzehnte hinaus gesichert. Rußland bekam Bessarabien zurück, das ihm nach dem Krimkrieg genommen worden war. England wurde im Besitz Zyperns bestätigt – was als Triumph angesehen wurde. Ferner lieferte der Kongreß ein höchst fragwürdiges Schlagwort, das Disraeli bei seiner triumphalen Rückkehr aus Berlin aussprach: »Friede in Ehren.«

Nach außen hin hatte Rußland nicht schlecht abgeschnitten. Es war mit keinem anderen speziellen Ziel in den Krieg gezogen als der Rückgewinnung von Bessarabien und der Züchtigung der Türkei. Sogar in den frühen Tagen des Feldzuges hatte das Zarenreich nicht vorgehabt, weiter als bis zum Balkangebirge vorzudringen. Die Türken waren nun gezüchtigt; Bessarabien war gesichert; ein kleines Bulgarien, dem Namen nach unabhängig, tatsächlich aber von Rußland abhängig, war fest etabliert. Bitter war nur die öffentliche Demütigung, der Umstand, daß man gezwungen war, Gewonnenes wieder abzutreten.

Beim Berliner Kongreß wurde eine Drachensaat gepflanzt. Da war vor allem natürlich der Umstand, daß Österreich und Rußland einander auf dem Balkan gar zu nahe gegenüberstanden. Trotz Bismarcks Geschick, gleichzeitig auf zwei Hochzeiten zu tanzen, band er doch gegenüber Rußland Deutschland eng an Österreich. England gab der Kongreß eine völlig falsche Einschätzung seiner Macht in einer Welt, die praktisch von Armeen mit allgemeiner Wehrpflicht beherrscht wurde.

Der Dreikaiserbund war an dem österreichisch-russischen Konflikt nach San Stefano zugrunde gegangen. Bismarck brachte es zuwege, ihn für einige Zeit nach dem Berliner Kongreß wieder zu beleben, aber er konnte nicht von Dauer sein. Die Alliierten waren nicht mehr Dynasten, die ihren eigenen Völkern gebieten konnten (oder den Anschein erweckten) und die ohne Umstände gegenüber einem ihrer gekrönten Kollegen Verpflichtungen eingehen konnten: jetzt waren es die Völker selbst, die sich verbündeten, nur teilweise dem Gebot ihrer Herrscher unterworfen, die es in immer zunehmenden Maße nötig fanden, die öffentliche Meinung in eigener Sache zu mobilisieren, und daher immer abhängiger von der

Stimmung im Volke wurden. Und die Stimmung war wirklich selbst im Jahre 1878 drohend genug.

Während Schuwalow geduldig in London verhandelte, wurde England von einer neuen rußlandfeindlichen Welle überschwemmt, und auf den Brettern einer Londoner Revuebühne wurde der Patriotismus plötzlich zum Jingoismus – der englischen Spielart des Chauvinismus:

*We don't want to fight, but by Jingo if we do,*
*We've got the ships, we've got the men, and we've got the money too!*
*Wir wollen nicht kämpfen, aber bei Jingo, wenn wir's müssen,*
*Dann haben wir die Schiffe dazu, die Männer und das Geld!*

Diese Einstellung war auch in Rußland zu finden, jedoch mit mehr Ernst und weniger marktschreierischer Vulgarität. Den kürzlich flügge gewordenen Nationalisten wie auch den alten Slawophilen und den leidenschaftlichen Panslawisten schien es undenkbar, daß sich der Zar von Rußland den Entscheidungen von Ausländern unterwerfen sollte, besonders in einer Angelegenheit, die die Zukunft seiner slawischen Brüder und Rußlands »heilige Sendung« am Bosporus betraf. Aber angesichts der Drohung eines neuen Krieges mußte man sich damit abfinden. »Unser Vertrauen in den Zaren kann nicht untergraben werden. Er hat uns sein Wort gegeben, daß sein heiliges Werk bis zum Ende geführt werden soll, und er kann sein Wort nicht brechen!«[11] So schrieb Iwan Aksakow und ging damit so weit, wie ein loyaler Patriot wagen durfte (oder mit Anstand konnte), den Zar anzugreifen. Aber das Wort wurde doch gebrochen, das heilige Werk abgebrochen. Alexander war in einem Krieg besiegt worden, den er nicht gewollt hatte; nun war er unter Beschuß, weil er unvorhergesehen Erworbenes wieder abtreten mußte. Und wofür? »Wir haben 100 000 Mann und 100 Millionen Rubel für eine Illusion geopfert!«[12] erklärte Gortschakow tragisch gegenüber Disraeli. Das stimmte natürlich, aber nicht, wie es Gortschakow meinte, sondern nur insofern, als dies auf fast alle Kriege zutrifft.

Wie dem auch sei, Rußlands Position auf der Balkanhalbinsel war stärker denn je zuvor; und vor allem hatte das Zarenreich trotz hartnäckigen britischen Widerstands Batum zugesprochen erhalten, als Schwarzmeerhafen für Transkaukasien – eines Tages sollte es als Ausfuhrhafen für das kaukasische Erdöl von größter Bedeutung sein. Rußland hatte tatsächlich Kontroversen mit dem Deutschen Reich gehabt, aber man kam bald wieder zusammen; und ehe noch die Tinte auf dem Vertrag getrocknet war, war die frische Hochachtung vor den Engländern als ehrliche Feinde auch schon verraucht. Ebenso, wie Salisbury der Meinung war, die Russen führten sich in der Türkei so auf, als planten sie, während sie friedliche Versicherungen abgaben, einen Krieg mit England, so erregten sich die Russen in gleicher Weise über mögliche Auswirkungen der britischen Besetzung Zyperns und des jüngsten britischen Interesses an Kleinasien, das sich vor allem in der Gründung zusätzlicher Konsulate und Handelsvertretungen zeigte. Kaum ein Jahr nach Berlin ging Dimitri Miljutin so weit, daß er den deutschen Kaiser benachrichtigte: »England organisiert und rüstet Kleinasien auf; Beamte, Generäle und Offiziere, als Konsuln verkleidet, überschwemmen das Land; das bedeutet feindliche Absichten gegen unsere Besitzungen im Kaukasus... Der Konflikt im Osten steht vor der Tür.«[13]

Aber die Tatsache allein, daß Miljutin seine Sorgen bei Wilhelm I. abladen konnte, besagte viel. Die Engländer waren vielleicht unangenehm, aber sie waren ganz und gar nicht in der Lage, mit Rußland einen Krieg anzufangen, aus dem einfachen Grund, weil sie keine Verbündeten hatten, und das bedeutete praktisch, daß sie keine Armee hatten. Miljutin hätte das wissen sollen. Denn Bismarck war bereits dabei, Österreich England abspenstig zu machen und es durch den Zweibund vom Oktober 1879 an das Deutsche Reich zu binden. Und fast gleichzeitig behexte er Saburow und machte ihn glauben, daß er die ganze Zeit nur das Beste für Rußland gewollt habe. Eine große Bewegung hatte begonnen, die sich zu einem wechselnden, aber unerschütterlichen System der Bündnisse und Gegenbündnisse entwickeln sollte und die durch eine Art von Kettenreaktion genau fünfunddreißig Jahre später zum Umsturz führen sollte – eine Entwicklung, in der all der phantastische Schwachsinn der orientalischen Frage – britische Spione in Kurdistan, russische Spione in Afghanistan und der ganze modische Unsinn der damaligen Zeit – überhaupt nicht von Belang waren.

# XV Der Einfluß des Terrors

1

Mit dem Ende des türkischen Krieges im Jahre 1878 wurde die revolutionäre Bewegung ganz plötzlich zu einer echten Bedrohung der bestehenden Ordnung. Bis dahin hatten die damit befaßten Ministerien aus dem
einen oder anderen Grund die Gefahr stark übertrieben und die größten
Umstände gemacht, um sie zu bekämpfen. Jetzt aber hatten sie wenigstens Grund, Angst zu haben – um das Leben des einzelnen wie auch um
die Sicherheit des Reiches.
Der Vorbote der Veränderung – nicht das Signal dafür – war der Atten-
tatsversuch auf den Polizeipräsidenten von St. Petersburg, General F. F.
Trepow, durch eine junge Frau namens Vera Zasulitsch. Trepow pflegte
zu einer bestimmten Stunde Bittsteller zu empfangen. Vera Zasulitsch,
nachlässig gekleidet, mit stumpfen, unausgegorenen Gesichtszügen, mit
ihren sechsundzwanzig Jahren bereits eine alte Revolutionärin, stellte
sich einfach mit den anderen an, und als sie an der Reihe war, zog sie eine
Pistole und schoß auf den an seinem Schreibtisch sitzenden General. Sie
war kein guter Schütze, und Trepow wurde nur verwundet. Sie wurde
natürlich sofort festgenommen (sie stand einfach dort und wartete darauf); die Behörden beschlossen, ihre Tat nicht als politisches Delikt zu
werten und sie vor einem öffentlichen Gericht strafrechtlich zu verfolgen.
Ihre Schuld war eindeutig. Die Beweise waren klar und überwältigend.
Über den Urteilsspruch konnte es keinen Zweifel geben.
Aber man hatte nicht mit der eigenartigen Stimmung im Volk gerechnet.
Die Geschworenen hatten nicht die geringste Absicht, Vera Zasulitsch zu
verurteilen. Also ignorierten sie einfach das Beweismaterial und sprachen
sie frei. Damit bestätigten sie die finsteren Voraussagen jener, die sich
– es lag erst vierzehn Jahre zurück – der Reform des Rechtssystems durch
den Zaren widersetzt hatten. Die rechtschaffene Öffentlichkeit war auch
auf Veras Seite. Als die Polizei sie wieder festnehmen wollte, wurde sie
von freundlichen Armen gefaßt und war in der Menschenmenge vor dem
Gefängnis, wo sie ihre Sachen abholen wollte, untergetaucht. Sehr bald
war sie in Genf in Sicherheit.
Das Attentat auf General Trepow war der erste Schuß in einem außerge-

wöhnlichen Krieg einer Handvoll entschlossener und der Sache ergebener Fanatiker gegen den mächtigsten Staat der Welt. Die Waffe dieser Fanatiker war gezielter Terror. Nach einigen Monaten vermerkte Dimitri Miljutin, Alexanders Kriegsminister, in seinem Tagebuch, daß »der satanische Plan des Geheimbundes«, wie er es nannte, »die gesamte Verwaltung zu terrorisieren«, bereits Erfolg zeige.[1] Etwas später sollte der normalerweise kühle und zuversichtliche Walujew schreiben: »Man fühlt den Boden unter sich zittern: das ganze Gebäude droht einzustürzen.«[2] Nach dem sensationellen und beinahe erfolgreichen Attentat auf das Leben seines Bruders, des Zaren, gestand sich Großfürst Konstantin, wie immer ein eingefleischter Liberaler und damals noch voller Ruhe, ein: »Wir erleben den Terror wieder, aber mit dem einen Unterschied: die Pariser sahen während der Revolution ihren Feinden ins Gesicht. Wir sehen sie nicht und wir kennen sie auch nicht.«[3] Hätte Konstantin damals gewußt, daß der Feinde so wenige waren, er hätte sich geschämt.

Dennoch, in Grenzen waren diese wenigen von schrecklicher Wirkung, und damals konnte niemand wissen, wie eng diese Grenzen tatsächlich waren. Was Konstantin besonders erschütterte, war eine Explosion im Winterpalast am 5. Februar 1880, die eine Anzahl von Menschenleben kostete. Einem Facharbeiter namens Chalturin, einem aktiven Mitglied des »Geheimbundes«, wie Dimitri Miljutin ihn nannte, war es gelungen, unter seinem Bett im Erdgeschoß mehr als fünfzig Kilo Dynamit aufzustapeln. Obwohl ihm von den Dämpfen übel wurde, wartete er auf den günstigen Augenblick; schließlich zündete er die Lunte, und die improvisierte Bombe ging genau unterhalb des Zimmers hoch, in dem Alexander hätte zu Abend essen sollen. Bei der Explosion wurden zehn Mitglieder der Palastwache getötet; dreiunddreißig Mann der Palastwache und dreiundzwanzig Zivilisten wurden verletzt. Der Zar jedoch kam mit dem Leben davon: er war kurz aufgehalten worden, jemand hatte ihn auf dem Weg zum Speisesaal angesprochen. In der Verwirrung glaubten freilich anfangs alle, daß er und die Zarin und ihre Kinder alle tot seien. Wenn der »Geheimbund« sich im Herzen des Winterpalastes einnisten konnte, dann konnten Alexander und alle, die um ihn waren, daraus nur schließen, daß die Terroristen allgegenwärtig sein mußten. Und noch erschreckender, ja wirklich demoralisierend war die Regimefeindlichkeit, die sich in den gebildeten Kreisen breitmachte und die in passiver Sympathie für die Terroristen ihren Ausdruck fand.

Man hat oft die Meinung vertreten, die Abkehr der gebildeten Kreise von der Krone in den letzten Jahren der Herrschaft Alexanders II. sei in erster Linie auf Rußlands Demütigung beim Berliner Kongreß zurückzuführen und auf sein Unvermögen, nach so vielen Opfern Konstantinopel einzunehmen. Das stimmt zum Teil; aber die Krankheit saß viel tiefer. Das Attentat auf Trepow fand ja zu einer Zeit der höchsten Euphorie statt, am 24. Januar 1878, vier Tage nach dem Fall von Adrianopel, und Vera

Zasulitsch wurde lange vor dem Berliner Kongreß und der Revision des Friedens von San Stefano freigesprochen. Tatsächlich war während der zweiten Hälfte der sechziger Jahre und der ersten Hälfte der siebziger Jahre die Kluft zwischen dem Zaren und seinen Beratern und jenen Russen, die sich mit sozialen und politischen Fragen beschäftigten, immer größer geworden. Eine neue Klasse entstand – eine Art von Bourgeoisie, aber ohne das Gespür der westlichen Bourgeoisie –, die sehr rasch anwuchs, da die neuen freien Berufe und das industrielle Zeitalter ihre spezialisierten Forderungen stellten. Auch die Zahl der Universitätsstudenten nahm zu, obwohl der hochanständige, aber höchst konservative Unterrichtsminister Graf D. A. Tolstoj und andere sich bemühten, den Kindern der unteren Schichten eine höhere Schulbildung zu verwehren. Die Kluft wurde zum Teil zugedeckt durch die Aufregungen des serbisch-türkischen, später des russisch-türkischen Krieges. Aber bereits in den frühen siebziger Jahren galt die Sympathie vieler human und liberal denkender Bürger, die untadelig waren in ihrer Rechtschaffenheit, dem verzweifelten Idealismus, mit dem so viele junge Menschen versuchten, den Lauf der Dinge zu ändern, zu bessern.

Trepow war vielleicht der am meisten gehaßte Mann in St. Petersburg. Er war ein geckenhafter Sadist, jähzornig und leicht erregbar, dem es ein Bedürfnis war, sich als ein Mäzen der Oper oder der Künste im allgemeinen aufzuspielen. Zum erstenmal errang er traurige Berühmtheit durch seine Grausamkeit, als er 1863 beim polnischen Aufstand Zivilisten niederschießen ließ. Der Verteidiger Vera Zasulitschs präsentierte eine Liste anderer unmenschlicher Taten des Polizeipräsidenten (beispielsweise ließ er einen in der Peter-und-Paul-Festung inhaftierten Studenten fast zu Tode prügeln – dieser Vorfall löste bei Vera Zasulitsch den Entschluß aus, Trepow zu töten). Aber die braven Bürger, die den Freispruch bejubelten, begehrten nicht so sehr gegen Trepow selbst auf – dem war in seiner Niedertracht einfach nicht mehr zu helfen –, sondern gegen einen Herrscher, einen Zaren, dem es derart an Urteilskraft oder einfach Feinfühligkeit mangelte; der nichts dabei fand, die Einwohner seiner großen Hauptstadt mit Leib und Leben einem speichelleckerischen Schinder zu überantworten, der in der Gesellschaft anständiger Menschen keinen Platz hatte.

Wie tief dieses Gefühl ging, der Zar habe seinem Volk gegenüber versagt, sollte sich nur allzu bald zeigen. Wenn gesetzestreue Bürger sich über die Demütigung eines Trepow freuten, so war das eine Sache; aber es war ganz etwas anderes, wenn diese selben Bürger sich nicht rührten und anscheinend unbewegt zusahen, wie man auf ihren Zaren Jagd machte und schließlich tötete. Alexander hatte auf zu vielen Gebieten versagt. Er sprach von Reform und setzte sein Vertrauen in subalterne Tyrannen; er sprach von Treue und betrog seine Frau ganz öffentlich und schockierte die öffentliche Meinung durch seine Leidenschaft für Katharina Dolgorukaja; er sprach von Rußlands heiliger Mission und führte die Befreiung der von den Moslems unterdrückten Christen direkt vor Rußlands Toren nicht zu Ende; er sprach von nationaler Einigkeit und schloß ganz bewußt Männer und Frauen, von denen er Loyalität verlangte, von der Mitarbeit aus. Um den Zaren, dessen Regierung so vielversprechend begonnen hatte, stand es sehr schlecht. Er hatte noch knapp drei Jahre zu leben, und selbst der Mut, den er bei den wiederholten Anschlägen der Terroristen bewies, konnte ihn seinem Volk nicht mehr näherbringen.

»Wir leben in schrecklichen Zeiten«, schrieb Tschaikowskij an Nadeschda von Meck im September 1878, als der revolutionäre Terror im Anlaufen war, »und wenn man innehält und über die Gegenwart nachdenkt, überfällt einen eine grauenhafte Angst. Einerseits eine völlig von Panik gelähmte Regierung – andererseits unglückselige junge Männer, von denen Tausende ohne Gerichtsverfahren in Länder verbannt werden, wo nicht einmal eine Krähe fliegt; und zwischen diesen beiden Extremen die Massen, dem allen gegenüber gleichgültig, bis zur Hüfte im Schlamm ihrer egoistischen Interessen, alles ohne das geringste Anzeichen eines Protests beobachtend.«[4]

Musiker sind nicht unbedingt die besten politischen Beobachter. Ich zitiere Tschaikowskij, der damals auf dem Weg zum Höhepunkt seines Ruhmes war, gerade weil er ein intelligenter Zuschauer war, ein zutiefst patriotischer, aber nicht politisch engagierter Mensch.

Wie tief dieses zögernde Gefühl der Brüderlichkeit gegenüber den Rebellen ging und mit welch wegwerfender Geringschätzung man gleichzeitig die Regierung abtat, geht am deutlichsten aus einem Gespräch mit Dostojewskij hervor, das dem Tagebuch des berühmten Journalisten und Zeitungsherausgebers A. S. Suworin entnommen ist.

Suworin und Dostojewskij waren beide überzeugte Verteidiger des Absolutismus. Suworin war ein Bauernsohn, der die populärste konservative Zeitung gründete und es zum Millionär brachte. Später wurde er der Gönner und Freund Anton Tschechows, und dieser mußte sich von der radikalen Intelligenzschicht harte Vorwürfe gefallen lassen, daß er mit einem so reaktionären Menschen verkehrte, bis er schließlich wegen der Affäre Dreyfus mit seinem alten Freund Schluß machte. Dostojewskij, der noch ein Jahr zu leben hatte, hatte seit den Tagen, da er als ein Mitglied des Petraschewskij-Kreises zum Tode verurteilt und nach Sibirien verschickt worden war, einen weiten Weg zurückgelegt. Jetzt predigte er die Auserwähltheit des heiligen Rußland und seiner Institutionen, besonders des Bauerntums, des Absolutismus und der orthodoxen Kirche. Damals, im Februar 1880, wenige Wochen nach der schrecklichen Explosion im Winterpalast, bei der so viele unschuldige Opfer getötet oder verstümmelt wurden, besuchte ihn Suworin eines Tages und fand ihn, wie er über den Terrorismus im allgemeinen und die Einstellung der Öffentlichkeit im speziellen grübelte. Wie kam es, überlegte er laut, daß die Gesellschaft mit diesen Verbrechen zu sympathisieren schien, oder zumindest sich nicht einig war, was sie davon halten sollte? Er selbst sei sich nicht im klaren. Dann fuhr er fort:»Nehmen wir an«, sagte er.»daß du, Suworin, und ich zufällig hören, wie ein offensichtlicher Verschwörer einem anderen zuflüstert:›Der Winterpalast wird sehr bald in die Luft gehen. Ich habe den Apparat eingestellt.‹ Würden wir in den Winterpalast gehen, um sie zu warnen? Würden wir zur Polizei gehen oder den Inspektor an der Ecke holen, um diese Männer festzunehmen? Würdest du das tun?«

Und Suworin antwortete:»Nein, ich würde es nicht tun.«

»Ich auch nicht«, sagte Dostojewskij. Und dann begann er die Gründe für diese eigenartige Hemmung zu untersuchen. Die Gründe, eine geplante Gewalttat zur Anzeige zu bringen, seien gewichtig und massiv, sagte er; die Gründe dagegen »absolut trivial«. Zuerst einmal sei es, verständlicherweise, ein Zurückschrecken vor Kontakten mit der Polizei, möglicherweise die Furcht, der Komplizenschaft verdächtigt zu werden. Aber was wirklich schwer wog, sei die Angst, als Denunziant zu gelten: die Zeitungen könnten ja berichten, daß er, Dostojewskij, die Verbrecher identifiziert habe.»Geht mich das was an? Das ist Sache der Polizei. Das müssen *sie* tun, dafür werden sie bezahlt. Die Liberalen würden es mir nie verzeihen. Sie würden mich quälen, zur Verzweiflung bringen.«

Und er fuhr fort, jetzt schon fast verzweifelt:»Ist das normal? Alles ist abnormal in unserer Gesellschaft; und so kommt es dann zu solchen Dingen; und wenn es passiert, weiß niemand, wie man sich verhalten soll – nicht nur in den schwierigsten Situationen, sogar in den einfachsten.«⁵

Und wieder Tschaikowskij aus Paris im Dezember 1879:»Solange wir alle – die Staatsbürger Rußlands – nicht gebeten werden, uns an der Regierung unseres Landes zu beteiligen, gibt es keine Hoffnung auf eine bessere Zukunft.«⁶ Mehr braucht man nicht zu sagen. Die direkte Bedrohung des Absolutismus kam weder von den überzeugten Revolutionären noch von den arg geplagten Bauern: Sie kam von den desorientierten, entrechteten, politisch überflüssigen Mitgliedern der neuen Bourgeoisie, von den Männern, deren Fähigkeiten hätten genutzt werden sollen, um sich an der Regierung zu beteiligen – die man aber abgewiesen und sozusagen verstoßen hatte.

Wie Dostojewskij in jenem bemerkenswerten Gespräch mit Suworin gesagt hatte:»Alles ist abnormal in unserer Gesellschaft... niemand weiß, wie man sich verhalten soll – nicht nur in den schwierigsten Situationen, sogar in den einfachsten.« Niemand hatte die Möglichkeit zu lernen, wie er sich verhalten sollte: von dem begrenzten Tätigkeitsfeld der Semstwos abgesehen, waren alle, wenn sie nicht berufsmäßige Bürokraten wurden, von jeder höheren Aktivität ausgeschlossen – außer der Kunst, und selbst die Kunst war begrenzt.

Daran war in erster Linie der Zar schuld. Aber die Russen, viele von ihnen, auch Dostojewskij, waren mitschuldig, indem sie vorgaben, daß ihre eigene Gesellschaft, deren Lähmung und Verstümmelung sie mit Recht beklagten, dennoch allen anderen Gemeinwesen (von denen Rußland so viel hätte lernen können) überlegen war. Rußland war letzten Endes das heilige Rußland. Und dennoch: dieselben Männer, die auf seine erhabene Rolle pochten, schenkten ihr Mitgefühl (wenn nicht sogar ihre Unterstützung) ausgerechnet jenen Revolutionären, die wie ein fanatischer Gesundheitsinspektor vorgingen, der blind ein großes Gebäude niederreißen läßt, um an die Kanalisation heranzukommen.

Im trügerischen Licht einer späteren Erkenntnis scheinen die aktiven Revolutionäre des 19. Jahrhunderts eine weit prominentere Rolle auf der nationalen Bühne gespielt zu haben, als sie in Wirklichkeit je einnahmen. In Wirklichkeit waren sie ein Ärgernis, oft ein unheimliches Ärgernis, manchmal – wie besonders zwischen 1878 und 1881 – ein zerstörerisches. Aber insofern, als das geschäftige Leben des Landes davon betroffen war, waren ihre Aktivitäten, außer wenn die Bomben explodierten, eher am Rande und unbedeutend. Die Tatsache, daß sie der Dynastie behilflich waren, Selbstmord zu begehen, war nur wenigen außerhalb ihrer eigenen Reihen bewußt.

Es war eine der wesentlichen Entwicklungen in den späten siebziger Jahren, daß viele, die in erster Linie von dem Wunsch beseelt waren, ihren Mitmenschen zu helfen, von jenen angesteckt wurden, die in erster Linie von Haß beseelt waren. Dies war aufs deutlichste in dem erstaunlichen Einfluß zu ersehen, den Sergej Netschajew ausübte.

Wir können uns hier eine detaillierte Biographie dieses äußerst sonderbaren Kauzes sparen. Von Interesse ist lediglich, daß er so weit zur Legende wurde, daß Dostojewskij ihn zum Vorbild für den teuflischen Peter Werchowenskij in den »Dämonen« nahm. Er log, posierte, stahl, betrog, mordete – nicht zum Schaden des Absolutismus, sondern zum Schaden seiner eigenen revolutionären Kameraden, von Bakunin angefangen; in seinem »Revolutionären Katechismus« erklärte er sich für den revolutionären Schrecken – der Revolutionär habe sich ganz und gar seiner Aufgabe unterzuordnen, und diese Aufgabe sei Zerstörung; die Mittel müßten ausschließlich dem Zweck dienstbar gemacht werden (aber warum sich für die Mittel entschuldigen, wenn der Zweck an sich von Übel ist?). Er kam aus sehr ärmlichen Verhältnissen. Mit fünfundzwanzig hatte er sich den Ruf zielstrebiger Ergebenheit für die revolutionäre Sache geschaffen, den er auch später, als seine furchtbaren Taten bekannt wurden, nicht einbüßte. Nach nur vier Jahren revolutionärer Tätigkeit, wovon er drei im Ausland verbrachte, brachte er die restlichen zehn Jahre seines Lebens in der Peter-und-Paul-Festung zu, wo er heldenhaft das Kerkerdasein ertrug. Als er im Gefängnis an den Entbehrungen seiner Haft starb, hatte er mindestens zwanzig von seinen Wärtern davon überzeugt, daß die Revolution unmittelbar bevorstehe, daß er sodann aus dem Gefängnis schreiten werde und Wärter und Gefangene triumphierend in den roten Morgen führen werde.[7] Dieser schreckliche junge Mann besaß offensichtlich das, was man heute Charisma nennen würde. Hitler besaß es auch.

Die unmittelbare Anziehung Netschajews – abgesehen von seinem persönlichen Magnetismus, der ja wirklich erstaunlich gewesen sein muß – war, daß er in seinen Taten den grausamen, aufopfernden Befreier zu personifizieren schien, von dem der sanfte und fast einem Heiligen ähnliche Tschernischewskij nur geträumt hatte. Es gelang ihm vorzutäuschen, daß er ein weit ausgelegtes Netz revolutionärer Zellen in ganz Rußland befehligte, die aus Sicherheitsgründen voneinander nichts wußten. Es gelang ihm so gut, dies dem schon alt werdenden Bakunin in Genf einzureden, daß er von ihm eine Bestätigung erhielt, in der Bakunin ihn als künftigen Führer anerkannte – was er nach seiner Rückkehr nach Rußland reichlichst ausnützte. Bei seinem zweiten und längeren Aufenthalt in der Schweiz schaffte er es, die Hälfte des speziellen Reservefonds für die Förderung der Revolution, den Herzen und Ogarow gemeinsam verwalteten, in seine Hand zu bekommen, und beinahe hätte er Herzens Tochter Natalie dazu gebracht, ihn zu heiraten, was ihm ihr beachtliches Vermögen als Mitgift eingebracht hätte. Auch versprach er die sofortige Revolution. Sie war für März 1871 vorgesehen.

Das Verschwörerische und Wirklichkeitsbezogene in Netschajew war es, was gewisse Charaktere anzog – vor allem den hochbegabten Studenten Tkatschew, der eine Theorie über die Rolle der verschwörerischen Elite entwickelte, die Netschajews Tod überdauern und in Lenins Bolschewismus wiederauftauchen sollte. Die aufopfernde, strenge Zielstrebigkeit, die da gepredigt wurde, war es, die die Hochachtung und die Bewunderung so vieler junger Menschen gewinnen sollte, die von Natur aus ganz und gar nicht erbarmungslos waren und die sich oft ihres Mangels an Zielstrebigkeit schämten. Sie dachten an Netschajew im Gefängnis und verbannten leichtfertige Gelüste. So kam es, daß der Geist Netschajews weiterlebte und die Terroristen inspirierte, obwohl diese damals bereits wußten, daß er ein Lügner und Schwindler war und wahrscheinlich auch ein gemeiner Mörder. Wichtig war die Legende. Und die Legende war so stark, daß 1880 die Terroristengruppe ernstlich daran dachte, einen bis ins einzelne geduldig vorbereiteten Attentatsplan auf den Zaren aufzugeben und an seiner Stelle eine sofortige Befreiungsaktion in Gang zu setzen, um Netschajew aus der Festung herauszuholen.

Wer waren diese Terroristen, die Mitglieder des gefürchteten »Geheimbundes«, wie Miljutin ihn nannte?

Die Gruppe war nie sehr groß, und sie hatten nicht als Terroristen angefangen. Ganz im Gegenteil, einige der unerbittlichsten Mitglieder der
Gruppe kamen aus den Reihen der Gradualisten, überzeugte Anhänger
eines stufenweisen Fortschrittes: junge Männer und Mädchen, deren
Antrieb eher die humane Sorge um die Unterdrückten als der Haß gegen
die Unterdrücker war. Nur die halsstarrige und unnachgiebige Reaktion
des Absolutismus gegenüber allen Bemühungen, die Grundlagen der
Gesellschaft zu verändern, machte sie zu Mördern. Sie kamen aus den
Reihen einer Bewegung, die als *Narodniki* (Volksrevolutionäre) bekannt
wurde. Diese begann recht harmlos und war von Herzens Schlagwort »ins
Volk gehen« inspiriert worden.
Der unmittelbare Prophet der Volksrevolutionäre war ein ehemaliger
Artillerieoffizier, P. L. Lawrow, ein hochbegabter Mathematiker, der im
vierzigsten Lebensjahr Serno-Solowjewitschs »Land- und Freiheitsorga-
nisation« beigetreten war. 1866 wurde er nach Karakosows fehlgeschla-
genem Attentat auf den Zaren mit vielen anderen festgenommen und in
die Verbannung geschickt; 1870 flüchtete er in die Schweiz. Während der
vier Jahre seiner Verbannung in der Provinz Wologda hatte er eine Reihe
von Essays geschrieben, die er »Historische Briefe« nannte und die irgendwie durch die Zensur kamen und weithin berühmt wurden, bevor
man sie beschlagnahmen konnte. Und das war Lawrows Botschaft, die er
später in seiner Zeitschrift »Vorwärts!« *(Wperjod!)* aus der Schweiz wei-
terentwickeln sollte: die gebildeten Klassen verdankten alles, was sie besaßen, den ungebildeten und arbeitenden Massen; es sei daher ihre ein-
deutige Pflicht, ihre Schuld zu begleichen, indem sie sich für eine bessere
Welt für diese Massen opferten. Die bessere Welt könne nur durch Revolution erreicht werden: das alte System müsse abgeschafft und durch ein
neues ersetzt werden. Aber die Revolution müsse in Form eines echten
Volksaufstandes für das Volk durch das Volk gemacht werden. Darauf sei
das Volk nicht vorbereitet: Zuerst müsse es geweckt, gebildet, aufgeklärt
werden. Das könnte eine lange Zeit in Anspruch nehmen, aber es sei die
Aufgabe der gegenwärtigen Generation der Radikalen, dies auf sich zu
nehmen.
Und das taten sie. Viele Hunderte leidenschaftliche und entzückte Träumer, zornige und enttäuschte junge Männer und Frauen mit allen möglichen reformistischen und revolutionären Ansichten begaben sich aufs
Land – auch in die Fabriken, aber hauptsächlich in die Dörfer. Sie waren
angezogen wie Bauern oder Arbeiter, hochgesinnt und aufs einfachste le-
bend, um die Unglückseligen zu erwecken, ihnen ihr Elend klarzumachen, die Gründe ihrer Erniedrigung zu analysieren und sie zu gemeinsamer Aktion anzutreiben. Der erstaunlichste Aspekt dieser Gnadenspil-
gerfahrt war ihre Spontaneität: es gab keine Zentralorganisation. In den

Jahren 1873 und 1874 entschlossen sich Tausende von Studenten gleichzeitig zu einem Opferdienst. Arme Studenten und reiche Studenten, Mädchen und Burschen, einige in den ersten Semestern, andere bereits nach vollendetem Studium – sie alle kehrten ihrem gewohnten Leben den Rücken und gingen hinaus, um das Evangelium der Selbsthilfe durch Revolution zu predigen.

Sie erlebten ein bitteres Erwachen. Die meisten hatten sich noch nie mit einem Bauern unterhalten. Sie waren entsetzt und gebrochen durch die Aufnahme, die ihnen durch die edlen Wilden, die zu befreien sie gekommen waren, zuteil wurde. Sie wurden verspottet, beschimpft, manchmal geschlagen und gesteinigt oder bei der Polizei angezeigt. Sie entdeckten, daß der russische Bauer, um es zu verallgemeinern, schlau, argwöhnisch, neidisch, bestechlich und ein Trinker war. Sie waren entsetzt festzustellen, daß die Fähigsten und Gebildetsten lediglich auf den Tag warteten, an dem sie reich genug sein würden, um ihre schwächeren Nachbarn zu beschäftigen und auszubeuten – wie sie seinerzeit von den Gutsbesitzern ausgebeutet worden waren.

Hunderte von diesen Unschuldskindern wurden tatsächlich festgenommen (mehr als sechzehnhundert in den Jahren zwischen 1873 und 1877), saßen jahrelang im Gefängnis und warteten auf ihren Prozeß. Die Zeit war für sie ungünstig, weil ihre noch freien Zeitgenossen sowie deren Sympathisanten der älteren Generation durch das Herannahen der türkischen Kriege, durch die Welle des Nationalismus und Panslawismus, die das Land überschwemmte, von Revolutions- und Reformgedanken abgelenkt wurden. Einige der leidenschaftlichsten Rebellen, unter ihnen kein Geringerer als Scheljabow, der später für versuchten Königsmord am Galgen endete, wurden von dieser neuen Hysterie angesteckt.

Es war zweifellos aufgrund der Überzeugung, die Kriegseuphorie habe alle rechtschaffenen Russen in ihrer Treue zur Krone bestärkt, daß die Behörden im Jahre 1877 zwei große Prozesse ansetzten. Der erste, im Frühjahr, ging gegen fünfzig Angeklagte aus dem sogenannten Moskauer Kreis; im zweiten, der vom Oktober 1877 bis Januar 1878 lief, saßen nicht weniger als 193 junge Männer und Frauen auf der Anklagebank. Das einzige, was durch diese Prozesse erreicht wurde, war die Verbreitung revolutionärer Ideen durch mutige und fähige Verteidiger. War dies der Lohn des Zaren für die Einführung und Gewährung der großen Rechtsreformen? Die Anklagevertretung war nicht nur albern, sie war direkt eine Farce. Die Autorität wurde zum Gegenstand des Spottes. Dennoch hatte sie das letzte Wort: eine ganze Reihe der Angeklagten wurde freigesprochen, aber die meisten von ihnen wurden von der Polizei abgeführt und nach Sibirien oder sonstwohin abtransportiert aufgrund der »administrativen Verbannung«, einer polizeilichen Spezialvollmacht, die vor (und auch nach) der Revolution eine so wesentliche Rolle bei der Unterdrückung der Opposition spielen sollte.

**3**

Vera Zasulitschs Attentat auf General Trepow fand am Tag nach dem Ende des Prozesses der 193 statt. Ich wies bereits früher darauf hin, daß dieses Attentat eher ein Vorbote als ein Signal war, weil es eine Einzeltat einer wirrköpfigen Frau war, die die Dinge oft durcheinanderbrachte. Der »Geheimbund« war auf diese Art von Tätigkeit eigentlich noch nicht vorbereitet. Während er noch dabei war, seine politische Rolle festzulegen, hatten sich seine Mitglieder von Propagandajüngern Lawrows in fast professionelle Terroristen verwandelt.

Der »Geheimbund« war eigentlich eine militante Wiedergeburt der alten »Land- und Freiheitsgesellschaft«. Seine Anführer waren drei Mitglieder einer Gruppe von Lawrow-Anhängern, die unter dem Namen Tschaikowskij-Kreis, nach seinem Führer, N. V. Tschaikowskij, bekannt war; es waren dies zwei sehr fähige Radikale, Mark und Olga Natanson, und eine erschreckend zielstrebige junge Frau, Sophia Perowskaja, aus einer berühmten Soldatenfamilie; ihr Vater war General. Der Tschaikowskij-Kreis löste sich auf mit der Zerrüttung der *Narodniki*-Bewegung, als es den Natansons, der Perowskaja und anderen klar wurde, daß Propaganda und Bildung allein nicht ausreichten. Sie taten sich mit anderen Aktivisten zusammen, die den Ideen Netschajews und Tkatschews näherstanden. Der letztere predigte jetzt in Genf in seiner eigenen Zeitschrift »Die Sturmglocke« *(Nabat)* die Notwendigkeit sofortiger Revolution. Diese müsse von einer disziplinierten Verschwörerelite durchgeführt werden, solange noch Zeit dazu war und ehe die solide bürgerliche Klasse so stark geworden war, daß sie zum Prellbock zwischen einer degenerierten und verzweifelten Aristokratie und einer Bauernschaft werden konnte, in der es gärte. Die neuen Verbündeten waren in erster Linie N. K. Michailow, Alexander Michailow, der sich als unglaublich erfinderischer und einfallsreicher Verschwörer, Schmuggler, Organisator von Ausbrüchen und Attentaten erwies, und dazu noch eine Anzahl Gleichgesinnter aus Odessa und Kiew. Die neue »Land- und Freiheitsgesellschaft« war nicht nur als ein äußerst gut funktionierender Befehlsapparat aufgebaut – sie war die Grundlage der ersten echten politischen Oppositionspartei in der russischen Geschichte.

Sie wurde nach den Massenfestnahmen von 1873–74 gegründet; die Organisation der Provinz- und städtischen Gruppen unterstand einem Zentralkommando. Das Zentralkommando oder der »Basiskreis« war in fünf Sektionen aufgeteilt: die administrative, die die allgemeinen Richtlinien festlegte und Mitglieder betreute, die mit falschen Papieren im Untergrund lebten; die Sektionen zwei und vier, die den Auftrag hatten, die Unterstützung der Intelligenzschicht, der Fabrikarbeiter und der Bauern zu gewinnen; und die fünfte Sektion, die sogenannte »Desorganisations-Sektion«, die für Attentate, Gefängnisausbrüche, Spionagearbeit, inklusive der Infiltration offizieller Organisationen und Gegenspionage gegen Polizeispitzel etc. zuständig war. Im Laufe der Zeit war es natürlich die fünfte Sektion, die die Terrorkampagne leitete.

Einige Jahre lang gab es keinen Terror. Anfänglich konzentrierte die Organisation ihre Bemühungen darauf, Anhänger unter den Bauern zu rekrutieren. Dies geschah auf wesentlich raffiniertere Weise als bisher. Trotz allem machte man auf dem flachen Land wenig Fortschritte. Eine ganz neue Entwicklung jedoch war das Erwachen eines neuen politischen Bewußtseins unter den Fabrikarbeitern. Der erste öffentliche Beweis der Existenz der »Land- und Freiheitsgesellschaft« fand statt, als sich im Dezember 1876 200 Arbeiter vor der Kathedrale von Kasan in St. Petersburg versammelten: ein zwanzigjähriger Absolvent des Bergwerksinstituts, G. V. Plechanow, hielt eine Rede. Er sollte in der Entwicklung des russischen Marxismus eine entscheidende Rolle spielen.

Tatsächlich war es in erster Linie seine Gegnerschaft zum Terror als politische Waffe, die Plechanow zum Marxismus führte. Als er »Land und Freiheit« beitrat, dachte er jedenfalls wie die meisten seiner Kollegen eher an Agitation und Propaganda als an Mord. Und als das Morden dann begann, handelte es sich da eher um Racheakte gegen gehaßte Einzelpersonen als um den konsequenten Versuch, durch Einschüchterung der Behörden deren Zustimmung zu erzwingen. Der Anschlag auf Trepow war die Rache für die Auspeitschung des Studenten Pogoljebow, der während der Plechanow-Demonstration 1876 festgenommen worden war. Etwas später, am 1. Februar 1878, brachte die Desorganisationssektion einen Polizeispitzel um, der sich in ihre Reihen eingeschlichen hatte. Etliche andere Attentate auf Provinzpolizeibeamte und Staatsanwälte waren manchmal erfolgreich, meist nicht. Und dann, am 4. August 1878, kam der sensationellste Coup: General N. V. Mesentzew, Schuwalows Nachfolger als Chef der Dritten Sektion, wurde am hellichten Tage auf einer Straße in St. Petersburg erstochen. Der Mord wurde stilgerecht von einem der Gründer des Tschaikowskij-Kreises, einem ehemaligen Artillerieoffizier, Sergej Krawtschinskij, durchgeführt. Es war die Gewohnheit des Generals, nur in Begleitung eines Adjutanten spazierenzugehen. An jenem Augusttag wurde er von einer eleganten Equipage überholt, die neben ihm stehenblieb. Heraus sprang Krawtschinskij, durchbohrte den General mit seinem Schwert, sprang wieder in den Wagen, fuhr wie der Wind davon – und verließ schleunigst das Land.

Aber dennoch verging fast ein Jahr, ehe systematischer Terror, im Gegensatz zu Racheakten, zum Aktionsprogramm einer politischen Gruppe erhoben wurde. Bis dahin hatte die scharfe Reaktion des Regimes auf die Ermordung Mesentzews und anderer die Verfechter eines harten Kurses der »Land und Freiheit«-Leute zur Überzeugung gebracht, daß ihre einzige Chance darin bestand, den Absolutismus durch Angst in die Knie zu zwingen. Der Nachfolger Mesentzews war General Alexander

Drenteln, wiederum ein Soldat der starrköpfigen, brüllenden Sorte, der den Zaren zu den brutalsten Unterdrückungsmaßnahmen überredete und nicht einmal imstande war, einen Liberalen von einem Radikalen, einen Radikalen von einem Revolutionär oder einen Anarchisten von einem Verfassungsfreund zu unterscheiden.

Zur Ausrottung der Subversion sollte eine Treibjagd veranstaltet werden. In den Zentren terroristischer Tätigkeit wurde eine Art Kriegsrecht eingeführt, und drei Generäle, die sich in dem soeben beendeten Krieg ausgezeichnet hatten, wurden mit mehr oder weniger diktatorischen Vollmachten losgeschickt: General Gurko nach St. Petersburg, General Loris-Melikow nach Charkow und der unverwüstliche General Totleben nach Odessa. Die regulären Gouverneure anderer Zentren erhielten ähnliche Vollmachten. Zwei der neuen Satrapen, Gurko und Totleben, benahmen sich, wie zu erwarten war. Sie warfen ihre Netze weitmaschig und plump aus; dem entschlossenen Verschwörer gelang meist die Flucht; der unschuldige Enthusiast blieb hängen. Nur Loris-Melikow zeigte Vernunft, Mäßigung und Urteilsfähigkeit.

Das alles war Wasser auf die Mühlen der Extremisten von »Land und Freiheit«. Aber selbst diejenigen unter ihnen, die einen systematischen Terrorismus befürworteten, waren sich über ihre unmittelbaren Ziele nicht einig. Galt es, den Absolutismus so lange einzuschüchtern, bis er ihnen eine Verfassung zugestand, die den Revolutionären die Möglichkeit bot, ihre Ansichten zu propagieren? Oder sollte man das ganze System in Trümmer legen? Aber wie bei so vielen der maßgeblichen Fragen, die damals und später den Revolutionären so viel Zeit kosteten, war der Unterschied nicht ausschlaggebend: es ging nicht darum, *warum*, sondern *wie* sie handelten.

Die endgültige Entscheidung fiel im Sommer 1879. Im Juni hielten die »Land und Freiheit«-Mitglieder in Woronesch eine Geheimkonferenz ab, die von Michailow und einem verhältnismäßig neuen Mitglied, A. I. Scheljabow, beherrscht wurde. Letzterer sollte in den Ereignissen der nächsten zwei Jahre eine wichtige und interessante Rolle spielen. Scheljabow war das klassische Beispiel für einen, der gegen seinen Willen zum Revolutionär wurde. Er war der Sohn eines ehemaligen Leibeigenen aus Odessa, begabt, gut aussehend, etwas reserviert und kalt, aber freundlich, ehrgeizig und ein großer Frauenheld. Er war als Universitätsstudent aus seiner Laufbahn geworfen worden durch ein Vorgehen der Behörden, das selbst den loyalsten Untertan zur Rebellion treiben mußte. Er, der anfänglich nicht im geringsten an Revolution interessiert war, wurde von der Universität gewiesen, festgenommen, ins Gefängnis geworfen, seine geplante Rechtsanwaltslaufbahn schon im Ansatz zerstört – und das alles wegen einiger dummer, nichtiger Vorfälle; weil er in seiner freundlichen und ehrlichen Art für Kollegen eingetreten war, die Schwierigkeiten hatten. Mit einem Wort, er hatte nicht den Mund gehalten – ausgerechnet

25 Grigori Rasputin

26  Nikolaus II. mit Großfürstin Olga bei einer Truppeninspektion
im Jahr 1903

27  Treffen zwischen Nikolaus II. und Kaiser Wilhelm II. in Baltisch-
port im Juli 1912

28  Anton Tschechow und Leo Tolstoj (Foto von 1902/03)

dann, als Graf D. A. Tolstoj entschlossen war, bei jedem Studenten, der den Mund nur auftat, ein Exempel zu statuieren. Jetzt war er in Woronesch, in seiner unbeschwerten, entspannten Art ebenso entschlossen, das System zu ändern, wie er seinerzeit bereit gewesen war, es zu akzeptieren. Er war nicht einer von den Feuerfressern. Er glaubte an selektiven Mord als Waffe, aber er teilte nicht die unerbittliche Wut einer Sophia Perowskaja (deren Geliebter er dennoch bald wurde) noch die verschwörerische Aufregung eines Michailow. Er stellte sich jedoch mit diesen beiden und anderen gegen alle jene, die prinzipiell gegen den Terror waren, besonders gegen Plechanow und P. B. Axelrod, die in der Folge die Versammlung verließen. Dieser demonstrative Abgang war nicht als endgültige Spaltung gedacht, sondern lediglich als Protest. Aber innerhalb einiger Wochen hatten die Anti-Terroristen eine separate Organisation unter dem Namen »Schwarze Abteilung« *(Tschorni Peredjel)* gegründet, deren Zielgruppe die Bauern waren. »Land und Freiheit« war tot. Die Terroristen gaben sich einen neuen Namen, »Volkswillen« *(Narodnaja Wolja)*, und verschrieben sich der gewaltsamen politischen Veränderung. Und das Exekutivkomitee des »Volkswillens« verurteilte nun den Zar formell zum Tode und konzentrierte während der nächsten zwei Jahre seine Bemühungen darauf, dieses Urteil zu vollstrecken.

## 4

Es ist üblich, den ganzen Verwaltungsapparat der siebziger Jahre als unwissend und verständnislos abzutun. Das ist nicht gerecht. Die Mesentzews und die Drentelns waren brutal und derb. Totleben, ein hervorragender General bei einer Belagerung, glaubte in Odessa, er müsse nichts weiter tun als unordentlich aussehende Studenten festzunehmen, sie ins Gefängnis zu werfen oder in die Verbannung zu schicken, und alles wäre wieder im Lot. Viele dachten wie er. Und doch – und das war das Erstaunliche – gab es unter dem Druck einer unbekannten, finsteren Macht, die eingestandenermaßen entschlossen war, den Zaren umzubringen, immer noch Männer, die vernünftig genug waren, um zu erkennen, daß die aktiven Terroristen eine winzige Minderheit ausmachten. Wenn man es zuwege brächte, sie von den wohlmeinenden Liberalen und Reformern abzusondern, würde sich ihre Durchschlagskraft schnell verringern. Das erkannten sie nicht nur selbst, sondern es gelang ihnen auch, den Zaren dafür zu gewinnen, ihre Diagnose zu akzeptieren und ihnen zu gestatten, Richtlinien einer Politik auszuarbeiten – einer Politik der Versöhnung. Der Wendepunkt kam nach dem Schock über Chalturins Attentat im Winterpalast. Es hatte bereits früher Anschläge auf den Zaren gegeben, darunter ein sehr detailliert ausgearbeitetes Attentat, bei dem drei Gruppen in Zusammenarbeit für drei örtlich und zeitlich auseinanderliegende Anschläge auf den kaiserlichen Salonwagen auf seiner Fahrt von der Krim nach St. Petersburg verantwortlich waren. Aber die Greueltat im Winterpalast mit den vielen Opfern, die sie forderte, war etwas ganz anderes. Jetzt konnte man die panische Angst spüren. Über St. Petersburg wurde ein Ausgangsverbot verhängt: viele Mitglieder der reicheren und adeligen Familien zogen sich unauffällig auf ihre Güter zurück, wo sie in Sicherheit waren – ein ausgefallenes Unterfangen mitten im Winter. Alexander bestand darauf, Katharina Dolgorukaja und ihre drei Kinder höchstselbst in den Winterpalast zu bringen, wo die Zarin todkrank lag. Großfürst Konstantin litt unter Alpträumen der französischen Revolution. Aber in diesem Moment, und zum ersten Mal seit über einem Jahrzehnt, zeigte sich die Vernunft. Sehr zögernd entschied Alexander, daß Drentelns unterschiedslose Gewaltmethoden nichts brachten: – ein Polizeichef, der nicht imstande war, eine größere Explosion im Herzen des Winterpalastes selbst zu verhindern, und der den Attentäter nicht ergreifen konnte!... Es war an der Zeit, den Männern Gehör zu schenken, die immer wieder darauf hinwiesen, man müsse das Volk für sich gewinnen, die Sympathien der Öffentlichkeit für die Verbrecher abbauen – das sei das beste Mittel, um den Terroristen Einhalt zu gebieten. Daraufhin gründete er eine Amtsstelle, genannt das Oberste Exekutivkomitee, das mit praktisch diktatorischen Vollmachten ausgestattet war, um aufrührerische Agitation an der Wurzel auszurotten, die Terroristen zu vernichten und Mittel und Wege zu ersinnen, um die echten Mißstände unter dem Volk zu beseitigen.

Das Interessanteste an dieser völlig neuen Konstellation, die, ohne die absolute Autorität des Zaren zu schmälern, ihn jedenfalls der täglichen Entscheidungen enthob, war, daß sie vom Zarewitsch Alexander ausging. Dieser war damals ein großer, langsamer, schwerer, ehrlicher, frommer, konservativer, zutiefst orthodoxer Familienvater von fünfunddreißig, der selbst von dem höchst konservativen Katkow angegriffen worden war. Und der Mann, den man aussuchte, um den Vorsitz über das Komitee zu führen und seine Mitglieder vorzuschlagen, war General Michael Loris-Melikow, ein Mann, so würde man meinen, der von Orthodoxie und Konservatismus so weit als nur irgendeiner entfernt war.

Melikow war nicht einmal Russe. Er war Armenier – obwohl einer seiner Vorfahren sich einen georgischen Titel zugelegt hatte. Er hatte weder die Beziehungen zu den altrussischen Familien, deren sich die meisten bevorzugten Höflinge erfreuten, noch war er einer jener Deutschen, die wegen ihres Fleißes und ihrer Tüchtigkeit toleriert wurden. Er war trotzdem fleißig und tüchtig. Und trotz seines etwas levantinischen Aussehens, seines etwas üppigen Charmes (er konnte schmeicheln wie Disraeli), hatte er aufgrund seines energischen und geschickten Auftretens im Kaukasusfeldzug (er war es gewesen, der Kars eroberte) die Zustimmung Dimitri Miljutins gewonnen und in letzter Zeit aufgrund seines verhältnismäßig aufgeschlossenen Verhaltens als antiterroristischer Diktator von Charkow auch den Respekt der Liberalen. Man konnte mit ihm gut arbeiten, er war freundlich, aber entschlossen und schlau. Und er hatte etwas von einem Intellektuellen – er war ein Freund Nekrasows, des radikalen Dichters und Herausgebers des »Zeitgenossen« in dessen großer Zeit. Die Aufgabe, die er übernahm, hätte auch den stärksten Mann erzittern lassen. Er sollte die höchste Verantwortung für die Sicherheit des Reiches, inklusive der Person des Zaren, tragen und sollte einen konstruktiveren Plan ausarbeiten, die Subversion zu bekämpfen. Er begann seine Arbeit kühl und geschickt, indem er sich zuerst darauf konzentrierte, die aktiven Terroristen zu isolieren, von denen er mit Recht überzeugt war, daß es ihrer nur wenige gab. Und es kam ihm zu Hilfe, daß er großes Glück hatte. In der allerersten Woche in seinem neuen Arbeitsbereich, während um seine Ernennung noch viel boshaftes Gerede kursierte, verübte ein unbedeutendes Mitglied des »Volkswillens« einen Anschlag auf sein Leben. Der Täter wurde gefaßt und innerhalb von achtundvierzig Stunden abgeurteilt und aufgehängt; so gelang es dem neuen Retter des Reiches, Drenteln mit Leichtigkeit mit seinen eigenen Waffen zu schlagen.

Und das gelang ihm auch weiterhin. Drenteln wurde abgesetzt, und Melikow selbst übernahm nun die Dritte Sektion als Teil des Innenministeriums – ganz zu schweigen von den Provinzgouverneuren. Noch nie zuvor wurden so viele echte Terroristen festgenommen, und erstmalig ergab sich aus den Geständnissen und Berichten eine klare Vorstellung ihrer Grenzen und ihrer Stärke. Melikow fühlte sich stark und sicher genug, um sein wirkliches Programm, wie er es nannte, in Angriff zu nehmen – die Aussöhnung zwischen dem Monarchen und seinen Untertanen: den ehrlichen Bürgern, die sich vom Staat abgewandt hatten und die man den Sympathisanten der Revolutionäre in die Arme getrieben hatte, weil die Bürokraten in ihrer rüden Art sie alle wie Verdächtige behandelten; den getreuen Patrioten, denen die Polizeibeamten zusetzten, und anderen, die in Korruption verstrickt waren – die wahren Feinde des Reiches; den Bauern, denen man noch nie die Emanzipationsakte erklärt hatte und die immer noch glaubten, daß die Landbesitzer und Beamten zwischen ihnen und der ordentlichen Durchführung jenes Gesetzes standen; den Konskribierten, die man wie Ungeziefer behandelte; den Studenten, die durch die Behinderungen, Einschränkungen und Verbote des Tolstoj-Systems zur Verzweiflung getrieben wurden; den Semstwo-Beamten, denen man nicht gestattete, ihre Arbeit zu tun, weil sich die Regierung immer wieder einmischte – ganz zu schweigen von der dauernden Beschneidung der Kompetenzen. Melikow machte seine Arbeit mit einer so beachtlichen Kombination von Takt, Vernunft, Schmeichelei und Festigkeit, daß der Zar den Grafen Tolstoj aus dem Unterrichtsministerium entließ und auch als Prokurator des Heiligen Synods (praktisch das Religionsministerium) – von diesen zentralen Positionen aus hatte er die gesamte Kulturszene beherrscht – und ihn durch einen Vertrauensmann Melikows aus dem Unterrichtsministerium ersetzte. Eine weniger glückliche Wahl war der neue Prokurator des Heiligen Synods, K. P. Pobedonostzjew. Melikow war für diesen Mann eingetreten, der ihn bald vernichten sollte, teils weil er das Ausmaß seines Obskurantismus nicht erkannt hatte, hauptsächlich aber wegen seines mächtigen Einflusses auf den Zarewitsch, dessen Lehrer er gewesen war und dessen Mentor er noch immer war. Trotz seiner Stahlbrillen und ausgemergelten äußeren Erscheinung war Pobedonostzjew ein Reaktionär der hochromantischen Art. Er glaubte daran, daß die Menschen völlig unfähig seien, sich selbst vernünftig zu regieren, ja sogar sich eine längere Zeit hindurch vernünftig und anständig zu benehmen. Die Rechtmäßigkeit dieser Ansicht wurde unglücklicherweise dadurch zurückgenommen, daß er, Pobedonostzjew, überzeugt davon war, daß er eine Ausnahme zu dieser Regel bildete und allein Bescheid wußte. Da er nicht in der Lage war, 130 Millionen Untertanen des Zaren Vorschriften zu machen, begnügte er sich mit dem Nächstbesten, nämlich sich des Zarewitsch als des künftigen Herrschers zu bemächtigen und ihn auf den rechten Weg zu bringen. Mehr als irgendein anderer sollte er zum bösen Geist der Dynastie werden – indem er während der ganzen Regierung Alexanders III. und noch weit in die Regierungszeit Nikolaus' II. hinein mit zielstrebiger Hingabe daran arbeitete, die selbstmörderische politische Linie beizubehalten, die rückblickend die Rasputin-Affäre wie eine Komödie erscheinen läßt. Eigenartig, daß dieser Mann ausgerechnet von dem kleinen Armenier vorgeschlagen wurde, der selber mehr als irgend jemand anderer unter den Zaren es dazu brachte, den imperialistischen Absolutismus einzuengen.

Pobedonostzjew war kein Dummkopf; auch war er nicht verrückt, wie man aufgrund einiger seiner Aussprüche über das göttliche Recht der Zaren vermuten könnte. Er war intelligent, und anfänglich unterstützte er Melikow sogar. Er hatte gar kein Bedürfnis, den Fortschritt zu verhindern, das Volk zu unterdrücken, es auszubeuten. Im Gegenteil, als ein zutiefst religiöser Mensch wollte er sein Bestes. Seine unglückselige Politik entsprang der traurigen, aber mit Mut getragenen Überzeugung, daß das Volk vor sich selbst geschützt werden müsse und daß diese Gouvernantenrolle die erste und letzte Pflicht der Krone sei.

Das machte damals nichts aus. Die Terroristen waren noch immer aktiv, aber in etwas reduziertem Maße. Chalturin war noch nicht festgenommen worden, aber er hatte nach der Bombe im Winterpalast die Nerven verloren. Alexander Michailow selbst wurde im November 1879 aufgrund einer so lächerlichen Unbesonnenheit festgenommen, daß man versucht ist zu glauben, er habe den Todeswunsch in sich getragen. Aber er gestand nichts und starb vier Jahre später im Gefängnis, ohne daß die Behörden je herausfanden, daß er mit dem Anschlag auf den Zaren etwas zu tun gehabt hatte. Die Fahne wurde nun von Scheljabow weitergetragen. Er war eine seltsame Mischung von Zweideutigkeit und rücksichtsloser, zielstrebiger Planung. Er arbeitete eng mit Sophia Perowskaja zusammen. Sie war immer schon fanatisch gewesen; jetzt wurde sie geradezu zum Racheengel.

Noch immer war der Zar das Hauptziel; und die beiden machten mit ihren Plänen weiter, anscheinend völlig blind der Tatsache gegenüber, daß sich ein genereller Wechsel ankündigte. Oder waren sie um so mehr entschlossen, hart und entscheidend zuzuschlagen, ehe Melikows Reformen den radikalen Willen zur gewaltsamen Veränderung untergruben? Diese geplanten Reformen hatten nun die volle Unterstützung des Zaren. Aber Melikow selbst wurde bereits von den Konservativen angegriffen, die der Meinung waren, daß er zu weit ginge; noch schlimmer, daß er als Fremder nur allzu leicht mit jener anderen Fremdmacht identifiziert werden konnte, die, wie man wohl wußte, unverwandt gegen die wahren Interessen des russischen Volkes arbeitete – die Macht der Juden. Während des serbisch-türkischen Kriegs hatte es eine antisemitische Welle gegeben: der jüdische Einfluß wurde zum Teil dafür verantwortlich gemacht, daß die Serben so schlecht abschnitten. Später glaubte man allgemein, daß jüdische Wucherer mit dem Krieg Rußlands große Profite gemacht und auch die ungünstigen Friedensbedingungen weitgehend beeinflußt hätten. Es gab noch keinen offiziellen Antisemitismus (der kam erst in der nächsten Regierung), aber bereits damals waren viele einfältige Russen von der Wahrheit des uralten Greuelmärchens überzeugt, das ungesäuerte Brot werde mit dem Blut von Christen hergestellt, das sich die Juden durch Ritualmord beschafften; und die Behörden taten nichts, um diesen Glauben zu entkräften. Katkow war kein aktiver Antisemit. Aber Katkow stellte sich jetzt in seiner Zeitung »Moskauer Nachrichten« gegen die Reformen, an deren Einführung er selbst beteiligt gewesen war.

In dieser geladenen und unangenehmen Atmosphäre nützte Melikow, der keineswegs den Kopf verlor, die Gunst der Stunde und machte seinen Einfluß auf den Zaren geltend, um größere Reformen durchzudrücken. Er scheute auch vor recht zynischen taktischen Kniffen nicht zurück.

Im Mai 1880 starb die Zarin. Ehe der Sommer zu Ende ging, schockierte Alexander den Hof durch seine Heirat mit Katharina Dolgorukaja. Er hatte vor, sie sehr bald zur Zarin zu machen, aber für den Augenblick schuf er für sie den Titel Fürstin Jurewskaja. Also wurde Katharina nach vierzehn Jahren als kaiserliche Mätresse zu einer ehrlichen Frau gemacht, und Alexanders »Ehe vor Gott« wurde zu einer Ehe vor den Menschen. Die Überstürztheit dieser Tat war zutiefst verfehlt. Es war Katharina, die darauf bestand, und man kann ihre Entscheidung unmöglich gutheißen. Sie konnte dadurch nichts gewinnen, aber viel verlieren. St. Petersburg hatte sich daran gewöhnt, sie als die Mätresse des Zaren im Palast zu sehen, obwohl man nicht einverstanden war, daß ihre Kinder dort herumlärmten, während die Zarin im Sterben lag. Hätte die erst zweiunddreißig Jahre alte Fürstin mehr Diskretion bewiesen, sie hätte viele Herzen gewinnen können. Unter den gegebenen Umständen gewann Katharina kein einziges Herz. Der Zarewitsch war so wütend, daß er daran dachte, seine ganze Familie zusammenzupacken und nach Dänemark zu gehen; Melikow aber, kurzsichtig nach einer vermeintlich günstigen Gelegenheit haschend, wie man es bei Vertretern eines Liberalismus einer verfeinerten Sorte so oft vermerken kann, sah eine Verbündete. Er schmeichelte Katharina. Im Moment bewahrte er sich sehr geschickt das Wohlwollen des Zarewitsch, während er gleichzeitig Katharina als Freundin gewann. Aber es konnte nicht von Dauer sein.

Es dauerte zumindest lang genug, daß er gegen Ende des Jahres 1880 seine Gedanken so weit ordnen konnte, um dem Zaren einen fertigen Plan für eine Art konstitutioneller Regierung vorzulegen, die aber keine konstitutionelle Monarchie war. Was mit Melikow geschehen wäre, hätte Alexander weitergelebt, ist eine faszinierende Frage. Er hatte Alexander dazu überredet, der Gründung einer Art heimlicher Nationalversammlung zuzustimmen – einer Gruppe von Abgeordneten der Semstwos, der Adelsversammlungen, der Stadträte, die unter der Aufsicht des Innenministeriums Gesetzesentwürfe ausarbeiten sollte (Innenminister würde natürlich er, Melikow, sein). Es war vorgesehen, einen vergrößerten Staatsrat zu schaffen, der sich aus Delegierten aus diesen Gruppen zusammensetzen sollte. Ihre Aufgabe sollte es sein, die Gesetzesentwürfe zu überprüfen und dem Zaren Empfehlungen zu unterbreiten (womit Alexander aber nicht einverstanden war). Mit einem Wort, Melikow hatte zumindest eine Brücke zu einem konstitutionellen Repräsentantenhaus geschlagen und damit einen feststehenden Punkt des dynastischen Glaubens bedroht.

Mitte des Monats war das Programm fertig, und am achtzehnten legte Melikow den Entwurf dem Zaren vor. Er war nicht übermäßig beunruhigt gewesen, als die Polizei drei Wochen zuvor eine weitere Verschwörung gegen den Zaren aufgedeckt und unter anderen drei Mitglieder des Exekutivkomitees des »Volkswillens« festgenommen hatte. Niemand wußte genau, wie wichtig sie waren oder wie weit fortgeschritten ihre letzten Pläne waren. Niemand wußte, daß die Perowskaja, Scheljabow und andere fieberhaft an ihrem verwegenen Plan arbeiteten.

Jetzt begannen Pobedonostzjew und der Zarewitsch sich über Melikow Gedanken zu machen. Dies traf auch auf Katkow und viele andere Konservative zu, die ganz ernstlich der Meinung waren, er habe sich von dem Applaus der Liberalen mitreißen lassen. Eine ungesunde Brut, diese Liberalen: sie hatten nichts mit den frommen und einfachen Gläubigen gemein, die den Zaren als ihren Vater betrachteten. Ein Zusammenstoß bahnte sich an, aber er kam nie zustande. Dafür sorgten die frommen und einfachen Terroristen. Das anbrechende Industriezeitalter hatte Strömungen und Gegenströmungen ausgelöst, die die stagnierenden Wasser der russischen Innenpolitik aufzurühren begannen; doch unberührt davon – oder wenn nicht unberührt, so doch uninteressiert –, arbeiteten die Perowskaja, Scheljabow und ihre Freunde weiter, vor sich stets den letzten, größten Zerstörungsakt: die Vernichtung des Zaren und mit ihm die Vernichtung der Autokratie.

Ein Revolverattentat war fehlgeschlagen, ein detaillierter, genialer und aufopfernder Versuch, den kaiserlichen Zug in die Luft zu sprengen, war fehlgeschlagen; die große Explosion im Winterpalast war fehlgeschlagen. Viele waren ermordet und verwundet worden, aber die Mitglieder des Exekutivkomitees selbst hatten auch Verluste erlitten; jetzt waren sie auf kaum eine Handvoll zusammengeschmolzen. Die Überlebenden jedoch hielten an ihrem letzten Plan fest: in einer gewissen Straße, der Mali Sadowaja, sollte eine Mine hochgehen, wenn der Zar, wie er es gewohnt war, auf seiner Fahrt vom oder zum Winterpalast dort vorbeikam. Es war höchst eigenartig, daß trotz der strengen Polizeimaßnahmen, die in Kraft waren, seitdem der Zar schon mehrere Male nur mit knapper Not dem Tode entgangen war, die Terroristen in dieser Straße ein ebenerdiges Zimmer mieten konnten und von dort aus die Grabungsarbeiten in Angriff nahmen – wobei sie als Deckung ein sehr unecht aussehendes Käsegeschäft verwendeten, das sie aus Geldmangel nicht einmal mit dem Nötigsten ausstatten konnten. Aber es war möglich. Die Tunnelarbeiten schritten fort. Und gleichzeitig wurde ein Selbstmordkommando von Bombenwerfern – vier Mann hoch – ausgebildet, die eingreifen sollten, wenn die Mine nicht losging.

So standen die Dinge, als Melikow am 18. Februar dem Zaren seinen Programmentwurf (die Loris-Melikow-Konstitution, wie Alexander III. sie später geringschätzig nennen sollte) vorlegte. Die Mine hätte bereits drei Tage vorher hochgehen sollen, aber die Arbeit am Tunnel war durch die Festnahme einiger Mitglieder des Exekutivkomitees Ende Januar verzögert worden. Eine neue Stunde Null wurde für den 1. März festgelegt. Aber am 27. Februar traf die Verschwörer ein Unglück. Durch reinen Zufall hatte die Polizei Scheljabow aufgespürt – nicht aber den Tunnel – und ihn festgenommen. Es verging einige Zeit, ehe sie herausfand, wer er war. Als die Nachricht Melikow erreichte, war er sehr erleichtert. Selbst als Scheljabow sich weigerte, auszusagen oder in irgendeiner Form seine Kameraden zu denunzieren, schien das kein Grund zur Besorgnis. Man würde den Zaren umbringen, egal, wie viele vorher noch festgenommen würden, beteuerte Scheljabow. Niemand glaubte ihm. Melikow

wußte aus früheren Geständnissen sehr wohl, daß er mit seiner ursprünglichen Annahme, die Terroristen seien dünn gesät, ganz richtig lag; jetzt, da Scheljabow hinter Gittern saß, war er überzeugt, daß die übrigen ohne Anführer dastünden und bald ins Netz gehen würden. Er hatte wirklich fast recht. Aber er hatte die Rechnung ohne Sophia Perowskaja gemacht, dieses zutiefst beunruhigende Geschöpf, das Worte haßte und durch ihr dauerndes Drängen zu sofortigen Taten zur Geißel und zum Gewissen der Träumer unter den Revolutionären wurde. Klein und zart, fast wie eine Puppe, mit strohblondem Haar, roten Bäckchen und hellblauen Augen, war sie ein Revolutionär bis in die Knochen. Im Gegensatz zu Scheljabow oder dem Bombenmacher Kibaltschitsch, die aus Zufall Revolutionäre wurden (Kibaltschitsch hätte Wissenschaftler, vielleicht ein genialer Erfinder werden können), wären sie nicht aus den lächerlichsten Gründen mit den Behörden in Konflikt gekommen, kann man die Perowskaja nicht von ihrem familiären Hintergrund trennen. Ihre Familie war uralt und höchst angesehen. Ihre Mutter war eine große Schönheit. Ihr Vater war Generalgouverneur von St. Petersburg gewesen und 1866 wegen Karakosows Attentat entlassen worden. Sophie haßte und verachtete das ganze gesellschaftliche und militaristische Milieu, in das sie hineingeboren worden war. Sie haßte ihren tyrannisierenden Vater. Sie schloß sich dem Tschaikowskij-Kreis an, und als sie dann Revolutionärin war, traf sie zu ihrem höchsten Erstaunen auf all die jungen, gesunden Männer, die es zufrieden waren, herumzusitzen und nur zu reden, zu planen, zu träumen, heute nichts zu unternehmen und lediglich in die Zukunft zu blicken. Für Sophia Perowskaja war die Zukunft jetzt. Sie war es, die die Bewegung von der Reform weg zum Terrorismus führte, und nun, im Alter von achtundzwanzig, war es nur gut und billig, daß sie am entscheidenden Tag das Kommando übernehmen sollte. Die Mine war bereit, und dank Scheljabows Drängen und Fürsorge hatten die Bombenwerfer ihre primitiven Handgranaten erhalten und waren so placiert, daß sie die verschiedenen Routen, die der Zar einschlagen konnte, kontrollieren konnten: Iwan Grinewitzkij, T. Michailow (kein Verwandter Alexander Michailows), N. Rysakow, I. Emiljanow. Die ersten zwei waren vierundzwanzig, die beiden anderen achtzehn bzw. neunzehn. Sophia selbst sollte ihren Platz vor der Michael-Reitschule einnehmen, wohin Alexander am Sonntag vormittag fuhr, um die Reitkünste seiner Leibgarde zu bewundern. Von dort aus konnte sie den Bombenwerfern ein Zeichen geben.
Und so geschah es. Am selben Tag, an dem Alexander seine Unterschrift unter die Reformen Loris-Melikows setzte, ein paar Stunden nach der Tat, die ein epochemachender Schritt hätte sein sollen, schlug die Perowskaja zu. Sie war verzweifelt über die Festnahme ihres Geliebten, sie wußte, daß die Polizei bereits der ganzen Gruppe auf der Spur war und jeden Moment den Tunnel mit der schon zur Detonation vorbereite-

ten Mine entdecken würde. Aber sie bewahrte kaltes Blut, stationierte ihre Leute, ließ sich nicht beirren, als es klar wurde, daß der Zar seinen Weg geändert hatte und dadurch die ganze Grabung des Tunnels vergebens gewesen war, ging auf ihren Platz, beobachtete mit klarem und ruhigem Auge und gab das vereinbarte Signal, das die Aktion in Bewegung setzte, den Zaren zu vernichten. Michailow hatte die Nerven verloren und sich von seiner Stellung entfernt: er hätte, wie es sich ergab, der erste sein sollen, der die Bombe warf. Rysakow, auf seinem Platz fünfzig Meter weiter unten am Kai, bewahrte kaltes Blut, aber er warf schlecht. Die Handgranaten waren so schwach, daß Kibaltschitsch seine Kameraden darauf aufmerksam gemacht hatte, daß sie ganz aus der Nähe geworfen werden müßten, so nahe, daß der Werfer selbst wahrscheinlich mit in die Luft gehen würde. Rysakow warf die seine aus einiger Entfernung. Sie explodierte unter der rückwärtigen Achse der Kutsche des Zaren, machte sie unbrauchbar, tötete einen Bäckerbuben in der Menge und verwundete einen Kosaken der Eskorte. Man bedrängte Alexander, in einer anderen Kutsche weiterzufahren; statt dessen bestand er darauf, zu Fuß zurückzugehen, erstens um einen Blick auf Rysakow zu werfen, den man sofort festgenommen hatte, dann um nach den Verwundeten zu sehen. In diesem Augenblick drängte sich Grinewitskij aus der Menge heraus, trat Aug in Aug vor seinen Herrscher, und aus nächster Nähe – fast hätte er ihn berühren können – warf er seine Bombe.

Alexander war innerhalb von zwei Stunden tot, man hatte Schwierigkeiten, seinen zerfetzten Körper auf ein Sofa im Winterpalast zu schaffen. Grinewitzkijs eigene Wunden waren fast ebenso arg, aber er lebte noch über acht Stunden und kam eine Stunde vor seinem Tod noch einmal zu Bewußtsein. Aber er weigerte sich, auch nur ein Wort zu der Polizei an seinem Bett zu sagen. Soviel ist festgehalten worden. Aber in der hochromantischen Tradition der Terroristen tötete oder verwundete Grinewitzkijs Bombe mindestens ein Dutzend anderer Menschen, deren Blut den festgestampften Schnee rötete. Wer sie waren, wie viele starben, was mit den Überlebenden geschah, ist nicht festzustellen.


5


Was geschah mit den Verschwörern – Scheljabow, der bereits im Gefängnis lag, der Perowskaja, Kibaltschitsch und den drei überlebenden Bombenwerfern? Sie wurden alle gehenkt. Diese letzte öffentliche Hinrichtung, die in Rußland stattfand, spielte sich vor einer Menge von zirka achtzigtausend ab. Der jüngste der Verschwörer, der achtzehnjährige Rysakow, brach im Gefängnis zusammen. Er legte ein Geständnis ab und stellte so viele seiner Kameraden, als er konnte, bloß. Dann bat er um Gnade. Es rettete ihn nicht vor dem Henker. Und auf dem Gerüst wendeten sich die anderen kalt von ihm ab, wechselten ein paar letzte Worte untereinander und ließen Rysakow ganz allein sterben.

Es war wie bei der Hinrichtung der Dekabristen, außer daß einer der Gehenkten eine Frau war. Es gab keine Falltür, nur Hocker, die man wegstoßen mußte, und die Hocker waren zu niedrig für einen schnellen Tod. Was noch schlimmer war: Michailows Schlinge glitt ab, nicht einmal, sondern zweimal. Er war schwerer, als der betrunkene Henker berechnet hatte. Er mußte wieder hinaufgehoben und noch einmal gehenkt werden. Bei allen dauerte es einige Minuten, bis sie tot waren. Noch immer hatte Rußland nicht einmal gelernt, wie man henkt.

# XVI Friedhofsruhe

Bei der Thronbesteigung Alexanders III. trat das zaristische Rußland in eine neue Phase seiner Geschichte. Nicht nur war jegliche wirksame revolutionäre Tätigkeit auf Jahre hinaus zu Ende; es war auch das Ende jeglicher ernstlicher Reform von oben; als fünfundzwanzig Jahre später gewisse wichtige Reformen endlich verspätet durchgeführt wurden, waren sie einem sich verzweifelt dagegen wehrenden Monarchen von unten aufgezwungen. Oberflächlich gesehen, war Alexanders Regierung ein reaktionäres Zwischenspiel, das in seiner Art früheren Perioden nicht unähnlich war, wie sie in der Vergangenheit oft genug auf Krisenzeiten der Bewegung und des Wandels folgten; ein Zwischenspiel, das von einem berühmten britischen Historiker wie folgt zusammengefaßt wurde: »Stagnation in der Landwirtschaft, Fortschritt in der Industrie, Rückschritt im Unterrichtswesen, Russifizierung der nichtrussischen Hälfte der Reichsbevölkerung und als allgemeine Haltung ein nostalgischer, obskurantistischer und engstirnig bürokratischer Paternalismus.«[1] Dies stimmt bis zu einem gewissen Grad, aber eben nur bis zu einem gewissen Grad. Denn es gab ein neues Element, das Alexanders Regierung sehr scharf von allen früheren Regierungen unterscheiden sollte. Es war übrigens ein Element, das sich während der nächsten Regierung, der Regierung des letzten Zaren, Nikolaus' II., und noch darüber hinaus auswirken sollte. Dies war die Institutionalisierung der Polizeiherrschaft.

Natürlich hatte der Absolutismus, wie wir gesehen haben, sich schon seit langer Zeit auf die Dritte Sektion und die Gendarmerie verlassen. Besonders Schuwalow gelang es in den frühen siebziger Jahren, die Angst des Zaren vor einer Revolution auszunützen, um für sich selbst Macht und Einfluß über ein sehr weitläufiges Gebiet zu gewinnen. Als Loris-Melikow die Dritte Sektion abschaffte und die Gendarmerie dem Innenministerium unterstellte, hatte er dies in gutem Glauben getan; er war der Meinung, daß er nur so die politische Polizei überwachen und sie daran hindern könne, Taten zu setzen, die nur den subversiven Elementen in die Hände arbeiten würden. Eines aber sah er nicht voraus: daß er sich als Minister nicht lange halten würde und daß weniger aufgeklärte Nachfolger einen zentralisierten Polizeiapparat vorfinden würden, über den sie dann nach ihrem Belieben verfügen konnten.

Alexander benötigte nicht ganz zwei Monate, um Loris-Melikow loszuwerden, und etwas weniger als sechs Monate, um das Land unter Polizeiherrschaft zu stellen und damit ganz unwissentlich die absolutistische Regierung selbst in die Hand einer Reihe von Polizeichefs zu legen. Die Richtung war anfänglich nicht allen klar. Einen Moment lang waren die Überlebenden des »Volkswillens« überzeugt davon, daß durch den Tod des Befreierzaren die Mauern von Jericho fallen würden. Ihr Exekutivkomitee richtete einen höchst eigenartigen offenen Brief an den neuen Zaren, in dem sie ihm sehr von oben herab mitteilten, sie würden nicht nachtragend sein, wenn er es auch nicht wäre: »Vergessen Sie den Kummer und den Schmerz, den wir Eurer Majestät und seiner Familie zugefügt haben«, war ungefähr der Inhalt, »und wir werden den Kummer und den Schmerz vergessen, der so vielen Tausenden so lange Zeit hindurch von der Familie Eurer Majestät zugefügt wurde. Geben Sie uns Meinungsfreiheit, Freiheit der Versammlung und alles andere, was wir bescheiden fordern, und wir werden der Gewalt ein Ende machen. Wenn nicht, so wird es einen Krieg bis aufs Messer geben, Gewalt wird sich auf Gewalt häufen, bis Sie und die Ihrigen in der unabwendbaren Revolution völlig vernichtet werden: Eure Majestät muß entscheiden!« Es schien den verbleibenden Terroristen gar nicht in den Sinn gekommen zu sein, daß man sie zu Tode hetzen würde. Aber genau des geschah. Die, die nicht festgenommen und ins Gefängnis geworfen wurden, flüchteten ins Ausland. Auf Jahre hinaus gab es keine weitere organisierte Tätigkeit.

Die Terroristen waren nicht die einzigen, die die vernichtende Macht des Regimes, sobald sie einmal zielstrebig angewendet würde, unterschätzten. Der Schriftsteller Leo Tolstoj haßte zwar den Terrorismus, fühlte sich aber dennoch bemüßigt, dem neuen Zaren zu schreiben und ihn anzuflehen, ein neues Zeitalter einzuleiten, indem er gegenüber den Angeklagten Gnade walten lasse und ihnen ihr Leben schenke. Der Brief wurde durch den berühmten Kritiker Strachow Pobedonostzjew zur Weiterleitung an den Zaren übergeben. Der erste Gebieter über die christliche Kirche in Rußland war empört. »Als ich Ihren Brief las, merkte ich, daß Ihr Glauben mit meinem, der der Glauben der Kirche ist, nichts gemeinsam hat und daß mein Christus nicht Ihr Christus ist. Mein Christus ist ein Mann der Stärke und der Wahrheit, der die Schwachen heilt, und Ihrer scheint mir selbst ein schwacher Mensch zu sein, der selbst geheilt werden sollte.«[2]

Pobedonostzjews Antwort wurde aus einer Position der sicheren Stärke heraus geschrieben, als die Krise vorbei war. Aber auch er hatte seine Momente der Angst, in denen er fürchtete, daß der neue Zar allzu leicht von dem engen Weg der völligen Redlichkeit abkommen könnte. Tolstoj

war nicht der einzige, der um Gefängnisstrafen anstatt Erhängen bat. Der Philosoph und Mystiker Wladimir Solowjew, der Sohn des großen Historikers, ein erhabener und uneigennütziger Geist, der nie in den Verdacht geraten könnte (wie das bei Tolstoj nur allzu leicht ist), er lege sich eine Rolle zu, er übe sich in Exhibitionismus, auch er schrieb an den Zaren und veranlaßte Pobedonostzjew zu einer von fast panischer Furcht erfüllten Reaktion: »Ein Gedanke, der mich mit Schrecken erfüllt, ist gerade in Umlauf gekommen... Das russische Volk beginnt bereits zu befürchten, es könnten Eurer Majestät ungeheuerliche Pläne unterbreitet werden, um Sie zu bewegen, die Verbrecher zu begnadigen... Nein, nein und tausendmal nein; in diesem Augenblick, da die Augen des ganzen russischen Volkes auf Sie gerichtet sind, ist es undenkbar, daß Sie die Mörder Ihres Vaters, des russischen Zaren, begnadigen sollten – daß Sie das Blut, das vergossen wurde, vergessen könnten, wofür alle (außer ein paar schwachherzige und schwachsinnige Personen) Rache verlangen...«[3] Man mußte es Alexander nicht sagen. Er war viel selbstsicherer, als man allgemein dachte. Und obwohl er sein Vaterland unbeirrt in die Katastrophe führen sollte, war er als Herrscher in Verwaltungsdingen und was politische Finesse betrifft, tüchtiger, als allgemein angenommen wird. Er war im Prinzip nicht gegen die pragmatische Reform, aber er war entschlossen, alles, was auch nur im leisesten nach Liberalismus roch, im Keim zu ersticken; und er tat es mit einem Minimum von Aufwand. In elf Jahren erreichte er, was so viele seiner Vorgänger vergebens zu erreichen sich bemüht hatten: Frieden und Ruhe – ohne übermäßiges Blutvergießen oder sensationelle Grausamkeit. Er war phantasielos und spekulierte nicht, er war ein langsamer Denker und daher nicht in der Lage, eine Anzahl von grundlegenden Tatsachen zu begreifen: zum Beispiel, daß nichts stillsteht und daß ein Land, das keinen Fortschritt macht, eben Rückschritte macht; oder, auf einer anderen Ebene: daß ein Herrscher, der der Polizei die Macht gibt zu entscheiden, wer festgenommen werden soll und wann, und was mit dem Leichnam zu geschehen hat, sich seiner eigenen Autorität begibt. Aber in seinen eigenen verblendeten Augen war er ein beachtlicher Mann, und er hätte fast mit Sicherheit auch ohne Pobedonostzjews Hilfe diesen Kurs eingeschlagen.
Der Schlüssel zu Alexanders Charakter ist sein starker Zug zum Zynismus. Er war (und solchen Menschen begegnet man selten) ein wirklich ehrlicher Mann, der nicht mit der Ehrlichkeit der anderen rechnet. Dies hat nach seinem Tode sein Charakterbild beeinträchtigt. Dem Äußeren nach war er die Einfachheit in Person, vierschrötig, 1,90 m groß und dementsprechend breit mit einem patriarchalischen Bart, so kräftig, daß er alle Tricks der starken Männer in seinem Repertoire hatte – Schürhaken zu einem Knoten biegen und mit den bloßen Händen Hufeisen verformen. Er war ein treuer und ergebener Ehemann, verheiratet mit der heiteren und hübschen dänischen Prinzessin Dagmar, der Schwester der

künftigen Königin Alexandra von England; er war ein strenger und zärtlicher Vater, anspruchslos in seinen Interessen – wie zum Beispiel den Vorsitz über die Russische Historische Gesellschaft zu führen. Wie konnte ein solcher Mensch, der nicht dumm war, wenn auch langsam und liebenswürdig langweilig, ein Zyniker sein?

Der Zynismus hatte natürlich seine Wurzeln in einer stillen, aber tiefen und ausgeprägten Arroganz; und diese sonderte ihn von anderen Männern ab, auch von den meisten seiner Vorfahren. Weiß der Himmel, die deutschen Romanows mit ihrem russischen Stolz waren alle arrogant genug, aber in den meisten Fällen war die Arroganz etwas forciert. Alexander I. fand es für nötig, die Welt zu blenden, um an sich selbst glauben zu können; Nikolaus I. sah sich gezwungen, bei jeder passenden und unpassenden Gelegenheit seine quasi göttliche Herrschaft zu dramatisieren; Alexander II. hatte seine eigene innere Unsicherheit gezeigt, indem er kaiserliche Hartnäckigkeit und dann wieder kindlichen Trotz zeigte. Aber der neue Zar war wirklich gesegnet: er war seiner selbst so sicher, daß er es nicht notwendig fand, seine Autorität zu beweisen; er zog es vor, daß andere sich ins Getümmel warfen, und ließ sie sogar bei dem Glauben, sie könnten ihn gängeln. Er war auch faul und überließ es anderen, seine Gedanken für ihn zu formulieren. Es ist schwer zu glauben, daß ein solcher Mann die Ermutigung oder das Vorbild eines Pobedonostzjew brauchte. Aber Pobedonostzjew war ein geriebener Bursche, der auf alles eine Antwort wußte. Er hatte auch eine bissige Zunge und wußte, wie man Menschen zurechtweist. Dem phlegmatischen Alexander müssen seine Tiraden, die oft in Hysterie umschlugen, oft absurd erschienen sein. Aber es waren ja alle Menschen, die nicht königlicher Abstammung waren, absurd. Man bediente sich ihrer. Man konnte sie sogar liebgewinnen. Schließlich war es nicht ihre Schuld, daß sie nicht als Romanows geboren waren.

So hätte Pobedonostzjew sich keine Sorgen zu machen brauchen. Alexander mußte die von ihm eingeschlagene Richtung gehen, aber er mußte den Weg prüfen, ehe er ihn beschritt. Man war erstaunt, daß er nicht sofort Loris-Melikow hinauswarf und seine Vorkehrungen und Pläne rückgängig machte. Aber Alexander hatte nicht das Bedürfnis, öffentlich zu bestätigen, daß er kein Vertrauen in die Verfügungen seines jüngst verstorbenen Vaters hatte. Auch wollte er, was er nur konnte, aus den Trümmern dieser Pläne retten. Man kann ohne Übertreibung sagen, daß er neben Loris-Melikow der einzige Mensch in ganz St. Petersburg war, der angesichts der Hysterie, die nach dem Attentat auf seinen Vater die Stadt überkam, nicht den Kopf verlor. Und er war keiner, der in der Hitze des Augenblicks eine endgültige Entscheidung traf.

Pobedonostzjew war kein guter Menschenkenner, und weil Alexander Melikow nicht umgehend absetzte, bombardierte er ihn mit gräßlichen Warnungen: »Man kann ihm nicht trauen. Er ist ein Gaukler. Vielleicht spielt er sogar ein doppeltes Spiel ... Er ist kein russischer Patriot.«[4] Alexander ging unbeirrt seinen Weg. Der Tag für den kleinen Mann würde schon kommen.

Ja, er war bereits angebrochen. Ohne daß sonst jemand davon wußte, befahl ihm Alexander jetzt, ein Manifest zu entwerfen, das den Grundton seiner Regierung festlegen sollte: »Gottes Stimme befiehlt uns, resolut die Pflichten der Regierung zu erfüllen, im Vertrauen auf die göttliche Vorsehung, im Glauben an die Stärke und Wahrheit der absolutistischen Macht, die zu bestätigen und vor allen Übergriffen zu schützen wir zum Wohl des Volkes berufen sind.« Diese Erklärung war sehr deutlich gegen den Inhalt der Vorschläge Melikows gerichtet; und sie wurde gedruckt und ohne Warnung den Mitgliedern der Ministerkonferenz an den Kopf geworfen, als sie wieder einmal zu einer Beratung zusammentrafen, inwieweit diese Vorschläge unter den geänderten Umständen in die Tat umgesetzt werden sollten und wie. Es war ein gescheiter Schachzug. Seinem Volk konnte Alexander sagen, sein Manifest bedeute nichts weiter als ein Treubekenntnis zu einem uralten Prinzip, einen Akt der nochmaligen Zueignung, der Veränderungen innerhalb des Rahmens des Absolutismus in keiner Weise ausschloß. Aber Loris-Melikow gegenüber war es eine direkte Beleidigung und auch als solche gemeint. In diesem Sinne wurde sie auch von allen Konservativen im ganzen Land verstanden. Diese kaiserlichen Worte, erklärte Katkow in seiner Zeitung, fielen »wie Manna vom Himmel! Sie sind unsere Rettung: sie geben dem russischen Volk einen russischen, einen absolutistischen Zaren zurück.«[5]

Das war am 29. April. Loris-Melikow reichte sofort seinen Rücktritt ein. Innerhalb von wenigen Tagen gab Großfürst Konstantin, Alexanders Onkel, auf. Er hatte eine Generation lang in der ersten Reihe der Reformer gestanden; später ging er mit seiner ganzen Familie nach Paris in ein selbstgewähltes Exil. Es ging auch General Dimitri Miljutin, der alte Kriegsminister, der so viel dazu beigetragen hatte, die Moral des Heeres nach dem Debakel des Krimkriegs wiederaufzurichten; ebenso der neue Finanzminister A. A. Abasa, der seinen Posten nur ein Jahr innegehabt hatte. Loris-Melikow, erst sechsundfünfzig Jahre alt, zog sich für den Rest seiner Tage nach Nizza zurück (wo auch die Fürstin Jurewskaja, geborene Katharina Dolgorukaja, Zuflucht suchte). Dimitri Miljutin beschloß, daheim Bauer zu werden. So wurden die drei tüchtigsten und aufgeklärtesten Männer im kaiserlichen Dienst ohne großes Aufsehen von der Szene entfernt, wurden praktisch zur Unperson. Miljutin sollte noch einunddreißig Jahre leben, lang genug, um seine geliebte Armee von einem Feind vernichtet zu sehen, mit dem er nie gerechnet hatte, den Japanern; aber die härteste Prüfung blieb ihm erspart: im Alter von sechsundneunzig Jahren starb er im Jahre 1912.

**2**

Der Mann, den der Zar auf Drängen von Pobedonostzjew an Stelle von Loris-Melikow einsetzen sollte, war kein anderer als Graf N. P. Ignatjew, der Panslawist, jener »echte Russe«, berühmt durch den Vertrag von San Stefano. Er wurde nun Innenminister. Hier wie auch im Fall der Ernennung des betrügerischen Generals Baranow, der St. Petersburg befehligen und es von Subversion reinigen sollte, ließ Alexander seinen Zynismus durchlicken. Er wußte ganz genau, daß Baranow ein exhibitionistischer Aufschneider und Lügner war, aber er brauchte jemand, der große Entschlossenheit vortäuschen konnte. Er wußte, daß Ignatjew völlig unzuverlässig war, ein zwanghafter Lügner und Intrigant und außerdem noch dazu ein panslawistischer Romantiker. Aber er war beliebt in konservativen Kreisen, die beruhigt werden mußten; und er übte eine gewisse Anziehung auf die jüngeren Idealisten aus, die an die Mission der Slawen glaubten. Alexander selbst war einmal von panslawistischen Gefühlen bewegt worden, hauptsächlich als Reaktion auf den starken deutschen Einfluß in der Verwaltung. Aber es war ihm bald klargeworden, daß allein der Gedanke des Panslawismus an sich schon die göttliche Überlegenheit Rußlands in Frage stellte; und er war durch und durch russischer Nationalist: mit fast ausschließlich deutschem Blut in den Adern fühlte er sich bewußt als Russe, mehr als irgendein Zar vor ihm. Den Deutschen in den hohen Positionen, die so lange alles nach ihrem Willen gehabt hatten, war er ein strenger Herr.

Alexander wußte, wie er sich Ignatjews bedienen konnte, und nützte dies aus. Als erste Aufgabe übertrug er ihm die Erstellung eines neuen Maßnahmenpakets zur Bekämpfung der Agitation. Einer seiner wichtigsten Mitarbeiter bei dieser Arbeit war ein fünfunddreißigjähriger Staatsbeamter namens W. K. Plehwe. Es war ein schwarzer Tag für Rußland, als man Plehwe zum kommenden Mann bestimmte. Man hat es schwer, sich einer einzigen positiven Tat zu erinnern, die er in den nächsten dreiundzwanzig Jahren vollbrachte, bevor er von einem jener Revolutionäre ermordet wurde, die er durch seine Maßnahmen so sehr zur Tat getrieben hatte.

Hier begeben wir uns aber zu schnell und zu weit in die Zukunft. Aber es ist nur billig, einen Blick in diese Richtung zu werfen. Das Jahr 1881 war wirklich ein sehr kritisches Jahr. Die Veröffentlichung der neuen Maßnahmen für die Sicherheit des Reiches, die am 18. August des Jahres bekanntgegeben wurden, war ein einschneidendes Ereignis und das Erscheinen Wjatscheslaw Plehwes auf der nationalen Bühne ein böses Omen. Denn dieser hohle Mensch war ein von Ehrgeiz zerfressener Opportunist und Streber, dem die Selbsterkenntnis des echten Zynikers fehlte. Loris-Melikow gegenüber war er als genau jener Typ des jungen, liberalen Beamten aufgetreten, der innerhalb des Innenministeriums die

304

Staatspolizei überwachen konnte. Ignatjew gegenüber gelang es ihm, sich als unerschütterlicher Anhänger des autoritären Systems auszugeben, der die Liberalen haßte. Obwohl er der Abstammung nach Ostpreuße war, gelang es ihm, im Dienst eines Zaren, der die Deutschen nicht leiden mochte, eine hohe Stellung zu erlangen. Zweifellos war er talentiert. Ebensowenig war daran zu zweifeln, daß er charakterlos war. Als er unter der nächsten Regierung eines schwachen Zaren als Innenminister den Höhepunkt seiner Karriere erreichte, wurde seine Nichtigkeit allen offenbar. Er war kein Anhänger von Gewalttaten, und es stimmt nicht, wie vielfach angenommen wurde, daß er persönlich den Befehl zu den Pogromen gab, auch geschah es nicht auf seine Order, daß gegen demonstrierende Studenten die Kosaken eingesetzt wurden, die die Männer brutal zusammenschlugen und die Mädchen vergewaltigten. Aber er ließ diese Greuel geschehen und unterstützte sie noch durch die berechnende Zügellosigkeit seiner Angriffe auf Juden und Studenten.

Für den Moment hatte er eine untergeordnete Position. Aber er hatte viel zu tun mit der Ausarbeitung der neuen Verordnungen, auf die er sich in künftigen Jahren berufen sollte, wann immer es ihm paßte. Diese Maßnahmen liefen offiziell unter dem Titel »Gesetz bezüglich der Maßnahmen für den Schutz der Staatssicherheit und sozialer Ordnung«; ihr Hauptzweck war, jegliche Art von politischer Tätigkeit zu unterdrücken – man kann es nicht anders sagen. In den Verordnungen war von zwei verschiedenen Notstandssituationen die Rede, dem »Verstärkten Verteidigungszustand« und dem »Außerordentlichen Verteidigungszustand« (Usilennaya Ochrana und Tschreswitschainaja Ochrana). Der erste konnte vom Innenminister und Generalgouverneur erlassen werden; der zweite benötigte die Zustimmung des Zaren und des Staatsrates. Aber weder für den einen noch für den anderen waren die Bedingungen auch nur annähernd deutlich umrissen.

Diese »Ausnahmezustandsmaßnahmen«, deren Anwendung zur Regel wurde, waren an verschiedenen Orten anwendbar, wann immer sie für nötig befunden wurden. Unter dem Verstärkten Verteidigungszustand waren die Generalgouverneure und Gouverneure ermächtigt, sich in ziemlich großem Stil über die Gesetze hinwegzusetzen. Zum Beispiel konnten sie jedermann ohne Gerichtsverfahren bis zu drei Monaten einsperren und ihm bis zu 400 Rubel Geldstrafe auferlegen; sie konnten alle Zusammenkünfte und Versammlungen privater oder öffentlicher Natur verbieten; sie konnten Fabriken, Geschäfte etc. schließen, solange der Ausnahmezustand ihrer Meinung nach dauern würde: sie konnten jeden Staatsbürger aus seinem Heimatort deportieren lassen. Außerdem konnten sie noch die sofortige Entlassung jedes bezahlten Angestellten des Semstwos, der Stadtversammlungen, anordnen.

Der »Außerordentliche Verteidigungszustand« war natürlich noch viel schwerwiegender. Der betroffene Bezirk, das Gebiet, die Provinz konnte effektiv unter Militärverwaltung gestellt werden. Für die Dauer des Ausnahmezustandes wurde ein sogenannter Oberbefehlshaber ernannt, der mit allen Vollmachten ausgestattet war, die die Gouverneure unter dem Verstärkten Verteidigungszustand genossen, und noch einiges dazu. Er konnte Militärpolizeikommandos einsetzen, gewisse Missetäter vor Militärgerichte anstatt vor Zivilgerichte stellen, er konnte dekretieren, daß gewisse Handlungen gänzlich außerhalb des Gesetzes stünden, er konnte Verhaftungen durchführen, Eigentum konfiszieren und willkürlich Gefängnis- und Geldstrafen auferlegen. Noch sensationeller war es, daß er offiziell *gewählte* Beamte aus ihren Posten entlassen konnte, er konnte ganze Semstwos schließen, jeden Staatsbeamten mit Ausnahme der drei höchsten Ränge fristlos entlassen, er konnte Schulen, Universitäten und technische Hochschulen schließen und nach Wunsch Veröffentlichungen einziehen lassen.

Es entspricht, glaube ich, der Wahrheit, wenn man feststellt, daß es zwischen der Veröffentlichung des Gesetzes am 14. August 1881 und dem Sturz der Dynastie im März 1917 keinen einzigen Tag gab, an dem nicht irgendwo im Land die »Ausnahmezustandsverordnungen« angewendet wurden – manchmal auch in großen Gebieten. Dieses Gesetz machte aus den schwer erkämpften Zivilrechten, die nach der mißlungenen Revolution von 1905 gewährt wurden, eine Farce; und zusammen mit dem System der Polizeispitzel diente es als gebrauchsfertige und unentbehrliche Grundlage für das Rußland Lenins und Stalins, das Rußland der Tscheka und der G.P.U.

## 3

Ignatjew hatte keine Ahnung, was er tat, als er diese Gesetze befürwortete. Auch Pobedonostzjew, der als Rechtsgelehrter angefangen hatte, begriff überhaupt nicht, worum es bei diesen Gesetzen ging. Im späteren Verlauf dieser Regierung, als die Grabesstille bereits allgemein war, wandte er sich an den Zaren und beschwor ihn, nicht nur das soeben erst schwer erkämpfte System der Geschworenen, die Unabsetzbarkeit der Richter, die Aktions- und Redefreiheit der Verteidiger wieder aufzuheben, sondern auch das Prinzip der Trennung von Legislative und Exekutive. Es war eindeutig klar, daß ein Mensch mit einem so leidenschaftlich obskurantistischen Charakter einen Ignatjew nicht lange dulden würde. Man kann nur annehmen, daß er das Verhalten und den Charakter Ignatjews ebenso verkannte wie zwei Jahre zuvor das Verhalten und den Charakter Loris-Melikows. Vielleicht weil er erkannt hatte, daß sie beide tüchtige Männer mit einer starken und kraftvollen Persönlichkeit waren und er es einfach für ausgeschlossen hielt, daß diese Männer seine eigenen Anschauungen nicht teilten – oder zumindest nicht dazu gebracht werden konnten, sie zu teilen: diese Männer mit ihrer ausgeprägten Rechtschaffenheit, gepaart mit der Vernunft, die er, Pobedonostzjew, gerne beitragen wollte. Jedenfalls weckte Ignatjew bereits vor Ende des Jahres sein Mißfallen, als er im Dezember gewisse Reformen zum Wohl der Bauern befürwortete, die das vor zwanzig Jahren mit der Emanzipationsakte begonnene Werk zu Ende führen sollten. Und im Mai 1882 ging er einfach zu weit. Wieder angespornt von slawophilen Träumen, die ihn erst vor einigen Jahren in Schwierigkeiten gebracht hatten, machte Ignatjew den selbstmörderischen Fehler, Alexander die Wiedereinführung der uralten Institution der Landstände, der *Semski Sobor*, vorzuschlagen. Diese erhabene Versammlung des Adels und des Volkes war seit der Wahl Michael Romanows im Jahre 1613 nicht mehr zusammengetreten, aber in den dreißiger Jahren hatten die Slawophilen begonnen, sie als Symbol der heiligen Vereinigung des Zaren mit dem Volk zu idealisieren. Jetzt, meinte Ignatjew unschuldig, wäre es an der Zeit, sie wieder zu beleben.

Die vorgeschlagene Zusammenkunft wäre tatsächlich ein farbenfrohes historisches Schauspiel gewesen, mit zweitausend Mitwirkenden, Vertretern aller Stände, hoch und niedrig, und allen Institutionen der zentralen und der Provinzverwaltung, der weltlichen wie der kirchlichen. Sie hätte nichts Wesentliches erreicht, und sie hätte die Position des Absolutismus in keiner Weise beeinträchtigt. Aber für Pobedonostzjew war sie ein Greuel. Der *Semski Sobor* war der erste Schritt. Er würde unweigerlich zu der Forderung nach einer Verfassung führen. »Wenn der Wille und die Entscheidung von der Regierung auf irgendeine Art von Nationalversammlung übergehen, wird das das Ende sein, der Ruin der Regierung, der Ruin Rußlands.«[6] Es wäre ein Kokettieren mit der Idee einer parlamentarischen Regierung, »der großen Lüge unserer Zeit«.

Obwohl niemand wollte, daß »der Wille, die Entscheidung« der Regierung abgenommen würde, war Ignatjew innerhalb von ein paar Wochen verschwunden. Sein Platz wurde auf Pobedonostzjews Empfehlung hin von Graf D. A. Tolstoj, dem ehemaligen Unterrichtsminister und später Pobedonostzjews Vorgänger als Prokurator des Heiligen Synods, eingenommen. Es sollten keine Experimente mehr gemacht werden, solcher Unsinn war vorbei. Es hatte eine Menge Unsinn gegeben. Zum Beispiel hatte Ignatjew mit einer eigenartigen Privatarmee, die von einem hochgestellten, aber leicht überspannten Hofbeamten, Graf Woronzow-Daschkow, unterhalten wurde, zusammengearbeitet oder diese zumindest toleriert. Der Graf war eine Mischung zwischen Haushofmeister und Großzeremonienmeister am Hof von St. James. Unter dem Namen der »Heiligen Gesellschaft« versuchte diese unheimliche Organisation die Adeligen aufzurütteln, um sich zum Schutz des Zaren gegen die Terroristen zu sammeln; und in ihren Methoden zeigte es sich, daß die Terroristen keineswegs das verschwörerische Talent gepachtet hatten. Und tatsächlich: dadurch, daß sie bekannte Revolutionäre in ihrem Exil im Ausland aufsuchte und ihnen gewisse Zugeständnisse machte, wenn sie einem Waffenstillstand zustimmten, wenigstens bis zur Krönung des Zaren, geriet die Heilige Gesellschaft in jenes Zwielicht, in dem alle Katzen grau sind, was in künftigen Jahren auf die politische Polizei eine unwiderstehliche Faszination ausüben sollte. Daschkow versprach, den *Semski Sobor* zu unterstützen, und Ignatjew glaubte, daß die Idee den Segen des Zaren hätte.

Pobedonostzjew sprach jetzt das aus, was Alexander hören wollte. Der neue Zar war nun zehn Monate auf dem Thron und konnte seinen künftigen Weg voraussehen. Es sollte keine Phantastereien mehr geben – und auch keine Hysterie. Die Panik hatte sich gelegt. In Berlin hatte Bismarck, der anfangs auf das Schlimmste gefaßt war, darauf verzichtet, sich täglich Nachrichten über die Lage in St. Petersburg vorlegen zu lassen. Alexander und die kaiserliche Familie hatten den Winterpalast praktisch verlassen und ihre Residenz im Gatschina-Palast aufgeschlagen, der (Zar Paul hatte dafür gesorgt) leichter zu bewachen war. Während seiner ganzen Regierung ging Alexander, im Gegensatz zu seinem Vater und Großvater, eigentlich nie unters Volk. Wenn er dann bei großen zeremoniellen Gelegenheiten unter die Leute trat, machte er einen großartigen Eindruck, und die kaiserliche Würde seiner Haltung während der Krönungszeremonien im Mai 1883, die eine volle Woche dauerten, bewegte die Herzen vieler, die in jüngster Zeit den Romanows keine freundschaftlichen Gefühle entgegengebracht hatten. Aber trotz seiner scheinbar ernsten Freundlichkeit war er zurückhaltend und wohlwollend herablassend in der großartigen königlichen Art: »Wenn ihr heimkommt«, sagte er zu der traditionellen Delegation der Bauernältesten, die sich vor ihm in Ehrerbietung tief verneigten, »überbringt allen meinen herzlichsten Dank; befolgt den Rat und akzeptiert die Führung eurer Bezirksvorstände unter den Adeligen; glaubt nicht den absurden und lächerlichen Gerüchten und Geschichten über die Verteilung von Land, freie Schenkungen von Land und so weiter. Diese Gerüchte werden von euren Feinden in Umlauf gesetzt. Jegliches Eigentum, auch eures, muß unantastbar bleiben.«[7]

Er hielt sich weiterhin abseits und bewegte sich unter schwerer Bewachung zwischen Gatschina, dem Winterpalast, Zarskoje Selo und Livadia, seinem geliebten Aufenthalt in der Krim.

Der Kurs war eingeschlagen.

Dieser Kurs war nicht ganz so wohlwollend konservativ, wie es an der Oberfläche schien. Auf gewisse Weise war er sogar scheußlich radikal. Wenn Alexander von seinen Untertanen sprach und ihre guten Eigenschaften betonte, da dachte er an die 42 Millionen Großrussen, die nur die Hälfte der Bevölkerung seines Reiches ausmachten. Wahrheitsgemäß muß man zugeben, daß Alexander III., wie bereits gewisse slawophile Schriftsteller anerkennend betont haben, der erste Zar war, der die besonderen Eigenschaften des Durchschnittsrussen zur Kenntnis nahm und schätzte. Alexander I. mit seinen weltbürgerlichen Ansichten hatte seine Untertanen als Barbaren betrachtet; Nikolaus I. hatte sie mit den Augen eines exerzierenden Feldwebels gesehen; Alexander II. hatte zwar versucht, sie mit großen Reformen weiterzubringen, aber hauptsächlich aus Gründen der Staatsräson, um die Mängel der Armee und der Wirtschaft auszugleichen. Alexander III. jedoch interessierte sich für die Russen als Russen.

Dies war bedauerlich für die 45 Millionen nichtrussischer Bürger des Reiches – von den Finnen bis zu den Litauern im Norden bis zu den Georgiern und Usbeken im Süden –, die in der Vergangenheit bei dem Zaren gegen die russische Beamtenschaft Schutz gesucht und ihn erhalten hatten – und sei es auch nur, weil nach Meinung des Zaren alle seine Völker in gleichem Maße seinem Willen untertan waren. Alexanders nationales Bewußtsein fiel zusammen mit dem raschen Aufblühen jenes populären Nationalismus, der ein so typisches Merkmal des türkischen Krieges war – und der, als das Jahrhundert seinem Ende zuging, natürlich auch in anderen Ländern wucherte, in Frankreich, in England, in Deutschland. Es fiel auch zusammen mit der Entwicklung der gewaltigen Bürokratie nach der Emanzipation, die mehrere Ursachen hatte: das Aufblühen von Industrie und Handel und die Lücke, die die Gutsherren hinterließen, die Leibeigene besaßen und bis dahin praktisch als Vizekönig, Gerichts- und Verwaltungsinstanz der ländlichen Bevölkerung fungierten. Diese Bürokratie holte sich ihren Nachschub natürlich aus gerade jenen Gutsbesitzerfamilien, die von der Emanzipation schwer getroffen worden waren. Sie versuchte, im ganzen weiten Land einheitliche Regeln und Vorschriften, einheitliche Gewohnheiten und Verhaltensmuster festzulegen. So wurde von zwei Seiten her Druck ausgeübt, der die Russifizierung förderte: administrative Zweckmäßigkeit und Ideologie arbeiteten Hand in Hand.

Die Ideologie bestand aus einer Mischung von religiösen und weltlichen Aspekten. Das orthodoxe Christentum war der einzig wahre Glaube, der unnachgiebig alle anderen Religionen und Sekten verwarf. Und natürlich waren es die christlichen Sekten, die darunter am meisten zu leiden hatten. Obwohl man die Mohammedaner des asiatischen Rußland belästigte und zu bekehren versuchte, wurden sie doch nie mit dem Kirchenbann belegt: im großen und ganzen ließ man sie in Frieden ihre exotische Religion ausüben; von ihren christlichen Herren wurden sie als vornehme Barbaren betrachtet. Die Altgläubigen jedoch, die Baptisten, die geringeren, eher spezialisierten Sekten des eigentlichen Rußland, hauptsächlich aber die Katholiken und die Uniierten der westlichen Länder hatten die Unverschämtheit, sich Christen zu nennen. Das bedeutete, daß sie Ketzer waren und als solche behandelt werden mußten. Wenn eine nichtorthodoxe Gemeinde der religiösen Empörung eines Pobedonostzjew, der administrativen Gleichmacherei eines St. Petersburger Bürokraten, der echten Leidenschaft für Recht und Ordnung eines D. A. Tolstoj ausgeliefert war, so hatte dies den Effekt einer Dampfwalze, die abweichende Sprachen, Kulturen und Religionen dem Boden gleichmachte. Dieser Einebnungsprozeß war recht wirkungsvoll bereits unter Alexander II. angelaufen: besonders in Polen und in der Ukraine. Unter Alexander III. wurde diese Tendenz neuerlich belebt, nun vor allem mit Zielrichtung gegen die Deutschbalten, denen das russische Reich so viel verdankte. Aber am meisten sollten aus offensichtlichen Gründen die fünf Millionen Juden, die in den erst kürzlich von Rußland übernommenen westlichen Provinzen lebten, darunter leiden. Unter Alexander III. – und dank ihm – wurde der Antisemitismus in Rußland zur Institution, also gesellschaftsfähig – und gleichzeitig auch gewalttätig.

Auch hier mündeten verschiedene Strömungen in eine gefährliche Flut. Alexander selbst, und noch leidenschaftlicher Pobedonostzjew, waren von dem uralten christlichen Abscheu gegen die Juden als die Mörder Christi erfüllt. »Innerlich«, bemerkte er einmal, »freue ich mich sehr, wenn man die Juden schlägt, obwohl man dies nicht zulassen darf.« Tatsächlich ließ man es nur allzuoft zu, bis der berüchtigte alte Reaktionär Dimitri Tolstoj dem vorübergehend im Namen des Gesetzes ein Ende setzte. Der Großteil der Judenverfolgungen und Judenmorde – die für Alexanders Regierung so typischen organisierten Pogrome – spielten sich in den Grenzgebieten ab, wo die Mehrzahl der russischen Juden lebte – in der Ukraine, in Weißrußland, den polnischen Provinzen, Bessarabien im Süden. Hier gab es einen echten, bodenständigen Antisemitismus unter dem gewöhnlichen Volk, das die Juden als Kaufleute und Geldverleiher haßte (wie es ihre Nachkommen bis zum heutigen Tage tun), ungeachtet der Tatsache, daß man ihnen nie erlaubt hatte, anderen Beschäftigungen nachzugehen. Hier bewegte sich der Antisemitismus immer am Rande der Gewalttätigkeit. Aber diese Gewalttätigkeit geriet erst in den letzten Jahrzehnten des Jahrhunderts außer Kontrolle, als im eigentlichen Rußland ein aktiverer Antisemitismus modern wurde; es gab in St. Petersburg und in Moskau keine Pogrome, aber man sympathisierte mit den Greueltaten in den westlichen Provinzen. (Es herrschte die verbreitete Ansicht, daß bei gewissen Pogromen die berühmte Heilige

Gesellschaft ihre Hand im Spiel hatte.) Und sehr bald entdeckte eine gewisse Art von Beamten, daß der aktive Antisemitismus eine nützliche Ablenkung von der allgemein verbreiteten Unzufriedenheit bot und daher nur gefördert werden sollte. Auch erwiesen sich die Juden als ausgezeichnete Sündenböcke für eine ganze Reihe von Übeln. Einer der erstaunlichsten Umstände bei der Judenhetze war, daß eine Zeitlang die Pogrome oder Massenmorde von gewissen hoch idealistischen Revolutionären unterstützt wurden. Wenn die Massen die Juden umbrachten, so argumentierten sie, waren sie auf einem Weg, der sie letzten Endes dazu bringen würde, alle Unterdrücker überall umzubringen.

Die ernstliche Ausweitung antisemitischer Gefühle hatte unter Ignatjew begonnen. Seiner Überzeugung nach war während des Vorspiels zum türkischen Krieg und dessen Nachwirkungen beim Berliner Kongreß eine internationale jüdische Verschwörung mit im Spiel gewesen. Ihr erstes Opfer war das brave Serbien gewesen, das von den jüdischen Banken aus Wien unterwandert wurde; die Verschwörung zog im Hintergrund des Berliner Kongresses die Fäden, um Rußland zu demütigen – und auch nicht nur im Hintergrund... man nehme den Erzteufel Disraeli als Beispiel! Jetzt war die Verschwörung bereits näher gerückt. Die Juden und Polen hatten sich in einer äußerst unheilvollen Gemeinschaft zusammengetan; und dieser »polnisch-jiddische« Bund hatte bereits die St. Petersburger Börse, die Banken, ja sogar das Gerichtswesen und alle wichtigen Zeitungen verschlungen. Er hatte sich vorsätzlich damit befaßt, terroristische Anschläge zu organisieren, um die absolutistische Regierung zur Einräumung politischer Rechte und zur Bewilligung repräsentativer Institutionen zu zwingen, die sie dann für ihre eigenen Zwecke ausnützen konnte. Er war für die Ermordung des Zaren verantwortlich. – Dieser offene Antisemitismus war etwas Neues. Er war bezeichnend für das endgültige Absacken der slawophilen Bewegung. Er hielt sich nach Ignatjews Sturz bis zum nächsten Zaren; er zehrte an seinem eigenen Gift, wurde stillschweigend vom Zaren, ganz öffentlich von Pobedonostzjew unterstützt, von den lokalen Beamten gefördert, von der Polizei gutgeheißen. Brave, ehrliche Menschen versuchten ihn einzudämmen. Der großartige alte Finanzminister Alexanders II., Reutern, war entsetzt und sprach das auch in äußerst prophetischen Worten aus. Er war damals Vorsitzender des Ministerkomitees. In jedem anderen Land wäre er der große alte Mann in der Politik gewesen, der verdiente Staatsmann, dessen Worte Geltung hatten. Jetzt sprach er sich für Recht und Gesetz aus, aber niemand hörte ihm zu.

»Es ist notwendig, alle vor jeder Art illegaler Überschreitung zu schützen. Heute verfolgen und berauben sie die Juden. Morgen werden es die sogenannten Kulaken sein, die ja moralisch dasselbe sind wie die Juden, nur daß sie christlich-orthodox sind. Dann werden die Kaufleute und die Gutsbesitzer drankommen... Wir können in absehbarer Zukunft mit der

ärgsten Art von Sozialismus rechnen.«[8] Reutern irrte sich in der Reihen-
folge – die Kaufleute und Gutsbesitzer mußten vor den Kulaken daran
glauben. Ansonsten hatte er ganz recht. Und am meisten recht hatte er,
daß Recht und Gesetz notwendig seien.

Es gab damals, knapp ein halbes Jahrhundert nach der Klage des ehemaligen Leibeigenen Nikitenko über die Gesetzlosigkeit der Herrscher, eine
beachtliche Anzahl loyaler Russen, die die ungeheure Wichtigkeit von
Recht und Gesetz begriffen hatten. Sie waren von Alexander II. kaum ermutigt worden und sollten auch von dem neuen Zaren keinerlei Ermutigung erhalten. Sie wurden einerseits von den Chauvinisten, denen die
Interessen Rußlands Gesetz waren, und andererseits von den Radikalen,
die das Kind mit dem Bade ausgießen wollten, herumgestoßen. Sie
kämpften weiter. So wurde 1883 eine Kommission unter Graf K. I. Pah-
len, einem gewissenhaften und aufgeklärten Beamten, gebildet. Sie sollte
die Lage der Juden im ganzen Reich untersuchen und Vorschläge unterbreiten, inwieweit die Gesetze, die ihre Position in der Gesellschaft fest-
setzten, einer Änderung bedurften. Fünf Jahre später kam die Kommission einstimmig zu der bündigen Erkenntnis, daß die Juden, ob sie einem
nun sympathisch waren oder nicht, dennoch keine Ausländer, sondern
Russen waren und man sie als solche behandeln müsse. »Die bestehenden
repressiven und diskriminierenden Gesetze sollten ordnungsgemäß
durch einen langsamen Prozeß der völligen Emanzipation ersetzt werden.«
Es geschah nichts. Man übertreibt nicht, wenn man sagt, daß die offizielle
Einstellung zu Antisemitismus und Pogromen, die während der Regierung des letzten Zaren zusehends bösartiger und unverantwortlicher
wurde, mit dazu beitrug, jene lähmende Gesetzlosigkeit *von oben* zu fördern und zu verewigen. Und es war vor allem diese Gesetzlosigkeit, die
die Stellung der Dynastie untergrub und die dann tonangebend für das
Nachfolgeregime wurde.

Sie brachte eine weitere wichtige Nebenerscheinung mit sich. Die Juden
begannen in großen Scharen auszuwandern. Aber unter denen, die daheim blieben, begannen viele, durch die Verfolgung zur Verzweiflung
getrieben, sich mit revolutionären Gedanken zu beschäftigen. Als Ignatjew den Juden vorwarf, sie seien für den Terrorismus verantwortlich, da
stimmte diese Anschuldigung nicht. Es waren damals einige junge Juden
unter den Revolutionären; aber die gesamte revolutionäre Tradition war
bis in die neunziger Jahre hinein bis ins Innerste russisch. Erst in den letzten Jahren des Jahrhunderts, als die Revolutionäre sich wieder erhoben,
änderte sich das Bild. Besonders in den Industriegebieten der westlichen
Grenzländer gründeten die jüdischen Intellektuellen und Arbeiter, die
sich zum Marxismus hingezogen fühlten, den »Bund«, eine jüdische sozialdemokratische Partei, die in den kommenden Jahren bei der Anstif-
tung zu Streiks und Demonstrationen eine große Rolle spielen sollte:
Obwohl resolut antibolschewistisch, spielten seine Mitglieder eine grö-

ßere Rolle in der revolutionären Ausbildung der Massen als die Bolschewiken selbst, von denen sie später vernichtet werden sollten.

Man spürte Alexanders Härte auch über die Grenzen seines eigenen Reiches hinaus, besonders in den Balkanländern. Seine Einstellung den Bulgaren gegenüber – er wollte ihnen zeigen, daß er sie als sein Eigentum betrachte – und die Plumpheit, mit der er ihnen seine Herrschaft aufzwingen wollte, sollten später zu Schwierigkeiten führen. Hier wurde der westlichen Welt eine erste Kostprobe vermittelt, wie Rußland einem schwachen Nachbarland seinen Willen aufzwang. (In Polen war es anders: die unglücklichen Polen wurden auch von den Preußen und Österreichern schikaniert.) Die beim Berliner Kongreß getroffene Vereinbarung, im Norden des Landes ein unabhängiges Fürstentum Bulgarien zu gründen (mit Fürst Alexander Battenberg als nominellem Herrscher), während im Süden die Türkei ihre Souveränität im sogenannten Ostrumelien ausübte, konnte nicht von Dauer sein. Der bulgarische Nationalismus, wie jeder andere Nationalismus, war im Kommen. 1885 besetzte eine Gruppe von Nationalisten die Hauptstadt von Ostrumelien, Philippopel, das heutige Plowdiw, und rief ein vereinigtes Bulgarien unter Battenberg aus.

Für Alexander III. war Battenberg ein Werkzeug der Engländer. Er dachte nicht daran, ihm zu erlauben, sich als Herrscher eines St. Petersburg gegenüber feindlich eingestellten Großbulgarien aufzuspielen. Sein Zorn wurde noch weiter dadurch angeheizt, daß England und Rußland erst wenige Monate zuvor in Afghanistan einen gefährlichen Zusammenstoß gehabt hatten. Seine unmittelbare Reaktion war, die Bulgaren zu demütigen, indem er alle russischen Offiziere vom Major aufwärts, die in der bulgarischen Armee dienten, zurück nach Rußland beorderte. Serbien, das Bulgariens Aufstieg neiderfüllt mit angesehen hatte, benützte diesen Augenblick, um anzugreifen. Aber die Bulgaren ließen sich nicht einschüchtern. Unter der Führung niederer Offiziere, die noch vor kurzem unter russischer Betreuung gestanden hatten, trieb die bulgarische Armee die Serben zurück und mußte durch Österreich, das ausnahmsweise diesmal auf seiten Rußlands stand, in ihrem triumphalen Vormarsch aufgehalten werden. Alexander schäumte vor Wut, und er reagierte in einer für die damalige Zeit beispiellosen Art, obwohl sie seither von seinen sowjetischen Nachfolgern begeistert nachgeahmt wurde. Er ließ Alexander Battenberg entführen und nach Rußland bringen. Aber da weigerten sich die Bulgaren, klein beizugeben, und wählten Prinz Ferdinand von Coburg zum König. Jetzt schmollte Alexander und brach die diplomatischen Beziehungen mit den Bulgaren ab; mehr konnte er nicht unternehmen, ohne einen allgemeinen Krieg auszulösen. Aber weder St. Petersburg noch Wien wollten nach dieser demütigenden Episode die Stärke und die Hartnäckigkeit des Nationalgefühls kleiner Völker zur Kenntnis nehmen.

## XVII Neuer Wein in sehr alten Schläuchen

I

Ohne Industrialisierung gäbe es keinen Marxismus. Und unter Alexander III. saß die russische industrielle Revolution endlich in den Startlöchern, um einen Ausdruck aus der Sportberichterstattung zu benützen. Während der neunziger Jahre des 19. Jahrhunderts war Rußlands jährliche Wachstumsrate mit etwas über acht Prozent die höchste der Welt; und trotz eines schweren Rückschlages um die Jahrhundertwende blieb diese Rate mit einem Durchschnitt von sechs Prozent bis 1914 die höchste in Europa.[1] Dieses außerordentliche Phänomen fand nicht die gebührende Anerkennung, weil Rußland relativ rückständig war.

Das heißt, Rußland war am Vorabend des Ersten Weltkrieges immer noch stark im Hintertreffen, obwohl sich seine Wirtschaft stetig und mit verhältnismäßiger Schnelligkeit entwickelte, verglichen mit den eher langsamen Fortschritten im Westen. Durch die Allgegenwart der Bauern blieb die Wachstumsrate auch den Russen selbst verborgen: außerhalb der verhältnismäßig wenigen und dünn gesäten Fabrikstädte konnte man in diesem riesigen Land nichts anderes als ein Land primitiver Bauernmassen sehen, die eine sehr dünne Oberschicht, eine kultivierte und wohlhabende Gesellschaft ernährten. Auch heute noch verlieren sich enorme Industriekomplexe in den ewigen Wäldern und Steppen, werden von ihnen einfach verschluckt. Seit der Revolution ist es natürlich im Interesse der Sowjetregierung, die industriellen Errungenschaften des zaristischen Rußland herunterzuspielen. Es wäre günstiger gewesen, wenn die sowjetischen Historiker und Wirtschaftsexperten die Tatsache des Wachstums zugegeben hätten und sodann die damit verbundenen Kosten in Frage gestellt hätten. Dies war jedoch aus Gründen, die sich bald zeigen werden, nicht ratsam.

Wesentlich für die industrielle Revolution unter Alexander III. war ebenso wie für die unter Peter dem Großen, daß der Hauptantrieb vom Staat ausging, daß die Industrialisierung auf Kosten der Landwirtschaft und der hungrigen Bauern ausgeführt wurde und daß das Ganze weniger von der wirtschaftlichen Notwendigkeit als von Träumen nationalen Prestiges ausgelöst wurde. Der Hauptinitiator dieser industriellen Revolution von oben, Sergej Julewitsch Witte, glaubte leidenschaftlich daran, daß er seine Heimat in eine ruhmreiche Zukunft unter einer neuerlich gekräftigten Alleinherrschaft führe. Und er wirkte tatsächlich Wunder. Aber man könnte auch behaupten, daß er mit seinem Schnellverfahren bei der Industrialisierung weitgehend dafür verantwortlich ist, daß Bedingungen entstanden, die die Stabilität des Landes hoffnungslos anfällig für die Dummheiten Nikolaus' II. machten.

Witte war nicht der erste Finanzminister, der sich intensiv mit der Industrialisierung befaßte. Der erste war I. S. Wischnegratzkij, der 1886 die Agenden von B. L. Bunge übernahm. Bunge, der letzte Liberale vom Schlag Loris-Melikows im Finanzministerium, machte sich um sein Land verdient. Er war der Vater aufgeklärter Arbeitsgesetze, die die Anstellung von Frauen und Kindern regelten; er rettete die Wirtschaft nach dem türkischen Krieg; vor allem aber schaffte er die gehaßte und schändliche Kopfsteuer sowie die Salzsteuer ab. Durch die Forcierung französischer Investitionen trug er dazu bei, das Land auf einen neuen Wirtschaftskurs zu steuern, und dies sollte sich im Laufe des Jahrzehnts als immer wichtiger erweisen, da Rußland und sein alter Verbündeter Deutschland sich immer mehr voneinander entfernten und in einen Zolltarifkrieg gerieten.

Bunge kam zu Schaden, als er gegen die seiner Meinung nach übertriebenen Forderungen für militärische Ausgaben während der absurden und ermüdenden bulgarischen Krise von 1886 Stellung nahm. Wischnegratzkij hatte noch nicht die Abgeklärtheit seines Vorgängers. Er war in erster Linie ein Technokrat, mit wenig Sinn für die Volksstimmung, von menschlichen Bedürfnissen gar nicht zu reden. Er war lediglich daran interessiert, den Staat zu stärken, und war bereit, zu diesem Zweck Druck auszuüben. Er begriff nicht, daß er gerade diesem Zweck schadete, wenn er indirekte Steuern aufhäufte (worunter die Armen am meisten litten), wenn er die Exporte auf Kosten des einheimischen Verbrauches forcierte, auch wenn dabei Grundkonsumgüter betroffen waren. Er hatte eines jener phänomenalen Gedächtnisse, das es ihm ermöglichte, einen kurzen Blick auf eine Seite Logarithmen zu werfen und dann die Zahlen auswendig aufzusagen. Er war auch sonst begabt. Um die Getreidepreise für staatliche Einkäufer zu drücken, verfügte er, daß alle Steuern im Herbst bezahlt werden müßten; damit zwang er die Bauern, ihre Ernte schnell zu verkaufen, solange noch ein Überangebot herrschte. Wischnegratzkij war zum Großteil direkt verantwortlich für die schreckliche Hungersnot des Jahres 1891; denn als es in zweiundzwanzig Provinzen eine Mißernte gab (das größte Mißgeschick dieser Art in den letzten fünfzig Jahren), hatten die Bauern keine Getreidereserven, um sich bis zum nächsten Jahr durchzubringen. Und natürlich hatten sie kein Geld, um Nahrungsmittel zu kaufen. So verhungerten sie, und manchmal fraßen sie die Leichen ihrer Nachbarn.

Als Wischnegratzkij hauptsächlich wegen dieser Katastrophe gestürzt wurde, trat Witte an seine Stelle. Er war eine Zeitlang Chef der Eisenbahnabteilung unter Wischnegratzkij gewesen; dadurch hatte er das Vertrauen und die Anerkennung des Zaren gewonnen. Er sollte einem Zeitalter seinen Namen geben. Er war nicht nur ein großer Industrieller, der sich ganz von unten hochgearbeitet hatte, er war ein gänzlich neues Phänomen: ein Staatsmann unter dem Zaren, dessen Talent und Entschlossenheit so beachtlich waren, daß er und nicht der Zar die Entscheidungen traf – bis ein Zar sich auf seine Machtvollkommenheit berief und ihn entließ.

Witte war kein angenehmer Mensch – er war ein Angeber, grob und eingebildet, geradlinig, aber auch verschlagen und voller Ausflüchte, ja sogar hinterhältig, aber er gab eine eindrucksvolle und mächtige Figur ab. Er besaß Scharfsinn, sein Weitblick war vielseitig, seine Energie gewaltig; sein Organisationstalent war, gemessen an jeglichem Maßstab, erstaunlich, gemessen an russischen Maßstäben grenzte es ans Wunderbare. Er war auch übertriebener Kleinlichkeit fähig. Man sagte, daß er kalt und berechnend sei. In einem gewissen Sinn stimmte es: Er war kalt und berechnend, wie ein Künstler kalt und berechnend ist, der einen Traum verwirklicht. Aber der Traum war in Leidenschaft geboren und durch Leidenschaft gehegt worden. Witte war wirklich ein leidenschaftlicher Mensch, manchmal bis zur Unverständlichkeit. Es wäre besser gewesen, wenn er im üblichen Sinne kalt und berechnend gewesen wäre. Aber in seinem Innersten war er ein Romantiker. Als er versuchte, Alexanders Unterstützung für das größte aller seiner Projekte, für die Transsibirische Eisenbahn, zu gewinnen, schrieb er: »Von den Ufern des Stillen Ozeans und den Spitzen des Himalaja-Gebirges würde Rußland nicht nur die Geschicke Asiens beherrschen, sondern auch die Europas.« Ein englischer Historiker, der diese Worte zitiert, bemerkt dazu, daß es unmöglich ist festzustellen, ob Witte wirklich dieser Meinung war oder ob er seinem Herrscher nur mit großartigen Visionen schmeicheln wollte. Ich würde sagen, daß er manchmal sehr wohl dieser Meinung war. Es fehlte ihm an innerer Festigkeit. Geistig wie körperlich überragte er die Beamten und Politiker seiner Zeit; das bedeutete, daß er niemanden hatte, mit dem er reden konnte, niemanden, der ihn mit peinlichen Fragen zur Besinnung brachte. Und er war so beschäftigt, daß er sich kaum Zeit zum Nachdenken ließ.

Auch was seine Familie und seine Vergangenheit betrifft, kam die gewisse Unbeständigkeit und Wurzellosigkeit eines neuen Zeitalters zum Ausdruck. Die Familie seines Vaters kam aus dem Baltikum, war aber nicht deutscher, sondern holländischer Abstammung. Sein Vater war ein wohlsituierter Beamter in Tiflis, der vom Luthertum zur orthodoxen Kirche übergetreten war, um in sehr vornehme Kreise einzuheiraten, nämlich die Tochter eines Fadejew und einer Fürstin Dolgorukaja. (Um eine etwas bizarre Note ins Spiel zu bringen, sei erwähnt, daß Madame Blawatzkij, die berühmte Gründerin der Theosophischen Gesellschaft, eine Kusine des großen Staatsmannes war.) Witte selbst war voller Widersprüche. Enorm ehrgeizig, hatte er doch seine Karriere aufs Spiel gesetzt, als er eine geschiedene Frau heiratete, die noch dazu Jüdin war. Deshalb wurde er von der St. Petersburger Gesellschaft, die zu verachten er vorgab, nie ganz akzeptiert. Praktisch, nüchtern und in vieler Hinsicht vernünftig, ließ er sich dennoch kurzfristig in der »Heiligen Gesellschaft« einschreiben. Dieser Faktor der Unsicherheit in Witte erklärt zweifellos einige seiner ärgsten Fehler – vor allem die dauernde und katastrophale Vernachlässigung der Landwirtschaft, sogar angesichts der Lehre, die aus der Hungersnot von 1891 zu ziehen war. Er scheint ehrlich davon überzeugt gewesen zu sein, daß sich die Ergebnisse seines großen Industrieprogramms in wenigen Jahren auf die ganze Gesellschaft vom Bauern aufwärts auswirken und eine Veränderung hervorrufen würden. Und als 1897 eine Reihe von Mißernten ihren Höhepunkt in einer weiteren Hungersnot fand, die diesmal von zahlreichen Gewalttaten unter den Bauern begleitet wurde, war er überrascht.

Dennoch kann man nicht leugnen, daß er, ob zum Guten oder zum Bösen, das zaristische Rußland veränderte und es an die Schwelle des zwanzigsten Jahrhunderts brachte. Die Wichtigkeit dieses Mannes läßt sich vielleicht am besten erkennen, wenn man bedenkt, daß er auf dem Höhepunkt seiner Karriere die Brücke zwischen zwei Regierungen darstellte. Seine Tätigkeit und sein Einfluß waren von so großer Bedeutung, daß nicht der Tod Alexanders III. im Jahre 1894 die natürliche Zäsur jeder historischen Darstellung bildet, sondern die Entlassung Wittes als Finanzminister durch Nikolaus II. genau neun Jahre später. Mehr noch: Wittes Einfluß (was natürlich nie zugegeben wurde) reichte unvermindert bis in die neue sowjetische Ära hinein; denn Stalin sollte Wittes großen Fehler wiederholen – freilich in einem so enormen Ausmaß, daß er fast nicht als derselbe Fehler zu erkennen war – und sich einiger, wenn auch nicht aller seiner Methoden bedienen. Eigentlich waren es Methoden, die auf Peter den Großen zurückgehen.

Witte glaubte leidenschaftlich an die Zukunft der Eisenbahn. (Er hatte sich im Bahndienst von ganz unten hinaufgearbeitet.) Alles Gute, ob materieller Wohlstand oder kultureller Fortschritt, komme von dem Bau der Bahnen. Zum Bau, zur Versorgung und zur Instandhaltung der Bahn sei eine Industrie nötig; andererseits wieder stelle die Bahn die Transportmöglichkeiten, ohne die sich die Industrie nicht entwickeln kann. Die Erschließung eines verteilten Reichtums, der aus der Schwerindustrie stammte, schaffe eine Nachfrage nach Produkten der Leichtindustrie. Die Bauern, aber auch die Gutsbesitzer, die solche Produkte gern kaufen wollten, würden mehr Nahrungsmittel um mehr Geld herstellen. Die Maschinen, die von der Industrie hergestellt wurden, würden eine größere Produktivität in der Landwirtschaft ermöglichen. Und so weiter. Es war ein schöner Traum. Was nicht stimmte, war das Zeitelement. Denn bis eine solche Entwicklung zum Tragen kam, dauerte es, selbst unter den allergünstigsten Umständen, mindestens eine Generation. Aber abgesehen davon, daß Witte den Zeitfaktor in fast unglaublicher Weise unterschätzte, verabsäumte er, eine ganze Anzahl von Schwierigkeiten vorauszusehen.

Er hätte zum Beispiel voraussehen können, daß er durch Errichtung einer hohen Zolltarifmauer zum Schutz der neuen russischen Industrie vor der überwältigenden ausländischen Konkurrenz viele Güter einfach so verteuerte, daß die Russen sie nicht kaufen konnten – dies traf insbesondere auf Landwirtschaftsmaschinen zu. Es war vielleicht weniger leicht vorauszusehen (aber hätte nicht irgendeine Abteilung in seinem Ministerium darauf achten können?), daß in den letzten Jahren des Jahrhunderts billiges Getreide aus der amerikanischen Prärie Westeuropa überschwemmte und sich dies katastrophal auf die russischen Getreideexporte auswirkte.

2

Trotz aller seiner Fehler brachte er es fast dazu, die Wirtschaft zu retten. Die Entwicklung der Industrie im allgemeinen und auf dem Gebiet der Bahnen im besonderen im Laufe der Ära Witte war phänomenal. Der Bahnbau war unter Alexander II. und in den ersten Jahren seines Nachfolgers gut vorwärtsgekommen; aber in den neunziger Jahren machte er einen enormen Sprung nach vorn. Zwischen 1890 und 1904, dem Ausbruch des Krieges mit Japan, verdoppelte sich die Gleisstrecke von 30000 km auf 60000 km. In dieser Ziffer war natürlich auch die gewaltige Transsibirische Eisenbahn enthalten, Wittes größtes Werk. Sie sollte den Russen China erschließen und gleichzeitig als Haupttransportstrecke zwischen Europa und dem Fernen Osten gewaltige Deviseneinnahmen bringen. Dadurch, daß die ganze Wirtschaft nun mit Absicht auf die Entwicklung des Bahntransportes eingestellt war, bewirkte die große Konjunktur auf dem Verkehrswesen endlich die Erschließung der Kohle im Donezbecken sowie der Eisenerzlager von Kriwoj Rog in der Ukraine.

Man wird sich erinnern, daß diese reichen Bodenschätze in Südrußland zugunsten importierter Erze und Kohlen, die in und um Moskau und St. Petersburg zu Stahl verarbeitet wurden, vernachlässigt worden waren. Das neue Zollsystem, obwohl in vieler Hinsicht so schädlich, öffnete wenigstens den russischen Bergwerken und Hochöfen ihre Chance. Die Stahlstadt im Donezbecken, die von dem Waliser Hughes gegründet und nach ihm Jusowka benannt worden war, wuchs schnell zum Mittelpunkt eines enormen Industriekomplexes empor, der von Unternehmern aus vielen Nationen geführt wurde. Jusowka war das Aushängeschild der Ära Witte, und dort begann 1909 der junge Nikita Chruschtschow, der Sohn ganz armer Bauern, im Alter von fünfzehn Jahren zu arbeiten. »Ich arbeitete«, erzählte er einmal, »in einer Fabrik, die Deutschen gehörte, in Kohlengruben, die Franzosen gehörten, und in einer chemischen Firma, die Belgiern gehörte. Dort lernte ich einiges über Kapitalisten. Sie sind alle gleich, egal welcher Nationalität sie angehören. Alles, was sie von mir wollten, war, daß ich so viel Arbeit als nur möglich für den geringsten Lohn leistete, der mich gerade noch am Leben erhielt.«[2]

Es ist interessant, sich vorzustellen, wie der künftige Herrscher Rußlands unwissentlich mit Zehntausenden seiner bäuerlichen Zeitgenossen in den Prozeß verwickelt war, der dem Reich seine industrielle Grundlage verschaffen sollte und gleichzeitig sein zorniges Proletariat. In dem letzten Jahrzehnt des Jahrhunderts, kurz bevor der junge Chruschtschow nach Jusowka kam, war die Kohlenfördermenge von 3 Millionen Tonnen auf 11 Millionen Tonnen gestiegen; Roheisen aus den Erzlagern von Kriwoj Rog von 600 000 Tonnen auf mehr als 4 Millionen. In den älteren bereits bestehenden Eisen- und Stahlgebieten des Uralgebirges war die Produktionssteigerung nicht so sensationell, aber dennoch beachtlich. Dasselbe galt für die Ausweitung der ältesten und wichtigsten aller russischen Industrien, der Textilindustrie. Um die Jahrhundertwende gab es 60 000 Textilarbeiter, hauptsächlich in Iwanowno-Wosnesensk, das so lange die Quelle des Reichtums der Scheremetjews gewesen war, und in Lodz in Polen. Zählt man zu diesen Ziffern noch mehr als eine halbe Million Arbeiter in den metallverarbeitenden Industrien und noch mehr in der ziemlich neuen Erdölindustrie in Transkaukasien – von der Dreiviertelmillion, die im Eisenbahn- und Flußtransportwesen beschäftigt war, gar nicht zu reden –, so scheint damit zumindest der Ausgangspunkt eines mächtigen Proletariats gegeben, wenn es auch zahlenmäßig immer noch keinen Vergleich aushält mit den enormen Heeren von Bauern, die das Land bearbeiteten.[3]

Aber es gab Widersprüche bei der Entwicklung dieser Arbeiterschaft, die es den Behörden leichtmachten, die Augen vor den grimmigeren und ominöseren Aspekten der Industrialisierungskampagne zu schließen. Bis zur Jahrhundertwende war es möglich, daß ein Pobedonostzjew glauben konnte, es gäbe in Rußland keine Arbeiterklasse. Eines Tages erwähnte Witte ganz flüchtig diesen für Rußland so fremden Begriff, und Pobedonostzjew fuhr ihn mit seiner üblichen Vehemenz an:

»Die Arbeiterklasse? Ich kenne eine solche Klasse in Rußland nicht. Sergej Julewitsch, ich weiß nicht, wovon Sie reden. Wir haben Bauern. Diese machen 90 Prozent der Bevölkerung aus. Darunter ist eine relativ kleine Anzahl, die in Betrieben und Fabriken arbeiten, aber sie sind immer noch Bauern. Sie versuchen, künstlich eine neue Klasse zu schaffen, ein soziales Verhältnis, daß Rußland völlig fremd ist. In dieser Hinsicht sind Sie, Sergej Julewitsch, ein gefährlicher Sozialist.«[4]

Was hinsichtlich dieser Konfrontation so besonders reizvoll ist, ist die Tatsache, daß Pobedonostzjew eigentlich nur den Wortlaut eines Geheimzirkulars wiederholte, das von Wittes eigenem Ministerium 1895 herausgegeben worden war. Darin wurde mit bewundernswerter Kürze dargelegt, aufgrund welcher Überlegung der russische Arbeiter anders sei als jeder andere Arbeiter:

*In unserer Industrie bestehen patriarchalische Beziehungen zwischen Arbeitgeber und Arbeitnehmer. Dieses Patriarchat zeigt sich in vielen Fällen dadurch, daß sich der Fabrikbesitzer um die Arbeiter und Angestellten in seiner Fabrik kümmert... In Rußland gibt es erfreulicherweise keine Arbeiterklasse in demselben Sinn und mit der gleichen Bedeutung wie im Westen,* und daher gibt es kein Arbeiterproblem...[5]

Diese atemberaubende offizielle Stellungnahme am Vorabend der Massenstreiks von Zehntausenden von Textilarbeitern in den Jahren 1896 und 1897 und lediglich zehn Jahre vor dem großen Aufstand, der die Einsetzung von Arbeiterräten (oder Sowjets) in St. Petersburg und in anderen Städten zur Folge hatte, war auf gewisse eigenartige Merkmale der russischen Fabrikarbeit zurückzuführen sowie auf die grundlegende Abneigung gegen die Methoden des westlichen Kapitalismus, die von allen – Alleinherrscher, Bürokraten, Liberalen und Revolutionären – in gleicher Weise geteilt wurde.

Die Glaubwürdigkeit von Pobedonostzjews Einstellung gegenüber dem russischen Arbeiter stützt sich auf die besondere Art der russischen Fabrik, die er nicht nachdrücklich genug betonen konnte: viele der Arbeiter waren in der Tat Saisonarbeiter, Teilzeit- bzw. Gelegenheitsarbeiter oder sonstwie nur vorübergehend Beschäftigte, die entweder regelmäßig zur Erntezeit oder von Fall zu Fall zu ihren Familien zurückkehrten, sich ihren Platz im dörflichen Gemeinwesen bewahrten und dort ihre Steuern zahlten. Um die Jahrhundertwende war dieser Brauch nur teilweise durch Ganzjahresbeschäftigung ersetzt worden. So wurde Nikita Chruschtschows Vater durch seine Armut gezwungen, im Winter Arbeit in den Bergwerken zu suchen, während Chruschtschow selbst ein echter Proletarier wurde, der in Jusowka arbeitete und lebte. Dennoch gesellte sich dieser zähe kleine Stahlarbeiter 1917 zu jenen anderen, die zurück aufs Land flüchteten. Er erschien in seinem Heimatdorf Kalinowka, um dort, arm wie er war, »im Namen der Revolution« bei der Aufteilung des Landes mitzumachen.[6]

Es war nicht nur der Geist der Kommune und der dort ausgeübte Druck sowohl psychologischer als auch physischer Art, der gegen das Heranreifen des Proletariats sprach. All den Industriesiedlungen, außer den allerältesten im Uralgebirge und in St. Petersburg, haftete etwas Provisorisches an, etwas, was an die Stimmung in einem Zeltlager erinnerte. Die russische Gesellschaft ist nie von Natur aus städtisch orientiert gewesen, und außer in den wenigen großen Städten gab es keine Tradition eines organischen Städtewachstums. Zum Großteil wurde das neue Proletariat in Fabrikbaracken untergebracht, oft in äußerster, desolatester Verwahrlosung, obwohl es auch rühmliche Ausnahmen gab. Es ist schwer zu sagen, wo das größte Elend zu finden war: in den Arbeitervierteln, die am Rande der wenigen großen Städte entstanden, oder auf dem flachen Lande, wo eine Fabrik oder ein Betrieb häufig an einem günstigen Ort auf freiem Feld errichtet wurde und zum Mittelpunkt einer Arbeiterstadt heranwuchs, die einem Konzentrationslager ohne Wachttürme und Stacheldraht eher glich als einer Stadt.

Man hat öfters darauf hingewiesen, daß in den Elendsvierteln in England eine direkt obszöne Unmenschlichkeit herrschte, wie sie in keiner anderen Gesellschaft je erreicht wurde. Wenn das heißen soll, daß die Not der untersten Schichten in den Slums von England und Schottland ebenso groß war wie die Not der untersten Schichten in den russischen Slums, so stimmt das. Aber: diesen untersten Schichten gehörten keineswegs alle englischen Arbeiter an, wohl aber die überwiegende Mehrzahl der russischen. In England gab es, aus einer ganzen Reihe von Gründen, Abstufungen des Elends. In Deutschland war die Reglementierung der Arbeiter sprichwörtlich, aber Bismarcks soziale Einrichtungen verhinderten das Ärgste an Armut und Erniedrigung. In Rußland gab es keine Abstufungen: die Arbeiter waren im engsten Sinn des Wortes Lohnsklaven, und ihr Lohn reichte nicht aus, um eine Familie zu ernähren. Und es gab keine sozialen Einrichtungen außer der Wohltätigkeit eines vereinzelten Arbeitgebers.

Und während dieser ganzen Zeit wurden die Bauern immer hungriger. Je mehr sie sich vermehrten, um so kleiner wurde ihr Grundbesitz, bis er nicht mehr ausreichte, um Leib und Seele zusammenzuhalten. Und je ärmer das Dorf, um so entschlossener waren die Ältesten, niemand wegziehen zu lassen. Es war ein Teufelskreis: je mehr Münder gefüttert werden mußten, um so weniger gab es zu essen; aber je weniger Menschen, um so höher die Steuern, die den einzelnen trafen. Dennoch wurden immer mehr Bauern in die Stadt getrieben, wobei sie aber ihren Platz in der Gemeinde beibehielten und weiterhin ihre Steuern zahlten. Die Pachtgründe derer, die auf dem Lande blieben, waren durchschnittlich doppelt so groß wie die durchschnittlichen Bauerngründe in Frankreich – etwa fünf Hektar, verglichen mit $2^1/_2$ Hektar. Aber die landwirtschaftlichen Methoden waren so primitiv und das Klima so schwierig, daß der Hektarertrag kaum größer war als im Mittelalter. In Europa galt im Mittelalter als typischer Saatertrag das Verhältnis 1:3 – für jedes gesäte Korn wurden drei Körner geerntet. Im 16. und 17. Jahrhundert hatte sich das Verhältnis auf 1:6 bzw. 1:7 verbessert. Mitte des 19. Jahrhunderts war der Ertrag in England bereits 1:10. Aber der Ertrag in Rußland war immer noch durchschnittlich 1:3. Und man baute außer Getreide fast nichts an. Es war eine Ackerlandkultur, sehr arm an Vieh – daher auch arm an Fleisch, aber auch an Dünger. Dennoch besaß nur die Hälfte der Bauern ein Pferd, das ihnen die Bearbeitung des Landes erleichtern konnte. Solange man das Kommunesystem aufrechterhielt und die beschränkten Landstreifen fast endlos weiter unterteilt werden konnten, konnte sich an der Lage nichts ändern. Und wie wir gesehen haben, wurde dieses System aufgrund seiner anscheinenden Stabilität von Männern unterstützt, die so entgegengesetzte Ansichten vertraten wie Pobedonostzjew und Witte – und außerdem von den meisten Revolutionären, weil sie in der Kommune eine gewachsene Institution sahen, die die natürliche Grundlage eines sozialistischen Staates sein könnte.

Zugegeben, es gab jetzt auch wohlhabende Bauern, Kulaken, Männer, die erfolgreich, fähig, gescheit, gierig oder ausbeuterisch waren. Sie kauften Adeligen, die bankrott waren oder die Lust an der Landwirtschaft verloren hatten, ihren Grund und Boden ab, erweiterten ihren eigenen Landbesitz und beschäftigten ihre eigenen Nachbarn als Landarbeiter. Aber deren gab es nur ganz wenige. Und als es gegen Ende des Jahrhunderts in großen Teilen des zentraleuropäischen Rußland Mißernten gab, mußte Witte zu seinem Entsetzen feststellen, daß die Bauern darauf immer noch mit dem uralten Schwachsinn reagierten, die Wohnhäuser ihrer Herrschaft niederzubrennen und deren Scheunen und Vieh zu vernichten. Das war besonders entmutigend für alle jene, die ihre Energie, die ihr Leben darangesetzt hatten, die landwirtschaftliche Situation im allgemeinen und das Los der Bauern im besonderen zu verbessern, indem sie durch und für die Semstwos arbeiteten, ohne an sich selbst zu denken. Für sie war es schrecklich, betrunkene Bauernbanden oder verschwörerische Aufständische dabei zu beobachten, wie sie nicht nur die Häuser abwesender Grundbesitzer, sondern auch die Modellbauernhöfe und Institute niederbrannten – Rinderzuchtfarmen, Stutereien, tierärztliche Kliniken, Bodenkulturversuchsanstalten und ähnliches, die man mit Hilfe der schwer erworbenen Semstwo-Gelder mit größter Mühe aufgebaut hatte und die der Wegweiser zu einem besseren Leben sein sollten.

## 3

Die Bauern waren keine Revolutionäre. Örtlich kam es zu heftigen Protesten, weil die Zeiten schlecht waren. Sobald das Feuer erlosch, ließ auch ihre Wut nach. Aber um die Jahrhundertwende erschien wieder das Schreckgespenst der Revolution, und es kann gar kein Zweifel sein, daß die Bauernaufstände von einer neuen Generation von Volksrevolutionären inspiriert oder angefacht wurden, die durch den Charakter Nikolaus' II. in ihrem Vorhaben bestärkt wurden.

Oberflächlich gesehen, hatten die Behörden nach dem Zarenmord des Jahres 1881 über die Terroristen triumphiert: die Überreste des »Volkswillens« waren vernichtet, eingesperrt, in die Verbannung gesandt oder bis zur Untätigkeit eingeschüchtert; gleichzeitig war bewiesen, daß Loris-Melikow bezüglich ihrer Anzahl recht gehabt hatte. Während der ganzen dreizehn Jahre der Regierung Alexanders III. gab es nur eine einzige ernsthafte Verschwörung mit dem Ziel, den Zaren zu ermorden. Diese wurde geplant und organisiert von einer Gruppe junger Idealisten, die sich von der Tradition des »Volkswillens« inspirieren ließen. Sie gingen aber bei ihrem Versuch so laienhaft vor, daß die von ihnen verehrten Helden und Heldinnen des Jahres 1881 auf ihre Aktivitäten mit ärgerlicher Verachtung herabgesehen hätten. Dieser vereitelte Versuch ist hauptsächlich deswegen von Interesse, weil der Mann, der die Bomben anfertigte, Alexander Iljitsch Uljanow war, der ältere Bruder Wladimir Iljitsch Uljanows, der sich bald darauf Lenin nennen sollte. Alexander wurde zusammen mit fünf der fünfzehn, die man festnahm, gehenkt. Der künftige Lenin war damals siebzehn und gerade im Begriff, sein Abitur abzulegen. Die Mär, daß er sofort den Entschluß faßte, seinen Bruder zu rächen, entspricht nicht den Tatsachen. Wladimir Iljitsch war ein außerordentlich kaltblütiger und beherrschter Jüngling. Der Gedanke an die Revolution war ihm nie gekommen. Er war der Sohn eines geadelten und geachteten Pädagogen, der erst kürzlich verstorben war und in breiten Kreisen betrauert wurde. Er bereitete sich auf eine Rechtsanwaltskarriere vor und tat dies auch weiterhin. Während seine Mutter nach St. Petersburg reiste, um bei ihrem älteren Sohn zu sein und sich für ihn einzusetzen, stand Wladimir Iljitsch dem Haushalt vor, beaufsichtigte seine Schwestern und absolvierte seine Prüfungen mit Auszeichnung.
Der Direktor des Gymnasiums in Simbirsk war – man will es nicht glauben – niemand anders als der Vater Alexander Kerenskijs, der genau dreißig Jahre später an der Spitze der provisorischen Regierung stehen sollte, die Lenin vernichtete. Damals gab Vater Kerenskij, der Lenins Vater verehrt hatte, dem Sohn die wärmste Empfehlung an die Universitätsbehörden mit. Erst als der junge Lenin fast durch ein Versehen in eine schüchterne und ganz harmlose Studentendemonstration an der Kasan-Universität verwickelt wurde, kam er mit dem System, das seinen Bruder vernichtet hatte, in Berührung.
Bis dahin hatte er unter dem Verbrechen seines Bruders nicht zu leiden gehabt, aber sobald er einmal, wenn auch aus nichtigem Grund, in die Hände der Polizei gefallen war, wurde er zum natürlichen Sündenbock. Anderen wurde gestattet, nach der Verhaftung und Abbüßung der Strafe ihr Studium wiederaufzunehmen. Wladimir Iljitsch Uljanow, der Bruder eines Königsmörders in spe, erhielt diese Erlaubnis nicht. Seine Karriere war zerstört. Seine Mutter, die er liebte und die ihr Äußerstes tat, um ihn von revolutionären Gedanken fernzuhalten, hoffte immer noch, ihn

als bescheidenen Gutsbesitzer auf einem Landsitz zu sehen, den sie für ihn erworben hatte. Aber ihr Sohn hatte nun begonnen, Marx zu lesen und sich Tschernischewskij wieder vorzunehmen; und diese Erlebnisse, zusammen mit der eindeutigen Ungerechtigkeit, die er hatte erleiden müssen, und der Aussichtslosigkeit, die von ihm gewählte Karriere einzuschlagen, gaben den Ausschlag. Seine Mutter war verzweifelt. Sie schrieb Gesuch um Gesuch an den Unterrichtsminister, L. V. Deljanow: »Es ist die reinste Qual, meinen Sohn zu beobachten und zu sehen, wie fruchtlos die Jahre seines Lebens vergehen, die am geeignetsten für eine höhere Bildung wären... Dies muß ihn fast unvermeidlich zu Gedanken an Selbstmord treiben...«[7] Das mag auch eine Zeitlang so gewesen sein; aber bald sollte es ihn zu Gedanken an Revolution treiben. Als es seiner Mutter gelungen war, durchzudringen und einen Beamten zu finden, der ihr Beachtung schenkte und es ihrem Sohn ermöglichte, sich zu Hause auf seine Prüfungen vorzubereiten, die er in St. Petersburg ablegen sollte, war es zu spät. Wie immer glänzte er. In weniger als einem Jahr hatte er das Pensum von dreieinhalb Jahren absolviert und schloß als Jahrgangsbester ab. Der Weg zu einer beruflichen Karriere stand ihm offen. Aber Wladimir Iljitsch war an einer beruflichen Karriere nicht mehr interessiert. Er war nur mehr an der Revolution interessiert.

4

Als er 1893 in St. Petersburg eintraf, um in einer Rechtsanwaltskanzlei zu arbeiten, fühlte sich Lenin (ganz im Gegensatz zu seinem Bruder) zum Marxismus hingezogen. Er hatte mit einem kleinen marxistischen Kreis in Kasan geliebäugelt, und auch in dem etwas flußabwärts an der Wolga gelegenen Samara, dem heutigen Kuybischew, wohin seine Mutter mit ihm übersiedelte, fand er Gleichgesinnte, die sich dem Marxismus zuwandten. Der Marxismus war etwas Neues in der russischen Revolutionärstradition, aber er begann Fuß zu fassen – wenn auch nur aufgrund des gewissen antiromantischen Anklangs, den er bei den jungen Leuten fand, die zugesehen hatten, wie ihre Vorgänger einerseits gegen den Obskurantismus der Bauern gekämpft und andererseits durch die Anwendung des organisierten Terrors wenig außer ihrer eigenen Vernichtung erreicht hatten.
Es ist interessant, daß die Behörden gegenüber den marxistischen Kreisen, die sich von 1890 an formten, Toleranz übten. Dies kam daher, daß diese Zirkel, anstatt eine politische Veränderung zu predigen, sich darauf beschränkten, Probleme der wirtschaftlichen Entwicklung zu diskutieren. Sogar marxistische Zeitungen wurden in den neunziger Jahren toleriert, und obwohl der große Prophet des russischen Marxismus, G. V. Plechanow, im Exil in der Schweiz lebte – dort hatte er 1883 mit P.

B. Axelrod (der ihm zur Seite gestanden hatte, als Plechanow in den späten siebziger Jahren durch sein Auftreten gegen den Terrorismus eine Spaltung der »Land- und Freiheitsbewegung« verursachte) und der gefürchteten, aber immer noch etwas krausen Vera Zasulitsch seine »Arbeiterbefreiungsgruppe« gegründet –, entstand innerhalb Rußlands eine ganze Reihe von marxistischen Diskussionsgruppen. Einer dieser Gruppen trat Lenin 1893 bei. Im nächsten Jahr erschienen in einem plötzlichen Ausbruch von Energie drei wichtige und grundlegende Werke über die marxistische Theorie; eine ausführliche Kritik aus der Feder des Populisten Michailowskij in seinem einflußreichen *Russkoje Bogatzwo* (»Russischer Reichtum«) und größere Abhandlungen von P. B. Struwe und Plechanow. Die Bewegung hatte sich formiert. Die Polizei war darüber bestens informiert, aber weil das Hauptgewicht auf wirtschaftliche Probleme gelegt wurde und weil man nicht die sofortige Revolution predigte, ließ man sie in Ruhe. Den St. Petersburger Arbeitern kamen die marxistischen Agitatoren sehr gelegen: ihre Vorträge über Wirtschaftslehre, Soziologie und Weltpolitik fanden großen Anklang unter ehrlichen Arbeitern, die nach Bildung hungerten, und sei es nur, um ihre Lage zu verbessern. Erst nachdem 1895 plötzlich eine Reihe von Streiks gegen die unerträglichen Arbeitsbedingungen in den Textil- und Zigarettenfabriken von St. Petersburg ausgebrochen waren, Streiks, die Lenin und andere Marxisten durch aufrührerische Flugblätter zu verschärfen suchten, griff die Polizei zu und nahm alle ihr bekannten Marxisten fest.
Lenin erlebte nun seine erste Nacht im Gefängnis und wurde bald darauf zu drei Jahren Verbannung ins ferne Sibirien verurteilt. Während dieser Exiljahre traf eine Gruppe von neun Marxisten im Jahre 1897 in Minsk zusammen und gründete offiziell die russische Sozialdemokratische Arbeiterpartei. Das Manifest wurde von Peter Struwe ausgearbeitet. Er selbst war nicht anwesend und sollte später in der radikalen Politik ganz rechts stehen. Diese Entwicklung hatte den Segen Plechanows, der weit weg in Genf lebte. Als die Nachricht Lenin in Sibirien erreichte, war er außer sich vor Freude. Er war bereits im Begriff, ein Polemiker zu werden. Die Zukunft der Partei würde sich auf die Gründung einer Zeitung stützen, die wie Herzens »Glocke« außerhalb Rußlands herauskommen sollte; und er, Lenin, wollte sie gründen und führen. Im Jahre 1900 verließ er Sibirien und ging mit seinem Freund Julius Martow, auch er direkt aus der Verbannung, nach Genf. Sie wurden von wohlgesinnten Liberalen mit Geldmitteln versehen und bereiteten sich darauf vor, die Zeitschrift *Iskra* (»Der Funke«) zu gründen. (»Aus diesem Funken wird eine Feuersbrunst entfacht werden!« hieß es im Impressum – ein Zitat eines Dekabristendichters.) Er hatte nun den Kurs eingeschlagen, der nur drei Jahre später zu der schmerzlichen und verhängnisvollen Spaltung der Sozialdemokratischen Arbeiterpartei in einen bolschewistischen und einen menschewistischen Flügel führen sollte.

Inzwischen hatten jedoch die Behörden recht, sich nicht übermäßig über die unter ihnen befindlichen Marxisten aufzuregen. Sogar als sich die revolutionäre Tätigkeit im ersten Jahrzehnt des neuen Jahrhunderts auf ihrem Höhepunkt befand, ging die unmittelbare Bedrohung des Regimes nicht von den Sozialdemokraten, sondern von den Sozialistischen Revolutionären aus. Man kann sich beim besten Willen nicht vorstellen, daß die vielen boshaften und krakeelenden Flugblätter, die Intrigen und gegenseitigen Charaktermorde, die bald so typisch für die russischen Marxisten werden sollten, in der Geschichte Rußlands vor 1917 auch nur vorübergehende Wichtigkeit erreichten, obwohl sie entscheidend für die Gestaltung der Sowjetunion waren. Anderseits jedoch ist ein gewisses Eingehen auf die russische Geschichte unumgänglich nötig, will man dem Bolschewismus auch nur das elementarste Verständnis entgegenbringen. Lenin war weitgehend ein Produkt Tschernischewskijs und Tkatschews, die zutiefst russisch waren.

Die Sozialistischen Revolutionäre waren natürlich auch zutiefst russisch. Sie waren viel zahlreicher als die Marxisten und machten sich mehr bemerkbar. Später sollte Lenin sie von der Erdoberfläche vertreiben; aber um die Jahrhundertwende gaben sie den Ton an und verbreiteten Terror. Einige von ihnen waren Mörder. Die Marxisten glaubten nicht an Terror als Oppositionstaktik: Er war, was die investierte Energie und Mühe betraf, kostspielig; er war theatralisch, unhistorisch. In Lenins Augen erreichte man mit dem Erschießen oder Bombenwerfen gegen einzelne Minister nichts, es war eine reine Hemmungslosigkeit. Terror als Instrument der Regierung zum Zweck der Unterdrückung, Terror, der wirkungsvoll gegen ganze Klassen gerichtet war, das war etwas anderes: ihn gab es noch nicht. Die Sozialistischen Revolutionäre aber waren die Erben der Populisten, insbesondere des »Volkswillens«, dessen krönende Leistung die Ermordung Alexanders II. war. Sie waren alles andere als disziplinierte Ideologen: ihr einfältiges Ziel war, so schnell wie möglich das System mit der nötigen Gewaltanwendung abzuschaffen, um an seine Stelle ohne viele Umstände eine neue Ordnung der Gerechtigkeit und Unparteilichkeit zu setzen. Eine Anzahl von Gruppen hatte sich in verschiedenen Teilen des Landes gebildet. Sie huldigten alle mehr oder weniger denselben Idealen, die man mehr oder weniger rücksichtslos verwirklichen müsse, und sie standen alle unter dem Eindruck der Erinnerung an die Helden und Heldinnen des Jahres 1881. Einige dieser Gruppen waren auch bereit, mit einer anderen Organisation, die sich der Vernichtung des Absolutismus verschrieben hatte, zusammenzuarbeiten. Sie verstanden sich recht gut mit den primitiven (wenn man sie so nennen kann) Marxisten und hätten diese unschuldige Kameradschaft auch weiterhin beibehalten, wenn nicht die *Iskra*-Gruppe in Genf es ein für allemal klargestellt hätte, daß ein Revolutionär, der nicht unbedingt und bis ins kleinste Detail die von ihr vorgeschriebenen Doktrinen anerkannte, überhaupt kein Revolutionär sei, sondern im Gegenteil ein Feind der Revolution.

Die Sozialistischen Revolutionäre, die sich 1901 zu der unter diesem Namen bekannten Partei zusammenschlossen, legten viel mehr Wert auf den Bauernaufstand als die Sozialdemokraten, wie man sich auf Grund ihrer populistischen Vergangenheit gut vorstellen kann. Aber deswegen sollte man nicht glauben, daß sie eine reine Agrarpartei waren. Ganz im Gegenteil. Obwohl sie in den reichen landwirtschaftlichen Gegenden der Wolga und der Ukraine stark vertreten waren, erkannten sie auch die Macht des städtischen Proletariats und versuchten es zur Aktivität zu ermuntern. Streiks, Demonstrationen, jegliche Form des industriellen Protests waren willkommen. Aber fast sofort wurde die neue Partei als solche und ihr Führer, Viktor Tschernow, von den sehr zielbewußten Aktivitäten einer ihrer Gruppen, der sogenannten Kampfeinsatzabteilung, in den Schatten gestellt. Diese Gruppe war eine fast autonome und straffe Organisation, die sich ausschließlich dem Terrorismus widmete und von G. A. Gerschuni, einem jungen jüdischen Wissenschaftler, geleitet wurde. Sein erster größerer Coup war im Jahre 1902 die Ermordung des von Witte vorgeschlagenen Innenministers, D. S. Sipjagin. Es war die Sozialistische Revolutionäre Kampfeinsatzgruppe, die für die lange Reihe von Morden, die die Welt erschütterten, verantwortlich war. Und das erstaunliche an dieser ganzen blutigen Angelegenheit war die Tatsache, daß die längste Zeit der Anführer der Kampfeinsatzgruppe der notorische Jewno Atzew war, der gleichzeitig ein Spion der Geheimpolizei, der Ochrana, war. Atzew drang so tief in die S. R. ein, daß er selber die meiste Zeit nicht gewußt haben wird, wann er Polizeispitzel war und wann Revolutionär. Immer wieder kam es vor, daß er die Ermordung dieses oder jenes Beamten plante, um dann seine Kameraden bei der Polizei rechtzeitig zu warnen, damit sie seine Kameraden, die Verschwörer, festnehmen konnten. Aber manchmal ließ er einen Mord, den er selbst organisiert hatte, durchführen, ohne die Polizei zu warnen, und schützte nachher die Mörder. Den Höhepunkt seiner Karriere erreichte er in den Jahren 1904 und 1905, als er bis ins letzte Detail die Ermordung des Innenministers Plehwe (seines eigenen Chefs) und die des Großfürsten Sergej, des Bruders des Zaren, organisierte.

Bis jetzt hat niemand eine Erklärung dafür finden können, was in Atzews Kopf vorging, obwohl man sich vielfach – und manchmal teilweise erfolgreich – darum bemüht hat. Aber ein Punkt bezieht sich auf seine Vergangenheit: er spielte dieses doppelte Spiel nicht allein. Atzew selbst erhielt eine Zeitlang seine Instruktionen von Oberst S. V. Subatow, dem Chef der Moskauer Ochrana, der auf die brillante Idee kam, daß man die Unruhe unter den Arbeitern dadurch bekämpfen müsse, daß man diese in relativ harmlose Bahnen leitete; und 1902 erhielt er die offizielle Billigung von niemand anderen als dem Großfürsten Sergej und Plehwe. Er gründete besondere Gewerkschaften (in einem Land, in dem Gewerkschaften gesetzlich verboten waren), die von Polizeispitzeln überwacht wurden. Es war ihre Aufgabe, das Proletariat zu ermuntern, sich für bessere Arbeitsbedingungen und höhere Löhne einzusetzen, um sie so von revolutionärer Politik abzulenken. Anscheinend wirkte sich dieses eigenartige Gefühl vom »Zauber der Polizeimontur«, auf das Alexander Herzen im Zusammenhang mit dem berühmten Polizeichef des ersten Nikolaus, General Dubbelt, hinweist, unter dem zweiten Nikolaus noch stärker aus, während die Bestechlichkeit immer weitere Kreise zog. Wie könnte man sich sonst die Tatsache erklären, daß Atzew 1908 an den obersten Sicherheitsbeamten der Sozialistischen Revolutionäre durch keinen anderen als einen ehemaligen Vorstand der Polizeiabteilung, A. A. Lopuchin, verraten wurde? Die zwielichtige Art der Gesellschaft, in der wir uns nun befinden, wird abermals betont dadurch, daß Lopuchin für diesen Verrat nur zu fünf Jahren Zuchthaus verurteilt wurde, und diese Strafe wurde zu einer bequemen Verbannung in Sibirien abgeändert.

Die S. R. waren nicht die einzigen Revolutionäre, die einen Draht zur Polizei hatten. Auch die Bolschewisten hatten ihren Polizeispitzel in der Person Roman Malinowskijs, der als ihr erster Sprecher in die Duma einzog. Diesmal war es die Polizei, die, verärgert über Malinowskijs laute Tiraden zur Verteidigung der Arbeiterklasse und ihrer Ziele, beschloß, ihn bloßzustellen. Malinowskij mußte das Land verlassen, aber er wurde im Exil von Lenin mit offenen Armen aufgenommen, der nicht glauben wollte, daß er schuldig war.

## 6

Um die Jahrhundertwende jedoch standen die Revolutionäre alles andere als im Vordergrund. Fast unmerklich hatte das Land eine neue Dimension erhalten. Es bildete sich eine reichgegliederte und komplexe Gesellschaft heran, die Einflüssen unterlag, von denen der Zar selbst und die meisten seiner Minister keine Ahnung hatten; die sich mit Gedanken beschäftigte, über die die Zensur keine Macht hatte. Kurz, das Land, das immer noch so regiert wurde, als sei es des Zaren Privatbesitz, hatte ein Eigenleben entwickelt, das den Zaren und seine Verwaltung erfolgreich ausschaltete. Es war ein Leben auf vielen verschiedenen Ebenen; aber alle, die Reichsten wie die Ärmsten, schöpften ihre Lebenskraft aus sich selbst und waren nicht mehr für jeden Atemzug von Cäsars Wohlwollen abhängig. Insofern als die Russen (zum Unterschied zu den Minderheiten) ein einheitliches Volk waren, wurden sie einerseits durch ihre Liebe zur

Heimat vereint, andererseits durch die harte Hand der Polizei. Und diese Mischung von tiefempfundener Anhänglichkeit an die Heimaterde und dauernder Furcht vor den Folgen, die eine unkonventionelle Handlung nach sich ziehen konnte, wurde durch die Person des Zaren zu einem wahren mystischen Patriotismus erhoben. Aber der Patriotismus, wenn auch noch so demonstrativ, war ein erstaunlich empfindliches Pflänzchen. Wie könnte es auch anders sein, wenn man sich als denkender Russe bereits zumindest teilweise in Opposition zum herrschenden System befand?

Pobedonostzjew und seine Freunde, der Zar selbst, hatten nicht nur keine Ahnung von der Arbeiterklasse; in bezug auf die unklaren und schwankenden Ziele aller Klassen von Gebildeten und Kaufleuten außerhalb der obersten Schichten der Zivilbeamten, der Armee und der Kirche tappten sie genauso im dunkeln. Was wußten sie schon über die neue radikale Elite, die sich aus den verschiedenen Elementen der gebildeten Klassen – erblicher Adel, Dienstadel, die Söhne des Klerus, die mittleren und niederen Chargen des Offizierkorps, die neuen Berufsstände (Ingenieure, Wissenschaftler, Techniker, Lehrer, Ärzte, Rechtsanwälte, Agronomen, Tierärzte, Künstler jeder Art, Schauspieler, Journalisten, Musiker, ganz zu schweigen von den Industriellen und Fabrikinhabern) zu einer Art von radikaler Elite zusammengefunden hatte? Es war eine Elite, die machtlos war, weil man ihr keinerlei gesetzliche politische Rolle zugestand; aber sie war nur allzu bereit, mit mehr oder weniger Sympathie die subversiven Aktivitäten der Revolutionäre zu unterstützen.

Zahlenmäßig war auch diese Elite relativ bedeutungslos. Man kann dem Zar verzeihen, daß er glaubte, sein Reich bestünde aus einer bäuerlichen Masse, die von einer loyalen Bürokratie verwaltet wurde. Um die Jahrhundertwende gab es ungefähr 97 Millionen Bauern (einige Fabrikarbeiter inbegriffen), dazu noch fast 3 Millionen Kosaken; 13 Millionen Krämer, Händler, Handwerker und das Gros der Fabrikarbeiter – insgesamt 113 Millionen der unteren Schichten, bei einer Gesamtbevölkerung von 116 Millionen. Aber die 3 Millionen der Elite bildeten eine reichhaltige Mischung.[8]

Alexander III. starb 1894. Ein kurzer Überblick über die kulturelle Pracht der Erbschaft, die sein Nachfolger antrat – eine Erbschaft, von der Nikolaus fast gar nichts wußte –, kann aus der sehr selektiven Ehrenliste gewonnen werden: Der Doyen der russischen Berühmtheiten war natürlich Leo Tolstoj, der damals erst sechsundsechzig war; seit langem als der größte Romanschriftsteller der Welt anerkannt, war er jetzt noch dazu eine Kultfigur und ein Nationaldenkmal. Turgenjew und Dostojewskij waren tot; der Neuling Anton Tschechow war bereits vierunddreißig. Er hatte seine berühmten Theaterstücke noch nicht geschrieben, aber seine besten Kurzgeschichten waren bereits veröffentlicht. Maxim Gorkij, sechsundzwanzig, war ein ungehobelter junger Anfänger aus den

Elendsvierteln. Der symbolistische Dichter Alexander Blok war ein vierzehnjähriger Schuljunge. Boris Pasternak, der später »Dr. Schiwago« schreiben sollte, war vier Jahre alt; und sein Vater, Leonid, war ein höchst talentierter Maler mit einem großartigen Freundeskreis – Musiker, Maler, Schriftsteller, Schauspieler.

Unter diesen Malern gab es zwar keine ausgesprochenen Genies, aber im Werk einer Reihe von ihnen können wir, wie bei Tschechow, einen tiefen Einblick in die komplexe Menschlichkeit eines Rußland empfangen, das sich mit Hilfe seines eigenen inneren Lichtes weiterentwickelte und vorwärts tastete, von dem absolutistischen System überschattet, aber nicht mehr beschützt. Das einzige unbestreitbare Genie unter den Malern, Wassilij Kandinskij, der – so erstaunlich es klingt – 1866 geboren wurde, hatte Rußland bereits verlassen und wirkte befruchtend im Westen. Die Malergeneration, die mitgeholfen hatte, das russische Selbstgefühl zu begründen – Repin, Wereschtschagin und andere –, war um die fünfzig, und die Generation, die in den ersten Jahren der Revolution aufloderte und sich dann im Exil verstreute – Malewitsch, Tatlin, Lissitzkij, Chagall – war bereits auf der Welt.

Mussorgskij und Borodin waren gestorben, ohne je die entsprechende Anerkennung zu finden, aber Tschaikowskij war mit vierundfünfzig Jahren ein Nationalheld, dessen Musik die Flagge der russischen Kultur nach ganz Europa und auch nach Amerika trug. Rimskij-Korssakow näherte sich dem Höhepunkt seines Einflusses als Komponist und Lehrer und bereitete den Weg zu einer posthumen Ehrung Mussorgskijs und Borodins. Die weniger bekannten Komponisten wie Tanejew, Glasunow und andere waren bereits fest im Sattel, als Nikolaus auf den Thron kam; Rachmaninow und Skrjabin, einundzwanzig bzw. zweiundzwanzig Jahre alt, hatten bereits zu komponieren begonnen. Igor Strawinskij war ein Schuljunge von zwölf Jahren, sein Vater ein berühmter Baß an der St. Petersburger Oper. Die Oper, die von den Brüdern Rubinstein gegründeten Konservatorien von St. Petersburg und Moskau sowie natürlich das Kaiserliche Ballett hatten sich in den letzten Jahren durch hohen Standard ausgezeichnet. Und gerade zur Zeit von Nikolaus' Thronbesteigung war eines von Rußlands größten Geschenken an den Westen, an dem es selbst keinen Teil haben konnte, im Werden: Sergej Diaghilew war zweiundzwanzig und stand kurz vor der Gründung seiner berühmten Zeitschrift »Die Welt der Kunst« (Mir Iskustwo); Bakst, der sein berühmtester Bühnenbildner werden sollte, war sechzehn. Und die Tänzer, die die westliche Welt begeistern sollten, wurden bereits ausgebildet: eine der beliebtesten, Tamara Karsawina, war zur Zeit der Thronbesteigung neun Jahre alt und hatte bereits zwei Jahre an der Marjinski-Theaterschule verbracht. Schaljapin, der in einem Kasaner Elendsviertel zur Welt gekommen war, hatte in just diesem Jahr, 1894, im Alter von einundzwanzig Jahren sein Operndebüt in Meyerbeers »Robert der Teufel«.

Unter den Wissenschaftlern war zweifellos der Doyen der berühmte Chemiker Mendelejew, der mit sechzig bereits sein Lebenswerk hinter sich hatte. Aber A. S. Popow, jahrelang Lehrer an der Marinepionierschule in Kronstadt, der damals fünfunddreißig war, lieferte bei der Entwicklung der drahtlosen Telegraphie Marconi ein Kopf-an-Kopf-Rennen. I. P. Pawlow, zehn Jahre älter, bereitete schon die Grundlage für sein kritisches Werk über die bedingten Reflexe vor.

Es war wirklich eine reichhaltige Mischung, aber sie war traurigerweise immer noch Behörden unterstellt, die fast nichts darüber wußten und noch weniger davon verstanden. Man nehme den Fall Mendelejew. 1890, vier Jahre vor dem Tod Alexanders III., fand es der damalige Unterrichtsminister, der reaktionäre Hohlkopf Deljanow, für richtig, diese internationale Koryphäe von seinem Lehrstuhl an der St. Petersburger Universität zu entfernen – aus keinem gewichtigeren Grund, als daß Mendelejew sich erlaubt hatte, dem Minister eine Studentenbittschrift vorzulegen, die Deljanows Mißbilligung fand. Irgendein dahergelaufener Bürokrat konnte diesen großen Mann, Mitglied der Royal Society in London, Ehrendoktor von Oxford, Cambridge, Berlin und der Sorbonne, ganz einfach von seinem Lehrstuhl entfernen und ihn seines Lebensunterhalts berauben, und es war nichts dagegen zu machen. Als Witte zwei Jahre nach der Entlassung Mendelejews Finanzminister wurde, war er vernünftig genug, den großen Wissenschaftler als Vorstand der Abteilung für Maße und Gewichte zu sich ins Ministerium zu berufen (eine Sinekure für den Erfinder des Periodischen Gesetzes der Elemente) und ihm so die Möglichkeit zu geben, seine Forschungen weiterzubetreiben. Witte war mit sich diesbezüglich sehr zufrieden, aber auch er scheint nicht das Ausmaß des intellektuellen Elends eines Systems begriffen zu haben, das es einem Deljanow gestattete, die Karriere eines Mendelejew zu fördern oder zu zerstören. Er machte keinen Versuch, das System zu ändern.

Mir scheint diese Episode mit ungewöhnlicher Klarheit die ausgesprochene Frivolität des Systems zu versinnbildlichen, die nun größeren Schaden anrichtete als seine Brutalitäten. Als zweites Beispiel des Schattens, unter welchem alle Russen lebten, aber besonders jene Persönlichkeiten, die ihrem Vaterland am meisten Ruhm einbrachten, möchte ich die feierliche Exkommunikation Leo Tolstojs erwähnen, die zehn Jahre später unter einem neuen Zaren stattfand. Im Jahre 1900 wurde Tolstoj bereits als ausgesprochenes öffentliches Ärgernis empfunden: bei den weltlichen Behörden wegen seiner subversiven Lehren (unter die auch die Organisation der Hilfeleistungen bei Hungersnöten fiel, wenn die Behörden die Existenz solcher Katastrophen nicht zur Kenntnis nahmen); bei den kirchlichen Behörden hingegen wegen seiner blasphemischen Häresien. Sein internationaler Ruf war so überwältigend, daß niemand es wagte, ihn ins Gefängnis zu werfen. Anstatt dessen vereinigten sich Kirche und Staat in der unentbehrlichen Person Pobedonostzjews und schlossen ihn aus der Gemeinschaft der Gläubigen aus. Man nahm an, daß ehrliche Russen, die verblendet genug wären, sich auf Tolstojs Seite zu stellen, wenn er von der Ochrana festgenommen und ins Gefängnis geworfen würde, sich voll Schrecken von ihm zurückziehen würden, wenn der Fluch der Kirche auf ihm lastete. Die Kirche hatte sich überschätzt: nun wurde der große Mann in weiten Kreisen nicht nur als Apostel des Lichtes angesehen, sondern auch als Märtyrer.

An einer früheren Stelle wurde erwähnt, daß Witte die Ehre hatte, seinen Namen einer Ära zu geben und zwei Regierungen miteinander zu verbinden. Dasselbe könnte man von Pobedonostzjew sagen, dessen Name sich mit den unerfreulichen Seiten eines noch längeren Zeitraumes verbunden hat. Er stand hinter Alexander III. während der ganzen dreizehn Jahre seiner Regierung (Witte war lediglich in den letzten drei von Bedeutung), und er stand hinter Nikolaus bis weit ins zwanzigste Jahrhundert hinein.

Ich habe auf den Schatten hingewiesen, der über ganz Rußland lag, als sich überall Talente und Begabungen bemerkbar machten und so vielversprechende Aussichten für die Zukunft eröffneten. Es wäre nicht gerecht, in der Zerstörung jener Zukunft nur das Zutun der Pobedonostzjews, der Deljanows, der Plehwes zu sehen. In unserer selektiven Aufzählung der Russen, die zur Zeit der Thronbesteigung des letzten Zaren lebten und die entweder bereits berühmt waren oder berühmt werden sollten, dürfen wir die folgenden nicht vergessen: Lenin war vierundzwanzig; Trotzkij (Lew Bronstein) und Stalin (J. V. Djugaschwili) waren fünfzehn. Molotow (ursprünglich V. M. Skrjabin, ein Cousin des Komponisten) war vier, gleichaltrig mit Boris Pasternak, dessen Vater ein enger Freund Skrjabins gewesen war.

# XVIII Nikolaus und Alexandra

I

Eine neue Regierungszeit ist angebrochen; der plötzliche Tod des alten
Herrschers soll hier nur am Rande erwähnt und auch der neue Zar, Nikolaus II., zunächst nur mit Namen vorgestellt werden. Es ist kennzeichnend für das durchaus beachtliche Wirken von Zar Nikolaus, daß es in
jeder Hinsicht nur negative Ergebnisse zeitigte. Sein machtvoller Vater
war erst 49 Jahre alt, als er starb. Er glaubte, noch viele Jahre vor sich
zu haben, und hatte schon deshalb nichts unternommen, um seinem
Erben den Weg zu ebnen. Im übrigen war er außerstande, seinen Sohn
ernst zu nehmen. Doch auf den ersten Blick sah es so aus, als hinterließe
er das Reich in gutem Zustand. Die Industrialisierungswelle erreichte gerade ihren Höhepunkt. Das große transsibirische Eisenbahnprojekt
machte Fortschritte. Die Revolutionäre wirkten, sofern sie nicht im
Gefängnis saßen oder im Exil lebten, im Untergrund. Das Reich lebte in
Frieden mit einem ungewöhnlich friedfertigen Europa. Man konnte davon ausgehen, daß nach ein paar weiteren Jahren der Stabilität im Lande
und der Ruhe auf internationaler Ebene, außerdem mit einem neuen
Zaren, der eine neue Ära signalisierte, Rußlands Wohlstand weiter wachsen würde. Unter solchen Voraussetzungen hätte der Staat allmählich
dazu übergehen können, sich weniger repressiver Mittel zu bedienen und
die gesamte Intelligenzschicht in die Staatsgeschäfte einzuschalten.
Doch der Schein trog. Wie bereits dargelegt, ging Hand in Hand mit dem
Industrialisierungs-Programm die Verarmung des Bauernstandes, und es
verschlechterten sich gleichzeitig die Lebensbedingungen der Fabrikarbeiter. Auf seiten der nichtrussischen Volksstämme, die mehr als die
Hälfte der Bevölkerung des Reiches ausmachten, hatte sich bitterer Groll
gegen die Zentralgewalt aufgestaut, ein Groll, der aus dem ständigen, tyrannischen Druck der Russifizierungspolitik Alexanders resultierte; dies
galt nicht zuletzt für das vormals autonome Finnland. Überdies machten
sich in St. Petersburg die Auswirkungen eines militanten Antisemitismus
auf vielfache Weise bemerkbar. Dringend benötigtes geistiges Potential
lag brach, insbesondere wegen der Zehntausende, die in die Emigration
getrieben wurden. Auf der anderen Seite wandten sich viele von denen,

die in Rußland blieben, revolutionären Ideen zu. Der Staat behinderte die Arbeit der Semstwos, schränkte ihre Machtbefugnisse ein; als Gegengewicht gebärdete er sich repressiv und setzte ländliche Diktatoren ein, die sogenannten Land-Kapitäne. Dies alles wirkte sich nicht nur verheerend auf die Entwicklung der Landbevölkerung aus. Auch die Loyalität Tausender ebenso begabter wie frustrierter Verwaltungsfachleute, Spezialisten und Techniker aller Art litt darunter.

Hätte Alexander einen Blick für das gehabt, was um ihn vorging, hätte er erkennen können, daß sein Thron nicht nur wegen der innenpolitischen Entwicklung zu wackeln begann. Statt dessen aber ärgerte er sich zum Beispiel über die Zeitungen, die sich in Staatsangelegenheiten einmischten. Er, der sich weigerte, über irgendeine mögliche Form des Parlamentarismus in Rußland auch nur nachzudenken, begriff dabei nicht, daß er schon durch die Zulassung von Zeitungskommentaren auf die alleinige Autorität als Führer und Präzeptor des Reiches verzichtet hatte. So folgten dem ersten Anzeichen für die Bildung einer ernst zu nehmenden öffentlichen Meinung, nämlich dem panslawistischen Aufstand unter Alexander II. kurz vor Ausbruch des türkischen Krieges, bald weitere folgenschwere Ausflüge in dieses bis dato verbotene Gebiet. Die Außenpolitik des Landes unter Alexander III. wurde vor allem durch drei positive Entwicklungen bestimmt, durch den Austritt aus der Drei-Kaiser-Liga, durch Rußlands Abrücken von Deutschland, das sich mehr und mehr Österreich zuwandte, und durch das neue Einvernehmen mit Frankreich. Im Sommer 1891 statteten französische Kriegsschiffe Kronstadt mit zeremoniellem Gepränge einen Besuch ab; und anläßlich dieses Besuches lauschte der Herrscher aller Reußen barhäuptig der Revolutionshymne, der Marseillaise. Diese Entwicklung – in der Folge gab Frankreich hohe Kredite, Beratungsverträge wurden abgeschlossen, und man unterzeichnete zum Schluß sogar eine Militärkonvention – wurde Alexander letztlich sicherlich durch das Verhalten des ungestümen neuen deutschen Kaisers, Wilhelm II., aufgezwungen. Vorausgesehen aber hatte Katkow sie bereits im Jahre 1886 und in seiner Zeitung öffentlich entsprechende Forderungen gestellt. Seither hatte er keine Ruhe mehr gegeben. Katkow war deswegen gerügt worden; man hatte ihm bedeutet, daß seine Kommentare fehl am Platze seien. Doch zum Schweigen konnte man ihn nicht bringen. Katkow war es auch, der dieses politische Spiel, ohne sich über dessen wahre Bedeutung im klaren zu sein, eher durchschaute als der neue Außenminister N. K. Giers, der Nachfolger Gortschakows. Giers setzte sich so lange wie irgend möglich gegen die fatale Logik der Ereignisse zur Wehr. Annähernd vier Jahre brauchte er, bis er die Hoffnung auf ein neuerliches Einverständnis mit Deutschland aufgab, einem Land, das – ohne Bismarck – Amok zu laufen begann.

Alexanders Hinterlassenschaft war also keinesfalls so in Ordnung, wie es auf den ersten Blick den Anschein hatte. Wenn aber schon der mächtige und robuste Vater mit einer Gesellschaft, die in immer größerem Maße ein vielschichtiges Eigenleben entwickelte, nicht mehr zurechtkam, wieviel weniger vermochte dies sein ebenso charmanter wie schwacher und jungenhafter Sohn (kindisch nannte ihn der Vater gegenüber Witte). Dieser Sohn zeichnete sich nicht nur durch Entschlußlosigkeit aus, ihm fehlte von Natur aus jeder Sinn für Entscheidungen – ausgenommen (und dies ist natürlich eine große Ausnahme) es ging darum, den Willen Gottes als dessen gehorsamer Diener auf Erden auszuführen. So nahm ein Mann, der über keine eigene Autorität verfügte, statt dessen die absolute Autorität im Namen des Allmächtigen in Anspruch.

Es ist schwierig und zugleich peinlich, Nikolaus im düsteren Licht der Vergangenheit zu betrachten. Denn wie ein Alptraum verfolgt einen das Bild des gestürzten Alleinherrschers, der – gewandet in seine graubraune Felduniform – auf einem Baumstumpf sitzt, allein, mit Ausnahme der Soldaten im Hintergrund, seiner Wächter, und hohläugig durch die Kamera hindurch ins Leere starrt. Wieder und wieder schweifen die Erinnerungen zu jenen grauenvollen Ereignissen im Keller von Jekaterinenburg (Swerdlowsk) im Ural, wo Nikolaus, die Zarin, die vier reizenden Töchter und deren tapferer und fröhlicher kleiner Bruder, der an Bluterkrankheit litt, von den Bolschewiken mit einer Brutalität ermordet wurden, die damals wie eine barbarische Verirrung erschien, tatsächlich aber nur einen Vorgeschmack auf spätere Greueltaten bedeutete. Der Mut, tapfer zu sterben, machte aus Nikolaus jedoch noch lange keinen guten Herrscher.

Als er mit 26 Jahren den Thron bestieg, wußte man nicht viel über ihn, nur so viel, daß er ruhig, liebenswürdig und überaus scheu war, überdies seine Braut, Prinzessin Alix von Hessen-Darmstadt, die zukünftige Zarin Alexandra Feodorowna, über alles liebte. Nikolaus war sehr schmächtig, was in einem irgendwie beunruhigenden Gegensatz zu seinem Vater und zu seinen drei hünenhaften, ausgesprochen anmaßend auftretenden Onkeln stand. Alexander hatte die Qualitäten seines ältesten Sohnes selbst so gering eingeschätzt, daß er nichts zu dessen Erziehung zum künftigen Herrscher getan und Nikolaus auch nicht in die Regierungsgeschäfte eingeführt hatte. Der Zarewitsch wiederum war allem Anschein nach mit dem Leben eines jungen Kavallerie-Offiziers mehr als zufrieden. Sein Vater hatte ihn zur Erweiterung des geistigen Horizonts auf eine Weltreise geschickt. Nikolaus besuchte Ägypten, Indien, China und Japan. Doch seine Briefe nach Hause lassen nicht gerade auf eine merkliche Horizont-Erweiterung schließen. In Indien störte ihn vor allem die Präsenz der Briten: »Wie erniedrigend, wieder von Engländern umgeben zu sein und überall rote Uniformen zu sehen.«[1] Nach einem mißglückten Anschlag auf sein Leben in Tokio machte Nikolaus Front gegen Japan und bezeichnete die Japaner hinfort nur noch als Affen. Auf der Rückreise kam er in Wladiwostok an und fuhr von dort nach Moskau auf der Trasse, die für die neue Eisenbahn vorgesehen war. Überall jubelte man ihm zu, und er war von Stolz erfüllt über die Unendlichkeit dieses ihm von Gott anvertrauten Landes, in dem kein einziger Rotrock zu sehen war. Nach St. Petersburg zurückgekehrt, ernannte ihn sein Vater zum Vorsitzenden des Ausschusses für die transsibirische Eisenbahn. Alexander fiel diese Ernennung schwer; denn er hielt seinen Sohn für unfähig, an irgend etwas regen Anteil zu nehmen. Auf der Ernennung hatte im Grunde auch Witte bestanden. Nach Wittes Ansicht würde Nikolaus nämlich die schlimmsten Befürchtungen seines Vaters tatsächlich wahrmachen, wenn man ihm nicht irgendeine vernünftige Aufgabe anvertraute. Doch des Zarewitsch' einzig lebhaftes Interesse in dieser Zeit galt seiner Affäre mit dem kommenden Star des kaiserlichen Balletts, Mathilde Kschessinska. Diese Affäre verfolgte er mit mehr Elan, als man allgemein für klug hielt. Sie endete erst, als Nikolaus sich in die deutsche Prinzessin Alix von Hessen, eine Enkelin Königin Viktorias, verliebte. Trotz elterlicher Mißbilligung stand er zu dieser Liebe mit der Starrköpfigkeit seines Großvaters. Als schließlich die Verlobung bekanntgegeben wurde, weinte die Kschessinska. Sie tröstete sich jedoch bald über ihren Kummer hinweg, wurde zunächst die Mätresse eines Cousins des Zarewitsch und später die Frau eines anderen Cousins. Fortan lebte die Kschessinska in großem Stil in ihrem eigenen Palais jenseits des Flusses in der Nähe der Peter-Pauls-Festung. Vom Balkon dieses Palais aus hielt Lenin im April 1917 seine erste leidenschaftliche Rede vor der revolutionären Masse. Er war gerade erst nach einer langen Reise quer durch Deutschland im verplombten Zug auf dem Finnland-Bahnhof angekommen.

2

Alexander erkrankte an Nierenentzündung und starb ziemlich überraschend, noch bevor die Hochzeit seines Sohnes und Erben stattfinden konnte. Aber schon vor der Hochzeit wurden erste Anzeichen einer verhängnisvollen Beziehung zwischen dem unentschlossenen Nikolaus und der bis hin zur Neurose willensstarken Braut sichtbar, eine Beziehung, die dann auch unheilvoll enden sollte. Der Zar lag in Liwadia, seinem Lieblingssommersitz auf der subtropischen Krim, im Sterben. Die ganze Familie wartete in den hohen Marmorsälen, in denen das Echo widerhallte, auf sein Ende. Nikolaus hatte nach Alix geschickt. Sie kam und mußte zu ihrem Entsetzen feststellen, daß ihr geliebter Nicky, der doch schon bald Zar sein würde, von allen ignoriert oder zur Seite geschoben wurde. Ärzte und Höflinge waren, keineswegs unverständlich, der Zarin ergeben. Und diese beachtete – unterstützt von ihren imposanten Schwagern – Nikolaus kaum und Alix überhaupt nicht. Dies machte Alix mehr um Nikolaus als um ihrer selbst willen wütend; sie war fast krank vor

Ärger. Alix war erst 22 Jahre alt, aber immerhin gerade dabei, ihre Familie und auch ihre Religion aufzugeben, um fortan nur noch ihren zukünftigen Ehemann anzubeten und ihm zur Seite zu stehen. Deshalb konnte sie es nicht ertragen, mit anschauen zu müssen, wie die Autorität von Nikolaus von diesen schrecklichen, übermächtigen Onkeln untergraben wurde. Diesen Onkeln erklärte sie ebenso den Krieg wie dem ganzen offiziellen Rußland. Von diesem Zeitpunkt an wurde Alix nicht müde, Nikolaus immer wieder zu ermahnen, auf der Hut zu sein und sich gegen die ganze Welt zu behaupten. Sie schrieb ihm kurze Briefe, die ihn aufmuntern und ermutigen sollten. Dazu gehört auch die berühmte Ermahnung, die in Nikolaus' Tagebuch steht. Die Notiz ist in englischer Sprache abgefaßt; dabei bedient sich Alix weitgehend einer Kleinkindersprache, die für den Briefwechsel zwischen den beiden bis zu ihrem blutigen Ende charakteristisch war:

*Liebes Kind, bete zu Gott. Er wird Dich trösten; sei nicht so niedergeschlagen... Dein Sonnenschein betet für Dich und den geliebten Patienten... Liebling, Burschi, mich liebst Du ja so zärtlich und tief. Sei stark... Wenn der Doktor irgendwelche Wünsche hat oder etwas braucht, laß ihn direkt zu Dir kommen. Laß nicht zu, daß die anderen sich vordrängen und Dich übergehen. Du bist Deines Vaters geliebter Sohn und mußt alles wissen und wegen allem gefragt werden. Äußere Deine Meinung und laß die anderen nicht vergessen,* wer Du bist. *Verzeih mir. Liebster!*[2]
Mit solchen Ermahnungen sollte es ein Leben lang weitergehen. Alexandra dürfte es niemals in den Sinn gekommen sein, die Schuld bei sich zu suchen. Ständig drängte sie Nikolaus, sich allen Forderungen zu widersetzen. Zugleich aber wurden ihre eigenen Forderungen an ihn immer stärker und extravaganter. Nikolaus entwickelte mit der Zeit jedoch gegenüber seiner Frau, die er durchaus noch liebte, als Schutzschild einen gewissen Sinn für Humor (aus einigen frühen Anmerkungen Alexandras – wiederum im Tagebuch ihres Mannes – geht überdies klar hervor, daß die Ehe auf Sinnlichkeit aufgebaut war, die beiden gemeinsam war und die auch ein hohes Maß geistiger Phantasie verkraften konnte). Ging es jedoch um Regierungsprobleme in Kriegs- oder Friedenszeiten, da legte Nikolaus in völlig unregelmäßigen Abständen entweder Starrköpfigkeit oder Willensstärke an den Tag. Wir schreiben das Jahr 1916 – 22 Jahre später. Es ist November, Nikolaus und Alexandra haben nur noch vier Monate als Zar und Zarin zu regieren. Zum letztenmal ist Nikolaus zu seinen Generälen in das Armee-Hauptquartier zurückgekehrt. In seiner Abwesenheit führt Alexandra in inoffizieller Vertretung die Regierungsgeschäfte; Rasputin steht ihr zur Seite. Obwohl Nikolaus erst 48 Jahre alt ist, sieht es Alexandra für ihn als einzige Aufgabe an, das zaristische Erbe zu erhalten, so daß es unversehrt dem kleinen Alexej übertragen werden kann.
»Ich bin felsenfest davon überzeugt«, schreibt sie ihrem verzweifelten,

erschöpften Ehemann zu der Zeit, als der Krieg seinen Krisenhöhepunkt erreicht hat, »daß für Deine Herrschaft und für Rußland große und herrliche Zeiten anbrechen werden... Wir müssen Baby ein starkes Land übergeben; um seinetwillen darfst Du nicht schwach sein... Sorg dafür, daß die Dinge Dir nicht aus den Händen gleiten, und überlasse es ihm, alles wieder neu aufzubauen. Sei stark... Wie sehr wünschte ich, meinen Willen in Deine Adern fließen lassen zu können...«[3]

Das Bemerkenswerte an dieser bedauernswerten Frau ist nicht, daß sie dem ganzen Land tief mißtraute, es haßte und umgekehrt Haß erweckte, weshalb man sie, einigermaßen ungerecht, beschuldigte, im Krieg die Interessen Deutschlands vertreten zu haben. Bemerkenswert ist vielmehr, daß niemand in einem Land, das sich über politischen Mord überhaupt nicht aufregte, jemals versucht hat, im Interesse der Dynastie Alexandra zu ermorden; beispielsweise damals im November 1916, als sie ihren Mann heftig bedrängte, den als korrupt und dumm verschrienen Minister Protopopow zu halten, weil Rasputin es so wollte. Die Aufforderungen an ihren Mann, alle zu vernichten, die sich gegen Protopopow zu stellen wagten, gipfelten in den Worten: »Sei Peter der Große, Iwan der Schreckliche, sei Zar Paul – zertrete alle unter deinen Füßen... Lach mich nicht aus, du Böser!«[4]

Doch Nikolaus lachte; es war seine einzige Waffe. »Liebes«, schrieb er, »zärtlichsten Dank für die strenge Schelte. Ich lese es mit einem Lächeln, weil du zu mir sprichst wie zu einem Kinde... Dein armes, kleines, willensschwaches Männlein.«[5]

Es ist wichtig, das Verhältnis zwischen den beiden aufzuzeichnen, auf das später dann nicht mehr eingegangen werden soll. Dieses Verhältnis war besonders kritisch, weil man an einem Wendepunkt der Geschichte stand. Nikolaus war zwar schwach und unentschlossen, aber absolut kein Dummkopf; Alexandra war zwar auch nicht gerade ein Dummkopf, verfügte jedoch über keinerlei politisches oder soziales Verständnis; sie beherrschte ihren Mann und zwang ihm gegen Ende verhängnisvolle Entscheidungen auf. Viele haben sich bemüht, für Alexandra Entschuldigungen zu finden. Das fing an mit der generösen Verteidigungsschrift des letzten Ministerpräsidenten im kaiserlichen Rußland (abgesehen von dem widerwärtigen Stürmer), Graf V. N. Kokowtschew, der dann von Alexandra gestürzt wurde. Es endete mit Robert Massie's Untersuchung »Nikolaus und Alexandra, die verfilmt wurde und aufgrund derer Alexandra zu einer der bekanntesten Figuren der russischen Geschichte wurde. Dabei wiederholen sich die Argumente: Zunächst die Erkenntnis, daß der langersehnte Erbe, Alexej, geboren im Jahr 1904 nach zehn Jahren quälenden Wartens, in denen hintereinander vier Töchter auf die Welt gekommen waren, an Bluterkrankheit litt, die die Mutter übertragen hatte; danach die Entdeckung, daß der unheimliche Heilige, Gregorius Rasputin (er hatte keinen Familiennamen: »Rasputin«, was der

Zügellose bedeutet, war sein Dorfspitzname, den er beibehielt wie eine Auszeichnung), die Kraft besaß, die Leiden des Kindes zu lindern. Dies erklärt, warum Alexandra Rasputin völlig hörig wurde und warum sie sogar glaubte, er sei die Stimme Gottes auf Erden.

Allerdings erklärt dies beileibe nicht alles, so beispielsweise nicht, warum dieses 22jährige Mädchen aus Hessen, welches plötzlich an der Spitze eines der mächtigsten Höfe Europas stand, die Lage nicht erst einmal ruhig sondierte, sondern an ihrem geliebten Nicky schon am Totenbett seines Vaters herumzukritisieren begann. Es erklärt auch nicht ihre sofortige unversöhnliche Feindschaft gegenüber der Familie, in die sie einheiratete, oder ihr totales Versagen gegenüber ihren Pflichten als Zarin (Pflichten, die sie freiwillig auf sich nahm und in einem Alter, in dem sie wissen mußte, um was für Pflichten es sich handelte). Es erklärt schließlich nicht die Tatsache, daß sie fast ihr ganzes Leben buchstäblich in einem Versteck verbrachte und versuchte, ihre Kinder mitsamt Nikolaus auf Zarskoje Selo wie zu einer Teestunde zu versammeln, die niemals endete. Dabei waren ihr das höfische Protokoll und die Etikette keineswegs fremd: Als eine von Viktorias Lieblings-Enkelinnen war sie mehr oder weniger auf Schloß Windsor aufgewachsen. Außerdem wird vergessen, daß Alexandra, lange bevor Rasputin auf der Bühne erschien, eine Reihe falscher Heiliger begünstigt hatte, darunter den bekannten französischen Scharlatan Philippe, dessen Tischerücken in einfältigeren Kreisen der St. Petersburger Gesellschaft wahres Entzücken hervorrief. Die Rasputin-Hörigkeit bietet auch keine Erklärung dafür, warum Alexandra niemals eine wirkliche Freundschaft geschlossen hat.

Sie war eine religiöse *Exaltée* mit einer starken Libido; diese Mischung neigt dazu, selbst die alltäglichsten Handlungen mit einem Hauch von Orgiastischem zu umgeben. Fast hätte sie noch im letzten Moment ihr Eheversprechen zurückgenommen, weil sie vor der Aussicht zurückschreckte, ihren Glauben aufgeben zu müssen, um in die orthodoxe Kirche aufgenommen zu werden. Aber dann stürzte sie sich kopfüber in das religiöse Abenteuer. Die Tatsache, daß sie offiziell in den neuen Glauben eingeführt wurde, verschaffte ihr ein Gefühl fast mystischer Exaltation, welches später für sie so charakteristisch werden sollte. In der Kapelle des Liwadia-Schlosses stand sie zwischen ihrem zukünftigen Mann und der verwitweten Zarin, während Alexanders Leichnam im 1. Stock aufgebahrt lag und nach St. Petersburg gebracht werden sollte. Sie umarmte Rußland mit ihrer neuen Religion und mit der ganzen Inbrunst der Konvertierten. Alexandra kam – nicht ohne Grund – zu dem Schluß, daß der Hof korrupt war und zugleich korrumpierte und daß dies für das ganze bürokratische System galt.

Wenig stichhaltig war jedoch die Begründung, mit der sie sich einredete, daß sie und nur sie allein die fromme Natur des russischen Bauern verstehen könne und daß buchstäblich die gesamte Intelligenz an einer Verschwörung beteiligt sei mit dem Ziel, zwischen Nikolaus und seinem Volk Schranken aufzurichten. Sie traute niemandem und glaubte gleich das Schlimmste von jedem, der ihren Mann zu beraten oder zu beeinflussen versuchte. Viele Jahre lang war ihr Interesse an der Politik nur minimal, der Ratschlag oder die Belehrung für Nikolaus allgemeiner Natur. Erst in der letzten Phase der Dynastie fing sie an, Minister und Generäle auf Rasputins Wunsch hin zu ernennen und zu stürzen. Trotzdem richtete sie schon dadurch, daß sie Nikolaus überredete, St. Petersburg zu verlassen, die Winter in Zarskoje Selo und die Sommer auf Peterhof zu verbringen, unermeßlichen Schaden an. Denn sie spann Nikolaus in ihren klaustrophobischen Gemächern wie in einen Kokon ein. Dort wurde er nur von billigen Schmarotzern besucht. Sie stellte sich zwischen ihn und fähige, ideenreiche Männer und Frauen, und sie unterstützte ihn in seiner Überzeugung, daß er der Autokrat und der Vater seines Volkes sei. Zu ihrer Verteidigung kann eigentlich nur angeführt werden, daß sie von der verwitweten Zarin reichlich schlecht behandelt wurde. Marie leistete Alexandra fast keine Hilfestellung. Außerdem bestand die Schwiegermutter auf ihrer Vorrangstellung vor der jungen Zarin. Und sie war offensichtlich hoch erfreut darüber, daß sich ihr Sohn wegen eines politischen Ratschlags eher an sie als an Alexandra wandte. Die Kaiserinmutter war jedoch keineswegs eine Heilige, sie war fröhlich, im Herzen jung geblieben, intelligent, kenntnisreich und mutig. Sie hatte einen guten Ehemann in den besten Jahren verloren und selbst nicht im geringsten die Absicht, sich nur noch in einen stillen Winkel zurückzuziehen; dies um so weniger zugunsten einer großen, blonden, stark gefühlsbetonten, gutaussehenden jungen Frau mit seelenvollem Blick, welche an Frömmigkeit alle übertraf, andererseits jedoch Nikolaus mit ihrem Körper anzubeten schien, wobei sie hierbei denselben ungesunden Eifer an den Tag legte wie bei der Huldigung des Allmächtigen. Alexandra war eine Frau, die sich offensichtlich nicht darüber schlüssig werden konnte, ob Nikolaus nun die rechte Hand Gottes sei und sie sein Akoluth, oder ob sie von Gott gesandt sei, um den armen Nikolaus zu unterweisen. Vor lauter Schüchternheit brachte sie kaum ein Wort heraus; andererseits aber war sie so eifersüchtig, daß in ihrer Gegenwart kaum jemand den Mund aufzumachen wagte. Marie, die diese Heirat niemals gebilligt hatte, mußte sich daher sicherlich fragen, ob der verblendete Nikolaus sich nicht mit Haut und Haaren von seiner Alexandra verschlingen ließ.

Nikolaus' Angst vor der Krone saß vermutlich tiefer als bei irgendeinem seiner Vorfahren. Er gab diese Angst auch zu. Anscheinend war er von zwei Ideen besessen, die sich gegenseitig ausschließen: Einmal sehnte er sich danach, seinem Volk Glück und Wohlstand zu bringen und vom Volk geliebt zu werden, zum andern hielt er – getreu dem Vorbild seiner Vorfahren – an der Alleinherrschaft fest. Doch dieses Autokratiedenken hatte eine bemerkenswert große Wandlung erfahren: Hatten Nikolaus I.,

Alexander II. und Alexander III. die autokratische Herrschaft auf unterschiedliche Weise noch damit begründet, daß ohne sie das Reich, Rußland selbst, zerfallen würde, so rechtfertigte Nikolaus die Autokratie nicht mehr als Mittel zum Zweck, sondern begriff sie als göttliche, durch die Vorfahren sanktionierte Einrichtung – dies in einer Zeit, in der zum erstenmal hervorragende Politiker wie Witte, dem wir bereits begegnet sind, und später Stolypin, die Regierungsgeschäfte führten und allein dem kaiserlichen Veto unterlagen.

Nikolaus meinte es gut: Seine Empfindungen waren genauso untadelig wie seine hervorragenden Manieren; er befand sich, wie er glaubte, in Gottes Hand und war bereit, Gottes Willen nach bestem Wissen und Gewissen auszuführen, koste es, was es wolle. Am Ende, als Abdankung, Gefangennahme und Tod ihn erwarteten, stand er diesem mit der Gelassenheit eines Menschen gegenüber, der glaubt, daß alles, was mit ihm geschieht, Gottes Wille ist, welchen anzuzweifeln ihm niemals in den Sinn gekommen wäre. Seinen blinden Glauben hält man ebenso wie seine mangelnde Empfindsamkeit, die aus manchen seiner Äußerungen sprach, mittlerweile für diejenigen Eigenschaften, die man ihm am wenigsten nachsehen kann. Nikolaus besaß ein absolutes Gottvertrauen und verwaltete Rußland an Gottes Statt. Aus diesem Grunde konnte er von seinem Volk denselben Gehorsam erwarten und verlangen, den er Gott erwies. Drei Monate vor Ausbruch der Revolution unternahm es der gleichermaßen besorgte und bestürzte britische Botschafter, Sir George Buchanan, den Zaren ein letztes Mal zu warnen: »Eurer Mejestät bleibt – wenn es mir erlaubt ist, dies zu sagen – nur noch ein einziger Weg offen, nämlich die Schranken niederzureißen, die Euch von Eurem Volk trennen und das Vertrauen des Volkes wiederzugewinnen.«[6] Nikolaus erhob sich würdevoll und erwiderte: »Meinen Sie, ich solle das Vertrauen meines Volkes wiedergewinnen oder mein Volk solle *mein* Vertrauen wiedergewinnen?« So geschehen im Januar 1917 in Zarskoje Selo. Nach den Worten des französischen Botschafters zu urteilen, hatte Nikolaus »innerlich abgedankt und sich in die Katastrophe gefügt«.[7] Doch er war immer noch Zar, und solange er dies war, würde er sein Volk – und auch den britischen Botschafter – in die Schranken weisen.

## 3

Nikolaus schöpfte seine Überzeugung von der Heiligkeit der Autokratie aus sich selbst; doch er bat gleich zu Beginn seiner Herrschaft Pobedonostzjew, diese seine Überzeugung in Worte zu kleiden. Und wie der unglückselige Mann für Alexander III. eine offizielle Erklärung über dessen Autokratie-Verständnis abgefaßt hatte, tat er es nun auch für Nikolaus II. Aus der Erklärung für Alexander sprechen jedoch Güte und das Vertrauen in die Stärke des neuen Zaren. Dagegen waren die seinem Sohn in den Mund gelegten Formulierungen in fast schon erschreckendem Ausmaß unüberlegt, fehl am Platz und zudem ein Zeugnis von Übellaunigkeit. – Wie immer zu Beginn einer neuen Regentschaft setzten viele Russen ihre Hoffnung auf die Liberalisierung des Systems. Wortführer waren dabei wie schon so oft in der Vergangenheit die Magnaten von Twer. Dieses Mal gingen die Semstwo-Führer von Twer in ihrer Loyalitätsadresse an Nikolaus sogar so weit, die hoffnungsvollen Forderungen ihrer edlen Vorväter zu wiederholen: »Sire, wir warten auf die Gelegenheit und das Recht der Öffentlichkeit, ihre Ansicht über dringende Probleme frei aussprechen zu dürfen, damit nicht nur die Bedürfnisse und die Ansichten der Administration, sondern auch die des ganzen russischen Volkes bis hin zum Thron vordringen können.«

Auf diese bescheidene Bitte reagierte Nikolaus übereilt und frostig. Auf einem Empfang für die Spitzen der kommunalen Verwaltung am 17. Januar 1895 sagte der junge Zar in seiner Begrüßungsansprache an die Gäste, unter ihnen viele im Dienst für das Volk alt, erfahren, manchmal sogar weise gewordene Männer: »Wie ich höre, haben sich kürzlich in mehreren Semstwo-Versammlungen Leute zu Wort gemeldet, die sich von sinnlosen Träumereien über die Beteiligung von Semstwo-Abgeordneten an innenpolitischen Entscheidungen leiten ließen; hiermit sei es allen gesagt, daß ich, der ich meine ganze Kraft dem Wohl des Volkes widme, an dem Grundsatz der Alleinherrschaft so fest und unerschütterlich wie mein verstorbener unvergeßlicher Vater festhalten werde.«

Den Ausdruck »sinnlose Träumereien« sollte man Nikolaus nie verzeihen. Nahezu überall wurden diese Worte als Zeichen von Gleichgültigkeit und Arroganz gewertet. Doch sie kennzeichneten in Wirklichkeit weit mehr das Unvermögen des neuen Zaren. Er wußte einfach nicht, wie er sich verhalten und – mehr noch – wie er denken sollte. Der zukünftige Außenminister, Graf Alexander Iswolskij, unterstreicht in seinen Memoiren, daß Nikolaus selbst keinerlei Ambitionen hatte, sich mit den Semstwos anzulegen, daß vielmehr Pobedonostzjew ihn dazu überredet hatte. Dieser bestand darauf, daß Nikolaus seinem Glauben an den Grundsatz der Autokratie als ein Zeichen des Gehorsams gegenüber dem verehrungswürdigen Vater Ausdruck verlieh. Die Rede, so schreibt Iswolskij, sei von Pobedonostzjew entworfen und Nikolaus erst in letzter Minute überreicht worden. Der Zar habe kaum gewußt, was er da eigentlich verlas. Dies klingt glaubwürdig.[8]

Man kann also folgendes festhalten: Wird Nikolaus vom Vorwurf der Gleichgültigkeit freigesprochen, so muß man ihn der Dummheit zeihen, und zwar in einem Ausmaß, das schlimmere Folgen zeitigen kann als vorsätzliche Böswilligkeit. Nur vier Monate nach dem Semstwo-Empfang ruinierte der junge Zar in den Augen von Tausenden vollends sein Ansehen. Er benahm sich derart töricht, daß ihm fortan der Ruf der Dickfelligkeit und Gefühllosigkeit anhing und er im damaligen Europa auf totales Unverständnis stieß.

Der Grund war die Katastrophe auf dem Chodynskij-Feld, dem riesigen Exerzierplatz vor den Toren Moskaus. Am 18. Mai 1896, dem vierten Tag der Krönungsfeierlichkeiten, versammelte sich dort rund eine halbe Million kaisertreuer und nicht selten schon betrunkener Leute, um sich mit Freibier aus Krönungsbechern bewirten zu lassen. Tausende hatten die ganze Nacht ausgeharrt, um endlich dem gerade gekrönten Zarenpaar, das sich für diesen Tag angesagt hatte, zuzubeln zu können. Und viele von ihnen hatten sich bereits auf eigene Kosten betrunken. Plötzlich tauchte das Gerücht in der Menge auf, Freibier und Krüge gingen allmählich aus. Daraufhin setzte ein Run auf die Schankbuden ein. Der ganze Exerzierplatz war jedoch zu militärischen Zwecken mit Gräben, die in Zickzackform verliefen, übersät. Und in diese Gräben stürzten Unzählige aus der Menge. Hunderte – vor allem Frauen und Kinder – erstickten oder wurden zu Tode getrampelt. Die genaue Zahl weiß niemand.

Als Nikolaus die entsetzliche Nachricht hörte, war er wie vor den Kopf geschlagen. Sein erster Impuls war, sämtliche Krönungsfeierlichkeiten abzusagen und sich in Klausur zu begeben. Doch verhängnisvollerweise ließ er sich erneut von seiner ersten natürlichen Eingebung abbringen, die seinen guten Willen bewiesen hätte. Dieses Mal war es nicht Pobedonostzjew, der ihn eines anderen belehrte. Vielmehr erklärten seine drei Onkel, er müsse sich zusammenreißen und wie der Sohn seines Vaters handeln. Nikolaus und Alexandra sollten an diesem Abend einen Ball besuchen, den der französische Botschafter ihnen zu Ehren gab. Dieser Ball galt als epochemachendes Ereignis. Er sollte das neue Bündnis zwischen Frankreich und Rußland in vollem Glanz erstrahlen lassen. Für die französische Regierung wurde das Fest daher zu einer Prestige-Angelegenheit. Man hatte die wertvollsten Gemälde, Silber und Porzellan aus den staatlichen Besitztümern nach Rußland geschickt, außerdem Tausende von Rosen aus Südfrankreich. Eine Absage würden die Franzosen dem Zar daher niemals verzeihen.

Nikolaus stimmte schließlich zu. Er und Alexandra erschienen am Abend orden- und diamantenbehangen, um den Ball zu eröffnen, während zur selben Zeit die Moskauer Krankenhäuser die Verletzten kaum noch aufnehmen konnten und Tausende nach vermißten Angehörigen suchten. Am nächsten Tag machten der Zar und die Zarin einen Rundgang durch alle Krankenhäuser, und Nikolaus zahlte an die Familien der Verletzten jeweils 1000 Rubel aus seiner Privatschatulle. Doch da war der Schaden nicht mehr wiedergutzumachen. Das Volk, auf dessen Loyalität Nikolaus am meisten angewiesen war, schrieb den neuen Zaren ab. Es hielt ihn zwar nicht für einen Rohling, der er offensichtlich auch nicht war, dafür aber für einen verachtenswerten, oberflächlichen und leichtfertigen Menschen, der nicht viel taugte.

In den ersten Jahren der neuen Regentschaft überraschte vor allem das völlige Unverständnis des Zaren dafür, daß man sich am Anfang einer Epoche größtmöglicher Herausforderungen befand. »Was für eine Herausforderung denn?« hätte Nikolaus vermutlich in seinem politischen Unverstand gefragt, falls einer seiner Berater ihn darauf hingewiesen hätte, daß die Probleme eines russischen Alleinherrschers am Vorabend des 20. Jahrhunderts erheblich anders gelagert seien als die seiner Vorfahren im 17. Jahrhundert. Nikolaus konnte man allerdings für diesen Unverstand nicht allein verantwortlich machen. Niemand forderte ihn nämlich auf, über die Herausforderung nachzudenken, die, soweit sie innenpolitische Züge trug, das Resultat der Unzufriedenheit und Unzuverlässigkeit der Untertanen war, und außenpolitisch deshalb entstand, weil die Großmächte im imperialen Zeitalter auf dem bisher noch unbekannten Gebiet der Globalstrategie wild experimentierten. Im Grunde wurde Nikolaus sogar von niemandem aufgefordert, überhaupt nachzudenken. Von seinen Ministern erkannte allein Witte, daß große Dinge in Bewegung geraten waren und man schnell reagieren mußte. Doch Witte erledigte dies auf seine Art. Er benötigte hinter sich lediglich Autorität, und die konnte allein vom Zaren kommen. Es war die uralte Geschichte der Revolution von oben: Witte würde Vorschläge unterbreiten, der Zar würde beschließen und Witte die Beschlüsse in die Tat umsetzen; jede Verwässerung der autokratischen Macht hätte die Dinge nur verlangsamen können. Hier wird die paradoxe Situation offenkundig, daß der begabteste, dynamischste und in einem gewissen Sinne auch progressive russische Staatsmann genauso unerbittlich wie Pobedonostzjew selbst jede Delegierung von Macht ablehnte und dem Gedanken einer gewählten Volksvertretung konzessionslos widersprach.

Die vitalsten und schöpferischsten Kräfte in der damaligen russischen Gesellschaft brachten noch immer die Semstwos hervor, Horte eines echten Liberalismus. Die Semstwos kannten die Bevölkerung und verfügten – im Gegensatz zu den Schreibtisch-Bürokraten der Zentralregierung – über wertvolle praktische Verwaltungserfahrung. Zu ihnen gehörten so kluge und fähige Männer wie D. N. Schipow, der Vorsitzende des Moskauer Distrikt-Semstwo. Mit ihm hätte sich jeder Politiker, der von einem zufriedenen, wohlhabenden Rußland träumte, sofort gern verbündet. Doch die radikalen Kräfte im Lande waren zu ungeduldig, um auf die Schipows zu warten, die ruhig und mit der Politik der kleinen Schritte ihr Ziel, die parlamentarische Regierung, zu erreichen versuchten. Auf eine ganz andere Art war auch Witte zu ungeduldig. Den Radikalen erschienen die Schipows als Bremse des erstrebten revolutionären Wandels der Gesellschaft; in den Augen Wittes bremsten die Schipows das bereits angeordnete Industrialisierungs-Programm. Als der neue Innenminister

Iwan Goremykin – der Inbegriff zynischer Trägheit von der liebenswürdigsten Art – sich 1899 vorwagte und die Ausweitung des Semstwo-Systems auf andere Teile des Reiches empfahl, wo es bisher keine gab (insbesondere in den westlichen Gebieten der Ukraine und Weißrußlands und an der unteren Wolga), da griff ihn Witte in seiner berühmten Schrift *Autokratie und der Semstwo*[9] scharf an. Witte argumentierte, jede gewählte Kommunalverwaltung, auch die bereits bestehende eingeschränkte Art, sei unvereinbar mit der Autokratie. Entweder müsse sie beseitigt werden, oder die Autokratie müsse einer konstitutionellen Regierung weichen. Es war eine absurde Situation, in der sich ein Mann wie Goremykin, der der Krone blindlings ergeben war und ansonsten keinerlei Prinzipien vertrat, aufgeschlossener benehmen sollte als Witte. Goremykin demissionierte (später kam er als Regierungschef wieder), und an seine Stelle trat der oberflächliche, reaktionäre Sipjagin.

Als sich Witte einige Jahre später verzweifelt um die Mitarbeit der Semstwos bemühte, da war es zu spät. Auch seine Einsicht in die Notwendigkeit einer Agrarreform kam zu spät. Als Witte sich schließlich gegen Ende des Jahrhunderts von den drängenden Tagesproblemen der industriellen Entwicklung und der Haushaltspolitik löste, mußte er erkennen, daß sich das Land trotz seiner großen Leistungen (oder vielleicht gerade deshalb) – er hatte Rußland an die Goldwährung angeschlossen und den Franzosen ein Darlehen nach dem anderen abgehandelt – in einem ausgesprochen schlechten Zustand befand. Die Landbesitzer standen unter erheblichem Druck, die Situation der Industriearbeiter war eine nationale Schande, zudem eine Bedrohung für die öffentliche Ordnung, der Zustand der Bauern ein nationales Unglück. Mehrere Kommissionen hatten bereits versucht, die Ursache für die Unruhe unter den Bauern und die Rückständigkeit auf dem Agrarsektor herauszufinden. Alle glaubten, die Existenz der Kommune sei ein großes Hemmnis auf dem Weg zum Fortschritt. An die Stelle aller bisherigen Kommissionen trat schließlich im Januar 1902 eine einzelne Kommission, die von Witte selbst geleitet wurde. Sie trug unendlich viel Material zusammen; doch lange bevor sie irgendwelche Empfehlungen abgeben konnte (zu dieser Zeit war Witte bereits in die Wüste geschickt worden), wurde sie von den Ereignissen überrannt und hinweggespült, die sie möglicherweise hätte verhindern können, wenn sie zehn Jahre früher eingesetzt und dann auch noch ernst genommen worden wäre.

Die Spannungen, die seit der ersten Ernüchterung 1896 nach der Tragödie auf dem Chodynskij-Feld immer stärker geworden waren, hatten 1902 ein solches Ausmaß erreicht, daß man sie nicht mehr durch administrative Maßnahmen beseitigen konnte, es sei denn, diese Maßnahmen hätten zum Abbau der autokratischen Befugnisse des Zaren geführt. Damals demonstrierten die Studenten; sie haben sich seither nie wieder richtig beruhigt. In allen Universitätsstädten, insbesondere aber in Kiew, kam es laufend zu Studentenunruhen. Jetzt standen die Studenten nicht mehr allein da. Dreißig Jahre zuvor hatten ihre Väter und Mütter vergeblich versucht, das Volk, die Bauern, aufzuklären und zugleich aufzurütteln. Jetzt waren die Bauern ohne die Hilfe der Studenten aufgewacht, wenn auch nicht aufgeklärt. Als Wittes Kommission ihre ersten Sitzungen abhielt, kamen Berichte über den Ausbruch neuer Bauernunruhen, Gewalttaten, Brandstiftungen und Plünderungen in weit größerem Umfang als je zuvor in den vergangenen Jahrhunderten. Auch in den Städten befanden sich Arbeiter und Bauern in Aufbruchstimmung. Sie entdeckten eine neue Art der Solidarität. Obwohl sie bereitwillig den intellektuellen Verfechtern der Revolution lauschten, welche ebenso bereitwillig mit ihnen redeten und sie unterwiesen, bezogen sie ihr Machtgefühl aus der Entdeckung, daß ihrer Hände Arbeit etwas zählte, daß Schaden entstand, wenn sie ihre Arbeitskraft nicht einsetzten. So überzogen sie das ganze Land mit Streiks, und zu den Forderungen nach mehr Lohn, besseren Lebensbedingungen und weniger Arbeitszeit gesellten sich immer häufiger einigermaßen neue Forderungen nach Rede- und Versammlungsfreiheit und schließlich auch nach dem Sturz der Autokratie. Einschüchtern ließen sie sich nur noch von den Peitschen und Gewehrsalven der Kosaken. Jetzt ging es nicht mehr nur um die speziellen Anliegen der Bauern, der Arbeiter und der Unruhe stiftenden Studenten. 1902 traf sich in der Schweiz eine Gruppe Semstwo-Abgeordneter und radikaler Intellektueller, um die erste illegale Oppositionspartei, den Befreiungsbund, zu bilden. Diese Partei sollte sehr bald die Speerspitze der großen Bewegung zur Gründung einer konstitutionellen Regierung werden.

Jetzt war es an Witte, gegen Männer, die er selbst in Schlüsselpositionen gehoben hatte, insbesondere gegen Sipjagin im Innenministerium, für eine Reform einzutreten. Auch der Zar, sein Herr und Meister, war gegen ihn. Nikolaus hatte Witte nie gemocht. Die dringende Notwendigkeit, ihn im Amt zu belassen, zumindest solange die Finanzen des Landes mit Hilfe ausländischer Kredite reorganisiert und saniert werden mußten, und sich zugleich seiner übermächtigen Präsenz zu entziehen, könnte Nikolaus durchaus in seiner Neigung bestärkt haben, sich mit Postenjägern und Intriganten zu umgeben. Zu Beginn seiner Regentschaft tat sich der Zar mit dem berüchtigten Fürsten Meschtscherskij, bekannt als Fürst von Sodom, zusammen. Dieser Mann, der ebenso korrupt war, wie er selbst korrumpierte, war Herausgeber der rechtsextremen Zeitung *Grazhdanin* (Der Bürger). Später pflegte Nikolaus Umgang mit dem Mitgiftjäger und ehemaligen Gardeoffizier Hauptmann Besobrasow. Möglicherweise haben sich Nikolaus' Versuche, sich der Aufdringlichkeit Wittes zu entziehen, welcher in der Tat überall seine Finger im Spiel haben und überall mitreden wollte, auch auf eine andere verhängnisvolle Eigenschaft des Zaren ausgewirkt, die ihm den Ruf der Doppelzüngigkeit und Treulosigkeit einbringen sollte: Er stimmte der politischen Linie eines Beraters zu, der gerade Vortrag hielt, um bei der nächsten Gelegenheit diese Linie gegenüber dem Kontrahenten dieses Beraters wieder zur Diskussion zu stellen. Auch war er bald dafür bekannt, daß er niemals einen seiner Minister offen kritisierte. Oft genug kam es vor, daß ein treuer Diener der Krone nach einer überaus freundlichen Audienz beim Zaren in sein Haus oder sein Büro zurückkehrte, wo ihn bereits seine Entlassungsurkunde erwartete.

Diese Schwäche war tief im Charakter des Zaren verwurzelt. Verschlimmert wurde sie meiner Ansicht nach noch dadurch, daß Nikolaus die ersten Jahre seiner Herrschaft im Schatten des ebenso mächtigen wie ungeschickt agierenden Witte zubrachte. Überdies war diese Ära in Rußland gekennzeichnet durch eine Unsicherheit in der Zielsetzung, die im ganzen öffentlichen Leben zu spüren war. Diese Unsicherheit spiegelte nicht nur Nikolaus' eigene Unsicherheit wider, sondern sie hat diese sicherlich nur noch verschlimmert.

Die Aktionen fast aller einflußreichen Politiker wie Witte waren auf die unterschiedlichste Art und Weise gekennzeichnet durch Widersprüchlichkeiten und Unsicherheiten, oder aber sie ließen Doppeldeutungen zu. Zu den klassischen Widersprüchen dieser Zeit gehörte die Einstellung gegenüber den Unruhen unter den Industriearbeitern. So konnten die Provinz-Gouverneure mit dem Segen der beiden aufeinanderfolgenden Innenminister Sipjagin und Plehwe aufgrund der ihnen eingeräumten Notstandsbefugnisse ohne große Umschweife Truppen herbeirufen und auf die Streikenden schießen lassen. Dies geschah in Batum, wo 15 Arbeiter einer Ölraffinerie erschossen und mehr als 50 verwundet wurden, und in Zlatust im Ural; dort wurden 69 erschossen (der hierfür verantwortliche Gouverneur fiel kurz darauf einem Racheakt der Sozialistischen Revolutionäre zum Opfer). Die Zentralgewalt billigte derartige Gewalttaten, wenn sie sie auch nicht gerade förderte. Andererseits aber gab sie einem genau entgegengesetzten Vorgehen ebenfalls ihre Zustimmung. Sie sah die Mißstände und versuchte auf verschiedene Art, die Arbeiter von den politischen Parolen abzubringen und ihre Energie auf wirtschaftliche Lösungen zu lenken.

Held dieser Unternehmung war Oberst Subatow, der Führer der bereits früher erwähnten Moskauer Ochrana. Mit der vollen Unterstützung eines der Onkel des Zaren, des Großfürsten Sergej, und dem Einverständnis zweier Innenminister, nämlich Sipjagin und eine Zeitlang auch Plehwe, organisierte er unter den Augen der Polizei eine Anzahl von Gewerkschaften, die in einem Land, in dem Gewerkschaften verboten waren, reichlich exotisch, wenn nicht sogar undenkbar erscheinen mußten. Nach Ansicht des Obersten konnte der Ruf der Arbeiter nach mehr Lohn, kürzeren Arbeitszeiten, besseren Lebensbedingungen usw. gar nicht ausbleiben. In Anbetracht ihrer prekären Situation waren diese

Forderungen auch nur recht und billig. Mit ihrer ganzen Unzufriedenheit und Frustriertheit würden sich die Arbeiter, so die Einsicht von Oberst Subatow, dem erstbesten zuwenden, der sich um die Mißstände zu kümmern versprach. Dieser erste würde aber im Zweifel ein Revolutionär sein, dem weniger daran lag, das Los der Arbeiter zu verbessern, als vielmehr sie gegen ihre Herren aufzuwiegeln. Dies könnte aber mit einiger Sicherheit verhindert werden, wenn man diese Arbeiter in aller Offenheit und Ehrlichkeit organisierte. Rechtlich abgesichert, könnten die Arbeiter ihre mißliche Lage darstellen und so in gewisser Weise allzu gewinnsüchtigen Arbeitgebern Widerpart bieten. Dabei würden sie sich dann voll auf die Befriedigung ihrer unmittelbaren materiellen Bedürfnisse konzentrieren, weshalb die Revolutionäre kein Betätigungsfeld mehr hätten. So wurde denn ein offensichtlicher Notbehelf, nämlich durch bessere Behandlung der Arbeitnehmer die Revolution in Schach zu halten, unter Polizeiaufsicht in phantastischer Weise institutionalisiert (ein Notbehelf, den Lenin und seine Genossen, die dies alles aus der Ferne beobachteten, natürlich zutiefst verabscheuten und fürchteten). Solches konnte nur in Rußland geschehen. Denn dort war es undenkbar, irgendwelche Maßnahmen ohne theoretischen Unterbau und ohne die Zustimmung und Überwachung durch die Obrigkeit durchzuführen, selbst wenn diese Maßnahmen eine Herausforderung an ebendiese Obrigkeit darstellten. Doch im Grunde war dies nicht ungewöhnlicher als die Tatsache, daß sich Provinz-Gouverneure – unterstützt durch Exekutionskommandos – in normale betriebliche Auseinandersetzungen zwischen Arbeitern und Unternehmern einmischten.

Das Experiment des Oberst Subatow zeitigte spektakuläre Ergebnisse. In Scharen strömten die Arbeiter in die neuen Gewerkschaften und hielten unter dem wohlwollenden Schutz der Polizei viele friedliche Demonstrationen ab. In Moskau versammelten sich sogar einmal innerhalb der Kreml-Mauern 50000 Arbeiter vor dem Denkmal Alexanders II. Doch diese Gewerkschaftsbewegung brachte die Unternehmer in Harnisch. Sie forderten staatliche Unterstützung an zur Unterdrückung der Streiks und nahmen in Kauf, daß sie dadurch viel von ihrer Würde und ihrer Unabhängigkeit verloren. Daß der Staat die Streikenden mit ihren Forderungen nach einem 8-Stunden-Tag und nach kostenloser ärztlicher Versorgung unterstützte, erschien ihnen geradezu unerhört. Witte war auf seiten der Unternehmer, so daß der Traum der Arbeiter bald ausgeträumt war. Im Juni 1903 kam es im Süden des Landes zu zahlreichen illegalen Streiks, vor allem bei den Ölarbeitern von Baku, deren Situation besonders beklagenswert war, aber auch in Maschinenfabriken, Bergwerken, Eisenbahn-Depots und auf Baustellen. Viele der Subatow-Gewerkschaften schlossen sich den nichtorganisierten Arbeitern an und stellten ihre Funktionäre und Organisatoren zur Verfügung. So entwickelte sich das Ganze bald zu einem lähmenden Generalstreik. Subatow hatte seine

Sache zu gut gemacht. Er wurde an die Luft gesetzt. Doch die merkwürdig ambivalente Vorstellung von einem Polizeisozialismus existierte weiter fort und brach sich anderthalb Jahre später in aller Heftigkeit Bahn.

Rußland näherte sich nun dem Stadium, wo Ausländer, welche mit den Landesverhältnissen bestens vertraut waren und deshalb Schwierigkeiten kaum ernst nahmen, die für ein anderes Land eine echte Bedrohung dargestellt hätten, allmählich nun auch das Schlimmste befürchteten. Das Land wurde von einer Welle von Attentaten überschwemmt. Den ersten politischen Mord unter der neuen Regentschaft beging ein Student der Sozialistischen Revolutionäre: 1901 erschoß er den relativ bedeutungslosen Erziehungsminister N. P. Bogolepow. Doch bald sollte es schlimmer kommen. 1902 wurde D. S. Sipjagin ermordet, der von Witte zum Innenminister ernannt worden war; dasselbe Schicksal erlitt Sipjagin-Nachfolger Plehwe. Beide Morde gingen auf das Konto der S.R.-Kampfbrigade; Mitglieder dieser Brigade waren auch verantwortlich für den Tod vieler weniger prominenter Männer.

Schon zu Beginn hatte sich Plehwe als Leiter von Loris-Melikows neuer Abteilung der Staatspolizei einen Namen gemacht; er galt als überaus streng (zu der Zeit, als Finnland unter dem brutalen General N. N. Bobrikow litt, der dann 1904 ermordet wurde, war er zuständig für finnische Angelegenheiten; und in dieser Eigenschaft machte sich seine Strenge besonders bemerkbar). Doch andererseits fehlte es Plehwe nicht an Verschlagenheit und einer gewissen Flexibilität. Wie Witte und viele andere weniger fähige Männer versuchte er Unmögliches, nämlich Veränderungen innerhalb des strengen Rahmens der Autokratie durchzusetzen. Im Grunde versuchte es Plehwe mit Bauernfängerei: Würden ihn die Führer aus dem liberalen Lager öffentlich unterstützen, wäre er imstande, diese zu manipulieren und sie bis zu einem gewissen Grade zu schwächen, während er den anderen einreden könnte, er sei im Grunde liberal. Plehwe versuchte, den hochgeachteten Semstwo-Führer D. N. Schipow für sich zu gewinnen, indem er ihm versprach, daß sich die Verhältnisse in der Landwirtschaft bessern würden. Er ging sogar so weit, dem liberalen Historiker P. N. Miljukow das Erziehungsministerium anzubieten. Doch Plehwe wirkte trotzdem in seiner Rolle als Reform-Minister wenig überzeugend. Während er die Bauern mit Versprechen zu ködern versuchte, gab er zugleich sein Placet für die unmenschliche Behandlung derjenigen unter den Leidensgenossen, die sich an den Bauernunruhen vor seiner Ministerzeit beteiligt hatten. Entgegen der Intervention der Semstwos ließ er dabei die Gründe für die damaligen Gewalttaten völlig außer acht. Dem Minister wurden auch die Grausamkeiten bei einer Reihe von Pogromen angelastet, so insbesondere das berüchtigte Osterpogrom von Kischinew im Jahre 1900, wo mehrere Tage lang insgesamt 400 Menschen unter den Augen der Polizei ermordet wurden. Solche Pogrome hielt er für richtig. Obwohl er weder das Osterpogrom noch andere initiierte, wie zuweilen behauptet wird, machte er aus seiner Überzeugung, die Juden stünden hinter allen subversiven Aktivitäten und wären ohnehin Untermenschen, niemals ein Hehl, übrigens ebensowenig wie Nikolaus. So konnten sich die antisemitische örtliche Polizei und die reaktionären Geheimbünde in der sicheren Erkenntnis wiegen, daß der Minister im Grunde ihre Morde befürwortete. Einige dieser Bünde waren so geheim wieder nicht: Nikolaus selbst sollte Schirmherr der »Union des Russischen Volkes« werden, jenes unehrenhaften Bundes, der, ohne selbst aktiv zu werden, im stillen die gangsterähnlichen Greueltaten der berüchtigten Schwarzen Hundert begünstigte.

Plehwe war überdies einfältig genug zu glauben, er könne einen Schipow oder Miljukow kaufen, und dumm genug, um positive Auswirkungen seiner Schmeicheleien durch Drohungen wieder zunichte zu machen, hierin ein Abklatsch eines faschistischen oder kommunistischen Funktionärs des 20. Jahrhunderts. (Wir nehmen diese verachtenswerten Kreaturen zu ernst, die in unserer Zeit einen derart großen Teil der Welt beherrscht haben. Die Bedeutung dieser Kreaturen sollte nicht im Bereich der politischen Philosophie, vielmehr im Melodrama von Eugène Sue gesucht werden.) Plehwe umgab sich mit Schauspielerinnen, Tänzerinnen und weniger aufregenden Erscheinungen, die hohe Protektion suchten. Wie bei vielen seiner sowjetischen Nachfolger ähnelte Plehwes Lebensstil eher dem des Barons Scarpia als Torquemada. »Machen Sie mit bei mir«, rief er den Schipows und Miljukows zu, »und Sie werden überrascht sein über meine liberale Gesinnung. Doch wenn Sie sich gegen mich stellen, werde ich Sie von dieser Erde vertreiben.« Eine seiner letzten Amtshandlungen war denn auch die Entlassung sämtlicher Mitglieder des Semstwo von Twer (Twer stand wieder einmal an der Spitze der Bewegung) und die Weigerung, den altgedienten Schipow als Anführer des Moskauer Semstwo zu bestätigen.

Am 15. Juli 1904 wurde Plehwe von einer Bombe zerfetzt; er war damit der zweite Innenminister, den es erwischt hatte. Seine Ermordung bedeutete einen Triumph für die Sozialistischen Revolutionäre. Die Bombe geworfen hatte der S.R.-Student Sazonow, ein echter Märtyrer, der sich für den Nachfolger von Scheljabow und Perowskaja hielt. Doch Sazonow führte die Tat lediglich aus. Die Verschwörer, die hinter ihm standen, hatten lange an dem Mordplan gearbeitet und es dabei als ungeheure Schwierigkeit empfunden, den engen Sicherheitsring um Plehwe zu durchbrechen. Die Anführer hatten sich im übrigen inzwischen weit von dem Idealismus des »Volkswillens« entfernt, der bereit war, Opfer zu bringen. Jetzt übernahmen die Machthungrigen die Führung der revolutionären Bewegung – dies gilt sowohl für die S.R.s als auch für die S.D.s. In allen Städten des Reiches und auch auf dem Land fanden sich immer mehr junge, treuergebene Revolutionäre, Männer und Frauen aus armen und reichen Familien, die ihre ganze Kraft und ihr Leben der Verbesse-

29  Leo Trotzkij: Jugendbildnis

30  Trotzkij auf dem Weg nach Sibirien im Januar 1907

A. I. Scheljabow

Vera Zasulich

Michael Bakunin

G. V. Plechanow

31  DIE REVOLUTIONÄRE

32 Der Thronsessel des letzten russischen Zaren im Winterpalast
(Foto von 1905)

rung der Lebensbedingungen ihrer Landsleute widmen wollten. Doch obwohl diese Gruppe zahlenmäßig immer mehr anstieg, wurde sie zunehmend zum Werkzeug der Männer, die eher zerstören als aufbauen wollten. Es waren Mörder wie Gerschuni von den S.R.s oder andere Demagogen, die intrigierten und sich selbst täuschten; so auch, jeder auf seine Art, Lenin und Trotzkij, die beide glaubten, nur sie allein wüßten, was für die Menschen gut sei, und die deshalb mit allen Mitteln nach mehr Macht streben mußten, gleichgültig, wie hoch der Preis an Elend und Blutvergießen auch sein würde. Als die S.R.s die Bauern zu Gewalt, Schießereien und Bombenattentaten anstachelten, wurden auch die Sozialdemokraten, die Bolschewiken und die Menschewiken in den Fabriken mehr und mehr aktiv. Für die Revolutionäre wie für die Regierung dürfte es bezeichnend sein, daß die Ermordung Plehwes von Jewno Atzew geplant und organisiert wurde, von jenem Mann, der von Plehwe selbst auf die Revolutionäre als Polizeispitzel angesetzt worden war. Nikolaus wiederum dachte und verhielt sich wie Lenin. Auch er glaubte, er wüßte alles am besten und könnte nichts falsch machen. Hierfür ist er zu verurteilen. Doch Nikolaus war immerhin auch das Opfer eines seit Generationen vorhandenen und weitverbreiteten Irrglaubens: Er hielt sich für das gehorsame Werkzeug Gottes und für den Vertreter Gottes auf Erden. Wie aber soll man diese jahrtausendealte und in gewisser Weise auch demütige Vorstellung vergleichen mit dem Wahnsinn eines Mannes, der die Existenz Gottes leugnet, der sich ohne jede Verantwortung, die er hätte übernehmen können, als Auserlesener betrachtet und der unverzeihlicherweise verkündet, nur er allein könne Erfolg haben, alle anderen hätten in der Weltgeschichte versagt?
Als Plehwe 1904 ermordet wurde, war der Irrsinn noch nicht offen ausgebrochen. Nikolaus legte Unsicherheit an den Tag, als er – entgegen dem dringenden Ratschlag seiner Mutter – nicht einen hart durchgreifenden Nachfolger für Plehwe ernannte, der die Notstandsgesetze anwenden würde, sondern Fürst P. D. Swjatopolk-Mirskij bestimmte, einen aufgeklärten, gebildeten und etwas wichtigtuerisch auftretenden Mann aus einer der ältesten Familien des Landes. Mirskij sollte Krone und Untertanen miteinander aussöhnen in einer Zeit des nationalen Notstandes. Bald würde, wie man zuversichtlich glaubte, das ganze Reich ohnehin im Stolz auf den Sieg über die verachtenswerten Japaner vereint sein. Bedauerlicherweise kam es nicht zu einem solchen Sieg. Sechs Monate nach Mirskijs Amtsübernahme wurden seine guten Vorsätze mit Füßen getreten, vom Militär und den Demonstranten, die sich harte Auseinandersetzungen lieferten.

# XIX Niederlage in Asien

I

Der russisch-japanische Krieg war im Grunde nur ein weiteres Abenteuer im Rahmen eines globalen Imperialismus, der einer Anzahl nach dem Berliner Kongreß noch vertrauter diplomatischer Gepflogenheiten ein Ende bereitete. Dieser Krieg sagt uns deshalb nichts Spezifisches über Rußland selbst. Damals existierte das europäische Konzert noch nicht einmal mehr als Wunschtraum. An seine Stelle war das Gleichgewicht der Kräfte getreten. Und die Großmächte richteten ihren Blick auf die Meere und die entferntesten Winkel der Erde. Es war das Zeitalter der »Manifest Destinies« und »White Men's Burden«, der blutigen Auseinandersetzungen zwischen Angelsachsen, Italienern und Deutschen an den Ufern des Nils und in Marokko, das Zeitalter, in dem man sich um Kolonien in Afrika riß. Es war aber auch eine Zeit, in der es für die Politiker aller Großmächte, einschließlich der Vereinigten Staaten, eine Selbstverständlichkeit war, daß das riesige, feindliche, hartnäckige und mysteriöse China (nach Meinung aller inzwischen nur noch ein träger, verkrüppelter Gigant) betäubt und für immer ausgebeutet werden könne. In dieser Zeit waren alle Großmächte bereit, die Chinesen, die die Unverschämtheit besaßen aufzumucken, mit vereinten Kräften zu vernichten. Im selben Atemzug aber verurteilten sie scheinheilig einen der ihren, weil er die Buren in Südafrika bekämpfte.
Jede Epoche hat so manch Unreputierliches vorzuweisen; doch das letzte Jahrzehnt des 19. und das erste des 20. Jahrhunderts waren besonders unerfreulich. Wie eine Seuche überschwemmte eine Welle des Nationalismus ganz Europa. Waren es früher nur einige Tausend, so verfielen nun Millionen dem Machtdenken. Um dies zu verstehen, reichen die Erklärungen der Marxisten nicht aus. Hier ging es vielmehr um das allseits eifrige Bemühen, sich Märkte zu erobern, was einige Europäer und Amerikaner auch deutlich erkannten. So konnte Brooks Adams, der einflußreiche, imperialistisch denkende Bruder des amerikanischen Außenministers, 1899 kurz vor Ausbruch des Buren-Krieges schreiben: »Ostasien dürfte heute... das einzige Gebiet (Sic) sein, das noch in der Lage ist, große Industriezweige aufzunehmen... Ob wir wollen oder nicht, wir

müssen um den internationalen Handel oder, in anderen Worten, um die Vormachtstellung kämpfen.«[1] Brooks Adams war von der Idee besessen, Amerika müsse den Russen in China unbedingt zuvorkommen. Witte in St. Petersburg dachte mit umgekehrten Vorzeichen dasselbe, allerdings weniger dramatisch. Adams lebte in der apokalyptischen Vorstellung, die Vereinigten Staaten seien zum Wachstum verdammt, wenn sie nicht in die Barbarei zurückfallen wollten; in seinem Buch »Law of Civilisation and Decay« kommt dies deutlich zum Ausdruck. Derartige philosophische Alpträume waren Witte fremd. Für ihn bedeutete der Handel mit China ein Mittel zur Stärkung Rußlands, damit Rußland neben den neuen Industriemächten des Westens als Großmacht bestehen konnte. Wozu? Ganz einfach, um zu verhindern, daß Rußland überrannt wird. Von wem?

Hand in Hand mit dieser Angst ging auch ein gerüttelt Maß an Prahlerei. Wilhelm II. von Deutschland trug Uniformen, die aus einem Theaterfundus hätten stammen können; er setzte sich ständig in Positur und verschickte absurde Telegramme. Sicherlich war er die Witzfigur der damaligen Prestige-Politik. Aber er war mehr als nur eine Witzfigur, in gleichem Maß war er allen unheimlich. Zu seinen Uniformen trug er Reitstiefel und Sporen. Der Helm mit dem glänzenden Adler an der Spitze war kugelsicher. Und nach den Manövern der russisch-baltischen Flotte begrüßte er den armen Nikolaus regelmäßig mit den Worten: »Der Admiral des Atlantik begrüßt den Admiral des Pazifik.« Wilhelm II. sah schon den Tag kommen, an dem seine Flotte, die Marine einer Großmacht zu Lande ohne nennenswerte Verpflichtungen zu Wasser, die Royal Navy, von der die Existenz der Britischen Inseln abhing, an Größe übertreffen und damit Europa an den Rand eines Krieges bringen würde. Er ermunterte den »Admiral des Pazifik« zu fernöstlichen Abenteuern. Der deutsche Kaiser beherrschte Nikolaus; er gab vor, ihn zu lieben, verachtete ihn jedoch in Wirklichkeit. Und wenn sein junger russischer Cousin in Schwierigkeiten mit England, Amerika, Japan oder einem anderen Land geriet, würde ihn das von Deutschland fernhalten.

Lassen wir einmal alles beiseite, was man als rationale Elemente in den internationalen Auseinandersetzungen bezeichnen könnte – so dürstete Frankreich nach Rache und verlangte die Rückgabe von Elsaß-Lothringen; Österreich war hin- und hergerissen zwischen der Gier nach mehr Land auf dem Balkan und der Angst, eine Veränderung könnte den ohnehin unsicheren Status quo beeinträchtigen; Deutschland wollte Kolonien haben (in einer Ära des Imperialismus verständlich). und Rußland achtete aufmerksam auf seinen Einfluß im Balkan, beobachtete daher argwöhnisch die österreichischen Aktivitäten in diesem Gebiet; insbesondere mißfiel den Russen, daß Südpolen dank der milden österreichischen Herrschaft zum Zentrum und Zufluchtsort polnischer Rebellen gegen Rußland wurde – lassen wir all diese traditionellen Elemente beiseite,

dann bleibt zuletzt doch noch die Feststellung, daß der Zeitgeist in seiner ganzen Vulgarität die ohnehin instabile Lage noch verschlimmerte. So übertrieben das Image Wilhelms II. auch gewesen sein mag, er stellte trotzdem weit weniger eine Abweichung vom Normalen als vielmehr eine Karikatur dar. Was er auch tat, von der Art, wie er seinen Schnauzbart wachsen ließ, bis hin zum martialisch-leidenschaftlichen Säbelgerassel, alles war irreal. Aber dieses waffenklirrende Gehabe war letztlich auch nicht unwirklicher als die Haltung und Einstellung Eduards VII. von England (dessen Zeitalter dies eigentlich war) oder die von Nikolaus. In einer Zeit, in der die Massen ein Selbstbewußtsein wie noch nie besaßen, zur gleichen Zeit aber arm und unterdrückt waren, verpflanzte der Anwärter auf Viktorias Thron die Londoner Gesellschaft in eine Mischung aus Gewächshaus, Kasino und Bordell und verschwendete Zeit und Energie auf Uniformen und Orden. Frankreich hatte sich kaum von der Boulanger-Affäre erholt und wurde schon wieder in zwei Lager gespalten durch den Fall Dreyfus. Nikolaus lebte auf Schloß Peterhof und in Zarskoje Selo zwar recht bescheiden zwischen den Mahagoni-Möbeln und den malvenfarbenen Vorhängen, die auf Wunsch Alexandras angeschafft worden waren, doch er warf mit dem Geld nur so um sich, um den prunkvollen Hof zu unterhalten, der weitaus eleganter und aufwendiger ausgestattet war als zu seines Vaters Zeiten. Deshalb dürfte die Feststellung noch nicht einmal unfair sein, daß sich das Resultat der Industrialisierungspolitik Wittes und der Öffnung nach Fernost, soweit es Väterchen Zar betraf, in einer Sammlung von Fabergés Ostereiern erschöpfte, jener perfekten Symbole und krönenden Kostbarkeiten des dem Untergang geweihten Winterpalastes.
Und was für eine Sammlung: Die beschämende militärische Niederlage, zahllose Tote, Verwundete, Witwen und Waisen und dazwischen etwas, was nach einer Revolution aussah.
Denn der Krieg mit Japan war Realität.


2


Wilhelm versicherte Nikolaus, Rußland habe in Asien eine heilige Mission zu erfüllen – die Verteidigung des Kreuzes und der alten christlich-europäischen Kultur gegen die Einfälle der Mongolen und Buddhisten. Er drängte Nikolaus, beherzt vorzugehen: »Ich würde es nicht zulassen, daß irgend jemand in Europa Dir bei der Erfüllung Deiner göttlichen Aufgabe in die Quere kommt und Dich von hinten angreift.«[2] Der Kaiser dachte an China und die berüchtigte »gelbe Gefahr«. Aber Japan würde den Zweck genauso erfüllen, solange Rußland nur irgendwo am anderen Ende der Welt beschäftigt war. Dies war natürlich nicht der Grund, warum Rußland gegen Japan Krieg führte. Doch zweifellos wurde Nikolaus auch durch Wilhelms Intervention in eine Position gedrängt, die er nicht so leicht wieder aufgeben konnte.

Der Kriegsausbruch war, soweit er Rußland betraf, ein Fehler. In den Monaten vor dem japanischen Angriff auf Port Arthur im Januar 1904 benahm sich Nikolaus noch unentschlossener als sonst. Ein Teil seiner Berater, darunter vor allem Plehwe, drängte ihn zum Krieg; die anderen, insbesondere Witte und – am entscheidensten – Verteidigungsminister General Kuropatkin, wollten ihn mit aller Macht davon abhalten. Dennoch hatte gerade Witte mit seiner großen Transsibirischen Eisenbahn den Krieg überhaupt erst möglich gemacht. Denn mit Hilfe der Eisenbahn konnten russische Waren und Waffen über die Grenzen Chinas befördert werden, was dazu führte, daß man in Korea gefährlich eng mit japanischen Interessen kollidierte.

Zu Beginn des 20. Jahrhunderts waren sämtliche Großmächte darauf aus, auf Kosten Chinas Profit zu machen. Rußland befand sich allerdings in einer anderen Position, denn China war Nachbarstaat. Mit dem Versuch, in die Mandschurei vorzudringen, setzte Rußland einfach den Prozeß fort, der das Land der Moskowiter bis an den Pazifik und in jüngster Zeit bis tief in chinesisches Territorium ausgedehnt hat. Im übrigen wurde Rußland direkt mit Japan konfrontiert, welches sich damals in einer explosionsartigen Modernisierungs- und Wachstumsphase befand. Japans Bedürfnis nach mehr Raum und nach Kontrolle über die angrenzenden Meere war ungleich stärker als das Verlangen Rußlands, sich immer mehr nach Osten und Süden auszudehnen. Korea, das Japan gerade von chinesischer Herrschaft losreißen wollte, wurde mehr und mehr zum Zankapfel. Von Japan war es durch eine Meerenge getrennt, von Rußland nur durch einen Teil der Mandschurei. Deshalb brauchte Japan einen Stützpunkt auf dem Festland.

Nach dem Sieg über China im Jahre 1894 forderte Tokio daher die Abtretung der Liaotung-Halbinsel mit Port Arthur, dem einmaligen Naturhafen der Mandschurei. Witte, der den eigentlichen Zweck seines großen Eisenbahn-Projekts gefährdet sah, falls sich Japan in der Mandschurei einnisten würde, konnte Nikolaus zum Widerstand überreden. Auch Deutschland und Frankreich wurden davon überzeugt, daß man gemeinsam mit Rußland Japan aufhalten müsse. Japan fand sich mit seinem Schicksal ab und begnügte sich mit Formosa, den Pescadores und einer hohen Entschädigungssumme.

Nun konnte sich Rußland zum Beschützer Chinas aufschwingen; die Beziehung mündete bald in einem Bündnis gegen Japan. Erste Früchte waren das Abkommen über den Bau der »Ostchinesischen Bahn« durch die nördliche Mandschurei, für die Transsibirienbahn eine Abkürzung auf ihrem Weg nach Wladiwostok. Witte baute diese Eisenbahn und zahlte auch Chinas Ablösesumme an Japan, und zwar mit Geldern, die weitgehend aus französischen Krediten stammten. Rußland behielt sich die Kontrolle eines Landstreifens rechts und links der Eisenbahn vor, die von russischem Militär bewacht werden sollte.

Auf diese Weise verhalf Witte Rußland zur militärischen Präsenz in der Mandschurei. Drei Jahre später wurde dieses Werk gekrönt: Rußland nahm Port Arthur ein und besetzte die Liaotung-Halbinsel. Diese beiden Stützpunkte hatte Japan auf Rußlands Drängen hin trotz erfolgreichen Krieges aufgeben müssen. Ein deutscher Überfall auf Shantung – offensichtlich ein Racheakt für die Ermordung zweier Missionare – ermöglichte die Operation. Er gab auch anderen Mächten grünes Licht, sich zu nehmen, was sie bekommen konnten (Englands Anteil am Beutegut war Weihaiwei). Japan sollte dies nie vergessen.

Über das Finanzministerium kontrollierte Witte nun so etwas wie sein persönliches Reich in der Mandschurei. Er war damit zufrieden, andere Russen waren es aber nicht. Witte und sein Kollege im Außenministerium, Graf Lambsdorff, ein Mann, dessen Naturell schwer durchschaubar war, protestierten gegen jedes weitere Engagement Rußlands in Fernost. Doch um den Zaren bildete sich eine Art organisierter Kriegspartei. Die Mitglieder dieser Partei wollten Korea haben, nicht nur wegen dessen strategischer Schlüsselposition – Korea liegt genau gegenüber von Wladiwostok –, sondern weil die Einnahme dieses Landes sie reich machen konnte. Der Anführer dieses Komplottes war der verrufene ehemalige Gardeoffizier Besobrasow. Er hatte ein riesiges Holzprojekt am Jalu aufgezogen und viel zu viele hochstehende Persönlichkeiten, die es eigentlich besser hätten wissen müssen, überredet, dort zu investieren. Schlimmer noch war, daß es ihm gelang, Nikolaus als Schirmherrn für das Projekt zu gewinnen. Der Zar investierte selbst einiges. Witte, der das Unternehmen mit Wut, Verachtung, Besorgnis und Groll beobachtete, mußte auf Anweisung des Zaren Gelder aus der Schatzkammer bereitstellen. Dabei mußte dieses Projekt, das unter dem Schutz russischer Truppen vorangetrieben wurde, unweigerlich einen Konflikt mit den Japanern heraufbeschwören. Der Lobby zugunsten eines Krieges in Fernost gehörte außerdem Admiral Alexejew an, ein talentloser Mann ohne Fortune. Es hieß, er sei ein unehelicher Sohn Alexanders II. und damit ein Onkel von Nikolaus. Auch Plehwe unterstützte die Kriegs-Lobby. Denn er war von Natur aus Imperialist und nahm überdies jede Gelegenheit wahr, um Witte eins auszuwischen oder gegen ihn zu intrigieren. Zudem glaubte Plehwe, ein »kleiner siegreicher Krieg« könnte eine Revolution im Inneren verhindern; so jedenfalls erklärte er es Kuropatkin kurz vor seiner Ermordung. Nikolaus ernannte Admiral Alexejew zum Vizekönig in Fernost. Er sollte allein dem Zaren unterstellt sein und keinerlei Verpflichtungen gegenüber dem Außenministerium haben. Mit dieser Ernennung brachte Nikolaus das Land dem Krieg mit Japan um etliches näher. Der Zar hatte niemanden zu Rate gezogen und lediglich Plehwe davon erzählt (die anderen Minister, einschließlich des Außenministers, erfuhren von der

Ernennung durch die Presse). Nun residierte Alexejew 5000 km von St. Petersburg entfernt in Port Arthur und hielt nur mit dem Zaren und seiner eigenen Clique in der Hauptstadt Verbindung. Nikolaus wiederum weigerte sich, seine Minister ins Vertrauen zu ziehen. Zwangsläufig wurde der Ferne Osten auf diese Weise ein Tummelplatz für alle möglichen Abenteurer. Mit der Entlassung Wittes im Jahre 1903 fielen die letzten Schranken. Bei dieser Gelegenheit stellte Nikolaus im übrigen unter Beweis, daß er alle Anstandsregeln mißachtete. Er bestand darauf, daß der hervorragende Politiker Witte den Vorsitz im Ministerrat, also einen reinen Ehrenposten, übernahm.

All dies geschah zu einer Zeit, als das Verhältnis zu Japan immer gespannter wurde. Während des Boxer-Aufstandes drei Jahre zuvor hatte Rußlands Beitrag im internationalen Bemühen um ein Niederschlagen des Aufstandes darin bestanden, daß es buchstäblich die ganze Mandschurei besetzte. Moskau legte danach dann absolut keine Eile an den Tag, um wieder abzuziehen. Bald wurde jedem klar, daß Witte und Lambsdorff, die sich für korrektes Verhalten gegenüber den anderen Mächten einsetzten, von Nikolaus unterlaufen wurden. Diese Tatsache versetzte England, Amerika und auch Japan in Alarmstimmung. Gegen Ende des Jahres 1901 sahen selbst diejenigen Japaner, die einen Pakt mit Rußland angestrebt hatten, ein, daß Rußland seine Interessen in Korea niemals aufgeben würde. Im Januar 1902 gab Japan schließlich jeden Versuch in dieser Richtung auf und schloß das berühmte Verteidigungsbündnis mit England. Zumindest dies hätte Rußland ernüchtern und Nikolaus nachdenklich stimmen müssen. Doch nichts dergleichen geschah. Nikolaus wollte sicherlich keinen Krieg, aber er behandelte Japan wie eine unbedeutende, der Küste vorgelagerte kleine Insel, deren Wünsche und Forderungen man ignorieren konnte. Den Anlaß zur Kollision lieferte schließlich die Mandschurei. Obwohl Rußland den stufenweisen Truppenabzug zugesichert hatte, schob es diesen immer wieder auf die lange Bank und trotzte den Chinesen immer mehr Zugeständnisse ab. Japan, das ebenfalls eine Kriegspartei hatte, entschied, je eher es sich durchsetzen und losschlagen würde, desto besser. Am 9. Februar 1904 machte Tokio ernst. Ohne Kriegserklärung sandte Japan zehn Torpedoboote im Schutz der Dunkelheit in den Hafen von Port Arthur. Sie sollten die russische Kriegsflotte, die dort vor Anker lag und deren Silhouette sich gegen die Lichter der befestigten Stadt abhob, in die Luft sprengen. Es war eine Probe für Pearl Harbor.

Das Unternehmen erwies sich aber nicht als so erfolgreich wie Pearl Harbor. Drei russische Schiffe wurden beschädigt, eines davon schwer. Entscheidend war jedoch der moralische Schock. In Port Arthur hatten die Russen eine bemerkenswert schlagkräftige Flotte stationiert. Zu ihr gehörten allein sieben Schlachtschiffe. In St. Petersburg war niemandem auch nur der Gedanke gekommen, diese Flotte könnte ernsthaft in Gefahr geraten. Doch nachdem der erste Schreck überwunden war und die Flotte am nächsten Tag zum Kampf gegen Admiral Togos in Schlachtenformation ausgerichtete Schiffe auslief, war der russische Admiral mehr als froh, nach einem kurzen halbstündigen Scharmützel (bei dem die russischen Kanonen ziemlich viel Schaden anrichteten) das Unternehmen abbrechen und wieder in den Hafen zurückkehren zu können. Am selben Tag griffen die Japaner in der Nähe von Chemulpo im westlichen Korea ein russisches Geschwader an und versenkten zwei Kreuzer.

Mit der Vormachtstellung zu Wasser konnten die Japaner nun ernsthaft in den Krieg eintreten. Zwei Offensivpläne waren vorgesehen: Einmal das Vorrücken durch Korea und über den Jalu in die Mandschurei nach Mukden, zum anderen die Landung auf der Liaotung-Halbinsel und die Umzingelung und Einnahme von Port Arthur.

Selbst nach dem Schock der Flottenniederlage ist es Nikolaus und seiner Umgebung (mit Ausnahme von General Kuropatkin) anscheinend niemals in den Sinn gekommen, daß Rußland in Gefahr sein könnte. Natürlich kannte man die Mängel innerhalb der Armee und wußte, daß vor allem die Transportmöglickeiten sehr zu wünschen übrigließen. Doch die Russen verfügten über eine hervorragende Flotte und über die vielleicht beste Artillerie der Welt. Außerdem konnten sie sich auf eine ans Mystische grenzende Unterstützung der Massen verlassen. Wer waren dagegen diese japanischen Affen, wie Nikolaus sie zu nennen pflegte? Wie konnten die grinsenden, schnatternden, gelben, zu klein geratenen Insulaner, die gerade erst Jahrhunderte mittelalterlicher Abgeschlossenheit hinter sich gelassen hatten, hoffen, dem mächtigen Rußland ihren Stempel aufdrücken zu können, wenn dieses beschlossen hatte, seinen riesigen trägen Körper zu einem Vergeltungsschlag zu mobilisieren? Niemand wußte bzw. kümmerte sich darum, daß die Japaner seit der Meiji-Restauration im Jahre 1868 es als ihre dringendste Aufgabe angesehen hatten – wobei diese Aufgabe die Grundlage für alles andere bildete –, was in Rußland vordringlich war und noch ist: nämlich die Einführung einer allgemeinen Grund- und Oberschulpflicht. Auf diese Weise erhielten die »Kinder von Kutschern, Dienstboten, Köchen, Waschfrauen, kleinen Ladenbesitzern und ähnlichen Leuten« in Japan die Chance, ihre Möglichkeiten auszuschöpfen, ja sie wurden förmlich dazu gedrängt. In Rußland hatte hingegen Deljanow[3] noch 1887 diesen Leuten offiziell das Recht auf Bildung abgesprochen. Die russische Obrigkeit war sich ihrer selbst zu unsicher, um das Wagnis einzugehen, die Kinder der Armen zum Schreiben und Lesen zu ermutigen. Dagegen riskierte die japanische Obrigkeit diesen Schritt ohne Vorbehalte und konnte nun die Früchte ernten: unzählige ausgebildete, mitdenkende Arbeitskräfte und eine hervorragende Armee und Marine. Daß Rußland weder hierüber Bescheid wußte noch informiert war über Japans ungeheure Anstrengungen auf dem Gebiet der modernen Kriegführung und der Entwicklung entsprechender Technologien, dafür gibt es keine Entschuldigung. Als Entschuldigung mag hingegen gelten, daß Rußland es nicht verstehen konnte, wie die modernen Japaner westliche Technologien mit der ihnen eigenen Art von Patriotismus, der bis zum Selbstmord ging, in Einklang bringen konnten. Der russische Soldat würde zur Verteidigung seiner Heimat die schlimmsten Strapazen erdulden; die Japaner bewiesen extreme Tapferkeit im Angriff. Die Russen würden sich, wie sie es in Notfällen immer getan hatten (und es 1914 – so bald schon! – wieder tun würden), auf ihre zahlenmäßige Überlegenheit verlassen. Die Japaner aber wußten dies alles und waren fest entschlossen, die russischen Truppen in der Mandschurei aufzureiben, bevor sich der langsame, aber unaufhörliche Strom soldatischen Nachschubs zu ihren Ungunsten auswirken konnte. Sie zogen in den Krieg mit einer leidenschaftlichen Begeisterung für die zielstrebige Gewaltanwendung, die das russische Oberkommando in höchste Verlegenheit stürzte.

Die Verlegenheit wurde nur noch größer durch eine geradezu absurde Teilung der Befehlsgewalt. Das russische Oberkommando über Heer und Marine lag bei Admiral Alexejew, der aber in Port Arthur residierte. Kommandeur der Armee war General Kuropatkin; er war als Kriegsminister zurückgetreten, um ins Feld zu rücken. Viele der russischen Schwierigkeiten zu Beginn des Krieges gingen zu Lasten Alexejews. Er hatte den direkten Kontakt zum Zaren und seiner eigenen Clique, die sich ebenfalls um den Zaren scharte. Der arme Kuropatkin aber, der die Truppen kommandieren mußte, wurde ständig mit neuen, sich widersprechenden Befehlen bombardiert. Sicherlich war Kuropatkin kein brillanter General, aber ein guter Soldat. Und er verstand etwas von der russischen Art, Krieg zu führen. Sein Wissen wollte er in der Mandschurei in die Praxis umsetzen. Deshalb forderte er Geduld, gerade die aber durfte er nie praktizieren. Ihn kümmerte es wenig, wenn er für den Augenblick Boden verlor. Er wollte seine Truppen zusammenhalten und den Feind bis zur Erschöpfung gegen einen Verteidigungswall anrennen lassen, solange die russische Armee noch nicht stark genug war, um mit ziemlich sicheren Siegeschancen die Offensive wagen zu können. Kuropatkin wußte besser als jeder andere um die mangelhafte Ausrüstung und Beschaffung. Kurz vor dem japanischen Angriff hatte er dem Zaren klarzumachen versucht, daß Rußland erst zum Frühlingsende 1905 kriegsbereit sein würde. Einige logistische Probleme mußten noch gelöst werden, vor allem aber fehlte noch ein beängstigend großes Stück der transsibirischen Eisenbahnlinie. Die Vorherrschaft zur See und die kurze Strecke, die sie auf dem Meer zurückzulegen hatten, verschafften den Japanern gegenüber den Russen einen enormen Vorteil. Rußland mußte nämlich sämtliches Kriegsmaterial erst einmal rund 8000 km auf einer einspurigen Eisenbahn heranschleppen – selbst wenn diese Bahn fertig gewesen wäre. Aber sie war noch nicht fertig. Sämtliche Züge hielten am Baikalsee. Dort mußten Soldaten und Material im Sommer auf Schiffe umgeladen werden und im Winter auf leichte Wagen, die über das Eis fuhren. Am anderen Ufer ging es dann in normalen Zügen weiter. Um die Baulücke zu schließen, fehlten noch circa 160 Kilometer. Außerdem würde es lange dauern, weil das Gebiet rund um den Baikalsee ziemlich gebirgig ist. Schließlich mußte man, um das fehlende Verbindungsstück fertig bauen zu können, ungefähr 20 Tunnel in den Berg sprengen.

Zahlenmäßig war die russische Armee der japanischen natürlich weit überlegen. Alexejew hatte rund zweieinhalb Millionen Mann hinter sich, Togo weniger als die Hälfte. Aber bei Kriegsausbruch standen 180000 Japaner in Korea, weitere 30000 sollten direkt über die Meeresenge in Marsch gesetzt werden. Die Russen verfügten in der Mandschurei nur über ein 100000 Mann starkes kampfbereites Heer. Weitere 30000 Soldaten waren in China entlang der Ostchinesischen Bahn postiert, also ziemlich weit verstreut.[4] Kuropatkin hatte deshalb ganz offensichtlich recht, wenn er seine Truppen am Jalu konzentrierte, um dort die Stellung zu halten und gegebenenfalls bis zum Eintreffen der Verstärkung langsam und geordnet in Richtung Mukden zurückzuweichen (er brauchte dringend Feldartillerie und Soldaten). Ebenso richtig war es, daß die Japaner nach ihrer Flottenoffensive nun, solange die Russen noch schwach waren, im Sturm den Jalu nehmen und hinter Port Arthur landen wollten. Es war jedoch wohl unausbleiblich, daß der unglückselige Vizekönig – aufgehetzt von seinen falschen Freunden in St. Petersburg – auf einer sofortigen schnellen russischen Offensive beharren würde. Diese Offensive schlug nicht nur fehl, sie fügte Kuropatkins Truppen zudem schweren Schaden zu. Weniger unvermeidbar war allerdings die Tatsache, daß die Japaner, ohne auf Widerstand zu stoßen, hinter Alexejews Rücken landen konnten. Doch gerade das geschah. Innerhalb kürzester Zeit hatten sie die Halbinsel abgeschnitten und damit Port Arthur isoliert.

Einmal abgesehen von den durch eigene Unfähigkeit verschuldeten Fehlern hätten die Russen auch nicht unbedingt von so viel Pech verfolgt sein müssen, und dies eigentlich von Kriegsanfang bis Kriegsende. Der schlimmste Schlag traf sie am 31. März, als Admiral Makarow mit seinem prächtigen Flaggschiff *Peter und Paul* auf eine Mine lief. Makarow war auf russischer Seite zweifellos der fähigste und mutigste Kommandeur gewesen. Aus der demoralisierten Pazifik-Flotte hatte er ein schlagkräftiges Instrument geformt, so daß Admiral Togo um seine Nachschubwege bangen mußte. Von einer Routinefahrt kommend, lief Makarows Schiff auf dem Rückweg nach Port Arthur auf eine Mine auf und explodierte. In den darauffolgenden kritischen Wochen verließ die Pazifik-Flotte kaum den schützenden Hafen von Port Arthur. Als die Japaner dann schließlich darangingen, Port Arthur zu umzingeln, lief die Flotte im August aus. Doch die beeindruckende Stärke von sechs Schlachtschiffen und fünf Kreuzern half den Russen wenig. Der neuernannte Admiral fand den Tod, sein Schiff und vier weitere Schlachtschiffe mußten – manövrierunfähig – in den Hafen zurückkehren. Das sechste Schlachtschiff und einige Kreuzer retteten sich in neutrale Häfen. Die Pazifik-Flotte sollte nie wieder auslaufen. Sie blieb im Hafen liegen, bis die Schiffe schließlich von den Kanonen der Japaner total zerstört wurden. Kuropatkin versuchte, den Druck der Japaner auf Port Arthur durch zwei Schlachten zu mildern. Die erste Schlacht fand bei Liaujang, südlich von Mukden, statt. Sie begann am 26. August und dauerte mehr als eine Woche. An einer rund 90 Kilometer breiten Front kämpften 150 000 Japaner gegen ebenso viele Russen. Schließlich eröffnete Kuropatkin die Offensive am Sha Ho, südlich von Mukden. Auf einer 60 Kilometer breiten Front kämpften insgesamt 350 000 Soldaten, 1 500 Kanonen wurden eingesetzt. Beide Schlachten endeten unentschieden. Die Russen wurden jedoch etwas zurückgedrängt und erlitten schwere Verluste. Zur Verstärkung der Verteidigung der Festung von Port Arthur taugten sie weniger denn je. Die Festung wurde seit Mitte August von General Nogis Truppen stark bedrängt.

Als Alexejew schließlich nach der Schlacht bei Sha Ho zurückbeordert und Kuropatkin das Oberkommando übertragen wurde, flammte noch einmal ein Funke Hoffnung auf. Doch nun war es zu spät; auch klarere Befehle hätten nicht mehr viel ausrichten können. Als sein letztes Vermächtnis hatte Alexejew einem gewissen General Stössel den Oberbefehl über die Festungsstadt und die mit 50 000 Mann gut ausgerüstete Festung übertragen. Es mag in der russischen Armee jener Tage schlechtere Offiziere als Stössel gegeben haben, doch von diesen hat man nie etwas gehört. So ruhte die ganze Last der Verteidigung im Grunde auf den Schultern eines mutigen und tüchtigen Generals namens Kondratenko, der Stössel unterstellt war. Kondratenko kam allerdings zu Beginn der vierten und letzten Attacke auf die Festung Anfang November ums Leben. Mit seinem Tod war auch Port Arthur dem Untergang geweiht. Ende Dezember gab Stössel auf, denn ohne das Organisationstalent und die Überzeugungskraft Kondratenkos konnte er dem Angriff auf die Festung nicht mehr standhalten. Offiziere und Mannschaften, die ebenso aufopfernd kämpften wie die Helden von Sewastopol, wollten unbedingt weiterkämpfen. In der Festung gab es auch noch genügend Nahrung und Munition. Aber der Kampfgeist des Befehlshabers war gebrochen. Vielleicht aber war auch die Aufgabe der Festung unvermeidlich. Denn General Nogi war offensichtlich entschlossen, Tausende von Soldaten für die Eroberung von Port Arthur und die Zerschlagung der Pazifik-Flotte zu opfern; und seine Männer waren bereit, dafür zu sterben. Auf der anderen Seite machte sich jedoch langsam, aber sicher bei der russischen Armee die Verstärkung an Menschen und Material bemerkbar. Die Transsibirische Eisenbahn beförderte jetzt pro Tag 14 Züge anstelle der vier bei Kriegsausbruch. Japan mit seinen begrenzten Nachschubmöglichkeiten bekam dies zu spüren. Es ist also durchaus denkbar, daß ein Kondratenko die Festung hätte halten können, bis sich das Blatt gewendet hätte.

Daß die Japaner in den Schlachten nach dem Fall von Port Arthur ihre Stellung behaupten und sogar vorrücken konnten, beweist nicht das Gegenteil. Denn die Russen kämpften nun ohne den unmittelbaren Ansporn, die Festung entlasten und die Flotte retten zu müssen. Nachdem im Januar eine überflüssige, verfrühte russische Offensive fehlgeschlagen war, standen sich die beiden Armeen nun Mitte Februar bei Mukden gegenüber. Anfangs glaubte Kuropatkin nicht daran, daß diese Schlacht die Entscheidung bringen würde, wie es sich dann später herausstellen sollte. Er betrachtete sie als einen wichtigen Schritt auf dem Weg zum Zermürbungskrieg, welcher unweigerlich mit einem Sieg der Russen hätte enden müssen. Doch der arme Kuropatkin vergaß – von St. Petersburg und Moskau weit entfernt – allzu leicht, daß ein Zermürbungskrieg entscheidend von der Kampfmoral des Volkes abhängt. Zudem konnte er nicht vorhersehen, daß die kaiserliche Marine in Gestalt der Baltik-Flotte einer vernichtenden, in der Marinegeschichte einmaligen Niederlage entgegenfuhr. Zu diesem Zeitpunkt lag die Flotte noch vor Madagaskar und trat dann ihre lange Reise rund um die halbe Welt zum Gelben Meer an.

Von den Zahlen her war die Schlacht von Mukden die größte, die bis dahin jemals in der Geschichte geschlagen worden war. Sie übertraf noch die Völkerschlacht von Leipzig im Jahre 1813. Mehr als 600 000 Soldaten kämpften verzweifelt nicht nur einen Tag, sondern zwei Wochen lang, mehr als je an irgendeiner Schlacht im 19. Jahrhundert teilgenommen hatten. Das russische Heer war in drei, das japanische in fünf Armeen unterteilt. Doch weder Kuropatkin noch Ojama wußten so recht, wie sie diese Menschenmassen dirigieren sollten. Insgesamt erwies sich, daß die Japaner flexiblere Befehlshaber hatten, Schwierigkeiten wie bei General Kaulbars' Zweiter Russischer Armee gab es bei ihnen nicht. Außerdem behielt Ojama einen erstaunlich klaren Überblick über die einzelnen Truppenbewegungen. Mit kühnem Schachzug begann er ein bedrohliches Umzingelungs-Manöver. Damit zwang er die Russen, sich – wenn auch in Reih und Glied und diszipliniert – hinter Mukden zurückzuziehen. Als die Schlacht vorüber war, waren beide Heere noch kampffähig, hatten allerdings schwere Verluste erlitten (90 000 Mann bei den Russen und 70 000 bei den Japanern). Außerdem befanden sich die Japaner in Mukden. Beide Heere benötigten eine Verschnaufpause. Und die Japaner überlegten verzweifelt, wie sie den Russen eine zweite Schlappe beibringen könnten. Denn es war klar, daß die Russen ihre Truppen verstärken und umgruppieren würden. Kuropatkin wurde zurückbeordert und durch einen dienstälteren, fähigeren General namens Linjewitsch ersetzt. Linjewitsch hatte in Mukden die Erste Armee befehligt.

Doch die letzte Kraftprobe blieb aus. Die Japaner mußten nicht erproben, wie sie mit ihren Nachschubmöglichkeiten, die allmählich zu Ende gingen, dem unbarmherzig wachsenden Druck der zahlenmäßig überlegenen Russen standhalten würden. Die Erlösung kam vom Meer und seltsamerweise gerade aus der Richtung, aus der die Japaner die größte Gefahr erwartet hatten.

Es ist möglich, daß Togos ständige Befürchtung, die Überreste der Pazifik-Flotte könnten von der russischen Baltik-Flotte Nachschub erhalten, am meisten zu der erfolgreichen Einnahme von Port Arthur beigetragen hat. Als Port Arthur fiel, war die Baltik-Flotte tatsächlich schon auf dem Weg, aber noch nicht so nah, wie Togo befürchtete. Unter dem Kommando von Admiral Roschdestwenskij war sie von Kronstadt in den ersten Oktobertagen ausgelaufen. Der Zar höchstpersönlich hatte die Flotte mit bewegenden Worten verabschiedet, bevor sie ihre Reise rund um die Erde antrat. Die Fahrt ging von einem Ende der Ostsee zum anderen, dann hinaus in die Nordsee und durch den Kanal. Weiter ging es rund um Afrika nach Madagaskar und von dort durch den Indischen Ozean zum Südchinesischen Meer und in den Pazifik. Hier sollte sie sich mit den Überresten der Pazifik-Flotte vereinen und dann die japanische Flotte, der sie nun ebenbürtig war, zum Kampfe fordern.

Doch es kam alles anders. Schon zu Beginn der Fahrt erlitt Admiral Roschdestwenskij eine Schlappe, welche die Farce fast zur Tragödie werden ließ und bestimmend für die ganze Reise war, an deren Ende die Tragödie wieder zur Farce wurde. Da war zunächst einmal der mittlerweile berühmt gewordene Zwischenfall nahe der Doggerbank in der Nordsee: Eines Nachts im Oktober sah Roschdestwenskij plötzlich, daß seine Flotte von zahlreichen kleinen, nicht identifizierbaren Booten umlagert war. Der Admiral, der in jedem Moment einen Torpedoangriff der teuflischen Japaner fürchtete und mit den Nerven schon ganz fertig war, gab Befehl, zuerst zu schießen und dann erst Fragen zu stellen. Unglückseligerweise handelte es sich aber um eine Gruppe völlig harmloser englischer Fischerboote. Zum Glück kamen bei der Schießerei nur zwei Fischer ums Leben, ein Fischerboot sank. Aber die Empörung war groß. Fast wäre es deshalb zwischen England und Rußland zum Kriege gekommen. Die Gemüter beruhigten sich später allerdings wieder. Der Admiral dampfte weiter. Als die Flotte schließlich im Dezember zur Brennstoffaufnahme im Hafen von Madagaskar einlief, erreichte sie die Nachricht, daß Port Arthur von den Japanern erobert und die Pazifik-Flotte völlig zerstört worden war. War es jetzt überhaupt sinnvoll, daß die Baltik-Flotte ihre Reise fortsetzte? Der Admiral verneinte dies ebenso wie viele kühle Köpfe in St. Petersburg. Doch die Kriegspartei war unnachgiebig. Sie war der Ansicht, Roschdestwenskij sollte die Reise fortsetzen. Sie drängte zusätzlich Nikolaus, ganz Europa herauszufordern und zur Verstärkung der Baltik-Flotte die Schwarzmeer-Flotte durch die Dardanellen in Bewegung zu setzen. Das aber hätte einen klaren Bruch der internationalen Meerengen-Konvention bedeutet. Dieses eine Mal folgte Nikolaus dem Rat seiner pragmatischeren Berater. Er ließ den Plan fallen, weil dessen Verwirklichung sein Land möglicherweise in eine kriegerische Auseinandersetzung mit allen Großmächten gleichzeitig gestürzt hätte. Statt dessen erhielt Roschdestwenskij (dieses Mal auf Anraten der nüchternen Seite) den Befehl zur Weiterfahrt. Man bedeutete ihm, daß eine Hilfsflotte, bestehend aus allen halbwegs seetüchtigen Kriegsschiffen, die in den Kronstädter Werften lagen, nachgeschickt werden würde. Am 22. Mai vereinigten sich die beiden Flotten im Chinesischen Meer.

Natürlich konnte die vereinte Flotte jetzt nicht mehr in Port Arthur haltmachen, sondern mußte weiter bis Wladiwostok fahren. Admiral Roschdestwenskij entschloß sich, Kurs durch die schmale Meerenge von Tschuschima zwischen Korea und Japan zu nehmen, anstatt den großen Bogen um die japanischen Inseln zu machen. In klassischer Formation dampfte die Flotte, auch wenn etliche Schiffe alt und langsam waren, beständig nordwärts. Sie bestand aus acht Schlachtschiffen, zwölf Kreuzern und neun Zerstörern. Fünf Tage und fünf Nächte ging alles gut, bis die Russen am Nachmittag des 27. Mai von Togos fast gleichstarker Flotte abgefangen wurden. Innerhalb einer Stunde war Rußlands Seemacht zerstört.[5]

Die japanische Artillerie schoß mit einer solchen Präzision, daß fast schon nach der ersten Salve ein Dutzend russischer Schiffe in Flammen aufging und sank. Bei Einbruch der Dunkelheit traten die japanischen Torpedoboote in Aktion und zerstörten, was noch zu zerstören war. Die Schlußbilanz: Vier der acht russischen Schlachtschiffe waren versenkt, die anderen vier aufgebracht; sieben Kreuzer versenkt, ebenso fünf Zerstörer und ein Zerstörer erbeutet. Ein Kreuzer und ein Zerstörer schafften es, bis nach Wladiwostok zu kommen. Die Besatzung dieser beiden Schiffe betrat wieder Heimatboden. Es waren die einzigen Überlebenden der Seeschlacht. Die letzten Überreste der Flotte wurden in ausländischen Häfen interniert. Nach dieser Schlacht bestand die kaiserliche russische Flotte nur noch aus der Schwarzmeer-Flotte; die aber lag eingeschlossen hinter den Dardanellen. Der Stolz dieser Flotte, der brandneue Panzerkreuzer *Potemkin*, sollte innerhalb eines Monats Schauplatz einer Meuterei werden. Durch das geniale Werk eines Filmregisseurs wurde diese Meuterei in späteren Jahren zum Symbol des Triumphes der Revolution und der Tragödie des bürgerlichen Lagers. Wenn heute von der Flotte Nikolaus' II. die Rede ist, dann denken die meisten Leute an die Filmszenen von der roten Fahne, die auf einem Panzerkreuzer im Hafen von Odessa gehißt wird, während von der großen Richelieu-Steintreppe, die zur Kaimauer führt, Schüsse in die entsetzte Menge gefeuert werden – oder an den einsamen Spaziergänger, der auf eben dieser Treppe in sein Verhängnis läuft.

Man kann aus dem russisch-japanischen Krieg einige Lehren ziehen. Zunächst zeigte dieser Krieg natürlich, daß Japan aus materieller Sicht stärker war, als es selbst die Anhänger und Bewunderer dieses Landes für möglich gehalten hätten. Außerdem waren die Japaner von einer Opferbereitschaft besessen, welche die Alliierten auch im Zweiten Weltkrieg wieder kennenlernen sollten. Über deren Ursprung zerbrach man sich insbesondere in London und in Washington ständig den Kopf. Die zweite Erkenntnis, die aus dem Krieg gezogen werden konnte, war folgende: Massenarmeen, unterstützt von moderner Feuerkraft, konnten unter dem Kommando eines mittelmäßigen Befehlshabers eine ganze Schlacht lahmlegen. Keiner wollte diese Lektion lernen, nicht einmal die Russen, die dafür bezahlt hatten. Zehn Jahre später starteten zwei keineswegs unfähige russische Generäle, nämlich Samsonow und Rennenkampf, die beide bei der Niederlage von Mukden Divisionskommandeure gewesen waren, die russische Offensive in Ostpreußen. Sie befehligten ein riesiges Heer, doch behandelten sie Armeekorps wie Bataillone, als wenn es Mukden nie gegeben hätte. Als dritte Lektion blieb die Erkenntnis, daß ein Flottenadmiral innerhalb eines Nachmittags nicht nur eine Schlacht, sondern einen ganzen Krieg verlieren konnte. Die Russen waren viel zu beschäftigt, um weiter darüber oder über irgend etwas anderes nachzudenken. Doch die englischen und deutschen Marinestrategen reagierten auf diese Erkenntnis betroffen. Nach Tschuschima hat sich kein ranghoher Schiffskommandant mehr leichten Herzens in irgendein Scharmützel eingelassen; denn dies konnte vielleicht schon nach einer Stunde mit dem Verlust der ganzen Flotte enden (als es schließlich vor Jütland zwischen deutschen und englischen Schiffen zur Schlacht kam, hatten beide ihre Lektion gelernt). Die Russen aber zogen aus alledem fast gar keine Lehren; ihre Gedanken waren ganz woanders.

# XX »Es ist unmöglich, so weiterzuleben«

I

Es war die Revolution, worüber sie sich Gedanken machten. Der lange, kostspielige Krieg in der Mandschurei hätte für St. Petersburg und Moskau, ganz zu schweigen von Odessa und Kiew, genausogut auf einem anderen Planeten stattfinden können. Dies sagt eigentlich alles über die unvorstellbare Größe und die Möglichkeiten Rußlands aus. Im ersten Kriegsjahr hielt die Agitation gegen die Autokratie unvermindert an. Plehwes »kleiner Krieg«, ob siegreich oder nicht, erzielte fast überhaupt keinen Effekt. Der Ruf nach radikalem Wandel, der eigentlich von einer Welle patriotischer Euphorie hinweggeschwemmt werden sollte, wurde immer lauter. Als sich der Befreiungsbund kurz nach Ausbruch des Krieges illegal traf, einigte sich die gemäßigte Mehrheit der Versammelten gegen den Wunsch der Radikalen, die eine Niederlage Rußlands sehnlichst herbeiwünschten, darauf, die Regierung für die Dauer des Krieges in Ruhe zu lassen. Doch weil Plehwe auch gegenüber den Gemäßigten, die großes Ansehen genossen, anmaßend auftrat, war diese Resolution bald null und nichtig. Neue Hoffnung kam auf, als Plehwe im Sommer 1904 einem Attentat zum Opfer fiel. Sein Nachfolger Swjatopolk-Mirskij machte keinen Hehl aus seiner Bereitschaft, mit den Semstwos zusammenzuarbeiten. Mirskij hob die restriktiven Verordnungen Plehwes auf und ließ sogar den vergleichsweise radikalen I. I. Petrunkewitsch auf seinen Posten in die Verwaltung zurückkehren. Schipow hinwiederum hoffte, über Mirskij Einfluß auf den Zaren ausüben zu können. Beide verstanden sich gut, merkten jedoch nicht, in welch starkem Maße sie den Bezug zur Realität verloren hatten.
Daß die Revolutionäre immer stärkeren Einfluß in den Fabriken, in Kreisen der Intelligenz und anderswo gewannen, verstand man und konnte man durch eine fruchtbare Zusammenarbeit zwischen den Semstwos und der Zentralregierung unterbinden; so jedenfalls glaubten sie. Die Tatsache aber, daß reformfreundliche Liberale nicht nur bereit waren, sondern förmlich darauf brannten, mit revolutionären Parteien, die dem Regime unversöhnlich gegenüberstanden, gemeinsame Sache zu machen, führte dazu, daß den Verantwortlichen die Entwicklung aus den Händen glitt.

Das Auftreten eines Mannes wie P. N. Miljukow unmittelbar nach Plehwes Ermordung charakterisierte diese Entwicklung am deutlichsten. Miljukow sollte noch viel Schaden anrichten.

Er war Geschichtsprofessor und galt als hervorragender Kopf. Miljukow
wurde 1859 als Sohn eines bekannten Architekten geboren und in liberа-
ler Tradition erzogen; sein Mentor war der berühmte Kliutschweskij.
Miljukow war durch und durch erfüllt von dem, was er für das demokra-
tische Ideal des Westens hielt. Doch leider sprachen aus seinen Forderungen die gleiche Härte, der gleiche Absolutismus und die gleiche Tyrannei
wie aus den Worten Lenins. Er verbrachte einige Zeit im Exil und wurde
auch mehr als einmal ins Gefängnis geworfen. Außerdem mußte er ver-
schiedentlich falsche Anschuldigungen über sich ergehen lassen (insbesondere wurde er beschuldigt, schlechten Einfluß auf die Studenten auszuüben). Doch nach 10 Jahren durfte Miljukow sich in Rußland wieder
frei bewegen. Nun aber war er fest davon überzeugt, nur ein gewähltes
Parlament oder eine verfassungsgebende Versammlung könne dieses
Land noch retten. Weil Nikolaus aber einem solchen Plan ganz sicher
nicht zustimmen würde, mußte er nach Ansicht Miljukows eben gehen.
Die angesehensten Semstwo-Führer und die Gemäßigten des Befreiungsbundes setzten nach wie vor ihre Hoffnung darauf, daß sich der
Gedanke der Beteiligung des Volkes an der Regierung langsam, aber stetig durchsetzen würde. Doch für Miljukow war Liberalismus nicht
gleichzusetzen mit langsamem, organischem Wachstum, für ihn bedeutete er die Entstehung eines voll funktionsfähigen Parlaments über
Nacht. Deshalb beschloß er, daß zunächst alles beseitigt werden müsse,
was diesem Ziel im Wege stehe; er beschloß also die Zerschlagung des
Regimes. War aber die Zerstörung der Autokratie vordringliche Aufgabe,
dann waren auch – wenn auch nur vorübergehend – die extremen Radikalen und Revolutionäre die geeigneten Verbündeten aller aufrechten
Liberalen. Auf einer Konferenz fast aller radikalen und revolutionären
Gruppen im September 1904 in Paris stimmte Miljukow offen für eine
Resolution zur Abschaffung der Autokratie und zur Errichtung eines
»freien demokratischen Systems auf der Basis freier Wahlen«. Doch
schon früher hatte er erklärt, unbewußt die Worte wiederholend, die
Witte aus entgegengesetzter Sicht benutzt hatte: »Auf halbem Weg zwischen Autokratie und Konstitutionalismus gibt es nichts.«[1] Danach befand sich dieser hochanständige, aber tyrannische Mann, dieser ausgesprochene Widerspruch zum Liberalismus, dieser doktrinäre Liberale in
merkwürdiger Gesellschaft. Als Wortführer der liberalen Sache ließ er
sich auf einen politischen Kurs ein, den er, was sein Verhängnis war,
selbst unterwanderte, bis er schließlich von pragmatischer denkenden
Menschen, die sich mit den Zwischenstationen sehr gut auskannten,
vollends zerstört wurde. Lenin stellte später sicher, daß es zwischen einer
Autokratie und einer anderen keine Zwischenstationen mehr gab.

Doch nicht nur in Paris wurden Konferenzen abgehalten. Auch in Rußland selbst wurde im zweiten Halbjahr, insbesondere in den letzten
Monaten, mehr und mehr offenkundig, wie stark sich der Gedanke einer
konstitutionellen Regierung bereits bei der »Gesellschaft« eingenistet
hatte. Auch nüchtern denkende Menschen, denen niemals auch nur im
Traum eingefallen wäre, irgend etwas mit Radikalen oder Revolutionären
zu tun zu haben, machten sich dieses Gedankengut zu eigen. Innerhalb
kürzester Zeit galt es fast schon als selbstverständlich, daß Systemkritiker
ihre Meinung sagen durften, ohne dafür bestraft zu werden. Eine Analyse
der Hintergründe dieses Prozesses ist fast unmöglich. Im Grunde begann
alles damit, daß Swjatopolk-Mirskij, der es gut meinte, aber nichts verstanden hatte, öffentlich demonstrierte, was er sich unter Konzessionen
an den Liberalismus vorstellte: minimale Änderungen in einem strengen
autokratischen Rahmen. Der Prozeß wurde schließlich beschleunigt
durch die schlechten Nachrichten aus dem Krieg in der Mandschurei von
der ersten fehlgeschlagenen Offensive Kuropatkins und der unmittelbaren Bedrohung Port Arthurs. Im übrigen hielten es so manche Gemäßigte
für unbedingt erforderlich, auch wenn sie dies nicht aussprachen, den radikalen Extremisten irgendein Programm entgegenzusetzen, anstatt lediglich einmal die Regierung zum Handeln aufzufordern und zum anderen die Ungeduldigen zur Mäßigung anzuhalten. Mit überwältigender
Mehrheit beschloß der Befreiungsbund, alle Semstwos und Berufsverbände dazu aufzurufen, Sonderkonferenzen und »Bankette« (offizielle
Versammlungen waren verboten) zu organisieren. Dort sollten dann
Resolutionen für die Einsetzung einer verfassungsmäßigen Regierung
verabschiedet werden. Mit Miljukows Doktrin der Zusammenarbeit mit
der extremen Linken hatte dieser Schritt nichts zu tun. Anfang Oktober
leitete Schipow selbst eine Sonderkonferenz aller Semstwo-Führer in
Moskau. Sie fand illegal statt und mußte, um nicht von der Polizei entdeckt zu werden, jeden Tag einen neuen Treffpunkt wählen. Aber Mirskij
wußte von der Konferenz und duldete sie. Wie hätte er sie auch auflösen
können, ohne gegen diese Versammlung der angesehensten Bürger des
Landes mit dem schweren Geschütz der Notstandsgesetze vorzugehen?
Vielleicht, so meinte er, trägt es zur Verbesserung des politischen Klimas
bei, wenn die Semstwo-Führer auf ihrer Konferenz Dampf ablassen können. Doch die Semstwo-Führer redeten nicht nur, sie handelten auch. Am
9. November überreichten sie Mirskij ein Dokument, welches später als
die elf Thesen bekannt geworden ist. Diese Elf-Punkte-Resolution forderte die Gewährung der Grundrechte (Freiheit der Person, Gewissens-,
Rede- und Versammlungsfreiheit), die Umstrukturierung der Semstwos
und der städtischen Dumas nach streng demokratischen Gesichtspunkten, die Aufhebung der berüchtigten Notstandsgesetze (nach denen in
dieser Zeit mindestens halb Rußland regiert wurde) und die Errichtung
einer gewählten gesetzgebenden Versammlung.

Der arme Mirskij war am Boden zerstört. Er konnte nicht begreifen, daß verantwortungsvolle Bürger solche revolutionären Gedanken hegen, geschweige denn aussprechen könnten. Außerdem bekam er noch die Verärgerung des Zaren zu spüren. Dieser mußte nun zwangsläufig seine Gedanken von den militärischen Niederlagen am anderen Ende der Welt losreißen und mit dem schweren Affront gegen die Krone fertig werden. Die früheren Angriffe der getreuen Liberalen von Twer wirkten gegen dies hier geradezu lächerlich. Dem verärgerten Nikolaus gingen für kurze Zeit die Nerven durch. Von überall her erreichten ihn Polizeiberichte des Inhalts, daß die »Gesellschaft« ihren Kopf verloren habe. Zunächst reagierte man auf die Aufforderung des Befreiungsbundes, Konferenzen und Bankette zu veranstalten, zögernd und ängstlich. Doch schon bald war die Reaktion beherzter und dann schließlich im ganzen Land überwältigend. Überall stellten durchaus besonnene Bürger Forderungen auf, gegenüber denen sich die elf Thesen bescheiden ausnahmen. Nach Beratungen mit Brüdern, Vettern, Onkeln, Höflingen und Senatoren war Nikolaus zunächst bereit nachzugeben, wurde dann aber wieder anderen Sinnes. Mitte Dezember erließ er ein Dekret über »Maßnahmen zur Verbesserung der Organisation des Staates«. Doch dieses Dekret erwies sich als reichlich bedeutungslos. Es enthielt vage Versprechungen von vagen Reformen, die man zu gegebener Zeit überdenken wolle. Doch solche Beruhigungspillen reichten nicht mehr aus. Erschwerend kam hinzu, daß das Dekret des Zaren neben diesen deplazierten Versicherungen auch die deutliche Warnung an die Semstwo-Führer enthielt, sie sollten sich um ihre eigenen Angelegenheiten und nicht um Dinge außerhalb ihres Wirkungsbereiches kümmern. Alexander II. hatte so reden können; Alexander III. hielt derartiges schon für überflüssig. Denn die Zeiten hatten sich schließlich geändert. Und von Nikolaus ließen sich die Liberalen überhaupt nicht mehr sagen, daß das Wohl der Gesellschaft sie nichts angehe. Sie konnten nicht ahnen, daß Nikolaus aus dem ursprünglichen, vom Staatsrat gebilligten Entwurf des Dekrets die Klausel mit dem einzigen wirklichen Zugeständnis wieder herausgenommen hatte. Diese Klausel hatte bestimmt, daß dem Staatsrat künftig Mitglieder angehören sollten, die von den Semstwos direkt gewählt würden. Pobedonostzjew hatte Nikolaus hierzu gedrängt. Außer ihm wußte niemand, daß der Zar hinter dem Rücken seiner Berater den einzig wichtigen Punkt wieder entfernen und an dessen Stelle eine deutliche Drohung an die Adresse der Semstwos setzen würde. Als Mirskij das derart bereinigte Dekret las, reichte er voller Abscheu seine Demission ein. Doch sie wurde nicht angenommen. Jetzt hatte Nikolaus den Eingeweihten gegenüber seine Unfähigkeit als Herrscher unter Beweis gestellt.

Ein paar Tage später sollte er sie dem ganzen Land beweisen. Das Täuschungsmanöver gegenüber dem eigenen Kaiserlichen Rat wurde am 12. Dezember offenkundig. Am 21. Dezember ging dann noch Port Arthur verloren. Zur nationalen Verärgerung gesellte sich die nationale Schmach. Am 9. Januar bewies der Zar schließlich, daß er nicht einmal eine Petition von Arbeitern aus St. Petersburg in Empfang nehmen konnte, ohne gleich auf sie in den Straßen zu schießen.

Natürlich schoß Nikolaus nicht selbst; er gab auch keinen Schießbefehl. Doch er ließ die Schießerei zu. Es heißt, Nikolaus sei ein Mensch gewesen, der Gewalt verabscheute. Zweifelsohne hätte er selbst keinem Menschen auch nur ein Haar krümmen können. Doch aus seinen Tagebüchern, Briefen und Notizen geht hervor, daß er den Gewalttätigkeiten aller möglichen Untergebenen eifrig zugestimmt hat. Seine hingekritzelten Gedanken waren selbst schon gewalttätig und ermunterten zudem zur Gewaltanwendung, anstatt sie zu verurteilen, und zwar zur Gewalt gegen Juden, Streikende und Demonstranten. Möglicherweise hatte auch sein Zurückschrecken vor persönlicher Gewaltanwendung nicht mehr zu bedeuten als die Furcht, seinen Ministern und Beratern die Wahrheit zu sagen. Man sollte dies klar erkennen. Jedenfalls war Nikolaus zum Herrscher nicht tauglich. Im Jahr 1905 bewies er, daß sein Verhalten nach der Katastrophe auf dem Chodinskij-Feld im Vergleich zu seinem späteren Verhalten geradezu harmlos war. Keiner hatte allerdings je bezweifelt, daß Nikolaus ein treusorgender, liebevoller Familienvater war. Und es sollte nicht mehr lange dauern, da mußte Nikolaus die tragische Entdeckung machen, daß sein einziger Sohn an der Bluterkrankheit litt. Alexandra hatte nach 10jähriger Ehe und nach der Geburt von vier Töchtern im Juli 1904 einen Sohn zur Welt gebracht. Sicherlich haben die privaten Schwierigkeiten dazu beigetragen, daß die Autorität des Zaren schwand und Rußland gegen Ende von Nikolaus' Herrschaft den schändlichen und korrupten Günstlingen der Zarin ausgeliefert war. Doch im Grunde hat Nikolaus nie eigene Autorität besessen, sich vielmehr ausschließlich auf seine ererbte Herrscherwürde verlassen.


## 2

Am 9. Januar 1905 erhielt diese Herrscherwürde einen Schlag, von der sie sich nie wieder ganz erholen sollte. Zu dem »Blutsonntag« und dem Ruf »Nieder mit der Alleinherrschaft« kam eine neue Version hinzu: »Nieder mit dem Mörder-Zaren!« Ohne daß es jemand ahnte, war dies der Anfang der Revolution.

Die Explosion, die dann später erfolgte, war allerdings nicht direkt auf die Liberalen oder gar auf die radikale revolutionäre Intelligenz zurückzuführen. Aber alle diese Gruppen zusammen hatten in den vergangenen Monaten im Lande eine ganz bestimmte Atmosphäre geschaffen. Sie bewirkte, daß die politisch Motivierten, die bei Streiks oder Demonstrationen einzeln oder in Gruppen auftraten, von den wirtschaftlichen Anliegen abließen und auf ideologische Parolen umschwenkten. Genau dies dürfte am 9. Januar geschehen sein. Denn die Petition, die die meisten Demonstranten für eine Bitte an das Väterchen Zar hielten, um eine Verbesserung ihrer Lebensbedingungen und eine Bestrafung ihrer Peiniger zu erreichen, erwies sich als ein ganzes Bündel revolutionärer Forderungen.

Der Held dieser Szene war wieder einmal eine jener fremden, ambivalenten Figuren, welche sich zwischen zwei oder mehr verschiedenen Welten hin- und herbewegen und deren geheimes Taktieren dafür verantwortlich ist, daß so vieles über die entscheidenden Augenblicke der russischen Geschichte im dunkeln geblieben ist. George Gapon war ein Pope und ehemaliger Gefängnisgeistlicher. Obwohl ein Verbündeter Subatows, durfte er, nachdem Subatows Werk vernichtet worden war, aus unerfindlichen Gründen mit Plehwes Erlaubnis die »Vereinigung Russischer Fabrik- und Hütten-Arbeiter« aufbauen. Die aus Polizeimitteln finanzierte Organisation sollte der Verbesserung der Arbeits- und Lebensbedingungen dienen. Gapon hielt sich für einen Arbeiterpriester und – was eher zutrifft – für einen begabten Redner. Klein, aber im Besitz einer magnetischen Ausstrahlungskraft und einer guten Stimme, war Gapon besessen von der Vorstellung, daß er – auch wenn er als Polizeispitzel angefangen hatte – nun eine Arbeiterorganisation aufbauen könne, die weder Juden noch Sozialisten aufnehmen und daran glauben würde, daß allein der Zar in seiner ganzen Heiligkeit korrupte, machthungrige Beamte und Industriebosse zur Raison bringen könnte. Bald begann Gapon sich mit ebendiesen Arbeitern zu identifizieren, um sie dann schließlich in die Revolte zu führen.

Der »Blutsonntag« entwickelte sich aus einem Streik in den Petersburger Putilow-Werken. Dieser Streik hate keine unmittelbaren politischen Hintergründe, sondern war mehr als Protest gegen die angebliche Inhaftierung einiger Mitglieder der Gapon-Organisation durch die Werksleitung gedacht. Doch der Streik weitete sich aus. Gapon kam auf den Gedanken oder ließ sich dazu überreden, den Zaren persönlich um Hilfe zu bitten. Er organisierte eine Massendemonstration, die Nikolaus in aller Ehrfurcht und Bescheidenheit im Winterpalast eine Petition überbringen sollte. Die Petition war zwar vom Inhalt her revolutionär, aber von der Form her unterwürfig, weshalb die meisten Demonstranten keine Ahnung vom wahren Gehalt ihrer Bittschrift hatten. Sie vermuteten eine Ergebenheitsadresse an den Zaren mit der gleichzeitigen Bitte um Schutz. Dies erinnerte verdächtig an 1825, als die Soldaten von den Rebellenführern zur Meuterei aufgestachelt wurden, um angeblich für den echten Zaren, Konstantin, zu kämpfen; in Wirklichkeit aber hatten sie für eine Verfassung gestritten. Selbstverständlich wußte Gapon, was er tat. Doch ist niemals geklärt worden, ob er aus eigenem Antrieb oder als Werkzeug handelte. Doch darauf kommt es nicht so sehr an, weil Gapon ohnehin wenig später im Exil in einen Größenwahn verfiel, der bis an den Rand der geistigen Umnachtung reichte. Möglicherweise hat ihm die Entdeckung, daß er Macht über seine Zuhörerschaft ausübte, derart großen Auftrieb gegeben, daß er sich für den von Gott Auserwählten hielt, der dem Zaren den richtigen Weg zeigen sollte. Die Doppelzüngigkeit und Bauernschläue, die er gegenüber den emigrierten Revolutionären, welche ihn in Genf feierten, an den Tag legte, lassen allerdings eher auf einen Scharlatan denn auf ein Werkzeug Gottes schließen.[2]

Wie dem auch sei, Gapon bildete sich sicherlich ein, er könne unbelästigt zum Winterpalast marschieren und dort seine Petition abgeben.

Dabei wußte er, daß der Marsch illegal war. Doch obwohl Behörden und Polizei genügend Zeit dazu gehabt hätten, hatten sie nicht abgeraten und auch nichts anderes unternommen. Am 8. Januar informierte Gapon persönlich die Regierung über Zeit und Marschroute der Demonstration. Nichts geschah. Es ahnte aber auch niemand, daß die Regierung und die örtlichen Behörden wie gelähmt waren. Selbst als Mirskij schließlich die Festnahme Gapons und einiger seiner Gefolgsleute anordnete, wurde dieser Befehl vom Polizeipräfekten, General I. A. Fullon, der vom Charakter her ähnlich unentschlossen war wie Mirskij, einfach nicht ausgeführt. Den Großonkel des Zaren, Großfürst Wladimir, Militärkommandant von St. Petersburg, brachte normalerweise alles, was nach Demonstration und Subversion aussah, zur Weißglut. Aber auch er drängte Mirskij nicht, die Demonstration zu stoppen, solange noch Zeit dazu war, bzw. den Zaren vor dem zu warnen, was da kommen sollte. Wünschte sich der Großfürst vielleicht die Demonstration, damit seine Truppen den Arbeitern eine Lektion erteilen konnten? Nikolaus verließ Petersburg, um bei seiner Familie in Zarskoje Selo sein zu können. Dort verbrachte er jetzt fast seine ganze Zeit. Offensichtlich hatte niemand den Mut aufgebracht, ihn auf das Ausmaß dieser Herausforderung aufmerksam zu machen. Man hatte ihm lediglich erzählt, es gäbe Schwierigkeiten mit einem Popen, der die Streikenden aufputsche. Doch mit dem würde man schon fertig werden. Erst in letzter Minute wurden Gegenmaßnahmen erarbeitet. Sie zielten augenscheinlich darauf ab, möglichst viel Unruhe zu stiften, um diese Unruhe dann mit möglichst viel Blutvergießen zu ersticken.

Die Demonstranten marschierten in fünf Kolonnen auf den großen Platz vor dem Winterpalast. Von Gapon kannten die Behörden die Marschroute. Zunächst blieben die Demonstranten völlig unbehelligt; die Truppen waren so postiert, daß der Demonstrationszug erst kurz vor dem Palastplatz mit den Soldaten in Berührung kommen konnte. War der eine oder andere Demonstrant also zu Beginn ein wenig ängstlich, so wurde ihm die Furcht bald genommen, weil weit und breit kein Militär zu sehen war. Schließlich machte sich sogar allgemeine Euphorie in diesem friedlichen Demonstrationszug breit, der sich mit Fahnen, Ikonen und Bildern des Zaren hinter singenden Geistlichen durch die Straßen bewegte. Unbewaffnet marschierten 200000 Menschen in fünf Kolonnen. Gapon schritt im geistlichen Gewand an der Spitze des Zuges. Die Polizei räumte sogar die Straßen und leitete den Verkehr um; viele Zuschauer bekreuzigten und verbeugten sich vor den Ikonen. Erst in Sichtweite des Winterpalastes war dann den getrennt marschierenden Kolonnen der Weg durch Polizei- und Militär-Kordons versperrt. Doch da waren die Demonstranten schon in einer solchen Hochstimmung, daß sie die Aufforderung, stehenzubleiben, nicht weiter beachteten, bis die vorderen Reihen von einer Kavallerie-Einheit zurückgedrängt und auseinandergejagt wurden. Aber obwohl geschossen wurde, und zwar nicht über die Köpfe hinweg, sondern direkt in die Menge hinein, formierten sich die Demonstranten erneut zum Vormarsch. Erst nach mehreren Salven stob die erschreckte Menge auseinander; Gapon floh als einer der ersten.

Die Schüsse auf unbewaffnete, Kirchenlieder singende Demonstranten, die sich dem Winterpalast näherten: dieses Bild vom »Blutsonntag« ist in die Geschichte eingegangen. Doch nicht nur dieses Massaker erfüllte das ganze Land mit einer unermeßlichen Verbitterung gegen den Zaren. Die folgenden Ereignisse taten ihr übriges. Der Gardekommandeur Fürst Wasiltschikow hatte einen Teil seiner 20000 Mann zählenden Garde als Reserve zur Bewachung des Winterpalastes und der angrenzenden Gebäude zurückbehalten für den Fall, daß den Demonstranten der Durchbruch durch die vordersten Barrikaden gelingen sollte. Diese Reservetruppen harrten noch auf ihren Posten aus, als die Demonstration schon längst zerstreut war. Niemand hatte ihnen den Befehl zum Abrücken gegeben. Am späteren Nachmittag taten sich Arbeiter, die auf dem Weg nach Hause waren, mit aufgebrachten Studenten und neugierigen Passanten zusammen und begannen, sich über die Alexander-Gärten den Weg zum Platz vor dem Winterpalast zu bahnen. Sie wollten sehen, was dort geschah. Aus Furcht vor Übergriffen befahl Wasiltschikow der Menge, sich zu zerstreuen. Einige verschwanden tatsächlich, doch andere kamen wieder zurück und sangen Spottverse auf die Soldaten. Diese gaben zunächst einige Warnschüsse ab und schossen dann in die Menge hinein. Die Schießereien zogen sich bis zum Newskij-Prospekt hin.

So wurde aus einer friedlichen Demonstration der Auftakt einer Revolution. Auch bei der Masse der einfachen Arbeiter, die keiner revolutionären Bewegung angehörten und einfach Hilfe beim Zaren suchten, verlor Nikolaus nun an Respekt. Ein Monarch kann nicht einfach zulassen, daß seine Leibgarde vor seinem eigenen Palast auf eine Versammlung unbewaffneter Arbeiter, ganz zu schweigen von den harmlosen Zuschauern, schießt, und trotzdem erwarten, weiterhin als Quelle aller Weisheit und Güte verehrt zu werden. Über die Frage nach den Schuldigen dieses »Blutsonntags« ist viel geschrieben worden. Die Antwort dürfte eindeutig ausfallen. Swjatopolk-Mirskij machte sich schuldig wegen seines

Unvermögens und seines Mangels an Verständnis. General Fullon fehlte der Mut, rechtzeitig zu handeln. Der Großfürst und Fürst Wasiltschikow reagierten – entweder aus Panik oder Berechnung – zu stark. Die Schuld trifft also alle vier. Am meisten Schuld aber trifft den Mann, der direkt mit dem Blutbad überhaupt nichts zu tun hatte, der ein Alibi nachweisen konnte, der aber die eigentliche Ursache für das zunehmende Dissidententum am wenigsten verstand und auf seiner Rolle als einziger Hort aller Autorität beharrte.
»Dem Herrscher über alle Reußen gehört die einzige und uneingeschränkte Macht. Sowohl Furcht wie auch Verantwortung – von Gott selbst auferlegt – sind die Basis für den Gehorsam dieser Macht gegenüber.«
Artikel eins der Grundgesetze des Landes war nach wie vor gültig. Entweder der Zar war verantwortlich für alles, was in Rußland geschah, einschließlich des Massakers vor dem Winterpalast in seiner Abwesenheit, oder er war nichts als eine belanglose Gallionsfigur. »Ein trauriger Tag«, schrieb er an diesem Tag in sein Tagebuch. »In Petersburg kam es zu schweren Unruhen, als die Arbeiter zum Winterpalast vordringen wollten. In verschiedenen Stadtteilen waren die Truppen gezwungen zu schießen. Es gab viele Tote und Verwundete. Herr, wie traurig und schmerzlich.«[3]
So konnte man es natürlich auch nennen.


# 3

Doch man sollte Nikolaus gegenüber auch fair sein. Er hatte zwar keine klare Vorstellung von dem Ausmaß der Ereignisse am 9. Januar, sah aber so nach und nach schließlich doch ein, daß da Probleme auf ihn zukamen, die er nicht einfach mit Hilfe einer Polizeiaktion lösen konnte. Im übrigen wies er den Vorschlag zurück, sich öffentlich von dem Vorgehen seiner Truppen zu distanzieren. Swjatopolk-Mirskij wurde sofort entlassen; an seine Stelle trat Graf Bulygin, ein farbloser orthodoxer Bürokrat, der fast ausschließlich die Worte seines Herrn wiedergab. Auch Bolygin war der Ansicht, daß Unterdrücker-Methoden nicht mehr angemessen seien. Doch wie sollte man statt dessen vorgehen? Dies war die große Frage. Nikolaus bewies einmal mehr seine Einfallslosigkeit. Dankbar nahm er deshalb den Vorschlag seines neuen Petersburger Generalgouverneurs an. Dieser ungeschlachte, aber ehrliche Polizeichef mit Namen D. F. Trepow schlug vor, eine Delegation von Fabrikarbeitern einzuladen. Diesen sollte man dann versichern, wie sehr man mit ihnen fühlte, auch wenn der äußere Anschein dagegen spreche. Als die Abordnung dann schließlich beim Zaren in Zarskoje-Selo inmitten des Prunks aus dem 18. Jahrhundert vorsprach, konnte Nikolaus einfach nicht aus seiner Haut heraus. Er behandelte die Arbeiter wie kleine Kinder. Sie seien von gottlosen Männern verführt worden, sagte er; doch er, Nikolaus, wisse, daß sie im Grunde gut und loyal seien. Deshalb würde er alles tun, um den Schaden, den sie angerichtet hätten, wiedergutzumachen. Das Resultat dieser Zusammenkunft und der Worte des Zaren war gleich Null. Doch Nikolaus war von seiner Leutseligkeit dermaßen beeindruckt, daß er Trepows Worten, diese Audienz sei ein epochemachendes Ereignis gewesen, gern Glauben schenkte (der glaubte dies übrigens auch).

Eine größere Bedeutung hatte dagegen die Untersuchungskommission, die von einem Mitglied des Staatsrates geleitet wurde. Zwar war diese Kommission nicht besonders effektiv; doch die Tatsache, daß sie überhaupt eingesetzt worden war, machte immerhin deutlich, daß Nikolaus eine Untersuchung für notwendig hielt.

In einem Land, das vor Zorn und Entrüstung kochte, konnte aber auch eine solche Kommission nicht viel ausrichten. In Fabriken, Bergwerken und Werften kam es zu spontanen Streiks. Der glühende Zorn über die Ereignisse des 9. Januar ließ die Welle der Entrüstung überschwappen. Die allgemeine Empörung über den Verlauf des Krieges mit Japan tat ihr übriges. Von Warschau bis Samara, von Helsinki bis Tiflis legten noch im selben Monat rund eine halbe Million Menschen ihre Arbeit nieder. Tausende von Studenten schlossen sich ihnen an, so daß der Universitätsbetrieb fast zum Erliegen kam. In vielen Fällen gesellten sich auch Professoren und Lehrer zu den Demonstranten. 16 Mitglieder der hochangesehenen Akademie der Wissenschaften forderten in einer Erklärung eine Regierungsänderung. 326 Professoren und Dozenten schlossen sich dieser Erklärung an und forderten schriftlich, die Gesetzgebungsbefugnis und die Kontrolle der Exekutive müsse in die Hände »frei gewählter Volksvertreter« gelegt werden. Mehr als tausend qualifizierte Wissenschaftler aus ganz Rußland unterschrieben diese »Erklärung der 342«. Als das Direktorium der Russischen Musikgesellschaft mit repressiven Maßnahmen gegen die Petersburger Konservatoriums-Studenten vorging, mußte sich der damals 61jährige Rimskij-Korssakow, der heute als Altmeister der russischen Komponisten verehrt wird, nicht nur einen Revolutionär schimpfen lassen; man warf ihm auch vor, er habe zu Studentenunruhen angestiftet. Rimskij-Korssakow hatte lediglich in einem offenen Brief dem Direktorium vorgeworfen, es mangle ihm an Verständnis für die Beweggründe der Studenten. Nur aus der damaligen Hysterie heraus ist es zu erklären, daß das Direktorium den Komponisten aus der Musikgesellschaft ausschloß. Daraufhin setzte ein Proteststurm ein. Trotzdem gelang es der Polizei, ein Konzert, das Rimskij-Korssakows Schüler mit Werken des Meisters geben wollten, zu verhindern. Sie ließen einfach den eisernen Vorhang herunter. Weitere Aufführungen wurden verboten. Aus Protest trat der Komponist Tanejew aus der Russischen Musikgesellschaft aus; ihm folgten bald darauf auch Glasunow und Liadow.

Doch der Protest war keineswegs nur eine Sache der Arbeiter, Studenten und Intellektuellen. Eine der bemerkenswertesten Episoden war der bis dato unvorstellbare Beschluß des Handelsklubs, allen Gardeoffizieren wegen ihrer Rolle in dem Massaker den Zutritt zum Klub zu verweigern. Zwar zeigte Nikolaus ein gewisses Verständnis, sah auch wohl ein, daß man jetzt Zugeständnisse machen müsse, doch er begriff überhaupt nicht, daß Eile geboten war. Im Grunde dachte der Zar jetzt jedoch vernünftiger und aufgeschlossener über die Dinge als je zuvor während seiner Regentschaft. Als beispielsweise sein Landwirtschaftsminister, ein schwer zu beschreibender Mann mit Namen Alexander Jermolow, sich bei der wöchentlichen Audienz ein Herz faßte und dem Souverän in feierlichen Worten einen genauen Lagebericht über die drohenden Schwierigkeiten, deren Gründe und die erforderlichen Konzessionen erstattete, akzeptierte Nikolaus diese Belehrung einigermaßen ruhig und gelassen. Allerdings glaubte er offensichtlich, daß er damit bereits Aufgeschlossenheit und Großzügigkeit genug bewiesen habe, denn er ließ die Dinge einfach schleifen. Schließlich riß der Schock über die Ermordung seines Onkels, des Großfürsten Sergej, eines Bruders Alexanders III., auch ihn aus seiner Lethargie.

Das Attentat wurde von dem Studenten Kaljaew verübt; doch wie bei Plehwes Ermordung steckten wieder Boris Sawinkow und der Polizeispitzel Jewno Atzew dahinter (es war übrigens nicht der erste Versuch, diesen verhaßten Mann umzubringen, der noch bis vor kurzem Generalgouverneur von Moskau war). Verständlicherweise traf dieses Attentat Nikolaus besonders hart. Nur einen Tag zuvor (am 4. Februar) hatte er mit seinem Ministerrat eine Erklärung beraten; sie sollte das Versprechen einer gewählten beratenden Versammlung enthalten. Nach dem Mord an seinem Onkel wurden im Eiltempo mehrere Erklärungen entworfen, die das Land im Sturm für den Zaren zurückerobern sollten: ein Manifest an das Volk, ein Dekret oder Ukas, adressiert an den Senat; ein Reskript bzw. eine persönliche Note an den Innenminister Bulygin. Sämtliche Erklärungen enthielten die folgenschwere (für Nikolaus revolutionäre) Entscheidung, daß die Errichtung einer beratenden Versammlung gestattet werden sollte. Diese Versammlung sollte aus »gewählten Volksvertretern bestehen und an den Vorberatungen im Gesetzgebungsverfahren teilnehmen«. So stand es in der Botschaft an Bulygin, der alles in Gang setzen sollte. Die an den Senat gerichtete Erklärung bestätigte das Recht der Bürger auf Anhörung durch die Krone und bat um Vorschläge zur »Verbesserung der öffentlichen Wohlfahrt«. Leider wurde die positive Wirkung solcher Vorschläge, ein erstes Abweichen von den »unverrückbaren« Prinzipien der früheren Zaren, beeinträchtigt durch offenkundige Widersprüche. Denn in dem Reskript wurde gerade auf die Unverrückbarkeit der Prinzipien besonderer Wert gelegt. Außerdem enthielt das Papier eine Passage, in der alle, die gegen die Grundgesetze verstießen, als Verräter abgestempelt und »alle aufrechtdenkenden Menschen aller Klassen und Schichten« aufgerufen wurden, am Thron festzuhalten. Erst später stellte sich heraus, daß Nikolaus diese Passage im letzten Moment hinzugefügt hatte, und zwar wieder ohne seine Minister zu unterrichten. Natürlich tat er es wieder auf Pobedonostzjews Drängen hin (aber dies sollte schon fast die letzte Tat des alten Mannes sein). Was sollte das Volk glauben? Daß der Zar zu ernsthaften Verhandlungen bereit war oder daß er weiterhin am Absolutismus festhalten wolle?

Doch selbst wenn der Zar seine Absichten klar zu erkennen gegeben hätte, wäre es schon zu spät gewesen. Noch wenige Monate zuvor hätten die Gemäßigten das Versprechen einer beratenden Versammlung als wichtigen Schritt in die richtige Richtung angesehen. Aber nun hatten sie sich bereits den Radikalen zugewandt, die nach einer Verfassung und einer aus »allgemeinen, direkten, gleichen und geheimen Wahlen« hervorgegangenen verfassungsgebenden Versammlung riefen. Die halbherzige Geste des Zaren kam zum völlig falschen Zeitpunkt. Sämtliche Erklärungen wurden am 18. Februar veröffentlicht, gerade eine Woche vor der traurigen, beschämenden Niederlage in der Schlacht von Mukden mit ihren 90 000 Gefallenen. Seit dem Verlust von Port Arthur wuchs die Entrüstung über Korruption und Geldgier in der Etappe, über die schlechte Kriegführung (obwohl Kuropatkin selbst als Held gefeiert wurde) und über die Fehler und Mängel des Militärs im allgemeinen. Der Rückzug hinter Mukden bewirkte, daß die Bevölkerung vor Empörung kochte. Im März und April schlossen sich fast alle Semstwo-Mitglieder, wenn auch einige noch zögernd, der Forderung nach einer Verfassung an. Auch die Berufsverbände, die Miljukow erfolgreich umworben hatte, kamen hinzu. Nach der Katastrophe von Tschuschima im Monat darauf fehlte nur noch wenig, um das Faß zum Überlaufen zu bringen. Während die Gemäßigten den endgültigen Bruch zwischen den Liberalen und dem Zaren noch zu verhindern suchten, traten nun die Arbeiter in Aktion. Neben dieser plötzlichen Bewegung, die wie ein Ruck durch die Menge ging, verloren die Auseinandersetzungen zwischen Liberalen und Radikalen völlig an Bedeutung. Dabei hatte man sich so viel Mühe gegeben. Dies beweist die Tatsache, daß für sie selbst nach Tschuschima die Innenpolitik immer noch an erster Stelle stand. Miljukow gelang es an der linken Front, alle Berufsverbände in einer riesigen Gewerkschaft der Gewerkschaften, einer neuen, illegalen Gruppierung, zusammenzuschließen. An der rechten Front gaben die gemäßigten Semstwo-Mitglieder dem Zaren noch eine letzte Chance. Als Zeichen ihrer Loyalität entsandten sie am 6. Juni eine 14 Mann starke Abordnung nach Zarskoje Selo, die dem Zaren klarmachen sollte, daß die Installierung einer gesetzgebenden Versammlung inzwischen unausweichlich geworden sei. Nikolaus traf bei dieser Gelegenheit zum erstenmal mit Semstwo-Mitgliedern zusammen, diesen verantwortungsbewußten, klugen, zutiefst beunruhigten Patrioten. Doch dem Zaren fehlte hierfür jegliches Verständnis. Er empfing die Delegation höflich, aber ohne Anteilnahme, und schickte sie mit leeren Händen wieder weg. Damit vertat er seine letzte Chance, die nüchtern denkenden Elemente in der Gesellschaft noch auf seine Seite zu ziehen. Er hatte die Tragweite dieser Begegnung nicht erkannt.

Unmittelbar nach der Niederlage von Tschuschima ernannte Nikolaus General Trepow zum stellvertretenden Innenminister und Polizeipräsidenten und machte ihn damit sozusagen zum Diktator im Namen des Zaren. Trepow verfügte über mehr Macht als sein Vorgesetzter Bulygin – dessen Rücktrittsgesuch Nikolaus im übrigen nicht annahm. Als Generalgouverneur von St. Petersburg hatte Trepow nach dem »Blutsonntag« das Versöhnungstreffen zwischen den Arbeitern und dem Zaren in Zarskoje Selo initiiert. Trepow war eine merkwürdige Mischung aus einem repressiven Disziplinmenschen, einfallsreichem Toren und Intriganten. Er selbst hielt sich für einen Mann, der mit Soldaten umzugehen verstand. Doch hier hatte er es mit streikenden, demonstrierenden Arbeitern zu tun. Die ließen sich durch die Behandlung des Generals mit Zuckerbrot und Peitsche nicht beeindrucken (immerhin muß man Trepow zugute halten, daß er Fabrikarbeiter überhaupt als menschliche Wesen akzeptierte). Überall kam es zu Unruhen und damit auch zu Schießereien. Allein in Lodz wurden bei den Unruhen, die drei Tage anhielten (sie stellten nur den Höhepunkt sporadischer Gewalttaten in den Wochen zuvor dar), ca. 300 Menschen getötet und rund 1000 verletzt. Überschattet wurden solche Ereignisse jedoch bald von dem Geschehen in Odessa, der großen Hafenstadt am Schwarzen Meer. Drei Monate lang war es hier und da zu Streiks gekommen; danach floß zum erstenmal Blut: ein Demonstrant schoß plötzlich auf eine Kosaken-Einheit, die das Feuer sofort erwiderte. Damit brach der Sturm los. Zwei Tage und zwei Nächte herrschte Bürgerkrieg in Odessa. Mitglieder der Schwarzen Hundert kämpften auf seiten der Polizei und der Soldaten. Revolutionäre, die von allen Seiten aus dem Untergrund auftauchten, stellten sich an die Spitze der Streikenden. Am 15. Juni wurde über die Stadt das Kriegsrecht verhängt. Es gab zahlreiche Tote, und es entstand großer Sachschaden. An diesem 15. Juni lief der Stolz der Schwarzmeer-Flotte, der nagelneue Panzerkreuzer *Potemkin*, mit der Roten Fahne am Mast im Hafen von Odessa ein. Mit den Vorgängen in der Stadt hatte die Meuterei auf dem Schiff direkt nichts zu tun. Aufgeputscht durch die Atmosphäre zu dieser Zeit, vor allem nach Tschuschima, hatte sich die Mannschaft der *Potemkin* gegen die Offiziere erhoben. Zum Anlaß nahmen sie einen Disput über verdorbenes Fleisch, doch die Meuterei hatte natürlich tiefere Ursachen. Sämtliche Offiziere wurden erschossen, über Bord geworfen oder eingesperrt. Die Meuterei fing an, als das Schiff, getrennt von der übrigen Flotte, ein Manöver ausführen sollte. Nachdem die *Potemkin* im Hafen eingelaufen war, berieten sich die Anführer der Meuterei, die alle von sich behaupteten, sie wären Sozialdemokraten, an Land mit ihren Parteimitgliedern aus dem Untergrund. Man konnte sich jedoch nicht auf eine gemeinsame Aktion einigen. Die Straßenkämpfe erreichten in derselben Nacht einen neuen Höhepunkt. Militär und Polizei versuchten mit Macht, die Revolutionäre aus den Stadtgebieten, die sie inzwischen besetzt hatten, wieder zu vertreiben. Rund 2000 Tote waren die Bilanz dieser Nacht. Hilflos schauten die Matrosen der *Potemkin* den Kämpfen zu; sie durften nicht an Land gehen.

Erst am nächsten Tag durfte ein Beerdigungstrupp das Festland betreten, um einen Kameraden zu begraben, der bei der Meuterei ums Leben gekommen war. Doch ein paar Polizisten feuerten auf die Matrosen, woraufhin die an Bord Gebliebenen die schweren Geschütze gegen die Stadt richteten. Doch ohne ihre Offiziere waren die Kanoniere reichlich hilflos. Da sie die Geschütze nicht richtig ausrichten konnten, verfehlten die Geschosse ihr Ziel. Die Matrosen gaben bald auf. Auch der dritte Tag endete schmählich. An diesem Tag sollte die ganze Flotte in den Hafen einlaufen. Man wollte dann den Kameraden auf den anderen Schiffen signalisieren, daß sie sich ebenfalls gegen die Offiziere erheben sollten. Doch nur ein Schiff reagierte auf das Signal, und dieses Schiff lief auf Grund. Die anderen Schiffe zog der Flottenadmiral sofort zurück, weil er nicht die ganze Flotte von den Kanonen der *Potemkin* zusammenschießen lassen wollte (er wußte natürlich nicht, daß die Mannschaft so schlecht schoß). Nun wußten die Meuterer nicht mehr, was sie tun sollten. Deshalb stach die *Potemkin* in See; das Schiff fuhr in den rumänischen Hafen Konstanza, und dort flohen die Meuterer an Land. Vorher hatten sie die Ventile geöffnet und das Schiff versenkt.

Dies bleibt als Faktum von der großen *Potemkin*-Legende übrig. Die eigentlichen Kämpfe in Odessa fanden statt, ohne daß die Flotte irgendwelche Hilfe leistete. Viele glühende Revolutionäre, die seit langer Zeit einen bewaffneten Aufstand herbeigesehnt hatten, erhielten in Odessa ihre Feuertaufe. Nicht so ihre Anführer: Die saßen zu der Zeit irgendwo in Westeuropa und suchten nach einer Lösung des Konflikts zwischen Bolschewiken und Menschewiken. An der Oberfläche ging es um das Problem der Zusammenarbeit mit sozialistischen Revolutionären, Radikalen und Liberalen. Hier gab es in der Tat gravierende Unterschiede: Die Menschewiken arbeiteten mit den Verfechtern der bürgerlichen Reform zusammen, doch die Bolschewiken wollten diese Richtung sofort schlukken. Hinter hochgestochenen theoretischen Argumenten verbarg sich aber ein tiefergehendes, wichtigeres Problem. Wer sollte die Sozialdemokratische Partei führen? Dabei kam es zwischen den Anhängern Lenins, die dessen Qualitäten als Anführer nie in Zweifel gezogen hatten, und denjenigen, die Lenins Unfehlbarkeit und seine Führerrolle durchaus in Frage stellten, zum Bruch. Die Zahl von Lenins Anhängern, also der Bolschewiken, schwankte ständig. In den Jahren bis zum endgültigen und totalen Triumph, nämlich bis 1917, gab es Zeiten, in denen Lenin unter allen ernstzunehmenden Revolutionären letztlich der einzige Bolschewik war. Dies schreckte ihn jedoch keinesfalls.

Auch jetzt, im Sommer 1905, ließ er sich vom doktrinären parteiinternen Machtkampf nicht abhalten. Die Arbeiter, deren Anliegen er als seine einzige Existenzberechtigung empfand, kämpften und starben an der Kaimauer Odessas und anderswo. Doch er fand in dieser Zeit nichts Besseres zu tun, als einen blutigen Rachefeldzug gegen seinen alten Mentor und Freund Plechanow zu starten und Martow, den jetzigen Führer der Menschewiken, der ihm einmal am nächsten gestanden hatte, mit dem Bannstrahl zu belegen. Dieser Mann schockte viele hochangesehene internationale Sozialisten, insbesondere in Deutschland. Er gab sich als wahrer Führer aller russischen Marxisten aus und verschwendete gleichzeitig so viel eigene und anderer Leute Energie an endlose interne Streitigkeiten, während Rußland sich am Rande eines gigantischen Umsturzes befand. Der Schock wäre für diese Leute sicher noch größer gewesen, hätten sie die Flut kleinkarierter Beschwerden an die im Untergrund tätigen Bolschewiken-Komitees sehen können, wo es ausschließlich um unwichtige Organisationsfragen ging. Verschickt wurden diese Beschwerdebriefe von Nadeschda Krupskaja, Lenins treuergebene Ehefrau, die völlig humorlos war. Sie war Sekretärin ihres Mannes und führte in seinem Namen das Büro.[4] Am meisten erschrocken wären sie jedoch sicherlich gewesen, hätten sie die tatsächliche Stärke der Bolschewiken in Rußland im Jahr 1905 gekannt, als sich Lenin in Genf zum selbsternannten Anführer der gesamten revolutionären Bewegung aufschwang. Bei einem geheimen Abendessen, zu dem Mitglieder der bereits erwähnten revolutionären Bewegung der Gardeoffiziere geladen hatten, kam die Frage auf den Tisch: Wie viele Revolutionäre, die auch kämpfen konnten, würden die Parteiführer im Fall eines bewaffneten Aufstandes vorweisen können? Die S.R.s versprachen sofort zehntausend Mann; doch die S.D.s (Bolschewiken und Menschewiken zusammengenommen) konnten nur ein paar hundert vorweisen.

Mit einem Wort: Die Berufsrevoluzzer hatten bei den revolutionären Unruhen von 1905 keine Hilfe geleistet; und bei denjenigen, die dann später aus der Situation Kapital zu schlagen versuchten, handelte es sich um eine neue Generation von Revolutionären, welche durch die Gunst der Stunde hochgespült worden war. Nachdem der Aufstand in Odessa niedergeschlagen und die Meuterei auf der *Potemkin* gescheitert waren, kam es in diesem Herbst zu keinen weiteren Unruhen (aus lauter Furcht ordnete der befehlshabende Admiral die Eindockung seiner Flotte an; er suspendierte fünftausend Matrosen und Unteroffiziere für unbestimmte Zeit vom Dienst und heuerte für sie zuverlässigere Mannschaften an). Politische Morde häuften sich. Doch Armee und Polizei hatten ihre Überlegenheit gegenüber der Menge bewiesen. Aber dank den Liberalen und Radikalen der »Gesellschaft« gärte die Revolution weiter.

In ihrer Verzweiflung über die höfliche, aber bestimmte Abfuhr, die sie im Mai von Nikolaus erhalten hatten, beriefen die Semstwo-Führer für den 6. Juli eine Konferenz aller Semstwos und Dumas ein, obwohl Trepow dies ausdrücklich verboten hatte. Als die Polizei schließlich nach drei Tagen eingriff und die Konferenz auflöste, formierten sich die Extremisten zur ersten politischen (im Gegensatz zur revolutionären) Partei des kaiserlichen Rußland. Es waren diejenigen, die unter Miljukows Führung eine konstitutionelle Monarchie mit einer souveränen konstituierenden Versammlung gefordert hatten. Man nannte sie später Konstitutionelle Demokraten oder auch Kadetten. Die Kadetten, die in den kommenden Jahren eine ebenso wichtige wie verhängnisvolle Rolle im Revolutionskampf spielen sollten, bestimmten als erste Amtshandlung ihre Position. Diese Position war bereits von Miljukow vertreten worden. Sie erklärten sich bereit, gemeinsam mit der »breiten Masse« vorzugehen. Die Liberalen hatten sich um Reformen in Zusammenarbeit mit dem Zaren bemüht. Doch der Zar hatte sie abgewiesen. Allein waren sie machtlos. Wäre die Weigerung, mit denen zusammenzuarbeiten, die die Macht hatten, deshalb nicht unmoralisch gewesen? Denn konnte man nicht auch auf diese Weise das von allen aufrechten Liberalen verfolgte Ziel verwirklichen? Es fällt nicht schwer, die Kurzsichtigkeit der russischen Liberalen um die Jahrhundertwende zu geißeln. Doch man muß ihnen zugute halten, daß sie sich auf Neuland befanden und keinerlei Unterstützung erhielten. Damals hatte ja auch noch niemand etwas von der jungen Dame aus Riga gehört. Noch heute, nach jahrzehntelanger Trauer um die Kameraden, die einstmals zu einer Spazierfahrt auf Tigern ausgeritten waren, rufen die Neo-Radikalen, die Liberalen bzw. »Progressiven«, wie sie sich reichlich unzutreffend selbst nennen, *pas d'ennemies à gauche*. Um wieviel verlockender muß diese Auffassung für die Miljukows der damaligen Zeit gewesen sein, die sich noch fast im Zustand der revolutionären Jungfräulichkeit befanden.

Doch zumindest einige Liberale billigten diese Entwicklung nicht. Ein scharfer Analytiker der Situation war der junge, hochintelligente Rechtsanwalt V. A. Maklakow. In seinen Memoiren (sie wurden erst 1954 veröffentlicht) rief er die Zeit, in der es an Blasphemie grenzte, den Willen des Volkes in Frage zu stellen, allen wieder genau ins Gedächtnis zurück. Oder anders ausgedrückt: Wenn Mitte 1905 es irgendein Intellektueller angezweifelt hätte, daß alle Probleme in Rußland durch die Einführung des englischen parlamentarischen Systems gelöst werden könnten, dann hätte er damit ein absolutes Tabu verletzt. Ähnliches gilt, wenn heute jemand laut über die Möglichkeit fundamentaler genetischer Unterschiede zwischen den einzelnen Rassen nachdenken würde. Maklakow sah deutlich, daß die Liberalen aus sich heraus keinerlei Macht besaßen, daß sie nur »zusammen mit... dem bestehenden Regime« Großes erreichen konnten, sofern das Regime zu Zugeständnissen bereit war (wie im Herbst 1905). Doch wenn das Regime die Vorschläge der Liberalen zurückweisen würde, müßten diese sich mit der »einzig wahren Macht, der von Acheron«, zusammentun. Geschähe dies, sei eine Revolution unvermeidbar und der Liberalismus immer der Verlierer, im Falle eines Sieges ebenso wie im Fall einer Niederlage.

Die Voraussagen Maklakows trafen ein. Der einzige Unterschied bestand darin, daß die Liberalen in Gestalt der Kadettenpartei im Herbst 1905 die Vorschläge des damaligen Regimes zurückwiesen, das zu Konzessionen bereit war. Sie taten dies, weil nach Miljukows Auffassung die Konzessionen nicht ausreichten. Doch zu dieser Zeit hatte selbst der kühle, distanzierte und im westlichen Sinn wahrhaft liberal denkende Maklakow seine Skrupel verdrängt und sich wider besseres Wissen Miljukow angeschlossen.


# 4

Nikolaus bemühte sich aber mittlerweile ernsthaft, die im Bulygin-Reskript enthaltenen Versprechungen wahrzumachen – d. h. eine beratende Versammlung einzusetzen. Er war allerdings nur mit halbem Herzen bei der Sache, weil er im Laufe dieses schrecklichen chaotischen Monats Juni, in dem die meisten seiner Untertanen sich anscheinend zum Bürgerkrieg rüsteten, voll und ganz mit der Frage einer ehrenvollen Beendigung des Krieges mit Japan beschäftigt war. Fünf Tage nach Tschuschima erreichte diese Frage ihren Kulminationspunkt: Es war wiederum der exzentrische deutsche Kaiser, Wilhelm II., der intervenierte. Er war letztlich weniger auf einen Krieg erpicht, als es den Anschein hatte. Wilhelm II. fürchtete jetzt, zutiefst beunruhigt über die Entwicklung in Rußland und die Gefahr einer Revolution, um die Sicherheit des Zaren. Auch Amerika und England waren aufgeschreckt; sie sahen Japan, das sich plötzlich zu einer Großmacht im Pazifik aufgeschwungen hatte, und sie hielten die Zeit für gekommen, ein weiteres Vordringen Japans zu verhindern. Frankreich schließlich war zu Tode betrübt über die Niederlage seines russischen Verbündeten. Auf Betreiben des deutschen Kaisers hin bot sich deshalb der amerikanische Präsident Theodore Roosevelt als Vermittler an. Alle Welt atmete auf – nicht zuletzt auch Japan. Denn nachdem Japan einer der westliche Großmächte eine Niederlage beigebracht und auf diese Weise die verbreitete Ansicht über das richtige Kräfteverhältnis zwischen Ost und West und Gelb und Weiß umgestoßen hatte, war das Land jetzt mehr als bereit, großmütig Frieden zu schließen. Denn es stand vor dem totalen Ruin und der völligen Erschöpfung.

Die Kämpfe hörten deshalb nicht sofort auf. Kuropatkin glaubte fest an einen Sieg Rußlands, wenn nur weiterhin genügend neue Truppen aufgeboten würden, weshalb Japan dann mit seinem begrenzten Menschenpotential würde passen müssen. Zweifellos hatte er recht. Doch Nikolaus wußte, daß weder das Volk noch die aus Bauern bestehende Armee zu weiteren Opfern bereit waren. Er wollte Frieden, war jedoch nicht willens, auch nur einen Meter russischen Bodens abzugeben oder eine Kopeke Reparationszahlungen zu leisten. Für die Friedensverhandlungen brauchte er einen Mann mit besonderen Fähigkeiten. Nur zögernd und reichlich verbittert kam er schließlich zu der Erkenntnis, daß einzig Witte diese schwierige Aufgabe lösen konnte, derselbe Witte, den der Zar vor zwei Jahren entlassen hatte, weil er gegen die Fernostpolitik, die zum Kriege führen sollte, opponiert hatte. Witte machte sich, ausgerüstet mit unbeschränkten Befugnissen, auf den Weg, um Rußland bei den Verhandlungen in Portsmouth, New Hampshire, zu vertreten.

Die amerikanische Einladung traf am 8. Juni ein, doch die Friedenskonferenz begann erst am 10. August. Auf dieser Konferenz vollbrachte Witte in kürzester Zeit wahre Wunder. Auch wenn Japan nämlich den Krieg so schnell wie möglich beenden und Amerika alles tun würde, um die russische Schmach auf ein Minimum zu reduzieren, erwies es sich bald als unmöglich, Nikolaus' Vorstellungen durchzusetzen. So wurde die militärische und wirtschaftliche Oberherrschaft Japans in Korea offiziell anerkannt. Tokio erhielt die südliche Hälfte der Sachalin-Insel, welche von Rußland ohnehin nur als Sträflingskolonie benutzt wurde. Rußland verzichtete auf Port Arthur und die Halbinsel Liaotung, auf einen Teil der südmandschurischen Eisenbahn und auf sämtliches russisches Eigentum mitsamt Konzessionen auf der Halbinsel. Der Vertrag wurde am 5. September unterzeichnet. Für seine Verdienste wurde Witte zum Grafen ernannt. Theodore Roosevelt war das erste Staatsoberhaupt, welches später für seine Rolle bei den Verhandlungen von Portsmouth den Friedensnobelpreis erhielt. Nach einer gemächlichen Reise traf Graf Witte am 15. September wieder in St. Petersburg ein. Rußland stand ein neuerlicher Umsturzversuch bevor; auch hier sollte Witte als Retter auftreten.

Zweierlei hatte sich während seiner Abwesenheit ereignet. Zwischen den Springbrunnen und Wasserspielen von Schloß Peterhof, Fantasiegebilden aus der Rokokozeit, waren Großfürsten, Minister und einige andere unter dem Vorsitz des Zaren zusammengekommen, um den Wahlmodus und die Aufgaben der neuen beratenden Versammlung, der Staatsduma, zu besprechen. Am 6. August wurde das Ergebnis dieser Sonderkonferenz verkündet. Zum erstenmal sollten gewählte Vertreter des russischen Volkes neue Gesetze prüfen und ihre Meinung hierzu durch den Staatsrat dem Zaren mitteilen dürfen. Für die Konservativen hatte dies den Geschmack einer roten Revolution. Die Liberalen und Radikalen hielten das Konferenzergebnis für eine Beleidigung, waren aber trotzdem uneins in der Frage, ob sie die Wahlen boykottieren, in der Hoffnung auf Besseres mit der Duma zusammenarbeiten oder aber diese vernichten sollten. Die Wahllisten wurden manipuliert mit dem Resultat, daß die Arbeiter in der Stadt und die Akademiker einschließlich des Dritten Elementes, der Semstwo-Angestellten, fast gar nicht vertreten waren. Die Versammlung sollte überwiegend aus städtischen und ländlichen Grundbesitzern und aus Bauern bestehen. Denn man glaubte, daß die Bauern dem Thron unverrückbar loyal gegenüberstünden. Schon daraus ist zu ersehen, wie weit sich die Regierung damals von der Wirklichkeit entfernt hatte. Bereits im Frühjahr und im Frühsommer hatten nämlich Unruhen und Gewalttaten auf dem Lande immer mehr zugenommen. Zuerst waren es nur die üblichen Brandstiftungen und Plünderungsaktionen; doch dann führte der immer stärkere Einfluß der Sozialistischen Revolutionäre allmählich zu einer Politisierung, die im Mai mit der Errichtung einer Bauerngewerkschaft ihren Höhepunkt fand. Doch all diese Ereignisse standen immer im Schatten der Unruhen in den Städten. Außerdem hatten die zuständigen Beamten auf dem Lande, jeweils froh darüber, die Revolte am Ort erstickt zu haben, deren Bedeutung immer wieder heruntergespielt und sich vor allem nicht um die Entwicklung in anderen Gegenden gekümmert.

Am 27. August verkündete die Regierung die überraschende Entscheidung, daß den Universitäten die Autonomie, die sie im Jahre 1884 verloren und die sie seit dieser Zeit immer wieder zurückgefordert hatten, wiedergegeben würde. Nikolaus und seine Berater glaubten in diesen schweren Sommermonaten des Jahres 1905 offensichtlich, die Studenten würden aus Dankbarkeit für diese Zugeständnisse nicht mehr streiken und in die Hörsäle zurückgehen. Sie gingen auch wieder in die Hörsäle zurück (obwohl die S.R.s und S.D.s reichlich unüberlegt zum Weiterstreiken gedrängt hatten). Doch nun in sicherer Umgebung, zu der die Polizei keinen Zutritt hat, nahm die Agitation erhebliche Ausmaße an. Die Studenten konnten sich in Ruhe in ihre Hörsäle und Versammlungsräume zurückziehen und unbehelligt von der Polizei Agitatoren, Redner jedweder Couleur und Revolutionäre aus dem Untergrund einladen, die ihrerseits vor diesem privilegierten Forum frei sprechen konnten. Mit den verschiedenen Rednern kamen auch immer neue Zuhörer und drängten sich in den überfüllten Hörsälen. Nikolaus' Kommentar dazu: »Weiß Gott, was in den Universitäten vor sich geht. Alles mögliche Volk von der Straße strömt herein, lauthals wird der Aufstand proklamiert – doch niemanden scheint dies weiter zu stören.«[5] Die studentische Arbeit ruhte, die Diskussionen fanden kein Ende. Immer häufiger wurden die Gemäßigten von den Extremisten überschrien; bald gingen sogar die extremsten Forderungen der extremsten Anhänger einer Verfassung in den lauten Rufen nach einem bewaffneten Aufstand unter.

Diese plötzliche, unvorhergesehene Möglichkeit zur Agitation auf breiter

Front führte zu neuen Streiks, die im September das ganze Land überschwemmten. Es begann relativ harmlos mit einem Druckerstreik in Moskau; doch gegen Ende der ersten Oktoberwoche war ganz St. Petersburg gelähmt und die Regierung völlig isoliert. Es gab kein Gas, kein Wasser, keine Elektrizität; die öffentlichen Transportmittel fuhren nicht; alle Läden hatten geschlossen, es erschienen keine Zeitungen, und die Arbeit in den Fabriken ruhte. Die Streiks in St. Petersburg bildeten den Beginn eines Generalstreiks von unbeschreiblichen Ausmaßen. Selbst das Corps du Ballet des Marjinskij-Theaters schloß sich frohgemut den Streikenden an. All dies geschah ohne Gewerkschaften, ohne zentrale Steuerung – spontan wurde überall und gleichzeitig im ganzen Land die Arbeit niedergelegt. Die Arbeiter gingen auf die Straße; sie marschierten fahnenschwingend durch die Städte, militante Slogans auf den Lippen.

Anfangs artikulierten diejenigen Arbeitergruppen, die genau wußten, wofür sie kämpften, vernünftige Forderungen nach besserer Bezahlung, verkürzter Arbeitszeit und anderen sozialen Reformen. Doch innerhalb weniger Tage brachten die Straßendemonstrationen es fertig, daß aus einem Streik eine Revolution wurde. Nun verlangten die Arbeiter plötzlich die sofortige Ausrufung einer demokratischen Republik und die Auslieferung der Waffen von Polizei und Militär an die Arbeiter. Diese verantwortungslose, euphorische Stimmung schlug bereits solche Wellen, daß sich sogar die Berufsverbände diesen Phantasieforderungen anschlossen. Miljukows Liberale forderten jetzt also die Bewaffnung der Arbeiter gegen den Staat. In einigen Städten hatte es die Menge bereits geschafft und hatte Barrikaden errichtet. Die Polizei flüchtete in Verstecke.

Am 9. Oktober mußte Nikolaus noch einmal den Mann bemühen, der ihm so unsympathisch war, nämlich Graf Witte. Nikolaus ließ die Entwicklung ziemlich kalt; seine Berater versetzte sie jedoch in Angst und Schrecken. Der Zar gab sich wie immer einer fatalistischen Ruhe hin, sah aber das Ende kommen. Vier Tage nach Wittes Rückkehr in die Regierung stand er einer völlig neuen Tatsache gegenüber: Mitten in St. Petersburg war ein Arbeiterrat, auch Sowjet genannt, gebildet worden, eine Körperschaft, die aus vierzig Delegierten bestand, wobei jeder der Delegierten von jeweils fünfhundert Arbeitern gewählt worden war. Dieser Sowjet sollte die Massen koordinieren und führen – mit einem Wort: die Stadt während des Streiks regieren, weil die normalen Kommunikationsmittel nicht mehr funktionierten. Der Arbeiter-Sowjet ist nicht in St. Petersburg erfunden worden. Die Idee war vor sechs Monaten aufgekommen, als die Textilarbeiter in Iwanowo-Wosnesensk einen Streik ausriefen, der einer kleinen Revolution ähnelte. Das ad hoc gebildete Streik-Komitee nannten sie Sowjet. Die Idee der Sowjets wurde bald auch in anderen Städten aufgegriffen. Doch verständlicherweise hielt man den Petersburger Sowjet für den Ursprung aller Sowjets und damit auch für das Zentrum der Revolution. Denn dort wurde am Sitz der eigentlichen Regierung eine Alternativ-Regierung errichtet. Bald sollte auch St. Petersburg der Ort sein, wo sich der junge Trotzkij, der sich damals noch zu den Menschewiken zählte, seine ersten Sporen als glänzender Demagoge der Revolution verdiente – sehr zum Ärger Lenins. Dieser hatte sich zur Rückkehr nach Rußland entschlossen und wartete nun wütend in Stockholm auf einen gefälschten Paß, der aber nicht kam.

In Petersburg sah es schlimm aus; auch Moskau und andere Städte waren annähernd paralysiert. Doch die Hauptgefahr drohte trotzdem von anderswoher. Aus dem ganzen Land liefen Meldungen ein von einem Bauernaufstand; es war von Brandschatzungen und Morden die Rede wie nie zuvor seit Pugatschew. Dies war keinesfalls länger das Resultat gezielter Aufhetzungskampagnen durch die Agitatoren der S.R. Lang aufgespeicherte Unzufriedenheit und Verzweiflung entluden sich in einer Explosion, die das ganze Land erfaßte und die Autorität hinwegzufegen drohte. Am schwierigsten war zweifellos die Frage, wie die Armee wohl reagieren würde, wenn es Bauerntruppen befohlen würde, auf ihre eigenen Brüder zu schießen.

Aus dieser Furcht heraus beugte sich Nikolaus schließlich den Vorschlägen Wittes. Die Niederlage sollte eingestanden werden; von dem Prinzip der Alleinherrschaft, das der Zar aufrechtzuerhalten geschworen hatte, wollte man abweichen.

Die Situation war bizarr: Mitten in St. Petersburg tagte der Arbeiter-Sowjet, ein lautes, ungebärdiges, aus einer Notstandssituation entstandenes Parlament. Der Zar und seine Familie lebten – von der Außenwelt abgeschnitten – auf Peterhof (den ganzen Sommer über hatten sie nicht gewagt, Peterhof bzw. Zarskoje Selo zu verlassen). Peterhof konnte von Petersburg nämlich nur per Schiff erreicht werden. So pendelten in den nächsten Tagen die Schiffe beständig zwischen St. Petersburg und Peterhof hin und her, um Minister und hohe Staatsbeamte zu hastig einberufenen Konsultationsgesprächen mit dem Zaren zu bringen. Einige hielten auch Peterhof nicht mehr für sicher und drängten die kaiserliche Familie, sie solle sich zu den Angehörigen der Kaiserinmutter nach Kopenhagen begeben.

Noch bevor Nikolaus Witte offiziell ersuchte, die Regierungsgeschäfte zu übernehmen, hatte dieser sich die nächsten Schritte genau überlegt. Seiner Meinung nach war es zu spät, um eine Kollision zwischen der auf Bajonette gestützten Autorität und dem Volk zu inszenieren. Doch Witte selbst war autoritär eingestellt und glaubte fest daran, daß das riesige, auseinanderfallende, heterogene und rückständige Rußland allein durch autokratische Herrschaft zusammengehalten werden könne. Die Autokratie war jedoch von einem schwachen Alleinherrscher und dessen verantwortungslosen und mitunter skrupellosen Beratern verraten worden. Selbst wenn man sich auf die Armee verlassen konnte, würde die Wiederherstellung der Autokratie zu viel Blutvergießen fordern. Und wofür eigentlich? Damit sie wieder von demselben Zaren mit denselben Fehlern verraten würde... Auch wenn Witte den Konstitutionalismus für schlecht hielt, blieb ihm also in dieser Situation nur eines: er mußte seinem Herrn eine Verfassung aufzwingen. Genau das tat er. Seine Schachzüge waren geschickt und eiskalt berechnet. Er bot Nikolaus Alternativen an. Ich wäre bereit, den Posten eines Ministerpräsidenten zu übernehmen, erklärte er dem Zaren, wenn ich die entsprechenden Befugnisse im Rahmen einer konstitutionellen Monarchie erhalte. Auch eine Militärdiktatur habe sicherlich positive Seiten, wie er, Witte, durchaus zuzugeben bereit sei. Doch könne er in einer solchen Regierung kein Amt übernehmen. Nikolaus kämpfte noch immer um sein heiliges Vermächtnis, stand aber inzwischen allein auf weiter Flur. Er holte sich Rat bei dem kraftlosen Goremykin; der jedoch unterbreitete lediglich einen schwachen Abklatsch von Wittes Konzept. Daraufhin wandte sich der Zar voller Verzweiflung an seinen Vetter, den Großfürst Nikolaus, und drängte ihn, als Repräsentant des starken Militärs die Regierungsgeschäfte zu übernehmen. Der Großfürst lehnte ab. Er zog sogar seinen Revolver und drohte mit Selbstmord, falls Nikolaus ihm weiter zusetzen würde. Jetzt gab Nikolaus nach und legte sein Schicksal ganz in Wittes Hand. Ein paar Tage später, am 17. Oktober, gab er das Kaiserliche Manifest heraus. Dort nannte er sich offiziell einen konstitutionellen Monarchen. Doch daran glauben konnte er nicht für einen Moment.

# XXI Stolypin und die dreizehnte Stunde

## I

Witte war weitsichtiger und sah auch die Dinge klarer als alle anderen Berater des Zaren, aber selbst er sah sie nicht klar genug. Das Oktober-Manifest enthielt größere Zugeständnisse, als sie noch vor ein paar Monaten von irgend jemandem verlangt worden waren, sieht man einmal von den Forderungen der Revolutionäre und der extremen Radikalen ab. Das Manifest räumte Gewissensfreiheit, Redefreiheit, Versammlungs- und Vereinsfreiheit ein. Willkürliche Festnahmen sollten verboten sein, und jedem Inhaftierten mußte der Prozeß gemacht werden. Ferner versprach das Manifest die Ausweitung des Wahlrechts bei den Wahlen zur neuen Staatsduma auf »diejenigen Klassen, die jetzt kein Wahlrecht besitzen«. Es proklamierte »das unumstößliche Prinzip, daß kein Gesetz ohne die Zustimmung der Staatsduma in Kraft treten darf«. Außerdem stellte es fest, daß die gewählten Volksvertreter in Zukunft »mitüberwachen sollten, ob die Behörden rechtmäßig handeln«. Gegen Wittes Rat bestand Nikolaus bezeichnenderweise darauf, diese durchaus revolutionären Änderungen als einen Akt autokratischer Macht darzustellen. Witte übersah zweierlei: Die Liberalen lehnten inzwischen jede Regierungsform ab, die keine souveräne konstituierende Versammlung vorsah; und die Arbeiter und Revolutionäre waren nicht bereit, von ihren Forderungen abzugehen und ihre derzeitige berauschende Machtfülle aufzugeben zugunsten eines Parlaments, das bisher nur auf dem Papier stand und dazu auch noch von einem Monarchen versprochen wurde, dem sie zutiefst mißtrauten. Am selben Tag, an dem das Manifest verkündet wurde, wählte der Petersburger Sowjet ein verantwortliches Exekutiv-Komitee, in dem Vertreter der S.R. und der S.D. saßen. An diesem Tag erschien auch die erste Nummer des neuen sowjet-eigenen Organs *Iswestija*. Dort erklärte Trotzkij allen Vertretern des Regimes unversöhnliche Feindschaft: »Das Proletariat weiß, was es will und was es nicht will. Es will weder den Polizei-Schurken Trepow noch den liberalen Finanz-Hai Witte, weder die Schnauze des Wolfes noch den Schwanz des Fuchses. Das Volk weist den mit einer Verfassungsurkunde umwickelten Polizeiknüppel zurück.«

Das städtische Proletariat schien mit dieser überspitzten Diagnose des jungen Mannes weitgehend übereinzustimmen; für die Bauern galt das gleiche. Damit nicht genug: Das Oktober-Manifest hatte auch noch das Nationalitäten-Problem unberücksichtigt gelassen, obwohl sich während des ganzen Sommers verschiedene Volksgruppen bereits offen gegen St. Petersburg erhoben hatten. Niemand hatte erwartet, daß Nikolaus an dieses Problem denken würde. Daß aber Witte die Schwierigkeiten im Baltikum, in der Ukraine, im Kaukasus und Transkaukasien, in Turkestan und anderswo außer acht ließ und es versäumte, dem Zaren auch auf diesem Gebiet Konzessionen abzuringen, das spricht gegen den ansonsten hervorragenden Staatsmann. Es beweist eine gewisse Engstirnigkeit Wittes, die schon einmal vor zehn Jahren offenkundig geworden war. Damals hatte er bei seinem Industrialisierungs-Programm die Verhältnisse auf dem Lande völlig vergessen. Witte dürfte das Minderheitenproblem nahezu aus seinem Gedächtnis verbannt haben. Die Ukrainer, Georgier, Turkmenen, Armenier, Letten, Litauer und Esten verlangten allesamt – mit graduellen Unterschieden – politische und kulturelle Autonomie und versuchten diese Forderungen mit Gewalt durchzusetzen (in Lettland hatten sich die einheimischen Arbeiter in den Städten mit den Bauern auf dem Lande zu einem regelrechten Bürgerkrieg gegen die fremden Großgrundbesitzer, zumeist Baltendeutsche, verbündet). Doch vom Geltungsbereich des Manifestes, welches nur Russen anerkannte, waren sie weitgehend ausgenommen. Nicht einmal Finnland wurde gesondert erwähnt. Aber das in Finnland verhaßte Konskriptions-Gesetz war zu Beginn des Jahres aufgehoben worden, und den Finnen wurde in einem gesonderten November-Manifest zwar nicht die von ihnen geforderte konstituierende Versammlung, aber immerhin der sogenannte konstituierende Senat gewährt. Dieser Senat sollte befugt sein, den Reichstag zu organisieren. Bevor dies alles geschah, mußte in Finnland jedoch erst einmal etwas Außergewöhnliches passieren: Der russische Generalgouverneur dieses schwachen, aber heldenhaften Landes sah sich gezwungen, aus seiner Residenz in Helsinki zu fliehen und auf einem russischen Kriegsschiff im Hafen Zuflucht zu suchen.
Es kostete Witte annähernd zwei Monate, bis er die Revolution halbwegs in den Griff bekam (viel länger dauerte es bis zur Beseitigung ihrer Nachwirkungen). Während dieser Zeit mußte der Regierungschef gerade dann, wenn es darauf ankam, stets mit dem Rücken zur Wand kämpfen. Er war völlig isoliert. Nikolaus unterzeichnete das Manifest zwar; doch im selben Moment wurde er von Gefühlen der Schuld und der Schmach gepeinigt. In den verzweifelten Briefen an seine Mutter brechen diese Gefühle immer wieder durch. Des Zaren Abneigung gegen Witte wuchs ständig. Als dieser seine Regierung bildete, erkannten die einzelnen Regierungsmitglieder daher bald, daß der Zar den Regierungschef nicht nur ablehnte, ihn vielmehr haßte. So hielten es viele Minister für geraten,

alles Erdenkliche zu tun, um dem Zaren und den Günstlingen bei Hof zu gefallen, was natürlich auf Kosten ihres Vorgesetzten, also auf Wittes Kosten, ging. P. D. Durnowo, Innenminister und nach General Trepow auch Polizeichef, bot ein Paradebeispiel für dieses charakterlose und bösartige Verhalten. Er spielte auch bei Wittes Sturz sechs Monate später eine große Rolle, obwohl er dem Regierungschef seinen Ministerposten zu verdanken hatte. Doch zu seinem großen Erstaunen stürzte Durnowo mit dem Mann, gegen den er intrigiert hatte. Ganz offensichtlich war es eine ungeheure Fehlentscheidung Wittes, diesen armseligen Opportunisten mit der Innenpolitik zu betrauen, und das auch noch zu einer Zeit, in der sich das ganze Land buchstäblich selbst zerfleischt hatte und nun von dem Monarchen, auf drängende Bitten des Regierungschefs hin, der alles auf Versöhnung setzte, umworben wurde. Witte selbst nannte diese Ernennung seinen größten Fehler. Sie war mehr als das, nämlich eine Katastrophe. Wenn man Wittes fragmentarische und ausweichende Begründung liest, die er für die von ihm betriebene Ernennung Durnowos gibt (fast seine gesamte Umgebung einschließlich Nikolaus waren dagegen), muß man dem Gerücht, Witte sei von Durnowo in irgendeiner Weise abhängig gewesen, einigermaßen Glauben schenken.[1]

Witte mußte seinen Irrtum teuer bezahlen, nämlich dann, als Durnowo sich gegen ihn wandte. Am teuersten aber bezahlte das Land. Der Schaden, den die Ernennung Durnowos anrichtete, bestand weniger darin, daß Witte verärgert wurde. Auch nicht die unmittelbaren Folgen dieser Ernennung, nämlich die blutigen, repressiven Maßnahmen, die auf Durnowos Geheiß von Militär und Polizei durchgeführt wurden, waren das Schlimmste. Als wahrhaft verhängnisvoll erwies sich aber die Weigerung der Liberalen, sich an einer Regierung zu beteiligen, in der Durnowo ein Amt bekleidete. Diese Weigerung bedeutete zusammen mit der Tatsache, daß die neue Verwaltung unvermeidbar immer mehr der alten, in Mißkredit geratenen Bürokratie ausgeliefert wurde, einen Markstein auf dem langen Weg in den Abgrund. Dieses eine Mal traf Nikolaus keine Schuld. Sie traf seinen ersten Minister, den ersten Regierungschef eines Rußland, das gerade dabei war, sich in eine zumindest halbkonstitutionelle Monarchie zu verwandeln. Es ist möglich und sogar wahrscheinlich, daß die große Masse der Liberalen eine Beteiligung an jeder von Witte geführten Regierung abgelehnt hätte. Miljukow glaubte nämlich aus einer Position der Stärke heraus handeln und vor einer Beteiligung der Liberalen an der Regierung die ausdrückliche Versicherung fordern zu können, daß das Oktober-Manifest als Zugeständnis einer Verfassung anzusehen sei. Da Nikolaus den Gebrauch dieses Wortes noch immer nicht zuließ – was jeder wußte –, war diese Forderung einfach töricht. Hätten die Liberalen doch nur erkannt, daß ihre wichtigste Aufgabe darin bestand, mit beiden Händen die Gelegenheit beim Schopfe zu packen und sich an der Regierung zu beteiligen. Nur so nämlich hätten sie den von ihren liberalen

Vorgängern langgehegten Wunschtraum erfüllen können. Durch ihre Beteiligung hätten sie auch einen Wandel herbeiführen können. Doch die Ernennung Durnowos machte es auch dem vorsichtigsten und gemäßigsten Liberalen unmöglich, sich von Miljukows Ansicht zu distanzieren und die Bürde der Beteiligung an der Regierungs-Verantwortung auf sich zu nehmen.

So waren also zu einer Zeit, in der viele Anzeichen für eine liberalere Zukunft sprachen, die Liberalen von der Verantwortung ausgeschlossen, teilweise aus eigenem Verschulden und teilweise durch die Maßnahmen des Mannes, der ihre Unterstützung dringend brauchte. Nikolaus unterlag indessen mehr und mehr den verhängnisvollen Einflüsterungen eines Durnowo oder Trepow. Er war umgeben von zutiefst loyalen Konservativen, aber auch von den Anführern und Sprechern der merkwürdigsten Gruppierungen, von Absolutisten, schwarzen Reaktionären und korrupten Abenteurern, deren einziges Lebensziel in der Parole bestand: Nieder mit den Juden, den Sozialisten und den Liberalen und nieder mit Witte. Aus diesen Gruppen rekrutierten sich die judenmordenden Schwarzen Hundert. Die Gebildeteren unter ihnen (jene, die lesen konnten) bildeten eine sogenannte politische Partei, die »Union des Russischen Volkes«. Diese Gruppe könnte man als Vorläufer des Faschismus bezeichnen, wäre der Begriff Faschismus inzwischen nicht so verfälscht worden, daß er überhaupt nichts mehr aussagt. Doch damals hatte er noch eine ganz bestimmte Bedeutung; gleiches galt für die »Union des Russischen Volkes«, die von V. M. Purischkewitsch geleitet wurde, einem Möchtegern-Demagogen mit ungewöhnlich destruktiven Eigenschaften.

Witte brachte nur eine ziemlich klägliche Regierungsmannschaft zusammen. Sie mußte das Land sechs Monate allein regieren; dann erst konnte die erste Duma gewählt werden und ihre Arbeit aufnehmen. Trotz Durnowo schaffte es der St. Petersburger Sowjet, noch sechs Wochen lang als eine Art Parallel-Regierung, auf die die Arbeiter hörten, weiterzufungieren. Doch das Glück des Sowjet schwand dahin. Ein Revolutionär mußte schon ungewöhnlich begeistert sein, um Tag für Tag zu streiken, zu demonstrieren und sich allen möglichen Gefahren auszusetzen, und dies auch noch mit einem hohen Grad an emotioneller Intensität. Daß dies nicht so weitergehen konnte, zeigte der Aufruf des Sowjet zu einem neuen Generalstreik am 1. November. Dieses Mal war die Reaktion nur mäßig, und die ganze Angelegenheit verlief nach wenigen Tagen im Sande. Ende November fühlte sich daher Durnowo stark genug, um die Verhaftung des Sowjet-Vorsitzenden anzuordnen. Am 3. Dezember nahmen die Truppen das Sowjet-Gebäude im Sturm und verhafteten fast zweihundert Menschen, unter ihnen alle wichtigen Anführer einschließlich Leon Trotzkijs.

In Petersburg war vom Widerstand nur noch wenig übriggeblieben; die Verhaftung des Sowjet bedeutete dann das Ende. Doch in Moskau flakkerte die Gewalt erneut und ungeheuer auf. Hier hatte man sich den Behörden gegenüber schon immer widerspenstiger verhalten; und da es den Ordnungskräften an Führungspersönlichkeiten mangelte, waren diese schon lange demoralisiert. Selbst reiche Geschäftsleute, insbesondere der Multimillionär Sawwa Morozow, unterstützten die Revolutionäre finanziell (mitunter geschah dies in der kuriosen Hoffnung, mit der Zerstörung der Autokratie würden auch Restriktionen für den Handel und das private Unternehmertum über Bord gespült). Der Moskauer Aufstand bewirkte alles in allem nichts, er konnte auch nicht hoffen, irgend etwas zu bewirken außer einem Blutbad (mit mehr als tausend Toten). Doch für die Bolschewiken wurde der Aufstand zur Legende. Vom 8. bis 20. Dezember tobte der Kampf in den Straßen. Artillerie wurde gegen Gewehre und selbstgebastelte Bomben eingesetzt; ganze Straßenzüge brannten nieder. Im Grunde war dies alles destruktiv, war ein Kampf mit negativen Vorzeichen, eher eine Demonstration als eine rationale Kampagne. Es ist behauptet worden, der Aufstand hätte gute Chancen gehabt, weil fast ganz Moskau nach jahrelanger Mißherrschaft von repressiven Generalgouverneuren, Militärgouverneuren und Polizeichefs (z. B. Großfürst Sergej, General Trepow und P. D. Durnowo) inzwischen gegen das Regime gewesen sei. Außerdem hätte es in ganz Moskau keinen starken Mann gegeben, der die Befehlsgewalt hätte an sich reißen können. Schließlich hätte sich sicherlich ein Großteil, wenn nicht sogar die Mehrheit der Garnisonstruppen aus Unzufriedenheit sogar auf die Seite der Revolutionäre geschlagen. Doch keine dieser Überlegungen war besonders stichhaltig. Der Adel, die»Gesellschaft«und die Bourgeoisie konnten zwar bequem das Regime verdammen und mit den Radikalen sympathisieren, doch etwas anderes war es, mit ansehen zu müssen, wie die ausgemergelten, hungrigen Gestalten aus den Slums und Hinterhöfen hervorkrochen, um, bis an die Zähne bewaffnet, die Barrikaden zu verteidigen. Dieses Schauspiel konnten sie keinesfalls mit Zufriedenheit betrachten. Außerdem gab es unter den höheren Chargen bei den Offizieren genug starke Männer. Witte konnte den Zaren innerhalb kürzester Zeit überreden, General Dubasow nach Moskau abzukommandieren, um die Revolte niederzuschlagen. Tatsächlich hatte Dubasow anfangs Schwierigkeiten, seine Truppen in voller Stärke gegen die Revolutionäre einzusetzen, und zwar aus Furcht vor zu vielen Überläufern aus den eigenen Reihen. Als man jedoch in St. Petersburg schließlich einsah, daß die Situation entschlossenes Handeln verlangte und dazu Einheiten der Leibgarde des Zaren vonnöten waren, stand auch das Semjonowskij-Regiment sehr schnell auf seiten Dubasows. In beispielloser Grausamkeit schossen die Soldaten dieses Regiments auf jeden, der eine Waffe trug. Auf diese Weise war die Ordnung bald wiederhergestellt.

Der Moskauer Aufstand förderte zum ersten Mal ein Element des sehr komplexen Erscheinungsbildes von Lenin zu Tage, das dann später während des Terrors von 1918 voll in Erscheinung trat: Lenin war geradezu hysterisch besessen von der Notwendigkeit, »Härte«, wie er es nannte, demonstrieren zu müssen, einen Drang nach demonstrativer und unnötiger Gewalt, der den marxistischen Lehren widersprach und eher in Netschajews Dämonenlehre wurzeln dürfte. Gerade zu dieser Zeit fanden es die Genossen merkwürdig, daß der Führer einer Partei, die den von den Sozialistischen Revolutionären praktizierten Terror verdammte, jetzt plötzlich im Jahre 1905 zum bewaffneten Aufstand als dem wirksamsten Wegbereiter der Revolution aufrief. Am Moskauer Aufstand beteiligten sich die Bolschewiken aktiver als an jeder anderen Auseinandersetzung im Laufe des Jahres 1905. Sie versuchten, verlorene Zeit aufzuholen. Sie standen zwar nicht an der Spitze der Bewegung, doch immerhin förderte und befürwortete Lenin das, was er später die »Generalprobe für die Revolution« nannte (während sein einstiger Mentor Plechanow von einer »kriminellen Torheit« sprach).

Bald darauf schockierte Lenin die Genossen erneut, als er die »Expropriations«-Kampagne ausdrücklich befürwortete – nämlich Banküberfälle und andere banditenähnliche Operationen, mit deren Hilfe die lokalen Komitees der Sozialdemokraten offensichtlich ihre Kampfkasse aufzubessern suchten. Einer der berühmt-berüchtigtsten Überfälle im Jahre 1907 wurde unter der Leitung des jungen georgischen Bolschewiken Djugaschwili, genannt Koba, durchgeführt. Unter dem Namen Stalin tauchte dieser Mann dann später wieder auf. Alle Menschewiken und auch eine ganze Reihe von Bolschewiken lehnten die von Lenin propagierte Gewalt ab. Vielleicht fühlte sich Lenin gerade deshalb zu Stalin hingezogen. Denn dieser kannte keinerlei Skrupel.

Ich muß den Lesern sicherlich nicht ausdrücklich versichern, daß ich weiß, wie mächtig, scharf, umfassend, ja tiefgründig Lenins Intellekt war und wie unübertrefflich seine Willensstärke. Im Sinne einer elementaren, übermenschlichen Kraft war er tatsächlich ein großer Mann. Aber wie so viele große Männer – im Gegensatz zu den großen Geistern – zerstörte er mehr, als er aufbaute. Außerdem standen seine intellektuellen Denkprozesse, so machtvoll sie auch waren, immer im Dienste des Instinkts; und dies war der Killer-Instinkt eines machthungrigen Menschen. Im übrigen war Lenin außerordentlich eifersüchtig. In der Zeit der Revolution von 1905 war er 35 Jahre alt und fast schon auf eine absurde Art eifersüchtig auf den neun Jahre jüngeren Trotzkij, der bereits riesige Menschenmengen mobilisiert und im St. Petersburger Sowjet viel Ruhm geerntet hatte.

Trotzkij erreichte sein Ziel vorwiegend mit Worten (damals deutete noch nichts darauf hin, daß er später der Organisator und Kommandeur der Roten Armee sein würde). Lenin war bis zum Moskauer Aufstand immer von pausenlos redenden Revolutionären umgeben gewesen. Nun, da die Zeit zum Handeln gekommen schien, war er fest entschlossen, sich und anderen zu beweisen, daß er, der große Theoretiker, auch ein Mann der Tat sein konnte (im Grunde war Lenin kein sehr profunder Theoretiker, sondern eher ein äußerst eloquenter, genialischer Opportunist, der seinen Opportunismus bis zum Höchsten rationalisieren konnte). Aber Menschen, die viel über notwendige Härte reden, sind oft gefährlicher als diejenigen Menschen, die aus sich heraus hart sind. Doch wie dem auch sei, der Moskauer Aufstand erwies sich jedenfalls als kostspieliger Fehlschlag für die Revolutionäre. Mindestens die Hälfte der rund zweitausend aktiv Beteiligten kam ums Leben; viele weitere wurden später erschossen. Ganze Straßenzüge lagen in Schutt und Asche (in manchen Gebieten Moskaus konnte man Narben des Aufstandes noch nach dem Zweiten Weltkrieg sehen).

3

Dies war das Ende der Revolution als Massenbewegung, keineswegs jedoch das Ende der Gewalttätigkeiten, die im ganzen Land immer wieder aufflackerten. Die staatlichen Gegenmaßnahmen – »Befriedung«, wie Witte es nannte – übertrafen an Schärfe alles bisher Dagewesene. Lokaler Widerstand wurde in aller Regel umgehend von Truppen niedergeworfen; Exekutionen schlossen sich an, oft gab es nicht einmal ein Standgericht. In den baltischen Provinzen wurden auf Veranlassung von Generalmajor A. A. Orlow allein über zweitausend Rebellen erschossen oder erhängt. Aufsehen erregte auch das Vorgehen gegen meuternde Truppen, die aus dem japanischen Krieg heimkehrten. Diese Truppen verbündeten sich nicht nur mit den Streikenden, die die Transsibirische Eisenbahn zum Stillstand gebracht hatten, sie verbreiteten auch überall Unruhe an der Front. Daraufhin wurden die Generäle A. N. Meller-Zakolemskij und P. K. Rennenkampf mit starken, regierungstreuen Truppen an die Front abkommandiert (damals war Rennenkampf nur Divisionskommandeur; doch später kommandierte er die Njemen-Armee, die eine bedeutende, vielleicht sogar die entscheidende Rolle bei Rußlands erster großer Niederlage im Ersten Weltkrieg spielte). Der eine General kam aus der Mandschurei, der andere aus Westrußland. Sie trafen sich in Tschita und schlugen auf ihrem Weg dahin systematisch jeden Widerstand nieder. Dieses berüchtigt harte Vorgehen wurde gemeinhin Durnowo zugeschrieben. Doch Witte nimmt in seinen Memoiren die ganze Verantwortung hierfür auf sich. Und eigentlich trug der Plan auch seine Handschrift.[2] Sicherlich hielt auch Nikolaus Witte für den Verantwortlichen. Selbst er war ein wenig geschockt über die Härte der Befriedungsmaßnahmen, die er voll und ganz Witte zuschrieb. Mißmutig schrieb er seiner Mutter, daß ihm Wittes Haltung völlig unverständlich sei: »Nie habe ich ein solches Chamäleon kennengelernt.« An einem Tag drängte er seinen kaiserlichen Herrn, gegen dessen ganze Überzeugung den Wünschen des Volkes nachzukommen. Am anderen Tag ließ Witte wie ein Wahnsinniger alle Andersdenkenden erschießen.[3]

Tatsächlich setzte bei Witte ein rasch voranschreitender Prozeß geistigen und körperlichen Verfalls ein, obwohl er noch weitere zehn Jahre lebte. Fest steht jedenfalls, daß er mit seinen Prognosen absolut unrecht hatte. Witte hatte Nikolaus davon überzeugt, daß man mit der Verkündung des Oktober-Manifestes jeder Unzufriedenheit im Volk mit einem Schlag ein Ende bereiten könnte. Als aber statt dessen Unruhen ausbrachen, reagierte er vermutlich ungehalten gegenüber jedem, der ihm die Schuld hierfür in die Schuhe schieben wollte. Denn schließlich hatte er den Zaren durch falsche Versprechungen dazu überredet, einen Teil der kaiserlichen Autorität aufzugeben. Witte glaubte sich von den Liberalen im Stich gelassen, denn seiner Ansicht nach hätten sie ihn eigentlich als ihren Mentor und Helden feiern müssen. So kann es kaum verwundern, daß dieser Mann Schläge austeilte, wenn sich auch nur irgendwo Opposition regte, Schläge, die bisweilen hart und ein wenig gezielt ausfielen.

Witte sollte noch einen weiteren Fehler machen. Das neue Wahlsystem, das im Dezember verkündet wurde, war stark zugunsten der Bauern ausgefallen. Denn trotz der Bauernaufstände im ganzen Land glaubte St. Petersburg nach wie vor fest an die unerschütterliche Treue und Ergebenheit der Bauernschaft. An zuständiger Stelle hatte man sich offensichtlich eingeredet, die Unruhen auf dem Lande würden von einer Handvoll eingefleischter Störenfriede inszeniert, die unter dem Einfluß feindlicher Revolutionäre stünden. Diese Ansicht entsprach jedoch keineswegs der Wirklichkeit. Im April wurde schließlich offenkundig, daß die Bauernschaft (die eine Art separate Wahlmannschaft bildete) ihre Stimme nicht den Konservativen gab, vielmehr den Radikalen und insbesondere den Kadetten. Jetzt hatte sie bei Hofe ausgespielt.

Witte war völlig isoliert. Beim Zaren war er in Ungnade gefallen. Die Reaktionäre haßten ihn; sie hielten ihn für einen Verräter und warfen ihm – ebenso wie die Zarin – vor, er wolle sich zum Diktator aufschwingen. Die Gemäßigten mißtrauten ihm. Und in den Augen der Revolutionäre war er ein Monster an Repression und ein Werkzeug des internationalen Kapitalismus. Nicht nur die Ernennung Durnowos hatte Witte bei den Kadetten in Mißkredit gebracht. Diese nahmen ihm auch übel, daß er es geduldet hatte, als der Zar offensichtlich Verrat am Geist, wenn nicht sogar am Wortlaut des Oktober-Manifestes übte. Nikolaus hatte nicht unbedingt sein Wort gebrochen, vielmehr hatte er seine Versprechungen einfach unter den Tisch fallen lassen. Hinzu kam, daß der Zar dank der Niederschlagung des Moskauer Aufstandes und der erfolgreichen Strafexpeditionen im ganzen Reich allmählich wieder Oberwasser bekam.

Ausgerechnet Witte bestand dann auch noch darauf, der Duma den Zugang zu militärischen und außenpolitischen Aufgaben zu verwehren. Im März wurde verkündet, die Duma habe weder über den Wehretat noch über die enormen Ausgaben des kaiserlichen Hofes, noch über die Aktivitäten des Außenministeriums auf irgendeine Art und Weise mitzuentscheiden. Der Zar konnte nach Belieben den Sprecher des Ministerrates bzw. den Regierungschef entlassen und jemand anderen in dieses Amt berufen. Nach den neuen, am 23. April veröffentlichten Grundgesetzen waren alle Minister einzig und allein dem Zaren, nicht aber der Duma verantwortlich. Die Duma hatte nicht einmal das Recht, Gesetzesnovellen zu den Grundgesetzen vorzuschlagen. Zwar konnte sie ihre Mißbilligung gegenüber einzelnen Ministern oder auch gegenüber der ganzen Regierung zum Ausdruck bringen, doch die Regierung brauchte davon keinerlei Notiz zu nehmen. Duma-Mitglieder konnten dem Regierungschef oder Ministern Fragen stellen, aber niemand war verpflichtet, sie zu beantworten. Der Präsident der Duma, auch Sprecher genannt, hatte das Recht, im persönlichen Gespräch den Zaren über die Sorgen und Nöte der Duma zu unterrichten. Doch der Zar brauchte lediglich zuzuhören – oder zumindest so zu tun als ob. Schließlich wehrte sich Nikolaus sogar mit aller Kraft gegen den Versuch, den Artikel eins der alten Grundgesetze zu ändern. Denn dieser Artikel bildete das rechtliche Fundament seiner autokratischen Befugnisse: »Dem Herrscher aller Reußen gehört die einzige und uneingeschränkte Macht...« Diese kategorische Definition führte das Oktober-Manifest ad absurdum. Nikolaus, seit eh und je fest entschlossen, keinen Deut von seinen Machtbefugnissen abzuweichen, blieb auch jetzt noch hart. Nach langen Erörterungen erklärte er sich lediglich zum Verzicht auf das Wort »uneingeschränkt« bereit, ein Wort, das im Zusammenhang mit dem ganzen Artikel eins ohnehin eine Tautologie bedeutete.

Am liebsten hätte sich Nikolaus schon zu Beginn dieses Jahres von Witte getrennt. Doch noch konnte er sich diesen Luxus nicht erlauben. Rußland verhandelte gerade mit Frankreich über einen enorm hohen Kredit, mit dem die Kosten des japanischen Krieges bestritten werden sollten. Bis zum erfolgreichen Abschluß der Verhandlungen mußte Witte noch gehalten werden; denn er galt als der mächtige, Vertrauen einflößende Politiker in der russischen Regierung. Dann sollte er nach dem Willen des Zaren gehen. Das tat Witte auch, und zwar genau an dem Tag, als die neuen Grundgesetze veröffentlicht wurden, und vier Tage vor der Eröffnung der ersten Staatsduma. Ein Mann nahm seinen Hut, der beim Zaren Furcht, Eifersucht und Abscheu erregt hatte, den die Zarin bis zur Hysterie haßte, der der Mißgunst böswilliger Intriganten wie Durnowo und Trepow ausgesetzt war, der das Mißtrauen der Gemäßigten, die Verachtung der Radikalen und den Abscheu der Revolutionäre zu spüren bekommen hatte. Wittes Fehler und Fehlschläge wurden hier aufgezeigt. Doch vor dem Hintergrund Rußlands um die Jahrhundertwende hat dieser Mann auch Großes vollbracht. Er war weder ein Napoleon noch ein Bismarck. Letzterer hätte zumindest über eine Reihe von Jahren sämtliche Fäden fest in der Hand gehalten, nichts übersehen, für alle Eventualitäten vorgesorgt und alle nur erdenklichen Folgen und Nebenwirkungen einer Handlung erkannt. Witte war im Grunde ein Mann von beachtlichen Gaben, doch waren in ihm so unterschiedliche Eigenschaften wie Blindheit und Weitsicht vereint – mit einem Wort, er war ein Mann, der den Austausch mit zwei oder drei nicht viel weniger begabten Kollegen gebraucht hätte, um wirklich Gutes zu bewirken. Nicht Witte ließ Rußland im Stich, vielmehr enttäuschte umgekehrt Rußland Witte. Dieses Land hat keinen einzigen Menschen, geschweige denn mehrere, zu dieser Zeit hervorgebracht, die mit ihm hätten zusammenarbeiten können.

Am 27. April wurde die erste Duma feierlich eröffnet. Freilich nicht am ursprünglich vorgesehenen Ort, dem von Katharina der Großen für ihren Favoriten Potemkin erbauten glänzenden Taurischen Palast. Vielmehr wählte man die St. Georgs-Halle im Winterpalast, die mit ihren korinthischen Säulen und kostbaren Kandelabern in schimmerndem Weiß erstrahlte. Hier standen nun die gewählten Volksvertreter, aufgereiht an der Längsseite der fünfzig Meter langen Halle. Manche von ihnen waren ganz in Grau gekleidet, andere trugen Bauernblusen oder fremdartige Nationaltrachten. Ihnen gegenüber standen die Höflinge, der Adel, die Beamten, die Soldaten und Seeleute, die ihre Paradeuniformen zur Schau stellten. Alle lauschten sie der erschreckend kühl gehaltenen Grußadresse des Zaren. In seinem schweren Umhang, mit der großen, gewölbten Krone auf dem Haupt wirkte er nahezu unscheinbar. Die Zarin neben ihm sah dagegen wesentlich imposanter aus. Nikolaus fügte seiner Grußadresse kein Wort hinzu. Er sprach mit keinem einzigen Dumamitglied; dies war im Protokoll auch nicht vorgesehen. Der Zar sagte, was er zu sagen hatte, und verschwand – an seiner Seite die Zarin, die während der ganzen Zeremonie mürrische Zurückhaltung dokumentierte (fairerweise muß gesagt werden, daß sie sich immer so benahm, es sei denn, sie befand sich im engsten Freundeskreis). Kommunikation gab es an diesem Tag nicht; und so sollte es auch später bleiben.

Die Duma ließ bald durchblicken, sie habe keinerlei Intentionen, in einen Dialog mit der Regierung und dem Zaren einzutreten. In ihr dominierten die Kadetten. Und schon zu Beginn entpuppte sich die Duma weniger als ein Forum für Debatten, vielmehr als unnachgiebiger und absolut kompromißloser Feind der Administration. Dies freute die Verwaltung nur, denn sie konnte regieren, während die Duma redete. Nach Wittes Entlassung (offiziell wurde von »Rücktritt« gesprochen) rückte Nikolaus mit seinen wahren Ambitionen heraus. Sofort nahm er Kontakt mit dem alten Zyniker Goremykin auf. Dieser war schon annähernd siebzig Jahre alt und nicht bereit, der Duma auch nur die geringste Aufmerksamkeit zu schenken; im übrigen verstand er auch nicht, warum dies irgend jemand tun sollte. Sir Arthur Nicolson, erst kürzlich als britischer Botschafter nach St. Petersburg entsandt, war entsetzt über das, was er bei seinem Antrittsbesuch bei Goremykin – nur zwei Wochen nach dessen Berufung – sah. Der Erste Minister des Herrschers aller Reußen wahrte noch nicht einmal die Etikette. »Er saß dort zurückgelehnt auf dem Sofa und um ihn herum französische Romane.« Der Held der Stunde, schrieb Nicolson in sein Tagebuch, war »ein ältlicher Mann mit verschlafenen Augen und Piccadilly-Koteletten. Er sprach von der Duma mit größter Verachtung: ›Laßt sie doch schwätzen‹, sagte er. ›Nur die Regierung kennt das Land.‹ Er empörte sich darüber, wie die *Times* und der *Daily Telegraph* über die Juden schrieben. Denn diese hielt er für die schändlichsten Menschen, für Anarchisten, Ausbeuter und Wucherer. Ich verabschiedete mich sehr traurig. Die russische Bürokratie ist unverbesserlich.«[4]

Man sollte nicht vergessen, daß dieses Gespräch zu einer Zeit stattfand, als Rußland gerade das Trauma des japanischen Krieges zu überwinden begann und nach Möglichkeiten suchte, seine Position gegenüber dem Ausland zu festigen und zu verbessern. Es war eine Zeit, in der der französische Botschafter Rußland den totalen Zusammenbruch prophezeite und den französischen Investoren Millionenverluste voraussagte. Der Zar saß in Peterhof und hüllte sich in Schweigen. Die Duma schimpfte, und der Premierminister las französische Romane. Einmal nahm Goremykin sogar an einer Sitzung der Duma teil. Diese hatte inzwischen das Programm der Kadetten-Partei ungekürzt als eigenes Programm übernommen (Amnestie für alle politischen Häftlinge, zwangsweise Aufteilung der großen privaten Besitztümer, Aufhebung der Notstandsgesetze, Verantwortlichkeit der Minister gegenüber der Duma usw.). Obwohl weder Nikolaus noch sein Regierungschef verpflichtet waren, der Duma Rede und Antwort zu stehen, entschloß sich Goremykin, dort zu erscheinen und die Fronten ein für allemal zu klären. Mit zittrigem Schritt ging er in die Volkskammer und sah dabei noch älter als siebzig Jahre aus. Er verbeugte sich und erklärte dann mit brüchiger Stimme, jeder einzelne Vorschlag der Duma sei unannehmbar. Höflicherweise fügte er immerhin eine Begründung an. Dabei wurde seine Stimme immer leiser und ging schließlich in dem allgemeinen Tumult völlig unter. Goremykin verließ die Versammlung. Die Duma existierte weiter, aber sie agierte im luftleeren Raum. Eine Dummheit folgte der anderen: Nur drei Wochen nach Sitzungsbeginn, nämlich am 18. Mai, forderte sie den sofortigen Rücktritt der Regierung; einige Monate später wurde statt dessen die erste Duma aufgelöst.

4

Fest stand jedenfalls, daß das Land Politiker wie Goremykin überlebt hatte. Das totale Unverständnis zwischen Duma und Regierung führte zu einem politischen Vakuum. Es bildeten sich neue politische Strömungen, um dieses Vakuum auszufüllen. Erfaßt von diesen Strömungen wurden die Bürokratie und auch (allem Anschein nach) Nikolaus selbst, der zumindest mit halbem Herzen dabei war. Gegenüber den revolutionären Kräften, die man fürchtete und auch nicht verstand, zeigte dieser neue Geist trotzdem Kompromißbereitschaft. Nun sollte man über so manche äußerst merkwürdigen Annäherungsversuche im Sommer 1906 nicht zu dogmatisch denken. Denn niemand weiß, wie ernst diese gemeint waren. Jedenfalls wandte sich ausgerechnet General Trepow, immer noch ein Intimus des Zaren, direkt an Miljukow mit dem Vorschlag, er, Miljukow, solle ein Kadetten-Ministerium an die Stelle des Verwaltungsapparats von Goremykin setzen. (Miljukow hatte zwar die Kadetten-Politik maßgebend geprägt, war aber wegen parteiinterner Schwierigkeiten nicht in die Duma gewählt worden.) Natürlich beantwortete Miljukow das Angebot mit unannehmbaren Forderungen. Zur gleichen Zeit machte auch der neue Außenminister Alexander Iswolskij (ein Karriere-Diplomat, der den Platz von Lambsdorff eingenommen hatte) zusammen mit dem neuen Innenminister Peter Stolypin, der während der nächsten fünf Jahre die russische Politik entscheidend prägen sollte, einen Vorstoß. Die Minister versuchten, den Helden der Gemäßigten, D. N. Schipow, damals Semstwo-Vertreter im Staatsrat, zur Bildung einer Koalitions-Regierung zu bewegen. Schipow war von der Idee offensichtlich angetan. Er bezweifelte jedoch, daß sich die Kadetten an einer Koalitions-Regierung, wie immer sie auch aussehen mochte, beteiligen würden. Er hatte recht. Als Schipow erfuhr, daß Miljukow seine Kadetten nur in einer Regierung würde mitarbeiten lassen, wenn diese allen ihren Forderungen nachkäme, versuchte er in seiner Großherzigkeit, den Zaren dazu zu überreden. Nach seiner Ansicht sollte Nikolaus es auf einen Versuch ankommen lassen. Denn immerhin wäre alles besser als die jetzige politische Sackgasse und die ständige, demoralisierende Unruhe in der Duma. Nach einer Privataudienz beim Zaren war Schipow davon überzeugt, Nikolaus würde nun sofort Professor S. A. Muromtschew, einst der liberale Führer der Gesellschaft für Recht, jetzt Sprecher der Duma, ersuchen, eine Kadetten-Regierung zu bilden. Niemand weiß, ob der Zar dies wirklich vorhatte, dann aber nach Schipows Weggang durch andere umgestimmt wurde, oder ob seine Aufgeschlossenheit gegenüber dem Vorschlag von Schipow von vornherein nur gespielt war. Wie dem auch sei, wieder einmal wurde die Gelegenheit vertan, das Verhältnis zwischen dem Monarchen und seinen Untertanen, zwischen der Bürokratie und der Gesellschaft zu verbessern.[5]

402

Gegen Ende Juni unterschrieb die Duma schließlich ihr eigenes Todesurteil. Verständlicherweise waren die Kadetten erzürnt darüber, daß sich die Regierung strikt weigerte, in irgendeiner Form die zwangsweise Aufteilung des privaten Grundbesitzes zu betreiben. Sie überschritten deshalb ihre Machtbefugnisse und wandten sich über den Kopf der Regierung hinweg direkt an die Bevölkerung. In einer Proklamation wurde erklärt, die Frage der Landaufteilung dürfe nicht ohne die Beteiligung der Duma geregelt werden. Dies bedeutete einen gezielten Eingriff in die hoheitlichen Rechte des Zaren. Nikolaus war wütend und befahl die sofortige Auflösung der Duma. Im Morgengrauen des 9. Juli umstellten Truppen den Taurischen Palast und hefteten an die Türen den Befehl zur Auflösung. Miljukow hatte derartiges kommen sehen und eine Art Sit-in, wie wir es heute nennen würden, vorbereitet. Doch daraus wurde nichts, weil die Dumamitglieder am Sonntag zu Hause und damit aus ihrem Tagungsort ausgesperrt waren. Was war zu tun? Annähernd zweihundert Dumamitglieder, die meisten von ihnen Kadetten, setzten sich in das nahe gelegene Finnland ab, versammelten sich im Belvedere-Hotel in Wiborg und erklärten die Versammlung für eröffnet (Lenin hat diese Taktik sehr bald unsterblich gemacht). Als erste Amtshandlung setzten sie das berühmt gewordene Wiborg-Manifest auf. Es stammte aus Miljukows Feder und rief alle Russen dazu auf, so lange keine Steuern zu bezahlen und keine Rekruten mehr zu stellen, bis die Duma wieder einberufen würde. Diese reichlich sinnlose Aufforderung schloß die liberalen Kadetten lediglich noch enger an die Revolutionäre an und lieferte den Behörden eine hervorragende Entschuldigung dafür, jetzt alle zu verhaften, derer man habhaft werden konnte.

5

Bevor die zweite Duma einberufen wurde, vergingen acht Monate. Diese Zeit vom Juli 1906 bis zum März 1907 wurde von einem neuen Gesicht geprägt, Peter Stolypin. Er startete eine Art Wiederbelebungsversuch und überhäufte das Land mit Reformen. Er war der zweite starke Mann, der die Aufgabe übernommen hatte, die Dynastie der Romanows vor sich selbst zu retten; er sollte auch der letzte sein.
Die Aufgabe war überwältigend. Es galt, in einem Land, in dem alles auf neue revolutionäre Unruhen hindeutete, die Ordnung wiederherzustellen. Das ganze System des russischen Landlebens – des Lebens von neun Zehnteln der Bevölkerung – mußte völlig geändert werden. Eine Neuorganisation war notwendig, damit das agrarische Rußland mit dem urbanen gleichziehen konnte und beide nebeneinander zu leben vermochten. Diese enorme Aufgabe sollte nicht etwa ein Diktator lösen, vielmehr ein Regierungschef ohne besondere Befugnisse, der Sprecher eines Minister-

rates, der zur Zusammenarbeit mit der Duma verpflichtet war, zugleich aber um das Vertrauen seines Herrn kämpfen mußte, welcher schon den Gedanken an die Duma verabscheute und den Regierungschef Stolypin nach Belieben entlassen konnte.

Stolypin stammte aus einer alten Gutsbesitzerfamilie. Bereits mit 43 Jahren hatte er sich einen Namen als Gouverneur der Provinz Saratow an der unteren Wolga gemacht. Er galt als hervorragender Organisator und rastloser Arbeiter. Mit harten, einschneidenden Maßnahmen hatte er in seiner Provinz gegen Aufruhr, Brandschatzung und Mord gekämpft. Doch er verstand die Bauern, auch wenn er sie züchtigte. Ihm blieb als glühendem Patrioten keine andere Wahl, als an die Bauern zu glauben; denn sie *waren* das Land. Die Bauern sollten sich voll entfalten können. Darin sah er seine Hauptaufgabe. Doch dies konnte nur geschehn, wenn restriktive Verordnungen und Praktiken abgebaut würden wie beispielsweise die Höfe, die nur Gewerkschaftsmitgliedern Arbeit gaben, oder die traditionellen Riten – insbesondere die heilige Kuh, die Dorfkommune oder der Mir. Dies alles verhinderte jeden Fortschritt in der Landwirtschaft, führte zu einer Realitätsferne der Bauern und hielt diese, betrunken oder nicht, wie ein schmutziges, schäbiges Ausstellungsstück in einem Museum über primitive Kulturen und Sitten fest. Wegen der Bauern war Stolypin nicht auf Wittes Sturz allerdings nicht nach St. Petersburg auf Durnowos Stuhl als Innenminister geholt werden, vielmehr wegen seines harten Durchgreifens. Als Goremykin nach der Auflösung der ersten Duma das Handtuch warf, übernahm Stolypin als Regierungschef das Ruder. Wie viele weniger fähige Männer vor ihm erfreute auch er sich zunächst der enthusiastischen Bewunderung seines Herrn und Meisters. Doch dies hielt nicht lange an.

Stolypins erste Aufgabe war es, die Unruhen im Lande unter Kontrolle zu bringen. In den Hochsommermonaten des Jahres 1906 war die Situation bedrohlich genug, um jedes Mittel gerechtfertigt erscheinen zu lassen. Selbst der neue britische Botschafter, Sir Arthur Nicolson, den nichts so leicht aus der Ruhe bringen konnte, hielt es für notwendig, Sir Edward Grey am 3. Juli eine Warnung zukommen zu lassen. Falls die Bauern mit Gewalt auf die revolutionären Agitatoren reagieren und die städtischen Arbeiter sich gleichzeitig erheben würden, müsse dies »zu einer noch nie dagewesenen Katastrophe führen«, schrieb er.[6] Diese Annahme war gar nicht so weit hergeholt. Damals befürchtete man, es könne nach der Ernte zu einem allgemeinen Bauernaufstand kommen. In der Armee, bei den in der Provinz stationierten Garnisonstruppen, bei den Garderegimentern in St. Petersburg und bei der Flotte in Kronstadt waren Meutereien an der Tagesordnung. Lenin, der in Rußland untergetaucht war, drängte nun darauf, die Gelegenheit zu ergreifen. Der Fehlschlag in Moskau sollte durch einen erfolgreicheren, bewaffneten Aufstand wettgemacht werden. Der neue »Maximalisten«-Flügel der Sozialistischen Revolutionäre hatte eine Kampagne des schrankenlosen Terrors gestartet, die alles bisher Dagewesene in den Schatten stellte.

Stolypin beantwortete Gewalt mit Gewalt. Besondere Standgerichte waren im ganzen Land errichtet worden; sie hatten die Gefangenen innerhalb von vierundzwanzig Stunden abzuurteilen und das Urteil sofort zu vollstrecken. Vom Spätsommer 1906 bis zum Frühjahr 1907 sprachen diese Sondergerichte mehr als tausend Todesurteile aus, die auch vollstreckt wurden. In dieser Zeit war es nicht außergewöhnlich, daß ein Attentäter abgeurteilt und gehängt wurde, bevor sein Opfer überhaupt beerdigt war.[7]

Auf der anderen Seite wurden in den Jahren 1906 und 1907 annähernd viertausend terroristische Mordakte begangen. Die Opfer kamen aus allen Gebieten, sie reichten vom Provinzgouverneur bis hin zum einfachen Polizisten. Jeden Menschen in Uniform betrachteten die Marxisten als eine Zielscheibe, weil er durch seine Uniform von der Menschheit ausgeschlossen war.

Mit unheimlicher Ruhe setzte Stolypin seine Politik der Ausrottung der Terroristen, der berüchtigten »Expropriateure«, der Bankräuber und anderer aktiver Revolutionäre in die Tat um. Zwar war auch Stolypin leidenschaftlicher Gefühle fähig, doch hatte er sich einer unliebsamen Aufgabe zu entledigen, konnte nichts sein anscheinend lupenreines distanziertes Verhalten erschüttern. »In der Politik gibt es keine Rache, sondern nur Konsequenzen«[8], sagte er einmal in einem ganz anderen Zusammenhang. Doch dieser Ausspruch trifft ebensogut auf seine Haltung gegenüber allen Feinden des Systems zu. Als die Maximalisten am 21. August ein Attentat auf ihn versuchten, ließ er sich auch nicht durch die entsetzlichen Verletzungen, die seine Kinder bei dem Anschlag davontrugen, aus der Ruhe bringen. Sein späteres Verhalten wurde durch dieses Attentat nicht beeinflußt.

Zwei als Polizeioffiziere verkleidete Männer waren vor Stolypins Privathaus in St. Petersburg vorgefahren. Sie liefen mit großer Selbstverständlichkeit auf das Haus zu und warfen in ein Fenster im Erdgeschoß eine Bombe mit ungewöhnlich starker Sprengkraft. Durch die Explosion wurde die ganze Vorderseite des Hauses beschädigt. Die beiden Terroristen wurden in Stücke zerrissen, weitere 25 Menschen kamen ums Leben, 32 wurden verwundet, von denen sechs dann später noch starben. Die Kinder von Stolypin spielten gerade auf dem Balkon, als die Bombe explodierte. Der Balkon stürzte in die Tiefe, und das Haus wurde in seinen Grundfesten erschüttert. Von den Steinmassen wurden die Kinder begraben. Der kleine Junge erlitt schwere Verletzungen, und die Beine der 15jährigen Tochter wurden zerquetscht. Beide Kindermädchen kamen ums Leben. Stolypin, der in seinem Arbeitszimmer im rückwärtigen Teil des Hauses gesessen hatte, wurde zu Boden geschleudert, blieb aber unverletzt. Sofort begann er, in den Trümmern nach seinen Kindern zu suchen, die er für tot hielt. Doch auch nach diesem schrecklichen Ereignis bewahrte er nach außen hin vollkommene Ruhe. Bei der unnachgiebigen Verfolgung und Exekution der Terroristen deutete absolut nichts auf persönliche Gefühle dieses Mannes hin.

Hier ein Zitat aus Sir Harold Nicolsons hervorragender Beschreibung Stolypins:

*Ein großer, steifer Mann mit einem toten, weißen Gesicht und einem toten, schwarzen Bart. Steif betrat er den Raum, in der Hand einen Zylinder und Handschuhe aus Ziegenleder; er schaute nicht rechts oder links, beugte sich wie ein Automat über die Hand der Gastgeberin und ging streng von Gast zu Gast. Seine Stimme klang kalt und eintönig, so kalt wie der Druck seiner weißen Hand ... Er wirkte keineswegs grausam, vielmehr hinterließ er den Eindruck kühler Höflichkeit, eingefrorenen Mitgefühls und trauriger Selbstkontrolle.*[9]

In der Tat war bei diesem Mann von Grausamkeit nichts zu spüren, ein Mann, der auf seinen Schultern die ganze Last der Sünden einer unfähigen Dynastie, eines selbstsüchtigen Adels, einer korrupten Bürokratie, eines kriecherischen, leichtsinnigen Hofes, einer entfremdeten »Gesellschaft«, hungriger Bauern und einer verrohten Arbeiterklasse zu tragen hatte, ohne dafür Ruhm zu ernten.

Sir Arthur Nicolson, der ihn näher kennenlernte und in etwa den Umfang seiner Aufgaben begreifen konnte, vermerkt in seinen offiziellen Aufzeichnungen, Stolypin sei ein großer Mann gewesen. »Meiner Meinung nach war er die herausragendste Persönlichkeit in Europa.« Er hielt Stolypin nicht für übermäßig intellektuell, »doch, was viel wichtiger war, dieser Mann liebte sein Land glühend und wollte es unbedingt sicher um alle gefährlichen Klippen herumsteuern, von denen es umgeben war«.[10]

Zu den Eigenschaften Stolypins muß man noch seine Aufrichtigkeit hinzufügen. Sicherlich verfügte er nicht über die geistigen Qualitäten eines Witte; an Charakter war Stolypin diesem befleckten Genie jedoch weit überlegen. Witte ärgerten die Leistungen seines Nachfolgers so sehr, daß er ein Netz von Intrigen um ihn spann. Er war auch im wesentlichen dafür verantwortlich, daß Stolypin vor seinem Tode in Mißgunst fiel.

Stolypin mag durchaus »die herausragendste Persönlichkeit in Europa« gewesen sein. Doch trotz seiner Größe und trotz der Fähigkeit, leidenschaftliche Loyalität bei denen zu erwecken, welche in ihm Rußlands letzte Hoffnung sahen (vor allem die nüchternen und konservativeren Semstwo-Mitglieder taten dies), hatte er auch große Fehler. Ich will hier nicht von den Repressalien sprechen, vielmehr von der inkonsequenten Leichtfertigkeit, mit der er die neuen, mühselig erarbeiteten und noch sehr zerbrechlichen Statuten brach, die Rußlands ersten Schritt zur Herrschaft des Rechts bedeuteten. Sein anderer großer Fehler war ein blinder, intoleranter Nationalismus. An dieser Stelle soll Stolypin nicht einmal vorgeworfen werden, daß er leichtfertig Gesetze gebrochen hat (selbstverständlich mit der begeisterten Zustimmung des Zaren, der sie zuvor durch seine Unterschrift überhaupt erst zu Gesetzen werden ließ). Die Versuchung hierzu war sehr groß, mitunter sogar unwiderstehlich. Vorgeworfen soll ihm aber werden, daß er diese Gesetze brach, ohne zu verstehen, was er damit tat – daß er nämlich Rußland wieder zurückwarf in die Zeit unter Nikolaus I., in der sich Nikitenko heftig über die Gesetzlosigkeit der Regierung beschwert hatte.

Natürlich konnte er das Land besser regieren, wenn die Duma nicht tagte. Seine größten Reformen, derentwegen er eines Tages in Rußland von den Russen gefeiert werden wird, standen im Zusammenhang mit der Bauernbefreiung und der Umwandlung der agrarischen Wirtschaft. Ohne die verheerenden Auswirkungen des Krieges hätten diese Reformen Rußland »vor der Katastrophe, wie sie die Geschichte bisher noch nie gesehen hat«, bewahren können, wie Sir Arthur Nicolson ein wenig verfrüht feststellte. Die wichtigsten Reformen wurden in einer Serie von fünf Gesetzeserlassen zwischen dem 12. August und dem 9. November 1906 verkündet. Sie bildeten den krönenden Abschluß eines Prozesses, der von Witte bereits im November des Vorjahres eingeleitet worden war, als er den Bauern die Schulden gegenüber dem Staat erließ. Jeder Bauer konnte nun aus der Kommune austreten; er verfügte über eigenes Land, das nicht mehr aus einzelnen, verstreut liegenden Parzellen bestand, sondern aus einem zusammenhängenden Stück. Alle Ländereien, die bisher Mitgliedern der Zarenfamilie gehört hatten und verpachtet worden waren, wurden nun in die Bank der Bauern eingebracht, wo sie von den einzelnen Bauern käuflich erworben werden konnten. Auch die riesigen Ländereien in Sibirien, die der Krone gehörten, wurden in diesen Pool mit hineingenommen. Die neuen Gesetze beseitigten alle restriktiven Vorschriften für die Bauernschaft und schränkten die Befugnisse der Land-Kapitäne ein. Diese Gesetze sollten die verarmten, schlampig geführten Kollektive abschaffen, die weder Platz für Eigeninitiative oder Eigenverantwortung noch für moderne Agrarmethoden boten. Diese uralten Monumente institutionalisierter Ineffektivität sollten verschwinden zugunsten eines Systems freier Bauern mit eigenem Land, wo der einzelne nach eigenem Gutdünken kaufen und verkaufen, anbauen und ernten oder sich mit seinem Nachbarn zusammentun kann. Das ganze Konzept setzte, wie es Stolypin einmal selbst ausgedrückt hat, »nicht auf die betrunkenen und morbiden Elemente, sondern auf die nüchternen und starken«.[11]

Für die Schwachen war dies natürlich hart. Die Starken, Tüchtigen, Energischen, Ehrgeizigen kamen schnell voran. Sie nahmen den Schwachen und Gutmütigen das Land ab, weshalb die Schwachen bald am Hungertuch nagten, Bankrott machten oder aber gezwungen wurden, in die Fabrik zu gehen oder für den mächtigen Nachbarn zu arbeiten. Die Mächtigen entwickelten sich zu der berühmt gewordenen Klasse der Kulaken, die die landwirtschaftliche Produktivität bemerkenswert anhob.

Nur zwanzig Jahre später zerschlug Stalin die Kulaken-Klasse wieder zugunsten der alten Kollektive. Diese wurden dann allerdings nicht mehr von den Dorfältesten, sondern von den Funktionären der Kommunistischen Partei geleitet, welche oft nicht einmal einen Pflug von einem Fuchsschwanz unterscheiden konnten. Auf diese Weise sank der von den Kulaken erreichte agrarische Ertrag in einem Jahr um die Hälfte. Erst in den sechziger Jahren erzielte man mit Hilfe moderner Maschinen wieder die Erträge, die Stolypin bereits damals mit seinem System erreicht hatte – doch inzwischen mußten davon unendlich viel mehr Menschen satt werden.

Im Rahmen des Artikels 87 der Grundgesetze konnte Stolypin diese und eine Reihe anderer Erlasse durchbringen. Denn dieser Artikel sah Gesetzgebung durch Erlasse vor, solange die Duma nicht tagte. Allerdings mußten alle Dekrete der Duma innerhalb von zwei Monaten nach ihrer Einberufung vorgelegt werden. Stolypin regierte als überzeugter Monarchist ohne die Duma. Doch er hatte keinesfalls vor, die Duma zu ignorieren, wie es Goremykin getan hatte und Nikolaus am liebsten hätte. Stolypin hingegen versuchte dem Zaren klarzumachen, daß er die Duma, seine eigene Schöpfung, respektieren müsse. Der Regierungschef bemühte sich eifrig um eine Zusammenarbeit mit der neugegründeten Liga des 17. Oktober, einem konservativen Ableger der Kadetten, welcher von A. I. Gutschkow geführt und von Schipow unterstützt wurde. Doch vergebens. Ein Mann wie Gutschkow brauchte nicht lange, um zu der Überzeugung zu gelangen, daß Stolypin ihn einfach wegen seines Namens wollte, so wie einst der unerträgliche Plehwe Schipow und Miljukow ihrer Namen wegen zu gewinnen suchte – und vielleicht hatte Gutschkow damit sogar recht. Die Oktobristen waren nur bereit, sich an der Regierung zu beteiligen, wenn sie sieben Ministerposten erhielten. Das aber war zuviel. So wurde Stolypin wider besseres Wissen zur Geißel der zweiten Duma.

Diese begann ihre Sitzungsperiode im März 1907. Stolypin hoffte, aufgrund seiner Regierungsführung würden die Oppositionsparteien schwere Einbußen in Kauf nehmen müssen. Doch er wurde enttäuscht. Jetzt beherrschten nicht mehr die Kadetten den Taurischen Palast, weil die meisten ihrer Abgeordneten noch immer wegen des Wiborg-Manifestes im Gefängnis saßen. Miljukow, der damals (reichlich ungerechtfertigt) nicht inhaftiert worden war, erhielt dieses Mal einen Sitz in der Duma und schien sich zum Anführer seiner Partei aufzuschwingen. Die zweite Versammlung bot ein weitaus gemischteres Bild als die erste. Die Gruppe der Regierungstreuen einschließlich der Rechtsextremisten bestand aus neunzig Abgeordneten. Auf Geheiß Lenins bemühten sich diesmal die Sozialdemokraten auch um Sitze, weil sie die Duma als Sprachrohr benutzen wollten. Unter Führung des georgischen Menschewiken N. S. Tschcheidse verfügten sie über insgesamt 65 Abgeordneten-Sitze, von denen zwölf von den Bolschewiken errungen worden waren. Die Sozialistischen Revolutionäre waren mit 34 Abgeordneten vertreten; 22 von ihnen gehörten der extremen Linken an. Zu konstruktiven Debatten kam es nahezu überhaupt nicht. Die Rechts- und Linksextremen schrien vereint alle anderen nieder. Manche Kadetten waren zur Zusammenarbeit mit der Regierung bereit. Doch sie konnten von den Radikalen innerhalb kürzester Zeit gegen Stolypin eingenommen werden. Dies nicht nur, weil dieser das Land mit Hilfe von Militärgerichten regierte, sondern vor allem deshalb, weil die Land-Statuten, die ohne die Duma verkündet worden waren, sämtliche Forderungen nach Enteignung der Großgrundbesitzer ignorierten, gleichviel, ob diese Enteignungen nun mit Ausgleichszahlungen, wie von den Kadetten gewünscht, verbunden sein sollten oder ohne, wie es die Sozialistischen Revolutionäre verlangten.

Nach einer ebenso stürmischen wie reichlich nutzlosen Sitzungsperiode von insgesamt dreieinhalb Monaten wurde die zweite Duma im Juli 1907 von einem Tag auf den anderen aufgelöst. Nikolaus gab den Auflösungsbefehl; der Vorwand hierzu kam wie ein Geschenk des Himmels: Ein S.D.-Delegierter hatte zum verräterischen Aufruhr angestiftet und die Armee zur Meuterei angestachelt. Man sollte denken, Stolypin und Nikolaus würden sich jetzt nun endgültig überlegen, wie sie die Duma am besten für unbestimmte Dauer auf Eis legen könnten. Doch dem war nicht so. Kaum war die zweite Duma aufgelöst, als Stolypin wiederum im Rahmen des Artikels 87 ein neues Wahlgesetz in Kraft setzte, welches offensichtlich schon seit geraumer Zeit in seiner Schublade gelegen hatte. Es stand in krassem Gegensatz zu den Grundgesetzen: Die Stimmen der Russen (sie bildeten noch immer nur die Hälfte der Bevölkerung) erhielten wesentlich mehr Gewicht als die Stimmen der Nichtrussen. Am stärksten wog jedoch das Votum der Grundbesitzer.

Hier vereinten sich bei Stolypin zwei entscheidende Charakterfehler, nämlich sein mangelnder Respekt vor dem Gesetz und sein russischer Nationalismus. Zuerst trugen diese Eigenschaften sogar Früchte, denn die dritte Duma mit ausgesprochen konservativem Habitus leistete durchaus produktive Arbeit. Aber die Kadetten und die links von ihnen angesiedelten Parteien waren wütend. Sie verurteilten in aller Öffentlichkeit diesen Staatsstreich, wie sie ihn korrekterweise nannten. Von da an bezeichneten sie die Regierung nur noch verächtlich als die »Monarchie des 3. Juni«. Doch die Duma überstand ihre Legislaturperiode, die fünf Jahre dauerte. Beherrscht wurde die streng konservative Versammlung von den 150 Oktobristen. Sie stellten im Grunde nichts anderes dar als das Bindeglied zwischen der Administration auf der einen und den 140 Abgeordneten des rechten Flügels sowie den annähernd hundert Abgeordneten des linken Flügels auf der anderen Seite, wobei der linke Flügel dauernd in Opposition stand. Die Kadetten waren auf 54, die Sozialdemokraten auf 14 Abgeordnete reduziert worden. Die Sozialistischen Revolu-

tionäre hatten sich zum Boykott der Duma entschlossen. Für sie zogen 13 Mitglieder einer neuen Arbeiter-Partei, die *Trudowiki*, in die Duma ein. Der neue Präsident der Kammer, oder auch ihr Sprecher, war N. A. Chomjakow, der Sohn des großen und begabten Slawophilen. Ein bemerkenswert fähiger, ausgesprochen exzentrischer Mann war auch der Oktobristen-Führer Gutschkow, Sohn eines Großindustriellen. Trotz seines übergroßen Ehrgeizes und seines Vergnügens an Intrigen focht Gutschkow leidenschaftlich für seine Ideale. Mit fast vierzig Jahren trieben ihn diese Ideale bis nach Südafrika, wo er für die Buren gegen die Engländer kämpfte. Bevor er auf der Flucht vor Lenins Bolschewiken aus der Geschichte verschwand, war er einer der beiden Duma-Führer, die im Februar 1917 von St. Petersburg nach Pskow reisten, um die Abdankungsurkunde des Zaren entgegenzunehmen. In der ersten Provisorischen Regierung war er Kriegsminister, bevor Kerenskij diesen Posten übernahm. Es liegt auf der Hand, daß Stolypin und ein Mann wie Gutschkow kein gutes Verhältnis zueinander haben konnten. Bereits 1908 attackierte Gutschkow, hinter sich die Mehrheit seiner Partei, den Zaren (und damit auch Stolypin) heftig, weil er bei der Bewilligung neuer Kredite für die mehr als notwendige Umstrukturierung der Streitkräfte die Duma völlig übergangen hatte. Er ging sogar so weit und forderte die Entlassung der Großfürsten von ihren Posten als Befehlshaber. Gutschkow geschah deshalb nichts. Aber Nikolaus war über diese Forderung so wütend, daß er seinen Kriegsminister entließ, weil dieser es nicht vermocht habe, mit Gutschkow fertig zu werden. Auch Stolypin mußte als Zielscheibe kaiserlichen Zorns herhalten. Denn was vorauszusehen war, trat ein: Der Zar wurde dieses hervorragenden Ministers überdrüssig, so wie er früher oder später aller Menschen überdrüssig wurde – mit Ausnahme seiner Familie, seiner Krone und den Fabergéschen Spielsachen. Die rechtsextremen Gruppierungen, die Union der Russischen Volkes und die Gesellschaft des Erzengels Michael, bekamen stärkeren Auftrieb als je zuvor. Sie und die Verbrecher der Schwarzen Hundert initiierten Raubzüge und Pogrome, waren verantwortlich für Korruption, Einschüchterungsmanöver und Erpressungen. Vor allem hörten sie nicht auf, in der niederträchtigsten Weise gegen die Juden zu hetzen. Diese Entwicklung hatte sich Stolypin weitgehend selbst zuzuschreiben. Denn er unternahm die abenteuerlichsten Manöver, um in der Duma den rechten Flügel auf Kosten des linken zu stärken. Die Linke hatte er bereits zerschlagen. Nun wurde er immer mehr zum Opfer der Rechten, die ihn ohnehin für einen Verräter hielt, dem zum Revolutionär nur noch wenig fehlte. Und die Rechte gewann immer mehr das Ohr des Zaren.
Schließlich gab es noch eine andere, unheilvolle Komplikation, nämlich den wachsenden Einfluß des berüchtigten »Gottesmannes« Grigorij Rasputin auf das Zarenpaar. Zwei törichte montenegrinische Prinzessinnen (beide verheiratet mit russischen Großfürsten) hatten, immer auf

der Suche nach Sensationen, Rasputin bei Hof eingeführt und ihn Nikolaus und Alexandra vorgestellt. Diese hielten ihn zunächst nur für einen äußerst bemerkenswerten Vertreter des in Rußland so verehrten umherziehenden heiligen Mannes. Fast in jeder russischen Adelsfamilie verkehrte so ein frommer Mann, und es galt als eine Tugend, für ihn zu sorgen. Viele Russen hatten eine fast schon religiöse Vorstellung von der edlen Seele des Bauern. Mit solchen Charakteren Verbindung zu halten, bedeutete daher für sie die Verbindung mit der russischen Seele. Rasputin, Sohn eines Bauern aus einem Dorf nahe Tobolsk, führte ein enorm ausschweifendes Leben und fiel durch seine Unverschämtheit und Dreistigkeit, vor allem aber durch seinen magischen Blick auf. Er gab sich der durchaus fragwürdigen Vorstellung hin, der größte Sünder sei Gott am nächsten.

Erst vier Jahre später, nämlich 1908, gelang Rasputin der Zutritt zum engeren Familienkreis des Zaren. Er schaffte dies über eine dumme kleine Hofdame namens Anna Wirubowa, die der Zarin sehr nahestand. Rasputin verstand es, Nikolaus das Gefühl zu vermitteln, durch ihn habe der Zar Kontakt mit dem wahren Rußland. Der Mönch nutzte den religiösen Wahn der Zarin aus. Entscheidend aber war, daß Rasputin die Schmerzen des jungen Zarewitsch Alexej lindern konnte, wenn dieser seine Anfälle von Hämophilie hatte und die ärztliche Kunst völlig versagte.

Erst 1912 erreichte diese Entwicklung ihren Höhepunkt. In diesem Jahr wurde der achtjährige todkranke Zarewitsch durch Rasputins berühmt gewordenes Telegramm »geheilt«. In dem Telegramm versicherte er der Zarin, alles würde wieder gut. Von da an war sein Einfluß auf Alexandra und damit auch auf Nikolaus unbestritten. Doch schon lange zuvor wußte alle Welt davon; der Klatsch und Tratsch hierüber schadete dem Ruf der Krone ungeheuer. Einzig Stolypin fand den Mut, den Zaren vor den Gefahren dieser Verbindung zu warnen. Mehr noch: Er übergab einen ausführlichen Bericht über die schändlichen Taten dieses Mannes und ordnete seine Verbannung aus der Hauptstadt an. Die Zarin war außer sich vor Zorn, konnte jedoch Nikolaus nicht dazu bewegen, Stolypins Befehl wieder aufzuheben. Dies beweist, daß Nikolaus spätestens von 1911 an genau wußte, was für ein Mensch »unser Freund« wirklich war. Doch nun war der Minister, der bisher am festesten im Sattel gesessen hatte, bei der Zarin in Ungnade gefallen. Das konnte Stolypin nicht lange überleben.

So fest saß Stolypin im übrigen wieder auch nicht im Sattel. Schon lange war er den Rechts- und Linksextremen in gleichem Maße verhaßt. Jetzt hatte er auch noch Probleme mit seinen gemäßigt konservativen Anhängern, und zwar kurioserweise wegen seines ungezügelten russischen Chauvinismus. Stolypin war fest entschlossen, die Russifizierung der Minderheiten-Gebiete voranzutreiben. Mit dieser Politik trat er genau in die Fußstapfen von Alexander III. und zog sich damit den berechtigten

Haß der Finnen zu, weil er die Konzessionen, die er ihnen 1905 gemacht hatte, nun willkürlich wieder zurücknahm. Er wollte auch in den westlichen Provinzen Semstwos errichten, wo es bisher noch keine gab. Dabei scheute er nicht vor Mitteln zurück, die alle Nicht-Russen mehr als demütigten. Obwohl in diesen Gebieten polnische Großgrundbesitzer in der Überzahl waren, faßte der gesamte Adel Stolypins Maßnahmen als Affront auf, weshalb die russischen Grundbesitzer den polnischen Adligen zu Hilfe kamen. Stolypins Gesetzesvorschlag wurde nicht nur von der Duma abgelehnt, sondern auch vom aristokratischen Staatsrat, auf dessen Unterstützung er sich früher immer hatte verlassen können.

Jetzt schien das Ende gekommen. Stolypin wollte zurücktreten, aber Nikolaus nahm sein Rücktrittsgesuch nicht an. Das Ganze erinnerte an ein Katz-und-Maus-Spiel. Stolypin war krank. Die Anstrengungen der letzten fünf Jahre hatten selbst bei ihm deutliche Spuren hinterlassen. Jetzt versuchte er nicht einmal mehr, das russische Empire allein auf seinen breiten Schultern zu tragen. Von allen Seiten wurde er angegriffen. Sein Rücktritt konnte nur noch eine Frage von Tagen sein. Rußland war noch nicht reif für einen Stolypin. Das Land mußte zuerst mindestens eine Handvoll Politiker hervorbringen, die genügend Stärke, Kontinuität und Objektivität besaßen, um mit einem Führer von Stolypins Kaliber zusammenzuarbeiten, ihn zu unterstützen und mit ihm um die Grundzüge der Politik zu kämpfen. Ein Mann, der so völlig auf sich gestellt war, mußte eigentlich dem Wahnsinn verfallen.

Doch Stolypin verfiel nicht dem Wahnsinn, er wurde vielmehr ermordet, und zwar bei einer Gedenkaufführung zu Ehren Alexanders III. in der Kiewer Oper. Nikolaus saß in der Kaiserloge, Stolypin im Parkett. Die Sicherheitsmaßnahmen waren schärfer denn je. Doch auch sie konnten nicht verhindern, daß ein Mann Eingang in das Opernhaus fand und Stolypin erschoß. Es war eine dieser zwielichtigen Gestalten, die so oft die scharfen Konturen der russischen Geschichte zu verwischen in der Lage sind, ein Jude namens Bogrow, ein ehemaliger Anhänger der Sozialistischen Revolutionäre, der Polizeispitzel geworden war. Er hatte Neuigkeiten von einem angeblichen Attentatsplan mitgebracht und sollte nun dem Polizeichef persönlich Bericht erstatten. Der befahl ihm, nachdem er seinen Vortrag angehört hatte, das Theater zu verlassen. Doch Bogrow blieb. In der Pause ging er zu Stolypin und erschoß ihn aus nächster Nähe. Stolypin, der mit dem Rücken zur Bühne stand, wandte sich Nikolaus, seinem kaiserlichen Herrn, zu, bekreuzigte sich und sank dann, tödlich verwundet, zu Boden.

Nikolaus wollte ihn im Krankenhaus besuchen, wurde jedoch nicht in sein Zimmer vorgelassen. Kein einziges Regierungsmitglied nahm an den Bittgottesdiensten teil, die für Stolypin abgehalten wurden. Da Bogrow, noch bevor irgendwelche Untersuchungen stattfanden, erschossen wurde, weiß bis heute niemand, ob er im Auftrage der Polizei handelte, die mit den Rechtsextremen konspirierte, oder die Tat im Namen der Sozialistischen Revolutionäre beging, um sich als Revolutionär zu rehabilitieren. Stolypin hatte prophezeit, daß er von seiner eigenen Polizei ermordet werden würde. Einen Bogrow aber hätte es nicht geben können, wenn nicht Stolypin selbst den intensiven Einsatz von Polizeispitzeln und Doppelagenten gefördert hätte.

# XXII Das Ende

I

Stolypin hatte niemals mit schnellen Ergebnissen gerechnet. Er wußte, daß seine Agrarreform erst nach einer Generation Früchte tragen würde. »Gebt uns zwanzig Jahre Frieden, bei uns und auf der ganzen Welt«, sagte er, »und Rußland wird sich völlig verändert haben.« Auch Witte wollte Frieden, um seinen Traum verwirklichen zu können – statt dessen erlebte er den Krieg mit Japan. Den Frieden im Innern hatte Stolypin für mindestens zehn Jahre gesichert, weil er buchstäblich alle Terroristen ausgelöscht hatte. Die Revolutionsführer, die sich noch auf freiem Fuß befanden, verließen das Land; zu ihnen gehörte auch wieder einmal Lenin. Auch nach Stolypins Ermordung im Jahre 1911 änderte sich nichts an dieser Situation. Der Mordanschlag auf ihn fünf Jahre zuvor, bei dem so viele Menschen ums Leben kamen, fiel noch in die Zeit, in der der Terrorismus in Blüte stand. Jetzt war diese Welle abgeebbt. Und Bogrows Tat bildete auch nicht den Anfang neuer Gewalttaten.

Der Frieden nach außen hing jedoch nicht von Stolypin, sondern vom Zaren und – für einige Zeit – auch von dem sympathischen, aber sehr unsteten Alexander Iswolskij ab. Als Karriere-Diplomat mit langjähriger Erfahrung im Auswärtigen Dienst hatte Iswolskij in der Regierung Goremykin Graf Lambsdorff als Außenmininster abgelöst. Während Iswolskijs Amtszeit, die 1910 plötzlich und kläglich endete, herrschte Frieden. Doch der Minister mußte ständig die Zähne zeigen. Sein Nachfolger, der unglückliche, ängstliche und reichlich unerfahrene S. D. Sasonow, war außerstande, mit den Auswirkungen der Politik von Iswolskij fertig zu werden. Stolypin hatte Sasonow, einen angeheirateten Verwandten, auf den Außenministersessel gehievt. Nach der Ermordung seines großen Gönners wollte Sasonow dann alles rechtmachen, weshalb er auch wider besseres Wissen handelte. So im Juli 1914: Er wußte, daß es Krieg bedeuten würde, wenn er in die Forderungen des Generalstabes nach allgemeiner Mobilmachung einwilligte. Doch trotz seiner Abneigung gegen den Krieg willigte er ein.

Rußland hat diesen Krieg, der dem Land zum Verderben wurde, zwar nicht begonnen, doch es half mit, den Grundstein zu legen. So wurde der Krieg, der bisher nur eine Möglichkeit gewesen war, bald zur Gewißheit. Am Anfang dieser Entwicklung stand Iswolskij. Er war gewandt, ungeheuer eitel, durch und durch Gentleman, ohne Zweifel guten Willens und mit einem sicheren Auge für die Realitäten, sofern er nicht selbst betroffen war. Andererseits aber war Iswolskij zu clever, verwechselte Cleverneß mit Scharfsinn und Hinterlist mit Finesse und lebte ständig in der verzweifelten Furcht, hereingelegt zu werden. Diese Unzulänglichkeiten sollten sein Land teuer zu stehen kommen.

Er begann ganz harmlos. Als erstes sollte er wieder vernünftige Beziehungen zu Japan herstellen. Die beiden Staaten mußten sich über die wechselseitigen Einflußsphären in China einig werden. Diese Aufgabe war bald erledigt. Als zweites sollte Iswolskij die Beziehungen zu England wieder verbessern. Und das dauerte ziemlich lange.

Der Druck der Ereignisse hatte England und Rußland in den letzten Jahren allerdings schon zu einer gewissen Verständigung gezwungen. Kaiser Wilhelm II. löste diesen Druck aus, denn er trat allen Mächten auf die Füße und gefährdete das europäische Gleichgewicht. Frankreich hatte, wie bereits erwähnt, unter Alexander III. ein Bündnis mit Rußland geschlossen. Das Land sollte daher nie wieder so isoliert dastehen wie im Krieg von 1870. England aber würde beim Festhalten an der Politik der *splendid isolation* bald ebenso allein dastehen wie einstmals Frankreich und entsprechend verwundbar sein. Deshalb war es die natürlichste Sache von der Welt, daß das Land – wenn auch etwas spät – allmählich aufwachte und eine Verständigung mit Frankreich anstrebte, der eine Verständigung mit dessen Verbündeten, Rußland, folgen sollte.

Dieser Annäherungsversuch wäre schneller vorangegangen, wenn Rußland nicht so bittere Ressentiments gegen England gehabt hätte, weil London Japan unterstützt hatte. Sicherlich hätte Japan ohne das Bündnis mit England von 1902 keinen Angriff gegen Rußland gewagt. Der deutsche Kaiser hatte hart und mit Elan daran gearbeitet, die Feindseligkeiten zwischen den beiden Ländern für seine Zwecke auszunutzen. Doch mit dem Possenspiel von 1905, nämlich mit dem Vertrag von Björkö, tat er des Guten zuviel. Im russischen Außenministerium blieb ein übler Nachgeschmack zurück. Einem kleinen Kreis Eingeweihter im Ministerium wurde überdies die hoffnungslose Unzulänglichkeit des Zaren bewußt, die er noch vor Jahresende anläßlich des »Blutsonntags« erneut und dieses Mal in aller Öffentlichkeit beweisen sollte.

Folgt man Iswolskij, dann hatte Nikolaus schon immer lange vor einem Treffen mit seinem exzentrischen deutschen Cousin Anfälle von Nervosität. Der Zar fand die Überzeugungskraft Wilhelms, seinen Soldatenhumor, sein theatralisches Gehabe und die überwältigende Freundlichkeit zugleich abstoßend und anziehend.[1] Doch Wilhelm war keineswegs nur ein Possenreißer. Er setzte die Waffe der Schmeichelei bewußt ein und

33 Jugendbildnis Lenins aus dem Jahr 1905

34 Die letzte Sitzung des Reichsrats in Petersburg unter Vorsitz von Ministerpräsident Graf Witte im Mai 1906

35  Der Begründer und erste Vorsitzende der Tscheka, Felix
Dserschinskij (1877–1926), bei einer Ansprache vor Soldaten der
Roten Armee im Jahr 1917

hatte manchmal einen erstaunlich guten Durchblick. Von ihm stammt auch, verpackt in eine Marginalie, die vielleicht niederschmetterndste Analyse von Nikolaus' Charakter: »Der Zar ist nicht treulos, sondern schwach. Schwäche ist nicht Treulosigkeit, aber sie erfüllt alle Funktionen der Treulosigkeit.«[2]

Wilhelm war fest entschlossen, Rußland in ein Bündnis gegen England zu verwickeln. Dieser Pakt mußte hinter dem Rücken Frankreichs, Rußlands offiziellem Bündnispartner, geschlossen werden. Denn zwischen Frankreich und England herrschte gutes Einvernehmen. Deshalb kam es zu dem Fiasko von Björkö. Weil Wilhelm sein Ziel auch auf lange Sicht nicht erreichen konnte, beschloß er, seine Sommerkreuzfahrt auf der Ostsee zu einer Stippvisite bei seinem Vetter zu nutzen. Dieser kreuzte im Kreise seiner Familie, ohne Berater aus dem Außenministerium, vor der finnischen Küste, um sich von dem Schock von Tschuschima zu erholen. Drei Tage lang konnte Nikolaus den Wünschen seines ungebetenen und unangemeldeten Gastes widerstehen. Doch am Ende unterschrieb er einen von Wilhelm bereits vorbereiteten Vertrag. In diesem Vertrag verpflichteten sich die Unterzeichner zu gegenseitiger Hilfe bei einem Angriff einer anderen europäischen Macht. Was Nikolaus gegenüber Wilhelm nachgiebig werden ließ, waren seine Abneigung gegen England, seine Dankbarkeit gegenüber Deutschland, weil Berlin mehr oder weniger versteckte Hilfe im Krieg gegen Japan geleistet hatte, sein Gefühl hilfloser Einsamkeit (denn das Bündnis mit Frankreich hatte im Krieg gegen Japan absolut nichts geholfen) und Wilhelms in den Vertrag eingefügte Versicherung, Frankreich werde zu gegebener Zeit ebenfalls zum Unterzeichnen aufgefordert werden. Doch nach nochmaligem Überlegen erkannte der Zar, daß er getäuscht worden war. Reichlich spät beichtete er die ganze Angelegenheit Lambsdorff, der natürlich entsprechend entsetzt war. Denn das französische Bündnis mit all seinen finanziellen Zusagen zählte mehr. Der Vertrag von Björkö wurde trotz Wilhelms Protest aufgekündigt, noch ehe er in Kraft getreten war.[3]

Seit dem Sommer 1905 hatte Deutschland alles nur Mögliche getan, um gutes Einvernehmen mit Rußland zu erzielen. Besonders stark fiel Sir Arthur Nicolson der große Unterschied auf zwischen Deutschlands drangsalierendem Renommiergehabe gegenüber den meisten Ländern einschließlich Frankreichs und Englands und dem sanften, einschmeichelnden Auftreten gegenüber Rußland. Vor diesem Hintergrund führten Nicolson und Iswolskij lange Gespräche. Sie endeten erfolgreich mit dem Abschluß der Englisch-Russischen Konvention von 1907. Weil die Gespräche ohne großes Aufsehen geführt worden waren und der Vertrag nichts weiter enthielt als eine dreiteilige Vereinbarung über Einflußsphären in Persien, Afghanistan und Tibet, war Deutschland nicht sonderlich beunruhigt. In Wirklichkeit aber war dieses Abkommen ein wichtiger Schritt auf dem Weg zu der Triple-Entente. Weit mehr beunruhigten den deutschen Reichskanzler von Bülow ein Treffen im Juni des folgenden Jahres zwischen Eduard VII. und dem Zaren an Bord der königlichen Jacht *Victoria and Albert*, die in Reval vor Anker lag, und die Bankette an Bord der kaiserlichen Jacht *Standart* und der Jacht der Kaiserinmutter *Polarstern*, die dem Treffen folgten.

In der Tat unterschied sich dieses Ereignis, das hier vor aller Augen stattfand, in seiner Pracht gewaltig von dem heimlichen Treffen zwischen dem Zaren und Kaiser Wilhelm auf der *Polarstern* vor drei Jahren. Diese Tatsache alarmierte Berlin. Auf britischer Seite nahmen der König und die Königin sowie Prinzessin Viktoria an den Treffen teil, weiter Außenminister Sir Charles Hardinge, der Generalinspekteur der britischen Armee, General Sir John French, der exzentrische Erste Seelord, Admiral Sir John Fisher, natürlich der britische Botschafter und ein prächtiges Gefolge angesehener Hofbeamter, Hofdamen usw. Die englische Delegation hatte schon in Kiel Station gemacht und war dort von Prinz Heinrich von Preußen und dessen Frau begrüßt worden, was das Ganze für Deutschland noch schlimmer machte. Denn die Gesellschaft segelte sofort nach Reval weiter, um dort vom Zaren und der Zarin, der Kaiserinmutter, dem kleinen Zarewitsch und seinen vier Schwestern und natürlich von Stolypin und Iswolskij empfangen zu werden. Die griechische Königin begleitete sie auf dieser Reise.[4] Zunächst wurde nichts von Bedeutung geredet, und dies eigentlich ganz bewußt. Eduard VII. ging wesentlich geschickter vor als die Deutschen, wenn es ausländische Potentaten zu umschmeicheln galt. Die Deutschen dagegen konnten nie der Versuchung widerstehen, ihre Schmeicheleien durch gefährliche Ausflüge in eine Thematik, die ihnen gerade besonders am Herzen lag, zu unterbrechen. Sie aber wußten sehr wohl, daß Nikolaus sich von Eduards teuflischem Takt beeindrucken ließ. Der britische König besaß dazu noch die Fähigkeit, sich über jedes Thema, wie banal es auch immer sein mochte, unterrichten zu lassen; Hauptsache, es lag dem Potentaten, dem er gefallen wollte, gerade am Herzen. Außerdem wußten die Deutschen, daß Nikolaus das ausdrückliche Einverständnis seines älteren Onkels zu diesem Schritt hatte, wobei der Onkel den Zaren sogar noch ermutigte und anfeuerte. Zu Recht nahm Berlin an, daß das Treffen eine neue Ära der englisch-russischen Beziehungen einleiten würde. Die Deutschen hatten allerdings unrecht mit ihrem Glauben, eine Zusammenkunft solcher hochgestellter Persönlichkeiten könne nie ohne einen bestimmten Zweck, nämlich den Abschluß einer Vereinbarung, stattfinden. Nur wenige Tage nach dem Treffen von Reval polterte Wilhelm ausgerechnet bei einer Reiterparade reichlich unbeherrscht los. Er beschuldigte die Russen und Engländer: »Sie wollen uns einkreisen und herausfordern.« Doch er wisse schon, wie man den Ring durchbrechen könne.[5]

Sicherlich dachten die Engländer nicht an eine Einkreisung; sie wollten sich vielmehr nur vor einem möglichen deutschen Angriff schützen. Auf der anderen Seite dürfte Iswolskij nichts ferner gelegen haben, als ein Land, das aus Tradition und anderen naheliegenden Gründen ein natürlicher Verbündeter war, Rußland noch weiter zu entfremden. Doch es besteht kaum Zweifel, daß sich Deutschlands Verärgerung über das Revaler Treffen auf seine Haltung gegenüber Rußland auswirkte, als der arme Iswolskij auf beschämende Weise in den verzweifelten Streit mit Österreich-Ungarn über die Annexion von Bosnien und Herzegowina hineingezogen wurde. Dieser Streit bedeutete im übrigen den ersten entscheidenden Schritt zum Ersten Weltkrieg. Man hatte ein Streichholz in das Pulverfaß Balkan geworfen.

2

Iswolskij hatte alles selbst heraufbeschworen. Unaufgefordert hatte er sich an seinen österreichischen Kollegen, Baron Lexa von Ährenthal (der sich als österreichischer Botschafter in St. Petersburg großes Ansehen erworben hatte), gewandt, um ihn für seinen Plan zu gewinnen, die Meerengen-Frage wieder auf den Tisch zu bringen. Unter den gegebenen Umständen mußte dieses Vorgehen des Russen auf Schwierigkeiten stoßen. Iswolskij handelte wie ein unterbeschäftigter Minister, der sich einen Platz in der Geschichte schaffen will. Er hatte so viele Jahre seines Lebens in russischen Botschaften im Ausland verbracht, daß er den Bezug zur öffentlichen Meinung zu Hause vollständig verloren hatte. Irrtümlicherweise glaubte er, die neuerliche Diskussion der Meerengen-Frage würde ihm sofortige Zustimmung und dauerhaften Ruhm eintragen. In den entscheidenden Jahren seines Wirkens war die »orientalische Frage« das klassische Problem der Diplomaten gewesen. Aber Iswolskij merkte nicht, daß sich die Zeiten geändert hatten. Die panslawistische Bewegung war an ihm vorbeigegangen. Sie bedeutete ihm weiter nichts als einen Mantel, unter dem man das russische Interesse am Balkan als Schlüssel zu den Meerengen verdecken konnte. Das Wachsen des Panslawismus als Aspekt des russischen Nationalismus sagte ihm wenig. Deshalb stach er voll in ein Hornissennest.

Zu dieser Zeit spielte die Meerengen-Frage im Bereich der Realpolitik, wo sentimentale Wunschvorstellungen keinen Platz hatten, nur eine untergeordnete Rolle. Die russische Flotte brauchte noch Jahre, um sich von Port Arthur und Tschuschima zu erholen. Auch die allein übriggebliebene Schwarzmeer-Flotte existierte nach dem Aufstand von 1905 eher auf dem Papier als in Wirklichkeit. Stolypins Forderung nach zwanzig Jahren Frieden war keineswegs übertrieben. Iswolskij hätte es deshalb als seine Hauptaufgabe ansehen müssen, diesen Frieden zu sichern. Das bedeutete beispielsweise, daß man die vor Rußlands Haustür schlafenden Hunde nicht wecken durfte und daß man sich wohlweislich aus dem imperialistischen Gerangel um entlegene Gebiete heraushielt. Die Hunde vor Rußlands Haustür, also dem Balkan, waren zumindest ruhig, d. h., es ereignete sich nichts, was die Sicherheit Rußlands ernstlich gefährdet hätte, und dergleichen war auch nicht zu befürchten. Dieser Zustand dauerte nun schon viele Jahre an, sonst hätte Nikolaus niemals die aggressive Politik im Fernen Osten eingeschlagen, die dann zum Krieg mit Japan führte. Die letzte Balkankrise hatte sich während der Herrschaft seines Vaters in Bulgarien ereignet. Eine Zeitlang hatte es dort ziemlich schlimm ausgesehen, bis die Russen die Lage in den Griff bekommen hatten. Einzige dauerhafte Folge war die Entfremdung Bulgariens von Petersburg. Dort hatte man immer wieder darauf gepocht, daß Bulgarien seine Unabhängigkeit einzig und allein Rußland verdanke; nun war man mehr als verschnupft über die Undankbarkeit der Bulgaren. Denn diese erklärten voller Nationalstolz, für sie bedeute Unabhängigkeit wirkliche Unabhängigkeit, und dafür seien sie bereit zu kämpfen.

Drei Jahre nach Nikolaus' Krönung hatte sich die traditionelle Feindschaft zwischen Rußland und Österreich so weit gelegt, daß die beiden Mächte ein Abkommen folgenden Inhaltes schließen konnten: Wahrung des Status quo auf dem Balkan, gegenseitige Konsultationsgespräche, keine Annexion von Balkanterritorium (allerdings behielt sich Österreich das Recht vor, im Notfall Bosnien, Herzegowina und den Sandschak von Novipazar zu annektieren), Intervention, wenn andere Mächte Balkanterritorium annektieren wollen bzw. wenn eine andere Balkannation nach einer Vormachtstellung auf dem Balkan strebt.

Diese Vereinbarung überdauerte den Aufstand in Mazedonien im Jahre 1903, bei dem sich Griechen, Serben und Bulgaren gegenseitig niedermetzelten. Sie überlebte den Wechsel des Königshauses in Serbien, als nach der grausamen Ermordung von König Alexander und Königin Draga an Stelle der pro-österreichischen Obrenović-Dynastie die pro-russische Karadjordjević-Dynastie trat. Sie überlebte die gefährliche Spannung, die der wiedererwachende Nationalismus der Serben zwischen Österreich und Serbien hervorgerufen hatte und die zu einem Wirtschaftskrieg schlimmsten Ausmaßes führte. Sogar Ährenthals erstem unverantwortlichem *coup de théâtre* hielt sie stand: Der österreichische Außenminister verkündete als *fait accompli* seine Vereinbarung mit der Türkei über den Bau einer Eisenbahn von großer strategischer und wirtschaftlicher Bedeutung quer durch den Sandschak von Novipazar; die Bahnlinie sollte Österreich-Ungarn und die anderen europäischen Länder mit Saloniki verbinden. Dieses Überrumpelungsmanöver schockierte die ganze Welt; die panslawistische Presse forderte sogar zu einem heiligen Krieg im Namen des Panslawismus auf.

Das war im Jahre 1908. Iswolskij konnte die weitverbreitete panslawistische und nationalistische Strömung nur mit äußerster Mühe unter Kontrolle halten. Er hätte nicht nur durch die Stimmung im eigenen Land, sondern auch durch Ährenthals Schlitzohrigkeit gewarnt sein sollen. Nach außen wirkte Ährenthal wie der gradlinigste, aufrichtigste Mann auf Gottes Erdboden. Doch im Grunde ließ er sich von der mehr als romantischen Vorstellung leiten, ein Meister der klassischen Diplomatie müsse sich durch spektakuläre Hochseilakte beweisen, auch wenn das gewünschte Resultat ebensogut mit sauberer, nüchterner Routinearbeit hätte erreicht werden können.

Obwohl Iswolskij derselben Wahnvorstellung unterlag, ließ er sich durch Ährenthals Verhalten nicht abschrecken. Nach Enver Paschas Jungtürkenrevolution im Sommer 1908 hielten beide die Zeit zum Handeln für gekommen. Wenn das alte osmanische Regime tatsächlich hinweggefegt und die neue Regierung die Reformen durchführen würde, denen sich die Sultane so lange widersetzt hatten, dann könnte das sterbende Osmanische Reich sein Gesicht verändern. Damit wäre das türkische Problem in Europa gelöst; auf dem Balkan gäbe es keine Unruhen mehr; Wien hätte keinen Grund mehr, Bosnien und Herzegowina besetzt zu halten, geschweige denn zu annektieren; zugleich würden sich Rußlands Chancen für eine zufriedenstellende Lösung des Konstantinopel- und des Meerengenproblems stark vermindern. Sinnvoll wäre jetzt für beide Mächte eine Politik des Abwartens gewesen. Aber dies war keine Epoche der Besonnenheit. Aus sehr unterschiedlichen Gründen konnten sich die Außenminister beider Mächte nicht an den Aktionen beteiligen, die sich damals allgemein höchster Beliebtheit erfreuten – zur Zeit ging es gerade um die Aufteilung Afrikas. Nun sahen sie eine Chance, im Balkan ihr eigenes Süppchen zu kochen. In sehr freundlichen, wenn auch nach seinen jüngsten Tiraden gegen Österreich etwas schüchternen Worten schlug Iswolskij vor, Ährenthal und er könnten doch »im freundschaftlichen Geist wechselseitiger Hilfe« die beiden Probleme besprechen, die sie am stärksten interessierten. Er glaubte, wenn er Österreichs Annexionspläne unterstütze, würde er Ährenthals Rückendeckung für seine Kampagne zugunsten der Öffnung der Meerengen für die russische Kriegsflotte gewinnen können. Beide Männer waren sich latent darüber im klaren, daß sie mit dem Feuer spielten, denn keiner wollte eine offizielle Einladung aussprechen. Die Zusammenkunft, die dann schließlich Mitte September stattfand, war inoffiziell und wurde anberaumt, als sich Iswolskij zur Kur in Karlsbad aufhielt. Dort erhielt er von Graf Berchtold, damals österreichischer Botschafter in St. Petersburg, der zufällig auch gerade in Karlsbad war, die Einladung zu einem Treffen mit Ährenthal auf dem im benachbarten Buchlau gelegenen Landsitz des Grafen.

Der genaue Wortlaut der Unterredung ist unbekannt, da kein Protokoll geführt wurde. Fest steht lediglich, daß Kaiser Franz Joseph drei Wochen später, am 6. Oktober, aus heiterem Himmel die Annexion Bosniens und Herzegowinas und die gleichzeitige Evakuierung des Sandschak verkündete. Berlin, London, Paris und St. Petersburg rotierten, denn dieses Vorgehen bedeutete einen klaren Bruch der Abmachungen des Berliner Vertrags, die unilaterale Interventionen auf dem Balkan untersagten. Serbien, das einen Anspruch auf diese Provinzen hatte, erhob ein martialisches Geschrei. In Rußland war die öffentliche Meinung von der panslawistischen Presse kräftig angeheizt worden: Man forderte die sofortige Unterstützung der unterdrückten, erniedrigten slawischen Brüder und der Christen (in beiden Provinzen lebten orthodoxe Serben neben moslemischen Serben und katholischen Kroaten). Frankreich und England waren über diese Verletzung des Status quo äußerst verärgert. Auch Deutschland war über den Alleingang seines Verbündeten empört, weil es befürchtete, diese außerfahrplanmäßige Entwicklung könnte seine eigene sorgfältige Planung für den Bau der berühmten Bagdad-Bahn durcheinanderbringen.

Ährenthal, der bereits damals ein kranker Mann war, machten die Folgen seiner im Grunde törichten Handlung schwer zu schaffen. Deshalb schlüpfte er nun in die Rolle des verantwortungsbewußten, zutiefst besorgten Staatsmannes. Österreich, so erklärte er, habe nichts Unrechtes getan. Seit dem Berliner Vertrag habe es mit Zustimmung der anderen Mächte die beiden Provinzen okkupiert und sie mit aller Sorgfalt verwaltet. Niemals hätten Zweifel darüber bestanden, daß Österreich die beiden Provinzen unter bestimmten Gegebenheiten annektieren würde. Das einzige Land, welches ein Interesse daran habe, sei Rußland. Doch seine Exzellenz, M. Alexander Iswolskij, habe in Buchlau deutlich zu verstehen gegeben, daß Rußland keine Einwände hätte.

Selbstverständlich ließ der verzweifelte Iswolskij daraufhin verlauten, er habe nichts dergleichen gesagt. Zwar sei die Angelegenheit mit seiner Exzellenz, dem Baron von Ährenthal, besprochen worden, er, Iswolskij, habe jedoch geäußert, Rußland habe im Prinzip gegen die Besetzung keine Einwände, solange Österreich die Öffnung der Meerengen für russische Kriegsschiffe unterstütze; letzteres habe Ährenthal versprochen. Allerdings sei keineswegs von einem unmittelbaren Vorgehen die Rede gewesen.

Daraufhin antwortete Ährenthal, die Meerengen-Frage sei natürlich diskutiert worden, und Österreich würde in jedem Fall die Forderung nach einer Öffnung unterstützen. Doch M. Iswolskijs Vorstellung von einer solchen Öffnung sei offensichtlich ein recht einseitiges Arrangement: nämlich, daß russische Schiffe ungehindert das Schwarze Meer verlassen dürften, während dies Schiffen anderer Nationalität nicht gestattet sein soll. Das habe er, Ährenthal, damals nicht erkannt, sondern gemeint, die Meerengen sollten für alle Schiffe – gleichgültig unter welcher Flagge – geöffnet sein.

Es ist mehr als zweifelhaft, ob dies stimmte. Ährenthal hatte eine Möglichkeit gesehen, durch Überrumpelung Iswolskijs schnell die Annexion durchführen zu können, und er nutzte die Gelegenheit. Damit machte er allerdings auch alle seine Bemühungen der letzten zwei Jahre um ein gutnachbarschaftliches Verhältnis mit Serbien zunichte. Für Iswolskij wiederum bedeutete die Nachricht von der Annexion keineswegs eine Überraschung, auch wenn er das Gegenteil behauptete. Auf seiner gemächlichen Heimreise von Karlsbad nach Petersburg traf er mit dem deutschen Außenminister von Schoen zusammen, dem er die Neuigkeit von der unmittelbar bevorstehenden Annexion anvertraute, die wahrscheinlich am 8. Oktober verkündet würde. Wohl oder übel mußte er dann, um sein Gesicht zu wahren, Ährenthal einen Lügner nennen. Es war ihm einfach nicht in den Sinn gekommen, daß die öffentliche Meinung in Rußland zu jener Zeit, d. h. während Stolypins konservativer dritter Duma, in der die nationalistischen Rechtsextremisten weitgehend den Ton angaben, für die Meerengen-Frage kaum Interesse zeigte. Vielmehr wurde allgemein gefordert, Rußland solle seinen ganzen Einfluß auf dem Balkan als Beschützer aller Slawen geltend machen.

Beide, Iswolskij und auch die öffentliche Meinung, standen nicht auf dem Boden der Tatsachen, nur auf unterschiedliche Art und Weise. Rußland war nämlich überhaupt nicht in der Lage, seinen ganzen Einfluß geltend zu machen oder auch nur die geringsten Forderungen zu stellen, sei es, um Christen und Slawen zu beschützen, eine aggressive serbische Politik zu unterstützen oder die Öffnung der Meerengen zu forcieren. Rußland blieb nichts anderes übrig, als unter äußerst erniedrigenden Umständen und vor aller Welt klein beizugeben.

Ährenthal blieb hart. Er stimmte dem Vorschlag Englands und Frankreichs nach einer europäischen Konferenz zu, unter der Voraussetzung, daß die Annektierung ohne weitere Diskussion formell bestätigt werde. Jetzt suchte er die Unterstützung jener Partei in Wien, die er lange Zeit hindurch bekämpft hatte. Gemeint ist die von Stabschef von Hötzendorf geführte Kriegspartei, welche seit langem einen Präventivkrieg gegen Serbien führen wollte. Trotz der Verärgerung über Österreich stand für Deutschland das Bündnis an oberster Stelle; deshalb lehnte es die von Iswolskij bei seiner Reise nach Berlin vorgeschlagene Intervention ab. England versuchte mit allen Mitteln, einen Krieg zu verhindern, den niemand außer der österreichischen Kriegspartei und den unwissenden russischen Nationalisten wollte. Deshalb unterstützte England Iswolskij, versuchte aber gleichzeitig, Petersburg vor einem zu starken pro-serbischen Engagement zu bewahren. Schließlich stand Serbien allein da; ohne russische Unterstützung war es zu schwach, um Österreich herausfordern zu können. Die Krise dauerte vom Herbst 1908 bis zum Frühjahr 1909. Ein solches Happy-End wäre sicher kein zweites Mal geglückt.

Man kann sich nur schwer vorstellen, daß dieses Trauerspiel der Groß-machtdiplomatie von einem russischen Außenminister nur zwei Jahre nach Tschuschima und dem Vertrag von Portsmouth und ganze achtzehn Monate nach der Zerschlagung des Petersburger Sowjet und dem Mos-kauer Aufstand inszeniert wurde. Nach der mehr oder minder gewaltsa-men Auflösung der ersten und zweiten Duma und Stolypins illegaler Änderung des Wahlrechts hatte sich die dritte Duma erst vor kurzem konstituiert; sie blieb bis 1912 bestehen und leistete in diesen Jahren recht fruchtbare Arbeit. Obwohl diese ausgesprochen konservative Versamm-lung mit gewalttätigen, verrufenen Rechts- und Linksextremisten zu kämpfen hatte, kam sie im Grunde dem westlichen Ideal einer guten Regierung näher als je eine frühere – und übrigens auch spätere – russi-sche Regierung. Über die dritte Duma schrieb der bekannte Russophile, Sir Bernard Pares, voll Wehmut:

*Möge ein Engländer, aufgewachsen in der Tradition Gladstones, dem die Duma fast ein Zuhause bedeutete und der in allen Parteien Freunde hatte, diese verlorene Vergangenheit zurückrufen. An der Basis herrschte ein Gefühl der Zuversicht; darauf gegründet sah man wach-senden Mut und Initiative und zunehmendes gegenseitiges Verständnis und guten Willen. Die Duma hatte etwas von der Frische einer Schule, denn die Abgeordneten versetzte es noch in Erstaunen, wie einfach Schwierigkeiten beseitigt werden konnten, die unüberwindlich erschie-nen waren. Man spürte förmlich die Freude, mit der sich die Deputierten an die gemeinsame Arbeit zum Wohle des Volkes machten. Etwa siebzig Menschen mindestens bildeten den Kern in den wichtigsten Ausschüs-sen. Sie arbeiteten sich bis ins Detail in die Probleme und Schwierigkeiten der Verwaltung ein, um dadurch die anderen Abgeordneten und auch die Regierung besser verstehen zu können. Das politische Verständnis wuchs von Tag zu Tag. Dem aufmerksamen Beobachter schien es mehr und mehr ein offenes Geheimnis, daß die Parteiunterschiede wenig bedeute-ten und daß alle diese Menschen über der gemeinsamen Arbeit Freunde wurden...* [6]

»Etwa siebzig Menschen mindestens...« In einem Land mit 120 Millio-nen Einwohnern im Jahre 1908 begannen gerade etwa siebzig Menschen mindestens mit großem Erstaunen die Freuden einer nationalen Selbst-verwaltung und deren Ablauf kennenzulernen. Allerdings handelte es sich um eine begrenzte Selbstverwaltung, denn der Zar hatte noch immer die Macht, jeden nach Belieben zu entlassen; außerdem stand ihm die of-fizielle Regierung, der Ministerrat unter Stolypin, weit näher als die Duma.

Es ist schon merkwürdig genug, daß der Außenminister eines Landes, dessen Finanzen ruiniert, dessen Flotte vernichtet und dessen Armee in beklagenswertem Zustand waren, ohne Umschweife auf eine Vorwärts-strategie im Balkan mit all den wohlbekannten Risiken einschwenken konnte, ohne sofort entlassen zu werden, weil er mit dieser Politik unnö-tige Gefahren heraufbeschwor. Daß dieser Außenminister dann aber nur wegen des Mißerfolgs seiner Balkanpolitik getadelt wurde und dieser Mißerfolg wüsten Chauvinismus und Hurra-Patriotismus unter weiten Teilen der gebildeten Bevölkerung zur Folge hatte, all dies spricht schon für ein erstaunliches Maß von Elastizität in Rußland. Das um so mehr, weil das russische Volk noch vor gar nicht so langer Zeit nicht einmal im-stande gewesen war, den kleinen Emporkömmling Japan zu besiegen oder Ordnung im eigenen Lande zu bewahren. Man darf wohl zu Recht fragen, ob diese Elastizität ein Zeichen höchster Lebensqualität ist, oder ob ein solches Verhalten nicht eher das Unverständnis der Bevölkerung schlechthin verrät, die Realitäten des Lebens zu erkennen. Der Zar selbst war ja ein Musterbeispiel für diese Ignoranz.

Gerade zeigten sich die ersten positiven Auswirkungen von Stolypins Agrarreformen. Aus dem Wust primitiver Bauernkollektive hatte sich 1915 die erstaunliche Zahl von 7,3 Millionen Agrar-Haushalten heraus-kristallisiert; sie bestanden aus Landwirten, Pächtern und Bauern. Diese Menschen waren stolz auf ihr Land, ihren Lebensstandard und ihr Kön-nen, sie zeigten echtes Interesse an dem noch wenig bekannten Konzept der öffentlichen Ordnung.[7] Doch dies war nur ein erster Anfang, welcher dazu noch begünstigt wurde durch eine Reihe guter Ernten. Positiv wirkte sich auch der neuerliche Sprung nach vorn in der industriellen Entwicklung aus. Diese Entwicklung war stark abhängig von der Rechts-staatlichkeit im Lande und von guten Ernten (mit viel Getreide für den Export); außerdem benötigte sie eine Periode der Ruhe, um einen Anreiz für ausländische Investoren zu bieten. Die Revolutionäre waren hoff-nungslos zerstritten (soweit sie nicht im Gefängnis saßen, lebten sie im Exil); im übrigen schienen sie ihr Leben mit sterilen Kontroversen zu vertun. Sie waren der Verzweiflung nahe. Würden sich die Verhältnisse in Rußland weiterhin in dem Maße verbessern wie während Stolypins letzter Regierungsjahre und auch noch nach seiner Ermordung, dann hatte die Revolution keine Chance.

4

Die Idylle wurde im April 1912 durch das Massaker in den Goldbergwer-ken der Lena jäh unterbrochen. Die Lena ist ein riesiger, selbst für heutige Begriffe nahezu unvorstellbar weit entfernter Fluß, der durch die Wälder und die Tundragebiete Nordost-Sibiriens zu den arktischen Gewässern fließt. Die Goldwäscher lebten im wahrsten Sinne des Wortes als Sklaven ihrer Arbeitgeber. Weil niemand ihre durchaus bescheidenen Forderungen nach besserem Essen und akzeptableren Lebensbedingungen beachtete, riefen sie aus lauter Verzweiflung eines Tages zum Streik auf. Man reagierte in bewährter Manier auf den Streik mit der Entsendung von Truppen. Als sich die Truppen einer Menge von rund fünftausend feindseligen Arbeitern gegenübergestellt sahen, eröffneten sie – in altbewährter Weise – das Feuer; sie begnügten sich nicht mit einer Salve, sondern schossen mehrmals. Die traurige Bilanz: etwa zweihundert Tote und etwa ebenso viele Verwundete.

Ähnliches hatte sich oft genug ereignet. Doch in dieser Zeit war Rußland in einem Wandel begriffen, und die Nachricht führte in der Duma zu heftigen Unruhen. A. A. Makarow, seit kurzem amtierender Innenminister, war einer von denen, die die Zeichen der Zeit nicht erkannten. Statt sein Bedauern auszudrücken und die Ursachen für diese Überreaktion untersuchen zu lassen, stellte er sich hinter das Militär: Was sollen Soldaten tun außer schießen, wenn eine solch große Menge demonstriert? Seine Anmerkungen zu dem Geschehen gipfelten in dem klassischen Satz, der auch als Wahlspruch des gesamten Regimes hätte gelten können: »Es war immer so und wird auch immer so bleiben.«

Doch die Duma war, sehr zu Makarows Erstaunen, von dieser geschmeidigen Formulierung keinesfalls beeindruckt, sie reagierte aufgebracht. Die Regierung, auf diese Weise in die Defensive gedrängt, sah sich gezwungen, einen Untersuchungsausschuß unter Leitung des ehemaligen Justizministers einzusetzen. Der Bericht des Ausschusses war eine einzige Anklage gegen die Administration der Goldbergwerke. Eines der Ausschußmitglieder, ein brillanter junger Anwalt namens Alexander Kerenskij, profilierte sich als hervorragender Redner in der Debatte, die sich dem Geschehen anschloß.

Bei den Goldbergwerken an der Lena handelte es sich um eine britische Konzession. Deshalb trug auch England ein wenig Schuld an der Bitterkeit, dem Haß und der Verzweiflung, die – nach dem kurzen Intervall der patriotischen Euphorie zu Beginn des Ersten Weltkrieges – den Nährboden für die Revolution bildeten. Relativiert man das Ganze, so war das Massaker an der Lena nur die Fortsetzung der blutigen Unterdrückungsmaßnahmen. Doch der Zeitpunkt erwies sich als kritisch. Denn genau zu dieser Zeit waren sich Rußlands Konservative mit den Liberalen einig, daß das Maß nun voll sei, daß man hinfort nicht mehr dulden könne, wenn Truppen auf unbewaffnete Bürger schössen. Das Massaker hinterließ auch Spuren bei den Arbeitern im ganzen Land. Es schüchterte sie nicht ein, sondern stachelte sie auf. Eine neue Streikwelle setzte ein; sie überzog das Land am Vorabend des großen Krieges. Die proletarische Militanz erreichte einen neuen Höhepunkt. Das Proletariat war stärker politisiert als je zuvor. Demzufolge erhielt eine neue Generation von Revolutionären ihre erste Chance.

Jetzt waren es nicht mehr bürgerliche Intellektuelle, vielmehr Verschwörer und Demagogen aus den Fabriken, Männer, die mit ihrer Hände Arbeit ihr Brot verdienten, kein Blatt vor den Mund nahmen und ihre intellektuelle Unterstützung bei einer Art von Marxismus fanden, der im Kindergarten hätte gelehrt werden können. Einigermaßen verächtlich schauten sie auf die Helden der Revolution herab, die in Zürich und Genf im Exil lebten und ihre endlosen Diskussionen und Streitigkeiten in Kaffeehäusern austrugen. Stalin suchte unter diesen Menschen die Gefolgsleute aus, die er für den Griff nach der Macht brauchte: Männer wie den 19 Jahre alten Lazar Kaganowitsch, einen Angestellten aus einer Schuhfabrik in Kiew, oder den wenig älteren Nikolaus Schwernik, der mit 14 Jahren in einer Petersburger Metallfabrik angefangen hatte, und viele andere dieses Genres. Die Haltung und Einstellung dieser Leute unterschieden sich vollständig von den kultivierten Marxisten und Sozialistischen Revolutionären um Lenin, Martow, Tschcheidse und Tschernow. In gleichem Maße unterschieden sie sich von der wachsenden, anonym bleibenden Gruppe der engagierten, verärgerten und gleichermaßen verunsicherten und sensiblen humanitären Idealisten, unter ihnen viele Frauen. Sie riskierten Leben und Freiheit, um den Armen und Geknechteten zu helfen im Namen einer revolutionären Bewegung, die sie im Grunde nicht verstanden und von der sie auch entsetzt Abstand genommen hätten, hätten sie einen Blick in die Zukunft werfen können.

5

Ein Jahr nach Stolypins Ermordung, also gleichfalls im Jahre 1912, wurde Rasputins Einfluß auf das Zarenhaus zu einem öffentlichen Problem. Zum ersten Mal hatte sein Name zwei Jahre zuvor in der Zeitung gestanden. Wie bereits erwähnt, sah sich Stolypin 1911 gezwungen, Nikolaus klarzumachen, daß das Verhältnis zu Rasputin die kaiserliche Familie in Mißkredit bringen würde, weshalb dieser Mann aus der Hauptstadt verbannt werden müßte. Zu dieser Zeit war ein verhängnisvoller Streit ausgebrochen. Der oberste Prokurator des Heiligen Synod, ein aufrechter Kirchenbeamter namens Lukjanow, versuchte mit Stolypins Unterstützung, den ungeheuer reaktionären und zugleich skurrilen Mönch Iliodor zu entmachten. Dieser hatte in Stolypins Provinz Saratow einen derartigen Einfluß gewonnen, daß er mittlerweile die gesamte Verwaltung vom Gouverneur bis hinunter zu den kleinen Beamten terrorisierte. Als Lukjanow schließlich gegen diesen üblen Burschen vorging, stellte sich schnell heraus, daß Iliodor allerhöchste Protektionen genoß. Auf Rasputins Geheiß hin stand er unter dem Schutz der Zarin. Für Stolypin bedeutete es Schwerstarbeit, gegen den ausdrücklichen Wunsch der Zarin Nikolaus davon zu überzeugen, daß Lukjanow nicht entlassen werden durfte. An dessen Stelle wollte Alexandra den Rasputingünstling V. K.

Sabler setzen, einen Mann, der zu dieser Zeit als ausgesprochener Widerling galt, dessen Widerwärtigkeit aber bald von zahlreichen anderen Rasputin-Protegés übertroffen werden sollte. Doch nach Stolypins Ermordung mußte Lukjanow trotzdem gehen; an seine Stelle trat Sabler. Jetzt erkannte die Öffentlichkeit zum ersten Mal, daß man diesen falschen Heiligen, Rasputin, mit seinen abscheulichen Manieren und seinem schlimmen Ruf nicht einfach ignorieren durfte.

Ob Rasputin auf die Besetzung der Regierung auch vor dem Sabler-Skandal Einfluß nahm, weiß niemand. Doch bald nach diesem Zwischenfall ereignete sich die Wunder-»Heilung« des Zarewitsch, wodurch der Mönch das uneingeschränkte Vertrauen der Zarin gewann. Rein zufällig lag Iliodor gerade zu diesem Zeitpunkt mit Rasputin im Streit und verbreitete deshalb voller Niedertracht Kopien von Briefen der Zarin an Rasputin. Aus diesen Briefen ging die Abhängigkeit Alexandras von Rasputin klar hervor, eine Abhängigkeit, die bis zur Anbetung reichte. Doch die Zarin verschlimmerte mit ihrer wütenden Forderung, jeder öffentliche Hinweis auf Rasputin sei zu unterlassen, die Situation noch mehr. Wie Makarow hatte auch sie nicht mit der Duma gerechnet. Zwar war die Oktobristen-Mehrheit konservativ und dem Zaren treu ergeben, doch auch die Oktobristen vermerkten kritisch die Exzesse bei Hof. Der damalige Sprecher der Duma, M. V. Rodsjanko, (»der dickste Mann im Reich«, wie Nikolaus ihn scherzhaft in guten Zeiten genannt hatte), sollte dem Zaren anläßlich einer Privataudienz eine offizielle Warnung überbringen. Der Oktobristen-Führer Gutschkow verurteilte Rasputin öffentlich in der Duma. Doch am meisten dürfte es den Zaren beunruhigt haben, daß sogar Wladimir Purischkewitsch dieser Kampagne gegen Rasputin beitrat. Denn dieser Mann war ein skrupelloser Rechtsextremist, der einstige Führer der Union des Russischen Volkes, jetzt Gesellschaft des Erzengels Michael genannt, der Schirmherr der Schwarzen Hundert, ein Antisemit und Absolutist der übelsten Sorte. Dieser Purischkewitsch war knapp fünf Jahre später Mitglied einer kleinen Verschwörergruppe, die Rasputin im Keller des Jussupow-Palastes ermordete. Die Verschwörer boten Rasputin zunächst vergiftete Kekse und Getränke an. Als das Gift jedoch nicht wirkte, schossen sie rücklings auf ihn und prügelten ihn schließlich zu Tode. Dies geschah in der letzten Dezemberwoche des Jahres 1916. Man könnte die Tat als Auftakt zur Revolution werten. Doch der Mord ging nicht auf das Konto von Revolutionären, vielmehr von fanatischen Monarchisten, die den Hofstaat von Nikolaus und Alexandra säubern wollten.

Doch 1912 hatten diese Warnungen und Aburteilungen keinerlei Effekt. Der Zar war immer noch der Zar, auch unter den neuen Grundgesetzen durch und durch Autokrat. Wenn es ihm beliebte, den beschwörenden Forderungen seiner Berater kein Gehör zu schenken, konnten weder die Duma noch irgend jemand anderer etwas dagegen tun. Bis heute weiß niemand, was Nikolaus wirklich von Rasputin hielt. Alexandra jedenfalls stand inzwischen völlig unter dessen Einfluß. Vielleicht zu Recht war sie davon überzeugt, kein anderer außer ihm könne die Schmerzen des armen Alexej lindern (ganz sicher verfügte Rasputin über hypnotische Kräfte; außerdem schien er so etwas wie das zweite Gesicht zu haben. Seine Fähigkeiten wurden freilich, wie es wohl heute der Fall wäre, nie wissenschaftlich untersucht.). Alexandra glaubte, aus allen Worten und Taten Rasputins spräche die göttliche Eingebung. Diesen Glauben kann Nikolaus unmöglich geteilt haben, denn er kannte Rasputins Privatleben – sofern das Wort »privat« auf ein derartiges Treiben als exhibitionistischer Lüstling überhaupt zutrifft. Doch was auch immer der Grund gewesen sein mag, um Alexandras und eines ruhigen Lebens willen oder wegen seines Sohnes, jedenfalls opferte der Zar bewußt seine Vertrauenswürdigkeit, sein Land und sein Volk um des Familienfriedens willen. Er widersetzte sich den drängenden Vorhaltungen der einzigen Menschen, die ihm noch helfen konnten.

Der neue Regierungschef, Graf V. N. Kokowtschew, unter Stolypin Finanzminister, hatte Pech. Gleich zu Beginn seiner Amtszeit wurde er mit vielen schwerwiegenden Problemen konfrontiert. Kokowtschew war ein guter, qualifizierter, charaktervoller und mutiger Mann; er war zwar kein faszinierender Redner, agierte aber auch nicht wie ein Bulldozer. Das Land konnte offensichtlich nur schwer zur goldenen Mitte finden, nämlich zu alldem, was zwischen Genialität und Dummheit, zwischen Träumerei und Tyrannei, zwischen Fanatismus und Apathie lag. Hier war er genau der richtige Mann. In einem Land mit einer Verfassung und einer starken Administration hätte er sicherlich einen hervorragenden, beständigen, nicht sehr ideenreichen, aber keinesfalls farblosen Regierungschef abgegeben. Courage bewies Kokowtschew jedenfalls unmittelbar nach der Ermordung Stolypins. Die Behörden von Kiew wollten diese willkommene Gelegenheit wahrnehmen, um ein Juden-Massaker anzurichten (der Attentäter Bogrow, Polizist und zugleich Revolutionär, war Jude). Sie konnten es deshalb einfach nicht verstehen, warum Kokowtschew auf eigene Verantwortung dagegen streng vorging und drei Kosaken-Regimenter in die Stadt abkommandierte (die Juden waren inzwischen schon von panischer Angst befallen und hatten begonnen, ihre Sachen zu packen, um zu fliehen). Auf wessen Befehl er so handle, wurde er gefragt. »Auf Befehl des Staatsoberhauptes«, erklärte Kokowtschew. Er ließ an alle Gouverneure Telegramme schicken. In diesen Telegrammen wurden die Gouverneure im Namen des Staatsoberhauptes angewiesen, den Ausbruch von Pogromen, falls nötig, mit Gewalt zu verhindern. Für einen Mann, der noch nicht zum Regierungschef ernannt worden war, war dies eine mutige Tat.[8]

Endlich hatte Rußland Männer wie Kokowtschew. Doch er war nicht der erste in der Reihe ehrenwerter, charaktervoller und tüchtiger Regierungschefs, vielmehr der letzte. Innerhalb kürzester Zeit machte er sich Rasputin zum Feind. Ungewöhnlich herzlich hatte ihn die Zarin bei seiner Amtseinführung empfangen. Sie strahlte sogar etwas wie stille Freude über Stolypins Tod aus. »Ich bin sicher, daß Stolypin starb, um Ihnen Platz zu machen, und dies alles zum Wohle Rußlands«, sagte diese ungewöhnliche Frau zu Kokowtschew.[9] Der wußte nicht, wo er hinschauen sollte. Aber Alexandra änderte bald, auf Rasputins Geheiß, ihre Meinung. Doch Kokowtschew handelte sich nicht nur die Feindschaft der Ersten Dame des Landes ein, er bekam auch das Gift, das die Rechtsextremen mit ihren Pogromen und anderen schändlichen Exzessen verspritzten, zu spüren.

Nikolaus konnte sich dem Druck gegen Kokowtschew nicht lange widersetzen. Fraglich ist ohnehin, inwieweit er es überhaupt versuchte. Auf der anderen Seite konnte der Zar es sich nicht leisten, Kokowtschew sofort zu entlassen. Denn es galt, Staatsgeschäfte zu erledigen, mit denen selbst Alexandra und Rasputin nicht fertig wurden. Der Staat brauchte Geld. So durfte, wie vorher schon Witte, auch Kokowtschew nicht gehen, bevor nicht die Verhandlungen über eine neue Anleihe in Frankreich erfolgreich abgeschlossen sein würden. Wieder einmal durfte sich der Herrscher aller Reußen nicht einmischen. Er mußte geduldig warten, bis Tausende, ja Millionen französischer Bauern ihre Ersparnisse geopfert hatten, um eine Anleihe zu ermöglichen, die das zaristische Rußland noch vor dem totalen Bankrott retten konnte.

Am letzten Januartag des Jahres 1914 wurde Kokowtschew entlassen. Dieser Mann war keineswegs so farblos, wie er später oft dargestellt wurde. Wie Witte und Stolypin vor ihm, hatte er sich mindestens über einige Jahre hinweg, die aufreibend genug waren, durchsetzen können. Offiziell hieß es, er sei entlassen worden, weil er es abgelehnt habe, den plötzlichen Entschluß des Zaren, die Wodka-Steuer aufzuheben, zu sanktionieren. Bei dem kolossal verbreiteten Alkoholismus in Rußland stellte diese Steuer die Haupteinnahmequelle des Staates dar. Zweifellos lag Nikolaus mit seinem Entschluß richtig. Denn es ist ein Unding, die Staatsfinanzen an die Förderung des Alkoholismus zu koppeln. Doch Kokowtschew fragte sich, woher sonst das Geld kommen sollte. Rußland konnte sich nicht völlig von Anleihen im Ausland abhängig machen.

Mittlerweile ließ die russische Obrigkeit jedes Gefühl für Anstand vermissen. Mit Kokowtschew Entlassung war denn auch das Spiel verloren. Für alle ersichtlich, stellte Nikolaus seine Oberflächlichkeit und Dummheit unter Beweis. Was er von der Duma und von seinem Volk wirklich hielt, bewies die Tatsache, daß er ausgerechnet den armen alten Goremykin zum Nachfolger Kokowtschews ernannte. Dabei übertrafen die Begleitumstände dieser Ernennung noch deren Unmöglichkeit. Es ist symptomatisch, daß Nikolaus Kokowtschew nicht ins Gesicht hinein sagen konnte, daß er entlassen sei. Statt dessen schrieb er ihm einen Brief folgenden Wortlautes: »Unsere schnellebige Zeit und die erstaunliche wirtschaftliche Entwicklung unseres Landes erfordern entschlossene, durchgreifende Maßnahmen, eine Aufgabe, die einem Mann anvertraut werden sollte, der mit frischer Kraft ans Werk geht.«[10] Kokowtschew war damals einundsechzig, außerdem der beste Finanzexperte in ganz Rußland. Goremykin war fünfundsiebzig, überdies ein Mann, der wohl selbst als letzter behauptet hätte, er sei mit übermäßigen Verstandesgaben gesegnet. Es ist unwichtig, ob Nikolaus beim Schreiben des Briefes momentan geistesgestört oder vielleicht mittendrin eingeschlafen war, oder ob Alexandra, Rasputin oder andere ihm diesen Brief diktiert haben. Das Schreiben beweist einzig und allein, daß es im Grunde völlig sinnlos und auch abwegig ist, Nikolaus' Handlungen während der letzten drei Jahre seiner Regentschaft zu analysieren. Der Zar tappte völlig im dunkeln und hatte jede Kontrolle verloren. Selbst Goremykin durchschaute das Spiel besser als er.

»Ich bin wie ein alter Pelzmantel«, sagte er einmal, »für Monate werde ich weggepackt, um dann bei Gelegenheit wieder aus dem Schrank hervorgezogen zu werden. Dann werde ich wieder verstaut bis zur nächsten Gelegenheit.«[11] Goremykin blieb bis 1916 im Amt. Doch ein nächstes Mal gab es nicht mehr. Goremykin war ein loyaler alter Kumpel; er steckte voller Zynismus und gab sich dem Müßiggang hin, las gern französische Romane, trug einen Piccadilly-Backenbart und lachte gern. Selbstverständlich zog Rasputin über Alexandra die Fäden und sorgte für Goremykins Entlassung. Rasputin wollte ihn allerdings nicht durch einen energischen, weitsichtigen Regierungschef in Kriegszeiten ersetzen. Vielmehr wollte er den korruptesten und zugleich ungebildetsten seiner Günstlinge, einen Mann namens B. V. Stürmer, auf dessen Posten hieven.

Das Ende Goremykins kam unerwartet. Es war 1918 in St. Petersburg. Die Revolution hatte Erfolg gehabt. Mit ihrem Oktoberputsch hatten die Bolschewiken die Provisorische Regierung gesprengt und die Macht übernommen. Doch die Menge lechzte immer noch nach Blut, hatte zudem keinen Respekt vor dem Alter. Diesem Mob fiel der arme, 78jährige Goremykin in die Hände; er wurde auf der Stelle gelyncht.

Kokowtschew hatte mehr Glück. Einige seiner Angehörigen mußten Schreckliches erleiden. Er selbst wurde auch von den Bolschewiken eingesperrt, konnte jedoch fliehen. Kokowtschew emigrierte nach Paris und starb dort erst lange nach dem Zweiten Weltkrieg. Uritskij, der erste der berüchtigten Tschekisten, verhörte Kokowtschew im Gefängnis. Doch dieser weigerte sich beharrlich, den toten Zaren zu denunzieren. Nikolaus hatte ihn zwar schändlich betrogen, aber nach den Worten Kokowtschews war er selbst der Betrogene, weshalb man ihn für kein Verbrechen der Regierung verantwortlich machen könne.

Im selben Jahr noch wurde Uritskij ermordet, womit die altbewährte Tradition russischer Polizeichefs fortgesetzt wurde. Der Mörder dieses verhaßten Bolschewiken war – wiederum in bester revolutionärer Tradition – ein Sozialistischer Revolutionär. Die Sozialistischen Revolutionäre hielten noch bei ihrem Untergang mutig die Fahne hoch. Welcher Couleur die Tyrannen auch sein mochten, für sie war dies ein und dasselbe. Doch ihre Tage waren gezählt. Im selben Jahr schoß Fanny Kaplan auf Lenin; sie traf ihn nicht tödlich (obwohl die Verletzung Lenins Leben um einige Jahre verkürzte). Dies war so ziemlich der letzte Protestakt der Sozialistischen Revolutionäre. Nicht lange danach wurden sie alle von den Bolschewiken liquidiert.


## 6

Es hat den Anschein, als habe unsere Geschichte wieder einmal die Dinge vorweggenommen. Doch in Wirklichkeit ist es das Sujet, das verschwimmt, sich in Luft auflöst. Übrig bleiben nur die schreckliche Erinnerung an den blutgetränkten Keller in Jekaterinenburg und das alptraumhafte Bild vom letzten Zaren, der da – im Hintergrund die Wächter – auf einem Baumstumpf sitzt und an der Kamera vorbei ins Leere starrt. Die Geschichte der Romanow-Dynastie endet im Grunde mit der Entlassung Kokowtschews und der Ernennung Goremykins zum Ministerpräsidenten. Dem letzten Autokraten blieb nur noch zu sterben übrig. Es sollte eine Massenvernichtung auf dem Scheiterhaufen werden.
Seit Beginn des Jahres 1914 spielte Nikolaus für die Regierung seines Landes keine Rolle mehr. Für die Geschichte der Dynastie, die ohnehin zugrunde gegangen war, waren deshalb die Ereignisse, die unmittelbar zum Krieg führten, von untergeordneter Bedeutung. Rußland hatte in den letzten zwanzig Jahren enorme Anstrengungen unternommen, um den Rückstand aufzuholen, war aber wieder zurückgefallen. Viele sind der Ansicht, das kaiserliche Rußland hätte ohne die verheerenden Auswirkungen des Ersten Weltkrieges überlebt. Die Ereignisse, wie sie in diesem Buch beschrieben werden, sprechen jedoch, wie mir scheint, dagegen.
Es fällt schwer, dies festzustellen, um so mehr, weil das Land unter Witte und Stolypin tatsächlich um Fortschritt bemüht war. Doch mehrere aufeinanderfolgende Alleinherrscher hatten schlichtweg jede Beteiligung an den Regierungsgeschäften verboten, und Generationen von Adligen hatten sich, ohne aufzumucken, an dieses Verbot gehalten. Wie konnten unter diesen Umständen diese beiden ausgezeichneten Minister in so kurzer Zeit den Schaden wiedergutmachen, der dadurch angerichtet worden war? In der Tat befand sich Rußland im Wandel, doch der Wandel vollzog sich nicht schnell genug. Wie wir bereits gesehen haben, fing man gerade erst an, ein zweckdienliches Agrarsystem zu entwickeln. Kaufleute und

Unternehmer aber suchten – bis auf wenige Ausnahmen – wie seit Jahrhunderten noch immer beim Staat Schutz und Lenkung. Rußland mußte nicht unbedingt eine moderne Industriemacht werden, die den westlichen Staaten ebenbürtig gewesen wäre. Es hätte gelangt, wenn sich das Land damit zufriedengegeben hätte, während einer oder zwei Generationen aus dem internationalen Konkurrenzkampf auszuscheren, um seinen eigenen, noch weitgehend jungfräulichen Garten zu bestellen. Doch das Land war nicht darauf vorbereitet. Witte setzte seine ganze Kraft ein, um im Wettbewerb zu bestehen. Aber wie sollte eine aus gehorsamen Beamten bestehende Gesellschaft den geeigneten Rebstock abgeben, dem künstlich die technologische Vielfalt des Westens aufgepfropft werden konnte, eine Vielfalt, die das organische Produkt natürlichen Könnens und Unternehmungsgeistes darstellte, welches seinen Niederschlag in chaotischer, aber unendlich produktiver Spontaneität fand?
Rußland lag bedauerlicherweise bereits im Sterben, als der Westen das Land entdeckte. In den letzten Vorkriegsjahren zeigte sich Europa plötzlich elektrisiert von der ungeheuren Vitalität und Intensität des schöpferischen Geistes, der von Osten herüberwehte. Diese Elektrisierung ist vergleichbar mit der Wirkung eines Dampfkochers. Am Vorabend der Katastrophe wurde ein Hitzegrad erreicht, der das Ausland stimulierte. Visionen neuer, noch nie gehörter, bewußtseinserweiternder Wunder wurden wach, Wunder, die plötzlich aus den Tiefen dieses entfernten, gefährlichen und mysteriösen hinterwäldlerischen Landes emporstiegen. Sie zogen die Außenwelt magisch an. 1909 feierte das russische Ballett in Paris Triumphe, 1911 in London. Noch spielte man dazu alte, bekannte Kompositionen, einiges aber entsprang schon einem neuen Zeitalter. Der junge Strawinskij war der erste russische Künstler, der im Westen wegen seiner Originalität heiß diskutiert wurde. Natürlich hatten die großen russischen Erzähler ihre unverwechselbare Note hinterlassen. Doch immerhin konnten sie trotz exzentrischer Merkmale noch einer allseits bekannten Tradition zugeordnet werden. Aber die Ausstrahlung der neuen Musik und der neuen Tanzformen war unmittelbarer, auf eine andere Art und Weise auch herausfordernder. In der Tat zahlte Rußland nach und nach dem Westen all das zurück, was es in der Vergangenheit bekommen hatte. Es sah so aus, als sei in einem Land, das vor fünfzig Jahren einen »Boris Godunow« hervorgebracht hatte und nun einen Schaljapin herüberschickte, um die Oper wiederaufleben zu lassen, alles möglich.
Dies war jedoch ein falscher Eindruck. Diaghilew mit seiner *Welt der Kunst*, seinen Tänzern, Bühnenbildnern und Komponisten war sicherlich ein Revolutionär und zelebrierte nicht nur Kunst. Doch die Tänzer repräsentierten nicht die Zukunft, waren vielmehr nur Beiwerk einer sterbenden Epoche. Die hervorragenden abstrakten Maler und Bildhauer, die Tatlins und Sternbergs, waren die Vorboten eines neuen Zeitalters, das vom alten Rußland abgelehnt wurde. Sie waren aber nicht die Bannerträ-

ger einer Kultur, die das alte Rußland verjüngen konnte. Tschechow zeichnete in seinen glänzenden Theaterstücken ein Bild der sterbenden alten Gesellschaft. Der übersensible Dichter Alexander Blok, der damals außerhalb Rußlands noch unbekannt war, fiel von Entzücken in Verzweiflung und von Verzweiflung in prophetisches Ungestüm.

Der Krieg kam auf leisen Sohlen. Die Ermordung des österreichischen Erzherzogs Franz Ferdinand in Sarajewo Mitte Juli brachte kaum Unruhe mit sich, vielleicht sogar ein wenig Schadenfreude. Sarajewo war die Hauptstadt Bosniens. Österreich geschah es also ganz recht, weil es sich Bosnien gegenüber sechs Jahre zuvor so hinterhältig benommen hatte. Russischer Außenminister zu dieser Zeit war nach wie vor Sasonow, ein unglückseliger Verwandter Stolypins. Er versuchte in seiner Unentschlossenheit noch immer, es allen recht zu machen; er war als Außenminister einfach überfordert. Rußland war den Balkankriegen von 1912 und 1913 mit Erfolg ferngeblieben. Nach 1908 hatte das Land versucht, auf dem Balkan ein Bündnis gegen Österreichs Ansprüche auf Vorherrschaft und dessen Übergriffe zustande zu bringen. Doch Serbien und Bulgarien waren sich gegenseitig so sehr verhaßt, daß nur ihrer beider Abneigung gegen die Türkei sie zusammenhalten konnte. Sosonow war keineswegs bestrebt, die Balkan-Slawen gegen die Türkei zu unterstützen. Aber Hartwig, Sasonows Botschafter in Belgrad, ein glühender Anhänger des Panslawismus, unterstützte die Serben in ihren Kriegsgelüsten, wo er nur konnte.

Mißtrauen und Abneigung gegen Österreich bedeuteten jedoch nicht von vornherein, daß man die gleiche Haltung auch gegenüber Österreichs Verbündeten, Deutschland, einnehmen mußte. Noch bis Kriegsausbruch gab es in Rußland Stimmen, die England als den wahren Feind bezeichneten. Sie hielten die englisch-deutsche Rivalität für die Ursache aller Konflikte auf der Welt und glaubten, einzig die Juden könnten von Rußlands Allianz mit Frankreich und von dem guten Einvernehmen mit England profitieren. Ährenthal glaubte bis zu seinem Tode im Jahre 1912 fest daran, daß ein englisch-russisches Bündnis unmöglich von Dauer sein könnte und daß Rußland danach unweigerlich wieder Österreich umwerben würde. Es war eine Illusion, die teuer zu stehen kommen sollte.

In Rußland verfocht vor allem Wittes ehemaliger Innenminister, P. D. Durnowo, die Ansicht, Deutschland unterstütze Österreich weniger aus Überzeugung derart tatkräftig, vielmehr ärgere es sich über Rußlands Flirt mit England, den Berlin zu konstatieren glaubte. Diese Ansicht war zwar eine Überlegung wert, trotzdem erwies sie sich letztlich als falsch. Sicherlich hatte Rußland allen Grund, einem Konflikt mit Deutschland aus dem Wege zu gehen, und konnte dies auch tun, wenn es die Karten richtig ausspielte. Doch zunächst mußte der russisch-österreichische Konflikt beigelegt werden. Rußland mußte klar zu erkennen geben, daß es auf unbestimmte Zeit mit dem Balkan im allgemeinen und mit Serbien im besonderen nichts im Sinn habe. Mit einem Wort: Rußland mußte deutlich machen, daß es sich künftig auf sich beschränken und seine eigenen Möglichkeiten ausschöpfen wolle.

Niemand weiß so recht, welche Rolle Rußland – und zwar über seine Belgrader Botschaft – bei dem Attentat von Sarajewo gespielt hat. Zumindest in groben Zügen bekannt sind Hartwigs anti-österreichische Aktivitäten; das gleiche gilt für den russischen Militärattaché, Hauptmann Artamow, der die Schwarze Hand unterstützte und ihr Geld gab. Dieser Geheimbund aber war es, der den Mörder Gawrilo Princip und dessen Komplicen mit Waffen versorgte. Doch Einzelheiten spielen hier keine Rolle. Jedenfalls beugten sich die Serben keinesfalls unterwürfig dem österreichischen Ultimatum, und die Österreicher, denen man auf dem Balkan den Tod wünschte, waren nicht gewillt, sich das serbische Verhalten gefallen zu lassen. Dabei wußte Wien ganz genau, daß Rußland viel zu stark engagiert war, um tatenlos zuzusehen, wie Serbien von der Landkarte gewischt würde. Nur ein übermächtiger Monarch oder Regierungschef hätte in Rußland dem Druck der öffentlichen Meinung standhalten und, wie schon im Jahr 1908, von allen kriegerischen Absichten wieder Abstand nehmen können. Als Deutschland dann schließlich nach langem Zögern Österreich den berühmten »Blankoscheck« ausstellte, wußte es ganz genau, daß Rußland nun mobilmachen würde. Es wußte aber auch, wie schlecht Rußland für den Krieg gerüstet war. Doch das spielte unter den damaligen Umständen keine Rolle. Denn es war selbstverständlich, daß Frankreich Rußland zu Hilfe kommen würde, weshalb sich Berlin einen genauen Plan ausgedacht hatte, um ganz schnell mit Frankreich fertig werden zu können. England hinwiederum, so war die Meinung, würde weder Frankreich noch Rußland zu Hilfe kommen.

Sasonow unternahm einen letzten Versuch, um den Krieg noch abzuwenden (damit stand er nicht allein; auch Kaiser Wilhelm und Bethmann Hollweg überlegten sich die Angelegenheit noch einmal reiflich) – doch vergebens. Als Rußlands Verteidigungsminister die sofortige Mobilmachung forderte, konnte er gegenüber Nikolaus geltend machen, daß die Mobilisierung auf die südlichen Truppen beschränkt bliebe, ein Beweis dafür, daß Österreich und nicht Deutschland der Feind war. Sasanow fehlte die Überzeugung, auch hatte er nicht den Mut, gegenüber den Militärs hart zu bleiben, als sie ihn mit den ernüchternden technischen Einzelheiten des Mobilisierungsplanes konfrontierten; und Nikolaus war der Fatalismus in Person: Traurig legte er die ganze Last der Entscheidung in die Hände des Allmächtigen.

Die Armeen marschierten. Der Zar bat das Volk, für das er so wenig getan hatte, um Hilfe, und das Volk eilte in Scharen zu den Fahnen, zunächst für das Land, dann für den Monarchen. Sogar die Radikalen und die Mehrheit der Revolutionäre begruben für eine Weile ihren Streit. Nikolaus betrog alle, als er sie unter der Führung von untauglichen Generalen und mit unzulänglichen Nachschubmöglichkeiten gegen die seit langem als die beste Armee der Welt bekannten Streitkräfte in den Kampf schickte. Doch man sollte ihm dies nicht unbedingt vorhalten. Immerhin tat auch jede andere kriegslüsterne Regierung das gleiche. Gegen Österreich vollbrachten die russischen Truppen wahre Wunder. Millionen Menschen wurden in die Schlacht geworfen, und man drang tief in Feindesland ein. Doch dann kam Deutschland seinem Verbündeten zu Hilfe und schlug die Russen in mehreren Schlachten, die an Größe und Intensität nahezu unvorstellbar waren.

Wittes und Stolypins materielle Leistungen erwiesen sich zwar als unzulänglich, um die russischen Armeen unterhalten zu können, doch die Truppen hielten trotzdem durch. Sie hielten auch noch durch, als St. Petersburg (inzwischen Petrograd) zum Tollhaus wurde. Rasputin hielt die Zügel fester in der Hand als je zuvor. Auf Alexandras dringendes Anraten hin hatte Nikolaus nach den katastrophalen Ereignissen von 1915 das Oberkommando über die Truppen im Feld übernommen. Deshalb regierte zu Hause die Zarin in seinem, in Wirklichkeit jedoch in Rasputins Namen. Kein Minister oder anderer Beamter konnte in diesen Tagen seines Postens sicher sein. Auf den höchsten Positionen im Lande wurden korrupte Dummköpfe von korrupten Toren abgelöst, und die Toren mußten Schwachköpfen Platz machen.

Dennoch hatte man das Ende, als es kam, nicht erwartet. Das kaiserliche Rußland verfaulte einfach von innen her nach außen, bis dann schließlich auch die äußere Hülle zusammenfiel.

Riesige Armeen von Bauern, schlecht ausgerüstet, schlecht versorgt und schlecht geführt, hielten den langen Winter 1916/17 durch, die meisten sogar noch sehr viel länger. Aber die Petersburger Bevölkerung war demoralisiert, müde und hungrig. Als die Menschen vor den Geschäften um Brot Schlange standen, begannen sie zu demonstrieren. In der ganzen Stadt kam es zu Unruhen. Truppen, die zur Bekämpfung der Unruhen eingesetzt wurden, verweigerten den Gehorsam und verbündeten sich mit den Demonstranten (die Garderegimenter und die besten Linienregimenter kämpften an der Front; zu Haus geblieben waren schlechte Soldaten aus der Etappe). All dies geschah im März 1917. Innerhalb weniger Tage breitete sich die Unruhe aus. Die Duma war paralysiert. Sie wußte, daß irgend etwas getan werden mußte. Nikolaus sollte abdanken und einer neuen Regierung Platz machen. Aber keiner hatte eine Ahnung, wie dies am besten bewerkstelligt werden könnte. Inzwischen hatte Nikolaus von den Vorgängen zu Hause erfahren und beschlossen, vom Hauptquartier in Mogilew nach St. Petersburg zurückzukehren. Zu seiner Überraschung wurde sein Zug im Bahnhof von Pskow angehalten. Höflich teilte man dem Zaren mit, die Fahrt könne nicht weitergehen. Nikolaus nahm diese Nachricht ebenso fatalistisch wie arrogant auf. Hier muß man sich nochmals die Worte des Zaren an den britischen Botschafter ins Gedächtnis zurückrufen, nämlich daß es nicht an ihm sei, sich mit dem Volk auszusöhnen, vielmehr müsse das Volk ihn um Verzeihung bitten. Auch heute glaubte Nikolaus an diese Worte. Er machte noch immer keine Anstalten, die mißlichen Realitäten wenigstens anzuerkennen. Doch er kämpfte auch nicht mehr. Als Duma-Abgeordnete (unter ihnen auch der undurchsichtige Gutschkow) neun Tage nach Ausbruch der großen Revolution in Frack und Zylinder beim Zaren vorsprachen und seine Abdankung forderten, da stimmte er bereitwillig zu, weil dies sicherlich Gottes Wunsch war. Doch warum er abdanken sollte, das wußte er ganz sicher nicht.

# Anmerkungen

## Kapitel 1

1 Alexander Herzen, My Past and Thoughts. London 1924, Bd 1, S. 11 f.
2 nach N. K. Žilder, Imperator Nikolai I. St. Petersburg 1903, Bd 1, S 200.
3 vgl. Paul Avrich, Russian Rebels 1600–1800. London 1973, eine kurzgefaßte eindringliche Studie über die vier großen Revolten.

## Kapitel 2

1 N. K. Žilder, Imperator Aleksandr I. St. Petersburg 1897, Bd 1, S. 172.
2 Le Grand Duc Nikolai Michailovich, Le Comte Paul Stroganov. St. Petersburg 1905, Bd 2, S. 61 f.
3 In Krieg und Frieden (2. Buch, Kap. 2 und 10) gibt uns Tolstoj von einem sehr russischen Blickwinkel aus ein grausames Porträt Speranskijs.
4 Tagebuch-Eintragung vom 9. April 1821.
5 vgl. Anatole G. Mazour, The First Russian Revolution: 1825. Berkeley 1937, S. 100–116.
6 siehe Žilder, Nikolai, a.a.O., Bd 1, S. 177–212.
7 Mazour, a.a.O., S. 202.

## Kapitel 3

1 Übersetzt nach Joseph Conrad, Autocracy and war. In: Notes on Life and Letters, London 1921, S. 131 f.
2 Sigismund Frh. v. Herberstein, Commentarii rerum Moscovitarum C. 1526; eigene Verdeutschung 1557: Moscovia der Hauptstat in Reissen . . . sambt des Moscoviter gepiet / und seiner anrainer Beschreibung & anzaigung . . .
3 Übersetzt nach der englischen Ausgabe (The Rise of the Romanovs, London 1960) von Vasili Ključevskij, Kurs russkoj istorii, Bd 3.
4 Carlyles Brief an Herzen wurde erstmals veröffentlicht in: E. H. Carr, The Romantic Exiles. London 1933, S. 371 f.
5 zitiert nach der englischen Ausgabe von Constantine de Grunwald, Tsar Nicholas I. London 1954, S. 74.
6 Žilder, Nikolai, Bd 1, S. III.
7 Briefe vom 4. und 11. Juni 1844. Siehe Christopher Jensen und Viscount Esher (Hg.), Letters of Queen Victoria 1837–1861. London 1908, Bd 2, S. 12–16.
8 Herzen, a.a.O., Bd 1, S. 63.
9 zitiert nach der (gekürzten) englischen Ausgabe, London 1953, S. 72 f.

10 Mazour, a.a.O., S. 206.
11 Josef Redlich, Kaiser Franz Joseph I. von Österreich, Berlin 1928, S. 139f.
12 Tagebucheintragung vom 27. März 1859.
13 siehe Henri Troyat, Pushkin, engl. Ausgabe London 1975, S. 310.
14 nach Adolf Schwarzenberg, Felix Fürst zu Schwarzenberg, engl. Ausgabe, New York 1946, S. 4.
15 Grunwald, a.a.O., S. 64.
16 ebenda und Mazour, a.a.O., S. 206.
17 an General Levašev, 24. Februar 1877. Zitiert in Mazour, a.a.O., S. 274.
18 ebenda, S. 218.
19 N. V. Riasanovsky, Nicholas I. and Official Nationality in Russia 1825–1855. Berkeley 1961, S. 202.
20 Grunwald, a.a.O., S. 69f.
21 Riasanovsky, a.a.O., S. 5.
22 siehe Nikitenko, Zapiski i Dnevnik 1804–1877. St. Petersburg 1906, Bd 1, S. 415, Tagebucheintragung vom 31. Januar 1853.

Kap. 4

1 Herzen, a.a.O., Bd 1, S. 299.
2 ebenda, Bd 2, S. 164.
3 Sydney L. Monas, The Third Section: Police and Society in Russia under Nicholas I. Cambridge, Mass., S. 107.
4 Storcks wichtigste Schrift war Cours d'Economie Politique. St. Petersburg 1815.
5 siehe J. N. Westwood, Geschichte der russischen Eisenbahnen. 1966, und auch die hervorragende Untersuchung von William L. Blackwell, The Beginning of Russian Industrialisation 1800–1860. Princeton 1968.
6 Blackwell, a.a.O., S. 296.
7 ebenda, S. 298.
8 Nikitenko, a.a.O., Bd 1, S. 310, Tagebucheintragung vom 11. März 1841.

Kapitel 5

1 Custine, a.a.O., S. 105.
2 Raeff, a.a.O., S. 121–122.
3 Florinsky, Russia: A History and an Interpretation. New York 1953, Bd 2, S. 755.
4 Puschkin, Pique Dame
5 Troyat, a.a.O., S. 321.
6 Paustowskij, Geschichte des Lebens
7 P. A. Čaadejev, Sočinenjja i visma, Moskau 1912, Bd 1, S. 84.
8 ebenda S. 81.
9 ebenda S. 171.
10 ebenda S. 188.
11 nach der englischen Ausgabe der Autobiographie V. G. Korolenkos, The History of my Contemporary. London 1972.

## Kapitel 6

1 J. S. Curtiss, The Russian Army under Nicholas I. 1825–1855. Durham, N. C., 1965, S. 57.
2 ebenda, S. 65.
3 Brief vom 3. Dezember 1831. Theodor Schiemann, Geschichte Rußlands unter Kaiser Nikolaus I. Berlin 1904/05, Bd 3, S. 69.
4 Žilder, a.a.O., Bd 2, S. 582ff.
5 W. A. L. Seaman und J. R. Sewell (Hg.), Russian Journal of Lady Londonderry 1836–1837. London 1913, S. 130.
6 Schiemann, a.a.O., Bd 4, S. 1–25.
7 Bericht vom 6. November 1830. Grunwald, a.a.O., S. 130.
8 Tagebucheintragung vom 30. August 1855. Nikitenko, a.a.O., Bd 1, S. 461.
9 Florinsky, a.a.O., Bd 2, S. 846.

## Kapitel 7

1 The Times, London, 16. März 1835, zitiert bei Seaman/Sewell, a.a.O., S. 7.
2 G. H. Bolsover, Nicholas I. and the Partition of Turkey. In: The Slavonic and East European Review 68 (London) 1948, S. 11
3 ebenda, S. 127.
4 ebenda, S. 128.
5 ebenda.
6 ebenda.
7 ebenda.
8 Riasanowsky, a.a.O., S. 139.
9 Herzen, a.a.O., Bd 2, S. 185f.
10 Nikitenko, a.a.O., Bd 1, S. 461.
11 E. Ashley, Life and Correspondence of the Hon. John Temple, Viscount Palmerston. London 1871, Bd. 1, S. 103.
12 Kommunistisches Manifest
13 Grunwald, a.a.O., S. 243.
14 Jensen/Esher, a.a.O., Bd 2, S. 165f.
15 Schiemann, a.a.O., S. 1–25.
16 Bolsover, a.a.O., S. 139.

## Kapitel 8

1 Redlich, a.a.O.
2 ebenda.
3 ebenda.
4 Monas, a.a.O., S. 153ff.
5 Henri Troyat, Tolstoy, engl. Ausgabe New York 1967, S. 113f.
6 ebenda, S. 116.
7 ebenda, S. 121.
8 Curtiss, a.a.O., S. 132.
9 ebenda, S. 135f.
10 ebenda, S. 124f.

# Kapitel 9

1 V. A. Zukovskij, Polnoe sobranje sočinenij, hg. von A. G. Archangelskov, St. Petersburg 1902, Bd 1, S. 463 ff.
2 S. S. Tatiščev, Imperator Aleksandr II., ego šisň i carstvovanie. St. Petersburg 1903, Bd 1, S. 17 f.
3 Zukovskij, a. a. O., Bd 3, S. 169.
4 E. M. Almedingen, Alexander II. London 1962, S. 35.
5 Tatiščev, a. a. O., Bd 1, S. 82; Almedingen, a. a. O., S. 54.
6 Herzens Darstellung dieser Episode: siehe Herzen, a. a. O., Bd 1, S. 344–352.
7 Der Wortlaut des Berichts ist abgedruckt in A. P. Sablockij-Desjatovskij, Graf Kiselev i ego vremja, St. Petersburg 1882, Bd 4, S. 270–344.

# Kapitel 10

1 Troyat, Tolstoy, a. a. O., S. 140.
2 ebenda, S. 141.

# Kapitel 11

1 A. A. Kornilow, Modern Russian History from the Age of Catherine the Great to the End of the Nineteenth Century. New York 1943, Bd 2, S. 116.
2 Tatiščev, a. a. O., Bd 1, S. 525 f.
3 Korolenko, a. a. O., S. 179 ff.
4 Zitiert nach Seton-Watson, a. a. O., S. 366.
5 Alexander Solshenizyn, A letter to the Soviet leaders, London 1974.
6 Troyat, Tolstoy, a. a. O., S. 200 f.

# Kapitel 12

1 Korolenko, a. a. O., S. 28–39.
2 Joseph Conrad, A Personal Record, London 1919, S. 58, 127 ff.
3 W. F. Monypenny/G. E. Buckle, Life and letters of Lord Beacourfield, London 1910–1920, Bd 4, S. 337.
4 Zitiert nach Almedingen, a. a. O., S. 175.
5 Tatiščev, a. a. O., S. 289.
6 Note vom 21. November 1864. Ebenda, S. 115.
7 12. Mai 1859. Vgl. L. Raschdan (Hg.), Die politischen Berichte des Fürsten Bismarck aus Petersburg und Paris 1859–1862. Berlin 1920.
8 Im Preußischen Landtag, 30. September 1862. Siehe Bismarcks Reden, Stuttgart 1892, Bd 2, S. 126 f.
9 Monypenny/Buckle, a. a. O., Bd 4, S. 337.

Kapitel 13

1 N. G. Černyševskij, Polnoje sobranje sočinenij, Moskau 1906, Bd 6, S. 491.
2 ebenda, Bd 3, S. 186.
3 Herzen, a.a.O., Bd 6, S. 226.
4 ebenda, S. 236.
5 ebenda, S. 241.
6 Nach N. A. Rimskij-Korsakow, My Musical Life, engl. Ausgabe, London 1924, S. 29f.
7 ebenda, S. 29f.
8 V. V. Stasov, Selected Essays on Music, engl. Ausgabe, London 1968, S. 78f.
9 ebenda, S. 103.
10 ebenda, S. 71.
11 ebenda, S. 70.
12 M. Pogodin, Reči. Moskau 1872, S. 272. Tschaikowskij-Zitat S. 232.

Kapitel 14

1 Disraeli-Zitat S. 235 (Monypenny/Buckle, a.a.O., Bd. 6, S. 24).
2 zitiert bei Sydney Harcave, Years of the Golden Cockerel, London 1970, S. 221.
3 zitiert bei Seton-Watson, a.a.O., S. 449 von R. A. Fadeev, Mnenie o vostocnom voprose, 1870. N. J. Danielevskij, Rossja i Europa erschienen 1869; eine gekürzte deutsche Fassung von K. Nötzel, Rußland und Europa, 1920.
4 V. S. Solovev, Sobranje Sočinenij, hg. von S. H. Solovev und G. L. Redlov, St. Petersburg o.T., Bd 5, S. 228, zitiert von Seton-Watson, a.a.O., S. 486. Das Kapitel, dem dieser Absatz entnommen ist (Slavjanofil'stvo i ego vyroždenie in 2. Teil von Nationalnyj Vopros v Rossii), scheint mir eine der wichtigster Beiträge zur russischen Geistesgeschichte. Vgl. auch Hans Kohn (Hg.), The Mind of Modern Russia. New Brunswick, N. J., 1955, S. 27, 212f.
5 Harcave, a.a.O., S. 221.
6 J. Y. Simpson (Hg.), The Saburow Memoirs. London 1929, S. 52f.
7 Bemerkung zu Lord Loftus, 16. Oktober 1878. Zitiert bei Lady Gwendolen Cecil, Life of Robert Marquess of Salisbury, London 1921, Bd 2, S. 344.
8 Simpson, a.a.O., S. 45.
9 An Lady Salisbury, 4. Oktober 1879. Zitiert bei Cecil, a.a.O., S. 89.
10 The Marquess of Zetland (Hg.), The Letters of Disraeli to Lady Bradford and Lady Chesterfield. London 1929, S. 119.
11 Harcave, a.a.O., S. 225.
12 Moneypenny/Buckle, a.a.O., Bd. 6, S. 325.
13 zitiert bei M. S. Anderson, The Eastern Question 1774–1923. London 1966, eine hervorragend klare Zusammenfassung der gesamten Problemstellung.

Kapitel 15

1 D. A. Miljutin, Dnevnik. Moskau 1950, Bd 3, S. 41.
2 zitiert bei Tibor Szamuel, The Russian Tradition, London 1974, S. 341.
3 P. A. Saiončkovskij, Krizis Samoderžavija na Rukeže 1870–1880. Moskau 1964, S. 148.
4 zitiert bei Herbert Weinstock, Tchaikovsky. London 1946, S. 188.
5 M. Kričevskij (Hg.), Dnevnik A. S. Suvorina. Moskau 1923, S. 15f.

6 Weinstock, a.a.O., S. 208.
7 über Nečajew vgl. Theodor Schiemann, Russische Köpfe, Berlin 1919, S. 198 ff.

## Kapitel 16

1 Seton-Watson, a.a.O., S. 466.
2 vgl. Troyat, Tolstoy, a.a.O., S. 403 ff.
3 ebenda.
4 Harcave, a.a.O., S. 248.
5 ebenda, S. 251.
6 siehe Seton-Watson, a.a.O., S. 465.
7 siehe Harcave, a.a.O., S. 255.
8 ebenda.

## Kapitel 17

1 John P. McKay, Pioneers for Profit: Foreign Entrepreneurship and Russian Industrialisation 1884–1913. Chicago and London 1970, S. 4 f.
2 N. S. Chruschtschew zu einer Gruppe ausländischer Besucher, zitiert von Harold M. Martin in: The Sunday Times Magazine, London, 13. Dezember 1964.
3 nach P. A. Chromov, Ekonomičeskoi razvitie Rossii v. XIX–XX vekak. Moskau 1950, S. 462.
4 Harcave, a.a.O., S. 278.
5 Lionel Kochan, Russia in Revolution 1898–1918, London 1966, S. 27.
6 Polityka, Warschau, 11. Juli 1959.
7 Adam B. Ulam, Lenin and the Bolsheviks, London 1966, S. 97.
8 Angaben nach der Volkszählung von 1897.

## Kapitel 18

1 Journal intime de Nicholas II., Paris 1925, S. 36.
2 ebenda, S. 101.
3 Letters of the Tsaritsa to the Tsar 1914–1916, Einleitung von Sir Bernard Pares, London o. J., S. 453 ff.
4 ebenda
5 C. E. Vulliamy (Hg.), Letters of the Tsar to the Tsaritsa, London 1929, S. 307.
6 Sir George Buchanan, My Mission to Russia, London 1923, Bd. 2, S. 243–249.
7 zitiert nach Maurice Paléologue, An Ambassador's Memoirs, engl. Ausgabe New York 1925, Bd 2, S. 151 f.
8 Charles L. Seeger (Hg.), The Memoirs of Alexander Izvolsky. London 1920, S. 253 f.
9 Samoderszavie i Zemstvo, Einleitung von P. B. Struve. Stuttgart 1903.

## Kapitel 19

1 zitiert bei W. A. Williams, American Russian Relations 1781–1947. New York 1952, S. 23 f.

444

2 Der Briefwechsel Wilhelm II. mit dem russischen Zaren, Berlin 1920, S. 328–335.
3 Rundschreiben vom 18. Juni 1887 an Beamte des Unterrichtsministeriums in den Provinzen.
4 Florinsky, a.a.O., S. 1271.
5 nach wie vor ist die wohl eindringlichste Darstellung der Schlacht von Tsushima Frank Thiess' populäres Thushima, Die Geschichte eines Seekriegs. Wien 1936, 1964²; auch als Taschenbuch (dtv 1312), München 1977.

## Kapitel 20

1 P. N. Miljukows Erinnerungen wurden 1955 in New York auf Russisch veröffentlicht: M. Karpovich/B. I. Elkin (Hg.), P. N. Miljukov, Vospominania 1859–1917, 2 Bde.
2 Seine weitere Laufbahn war kurz. Freunde versteckten ihn und verhalfen ihm zur Flucht. In der Schweiz hielt Lenin eine kurze Zeit lang große Stücke auf ihn. Er schwankte zwischen Sozialdemokraten und Sozialrevolutionären und entschied sich schließlich für diese. Heimlich nach Rußland zurückgekehrt, bot er dem Innenminister seine Dienste als Polizeispitzel an. Doch die Genossen kamen bald dahinter, und Peter Rutenberg, der mit ihm zum Winterpalast marschiert war, seine Flucht aus und später seine Rückkehr nach Rußland organisiert hatte, berief nun, um die Sache wiedergutzumachen, ein Arbeitertribunal ein, das Gaspon zum Tode verurteilte und ihn auf der Stelle aufknüpfte. Das geschah in einem Wald nahe von St. Petersburg im März 1906.
3 Nikolaus II., Dnevnik, a.a.O., S. 194.
4 Siehe Robert H. McNeal, Bride of the Revolution, London 1933.
5 E. J. Burg (Hg.), The Letters of Tsar Nicholas and Empress Marie, London 1937, S. 185 f.

## Kapitel 21

1 The Memoirs of Count Witte, engl. Ausgabe, New York und London 1921, S. 320 ff.
2 ebenda, S. 291.
3 Bing, a.a.O. S. 201.
4 Harold Nicolson, Sir Arthur Nicolson. London 1930, S. 210 f.
5 In seinen Erinnerungen, Vospominanija i Dumj o Perežitom. Moskau 1918, S. 50–57, gibt D. N. Sipov seine eigene Version der Ereignisse.
6 Nicolson, a.a.O., S. 222 f.
7 Robinson, S. 198.
8 zitiert nach Charques, a.a.O., S. 160.
9 Nicolson, a.a.O., S. 226.
10 ebenda, S. 225.
11 an die Duma, 5. September 1908.

## Kapitel 22

1 Izwolskij, a.a.O., S. 52.
2 Nicolson, a.a.O., S. 214.
3 Iswolskij, a.a.O., S. 40–83, gibt eine ausführliche Darstellung der Angelegenheit von der russischen Seite.

445

4 Nicolson, a.a.O., S. 269f.
5 ebenda, S. 275.
6 Pares, a.a.O., S. 117.
7 Robinson, a.a.O., S. 214ff.
8 V. N. Kokovtsev, Out of My Past, Stanford 1935, S. 273f.
9 ebenda, S. 283.
10 ebenda, S. 418.
11 ebenda, S. 439.

# Bibliographie

Diese Bibliographie verfolgt einen doppelten Zweck: Sie bringt einen Nachweis über die vom Autor benutzte Literatur, und sie versucht, einen wertenden Überblick über die wichtigsten Publikationen zur Geschichte Rußlands im 19. Jahrhundert zu geben. Daß in dieser Aufstellung Werke in englischer Sprache stark vertreten sind, hat seine Gründe: erstens hat der Autor als Engländer verständlicherweise neben den russischen Quellen hauptsächlich Arbeiten in seiner Muttersprache benutzt, und zweitens haben englische und amerikanische Historiker eine Reihe von grundlegenden Arbeiten über die Zeit verfaßt, von der dieses Buch handelt; keine ernstzunehmende Bibliographie in welcher Sprache auch immer darf an ihnen vorbeigehen. Soweit vorhanden und eruierbar, ist auch die deutsche Übersetzung angeführt worden. Die Ausdrücke in russischer Sprache werden in der Bibliographie nach der internationalen wissenschaftlichen Transkription wiedergegeben.                                                                 G. T.

## 1. Allgemeines

Einen Überblick über die neuesten Veröffentlichungen bieten die Literaturberichte von G. Stökl, G. von Rauch, H. Neubauer und P. Scheibert in den Münchener *Jahrbüchern für Geschichte Osteuropas* (in der Folge zitiert als JbfGO).
Die maßgebende russische Geschichte in deutscher Sprache ist gerade in Arbeit: das von Manfred Hellmann u. a. herausgegebene *Handbuch der Geschichte Rußlands*, seit 1976 in Teillieferungen. Vorgesehen sind drei Bände; für die behandelte Periode relevant sind Bd 2, hg. von Klaus Zernack, *Vom Randstaat zur Hegemoniemacht, 1613–1856*, und Bd 3, hg. von Gottfried Schramm, *Von den autokratischen Reformen zum Sowjetstaat, 1856–1945*.
In deutscher Sprache ist die beste Zusammenfassung der Geschichte Rußlands von Günther Stökl, *Russische Geschichte von den Anfängen bis zur Gegenwart*. Stuttgart 1973³ (= Kröners Taschenausgaben Bd 244), mit wertvollem Literaturverzeichnis. Eine vortreffliche kürzere Darstellung ist Hans von Rimscha, *Geschichte Rußlands*, Wiesbaden 1970³. Als Einführung sehr brauchbar das Taschenbuch von Carsten Göhrke, *Rußland* (= Fischer Weltgeschichte, Bd 21), Frankfurt a/M 1973. In knappster Form legt Irene Neander die *Grundzüge der russischen Geschichte* dar, Darmstadt 1958². Unter den älteren Darstellungen ist Karl Stählin, *Geschichte Rußlands von den Anfängen bis zur Gegenwart*, 5 Bde, Stuttgart 1923–1939, Neuauflage 1961, noch immer ein Werk, an dem man nicht vorbeigehen kann. V. Gitermann, *Geschichte Rußlands*, 3 Bde, Zürich 1949, ist wertvoll vor allem aufgrund ihres ausführlichen Quellen- und Literaturverzeichnisses.
Hingewiesen sei auch auf äußerst brauchbare Materialsammlungen in allgemeinen

Geschichtswerken: Georg von Rauch, Rußland vom Krimkrieg bis zur Oktoberrevolution 1856–1917, im *Handbuch der europäischen Geschichte*, hg. von Theodor Schieder, Stuttgart 1968 (1973), Bd 6, S. 309–352. (Bd 5, der die erste Hälfte des 19. Jhs. behandelt, ist noch nicht erschienen.) Vom selben Autor stammt auch der Artikel ›Rußland im 19. Jahrhundert‹ im 8. Band der *Propyläen Weltgeschichte*, hg. von Golo Mann, S. 583–614, Frankfurt a/Main 1960.

In englischer Sprache ist seit vielen Jahren Sir Bernard Pares, *A History of Russia*, seit 1927 viele Auflagen, das Standardwerk. Eine hervorragende neuere Darstellung ist M. T. Florinsky, *Russia: A History and an Interpretation*, 2 Bde, New York 1959[5]. Die beste kurzgefaßte Einführung ist Richard Charques, *A Short History of Russia*, London 1959. Tiefschürfend B. H. Sumner, *Survey of Russian History*, London 1944; ferner N. V. Riasanovsky, *A History of Russia*, New York 1963.

Für den in diesem Buch behandelten Zeitabschnitt unentbehrlich Hugh Seton-Watsons kurzgefaßtes ›The Russian Empire 1801–1917‹ in der *Oxford History of Modern Europe*, S. 784–813, Oxford 1967. Nützlich auch das frühere Werk desselben Autors, *The Decline of Imperial Russia 1855–1914*, London 1958[3], dt. *Der Verfall des Zarenreiches*, München 1954. Sydney Harcave, *Years of the Golden Cockerel – The Last Romanov Czars*, London 1970, behandelt die Zeit von 1814 bis 1917 in aufgelockerter, impressionistischer Form.

In russischer Sprache ist Vasilj Kliučevsky, *Kurs Russkoj Istorii*, 5 Bde, St. Petersburg 1904–1921, eines der Meisterwerke der Geschichtsschreibung überhaupt. Es endet allerdings bei Nikolaus I. Deutsche Ausgaben: *Geschichte Rußlands*, 4 Bde, Stuttgart 1925/1926, und die daran anschließende *Russische Geschichte*. 2 Bde, Zürich 1945. Wesentliche Quellenwerke in russischer Sprache sind eine offizielle und zwei offiziöse Sammlungen von Dokumenten, Briefen, Erinnerungen etc.: Die von der Kaiserlich Russischen Historischen Gesellschaft herausgegebenen 148 Bände der *Sbornik Imperatorskago Obščestva*, St. Petersburg 1867–1916, und zwei von privater Hand herausgegebene Zeitschriften, *Russkaja Starina*, 1870–1917, und *Russkij Archiv*, 1863–1916, beide in St. Petersburg. In *Russkaja Starina* wurden u. a. die Memoiren von A. V. Nikitenko, N. A. Miljutin, P. A. Valuiev und vielen anderen erstmals veröffentlicht. Wichtig auch die Nachfolgeschrift in der Sowjetära, *Krasnyj Archiv*, Moskau 1921–1941; wenn ihre eigentliche Stärke auch auf außenpolitischem Gebiet liegt, verfügt sie über eine besonders reichhaltige Sammlung von Dokumenten über die Dritte Abteilung und ihre verschiedenen Direktoren. Wertvolle Aufschlüsse über die wirtschaftliche Entwicklung gibt P. A. Chromov, *Ekonomičeskoje Razvitie Rossii v 19 i 20 Vekakj*, Moskau 1950.

## 2. Alexander I.

Die Standard-Biographie in russischer Sprache ist N. K. Žilder, *Imperator Aleksandr I. Ego Žisň i carstvovanie*, 4 Bde, St. Petersburg 1897. Einen guten Einblick in die sozialen Verhältnisse gibt A. N. Pypin, *Obščestvennoe dviženie v Rossii pri Aleksandre I.*, zahlreiche Auflagen, dt. nach der 2. Aufl.: *Die geistigen Bewegungen in Rußland in der 1. Hälfte des 19. Jhs., I. Die russische Gesellschaft unter Alexander I.*, 1894. In Abwesenheit einer deutschen Biographie muß auf ein englisches Werk zurückgegriffen werden: Alan Palmer, *Alexander I*, London 1974.

Die hervorragendsten politischen Memoiren der Zeit sind die *Mémoires du Prince Adam Czartoryski* (Hg.: Charles Mazade), 2 Bde, Paris 1887. Dazu M. Handelsman, *Adam Czartoryski*, 3 Bde, 1948–1950.

Ein gutes Bild der ganzen Epoche gibt Marc Raeff in seinem (englisch geschriebenen) *Michael Speransky, Statesman of Imperial Russia.* Den Haag 1961[2]. Dazu Peter Scheibert, Marginalien zu einer Speranskij-Biographie, in: *JbfGO 6*, 1968.

## 3. Die Dekabristen

Die umfangreichste Materialsammlung in russischer Sprache sind M. N. Pokrovskij/ M. V. Ničkina (Hg.), *Vosstanie dekabristov, Materialy,* 11 Bde, Leningrad 1925–1958 (in Bd 7, 1958, der Wortlaut von Pestels ›Russkaja pravda‹).
In deutscher Sprache erschien N. Wolkonskij, *Die Dekabristen,* Zürich 1946. Ferner H. Lemberg, *Die nationale Gedankenwelt der Dekabristen.* Köln 1963. In englischer Sprache erhebt den größten Anspruch auf Vollständigkeit Anatole G. Mazour, *The First Russian Revolution – 1825. The Decembrist Mood.* Berkeley 1937, Neuauflage Stanford 1961, mit einem umfangreichen und genauen Verzeichnis russischer Quellen. Ferner Marc Raeff, *The Decembrist Movement,* Englewood Cliffs, N. J. 1966. Wichtig auch Glynn Barratt, *The Rebel on the Bridge,* London 1975, über den baltischen Dekabristen Baron Andreas Rosen.

## 4. Nikolaus I.

N. K. Žilders halboffizielle Biographie, *Imperator Nikolaj I. Ego žisň i carstvovanie,* St. Petersburg 1903, bricht nach 2 bdn im Jahre 1830 ab. Nach wie vor die vollständigste Biographie des Zaren ist Theodor Schiemann, *Geschichte Rußlands unter Kaiser Nikolaus I.,* 4 Bde, Berlin 1904–1919.
An jüngeren Werken gibt es in französischer Sprache Constantine de Grunwald, *La Vie de Nicolas I,* Paris 1946, ein Werk, das weit seriöser ist, als sein ermüdend pathetischer Stil vermuten läßt. Es gibt in englischer Sprache aber eine Reihe von Untersuchungen über Teilgebiete der Herrschaft Nikolaus' I., die ein klares Licht auf die Persönlichkeit des Zaren werfen: N. V. Riasanovsky, *Nicholas I and Official Nationality in Russia, 1825–1855,* Berkeley 1961, ist brillant und tiefschürfend. Sydney L. Monas, *The Third Section: Police and Society in Russia under Nicholas I.* Cambridge, Mass. 1961[2]; J. S. Curtiss, *The Russian Army under Nicholas I.* Durham, N. C. 1965; und William L. Blackwell, *The Beginnings of Russian Industrialisation,* 1800–1865. Princeton 1968 – diese drei hervorragenden Arbeiten ergeben zusammen ein umfassendes Bild vom Gefüge des russischen Staates und den Männern, die ihm dienten. Sie alle fußen auf russischen Quellen, die bis dahin von Wissenschaftlern im Westen kaum erschlossen waren.
Zur Rolle Rußlands bei der Niederwerfung des ungarischen Aufstands 1849 siehe D. v. Janossy, Die russische Intervention in Ungarn im Jahre 1849. In: *Jb. d. Wiener Ungar. Histor. Inst. I,* 1931.

## 5. Memoirenwerke

Über den Marquis de Custine und seine Reisebeschreibung siehe G. F. Kennan, *The Marquis de Custine and his Russia in 1839.* 1971.
Alexander Herzen ist durch seinen jahrzehntelangen Aufenthalt in England viel populärer als auf dem Kontinent. Seine Erinnerungen liegen auf englisch unter dem Titel

*My Past and Thoughts*. 6 Bde, London 1924–1927, vor (dt. *Erlebtes und Gedachtes*, Weimar 1953); hier finden sich wesentliche Aussagen über das Rußland zu Beginn der Regierungszeit Nikolaus' I. Siehe auch M. E. Malia, *Alexander Herzen and the Birth of Russian Socialism*, Cambridge, Mass. 1961. Die Aufzeichnungen A. V. Nikitenkos, *Zapiski i dnevnik 1804–1877*. 2 Bde, St. Petersburg 1904 (Neuausgabe, 3 Bde, Leningrad 1955/56), sind eine wahre Fundgrube an wissenswerter Information über die literarische Szene und die Zustände an den Universitäten und im Staatsdienst während eines langen Zeitraums. Überdies sind sie amüsant zu lesen. Eine deutsche Ausgabe existiert leider nicht; es gibt eine gekürzte englische Fassung, H. und S. Jacobson (Hg.), *The Diary of a Russian Censor*. Amherst, Mass. 1975.
Sehr nützlich auch die Aufzeichnungen des Baron Korff in *Russkaja Starina*, Bd 99–102; das Tagebuch von P. A. Valuev, *Dnevnik P. A. Valuieva*. 2 Bde, Moskau 1961; und die Biographie des Grafen Kiselev (mit einem wichtigen Anhang über die Lebensverhältnisse der Leibeigenen): A. P. Sabločkij-Desiatovskij, *Graf P. D. Kiselev i ego vremia*. 4 Bde, St. Petersburg 1882. Alle diese Werke behandeln auch die Regierungszeit Alexanders II.

## 6. Die kulturelle Szene

Es würde den Rahmen dieses Buches sprengen, an dieser Stelle die Werke der großen russischen Denker und Schriftsteller anzuführen; man findet sie in jedem Nachschlagewerk.
Von V. G. Belinskij liegen in deutscher Sprache einzig die *Ausgewählten philosophischen Werke*, (Ost)Berlin 1957, vor, eine Übersetzung aus der Großen Sowjet-Enzyklopädie. Mit Abstand die beste Untersuchung über Belinskij und die Schriftsteller seiner Zeit ist die Artikelsammlung von Sir Isaiah Berlin, The Marvellous Decade. In: *Encounter*, London, Juni 1953, November 1953, Dezember 1955, Mai 1956. Eine gute Einführung in das Werk der Denker und Kritiker der Zeit gibt Richard Hare, *Pioneers of Russian Social Thought*. London 1961, und *Portraits of Russian Personalities*. London 1959.

## 7. Slawophile und Westler

Eine erschöpfende Darstellung der Position der Slawophilen findet sich in N. V. Riasanowskij, *Rußland und der Westen. Die Lehre der Slawophilen – Studien über eine romantische Ideologie*. München 1954. Über die »Westler« hingegen gibt es keine Gesamtdarstellung. Über Persönlichkeit und Werk Alexander Herzens s. 5.
Eine allgemeine Darstellung bietet A. von Schelting, *Rußland und Europa im russischen Geschichtsdenken*. Bern 1948.

## 8. Die frühen Revolutionäre

Zunächst einige Werke allgemeinen Charakters:
Richard Pipes (Hg.), *Die russische Intelligentsia*. Stuttgart 1962; C. E. Black, *The Transformation of Russian Society*. 1960; S. Blanc, *Aux origines de la bourgeoisie russe*. 1964; E. Müller, Zwischen Liberalismus und utopischem Sozialismus. In: *JbfGO* 4, 1965; P. Scheibert, *Von Bakunin zu Lenin. Geschichte der russischen*

*revolutionären Ideologien*, Bd I. (= Studien zur Geschichte Osteuropas 3). Leiden 1956.
In der englischsprachigen Fachliteratur sind die frühen Revolutionäre am lebendigsten porträtiert in zwei Werken von E. H. Carr, *The Romantic Exiles*. London 1933, und *Bakunin*. London 1937. Michael Confino, *Daughter of a Revolutionary*. London 1974, enthüllt aufgrund von Tagebüchern und Briefen die ungewöhnlichen Beziehungen zwischen Bakunin, Netschajew und Natalie Herzen.

## 9. Die orientalische Frage

Zwei wichtige Werke in englischer Sprache: M. S. Anderson, *The Eastern Question 1774–1923*. London 1966, mit ausführlicher Bibliographie; P. E. Moseley, *Russian Diplomacy and the Opening of the Eastern Question*. Cambridge, Mass. 1934.

## 10. Der Krimkrieg

Aus der Flut von Publikationen ragen auf russischer Seite hervor: E. V. Tarle, *Krymskaja vojna*. 2 Bde, Moskau 1959, die beste Darstellung des Kriegsverlaufs; und A. M. Caiončkovskij, *Vostočnaja vojna*. St. Petersburg 1908–1913, 3 Bde, die ausführlichste Schilderung der diplomatischen Ereignisse. Dazu W. Heindl, *Graf Buol-Schauenstein in St. Petersburg und London, 1848–1852. Zur Genesis des Antagonismus zwischen Österreich und Rußland*. 1970. Von dokumentarischem Interesse ist Fürst A. G. Ščerbatov, *General Feldmarschall Knjaz Paskevič*. 7 Bde, St. Petersburg 1888–1907.
In deutscher Sprache: E. Hösch, Neue Literatur (1940–1960) über den Krimkrieg. In: *JbfGO* 9, 1961; W. Baumgart, Probleme der Krimkriegsforschung. Ebenda 19, 1971; W. Baumgart, *Der Friede von Paris. Studien zum Verhältnis von Kriegführung, Politik und Friedensbewahrung*. München/Wien 1972.
Das klassische englische Werk ist nach wie vor A. W. Kingslake, *The Invasion of the Crimea*. 8 Bde, London 1863–1887, auch heute noch äußerst lesbar. Zu erwähnen in diesem Zusammenhang A. J. P. Taylor, The Struggle for Mastery in Europe 1848–1918. (= *Oxford History of Modern Europe*). Oxford 1954, Pflichtlektüre in Hinblick auf die allgemeine europäische Lage. Die originelle Überzeugung des Autors, Rußland habe nie etwas anderes gewollt, als in Frieden gelassen zu werden, tut dem Wert seines Werkes keinen ernstlichen Abbruch.
P. V. Annenkov, *Literaturije Vospominanja*, Moskau 1960, gibt ein besonders lebendiges Bild vom geistigen Leben der Zeit. Aus einem einzigen schmalen Band, M. Pogodin, *Rečij*. Moskau 1872, kann man eine Vorstellung von der rhetorischen Gabe Pogodins gewinnen. M. P. Barsukovs Biographie, mit ihren 22 Bänden gewiß ein Rekord in ihrer Art (*Šišň i trudij M. P. Pogodin*. St. Petersburg 1888–1910) ist eine Kompilation von Gedanken und Ereignissen von den letzten Regierungsjahren Alexanders I. bis ins 20. Regierungsjahr Alexanders II.

## 11. Alexander II.

Die beste Biographie des Befreier-Zaren stammt von S. S. Tatiščev, *Imperator Aleksandr II*. 2 Bde, St. Petersburg 1903. Mehr für breitere Leserkreise: die Biographie von Constantin de Grünwald, dt. *An den Wurzeln der Revolution. Alexander II. und seine Zeit*. Wien 1965.

Bisher unveröffentlicht geblieben ist die *Geschichte der Regierungszeit Alexanders II.* von Otto Hoetzsch, von der nur ein Auszug unter dem Titel *Rußland in Asien* erschienen ist (siehe § 14.).

## 12. Die Bauernbefreiung

A. A. Kornilov, *Obščestvennoe dvizenie pri Aleksandre II.* Moskau 1909, gibt ein gutes Bild von der Lage der Bauern zur Zeit der Befreiung. Hervorragenden Einblick gibt auch Turgenevs *Tagebuch eines Jägers*, verschiedene Ausgaben.
An deutschsprachigen Beiträgen sind zu erwähnen R. Stupperich, *Jurij Samarin und die Anfänge der Bauernbefreiung in Rußland.* Wiesbaden 1969², und ›Die russische Kirche bei der Verkündigung der Bauernbefreiung‹ in: *JbfGO* 3, 1965; H. Neubauer, Die Bauernreform Alexanders II. als Ausgangspunkt adliger Konstitutionsbewegungen. Ebenda 2, 1956; C. Goehrke, *Die Theorien über Entstehung und Entwicklung des »mir«.* Wiesbaden 1964. Ferner V. Leontovitsch, *Geschichte des Liberalismus in Rußland.* Frankfurt a/M. 1957; G. Fischer, *Russian Liberalism. From Gentry to Intelligentsia.* Cambridge, Mass. 1958 – dazu die aufschlußreiche Rezension von P. Scheibert in *JbfGO* 1959.
Einen hervorragenden Beitrag zur neueren wissenschaftlichen Literatur liefert Wayne S. Vucinich (Hg.), *The Peasant in 19th Century Russia.* Stanford 1968.

## 13. Memoiren aus der Regierungszeit Alexanders II.

Das bedeutendste Memoirenwerk ist das von Dmitri Milutin, *Dnevnik D. A. Milutina.* 4 Bde, Moskau 1947–1950, eine der wichtigsten Quellenpublikationen der letzten Jahrzehnte. Vgl. dazu F. A. Miller, Dmitri Miljutin, Liberal or Conservative? In: *JbfGO* 2, 1965. Wichtig auch B. N. Čičerin, *Vospominanija.* 4 Bde. Moskau 1929. Čičerin, Geschäftsmann und konservativ gesonnener Liberaler, war ein erklärter Gegner des Erziehungsministers Graf Tolstoj. Seine Ausführungen werfen Licht auf die Situation der Semstwos. Eine neuere Untersuchung über den Grafen stammt von Allan Sinel, *The Classroom and the Chancellery.* Cambridge, Mass. und London 1975. Ohne Tolstoj reinzuwaschen, werden seine Ideen im Zusammenhang mit seiner Zeit dargestellt; der Leser begreift, wie die verantwortlich denkenden zaristischen Staatsbeamten ihre eigene Position sahen.
Jurij Samarin steht im Mittelpunkt eines anderen Werkes: Baron E. Nolde, *Jurij Samarin i ego vremja.* Paris 1926, eine interessante Arbeit über einen der gescheitesten Männer, einen der tiefsten Denker seiner Generation, der aber dennoch der Mystik Großrußlands erlag.

## 14. Die Expansion nach Osten

Dazu die meisterhafte Darstellung von O. Hoetzsch, *Rußland in Asien. Geschichte einer Expansion.* 1966 (vgl. § 11), in der das russische Vordringen nach Asien in die universalen Zusammenhänge einer gleichsam rückläufigen Bewegung als Antwort auf die Einfälle asiatischer Reitervölker nach Europa gestellt wird.
Ergiebig ist die englischsprachige Literatur: B. H. Sumner, *Tsardom and Russian Imperialism in the Middle and Far East.*

1942; D. I. Dallin, *The Rise of Russia in Asia.* New Haven 1949; R. A. Pierce, *Russian Central Asia 1867–1917.* 1960; Marc Raeff, *The Origins of Russian Imperialism.* Englewood Cliffs, N. J. 1966. Ein französischsprachiger Beitrag: B. E. Nolde, *La Formation de l'empire russe.* 2 Bde, Paris 1952/53.
Teilaspekte behandeln G. N. Curzon, der spätere britische Vizekönig von Indien, *Russia in Central Asia and the Anglo-Russian Question.* London 1889; R. K. I. Quested, *The Expansion of Russia in East Asia 1857–1860.* 1968; Jurij Semjonow, *Die Eroberung Sibiriens.* Berlin 1937, mehrere Neuauflagen, populär, aber verläßlich.
Zum Thema Imperialismus vgl. auch G. von Rauch, *Rußland: Staatliche Einheit und nationale Vielfalt.* München 1953.

## 15. Diplomatische Aktivitäten

Die deutsch-russischen Beziehungen wurden seit der Jahrhundertmitte geprägt durch die Persönlichkeit Otto von Bismarcks. Dazu L. Raschdan (Hg.), *Die politischen Berichte des Fürsten Bismarck aus Petersburg und Paris 1859–1862.* Berlin 1920; R. Wittram, Bismarck und Rußland. In: W. Markert (Hg.), *Die deutsch-russischen Beziehungen von Bismarck bis zur Gegenwart.* Stuttgart 1964. Siehe auch Barbara Jelavich (Hg.), *Rußland 1852–1871. Aus den Berichten der bayerischen Gesandtschaft in St. Petersburg.* Wiesbaden 1963 (Veröffentl. d. Osteuropa-Instituts München, 19).

## 16. Der Panslawismus

Das zusammenfassende Werk über den Panslawismus ist H. Kohn, *Pan-Slavism,* dt. *Die Slawen und der Westen: Geschichte des Panslawismus.* Wien/München 1956. Nützlich auch M. B. Petrovich, *The Emergence of Russian Panslavism 1856–1870.* New York 1956; und U. Picht, *M. P. Pogodin und die Slawische Frage. Ein Beitrag zur Geschichte des Panslawismus.* 1969. Einen interessanten Teilaspekt behandelt E. Winter, *Der Panslawismus nach den Berichten der österreichisch-ungarischen Botschafter in St. Petersburg.* 1944.

## 17. Rußland und der Balkan

Vielleicht das beste Werk über das russische Engagement auf dem Balkan ist B. H. Sumner, *Russia and the Balkans 1870–1880.* Oxford 1937. Die deutschsprachige Literatur über das Thema ist dünn gesät; 1930 erschien R. Liebold, *Die Stellung Englands in der russisch-türkischen Krise 1875–1878.* Auch auf Englisch fehlen neuere Werke: D. Harris, *A Diplomatic History of the Balkan Crisis of 1875–1878* (nur 1 Bd erschienen). Hamden, Conn. 1936; N. D. Stojanovich, *The Great Powers and the Balkans 1875–1878.* Cambridge 1939.
Ein Teilgebiet behandelt G. Hünigen, *Nikolaj Pavlovič Ignat'ev und die russische Balkanpolitik 1875–1878.* Göttingen 1968.

## 18. Der Berliner Kongreß

Eine kurze, treffliche Zusammenfassung gibt Graf Peter Schuwalow, Der Berliner Kongreß. In: Berliner Monatshefte 16, 1938. Ins Detail gehen Alexander Novotny, Quellen und Studien zur Geschichte des Berliner Kongresses, Bd. 1: Österreich, die Türkei und das Balkanproblem im Jahre des Berliner Kongresses. Graz/Köln 1957; M. Müller, Die Bedeutung des Berliner Kongresses für die deutsch-russischen Beziehungen. Diss. Leipzig 1927. In englischer Sprache ist zu erwähnen W. N. Medlicott, The Congress of Berlin and After. London 1963; auf Französisch S. M. Gorianov, La question d'Orient à la veille du traité de Berlin 1870–1878. Paris 1948.

## 19. Reformer und Revolutionäre

Aus der umfangreichen Literatur über die Revolution kann nur eine begrenzte Anzahl von Werken herausgegriffen werden; so ist es dem interessierten Leser selbst überlassen, die theoretischen Schriften der Berufsrevolutionäre von Cernyševskij bis Lenin für sich zu entdecken. N. J. Danilevskijs Streitschrift, Rossija i Evropa, mehrere Ausgaben, ist gekürzt in dt. erschienen: K. Nötzel (Hg.), Rußland und Europa. Eine Untersuchung über die kulturellen und politischen Beziehungen der slawischen zur germanisch-romanischen Welt. Stuttgart 1920. Dazu R. E. MacMaster, Danilevsky: a Russian Totalitarian Philosopher. Cambridge, Mass. 1967. Necaevs Katechismus eines Revolutionärs ist abgedruckt bei Theodor Schiemann, Russische Köpfe, Berlin 1919. Über ihn R. Cannac, Netchaev. Du nihilisme au terrorisme. Paris 1961. Ein allgemeines Werk über die frühen Terroristen: Maurice Paléologue, Les précurseurs de Lénine. Paris 1938.
Über die nichtrevolutionären Reformer ist auf Russisch herzlich wenig und auf Deutsch und Englisch kaum etwas veröffentlicht worden. Der großartige N. A. Milutin war eine der bedeutendsten Persönlichkeiten des 19. Jahrhunderts; über ihn existiert nur eine kurze, aber aufschlußreiche Biographie in französischer Sprache: Anatole Leroy-Beaulieu, Un homme d'état russe. Paris 1884. Nützlich für das Verständnis der Bauernbefreiung und die Reform des Rechtswesens sind A. A. Kornilov, Krestjanskaja reforma, und I. V. Gessen, Sudebnaja reforma, beide St. Petersburg 1905. Eine gute Arbeit über die »neuen Männer« ist E. Lampert, Studies in Rebellion. New York 1957. Ein hervorragendes Werk über die Narodniki ist Franco Venturi, Il populismo russo, Turin 1952; eine (gekürzte) engl. Übersetzung erschien unter dem Titel Roots of Revolution, 1960. Hervorragend auch D. J. Footman, Red Prelude, »A Life of A. I. Zheliabor.« London 1968². Ein (allzu seltener) Höhepunkt sowjetischer Geschichtsschreibung ist P. A. Zajončkovskij, Krisis samoderšavija na rubešie 1870–1880 godov, Moskau 1964. Gut verwertbare Lebensgeschichten der Revolutionäre jener Zeit sind Fürst Peter Kropotkin, Memoiren eines Revolutionärs, Bd. 1–2, Berlin 1901², und Vera Figner, Nacht über Rußland. Lebenserinnerungen. Berlin 1928².

## 20. Alexander III. und Nikolaus II.

Diese beiden Regierungsperioden werden hier unter einem betrachtet, weil es da keine scharfe Trennungslinien gibt. Vater und Sohn waren beide tief von Pobedonoscev beeinflußt, so wie das Wirtschaftsleben in der zweiten Hälfte der Regierung Alexanders III. und den ersten Jahren der Regierung Nikolaus' II. von Graf Witte beherrscht war. Pobedonoscevs Korrespondenz ist für das Verständnis beider Zaren wichtig: K. P.

*Pobedonoscev i ego korrespondenty*, 2 Bd, Moskau 1923, und *Pisma Pobedonosceva k Aleksandru III.* 2 Bde, Moskau 1925–1926. Eine englische Ausgabe seiner Schriften erschien unter dem Titel *Reflections of a Russian Statesman.* London 1898. Dazu N. Steinmann/E. Hurwics, *Konstantin Pobedonowzew als Staatsmann der Reaktion unter Alexander III.* 1933; R. F. Byrnes, *Pobedonostsev. His Life and Thoughts.* Bloomington 1968. Über die Publizistik der Reaktion und ihren bedeutendsten Vertreter: M. Katz, *Mikhail N. Katkov. A Political Biography 1818–1887.* The Hague 1966. Obwohl die Persönlichkeiten Nikolaus' II. und seiner Gemahlin durch die Veröffentlichung von mehr oder weniger sensationellem Material – Briefe, Tagebücher, Berichte – dem Leserpublikum vertraut sind, existiert über die letzten beiden Zaren keine größere Biographie. Constantine de Grunwald, *Nicolas II*, Paris 1964, dt. *Der letzte Zar. Leben und Tod Nikolaus' II.* Wien 1966, war dem Autor nicht zugänglich. Innerhalb der sich selbst gesteckten Grenzen ist Robert K. Massie, *Nicholas and Alexandra*, London 1968, einfühlend, ehrlich und natürlich äußerst lesbar; der ungeheure Publikumserfolg des Buches mindert nicht seine prinzipielle Seriosität. Einer nüchternen und ausgewogenen Darstellung der Zeit und des Lebens Nikolaus' II. am nächsten kommt wohl Richard Charques' bescheidene, aber tiefschürfende Studie, *The Twilight of Imperial Russia.* London 1958.

## 21. Außenpolitik

Das Abrücken Rußlands von Deutschland und seine Hinwendung zu Frankreich behandeln drei wesentliche Beiträge, die alle im selben Jahr, 1968, erschienen sind: H. Hallmann (Hg.), *Zur Geschichte und Problematik des deutsch-russischen Rückversicherungsvertrages von 1887.* Darmstadt 1968; Sigrid Kumpf-Korfes, *Bismarcks »Draht« nach Rußland. Zum Problem der sozialökonomischen Hintergründe der deutsch-russischen Entfremdung 1878–1891.* Berlin 1968; P. Jacobs, *Das Werden des französisch-russischen Zweibunds 1890–1894.* Wiesbaden 1968.
Zur Situation auf dem Balkan: W. M. Markov, *Serbien zwischen Österreich und Rußland 1897–1908.* Stuttgart 1934

## 22. Die Ära Witte-Stolypin

Wittes Memoiren, obwohl durchaus nicht immer verläßlich (er macht kein Hehl aus seinen Abneigungen), sind für die Zeitspanne von 1886 bis 1906 von zentraler Bedeutung. Die letzte russische Ausgabe, S. Ju. Vitte, *Vospominanja*, 3 Bde, Moskau 1960, ist ein Neudruck der sowjetischen Erstausgabe 1923–1924, die ihrerseits ein Abdruck der Berliner Ausgabe ist. Eine gekürzte dt. Ausgabe erschien 1923, eine ebenfalls gekürzte einbändige engl. Übersetzung, A. Yarmolinski, *The Memoirs of Count Witte.* New York/London 1921. Dazu W. von Korostowetz, *Graf Witte.* 1929.
Das maßgebende Werk über die Industrialisierung unter Witte ist Theodore H. von Laue, *Sergei Witte and the Industrialisation of Russia.* New York 1963. Weitere Arbeiten desselben Autors zum Thema: Factory Inspection under the Witte System. In: *The American Slavonic and East European Review*, Okt. 1960; und Problems of Industrialisation. T. G. Stavrou (Hg.), In: *Russia under the Last Tsar.* Minneapolis 1969. Eine hervorragende Monographie ist J. N. Westwood, *A History of Russian Railways.* 1964, dt. *Geschichte der russischen Eisenbahnen.* 1966.
Eine Biographie Stolypins steht noch aus. Vgl. L. Strakhovsky, The Statesmanship of Stolypin: a Reappraisal. In: *Am. Slav. East Eur. Rev. 89*, 1959. Zur Landreform Stoly-

pins: C. von Dietze, *Die Stolypinsche Agrarreform und Feldgemeinschaft.* Breslau 1920 (= Quellen u. Studien d. Osteuropa-Inst., Heft 3).; G. J. Yaney, The Concept of the Stolypin Land Reform. In: *Slavonic Review*, 1964/2; J. Nötzold, *Wirtschaftspolitische Alternativen der Entwicklung Rußlands in der Ära von Witte und Stolypin.* 1966.

## 23. Die Lage in Rußland

Zum allgemeinen Verständnis der Lage in Rußland während der letzten 50 Jahre der Monarchie aus ausländischer Sicht ist Sir Donald Mackenzie Wallace, *Russia*, eine Klasse für sich. Erstmals veröffentlicht 1877, revidiert und erweitert 1912, Nachdruck hg. von Cyril E. Black, New York 1961, beschreibt Wallace mit intimer Sachkenntnis viele staatliche Institutionen und Elemente der gesellschaftlichen Struktur, vom Bauernstand bis zum Hochadel, von den Semstwos bis zur Ministerialbürokratie. In dieser Art ebenfalls hervorragend Anatole Leroy-Beaulieu, *L'empire des tsars et les russes.* 3 Bde, Paris 1881–1889. Die beste Arbeit in englischer Sprache über den russischen Bauern und sein Leben herauf bis zur Revolution ist G. T. Robinson, *Rural Russia under the Old Regime.* London 1929. So wie es in diesen drei Büchern geschildert wird, leben auch heute noch in der Sowjetunion viele Millionen. Dasselbe gilt auch für eine neuere Untersuchung, eine Beschreibung und Erklärung des historischen, gesellschaftlichen und ideologischen Gefüges von Rußland, die in ihrem Scharfsinn, der Kühnheit ihrer Thesen und der Fülle des verarbeiteten Materials bemerkenswert ist: Richard Pipes, *Russia under the Old Regime.* London 1974. dt. *Rußland vor der Revolution.* Staat und Gesellschaft im Zarenreich. München 1977.

## 24. Der Ferne Osten

Eine allgemeine Darstellung bietet B. H. Sumner, *Tsarism and Imperialism in the Far East.* London 1940. Das Tagebuch General Kuropatkins findet sich im *Krasnij Archiv*, Bd 2, 5, 7, 8, 1922–1925, und Bd 48, 1935. In seinen Erinnerungen, dt. Berlin 1909[2], hat Kuropatkin den Krieg aus seiner Sicht geschildert – im großen und ganzen ein Versuch der Selbstrechtfertigung, der aber das Maß des bei Politikern und Militärs Üblichen nicht überschreitet. Sie sind interessante Lektüre. Einen beachtenswerten Aspekt der kriegerischen Auseinandersetzung im Fernen Osten behandelt W. Y. Ri, *Der russisch-japanische Krieg und seine Auswirkung auf die russische Balkanpolitik gegenüber den Donaumonarchien vor dem Ersten Weltkrieg.* ms. Diss. Graz 1966. Einen weiten Bogen schlägt K. Krumpinski, *Rußland und Japan. Ihre Beziehungen bis zum Frieden von Portsmouth.* 1940.

## 25. Von Revolution zu Revolution

Eine gute Zusammenfassung der Ereignisse von 1905 geben Sydney Harcave, *First Blood: the Revolution of 1905.* London 1964; und, in einen größeren Rahmen gestellt, Lionel Kochan, *Russia in Revolution 1890–1918.* Ein deutscher Beitrag: A. Fischer, *Die russische Sozialdemokratie und bewaffneter Aufstand im Jahre 1905.* 1964.
Eine besonders gute Darstellung der Entwicklung des Marxismus findet sich in J. H. L. Keep, *The Rise of Social Democracy in Russia.* London 1963. mit hervorragendem

Literaturverzeichnis. Zwei Biographien – S. H. Baron, *Plekhanov: the Father of Russian Marxism.* Stanford 1963; und Israel Getzler, *Martov. A Political Biography of a Russian Social Democrat.* Cambridge/Adelaide 1936, Neuauflage 1967, vermitteln ein gutes Bild vom einzelnen als Teil einer Bewegung.

Zur Entstehungsgeschichte des Bolschewismus ist von besonderem Interesse ein Beitrag aus menschewikischer Sicht, Theodor Dan, *The Origins of Bolshevism.* London 1964. Den nichtmarxistischen Standpunkt vertritt mit großer Klarheit L. B. Schapiro, *The Communist Party of the Soviet Union.* London 1960, dt. *Geschichte der Kommunistischen Partei der Sowjetunion.* 1961. Lesenswert Leopold Haimson, *The Russian Marxists and the Origins of Bolshevism.* Cambridge, Mass. 1959². Zu erwähnen ferner H. Krause, *Marx, Engels und das zeitgenössische Rußland.* 1958.

Aus der Flut der Schriften über Lenin sei bloß auf Adam B. Ulam, *Lenin and the Bolsheviks.* London 1960, hingewiesen, eine brillante Studie; ferner auf ein hochinteressantes Erinnerungswerk, das verdiente, besser bekannt zu sein: Nikolai Valentinov, *Encounters with Lenin.* London 1968.

Das bereits erwähnte Werk T. G. Stavrou (Hg.), *Russia under the Last Tsar.* Minneapolis 1969, ist eine Sammlung von Beiträgen amerikanischer Wissenschaftler zu der Frage, ob die Revolution 1917 unvermeidbar war oder ob sie hätte abgewendet werden können, wäre der Erste Weltkrieg nicht gekommen. Vgl. auch George Kennan, The Breakdown of the Tsarist Autocracy. In: Richard Pipes (Hg.), *Revolutionary Russia.* Cambridge, Mass./London 1968. Dieses Sammelwerk – Beiträge vieler internationaler Wissenschaftler anläßlich eines Symposiums zum 50. Jahrestag der Oktoberrevolution – ist für das Verständnis der Sowjetunion von großer Bedeutung, behandelt allerdings meist Ereignisse aus späterer Zeit. Der Beitrag des Herausgebers jedoch, Richard Pipes, *The Origins of Bolshevism,* bringt neues Material zum Thema von Lenins Hinwendung zum Marxismus.


## 26. Die Duma

Die offiziellen Sitzungsprotokolle der verschiedenen Dumen finden sich in *Gosudarstvennaja Duma, stenograficeskie otcety.* St. Petersburg 1906–1917. Teilaspekte behandeln H. Jablonowski, Die russischen Rechtsparteien 1905–1917. In: W. B. Walsh, Political Parties in the Russian Dumas. In: *Journal of Modern History,* Time 1950; In: *Rußland-Studien.* Gedenkschrift für Otto Hoetzsch. 1957; und O. Anweiler, *Die Rätebewegung in Rußland 1905–1921.* 1958. Ansonsten ist die Literatur über das Thema eher dürftig, abgesehen vom Werk Sir Bernard Pares', insbesondere *The Fall of the Russian Monarchy.* London 1939.

Von großem Interesse die Erinnerungen des Nachfolgers Stolypins, V. N. Kokovstev, *Out of My Past.* Stanford 1936; und von V. I. Gourko, *Features and Figures of the Past: Government and Opinion in the Reign of Nicholas II.* Stanford 1939. In russischer Sprache ist D. N. Šipov, *Vospominanija i Dumy o perežitom.* Moskau 1918, aufschlußreich in bezug auf die kurze Blüte und das schnelle Verlöschen des offiziellen Liberalismus in Rußland.


## 27. Der Zusammenbruch der Monarchie

Für die letzten Jahre des Reiches sind die Erinnerungen des britischen und des französischen Botschafters am Zarenhof von trauriger Bedeutung: Sir George Buchanan, *My*

457

*Mission to Russia.* London 1923, dt. *Meine Mission in Rußland.* 1926; und Maurice Paléologue, *La Russie des Tsars pendant la grande guerre.* 3 Bde, Paris 1921–1923. Wichtig für das Verständnis der Zeit vor 1914 sind auch die Erinnerungen zweier Außenminister: Charles Louis Seager (Hg.), *The Memoirs of Alexander Izwolsky.* London 1920; und S. D. Sazonov, *Vospominanija.* 1927, dt. *Sechs schwere Jahre 1909–1916.* 1927.
Auszüge aus den Tagebüchern Nikolaus' II. – *Dnevnik Imperatora Nikolaja II* – erschienen 1923 in russischer Sprache in Berlin; sie überschneiden sich teilweise mit einer franz. Ausgabe, *Journal intime,* Paris 1925. Briefsammlungen: *Letters of the Tsar to the Tsaritsa,* hg. von C. E. Vulliamy, London 1929; *Letters of the Tsaritsa to the Tsar 1914–1916,* mit einer Einleitung von Sir Bernard Pares, London 1923; *Letters of Tsar Nicholas and Empress Marie,* hg. von E. J. Bing, London 1937.
Unter den vielen Erinnerungswerken seien erwähnt: A. A. Mossolov, *At The Court of the Late Tsar.* London 1935; und A. Vryubova, *Memories of the Russian Court.* New York 1923. Einen Überblick über die gesamte Periode bietet P. Miliukov, *Rußlands Zusammenbruch.* 2 Bde, 1931.

# Zeittafel

## A. Außenpolitik

### NIKOLAUS I. 1825–1855

| | |
|---|---|
| 1826–28 | Russisch-persischer Krieg. Vertrag von Turkmantschai. |
| 1828–29 | Russisch-türkischer Krieg. Vertrag von Adrianopel: Rußland erhält die Schutzherrschaft über die Donaufürstentümer (Moldau und Walachei) |
| 1830–31 | Unterdrückung des Aufstands in Polen. Aufhebung der polnischen Verfassung. Abschaffung der Autonomie; Beginn der Russifizierung Polens |
| 1832 | »Organisches Statut« für Russisch-Polen |
| 1832–33 | Erste Krise um Mehmet Ali. Vertrag von Hunkiar Iskelesi. Höhepunkt des russischen Einflusses bei der Pforte; wachsender Gegensatz mit England in der orientalischen Frage |
| 1834 | Russisches Vordringen im Kaukasus; lang andauernder Kleinkrieg der Bergstämme unter Fürst Schamil (bis 1859) |
| 1839–40 | Zweite Krise um Mehmet Ali |
| 1841 | Meerengen-Konvention: die Meerengen für Kriegsschiffe geschlossen |
| 1848 | Revolutionen in Frankreich, Österreich, Italien, Ungarn und Deutschland Bakunin auf dem Slawenkongreß in Prag Karl Marx/Friedrich Engels veröffentlichen das »Kommunistische Manifest« |
| 1848 | Österreich kann nur mit russischer Waffenhilfe den ungarischen Aufstand niederwerfen |
| 1852 | Louis Napoleon wird Kaiser von Frankreich (Napoleon III.) Streit zwischen Rußland und Frankreich über die heiligen Stätten in Palästina |
| 1853 | Krimkrieg |
| 1855 | Fall von Sewastopol Nikolaus I. stirbt |

### ALEXANDER II. 1855–1881

| | |
|---|---|
| 1856 | Friede von Paris: scharfe Einschränkung des russischen Einflusses im Schwarzmeergebiet. Verlust Bessarabiens und der Donaumündungen. Verbot von Kriegsflotten im Schwarzen Meer |
| 1857 | Aufstand in Indien |
| 1858 | Rußland annektiert das Amur-Gebiet von China |
| 1859 | Schamil kapituliert; Abschluß der Unterwerfung des Kaukasus mit Ausnahme des Tscherkessengebiets (1864) |
| 1859–62 | Otto von Bismarck preußischer Botschafter in St. Petersburg |
| 1862 | Bismarck wird preußischer Ministerpräsident |
| 1863 | Neuerlicher Aufstand in Polen |
| 1864–73 | Eroberung von Zentralasien |

| 1864 | Krieg Preußens und Österreichs gegen Dänemark |
|---|---|
| 1865 | Taschkent erobert |
| 1866 | Preußisch-österreichischer Krieg; Moltke siegt bei Königgrätz |
| 1867 | Alaska von Rußland an die USA verkauft |
| 1868 | Samarkand und Buchara erobert |
| 1870 | Rußland hebt die Neutralisierung des Schwarzen Meeres auf |
| 1870–71 | Preußisch-französischer Krieg. Nach Sieg Preußens Gründung des (Zweiten) Deutschen Kaiserreiches; Bismarck Reichskanzler (bis 1889) |
| 1871 | Meerengen-Konferenz in London |
| 1873 | Chiwa erobert |
| | »Dreikaiserbund« Rußland, Österreich, Deutsches Reich (bis 1876) |
| 1875 | Rußland erhält von Japan Sachalin im Tausch gegen die Kurilen |
| 1876 | Bakunin stirbt in Bern |
| 1877–78 | Russisch-türkischer Krieg. Vorfriede von San Stefano |
| 1878 | Berliner Kongreß unter dem Vorsitz Bismarcks |

ALEXANDER III. 1881–1894

| 1885 | Spannungen mit Großbritannien über Afghanistan |
|---|---|
| 1886 | Bulgarische Reise |
| 1887 | Rückversicherungsvertrag mit dem Deutschen Reich (bis 1890) |
| 1891 | Geheime russisch-französische Allianz (ratifiziert 1893) |

NIKOLAUS II. 1894–1917

| 1896 | Mandschurei wird russisches Interessengebiet: Konzession für ostchinesische Eisenbahn; russisch-japanischer Vertrag über Korea |
|---|---|
| 1897 | Rußland pachtet Port Arthur |
| 1899 | Internationale Abrüstungskonferenz im Haag |
| 1899–1902 | Burenkrieg |
| 1900 | Boxeraufstand in China |
| 1904–05 | Russisch-japanischer Krieg |
| 1905 | Januar: Port Arthur erobert |
| | Februar: Schlacht bei Mukden |
| | Mai: Vernichtung der russischen Flotte bei Tschuschima |
| 1906 | Friedensvertrag von Portsmouth |
| 1907 | Bündnis Rußland–Großbritannien |
| 1911 | Zweite Marokko-Krise (Agadir) |
| 1914–17 | 1. Weltkrieg |

## B. Innenpolitik

NIKOLAUS I. 1825–1855

| 1825 | Putschversuch der Dekabristen |
|---|---|
| 1826 | Fünf Dekabristen durch den Strang hingerichtet; Gründung der politischen Polizei (»Dritte Abteilung«) |

| 1834 | Alexander Herzen nach Wjatka verbannt; die jungen Radikalen von nun an im Kampf gegen Zensur und Polizei. |
| | P. A. Tschaadejew wird wegen kritischer Äußerungen über Reichständigkeit Rußlands für unzurechnungsfähig erklärt |
| 1838 | Eröffnung der ersten russischen Eisenbahnstrecke (St. Petersburg–Zarskoje Selo) |
| 1840 | Bakunin verläßt Rußland und geht nach Deutschland |
| 1845 | In den vierziger Jahren Polemiken zwischen Slawophilen und Westlern |
| 1847 | Alexander Herzen emigriert nach Westeuropa |
| 1848 | Belinskij gestorben. Leibeigene dürfen mit Erlaubnis ihres Herrn Grund und Boden erwerben |
| 1849 | Prozeß gegen den Kreis Petraschewskijs (Dostojewskij nach Sibirien verbannt) |
| | Bakunin, in Dresden gefangengenommen, wird an Rußland ausgeliefert |
| 1851 | Eröffnung der Eisenbahn St. Petersburg–Moskau |
| 1853 | Herzen veröffentlicht in London die »Glocke«, in Rußland heimlich verbreitet |

## ALEXANDER II. 1855–1881

| 1856 | Beginn der Ära der liberalen Reformen; Aufhebung der Militärkolonien |
| 1857 | Geheimes Komitee für die Frage der Bauernbefreiung |
| | Eisenbahnbau wird in großem Stil vorangetrieben |
| 1860 | Bakunin flieht aus Sibirien |
| 1861 | Manifest über die Abschaffung der Leibeigenschaft |
| | Gründung der ersten revolutionären Zellen |
| 1862 | Beginn des Eisenbahn-Booms |
| 1863–64 | Reformen in der Rechtsprechung, im Erziehungswesen und in der lokalen Selbstverwaltung (Semstwos) |
| 1864 | N. G. Tschernischewskij nach Sibirien verbannt |
| 1866 | Erstes Attentat auf Alexander II. |
| 1870 | Lenin geboren. Alexander Herzen stirbt in Paris |
| 1872 | Erste russische Ausgabe des »Kapital« von Karl Marx |
| 1873 | Tkatschew flieht nach Genf |
| 1874 | Heeresreform: Allgemeine Wehrpflicht |
| | Der »Zug ins Volk« *(Narodniki)* |
| 1876 | Erste politische Demonstration (Plechanow) mit roter Fahne in St. Petersburg |
| 1877–78 | Massenverurteilungen von Radikalen und Revolutionären |
| 1878–79 | Gründung radikaler Organisationen: *Semlja i Wolja* (1877); Nordrussischer Arbeiterverein (1878); *Narodnaja Wolja* (1879) |
| 1879 | Stalin geboren |
| 1879–80 | Zunahme von terroristischen Aktionen: Sprengstoffanschlag auf den kaiserlichen Eisenbahnzug, Bombenattentat auf den Winterpalast |
| 1880 | Plechanow emigriert nach Westeuropa |
| 1881 | Alexander II. ermordet |

ALEXANDER III. 1881–1894

| | |
|---|---|
| 1881 | Reaktion. Notstandsgesetze. Einfluß Pobedonostzews |
| 1884 | Marxistische Polemik gegen die Narodniki |
| 1887 | Alexander Uljanow, Lenins Bruder, nach Attentatsversuch auf Alexander III. hingerichtet |
| 1890–92 | Hungersnot |
| 1891 | Beginn des Baues der Transsibirischen Eisenbahn |
| 1892–1903 | Finanzminister Witte; bahnbrechende Neuerungen in Handel, Industrie und Verkehrswesen |
| 1894 | Nikita Chruschtschow geboren |

NIKOLAUS II. 1894–1917

| | |
|---|---|
| 1898 | Erster Kongreß der (marxistischen) Russischen Sozialdemokratischen Partei in Minsk |
| 1899–1903 | Wirtschaftskrise |
| 1900 | Lenins erste Emigration nach Westeuropa (bis 1905) |
| 1902 | Bauernunruhen; Gründung der Partei der Sozialrevolutionäre Innenminister D. S. Sipjagin ermordet Judenpogrome in Kischinew |
| 1903 | Gründung des liberalen »Befreiungsbundes« 2. Parteitag der russischen Sozialdemokraten in Brüssel und London »Bolschewiki« und »Menschewiki« Erstes Auftreten Rasputins am Zarenhof |
| 1904 | Innenminister V. Plehwe ermordet |
| 1904–05 | Vollendung der Transsibirischen Eisenbahn |
| 1905 | (9. Januar) Der Blutige Sonntag (Februar) Großfürst Sergej ermordet Revolutionäre Unruhen – Generalstreik, Errichtung von Arbeiter- und Bauernräten (Sowjets); scharfes Durchgreifen der Behörden (Juni) Meuterei auf dem Panzerkreuzer *Potemkin* in Odessa Oktobermanifest: Einberufung einer beratenden Volksversammlung (Duma) |
| 1906 | Erster allrussischer Gewerkschaftskongreß Leonid Breschnew geboren |
| 1906–11 | Die Ära Stolypin. Mehrere Dumas werden einberufen und wieder aufgelöst. Revolutionäre Landreformen Industrieller Aufschwung Rasputin gewinnt Einfluß über das Zarenpaar |
| 1911 | Stolypin ermordet |
| 1912 | Massaker auf den sibirischen Goldfeldern. Streiks |
| 1916 | (Dezember) Rasputin ermordet |
| 1917 | (März) Nikolaus II. dankt ab |
| 1918 | (Juli) Ermordung der Zarenfamilie |

# C. Kultur, Kunst und Wissenschaft

### NIKOLAUS I. 1825–1855

| | |
|---|---|
| 1828 | Leo Tolstoj geboren |
| 1831 | Puschkin, *Eugen Onegin* |
| 1832 | Borodin geboren |
| 1833 | Der Physiker Mendeljew geboren |
| 1834 | Belinskij, *Literarische Träumereien* |
| 1836 | Erstaufführungen: Gogol, *Revisor*; Glinka, *Ein Leben für den Zaren* |
| | Tschaadejews erster *Philosophischer Brief* veröffentlicht |
| 1837 | Puschkin fällt im Duell im Alter von 38 Jahren |
| | Mussorgskij geboren |
| 1839 | Speranskij stirbt |
| 1840 | Tschaikowskij geboren |
| 1841 | Lermontow fällt im Duell im Alter von 27 Jahren |
| 1842 | Gogol, *Die toten Seelen*, 1. Teil |
| 1844 | Rimskij-Korssakow geboren |
| 1845 | Chomjakow, *Die Meinung der Ausländer über Rußland* |
| 1846 | Dostojewskij, *Arme Leute* |
| 1848 | Belinskij stirbt |
| 1849 | Der Pathologe I. P. Pawlow geboren |
| 1852 | Gogol stirbt |
| | Turgenew, *Aufzeichnungen eines Jägers* |
| | Tolstoj, *Kindheit* |
| 1855 | Turgenjew, *Rudin* |

### ALEXANDER II. 1855–1881

| | |
|---|---|
| 1857 | Plechanow geboren |
| 1859 | Gontscharow, *Polomow* |
| 1860 | Tschechow geboren |
| | Erste Vorlesung über Marx an der Universität Moskau |
| 1862 | Turgenjew, *Väter und Söhne* |
| | Tolstoj beginnt Arbeit an *Krieg und Frieden* |
| 1866 | Dostojewskij, *Schuld und Sühne* |
| | Kandinskij geboren |
| 1868 | Maxim Gorkij geboren |
| 1869 | Tolstoj, *Krieg und Frieden* |
| | Danilewskij, *Rußland und Europa* |
| | Uraufführung von Tschaikowskijs erster Oper *Die Wojwodin* |
| 1871 | Dostojewskij, *Die Dämonen* |
| 1872 | Erste russische Ausgabe des *Kapitals* von Karl Marx |
| 1873 | Rachmaninow geboren |
| 1876 | Tolstoj, *Anna Karenina* |
| 1880 | Alexander Blok geboren |

## ALEXANDER III. 1881–1894

1882    Strawinskij geboren
1883    Turgenjew stirbt
1884    Plechanow, *Unsere Meinungsverschiedenheiten*
1887    Chagall geboren
1890    Boris Pasternak geboren
1894    Majakowskij und Isaak Babel geboren


## NIKOLAUS II. 1894–1917

1897    Stanislawskij gründet das Moskauer Künstlertheater
        Diaghilew gründet das Mir iskusstva (Die Welt der Kunst)
1899    Lenin, *Die Entwicklung des Kapitalismus in Rußland*
1902    Lenin, *Was tun?*
        Schostakowitsch geboren
1910    Tolstoj stirbt


# Bildquellennachweis

The British Library: 22 (Gogol)
Mary Evans: 13 (Pobedonostzjew)
Novosti: 2 (Bestuschew, Rilejew, Küchelbecker, Karamsin, Speranskij), 3 (Puschkin, Schukowskij, Belinskij, Tschaadajew, Benckendorff), 22 (Dostojewskij), Turgenjew, Tolstoj, Mussorgskij, Tschaikowskij), 31 (Scheljabow)
Popperfoto: 31 (Zasulitsch, Plechanow)
Radio Times Hulton Picture Library: 1 (Alexander II., Alexander III.), 2 (Pestel), 3 (Herzen), 11, 19 (Loris-Melikow, Witte, Stolypin), 31 (Bakunin)
Bildarchiv Süddeutscher Verlag, München: 1 (Nikolaus II.), 4, 5, 6, 7, 8, 9, 10, 12, 13, 14, 15, 16, 17, 18, 20, 21, 23, 24, 25, 26, 27, 28, 29, 30, 32, 33, 34, 35

# Namen- und Sachregister

472

Revolutionäre, russische 194, 207–210, 217, 244, 277–298, 308, 312, 323–329, 335, 351 ff., 370, 381 ff.
Revolution, russ. industrielle 86, 315–320
Revolutionsbewegung, russische 206 f.
Rhodes, Cecil 230
Rilejew, K. P. 33, 49, 82
Rimskij-Korssakow, Nikolai A. (1844–1909) 63, 81, 242, 250 ff., 331, 378
Rodsjanko, M. V. 428
röm.-kath. Kirche 96, 99 f., 140 f.
Romanow, das Haus (Bojarenfamilie, soll um 1280 aus Litauen gekommen sein; durch Heirat mit dem Haus Rurik verbunden; von 1613–1730, in weibl. Linie bis 1762; ihm folgte das Haus Romanow-Holstein-Gottorp bis 1917) 38, 64, 75, 85, 122, 130, 133, 173 f., 217, 219, 222, 302, 308, 403, 432
Roosevelt, Theodore 385 f.
Roschdestwenskij, Admiral S. P. 366 f.
Rostowtzew, General J. I. 187–191, 272
Rote Armee 397
Rousseau, Jean-Jacques 17, 25
Rubinstein, die Brüder A. und N. 331
Rumänien 108, 180, 235, 264 ff., 267
Runitsch, Dimitri P. 28
Russifizierung 32, 309, 335, 411; Polens 223
Russischer Bote 213
Rysakow, N. 296 ff.

Sabler, V. K. 428
Sablotskij-Desjatowskij siehe Desjatowskij-Bericht
Saburow, Peter 268, 271, 276
Sachalin, Insel 229, 231, 386
Sacharow, Andrej 243
Salisbury, Lord 268, 270, 273, 275
Saltjakow-Schedrin, M. J. 249
Samarin, Juri 201
Samsonow, General 368
Sandschak von Novipazar, der 264, 420 f.
Sandwich-Inseln 231
St. Petersburg 9–14, 26 f., 30 f., 35, 40, 57 f., 91 f., 110, 141 f. und passim; Universität von 28; Brände in (1862) 194

St. Petersburg, Vertrag von (1875) 231
San Stefano, Vertrag von (1878) 269, 273 f., 279, 304
Sarajewo (Bosnien), Attentat von (28. 6. 1914) 434 f.
Sardinien-Piemont 160, 222, 236
Sasonow, S. D. 415, 434 f.
Sawinkow, Boris 378
Sazanow, E. S. 352
Schaljapin, Fedor I. (1873–1938) 331, 433
Schamil, Imam 120 f., 226 f.
Schelgunow, N. V. 202
Scheljabow, A. I. 285, 288, 293–297, 352
Scheremetjew, Familie 75 ff., 82, 320
Schewejrew, S. 133
Schipka-Paß 266 f.
Schipow, D. N. 346, 351 f., 369, 402, 408
Schirinskij-Schichmatow, Fürst P. A. 134, 205
Schischkow, Admiral 67
Schleinitz, Alexander Freiherr von 235 f.
Schleswig-Holstein 236 f.
Schoen, von 423
Schukowskij, Wassilij A. (1783–1852) 87, 137, 147 f., 168–175, 219, 271
Schuwalow, Graf Peter 215, 219, 265, 271–275, 287, 299
»Schwarze Abteilung« (Geheimorganisation) 289
»Schwarze Hand« (1911 gegr. serb. Geheimbund) 435
»Schwarzen Hundert«, die (Geheimorganisation) 352, 381, 394, 410, 428
Schwarzenberg, Felix Fürst zu 47, 142
Schwarzes Meer 106 f., 118, 125, 145, 148, 165, 234, 237, 257, 266, 275, 381, 422
Schwarzmeer-Flotte, die russische 367, 381 f., 419
Schwarz, Oberst 30
Schweden 148, 150, 236
Schwernik, Nikolaus 427
Seemacht, russische 237
Semjonowskij-Garderegiment 30, 395 f.
Semski Sobor (die Landstände) 307 f.
Semstwos, die (auch S.-Beamte, S.-Führer) 196, 198, 203, 214, 259, 291,

DAS RUSSISCHE
GROSSREICH
IN DEN JAHREN 1825 bis 1917
(östliche Hälfte)